Benedikt Beckenkamp

*Publikationen
des Kölnischen Stadtmuseums, Band 4*

Herausgegeben von Werner Schäfke

Gefördert von

 Freunde des Kölnischen Stadtmuseums e.V.

 Landschaftsverband Rheinland

 Erzbistum Köln

Annemarie und Helmut Börner-Stiftung

Alle Rechte vorbehalten. Ohne ausdrückliche Genehmigung des Herausgebers ist es nicht gestattet, das Buch oder Teile daraus zu vervielfältigen oder auf Datenträger aufzuzeichnen.

Gestaltung und Satz: Iris Benner
Druck: Druckerei Plump, Rheinbreitbach
ISBN 3-927396-91-5

Abbildung Umschlag: Benedikt Beckenkamp, Selbstportrait – ca. 1797 (Kat. Nr. 69) Foto: RBA, Rolf Zimmermann

Bettina Mosler

Benedikt Beckenkamp
1 7 4 7 – 1 8 2 8

Ein rheinischer Maler

Köln 2003

Inhaltsverzeichnis

Vorwort — 7

A LEBEN UND WERK

1. EINLEITUNG — 9
1.1. Forschungsstand — 9
1.2. Ziel der Arbeit — 14

2. STATIONEN EINES LEBENSWEGES — 17
2.1. Kunst und Handwerk: Beckenkamp und seine Familie in Ehrenbreitstein — 17
2.2. Bürgerrecht und Zunftamt: Aufstieg in der Reichsstadt Köln — 23
2.3. Französische und preußische Jahre in Köln: Anpassung und Flexibilität — 29

3. BECKENKAMP UND DIE RELIGIÖSE HISTORIENMALEREI — 33
3.1. Beckenkamp als Schüler von Januarius Zick — 33
3.2. Kirchenaufträge im Koblenzer Landkreis — 38
    3.2.1. Die Kirchenausstattung von St. Georg in Urmitz — 38
    3.2.2. Die Seitenaltäre von St. Laurentius in Beulich — 40
3.3. Religiöse Historienmalerei der Kölner Jahre — 44

4. BECKENKAMP UND DIE LANDSCHAFTSMALEREI — 48
4.1. Die Landschaftsmalerei im Rheinland am Ende des 18. Jahrhunderts — 49
4.2. Beckenkamp als Schüler bei Christian Georg Schütz d. Ä. — 49
    4.2.1. Beckenkamps Schütz-Portrait — 51
    4.2.2. Schütz d. Ä. als Vermittler holländischer Rheinlandschaften — 51
    4.2.3. Die Rheinlandschaften von Christian Georg Schütz d. J. — 53
4.3. Beckenkamps Rheinansichten — 54
    4.3.1. Rheintourismus und illustriertes Rheinreisebuch — 54
    4.3.2. Die „Rhein=Gegend bei Koblenz und der Vestung Ehrenbreitstein" — 56
    4.3.3. Die „Rhein=Gegend bei der Stadt Kölln" — 59
4.4. Das Kölner Waidmarktviertel: Eine Stadtbildserie von Beckenkamp? — 62
    4.4.1. Der Waidmarkt und seine Topographie im Wandel — 63
    4.4.2. Architekturbilder holländischer und rheinischer Städte des 17. Jahrhunderts — 65
    4.4.3. Frankfurter Stadtbilder von Christian Georg Schütz d. Ä. — 66
    4.4.4. Das Waidmarktviertel: Die Reproduktionen von Gerhard Fischer — 68
4.5. Das Waidmarktviertel: Stadthistorischer Wert der Serie — 69

5. BECKENKAMP ALS PORTRAITMALER — 72
5.1. Einführung — 72
    5.1.1. Zeitgenössische Kritik — 72
    5.1.2. Ansatz und Vorgehen — 74
5.2. Stilistische Entwicklung: Anregungen und Vorbilder — 75
    5.2.1. Frühe Portraits — 76
    5.2.2. Portraits der Reifezeit — 86
    5.2.3. Späte Portraits — 89

5.3.	Auftraggeber der Umbruchszeit	90
	5.3.1. Höfische Portraits	*90*
	5.3.2. Klerikerportraits	*93*
	5.3.3. Bürgerportraits	*96*
5.4.	Selbstportraits	100
6.	BECKENKAMP ALS KOPIST DES „DOMBILDES"	113
6.1.	Fragen und Probleme	116
	6.1.1. Fragen der Zuschreibung	*116*
	6.1.2. Original und Kopie: technische Aspekte	*116*
	6.1.3. Schwierigkeiten des Kopisten	*119*
	6.1.4. (Teil)-Kopie, Nachbildung oder Fälschung?	*121*
6.2.	Historische Voraussetzungen für die Wiederentdeckung der altdeutschen Kunst und des „Dombildes"	122
	6.2.1. Vom „Rathausbild" zum „Dombild": Der Altar der Stadtpatrone in der Säkularisation	*122*
	6.2.2. Zur Bewertung des „Dombildes" in der Romantik	*124*
6.3.	Das „Taschenbuch für Freunde altdeutscher Zeit und Kunst auf das Jahr 1816"	127
6.4.	Die preußischen Kopie-Aufträge	132
	6.4.1. Die Kopien für Prinz Wilhelm und Prinzessin Marianne von Preußen	*133*
	6.4.2. Die Kopie für Kronprinz Friedrich Wilhelm von Preußen	*136*
	6.4.3. Die Kopie für Prinz Friedrich von Preußen	*138*
	6.4.4. Die Kopie für König Friedrich Wilhelm III. von Preußen	*142*
6.5.	Die Nachbildung des „Dombildes" für die Familie Heereman von Zuydtwyck	143
	6.5.1. Vorbilder des Triptychons Heereman von Zuydtwyck	*143*
	6.5.2. Die Familie Heereman von Zuydtwyck	*146*
	6.5.3. Das Schloss in Herstelle und das Triptychon Heereman von Zuydtwyck	*147*
	6.5.4. Der Regierungsrat von Haxthausen und das Triptychon Heereman von Zuydtwyck	*148*
	6.5.5. Wurde das Triptychon Heereman von Zuydtwyck von Beckenkamp vollendet?	*152*
6.6.	Zusammenfassung	156
7.	SCHLUSS	158
	Anmerkungen	161

B VERZEICHNIS DER WERKE 197

C ANHANG

Literaturverzeichnis 284
Verzeichnis der benutzten Archivquellen 300
Abkürzungsverzeichnis 300
Register (Personen, Orte, Werke) 301

Diese Arbeit ist dem Andenken meiner Eltern
in Dankbarkeit gewidmet.

Vorwort

Während der Autofahrt zu einem kunsthistorischen Hauptseminar berichtete Professor Dr. Hans Ost mit Begeisterung über ein soeben von ihm im Kunsthandel aufgefundenes Portrait von der Hand eines selten zu findenden Malers. Es handelte sich um das Portrait des Kölner Domherren und Kunstsammlers Clemens August Maria von Merle aus dem Jahr 1794, gemalt von dem rheinischen und lange in Köln tätigen Maler Benedikt Beckenkamp. Hans Ost regte zu einer Dissertationsarbeit über diesen völlig vergessenen, von den Zeitgenossen aber sehr geschätzten Künstler an. Heute erinnert nur ein Straßenname im westlichen Kölner Stadtteil Müngersdorf an Beckenkamp.

Mit der gleichen Begeisterung wie Hans Ost unterstützte Dr. Werner Schäfke, Direktor des Kölnischen Stadtmuseums, die Recherchen zum Werk von Benedikt Beckenkamp und förderte die Arbeit und später ihre Drucklegung finanziell, organisatorisch und moralisch. Aus Anlass des 250. Geburtstages von Benedikt Beckenkamp 1997 und in der Halbzeit der Dissertationsarbeit konnte eine monographische Ausstellung im Kölnischen Stadtmuseum (Mai – Juli 1997) erstmals einen musealen Überblick über die Werke Beckenkamps präsentieren. Diese Ausstellung wurde auch im Mittelrhein-Museum Koblenz (März – Mai 1997) gezeigt, so dass dem rheinischen Lebensweg des in Ehrenbreitstein geborenen Malers mit den beiden Ausstellungsorten Koblenz und Köln Rechnung getragen werden konnte. In Koblenz war der ehemalige Direktor des Mittelrhein-Museums (und jetzige Leiter der Kunstsammlungen der Veste Coburg), Dr. Klaus Weschenfelder stets offen, sowohl für meine Recherchen und Bildwünsche im Koblenzer Raum, als auch für die Ausstellung in seinem Museum. Die Zusammenarbeit der beiden Museen war ein gelungenes Beispiel regionaler Kulturarbeit.

Hans Ost, als begeistertem Mentor dieser Arbeit, Werner Schäfke, der stets mit Rat und Hilfe zur Stelle war und Klaus Weschenfelder als aufgeschlossenem Ansprechpartner in Koblenz möchte ich für ihre jeweilige Unterstützung bei der Umsetzung des Projektes – und den beiden zuerst Genannten insbesondere für ihre wertvolle Ermunterung angesichts schwieriger persönlicher Umstände in der Endphase dieser Arbeit – sehr herzlich danken.

Zahlreiche weitere Danksagungen sind auszusprechen. Für stets geduldige Lesehilfe bei den Texten des frühen 19. Jahrhunderts und für aufschlussreiche und interessante Gespräche bin ich vor allem Herrn Dr. Joachim Deeters vom Historischen Archiv der Stadt Köln zu Dank verpflichtet.

Wichtige Hintergrundinformationen verdanke ich Herrn Gerd Bartoschek, Potsdam; Frau Halgard Kuhn, Hannover; Herrn Dr. Jan Meißner, Mainz; Herrn Prof. Dr. Horst Vey, Karlsruhe.

Zu danken habe ich außer Herrn Prof. Dr. Joachim Gaus, Köln, als Koreferent dieser Arbeit auch zahlreichen Mitarbeiterinnen und Mitarbeitern von Archiven und Museen, insbesondere des Kölnischen Stadtmuseums und des Historischen Archivs der Stadt Köln, sowie den privaten Besitzern von Gemälden, die stets für alle meine Fragen offen waren und einer mehrmonatigen Ausleihe ihrer Bilder für die beiden Ausstellungen in Koblenz und Köln zustimmten.

Frau Dr. Iris Benner, Köln, verdanke ich die schöne Gestaltung des Layouts und Frau Dr. Cordula Kapser, Gummersbach, kritisches Korrekturlesen der Arbeit.

Herr Till Mosler und Herr Dipl. Phys. Bernd Glass, beide Köln, unterstützten mich dankenswerterweise mit ihren Kenntnissen und Fertigkeiten in der elektronischen Datenverarbeitung.

An letzter Stelle, aber ganz und gar nicht zuletzt möchte ich Frau Dr. Inga Kleinknecht, jetzt Linz a. d. D., für ständigen Gedankenaustausch und stete Aufmunterung und Ermunterung während der gemeinsamen Vorbereitungen für Dissertation und Disputation danken.

1. Einleitung

Das Kölnische Stadtmuseum bewahrt einen dreiteiligen gezeichneten **Historischen Fries**, auf dem bekannte Kölner Persönlichkeiten aller Zeitalter[1] dargestellt sind. Auf den ersten beiden Abschnitten dieses um 1890 entstandenen Parnass gruppiert der Maler und Graphiker Tony Avenarius unter romanischen und gotischen Bögen Kölner Persönlichkeiten von der Frühgeschichte bis zum Ende der reichsstädtischen Zeit 1798.

Dem 19. Jahrhundert ist der dritte Teil dieser historistischen Darstellung gewidmet.[2] Unter einer Renaissance-Arkade mit Künstlern der jüngeren Kölner Kunstgeschichte wie Bernhard Gottfried Manskirsch, Matthias Joseph De Noël oder Simon Meister steht auch der in Ehrenbreitstein bei Koblenz geborene, aber vier Jahrzehnte in Köln tätige Maler Benedikt Beckenkamp. Für dessen Darstellung greift Tony Avenarius Beckenkamps in Köln bekanntestes Bild, sein um 1797 entstandenes **Selbstportrait** (siehe Umschlag) im Besitz des Wallraf-Richartz-Museums[3] auf. Das halbfigurige Selbstbildnis des vor einem Skizzenbuch sitzenden Malers hat Avenarius in ein Kniestück umgewandelt, das den Maler vor der Staffelei stehend mit dem nicht identifizierbaren Bildnis einer Dame zeigt. Die Legende zu dem großen Fries führt ihn als *Caspar Benedikt Beckenkamp 1747–1828, Hofmaler* an.

Die Einordnung Beckenkamps unter die Kölner Künstler des 19. Jahrhunderts weist bereits auf drei Punkte hin:

- Beckenkamp hatte in Köln auch am Ende des 19. Jahrhunderts noch einen gewissen Bekanntheitsgrad.
- Der Maler wurde trotz des auf die kurfürstliche Zeit hinweisenden Titels „Hofmaler" den modernen Tendenzen zwischen 1800 und 1900 zugerechnet. Die spätere Kunstgeschichte und die Museumskataloge ordneten ihn dagegen gerne in das 18. Jahrhundert ein, in dem der Maler die meisten Lebensjahre zugebracht hatte.
- Das Damenportrait auf der Staffelei verdeutlicht darüber hinaus, dass Beckenkamp am Ende des 19. Jahrhunderts vor allem als Portraitmaler bekannt war.

1.1. Forschungsstand

Am 13. April 1828, knapp zwei Wochen nach dem Tod des Malers, erschien in der „Kölnischen Zeitung" ein *Nekrolog von Caspar Benedikt Beckenkamp*. Der in dem Beitrag ungenannte Verfasser war Matthias Joseph De Noël, ein Schüler Beckenkamps und erster Konservator der Sammlung Wallraf.[4] In dem Nekrolog wird Beckenkamp vor allem als tüchtiger Portraitmaler gerühmt. De Noël[5] verdanken wir aber auch die Erwähnung anderer künstlerischer Tätigkeiten Beckenkamps, wie der Gemälde mit religiösen Themen, der Landschaftsmalerei und der Kopien nach sogenannten altdeutschen Werken. De Noëls kurze Lebensbeschreibung Beckenkamps ist für geraume Zeit die Grundlage für jede weitere Beschäftigung mit dem Werk des Malers gewesen. So folgten auch die späteren Beiträge in verschiedenen Kunstlexika im wesentlichen dieser frühen biographischen Skizze.[6]

Unabhängig vom Lebenslauf Beckenkamps in De Noëls Nekrolog wird der Maler auch in einigen der zahlreichen Reiseberichte zwischen Aufklärung und Biedermeier erwähnt. Unter dem Eindruck der Aufklärung haben Rheinreisende seit dem ausgehenden 18. Jahrhundert in ihren Berichten immer wieder den Kontrast zwischen der Schönheit des Kölner Rheinpa-

A
Leben und Werk

Tony Avenarius – Historischer Fries (Das 19. Jahrhundert, Ausschnitt) Beckenkamp ist vor der rechten Säule stehend, sein Biograph und Schüler Matthias Joseph De Noël vorne in der Mitte sitzend dargestellt. Foto: RBA

noramas und der Verkommenheit der Straßen herausgestellt und diese mit der Finsternis des Geistes in der freien Reichsstadt gleichgesetzt.[7] Würden in Koblenz *alle Räder der Betriebsamkeit* ineinander greifen und *die Fackel der Aufklärung sich verbreiten*[8], so regierten in Köln *Hass und Intoleranz*, sei die Künstlerzahl in Köln im Gegensatz zu früheren Zeiten *nur zu eingeschränkt*[9]. Entsprechend knapp sind die Angaben in den Rheinreisebüchern zur Kölner Kunstszene. Seinem Werdegang folgend wird Beckenkamp als tüchtiger Portraitmaler verzeichnet und schon 1791 sieht der Rheinreisende Wakkerbart den Ruf des Malers in Köln gesichert: *in Porträtgemälden ist Benedikt Beckenkamp vielleicht der größte Meister*[10]. So ist auch 1801 und 1806 bei Albert Klebe zu lesen: *und Benedikt Beckenkamp ist als Portraitmaler berühmt*[11]. Ohne eine Spezialisierung des Malers zu erwähnen, knüpft Heinen – nun schon in romantischer Prägung – an die große Kunst Kölns an: *In Oelmalerei (worin das alte Cöln große Meister hervorgebracht hat) ist besonders stark Herr Beckenkam*[12]. Das „alte Köln" gewinnt nach den Veröffentlichungen der Schriften Friedrich Schlegels (1803–1805), der Freiwerdung säkularisierter Schätze der mittelalterlichen Kunst und den Hoffnungen auf ein Wiederanknüpfen an den Ruhm Kölns in der verherrlichten Vorzeit einen idealen Wert, der jedoch nie in die von dem Kunstsammler Wallraf und den Kölner Romantikern erhoffte Praxis politischer oder kultureller Bevorzugung durch die preußischen Machthaber umgesetzt werden konnte. Selbst Goethe, der den Köln mystifizierenden Tendenzen ablehnend gegenüber eingestellt war, ließ sich von der romantischen Begeisterung im Rheinland teilweise mitreißen und sah die Möglichkeit, *dass ein freithätiges, uneingeschränktes Kunstleben in diesen Gegenden sich aus einer niemals ganz ausgestorbenen Vorzeit fröhlich entwickeln werde*[13].

Das wieder erwachte Interesse an der mittelalterlichen Kunst konzentrierte sich in Köln auf den heute mehrheitlich Stefan Lochner zugewiesenen **Altar der Stadtpatrone**, das große **Dombild** in der Kölner Bischofskirche. Diese Begeisterung fand in dem Wunsch zahlreicher Bewunderer nach Kopien dieses großformatigen Triptychons ihren Ausdruck. Rosenwall (1815), ohne Beckenkamp zu nennen, erwähnt nach seiner Schilderung der abenteuerlichen Rettung des **Dombildes** vor den Franzosen: ... *die Prinzessin Wilhelm von Preußen hat durch einen Kölner Maler eine Kopie von der Figur der Maria nehmen lassen*[14] und Goethe, der im Sommer 1815 den Rhein bereiste, schrieb 1816 in „Kunst und Alterthum": *Herr Beckenkamp beschäftigt sich immerfort mit Kopien desselben* (i. e. des **Dombildes**) *die sogleich ihre Liebhaber finden*[15], womit er der Aussage De Noëls vorgriff, dass Beckenkamp sich *über mehrere Jahre hindurch und fast ausschließlich*[16] der Nachbildung des Dombildes für romantisch gesinnte Auftraggeber widmen konnte (oder musste). Die *gelungene Kopie* Beckenkamps für König Friedrich Wilhelm III. von Preußen erwähnt Schreiber 1821.[17] Die Tätigkeit Beckenkamps als Kopist fand also auch schon in zeitgenössischen Texten und aus berufenem Munde Erwähnung und sollte nicht übergangen werden.

Der bis heute nicht genau zu präzisierende Beitrag Beckenkamps zu der Neugestaltung des während der Säkularisation eingeschmolzenen romanischen **Severinschreines**[18] führt De Noël nicht in seinem Nekrolog, sondern in dem von ihm bearbeiteten Teil des ersten Kölner Reiseführers, der ebenfalls 1828 entstanden ist, an. Demzufolge hat Beckenkamp den *in einem christlich modernen Style ergänzte[n] Reliquienkasten*[19] zusammen mit seinem Sohn Sigismund August Beckenkamp (1788–1823) neu gestaltet.

Verkündigung – Kopie nach Joos van der Beke, St. Maria Lyskirchen (Kat. Nr. 115), geschlossener Altar
Foto: RBA, Wolfgang F. Meier

In dem Nekrolog erwähnt De Noël auch, dass Beckenkamp sich nicht nur mit dem **Dombild** beschäftigte, sondern auch die Kopie nach dem Beweinungsaltar (**Beweinung Christi**) des Joos van der Beke aus St. Maria Lyskirchen[20] in Köln geschaffen hat. Auch hier arbeitete Beckenkamp mit seinem Sohn Sigismund August zusammen, der für die Flügel des Triptychons verantwortlich war.

Keiner der erwähnten Reiseberichte gibt Auskunft über die Koblenzer Zeit Beckenkamps bis 1784. Um so überraschender erscheint eine kleine Notiz bei Demian, der in seinem „Gemälde von Koblenz" 1822 den Verfall der Innenausstattung des 1788 eingeweihten klassizistischen Theaters der Kob-

Beweinung Christi – Kopie nach Joos van der Beke, Köln, St. Maria Lyskirchen (Kat. Nr. 115), geöffneter Altar. Die beiden Flügel (Hl. Veronika, Hl. Nikodemus) wurden von Beckenkamps Sohn Sigismund August gemalt.
Foto: RBA, Wolfgang F. Meier

lenzer Neustadt beklagt: *Die Dekorationen sind von dem Maler Beckenkamp, befinden sich aber jetzt in einem sehr schlechten Zustande*[21]. Da kein Vorname erwähnt ist, kämen für die Ausstattung auch zwei kunstschaffende Brüder des Malers in Betracht.[22]

Im Verlauf des 19. Jahrhunderts geriet Beckenkamps Leben und Werk außer in den lokalgeschichtlichen Forschungen von Merlo[23] (der De Noël aber nahezu vollständig paraphrasiert) und Ennen[24] fast völlig in Vergessenheit. Die idealistische Kunstkritik beachtete die vorangegangene Kunstepoche des ausgehenden 18. und frühen 19. Jahrhunderts nicht mehr oder lehnte sie sogar ab. Bezeichnend dafür ist die Einschätzung der rheinischen Maler durch Wilhelm Füssli, der diese schon 1843 auf ihre handwerklichen Qualitäten reduziert: *Auch die spätern* [i. e. die Maler vom Ende des 18. und beginnenden 19. Jahrhunderts] *Cölner konnten sich noch nicht auf den wahren künstlerischen Standpunkt erheben. Ihre Arbeiten blieben meistens einer selbstbewussten, klaren, idealen Motivierung fern, und der Geschmack war, wenn nicht ein krankhafter, doch nicht ein durchaus gesunder. Dagegen zeigen diese Männer in der Regel wieder ein ehrenhaftes Streben nach technischer Ausbildung und nicht selten große mechanische Fertigkeit...* .[25] Von einer nazarenischen Kunstauffassung geprägt, kann Füssli von Beckenkamps Portraits *nichts Erhebliches berichten*[26]. Dagegen hebt er – als erster – die von Beckenkamp nach Wallrafs Ideen gestalteten sechzehn Kupfertäfelchen für den **Dreikönigenschrein** (Abb. S. 45)[27] hervor. Sie waren ganz offensichtlich einigen Szenen von Raffaels Loggien in Rom nachgebildet und fanden in den Augen der idealistischen Kunstkritik mehr Gnade als die naturalistischen Portraits Beckenkamps.

Füsslis Einschätzung ist jedoch auch die Grundlage für eine Neubewertung um 1900 geworden. Unter dem Eindruck des Impressionismus und dem ihm folgenden Verdikt vom Verfall der Kunst wurde auf der großen Berliner Retrospektive im Jahr 1906 das soeben vollendete 19. Jahrhundert wieder entdeckt und aufgewertet. Die Kunst um 1800 erschien nun technisch wie auch inhaltlich als ein Höhepunkt und selbst Maler wie Caspar David Friedrich wurden der Vergessenheit entrissen. So wurde auch der Name Beckenkamps wieder bekannt und sein Werk auf der Ausstellung durch ein Damenportrait vertreten.[28]

Auf der Darmstädter Ausstellung von 1914 über deutsche Kunst von 1650 bis 1800 wurde Beckenkamps **Selbstportrait** des Wallraf-Richartz-Museums gezeigt.[29] Die Präsentation von Werken des rheinischen Malers in Ausstellungen mit zwei so unterschiedlichen chronologischen Gesichtspunkten lässt bereits einen der Gründe vermuten, warum Beckenkamps Lebenswerk auch in der Folgezeit wenig Beachtung zuteil wurde. Dieses Lebenswerk überbrückt die von Klaus Lankheit als größte Zäsur in der Kunst seit der Antike bezeichnete Zeitenwende um 1800.[30] Beckenkamps signierte und datierte Gemälde reichen von 1776 bis 1828, umfassen also Epochen, welche die Kunstgeschichtsschreibung in Rokoko, Klassizismus, Romantik und Biedermeier zu gliedern versucht.[31] So reflektiert Beckenkamps Werk auch die Fragwürdigkeit kunsthistorischer Kategorisierung.

Auch das Auftreten des Malers in zwei verschiedenen rheinischen Zentren wie Koblenz und Köln hat die Erforschung seines Werkes nicht begünstigt. Erst mit der Rückbesinnung auf den kulturellen Wert und die kulturelle Einheit des Rheinlandes nach 1918 konnte eine Neubewertung dieser Kunstlandschaft beginnen. Mit dem Ende des Ersten Weltkrieges und der

Portrait einer unbekannten Dame, 1906 auf der großen Berliner Retrospektive der Kunst des 19. Jahrhunderts ausgestellt. (Kat. Nr. 88)
Foto: privat

Besetzung der Rheinlande zog die kunsthistorische Forschung sich zwecks Stärkung des regionalen Selbstbewusstseins auf die einheimischen Künstler zurück.[32] Mit den frühen Jahren Beckenkamps (bis 1784) beschäftigten sich Karl Lohmeyer 1919[33] in seiner Studie über die Ehrenbreitsteiner Künstlerkolonie und der Pfarrer von Ehrenbreitstein, Johann Jacob Wagner, im Rahmen von Familienforschungen über die Familien des Ortes.[34] In seiner kleinen Abhandlung über die Koblenzer Maler des 19. Jahrhunderts widmete sich Adolf Jungjohann unter den Malern der Übergangszeit auch den Werken Beckenkamps.[35]

In der ersten monographischen Beschäftigung mit Beckenkamp untersuchte Elisabeth Moses 1925 Leben und Werk des rheinischen Malers unter besonderer Berücksichtigung seiner Kölner Jahre.[36] Moses konnte in einem „Verzeichnis der bisher aufgefundenen Gemälde Beckenkamps" 67 Arbeiten, davon 58 Portraits, vier Kopien nach älteren Gemäldevorlagen[37] und fünf Graphiken präsentieren.[38] Zahlreiche Gemälde hatte die Angestellte des Kölner Kunstgewerbemuseums[39] in Privatbesitz finden können; ein Teil davon verteilte sich im Lauf der folgenden 70 Jahre vornehmlich auf rheinische Museen in Koblenz, Bonn und Köln. Aus dem Historischen Archiv der Stadt Köln publizierte Moses erstmalig schriftliche Quellen aus dem Nachlass von Ferdinand Franz Wallraf, die des Malers Kontakte zu dem Kölner Kunstsammler belegten.[40] Der mit kritischem – was die heterogene Qualität der Gemälde betrifft – aber liebevollem Blick verfasste, Parallelen zur stilistischen Entwicklung des deutschen Möbels vom Louis Seize zum Biedermeier ziehende Aufsatz ist in seiner Lebendigkeit überaus reizvoll zu lesen. Darüber hinaus bleibt es das Verdienst von Frau Moses, das Lebenswerk Beckenkamps erstmals systematisch und chronologisch erfasst und auch beschrieben zu haben. Die 1925 noch möglichen Provenienzangaben erlaubten das Auffinden einiger Portraits in Familien, die Bildnisse von Angehörigen vergangener Generationen mit Stolz bewahren. Weitere von Moses angeregte Studien zu den Kölner Malern um 1800 und zu Beckenkamp blieben weitgehend aus.[41] Eine für 1927 von Hans F. Secker geplante Ausstellung des Wallraf-Richartz-Museums über Kölner Maler des 19. Jahrhunderts fand nicht statt.[42] Anders war dagegen die Situation in Aachen: dort wurde der Portraitmaler Johann Baptist Bastiné nicht nur in einem großen Aufsatz gewürdigt, auch eine große Gedächtnisausstellung mit über 70 Gemälden brachte 1927 das Werk Bastinés wieder ans Tageslicht.[43]

Seit der Herausgabe der Koblenzer Denkmalbände durch Fritz Michel u. a. Autoren und der 1972 erschienenen Neubearbeitung des „Dehio" von Rheinland-Pfalz konnte mit der Dokumentation von Gemälden Beckenkamps für Kirchen des Koblenzer Landkreises ein weiterer Wirkungskreis des Malers erschlossen werden.[44]

Unter dem Aspekt des Sammelwesens in Köln am Ende des 18. und in der ersten Hälfte des 19. Jahrhunderts berücksichtigte die Kölner Ausstellung „Lust und Verlust. Kölner Sammler zwischen Trikolore und Preußenadler" von 1995[45] fünf Werke Beckenkamps: zwei Portraits von Kunstsammlern[46], zwei große Kopien – das **Triptychon der Familie Heereman von Zuydtwyck**[47], das Triptychon nach der **Beweinung Christi** des Joos van der Beke (Joos van Cleve)[48] – sowie eine Portraitkopie.[49] Damit wurde nicht nur die Verbindung Beckenkamps zu Kunst und Sammlertum in Köln herausgestrichen, mit der erstmaligen Ausstellung von zwei bedeutenden Kopien von der Hand des Malers wurde auch eine neue Sicht auf seine Rolle während

Portrait eines Mannes (Der französische General Armand Augustin Louis de Caulaincourt?) – 1811 (?). Die Identität des Dargestellten, der 1811 als Gesandter Napoleons im Haus der Kölner Familie Herstatt auf der Hohen Pforte Quartier gehabt haben soll, lässt sich nicht eindeutig verifizieren. Das Portrait konnte dank der Provenienzangabe bei E. Moses (1925) in Privatbesitz aufgefunden werden. (Kat. Nr. 89)
Foto: RBA, Wolfgang F. Meier

der Säkularisation und der Romantik in Köln eröffnet.[50]

Hans Ost, der 1994 das **Portrait des Kunstsammlers von Merle** im Kunsthandel entdeckte[51], verfasste 70 Jahre nach Elisabeth Moses einen ersten und grundlegenden Aufsatz über die Portraitkunst Beckenkamps am Beispiel der wieder aufgefundenen Bildnisse von Merles und Johann Friedrich Karl Heimanns und stellte ihn unter den Aspekt der Einführung eines neuen bürgerlichen Portraittypus' in Köln durch Beckenkamp.[52]

Aus Anlass seines 250. Geburtstages 1997 widmeten das Mittelrhein-Museum, Koblenz, und das Kölnische Stadtmuseum dem Maler eine monographische Ausstellung.[53] Etwa 60 Gemälde aus öffentlichem und privatem Besitz konnten präsentiert werden. Der Überblick über fünf Jahrzehnte im rheinischen Portrait machte den vielschichtigen Wandel von Stil und Portraitgattungen, von Mode und Innenausstattung, sowie der Gesellschaft und des Menschenbildes einer faszinierenden Umbruchzeit im Rheinland sichtbar.

1.2. Ziel der Arbeit

Das Kölnische Stadtmuseum besitzt 18 der insgesamt 25 Arbeiten Beckenkamps, die sich in den Kölner Museen befinden. Darüber hinaus gehören seine Werke auch zur Ausstattung von Kölner Kirchen, wie des Kölner Domes und der romanischen Kirche St. Severin. Zwölf weitere Gemälde besitzen das Rheinische Landesmuseum Bonn und das Mittelrhein-Museum Koblenz. So sind nähere Kenntnisse des Werkes dieses Malers aus rheinischer, besonders aus Kölner Sicht allein aus diesem Grund schon wünschenswert.

Die erste Zielsetzung dieser Arbeit soll die Ergänzung des von Elisabeth Moses begonnenen Werkkatalogs sein. Bei einer Schaffensperiode von gut 50 Jahren kann die heute bekannte Anzahl von 155 (erhaltenen und verlorenen) Gemälden nur einen Ausschnitt aus Beckenkamps Schaffen wiedergeben. Trotz der Erweiterung des Katalogs um heute verschollene, durch schriftliche oder bildliche Quellen aber dokumentierte Werke ist zu vermuten, dass nur ein kleinerer Teil gehoben werden konnte.

Durch die Erweiterung des Katalogs nicht nur um Portraits, sondern auch um bisher nicht bekannte religiöse Kirchenbilder der frühen Ehrenbreitsteiner Jahre, um Rheinansichten und Stadtbilder und um Kopiewerke nach dem **Dombild** ergibt sich darüber hinaus die Notwendigkeit, die eingangs erwähnte Begrenzung von Beckenkamps Werk auf die Portraitmalerei zu überprüfen. Über die so ausgerichteten Forschungsbeiträge hinaus sollen die vielseitigen Aspekte seines Wirkens herausgestellt werden. Aus diesem Grund erschien eine Gliederung dieser Arbeit nach den verschiedenen Sujets im Werk des Malers am besten geeignet.

Aus der Verschiedenartigkeit der Themen im Werk Beckenkamps ergaben sich auch unterschiedliche methodische Ansätze. So ist das dritte Kapitel über die religiösen Tafelbilder zu einem größeren Teil stilkritisch und unter den Aspekt der Abhängigkeit von Januarius Zick gestellt.

Im vierten Kapitel über die Landschaftsversuche Beckenkamps in graphischen Rheinansichten und im Stadtbild ist ebenfalls eine stilkritische Fragestellung im Bezug auf die Herleitung dieser Werke von Christian Georg Schütz d. Ä. anzusetzen. Für den Aspekt der Rheinansichten und des Stadtbildes erwiesen sich auch sammlungsgeschichtliche Recherchen und aus der Sicht der Entwicklung des Kölner Stadtbildes besonders topographische Forschungen von Interesse.

Für die Portraituntersuchungen boten sich neben stilkritischen vor allem soziologische Kriterien an. Beckenkamp war nicht nur als Portraitist des Bürgertums, sondern auch der kurfürstlichen Herrschaften am Rhein, ebenso wie des rheinischen Adels und des Kölner Klerus tätig. Die historischen Umbrüche und der gesellschaftliche Wandel spiegeln sich in diesen Portraits wider.

Ein besonderer Schwerpunkt dieser Arbeit soll im sechsten Kapitel auf den Aufträgen verschiedener Personen für Kopien nach sogenannten altdeutschen Gemälden, insbesondere des **Dombildes** liegen. In ihnen wird das kulturpolitische Spannungsfeld zwischen dem Rheinland und Preußen in den ersten Jahren nach der Eingliederung Kölns in den preußischen Staat reflektiert.

Ein Nachlass des Malers konnte nicht aufgefunden werden. So fehlen von ihm außer persönlichen Aufzeichnungen auch graphische Vorstudien zu Portraits, Kopien, religiösen Gemälden und Landschaften.[54] Sein persönliches Umfeld und sein schöpferisches Vorgehen müssen anderweitig rekonstruiert werden.

So soll zunächst der bei De Noël skizzierte Lebenslauf des Malers eine kritische Überprüfung und eine Abrundung durch Archivforschungen erfahren, die nicht nur die Stationen von Beckenkamps Lebensweg ergänzen, sondern auch die Entwicklung seiner sozialen Stellung als Künstler im Spannungsfeld zwischen Kunst und Handwerk, Hof und Bürgertum und schließlich zwischen den Wünschen der verschiedenartigen Auftraggeber und den technischen und finanziellen Voraussetzungen im ausgehenden 18. und im beginnenden 19. Jahrhundert beleuchten.

Durch Benutzung von Briefstellen im Nachlass Wallraf[55] und von bisher nicht edierten Quellen, wie den Tagebüchern Eberhard von Grootes[56] und dessen nur auszugsweise publizierten Briefwechsels[57] wird Beckenkamps Rolle als Kopist und damit als Vermittler der Romantik in Köln greifbar. Obwohl hierin nicht eigenständig schöpferisch tätig, reicht sein Nachruhm mit seinen zahlreichen Kopien nach dem Dombild weit über das Rheinland hinaus.

2. Stationen eines Lebensweges

Die Biographie des Malers Benedikt Beckenkamp kann bis heute nur lückenhaft rekonstruiert werden. Die früheste und ausführlichste schriftliche Quelle zum Leben und Werk Beckenkamps ist der bereits erwähnte Nekrolog von Matthias Josef De Noël vom 13. 4. 1828 in der Kölnischen Zeitung.[58] Dort ist der Lebensweg des Malers jedoch nur kurz skizziert und umfasst lediglich die wichtigsten Stationen. De Noël, der nicht nur ein Schüler Beckenkamps, sondern nach eigenen Angaben auch persönlich mit ihm bekannt, ja auch befreundet gewesen ist, gibt in seinem dreispaltigen Beitrag für die Kölnische Zeitung wenig Hintergrund für künstlerische und persönliche Entscheidungen seines Lehrers. Der Beitrag De Noëls kann jetzt durch Archivfunde ergänzt und präzisiert werden. Gleichzeitig fallen beim Vergleich von De Noëls Text mit Archivquellen zum Leben des rheinischen Malers Ungenauigkeiten und Lücken auf. Im folgenden Kapitel soll versucht werden, die teils wirren, teils widersprüchlichen Lebenslinien Beckenkamps zu einem Ganzen zusammenzufügen.

2.1. Kunst und Handwerk: Beckenkamp und seine Familie in Ehrenbreitstein

Die Familie Beckenkamp kam ursprünglich aus dem westfälischen Raum.[59] Der Branntweinbrenner Ludwig Beckenkamp (geb. ca. 1660), der Großvater von Johann Benedikt, lässt sich ab 1681 in Niederberg bei Koblenz nachweisen.[60] Einer seiner Söhne, Lorenz (oder Laurenz) Beckenkamp (1704–1762), betrieb das Geschäft seines Vaters zunächst weiter. Nach der Heirat mit Katharina Scholastika Hoffmann, der Tochter des Hofmalers Johannes Hoffmann aus Ehrenbreitstein, erlernte Lorenz Beckenkamp das Malerhandwerk und übernahm das Geschäft des Schwiegervaters. Hoffmann war jedoch kein Kunstmaler, sondern erledigte bei Hof die *besseren Anstreicherarbeiten*[61]. 1747 siedelte Lorenz Beckenkamp in die nahe bei Niederberg gelegene Residenzstadt des Trierer Kurfürsten, nach Ehrenbreitstein, über. Dort wohnte die Familie nach Auskunft des Ehrenbreitsteiner Pfarrers und Familienforschers Johann Jacob Wagner in einem Anfang des 20. Jahrhunderts abgerissenen Haus an der Ecke Kapuzinerstraße und der damaligen Friedrich Wilhelmstraße.[62] Lorenz Beckenkamp übernahm die Stelle seines Schwiegervaters und wurde in demselben Jahr, zugleich Geburtsjahr seines Sohnes Johann Benedikt, zum Hofmaler ernannt.[63]

Dieser Sohn wurde als Johann Benedikt Beckenkamp am 6. Februar 1747 in Ehrenbreitstein geboren.[64] Auf seiner Sterbeurkunde ist er mit dem Namen Caspar Benedikt Beckenkamp vermerkt. Welche Bedeutung der zusätzliche Name „Caspar" für den Maler hatte, ist nicht bekannt.[65] Von De Noël, der wahrscheinlich für die Abfassung des Totenzettels[66], mit Sicherheit aber für die Ausstellung der Todesbescheinigung sorgte[67], wurde der Name Caspar Benedikt in den Nekrolog aufgenommen und blieb nahezu in der gesamten weiteren Literatur (später Kaspar) üblich. Da der Maler selbst aber nie anders als mit *B., Ben:, Bend:, Bened:* oder *Benedikt* signierte oder firmierte, sei er auch im weiteren Verlauf der Arbeit mit dem Namen Benedikt Beckenkamp genannt. Auch der Nachname des Malers erfuhr eine Reihe von Abänderungen, zuweilen auch Verstümmelungen. Er selbst signierte mit *Bekenkam, Beckenkam*, und erst ab den zwanziger Jahren des 19. Jahrhunderts (vgl. Katalog) mit dem später üblichen Namen *Beckenkamp*. Daneben erscheint er aber auch als *Brekenkamp*[68] und als *Berkenkampff*[69].

gegenüberliegende Seite:
Johann Ignaz Graf Wolff Metternich – 1793
(Kat. Nr. 53)
Foto: RBA, Wolfgang F. Meier

Der Trierer Kurfürst Clemens Wenzeslaus zu Pferde vor dem Frankfurter Römer – 1790 oder 1792 (Kat. Nr. 44) Foto: Bayerische Verwaltung der staatlichen Schlösser, Gärten und Seen, Schloss Nymphenburg

Johann Benedikt war das dritte Kind von Lorenz Beckenkamp und Katharina Scholastika Hoffmann.[70] Von den elf Kindern des Lorenz Beckenkamp sind außer einer Schwester Maria Clara nur Johann Benedikt und seine Brüder Franz Bernhard, Johann Wilhelm und Johann Peter namentlich bekannt. Wie auch schon der Vater Lorenz Beckenkamp waren alle vier Söhne Maler.[71] Über die Jugend von Johann Benedikt Beckenkamp ist nichts überliefert. Sein Vater und erster Lehrer Lorenz Beckenkamp starb 1762, als der Sohn erst 15 Jahre alt war. Der Vater betrieb nicht nur sein Malergeschäft, sondern avancierte auch als Kunstmaler. Nur wenige Gemälde sind jedoch von ihm erhalten.[72] Neben einigen religiösen Gemälden malte Lorenz Beckenkamp vornehmlich Portraits. Als erster Maler im Bereich des Hofes wurde er von dem Trierer Kurfürsten Franz Georg von Schönborn (1729-1756) nicht von außen herangezogen, sondern stammte als gebürtiger Niederberger aus dem Bereich der Residenz.[73] Erst 1986 wurden zwei Bildnisse von seiner Hand für die Hüttenherren Remy im städtischen Museum in Bendorf bekannt (Abb. S. 79).[74] Wie viel der Sohn von dem Vater lernen und übernehmen konnte, ist nicht zu klären. Wie der Frankfurter Christian Georg Schütz d. J. (1758-1824) in der Werkstatt seines Onkels, des gleichnamigen Landschaftsmalers Schütz d. Ä., mag auch der junge Beckenkamp bei seinem Vater als Lehrling den Umgang mit Farben, das Farbenreiben und die Grundierung von Leinwänden erlernt haben.[75]

Weder der von De Noël angeführte Aufenthalt in Würzburg, noch die Lehrzeit in Ehrenbreitstein bei Januarius Zick (1730-1797) und in Frankfurt[76] bei Christian Georg Schütz d. Ä. (1718-1791) sind zeitlich genau zu bestimmen. In Würzburg konnte sich der junge Maler mit den Fresken Tiepolos im Neumann'schen Treppenhaus und mit den Fresken von Johann und Januarius Zick im Gartensaal der Residenz auseinandersetzen. Mehr noch werden ihn im Hinblick auf seine Ausbildung und auf seine künftige Rolle als Portaitmaler die Fürstengalerie des vorletzten Fürstbischofs von Würzburg und die zahlreichen Bildnisse von Adam Friedrich von Seinsheim interessiert haben.[77]

Nicht nur in seiner Jugend, sondern immerhin bis zu seinem 34. Lebensjahr arbeitete Beckenkamp im Anstreichergeschäft seiner Mutter Katharina Scholastika Beckenkamp (1720-1785) mit, das diese nach dem Tod des Vaters Lorenz Beckenkamp weitergeführt hatte.[78] In den Landrentmeistereibüchern des Trierer Hofes finden sich für die Jahre 1776, 1777 und 1781 Rechnungsbelege für Anstreicherarbeiten Beckenkamps im Auftrag des Kurfürsten.[79] Auch seine Brüder müssen beteiligt gewesen sein. So erscheint neben Beckenkamp, der meist ohne Vornamen bleibt, auch Johann Wilhelm Beckenkamp, der noch 1782 für die *in der inneren Reitschul angestrichenen 6 Fenster* 2 Reichstaler und 18 Albus erhielt.[80]

Erst 1776, als der Maler bereits 29 Jahre alt war, wurden seine ersten datierten und signierten Gemälde als Kunstmaler bekannt. Es handelt sich um ein religiöses Gemälde für die Pfarrkirche Heilig Kreuz in Ehrenbreitstein[81] und um einen ca. 1778 entstandenen Zyklus für die kleine Pfarrkirche von Urmitz am Rhein.[82]

Möglicherweise noch früher, zu Beginn der siebziger Jahre malte Beckenkamp die von De Noël erwähnten Portraits der Pferde des kurfürstlichen Hofmarstalls mit ihren Reitern.[83] Diese Bilder machten Beckenkamp beim Trierer Kurfürsten bekannt. Als selbständiger Kunstmaler geriet er in den Einzugsbereich des Trierer Hofes: *Der Kurfürst von Trier, Klemens Wenzes-*

*Sophie La Roche – 1782 (Kat. Nr. 24)
Foto: Goethe-Museum, Düsseldorf*

laus, der, ein großer Freund und Verehrer der Kunst, von Beckenkamps Leistungen Kunde erhalten hatte, gewann ihn wegen seines Fleißes und sanften Charakters lieb und beschäftigte ihn unausgesetzt[84]. Einige Rechnungen des Hofes im Koblenzer Landeshauptarchiv bestätigen De Noël hier.[85] Im Auftrag von Clemens Wenzeslaus und seiner Schwester Kunigunde von Sachsen entstanden zwei kleinere[86] und ein großes Reiterportrait[87] der fürstlichen Liebhaber der Pferde und des Reitens. Auch als Beckenkamp bereits in Köln lebte und wirkte, erhielt er anlässlich der Kaiserkrönungen 1790 und 1792 noch Aufträge für Reiterportraits des Trier Kurfürsten, die jedoch als Staatsportraits der Repräsentation und nicht als Erinnerungsstücke für den privaten Raum des kurfürstlichen Geschwisterpaares dienten.[88] Der wichtigere Portraitist des Kurfürsten und Konkurrent Beckenkamps blieb jedoch Heinrich Foelix (1736–1803), der als fest besoldeter Hofmaler in den Hofkalendern verzeichnet ist.[89]

In bürgerlichen Kreisen scheint Beckenkamp früher als bisher angenommen mit seiner Tätigkeit als Portraitist erfolgreich gewesen zu sein: das im Mai 2001, also nach Abschluss dieser Arbeit, im Kölner Auktionshaus Lempertz versteigerte **Familienbild mit Niederlahnstein und der Ruine Lahneck im Hintergrund** (Farbabb. S. 108) stammt aus dem Jahr 1779.[90] Wenn auch die Personen zurzeit nicht identifizierbar sind, so ist ein bürgerlicher Portraithintergrund jedoch überaus wahrscheinlich.[91]

Auch eine engere Verbindung mit der Dichterin Sophie La Roche und ihrer Familie in Ehrenbreitstein scheint sich nicht nur in einem Portraitstich Beckenkamps nach einer verlorenen Gemäldevorlage erschöpft zu haben. Darüber hinaus behauptet Karl Zimmermann ohne Angaben von Quellen, Beckenkamp habe die Kinder der Dichterin im Malen unterrichtet. In einem Roman zum empfindsamen Leben der Sophie La Roche erwähnt Renate Feyl, die Schriftstellerin habe dem „Hofmaler" Beckenkamp für ihr Portrait gesessen.[92]

Die Motivation für den Orts- und Tätigkeitswechsel Beckenkamps nach Köln erweist sich als ebenso vielfältig wie das Beziehungsgeflecht, das Beckenkamp offensichtlich noch in Ehrenbreitstein nach Bonn und nach Köln knüpfen konnte. Schon 1783 konnte der Ehrenbreitsteiner Maler den Kölner Priester, Baccalaureus und Lizenziaten der Medizin[93], den späteren Universitätsrektor, Kunstsammler und Förderer von Künstlern, Ferdinand Franz Wallraf (1748–1824) kennen lernen. Auf einer Reise nach Baldern in Schwaben, wo Wallraf den Kölner Dompropst Franz Wilhelm Reichsgraf von Oettingen Baldern auf seinen Domänen besuchte, war der Kölner Geistliche auch in Ehrenbreitstein vorbeigekommen und hatte mit dem kurtrierischen Maler Januarius Zick Bekanntschaft gemacht.[94] Eine frühzeitige Kontaktaufnahme zwischen Beckenkamp und Wallraf bei dieser Gelegenheit ist nicht belegbar, aber durchaus möglich.

Wann der Habsburger und 1784 zum Kölner Kurfürsten gewählte Maximilian Franz (1756–1801) (Farbabb. S. 105) auf Beckenkamp aufmerksam geworden sein könnte, ist nicht zu entscheiden. Bereits 1780 weilte der letztgeborene Sohn Maria Theresias und Koadjutor des Kölner Kurfürsten für kurze Zeit in Ehrenbreitstein.[95] Auch die Schwester des späteren Kölner Erzbischofs, Marie Christine von Habsburg und ihr Ehemann, Albert von Sachsen-Teschen hatten sich nach De Noël im Auftrag von Kurfürst Clemens Wenzeslaus bei einem Besuch in Ehrenbreitstein von Beckenkamp portraitieren lassen.⁹⁶ Wahrscheinlicher aber ist, dass Clemens Wenzeslaus Maximilian Franz erst 1784 auf der Durchreise von Wien nach Bonn, wo er nach dem Tod seines Vorgängers zum Kölner Kurfürsten und Erzbischof bestimmt war, auf den Maler aufmerksam machte.⁹⁷ Der neue Kölner Kurfürst brauchte Portraitmaler, um die Hauptorte des großen Kurfürstentums mit seinen Portraits zu bestücken.⁹⁸ Dennoch ist Beckenkamp auch in den Hofkalendern des kurkölnischen Hofes nicht als Hofmaler vermerkt.⁹⁹ Eine regelmäßige Besoldung durch eine feste Anstellung als Portraitmaler wurde ihm mithin nicht gewährt.¹⁰⁰ Dennoch wird der Maler die wirtschaftlichen Perspektiven in der Region günstig eingeschätzt und sich dadurch zu einem Ortswechsel ermutigt gesehen haben.

Es ist anzunehmen, dass sich gleichzeitig die wirtschaftlichen Ressourcen des Trierer Hofes reduziert hatten. Ausdruck dafür war bereits die Tatsache, dass für den Neubau des Koblenzer Theaters (1787) der private Bauherr Schmitz, der Vermögensverwalter der ebenfalls am kurfürstlichen Hof residierenden Fürstäbtissin von Essen und kurfürstlichen Schwester Kunigunde von Sachsen (1740–1829), beauftragt wurde.¹⁰¹ Darüber hinaus scheint der Trierer Hof auch in der Regierungszeit des Vorgängers Walderdorff mit der Vergabe von Hofämtern nicht gerade freizügig gewesen zu sein. Dafür sprechen im Bereich der Malerei beispielhaft die Versuche und Eingaben des aus Bonn gebürtigen Landschaftsmalers Bernhard Gottfried Manskirsch (1736–1817), der als Hofmaler in Ehrenbreitstein angenommen werden wollte.¹⁰² 1763 wurde er zum Kammerportier berufen und ab 1774 durfte er sich „kurfürstlicher Landschaftsmaler", aber nicht Hofmaler nennen.¹⁰³ Möglicherweise aus Einsicht in die ökonomische Perspektivlosigkeit im Kurfürstentum kündigte Manskirsch 1787 seine Kammerportierstelle¹⁰⁴ und folgte Beckenkamp nach Köln. Dort wurde er am 29. März 1788 in die Malerzunft aufgenommen.¹⁰⁵

Ein persönliches Motiv für den Ortswechsel Beckenkamps liefert De Noël: 1784 war die erste Frau Beckenkamps, Katharina Josepha Breitbach nach drei Jahren Ehe gestorben.¹⁰⁶ Neben dem persönlichen Schmerz mag ein weiterer familiärer Grund beigetragen haben, dass Beckenkamp den Wohnort wechselte: Sein Bruder Johann Peter lebte in Bonn und lässt sich seit 1786 dort nachweisen.¹⁰⁷ Dessen Frau Veronika Beckenkamp erscheint in den Bonner Hofkalendern zwischen 1785 und 1794 als Hofsängerin.¹⁰⁸ Einige in Bonn entstandene Werke Peter Beckenkamps sind 1786 datiert.¹⁰⁹ Der ihm angetragene Entwurf für die Denkmünze des neuen Kurfürsten Maximilian Franz lässt bereits auf einen gewissen Bekanntheitsgrad in Bonn schließen.

Über die Beethoven-Forschung wurde Benedikt Beckenkamp im ersten Viertel des 20. Jahrhunderts in eine weitere Beziehung zu Bonn gebracht.¹¹⁰ Diese Verbindung beruhte auf der falschen Identifizierung eines von ihm gemalten Damenportraits im Bonner Beethovenhaus und auf der gleichzeitigen Verwechslung seiner Biographie mit der des Bruders Peter. Wie eng die Verbindung von Peter Beckenkamp zu der Mutter Ludwig van Beethovens gewesen sein muss, zeigt die Taufbucheintragung bei der Geburt eines Sohnes dieses Malers am 24. 10. 1786: Taufpatin war Maria Magdalena Keverich, *dicta Beethoven*¹¹¹.

In seinem Nekrolog berichtet De Noël weiter, dass Johann Benedikt Beckenkamp in Bonn dem Grafen Salm-Reifferscheidt bekannt wurde, *welcher ihm* – um 1785 – *die Abbildung seiner in Köln wohnhaften Familie auftrug*¹¹².

Benedikt Beckenkamp – 1786
(Kat. Nr. 32)
Foto: RBA, Wolfgang F. Meier
© LVR, Rheinisches Landesmuseum, Bonn

Dabei handelte es sich wohl um Sigismund Altgraf zu Salm-Reifferscheidt (1732–1794)[113], der für Johann Benedikt Beckenkamp noch von weiterer Bedeutung sein sollte. Der Obristhofmeister des neuen Kurfürsten, Sigismund zu Salm-Reifferscheidt, war bald nach dem Regierungsantritt von Max Franz zum Intendanten der Hofmusik bestellt worden.[114] Als Leiter der Hofkapelle kannte er in seinem Personal auch die Sopranistin Veronika Beckenkamp. So konnte Johann Benedikt Beckenkamp auch über seine Schwägerin das Beziehungsgeflecht zum rheinischen Adel für seine weitere Tätigkeit im Köln-Bonner Raum knüpfen und aufbauen.

Wie lange Beckenkamp sich in Bonn aufhielt, wo er sich dort aufhielt[115], ob er überhaupt jemals in der Residenzstadt des Kölner Kurfürsten wohnte, ist nicht zu klären. Als Mitglied der Bonner Lesegesellschaft[116] wird daher nicht Benedikt, sondern Peter Beckenkamp gemeint gewesen sein.[117]

Anna Maria Beckenkamp – 1791
(Kat. Nr. 47)
Foto: RBA, Wolfgang F. Meier
© LVR, Rheinisches Landesmuseum, Bonn

2.2. Bürgerrecht und Zunftamt: Aufstieg in der Reichsstadt Köln

Möglicherweise ist Benedikt Beckenkamp mit seinen Gönnern, der Familie des Grafen Salm-Reifferscheidt, direkt nach Köln gezogen. Sigismund zu Salm-Reifferscheidt hatte 1785 am Kölner Blaubach ein Stadtpalais gekauft.[118] In diesem Haus soll Beckenkamp seine zweite Ehefrau Anna Maria Zipperling aus Bruchsal kennen gelernt haben.[119] Die Tochter eines fürstbischöflichen Jagdsekretärs aus Bruchsal war Bedienstete im Haus der Salm-Reifferscheidt. Wie Beckenkamp kam auch sie aus einer Familie, die in dem Mikroorganismus eines Hofstaates aufgewachsen war. Die Heirat erfolgte am 26. 3. 1786 in der Pfarrkirche St. Jakob in der Nähe des Blaubachs.[120] Möglicherweise wohnte Beckenkamp zu dieser Zeit selber auch in dem nach seinen späteren Besitzern „Lippesches Palais" genanntes Haus (Abb. S. 70) mit den Stuckverzierungen aus Rocaillen[121] am Blaubach Nr. 30. Dass der Maler auch nach seiner Heirat und nach Abschluss der Portraits für den Grafen und seine Familie mit diesen weiterhin in Kontakt stand, zeigen die Patenschaften des Grafen und seiner Frau für zwei der in Köln geborenen Kinder Beckenkamps.[122] Während De Noël nur die Aufträge der Adelsfamilien Salm-Reifferscheidt und Sternberg erwähnt, ließen sich wei-

Ferdinandine Wolff Metternich, Tochter von Johann Ignaz Graf Wolff Metternich, an der Harfe – 1793 (Kat. Nr. 54)
Foto: RBA, Wolfgang F. Meier

tere Portraits für adelige Familien des Rheinlandes[123], und auch Westfalens[124], auffinden. Analog zu einem mehrwöchigen Aufenthalt des Malers auf dem Stammsitz der in Köln wohnenden Adelsfamilie Sternberg in Blankenheim in der Eifel[125], hat Beckenkamp ca. 1786/87 auf Schloss Wahn[126] in Wahn bei Köln und um 1792/93 in Schloss Gracht[127] bei Liblar (Erftstadt) jeweils wohl mehrere Wochen verbracht und Mitglieder der Familien Heereman von Zuydtwyck, bzw. Wolff Metternich portraitiert.

Ein weiterer einflussreicher Adeliger in Köln, der bereits erwähnte Propst und Domkapitular Franz Wilhelm von Oettingen Baldern (1725-1798), wurde Pate eines Beckenkamp-Kindes.[128] Diese Tatsache sei erwähnt, um das Geschick Beckenkamps, an private Kontakte geschäftliche Perspektiven zu knüpfen, herauszustellen. Allerdings war es wohl übliche Praxis von Malern, wie auch vergleichbare Beispiele von Januarius Zick und Heinrich Foelix in Ehrenbreistein zeigen, mit einer solchen Patenschaft mögliche Auftraggeber und damit wirtschaftlichen Nutzen heranzuziehen. Gemälde Beckenkamps für den adeligen Kleriker von Oettingen-Baldern sind allerdings nicht bekannt.[129]

Die Beendigung seines Auftrags in Köln hatten ihn zur Rückreise nach Koblenz bestimmt, da erfolgte die Einnahme der Rheinlande durch die französischen Revolutionsheere. Sein Gönner Klemens Wenzeslaus hatte bereits seinen Aufenthaltsort verlassen, und so knüpften die Verhältnisse Beckenkamps Wirkungskreis an Köln[130]. De Noëls Formulierung suggeriert, der Maler habe nach der Erledigung seiner Aufträge für Kurfürst Maximilian Franz und die Familien Salm-Reifferscheidt und Sternberg wieder nach Ehrenbreitstein zurückkehren wollen. Durch seine Heirat, die Aufnahme in die Kölner Malerzunft und den Erwerb des Kölner Bürgerrechts war Beckenkamps Wirkungskreis allerdings bereits eng mit Köln verknüpft.

Zur Pflicht eines seinen Beruf ausübenden Handwerkermeisters in der freien Reichsstadt Köln – wie auch anderenorts[131] – gehörten die Zugehörigkeit zur Zunft und die Qualifikation zum Meister.[132] Nach der Erfüllung seiner Aufträge für die Familie von Sternberg in Blankenheim im Spätsommer 1786[133] begehrte Beckenkamp im Dezember desselben Jahres die Qualifikation zum Meister der Kölner Malerzunft.[134] Die hohen Qualifikationsgebühren von 40 Reichstalern scheinen ihn zunächst in finanzielle Bedrängnis gebracht zu haben. Beckenkamp forderte eine Reduzierung der Gebühren auf 30 Reichstaler, die Zunft aber beharrte auf der vollen Gebühr, gewährte ihm jedoch für die Zahlung der zweiten Hälfte eine Frist von zwei Monaten.[135] Mit einem Gesellen von Beckenkamps Malerkollegen Johann Jakob Schmitz (1724-1801) war dagegen noch 1759 kulanter verfahren worden: er wurde zur halben Meisterschaft zugelassen.[136]

Dazu kam noch die Gebühr, die Beckenkamp für den Erwerb der Kölner Bürgerschaft zu zahlen hatte.[137] Da der Maler in Köln konfessionell konform, also katholisch war, wurde ihm eine Qualifikation zum Kölner Bürgerrecht nicht verweigert und er konnte ohne berufliche Nachteile arbeiten.[138] Der Erwerb des Kölner Bürgerrechts wurde aus Armut oder Desinteresse besonders gegen Ende des 18. Jahrhunderts oft vernachlässigt. Offensichtlich waren die Vorteile des Bürgerrechts für viele außerstädtische wie städtische Einwohner zu gering und auch ohne Bürgerrecht konnte man leben und arbeiten.[139] Als Portraitmaler mag Beckenkamp sich aber aus repräsentativen Gründen bewusst dazu entschieden haben, mit dem

Der „Baron Hüpsch" (Charles Honvlez) – 1789 (Kat. Nr. 39)
Abb. aus: Ausstellungskatalog „Lust und Verlust. Kölner Sammler zwischen Trikolore und Preußenadler", Köln 1995, Farbtafel VII.

Besitz der Bürgerschaft ein *wertbetontes gesellschaftliches Unterscheidungsmerkmal*[140] zu erwerben. Mit der Bürgerschaft erhielt er das Recht zur Niederlassung in der Stadt wie auch das aktive und das passive Wahlrecht.[141] Wie der aus Koblenz stammende Maler in Köln weitere Kontakte knüpfte, die ihn nicht nur geschäftlich, sondern auch kulturell fördern konnten, zeigt eindrucksvoll seine Annäherung an den Kunstsammler Hüpsch. Jean Guillaume Adolphe Fiacre Honvlez (1730/1–1805), der aus Lüttich stammte, sich selbst mit dem Titel Baron adelte und sich den Freiherrennamen Hüpsch zulegte, lebte seit 1749 in Köln.[142] Seit den siebziger Jahren legte er aus den Geldern seiner Familieneinkünfte und aus den Honoraren seiner gelehrten Abhandlungen, die er gerne fürstlichen Gönnern widmete, eine beachtliche enzyklopädische Sammlung an, deren Ruf über Köln hinausging und zahlreiche „ausländische" Besucher anzog. Zeugnis davon gibt neben der Erwähnung in den Reiseberichten das erhaltene Besucherbuch dieser Sammlung, das die Jahre 1776 bis 1803 umfasste.[143] Es macht deutlich, dass der eitle Baron seine enzyklopädischen Neigun-

Gregor Joseph Lang, Reiseschriftsteller, Kunstsammler und Auftraggeber Beckenkamps – 1791 (Kat. Nr. 48)
Foto: RBA, Wolfgang F. Meier
© Mittelrhein-Museum, Koblenz

gen nicht nur einer adeligen Elite zugänglich machen wollte, sondern dass seine Sammlung, aufklärerischem Gedankengut folgend, der Bildung des Menschengeschlechtes dienen sollte. So können wir wenige Tage nach der Eintragung des Reichsgrafen Fugger, am 19. Juli 1787 *Benedict Beckenkamp, portrait mahler aus Cöllen* als Besucher feststellen.[144] Die Signatur des Malers zeigt nicht nur, in welchem Spezialfach er sich etablieren wollte, sondern auch, dass er sich bereits in das soziale Gefüge der Stadt Köln integriert sah.

Es blieb jedoch nicht allein bei dem Besuch der Sammlung Hüpsch. Der sich selbst als Gelehrter verstehende Sammler besaß auch eine reichhaltige Bibliothek, die er als Philantrop ebenfalls nicht selbstsüchtig für sich hütete, sondern aus der er auch Bücher auslieh. Bezüglich einer Buchausleihe konnte ein undatierter Brief Beckenkamps an Hüpsch in der Hessischen Landes- und Hochschulbibliothek aufgefunden werden (Abb. S. 31).[145] Auch in dem penibel geführten Ausleihbuch erscheint der Name Benedikt Beckenkamp. Der Maler gab – soweit erkennbar – die ausgeliehenen Bände gewissenhaft zurück. So sind die von ihm entliehenen Titel mit dicker Feder durchgestrichen und nur bruchstückhaft zu entziffern.

Schon 1789 kam es dann zu einem Portraitauftrag Hüpschs an Beckenkamp. Der Baron und Kunstsammler ließ sowohl seine Haushälterin, die als kenntnisreiche Führerin durch seine Sammlung in den Reiseberichten gerühmte Mademoiselle Happertz, als auch sein eigenes Konterfei von Beckenkamp malen.[146] Für dessen Verbreitung bei Gelehrten und Sammlern sorgte er durch einen Reproduktionsstich von Christoph Wilhelm Bock (1755–1830/40).[147]

Trotz seiner Bindung an seinen neuen Kölner Wirkungskreis blieb Beckenkamp auch weiter für Auftraggeber in Koblenz tätig. So malte er 1791 das psychologisch einfühlsame Portrait des Koblenzer Reiseschriftstellers, Kunstsammlers und Auftraggebers von Beckenkamp, Gregor Joseph Lang.[148]

1792 wurde Beckenkamp für eine Reihe von Aufträgen des Kurfürsten nach Koblenz gerufen. Der *Serenissimus* Clemens Wenzeslaus von Sachsen, Onkel von Ludwig XVI., nahm eine Reihe von französischen Revolutionsflüchtlingen auf, die seit 1791 die neue Residenzstadt Koblenz bevölkerten und in Schloss Schönbornslust residierten.[149] Kopien von Rechnungsbelegen im Koblenzer Mittelrhein-Museum zeigen, dass Beckenkamp mit einigen nachweisbaren Portraitaufträgen für die Emigranten aus der veränderten politischen Situation in Frankreich durchaus einen Gewinn ziehen konnte.

Ob Beckenkamp, *portrait mahler aus Cöllen*, 1788 auch der gleichnamige Maler der Koblenzer Bühnendekoration war, muss ungeklärt bleiben. Am 1. September 1788 wurde das von Peter Joseph Krahe (1758–1840) erbaute klassizistische Theater der Koblenzer Neustadt eröffnet.[150] Innen war es mit gemalten Dekorationen verziert, deren originaler Bestand sich bei der Generalinstandsetzung des Theaters 1984/85 und nach der Abnahme der zahlreichen Übermalungen des 19. Jahrhunderts teilweise noch auf der Herrschaftsloge erkennen ließ.[151] Die originale Bemalung hob durch feine Licht- und Schattenlinien plastische und perspektivische Elemente heraus. Große Formenzusammenhänge bestanden aus Freihandbemalung, während die Ornamentik in Schablonentechnik konstruiert war. Diese illusionistische Bemalung war bereits im dritten Jahrzehnt des 19. Jahrhunderts in beklagenswertem Zustand.[152] Da keiner der zeitgenössischen

Der französische Kommandant von Jülich, Pièrre Barrère – ca. 1808 (Kat. Nr. 84)
Foto: Medienzentrum Düsseldorf

Berichte, aber auch kein späterer Reiseführer den Vornamen von *unserem Beckenkamp*[153] erwähnt, muss im Dunkeln bleiben ob Benedikt Beckenkamp oder sein Bruder Wilhelm, der bis zu seinem Tod 1789 in Koblenz-Ehrenbreitstein lebte, oder aber der in Bonn tätige Peter Beckenkamp, der als „Dekorationsmaler" ebenfalls in Frage käme, diese nicht mehr vorhandene Ausstattung malte.[154] Eine Urheberschaft des „Kölner" Beckenkamp scheint nicht ausgeschlossen, da Benedikt Beckenkamp bei dem Frankfurter Schütz auch die in Frankfurt sehr beliebte Dekorationsmalerei gelernt haben könnte[155], die illusionistische Architektur mit ornamentalem Zierrat auf den Außenmauern von Bürgerhäusern schmückte. Wahrscheinlicher aber lag die Ausführung bei Peter Beckenkamp, der 1791 in Bonn nicht nur zusammen mit seiner Frau als Schauspieler tätig war, sondern neben François Rousseau auch als Theatermaler erwähnt wird.[156]

Bei Erscheinen des ersten Kölner Adressbuches 1795 finden wir Beckenkamp wohnhaft im Haus Waidmarkt Nr. 6956 nach französischer, nach preußischer Zählung im Haus Nr. 1/3.[157] Wenige Monate nach dem Einmarsch der französischen Revolutionstruppen erscheint Beckenkamp als der jüngere der beiden Amtsmeister der Kölner Malerzunft.[158] Dieses auf ein Jahr befristete Ehrenamt war seit der „Verbesserten Verordnung" aus dem Jahr 1700 und der „Verbesserten Amtsordnung" von 1786 mit der Auflage verbunden, *sich durch erlegung dreißigzwei Reichsthaler diese Verdienstschafft [zu] erwerben*.[159] Der Vorgang zeigt, dass Beckenkamp acht Jahre nach seiner Aufnahme in die Kölner Malerzunft seine finanziellen Schwierigkeiten überwunden haben muss und dass sein gesellschaftliches Ansehen gestiegen war.

1798 stand Beckenkamp ein weiteres Mal zur Wahl eines Zunftmeisters zur Verfügung, dieses Mal zum älteren Meister der Malerzunft. Bei der Wahl am 23. April 1798 wurde ihm als älterer Zunftmeister jedoch der Maler Birbach vorgezogen.[160] Auch wenn er gewählt worden wäre, so hätte Beckenkamp sein Amt nicht mehr antreten können: Die Wahl war eine inzwischen anachronistische Formalie. Die Zünfte wurden am 26. März 1798 von der Kölner Munizipalverwaltung aufgelöst und damit eine jahrhundertealte Wirtschafts- und Gesellschaftstruktur in Köln zerschlagen.[161] Im Gegensatz zu dem Kölner Portraitmaler Johann Jakob Schmitz ist für Beckenkamp keine Zugehörigkeit zum Gremium der 44 Gaffelfreunde, der politischen Repräsentanz der Zünfte, belegt.[162] Offensichtlich hat er nie ein reichsstädtisches Amt innegehabt.

Wie die damaligen Kriegsereignisse im Allgemeinen sehr störend auf die Kunst einwirkten, so traf auch unseren Beckenkamp eine zweijährige Geschäftslosigkeit, während welcher er indessen in dem Talent und dem Fleiße seiner Gemahlin, einer kunstgeübten Stickerin, eine wesentliche Stütze seines Hausbedarfs fand.[163]
Ein Portrait von Anna Maria Beckenkamp[164] mit Stickzeug in der Hand (Abb. S. 23), datiert aus dem Jahr 1791.[165] Auf diesem Bildnis hat die Frau des Künstlers einen verhärmten Gesichtsausdruck. Dieser könnte sich auf die von De Noël beschriebene finanzielle Not beziehen. 1791 aber drohten keine Kriegsereignisse mit Beschäftigungslosigkeit. Ein Mangel an Aufträgen scheint durch einige aus diesen Jahren (1790–1792) datierte Werke widerlegt zu sein.

Dagegen verfügen wir zwischen 1799 und 1803/5 in Köln über keine datierten Gemälde Beckenkamps. In diesen Jahren klafft auch eine Lücke in seinem Lebenslauf, die weder Archivfunde noch Werke füllen können.[166] De Noël berichtet, der Maler habe *von auswärtigen Gönnern berufen,* mehrere Reisen in die Gegend von Aachen und nach Holland gemacht und sei einige Jahre in Groningen in Friesland beschäftigt gewesen.[167] Mit „auswärtigen Gönnern" in der Nähe von Aachen könnte z. B. der französische Kommandant von Jülich, Barrère, gemeint sein, den Beckenkamp mit seiner Ehefrau um das Jahr 1808 portraitierte.[168]

Marie Barrère, die Frau des Kommandanten von Jülich – ca. 1808 (Kat. Nr. 85)
Foto: Medienzentrum Düsseldorf

2.3. Französische und preußische Jahre in Köln: Anpassung und Flexibilität

Mit der Säkularisation der Kölner Kirchen ergaben sich für Beckenkamp nicht nur auf dem Gebiet seiner Kunst neue Aufgaben, er wurde auch für die Taxierung von wertvollen Gemälden, die aus dem Vermögen der Kirchen kamen und zwangsweise verkauft wurden, zu Rate gezogen. In diesem Zusammenhang schätzte er zusammen mit dem Kölner Maler und Restaurator Nikolaus Zimmermann den Wert eines in die Sammlung Wallraf eingegangenen Bildes aus St. Andreas, das Triptychon des Gerhard ter Steegen de Monte mit der **Beweinung Christi** des Meisters des Marienlebens und des Meisters der Georgslegende auf 7 Louisd'ors.[169] Schließlich ist Beckenkamp auch als Restaurator des spätgotischen kölnischen **Achatiusmartyriums** aus der Sammlung des preußischen Regierungsrates Werner von Haxthausen greifbar.[170]

Als endlich die Rheinlande sich wieder deutscher Kunst und deutscher Herrschaft zu freuen anfingen, da schloß sich für Beckenkamp ein neues Feld auf, nämlich die Nachbildung altdeutscher Gemälde[171]. Tatsächlich beschäftigte sich Beckenkamp mit den Kopien nach dem **Altar der Stadtpatrone** im Kölner Dom bereits aber schon seit 1812, als die preußische Prinzessin Marianne bei Wallraf eine Nachbildung des **Dombildes** bestellte.

Schon diese erste Beschäftigung mit dem **Dombild**, vor allem aber die zeichnerischen Vorlagen von 1814 nach einem Gemälde und nach zwei Miniaturen aus einem Stundenbuch (beides zu dieser Zeit im Besitz des Rektors Fochem) für das von Eberhard von Groote herausgegebene *Taschenbuch für die Freunde altdeutscher Zeit und Kunst auf das Jahr 1816* scheinen Beckenkamps Ruhm in Köln gefestigt und gesteigert zu haben. Dafür spricht die von Roland Krischel im Kölner Stadtarchiv aufgefundene Einladungsliste für das am 18. Oktober 1815 gefeierte Fest anlässlich der von Eberhard von Groote erreichten Rückführung der **Kreuzigung Petri** von Rubens (Köln, St. Peter) aus Paris.[172] Beckenkamp wird auf dieser Liste zusammen mit seinem ihn unterstützenden Sohn Sigismund August an erster Stelle aller Maler, Bildhauer, Künstler in Eisenarbeit und Gemäldeliebhaber gleich hinter den Honoratioren Ferdinand Franz Wallraf und dem Wachsbossierer Caspar Bernhard Hardy (1726–1819) aufgeführt.[173] In den folgenden Jahren füllte Beckenkamp mit seinen Kopien eine Marktlücke, die sich mit den politischen und geistigen Umwälzungen ab 1814/15 aufgetan hatte. Er stand in Köln mit dieser Tätigkeit fast ohne Konkurrenz da.[174] Die Nachfrage war offensichtlich so groß, dass Beckenkamp neben seinem Sohn Sigismund August auch Schülern kleinere Aufträge delegierte.[175] Der ehrenvollste Auftrag kam Beckenkamp von König Friedrich Wilhelm III. zu, der 1818 eine große Kopie des **Dombildes**[176] in Auftrag gab. Der inzwischen über siebzigjährige Maler entledigte sich seines Auftrages zwischen 1819 und 1821.

Ferdinand Franz Wallraf – 1812
(Kat. Nr. 95)
Foto: RBA

Ob das letzte Bild des Malers das große Familienbild mit den **Sechs Söhnen des Kupferstechers Heinrigs**[177] war, wie De Noël behauptet, oder das heutige Kölner Rathausbild, das **Triptychon der Familie Heereman von Zuydtwyck**[178], wird zu diskutieren sein.[179] Einundachtzigjährig und bis kurz vor seinem Tod tätig, starb der Maler am 1. April 1828 in Köln.

Bei der Überprüfung der Biographie des rheinischen Malers Benedikt Beckenkamp bleiben, der spärlichen Überlieferung wegen, weiterhin zunächst nicht zu schließende Lücken. Als übergreifende Komponente seines Lebenslaufes ist jedoch eine Wendigkeit des Malers bei der Acquirierung von Auftraggebern fassbar, die ihm in der Last der Umbruchzeit zwischen Revolution und Restauration eine weitgehende finanzielle Sicherheit ermöglicht haben muss. Darüber hinaus zeigt er sich nicht nur thematisch und neuen Aufgaben gegenüber aufgeschlossen, sondern auch geographisch flexibel. Leider sind einige seiner auswärtigen Aufenthalte wie in Würzburg, Frankfurt, im Raum Aachen und im friesischen Teil Hollands wegen mangelhafter Quellenlage nicht rekonstruierbar.

Sehr gut greifbar ist dagegen der soziale Aufstieg des Künstlers vor allem in Köln, der sich in Besuchen auswärtiger Reisender und damit in den Reiseberichten, aber auch in seinem gesellschaftlichen Umfeld widerspiegelt.

Beckenkam, der Nestor unserer Maler, der als Portraitmaler im In- und Auslande ruhmvoll bekannt ist, hat auch mehrere talentvolle Jünglinge in die Geheimnisse der Malerkunst geführt.[180] Von seinen Schülern lassen sich neben seinem Sohn Sigismund August jedoch nur wenige benennen. Es handelt sich um Matthias Joseph De Noël, der bei Beckenkamp die Ölmalerei lernte, als Portraitmaler und guter Zeichner bekannt wurde, als Kunstsammler wertvolle Möbel und Kunsthandwerk sammelte und später Beckenkamps Biograph wurde.[181] Als Kopist machte sich vor allem Heribert Sieberg einen Namen: *Unter allen seinen Schülern schätzt und liebt er den jungen Sieberg am meisten; es ist eine wahre Freude zu sehen, mit welcher zärtlich-väterlichen Zuneigung der ehrwürdige Greis diesem talentvollen Jüngling zugethan ist.*[182] Siebergs Spezialität waren Miniaturkopien nach dem **Dombild**, von denen diejenige für Elisabeth von Bayern, anlässlich ihrer Hochzeit mit Kronprinz Friedrich Wilhelm von Preußen (1823) als Geschenk der Stadt Köln die bekannteste war.[183] Als weiteren Schüler Beckenkamps hat R. Krischel den Sammler und Vikar des ehemaligen Andreas-Stiftes Johann Peter Stauber erwähnt. Auch Stauber kopierte – allerdings nach barocken Vorbildern und nicht nach Originalen, sondern nach Kupferstichen.[184] Eine große Zahl von Schülern hat Beckenkamp wohl nicht gehabt.

Aus den wenigen erhaltenen Schriftstücken des Malers (so z. B. der bereits erwähnte Brief an den „Baron Hüpsch") lassen sich einige persönliche Eigenschaften von Benedikt Beckenkamp herauslesen. Sie zeigen, dass der Maler über keine flüssige schriftliche Ausdrucksfähigkeit verfügte und dass sein Denken und sein Vorgehen durch eine gewisse Umständlichkeit und Langsamkeit geprägt waren. Dieses brachte ihn offensichtlich mehrfach in Verzug, wie aus diversen Aufforderungen und Ermahnungen, die im Briefwechsel von Grootes enthalten sind, zu schließen ist.[185]

Darüber hinaus verdeutlicht ein Brief von einem nicht mit Sicherheit identifizierbaren Auftraggeber, möglicherweise Johann Michael Joseph DuMont, wie beschäftigt Beckenkamp in einigen Jahren seines Schaffens gewesen ist.[186] Der nicht datierte Brief spiegelt wahrscheinlich die Beschäftigungssituation Beckenkamps in den Jahren 1814 bis 1821 wider, in denen die meisten Aufträge für die viel Zeit in Anspruch nehmenden Kopien des **Dombildes** an den Maler herangetragen wurden.[187]

Brief von Benedikt Beckenkamp an den „Baron Hüpsch", aus dem Verzeichnis der von Baron Hüpsch ausgeliehenen Bücher, Handschriften, etc., Hs 3517, S. 32
Foto und Besitzer: Hessische Landes- und Hochschulbibliothek, Darmstadt

Der Ton in zwei[188] der drei erhaltenen Schriftstücke Beckenkamps zeigt eine Art von Unterwürfigkeit, die man seiner Jugend und Ausbildung in der Nähe der ständisch geprägten höfischen Gesellschaft des Ancien Régime in der Residenzhauptstadt Ehrenbreitstein zuschreiben möchte. Ein Beschwerdebrief Beckenkamps an die ihn mit Abgabenwünschen plagenden Kirchmeister des Kölner Doms weist dagegen im Rahmen seiner neuen Rolle als gefragter Kopist nicht nur Selbstbewusstsein, sondern auch Distanz zu den *standespersonen* [!], die zu ihrem Vergnügen dem Maler solche Aufträge erteilten, auf.[189]

Nicht als Tätigkeit eines Handwerkers, sondern im Sinne eines romantisch inspirierten Künstlers interpretierte Peter Beuth, Kunstsammler aus Kleve, Besitzer einer Kopie des **Dombildes** von Beckenkamp und ein Freund Eberhard von Grootes Beckenkamps Schaffen als Kopist, indem er *die Innigkeit und Liebe zu schätzen* [wusste] *womit er copiert*[190].

In den wenigen Aussagen über seine Person wird die Ehrlichkeit und Anständigkeit Beckenkamps hervorgehoben.[191] Auch scheint er bescheiden gewesen zu sein und kein Aufheben um seine Person gemacht zu haben. Das eindringlichste Resümee über Beckenkamps Persönlichkeit liefert sein Schüler und Biograph, Matthias Joseph De Noël: [er] *... war ... von Seiten seines Charakters durch einen echtfrommen Sinn und ein leidenschaftsloses, sanftes Gemüth als Mensch, Bürger und Vater nicht weniger schätzenswerth.*[192]

3. Beckenkamp und die religiöse Historienmalerei

Gemälde mit religiösen Themen stehen am Beginn der Laufbahn von Benedikt Beckenkamp in den Ehrenbreitsteiner Jahren, von den Anfängen in den siebziger Jahren des 18. Jahrhunderts bis zu seinem Wechsel nach Köln im Jahre 1784. Das früheste signierte und datierte Werk im Œuvre Beckenkamps ist ein religiöses Gemälde für die Pfarrkirche in Ehrenbreitstein aus dem Jahr 1776. Es folgen sechs Gemälde für die Ausstattung der Kirche in Urmitz am Rhein von ca. 1778 und zwei Seitenaltaraufsätze für die Kirche in Beulich im Hunsrück aus dem Jahr 1784. In den Kölner Jahren entstanden 1807 und 1819 die gemalten Kupfertäfelchen für die Neufassungen der romanischen Schreine der Hl. Drei Könige und des Hl. Severin, sowie einige kleinformatige Tafelbilder mit religiösem Gehalt. Von diesen waren zwei für die mit Beckenkamp befreundete Familie des Kupferstechers Heinrigs im Jahre 1826 gemalt worden.

Die religiösen Themen der Ehrenbreitsteiner Jahre im Œuvre Beckenkamps erwähnt De Noël nicht.[193] Auch die auf dem Nekrolog basierenden Beiträge bis hin zu dem Artikel von Firmenich-Richartz im Thieme-Becker (1909) sind ohne Kenntnis dieser frühen Bilder. Erst Lohmeyer machte 1919 Beckenkamps frühestes signiertes und datiertes Bild aus dem Jahr 1776, **Maria mit ihren Eltern Anna und Joachim**[194] im Pfarrhaus der Ehrenbreitsteiner Kirche Heilig Kreuz bekannt und zählte es zu den wenig glänzenden Leistungen des Malers.[195] Zwei kleine Öl auf Kupfer-Skizzen mit **St. Georg**[196] und **St. Martin**[197] im Koblenzer Mittelrhein-Museum – sie befanden sich bereits 1874 in der Koblenzer Städtisch Langschen Sammlung – kannte Lohmeyer dagegen nicht. Moses brachte die beiden Kupfertäfelchen stilistisch mit dem Werk von Januarius Zick in Verbindung, vermisste aber die *Grazie des Rokoko*.[198] Jungjohann sah in den Werken Beckenkamps mit religiösen Themen nicht nur den Einfluss von Zick, sondern auch Elemente der Historienmalerei von Tiepolo.[199]

Christus und die Samariterin, Kopie nach Annibale Carracci (Kat. Nr. 29)
Foto: RBA, Wolfgang F. Meier
© Mittelrhein-Museum, Koblenz

3.1. Beckenkamp als Schüler von Januarius Zick

Nach seinem Vater Lorenz Beckenkamp wird der aus München stammende und seit ca. 1761 als Hofmaler in Ehrenbreitstein bestellte Januarius Zick (1730–1797) als Lehrer von Benedikt Beckenkamp genannt. Für diese Angabe De Noëls[200] gibt es weder schriftliche noch bildliche Zeugnisse. Daher diente die stilistische Herleitung der frühen religiösen Gemälde Beckenkamps zum Beleg dieses Schüler-Lehrer Verhältnisses. Bis heute hat sich an dieser Forschungslage nichts geändert. Dagegen konnten die Anzahl der Werke Beckenkamps, in denen ein Einfluss von Januarius Zick erkennbar ist, erweitert werden. Die stilistische Herleitung beschränkte sich allerdings stets auf die religiösen Gemälde Beckenkamps (Lohmeyer, Moses, Jungjohann). Die Tatsache, dass Januarius Zick auch Portraits, wenn auch in geringer Anzahl gemalt hat, wurde dabei gerne außer Acht gelassen.[201]
Wichtig für Benedikt Beckenkamp war auch die Anregung zu einer Kontaktaufnahme mit dem Frankfurter Künstlerkreis, die vermutlich von Januarius Zick ausging. Die näheren Umstände lassen sich jedoch nicht ermitteln. Othmar Metzger spannt den Bogen von Zicks künstlerischen Beziehungen mit den Frankfurter Malern von den siebziger Jahren bis in die frühen neunziger Jahre des 18. Jahrhunderts.[202] Von einer früheren Zusammen-

arbeit Zicks mit dem Landschaftsmaler Christian Georg Schütz d. Ä. sind lediglich einige wenige Gemälde auffindbar[203], ob sie in Frankfurt oder anderswo entstanden, ist jedoch nicht festzustellen. Dagegen ist ein Aufenthalt Zicks in Frankfurt in den neunziger Jahren belegbar. Von 1792 bis 1794 malte Zick das Treppenhaus im Palais Schweitzer-Allessina mit einer **Allegorie des Handels** aus und schuf noch 1794 für den sog. Russischen Hof drei Supraporten. Wann Beckenkamp mit den Frankfurter Malern und mit Schütz in Verbindung getreten sein könnte, wird im folgenden Kapitel zu fragen sein.[204]

Während für den Kontakt von Benedikt Beckenkamp zu Christian Georg Schütz d. Ä. auch ein Portrait der Berliner Nationalgalerie Zeugnis gibt, fehlt ein solches Bildnis von der Hand Beckenkamps für Januarius Zick. Allein ein als **Selbstportrait von Januarius Zick** (1770–1775) geltendes Bildnis im Mainfränkischen Museum in Würzburg[205] könnte mit Benedikt Beckenkamp in Verbindung gebracht werden. Dieses Portrait wird von Strasser für Januarius Zick wegen seiner trockenen Malweise in Frage gestellt.[206] Das Bildnis zeigt Januarius Zick in gemaltem ovalen Rahmen in Dreiviertelansicht nach rechts gewandt und den Betrachter anschauend. Zick trägt eine braune goldbordierte Jacke und darüber einen schwarzblauen Mantel.

Ein Vergleich mit Zicks Selbstbildnis von 1760[207] zeigt rasch die Unterschiede in der Malweise: die breite, lockere und mit Lichtspitzen durchwirkte Pinselführung des früheren Selbstportraits ist in dem späteren Bildnis durch einen festen und gleichmäßig pastosen Farbauftrag ersetzt.[208] Die lässige und nonchalante Haltung des Malers ist auf dem späteren Würzburger Bild in eine straffe und aufrechte Körperstellung übergegangen. Der Typus des Künstlerselbstbildnisses in der Art Rigauds, mit dem Künstler als selbstbewusst Schaffendem, erscheint auf dem späteren Würzburger Bild durch ein nicht als Selbstportrait gekennzeichnetes, allein auf die Physiognomie und die Haltung konzentriertes Bildnis abgelöst. Ein Vergleich mit zwei Portraits Beckenkamps aus den neunziger Jahren des 18. Jahrhunderts zeigt erstaunliche Konvergenzen mit dem späteren Würzburger Bild. Mit Ausnahme der gemalten Ovalrahmung stimmen Bildausschnitt, Körperdrehung und Augenstellung mit Beckenkamps späterem **Portrait von Gregor Joseph Lang** von 1791[209] (Abb. S. 26) ebenso überein wie mit dem verschollenen **Portrait des Kölner Studenten Theodor Laurenz Fürth** (Abb. S. 223) von 1793[210]. Die trocken pastose Malweise des Würzburger Portraits ist geradezu ein Signum der Portraits Beckenkamps. Das Würzburger Bildnis kann jedoch Benedikt Beckenkamp nicht eindeutig zugewiesen werden, da die Datierung 1770–1775 auf Grund des Alters des Dargestellten beibehalten werden muss.[211] Ein so frühes Portrait von der Hand Beckenkamps wäre ein schönes Zeugnis nicht nur für die Beziehung des Lehrers Zick zu seinem Schüler Beckenkamp, sondern auch für die reife Stilsicherheit des jungen Malers.

Auch wenn sich das dargestellte Problem im Sinne einer Zuschreibung des Zick-Selbstportraits an Beckenkamp lösen ließe, ist die Frage nach dem Einfluss von Januarius Zick auf Beckenkamps religiöse Historienmalerei weiterhin auf stilistische und thematische Aspekte zu konzentrieren. Beim Vergleich der von Beckenkamp und Zick gewählten Sujets wird deutlich, dass in Zicks Œuvre die religiösen Themen mit fast 60 Prozent überwiegen[212], während von Beckenkamp nur wenige Vorstudien, Kirchenaufträge und Tafelbilder religiösen Gehaltes nachzuweisen sind. Die umfangreichsten Großaufträge für religiöse Institutionen erfüllte Zick nicht im mittelrheinischen Kurfürstentum Trier, sondern für oberschwäbische Klosterkirchen in den siebziger und achtziger Jahren des 18. Jahrhunderts.[213] Auch Beckenkamp – hätte er sich ausschließlich der religiösen Historienmalerei widmen wollen – wäre wie schon Januarius Zick vor ihm von der mangelnden Auftragslage für solche Themen im bereits von der Aufklärung und von Säkularisierungstendenzen erreichten Kurfürstentum Trier betroffen gewesen.[214]

Für die religiöse Historienmalerei in der bildenden Kunst bedeutete die um die Mitte des 18. Jahrhunderts einsetzende Aufklärung das Ende der Vorstellung von einer objektiven, göttlichen Weltordnung außerhalb des menschlichen Daseins.[215] Damit entfiel auch das Denken in Gestalten und Bildern mit dem ganzen Kanon christlicher Gestaltenwelt, der in der Bildsprache der Malerei ein geeignetes Ausdrucksmittel gefunden hatte.[216] Der Maler, Graphiker und Kunstwissenschaftler Johann Heinrich Meyer (1760 – 1832), ein Freund Goethes, schrieb aus der Rückschau über den Einfluss der Aufklärung in Deutschland auf die Auftragslage für religiöse Sujets: *Es herrschte damals* – d. h. im letzten Drittel des 18. Jahrhunderts – *unter Liebhabern und Künstlern noch ein akatholischer, protestantischer, um nicht zu sagen ein unchristlicher Sinn ... der immer mehr erkaltende Religionseifer hatte der Kunst fast alle Arbeiten für Kirchen entzogen*[217].

Obwohl Januarius Zick in seinen Ehrenbreitsteiner Jahren auf Grund der mangelnden Auftragslage im Trierer Kurfürstentum die großen Freskenaufträge für Kirchen und Klöster hauptsächlich im süddeutschen Raum ausführte, nahm er eine prägende Rolle im kulturellen Leben der Residenzstadt Ehrenbreitstein ein. Dafür sprechen auch der Besuch Goethes und Basedows bei Zick im Jahre 1774[218] sowie die Kontakte des Malers mit der Familie La Roche.[219]

Zick, der 1797, drei Jahre nach dem Untergang des Trierer Kurstaates starb, gilt in der regionalen Literatur als Oberhaupt einer Künstlergruppe, die fast romantisch verklärt als „Ehrenbreitsteiner Künstlerkolonie" bezeichnet wird.[220] Dieser Begriff erscheint jedoch wenig passend, da ein Zusammenschluss von Malern in einer Künstlerkolonie ein Phänomen des 19. Jahrhunderts ist.[221] Künstlerkolonien entspringen zumeist der bürgerlichen Gesellschaft und sind als Ausdruck von Zivilisationsflucht und Opposition zum akademischen Betrieb einer Großstadt entstanden.[222] Das Interesse an der als natürlich angesehenen bäuerlichen Kultur und an den Charakteristika und den Stimmungen von Landschaft konzentrierten diese Künstlerkreise zumeist auf die Landschaftsmalerei.

Das unzweifelhaft rege Kunstleben in Ehrenbreitstein im 18. Jahrhundert aber ist vielmehr von der Anziehungskraft des Hofes unter den verschiedenen Kurfürsten geprägt worden.[223] Unter den Trierer Kurfürsten Franz Georg von Schönborn (1729–1756) und Johann Philipp von Walderdorff (1756–1768) entfaltete sich vor allem die Bautätigkeit.[224] Mit dem Bruder des Bamberger und Würzburger Fürstbischofs Friedrich Karl von Schönborn zog die mainfränkische Schlossbaukunst im Kurfürstentum Trier ein. Schönborn holte Balthasar Neumann nach Ehrenbreitstein, von dem er die für die Verwaltung und das Personal wichtigen Bauten in Ehrenbreitstein, den Dikasterialbau und den sog. Krummstall (nach 1739 und 1747) bauen ließ. Die prunkvolle Schlossanlage von Schönbornslust[225] bei Kesselheim gilt als ein Hauptwerk von Balthasar Neumann. Der Kurfürst von Walderdorff bestellte nach Neumanns Tod dessen Schüler Johannes Seiz nach Ehrenbreitstein, der das grazile, heute noch erhaltene Gebäude des Marstalls und das Jagdschloss in Engers (1758–1762) baute. Die Ausstattung im verfeinerten Geschmack des Rokoko erforderte zahlreiche Kunsthandwerker wie Stuckateure und Holzschnitzer, aber auch Maler. Mit der malerischen Ausstattung von Engers (1760) und im Erweiterungsbau der Trierer Residenz wurde Januarius Zick um 1761 nach Ehrenbreitstein berufen und als Hofmaler angestellt.[226]

Die Bautätigkeit und Förderung kulturellen Lebens änderte sich unter dem letzten Kurfürsten Clemens Wenzeslaus von Sachsen (1768–1794), der das Schwergewicht des politischen und kulturellen Lebens wegen der Beengtheit und Baufälligkeit der Ehrenbreitsteiner Residenzbauten nach Koblenz zu verlegen begann und auch urbanistische Konzepte für die Stadt entwickeln und durchführen ließ.[227]

Zwischen 1761 und 1786 erhielt Januarius Zick im Erzstift keine Großaufträge des Kurfürsten für Fresken mehr. Dazu trugen die fehlende Bautätigkeit ebenso bei, wie das Vordringen des Klassizismus und der Aufklärung.[228] Im Kurfürstentum führte Zick einen großen Kreuzwegzyklus für die Stiftskirche St. Florin, ein allegorisches Deckenfresko für das Palais des Grafen von Boos Waldeck in Koblenz, ein Altarblatt für die Deutschordenskirche und eine Bilderserie zum Leben des Hl. Kastor für die gleichnamige Koblenzer Kirche aus.[229]

Bezeichnend für den Stilpluralismus im Geschmack des letzten Trierer Kurfürsten ist die malerische Innenausstattung der 1786 fertiggestellten Koblenzer Residenz.[230] Für den Audienzsaal bestellte Clemens Wenzeslaus vier Gemälde mit antiken Themen bei belgischen und französischen Malern des Frühklassizismus, wie François Guilleaume Ménageot, François-André Vincent, Jacques Louis David (**Bélisario**) und bei dem Flamen Andries Cornelis Lens.[231] Die Bildthemen drückten Milde und Großzügigkeit des sich als aufgeklärten Fürsten betrachtenden Landesherren aus. Als Deckengemälde war bei Januarius Zick eine allegorische Darstellung der Gerechtigkeit, eingepasst in eine illusionistische Architektur, in Auftrag gegeben worden.[232] Als letzten Auftrag für den Trierer Kurfürsten gestaltete Zick um 1791 die malerische Ausstattung der Schlosskapelle der Koblenzer Residenz mit den illusionistischen Raumöffnungen der ausgehenden spätbarocken Wandmalerei.[233]

Auswirkungen und Kontinuität von Zicks Kunst in Ehrenbreitstein sind in der Forschung umstritten. Der mit Zick nahezu gleichaltrige Maler Heinrich Foelix (1736 – 1803), von Lohmeyer und Jungjohann als Schüler Zicks bezeichnet, konnte bereits aus biographischen Gründen für ein Lehrer - Schüler Verhältnis ausscheiden.[234] Auch stilistisch bietet Foelix, der als Hofportraitmaler ein Konkurrent Beckenkamps war, keine Anhaltspunkte für eine Ausbildung bei Zick.[235] Außer Zicks späteren Schülern Johann Jakob Verflassen (1755–1825) und Konrad Zick (1773–1836) wird der Name Benedikt Beckenkamps immer wieder genannt. Fraglich ist dagegen der Zeitraum, in dem Beckenkamp bei Zick Schüler gewesen sein könnte. Angesichts der mangelhaften Quellenlage zum Leben des Ehrenbreitsteiner Malers, besonders aber zu seiner Jugend, ist dieses Problem nicht zu lösen. Eine stilistische Kenntnis von Zicks frühen Werken und seinen italienischen Studien nach der für ca. 1758 angenommenen Romreise könnte die biographische Wahrscheinlichkeit, dass der junge Maler nach dem Tod seines Vaters und Lehrers Lorenz Beckenkamp 1762 bei Zick ausgebildet wurde, bestätigen. Zicks Einflüsse auf die religiösen Kirchenbilder Beckenkamps sollen im folgenden vorgestellt werden.

Die Übernahme und Variation von Themen und Motiven Zicks zeigt auch Beckenkamps Gemälde, das **Maria mit ihren Eltern Anna und Joachim**[236] (1776) darstellt. Januarius Zick hat dieses Thema 1766 für die Pfarrkirche St. Peter in Koblenz-Neuendorf und für die Klosterkirche in Ottobeuren zweimal behandelt.[237] Vor allem die örtliche Nähe des Gemäldes im Koblenzer Stadtteil Neuendorf lässt eine direkte Anlehnung Beckenkamps an Zicks Version vermuten. Die ungelenken Drehungen und Verkürzungen zeigen jedoch deutlich die mangelnde Erfahrung Beckenkamps als Figurenmaler. Die Ähnlichkeit des Typus der Hl. Anna bei Zick und bei Beckenkamp bestätigt die stilistische Abhängigkeit Beckenkamps von Zick. Allerdings hat Beckenkamp die Betonung der Innigkeit der Mutter-Tochter-Beziehung bei Zick – auf dessen Gemälde dieses Themas der Vater Mariens, Joachim, am linken Bildrand wie unbeteiligt abseits steht – zu Gunsten einer Dreierkomposition aufgegeben und die Figuren der Anna, des Joachim und der Maria zu einer „Heiligen Familie" umgestaltet. Im Mittelpunkt des Geschehens steht bei Beckenkamp nicht die fast sentimentale Verbindung zwischen Mutter und Tochter wie bei Zick, sondern die aktive Erziehung Mariens zum religiösen Leben und als sichtbare Antwort ihre Bereitschaft, sich auf das Wort Gottes einzulassen. Gleichzeitig hat Beckenkamp hier das seit dem Erscheinen von Rousseaus „Émile ou de l'éducation" 1762 für die Gesellschaft der Aufklärungszeit zentrale Thema der Erziehung in einen sakralen Kontext hereingeholt und akzentuiert.

Ohne ein präzises Vorbild aus Zicks Werk scheint das Kupfertäfelchen des Koblenzer Mittelrhein-Museums mit dem **Hl. Martin**[238] zu sein, doch die entfernte Kenntnis von Zicks früher, um 1749 einsetzender Rembrandtphase[239] aus der Periode der Zusammenarbeit mit seinem Vater Johann Zick (1702–1762), ist gut sichtbar. Der Heilige auf Beckenkamps Kupfertäfelchen ist mit einer blau-grauen römischen Rüstung und Helm mit ochsenblutrotem Federbusch bekleidet und zerteilt mit einem Schwert seinen lavendelfarbenen Mantel für einen Bettler. Das Aufgreifen von Zicks Rembrandt-Manier begrenzt sich allerdings auf die dunkel silhouettenhafte Darstellung des im Profil dargestellten Rappen mit seinem Reiter vor hellem Hintergrund.

Ebenfalls vage an Zick orientiert ist eine Federzeichnung mit **Figurenstudien**[240] im Besitz desselben Museums. Auf der Vorderseite befindet sich eine Johann Baptist Bachta (1782–1856) zugeschriebene Zeichnung (Tuschpinsel) mit einer Ansicht der Abtei Maria Laach und dem Laacher See. Die Figuren auf der Rückseite galten nur allgemein als Werk der Zick-Schule. Die rundlichen und muskulösen Figuren weisen auf das Formenrepertoire Zicks hin. Sie zeigen einen an den Baum gebundenen Hl. Sebastian und einen aus der Bildtiefe hervorreitenden römischen Soldaten, der den Mantel aufteilt – zweifellos ein Hl. Martin mit einem Bettler. Diese Heiligenikonographie kommt bei Zick nicht vor.[241] Ferner zeigt dieses Blatt einen weiteren Bettler mit Beinstumpf und Prothese. Am rechten Bildrand sind einige weibliche Personen schwach erkennbar. Das Motiv des aus der Bilddiagonalen hervorreitenden römischen Heiligen und des Bettlers bringen diese Zeichnung in einen unmittelbaren Zusammenhang zu den beiden

St. Martin, Skizze, Öl auf Kupfer (Kat. Nr. 3)
Foto: Mittelrhein-Museum, Koblenz

Koblenzer Öl-auf-Kupfer-Studien und lassen für die mittlere Figurengruppe auf eine Vorstudie Beckenkamps für das Hochaltarbild von St. Georg in Urmitz schließen.

3. 2. Kirchenaufträge im Koblenzer Landkreis

Die Denkmalbände des Koblenzer Landkreises[242] und die Neuauflagen des Dehio von Rheinland-Pfalz[243] brachten Beckenkamps Gemälde für die kleinen Kirchen in Urmitz am Rhein und in Beulich im Hunsrück zutage. Für das Kapuzinerkloster in Cochem an der Mosel werden sogar elf Gemälde des Malers genannt.[244] Da sie 1750 datiert werden[245], können sie jedoch nicht mit Benedikt Beckenkamp in Verbindung gebracht werden. Die erwähnte Kupferskizze Beckenkamps mit dem Hl. Martin und dem Bettler konnte keiner Kirchenausstattung zugewiesen werden. Analog zu der Vorstudie für St. Georg in Urmitz ist jedoch auch für diese Skizze ein größerer kirchlicher Zusammenhang in einem Sakralraum mit Martinspatrozinium anzunehmen.

3.2.1. Die Kirchenausstattung von St. Georg in Urmitz

Die Gemeinde des nahe bei Kärlich gelegenen Urmitz besaß schon seit dem Mittelalter eine kleine, direkt am Rhein gelegene Kirche. Nachdem 1720 ein Blitz diese Kirche getroffen hatte, wurde der stark beschädigte Kirchenbau anlässlich des um 1772 eingeleiteten Neubaus unter der Leitung des Architekten Nikolaus Lauxen abgebrochen.[246] Die neue Kirche und die Ausstattung des 1774 bis 1776 errichteten Neubaus scheinen sowohl vom Kurfürsten als auch von der Kirchengemeinde bezahlt worden zu sein.[247] Für die Ausführung des Hochaltars wurden einem Schreiner bereits 1774 270 Gulden bezahlt. In den folgenden Jahren wurde die Ausstattung komplettiert. Am 11. August 1776 wurde das Kirchlein vom Trierer Kurfürsten und Erzbischof Clemens Wenzeslaus konsekriert. Zu diesem Zeitpunkt war die Ausstattung des Gotteshauses wohl noch nicht vollständig.[248]

Der Auftrag für die Ausstattung der Kirche kann Beckenkamp entweder durch den Kurfürsten selbst, oder aber – wahrscheinlicher – durch den damaligen Pfarrer Johann Adam Bornhoven (1726–1810), einem aus Ehrenbreitstein stammenden Geistlichen und seit 1758 Pfarrer in Urmitz vermittelt worden sein. Dieser Pfarrer soll nach Wagner stets die Verbindung zu Ehrenbreitstein und den dortigen Künstlern, besonders aber mit Benedikt Beckenkamp aufrecht erhalten haben.[249] Schug, der als erster den **Hl. Georg** des Hochaltars mit Beckenkamp in Verbindung brachte (die Öl-Skizze im Mittelrhein-Museum kannte er dagegen nicht), schrieb Beckenkamp *mindestens acht* Ölgemälde der Kirchenausstattung zu.[250] Mit einiger Sicherheit lassen sich aber nur das Ölgemälde des Hochaltars und fünf weitere Bilder an den Seitenwänden dem Ehrenbreitsteiner Maler zuweisen.

Die bei der Skizze und beim Hochaltarbild mit dem **Hl. Georg**[251] gegebene stilistische Herkunft von Zicks Formensprache war bereits von Moses bemerkt worden.[252] Dies betrifft vor allem die Dynamik der Bewegung und die aufgesetzten Lichter, die sowohl für die Skizze, als auch für den Hochaltar charakteristisch sind. Gleichzeitig ist aber auch ein Rückgriff auf Zicks Motivrepertoire sichtbar. So erscheint auf einem Kreuzigungsbild Zicks in Koblenzer Privatbesitz die Figur des römischen Soldaten, der Christus die Lanze in die Seite sticht, ebenfalls aus der Bilddiagonale hervorrei-

St. Georg, Skizze, Öl auf Kupfer (Kat. Nr. 4)
Foto: Mittelrhein-Museum, Koblenz

St. Georg, Urmitz, St. Georg, Hochaltar (Kat. Nr. 5)
Foto: © LMZ – Landesmedienzentrum Rheinland-Pfalz

tend.[253] Schrittstellung und Drehung des Pferdes auf dem Urmitzer Bild sind dieser Einzelfigur in Zicks Komposition recht genau entlehnt, während der Soldat mit seiner nach oben gereckten Lanze in seinem Tun und in seiner Körperstellung variiert wurde.

Die weiteren fünf Gemälde[254] der Kirchenausstattung in Urmitz lassen eine stilistische Beeinflussung Beckenkamps durch Zick nur schwach erkennen. So zeigt beispielsweise die **Anbetung der Könige**[255] eine reliefartige Komposition, wie sie bei Gemälden gleichen Themas auch bei Zick vorkommen könnte.[256] Die rundlichen bewegten Figuren und die Dramatik in der Physiognomie der Beteiligten auf den Gemälden Zicks finden dagegen keine Analogie bei Beckenkamp. Lediglich das Motiv des weißen Stoffes mit den hellblauen Streifen auf dem Gewand des Kurfürsten lässt sich von Zicks Vorliebe für dieses Stoffmuster[257] – wie es beispielsweise auch auf dem bereits erwähnten früheren Würzburger Selbstportrait zu finden ist – herleiten.

Die Anbetung der Hl. Drei Könige, Urmitz, St. Georg (Kat. Nr. 6) (oben)

*Christus und die Samariterin, Beulich, St. Laurentius – 1784 (Kat. Nr. 28) (rechts)
Fotos: © LMZ – Landesmedienzentrum Rheinland-Pfalz*

Die anderen Gemälde spiegeln eine zeitlose Adaption manieristischer und barocker Stilelemente venezianischen und flämischen Ursprungs wider. Die kühle Farbigkeit, die friesartigen Kompositionen und die Gedämpftheit der Bewegungen lassen auch den Einfluss klassizistischer Stilkomponenten erkennen, ohne aber genaue Vorbilder anklingen zu lassen.

3.2.2. Die Seitenaltäre von St. Laurentius in Beulich

Wieder deutlicher an Zick orientiert sind die beiden Gemälde der Seitenaltaraufsätze für die Kirche in dem kleinen Ort Beulich im Hunsrück. Diese wurde 1750 als Saalkirche gebaut, von einer Vorgängerkirche stammt noch ein romanischer Westturm.[258]

An diesen beiden Gemälden, besonders aber an **Christus und die Samariterin am Brunnen**[259], wird der Rückgriff auf eine Phase im Werk von Januarius Zick sichtbar, die sich an Kompositionen und Figuren der akademischen Barockmalerei in Rom im 17. Jahrhundert und namentlich an Stilelemente der Carracci anlehnt. Ein Besuch Zicks in Rom ist zwar nicht quellenmäßig[260], jedoch durch die Kenntnis des Künstlers von Motiven des Palazzo Farnese belegt.[261]

Die Beschäftigung mit den Werken der Carracci, besonders von Annibale Carracci (1571–1609) wird auch an einem Gemälde Beckenkamps im Koblenzer Mittelrhein-Museum deutlich. Dabei handelt es sich wie in Beulich um **Christus und die Samariterin am Brunnen**[262] (Abb. S. 33). Während Moses und Jungjohann Einflüsse von Zick, bzw. Zick und Tiepolo sahen, ist dieses Gemälde als eine Kopie nach A. Carracci zu bezeichnen.[263] Die Vorlage dafür war die Budapester Version dieses Themas von 1597.[264] Beckenkamp könnte auch eine graphische Reproduktion von Carlo Maratta nach diesem Bild benutzt haben.[265]

41

Auffällig ist jedoch, dass die Maße von Beckenkamps Koblenzer Bild (72,3 x 60,6 cm) bis auf wenige Zentimeter mit dem Budapester Bild (76,5 x 63,5 cm) übereinstimmen. Posner nennt sechs Kopien nach diesem Werk.[266] Da sich das Original bis 1792 in der Pariser Sammlung des Grafen Orléans befand, ist der Schluss zu ziehen, dass Beckenkamp eine der heute in England und Italien befindlichen Kopien als Vorbild für seine Interpretation des Werkes herangezogen haben könnte.

Wahrscheinlich handelte es sich bei der Koblenzer Nachbildung des Themas um eine Kopie zu Studienzwecken und nicht um eine Auftragsarbeit. Dafür sprechen die grob strukturierte – also billigere – Leinwand, sowie der unvollendet belassene linke Fuß Jesu. An diesem kann man den Farbauftrag von dunkel nach hell gut erkennen: Die Ferse weist noch die Leinwandstruktur auf, während die vordere Partie des Fußes mit den darüber liegenden Fleischfarben schon eine glatte Oberfläche hat.

Im Vergleich zum Budapester Original lassen sich auch Veränderungen erkennen. Neben äußeren Abweichungen sind vor allem in der Farbigkeit wesentliche Unterscheidungsmerkmale festzustellen. So wird auch bei einem Vergleich mit einer Schwarz-Weiß-Aufnahme des Budapester Bildes deutlich, dass dieses noch in der Tradition tizianesken Farbenschmelzes steht, auf den A. Carracci in seinen Bildern vor 1600 zurückgriff. In Beckenkamps Interpretation dieses Gemäldes stuft sich das Gewand der Samariterin sanft von weiß über hellblau nach mittelblau ab. Auf dem Gewand Christi ist dagegen ein harter Kontrast zwischen dem mauvefarbenen Untergewand und dem reichen Zinnober des Umhangs erkennbar. Bei Annibale Carraccis Budapester **Christus und die Samariterin** erscheinen im Hintergrund rechts zwei mächtige weiße Säulenstümpfe, dahinter öffnet sich eine dunkle Waldlandschaft. Die Brunnenszene ist bei Carracci fast als ein Nachtstück gestaltet, während bei Beckenkamp der Landschaftshintergrund mit seinen zart verwischenden Farben und dem warm gedeckten Sonnenlicht an die Landschaften seines Lehrers Christian Georg Schütz d. Ä. erinnert. Auch die Komposition ist leicht, dennoch entscheidend verändert. Die Samariterin steht nicht mehr auf gleicher Kopfhöhe mit Jesus wie bei A. Carracci, sie steht höher, so dass Christus zu ihr mit einem Blick aufschaut, der ohne die Sentimentalität der Genreszenen von Greuze kaum zu erklären wäre.

Ein Vergleich von Beckenkamps Beulicher **Verkündigung**[267] mit einem Gemälde des gleichen Themas von Zick im Koblenzer Mittelrhein-Museum[268] zeigt deutlich die klassizistische Weiterentwicklung der religiösen Historienmalerei im Werk Beckenkamps. In dem schrägen Raumanschnitt, in der Positionierung und Haltung der Maria und in den naturalistischem Beiwerk von dem in einem Körbchen liegenden Nähzeug ist Beckenkamps Herkunft von Zick noch erkennbar. Auf Zicks Koblenzer **Verkündigung** stehen die wallende Dynamik des auf einer Wolke hereinschwebenden Engels, die dicken ganzfigurigen Putten und die an die Malerei Italiens erinnernden braunen und gelben Farbtöne jedoch auf der Stilstufe des ausgehenden Spätbarock. Die in ein kühles weißgelbes Raumlicht getauchte **Verkündigung** Beckenkamps mit ihrer friesartigen Komposition und mit dem an eine klassische Statue erinnernden Verkündigungsengel sind dagegen dem Formen- und Kompositionskanon des frühen Klassizismus entnommen. Dieser hellblond gelockte Engel mit seinen Flügeln, die einer klassischen Nike vergleichbar sind, und dem weißen, die

Die Verkündigung an Maria, Beulich, St. Laurentius – 1784 (Kat. Nr. 27) (rechts)
Foto: © LMZ – Landesmedienzentrum Rheinland-Pfalz

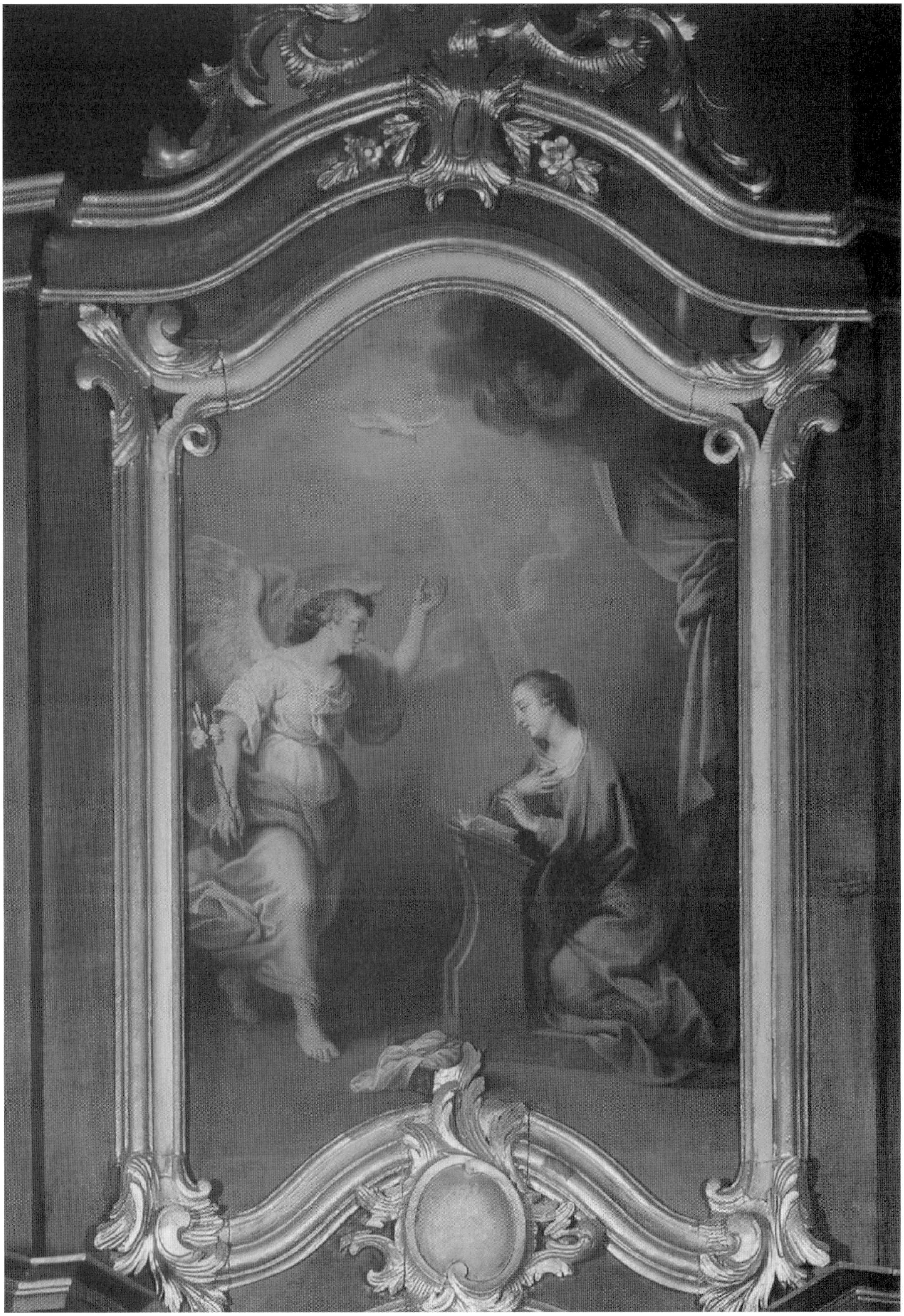

Körperformen betonenden, sie nicht verhüllenden Gewand, steht ohne erkennbaren Bezug zur Himmelssphäre in irdischer Verwurzelung mit beiden Füßen auf dem Boden, ein Mitverkünder des Endes der Metaphysik und des Untergangs der jahrhundertealten ikonographischen Tradition der geoffenbarten Religion in der Kunst.

3.3. Religiöse Historienmalerei der Kölner Jahre

Die beiden 1784 datierten Beulicher Gemälde Beckenkamps stehen am Endpunkt seiner Koblenzer Jahre und am Beginn seiner Tätigkeit für den Kölner Kurfürsten. Möglicherweise blieben ähnliche Aufträge für Kirchen der Stadt Köln nicht aus, überliefert ist jedoch keiner.[269] Auch unter dem Zeichen der Aufklärung wurde in Köln die Kirchenkunst nicht vernachlässigt. So erfuhr auf Anregung des Kölner Kunstsammlers und Universitätsprofessors Ferdinand Franz Wallraf die Klosterkirche der Benediktiner St. Martin 1793/94 eine Ausstattung durch den Kölner Maler Joseph Hoffmann (1764–1812)[270] im Sinne eines *katholischen Klassizismus*[271].

Klassizistischen Vorbildern verpflichtet sind auch die 16 gemalten Kupfertäfelchen, die als Füllungen für die Neufassung des Schreins der Hl. Drei Könige dienten. Benedikt Beckenkamp fertigte sie 1807 für 48 Kronentaler (drei Kronentaler pro Stück) an.[272] Die Täfelchen wurden von dem Maler Manskirsch (wahrscheinlich Bernhard Gottfried Manskirsch) für zusammen vier Kronentaler gefirnisst.[273] Von 1807 bis zur Restaurierung des Schreins durch Fritz Zehgruber 1961 bis 1973 waren sie auf der unteren Dachschräge angebracht, wo sie die verlorenen Silberreliefs des alten Schreins ersetzten. Zu diesem Zweck waren die Kleeblattarkaden des Pultdaches auf das Satteldach versetzt worden.[274]

Bereits Boecker (1808) hatte in seiner Überbringungsgeschichte auf formale Vorbilder der 16 Täfelchen hingewiesen: *Diese ehemaligen, nun fast alle vermißten oder unbrauchbaren, silber vergoldeten Basreliefs hat man nach den Ideen des Hrn. Pr. Wallraf mit einer Nachahmung von Majolika gemäß der dem Raphael Urbin zugeschriebenen Manier ersetzt*[275]. Franz Bock erkannte 1858, die verlorenen Basreliefs seien *heute leider in französischer Genremalerei nach Raphael'schen Reminiscenzen, von einem Kölnischen Maler, B. Beckenkamb herrührend*, ausgefüllt worden.[276] Bock beklagte, dass die Wiederherstellung des Schreines die getriebenen Bildwerke durch *reich scenerirte Malereien ergänzen liessen, die, wenn auch von einem tüchtigen Künstler der damaligen Zeit grösstentheils nach bekannten Vorbildern von Raphael aus den Logen des Vaticans angefertigt*, mit den plastischen alten Formen *in grellstem Widerspruch* standen.[277]

In der Tat beziehen sich von den 16 Täfelchen des Kölner Schreins einige nur thematisch, andere thematisch und formal, wieder andere nur formal auf die 1516/17 bis 1519 entstandenen Fresken der römischen Loggien.[278] **Die drei Engel vor Abraham**[279] und **Die Königin von Saba besucht und beschenkt Salomon**[280] kopieren sowohl das Thema als auch die Bilderfindung, deren Ausführung Gianfrancesco Penni und Raffaellino del Colle zugeschrieben wird.[281] **Die Drei Könige vor Herodes**[282] dagegen sind eine Wiederaufnahme von **Josef erklärt dem Pharao die Träume**, die ebenfalls von Gianfrancesco Penni[283] stammt. Das Bildthema mit dem **Einsturz der Mauern von Jericho**[284] findet auf Beckenkamps Kölner Kupfertäfelchen eine Parallele auf der analogen Szene der Vatikanischen Loggien[285], stellt aber eine völlig differente Bilderfindung dar. Die meisten Szenen sind formal und bildlich erfunden, adaptieren aber den Stil Raffaels und seiner Schüler in dem Zyklus der Loggien oder übernehmen einzelne Figuren oder Figurengruppen daraus.

Die biblischen Szenen der Vatikanischen Loggien sind seit ihrer Entstehung vielfach in Kupfer gestochen oder in anderen Techniken kopiert worden.[286] In der zweiten Hälfte des 18. Jahrhunderts wurden von Giovanni Volpato aus Bassano auch die rahmenden Ornamente und Grottesken der Bibelszenen nachgestochen. Die russische Zarin Katharina ließ sich in St. Petersburg den Innenraum der Loggia von dem italienischen Architekten Quarenghi nachbauen und die gesamten 52 Bibelszenen samt Ornamenten und Stuckreliefs von dem Mengs-Schüler Unterberger kopieren.[287] Im Zuge der Entwicklung zu einem strengen und linearen Klassizismus wurde das Beiwerk der Loggien wieder dem herrschenden ästhetischen Kanon angepasst. Nur die biblischen Geschichten des Zyklus fügten sich noch in das normative Ideal der Jahre um 1800 ein. 1806, ein Jahr vor dem Entstehen der Kupfertäfelchen Beckenkamps, schickte sich der belgische Maler Joseph-Charles de Meulemeester in Rom an, die Loggien großformatig als Aquarell zu kopieren.[288]

In Köln hatte Wallraf bei der Herausgabe seiner Almanache und Taschenbücher zwischen 1800 und 1804 in Bildbesprechungen und reproduzierende Kupferstichen nach verschiedenen Künstlern der klassizistischen Bologneser Nachfolge und der Rubensschule vor allem Raffael mit seiner **Transfiguration**[289] und der **Hl. Margarethe**[290] seinem dilettierenden Publikum in Wort und Bild bekannt gemacht. *Der „göttliche Raffael"*

Dreikönigenschrein mit acht Szenen aus dem Alten Testament – 1807 (Kat. Nr. 82). Seit dem Jahr 2000 wird der mittelalterliche Holzkern des Schreins mit den Ergänzungen von Wilhelm Pullack und Benedikt Beckenkamp in der Schatzkammer des Kölner Doms präsentiert.
Foto: © Dombauarchiv Köln, Matz und Schenk

Engel der Verkündigung (Kat. Nr. 146.1)
Foto: RBA, Wolfgang F. Meier

war stets Wallrafs' Maßstab[291]. Ob Beckenkamp Wallrafs ästhetischen Kanon und Maßstab teilte und diese Adaption der Vatikanischen Loggien ohne die Vorgabe des Kölner Kunstförderers für die Füllungen des Schreins selber gewählt hätte, ist nicht zu entscheiden. Beckenkamps Formulierung *Auf Angaben und Bestellung des Herrn Professor Wallraf* auf der Rechnung[292] zeigt die Abhängigkeit seiner Arbeiten von den programmatischen Vorgaben Wallrafs.[293] Aus welchem Grund Wallraf für die klassizistische Lösung der 16 Kupfertäfelchen nicht den spezialisierten Figurenmaler Josef Hoffmann, sondern den Portraitmaler und Kopisten Beckenkamp wählte, muss ebenfalls offen bleiben. Die Tatsache zeigt jedoch, dass Beckenkamp auch in Köln als Maler selbständiger Figurenkompositionen in religiösen, später auch in mythologischen Themen[294] einen Ruf hatte.

In seinen letzten Schaffensjahren kehrte Beckenkamp zu den spätbarocken, die Tradition der Linie Annibale Carracci, Carlo Maratta und Januarius Zick fortsetzenden Gemälde zurück, indem er für private Auftraggeber kleine Andachtsbilder schuf. Aus dem Jahr 1826 stammen einige kleine Andachtstäfelchen.[295] Die **Kreuzigung mit Maria Magdalena** (Farbabb. S. 111) des Kölnischen Stadtmuseums[296] orientiert sich deutlich an entsprechenden Themen von Januarius Zick wie an dessen **Kreuzigung mit Maria**

Maria der Verkündigung (Kat. Nr. 146.2)
Foto: RBA, Wolfgang F. Meier

Magdalena aus Privatbesitz.[297] Dagegen greift Beckenkamp beispielsweise mit der **Verkündigung**[298] der Kölner Sammlung Hagen seine eigene Komposition auf dem Beulicher Seitenaltar gleichen Themas wieder auf und repetiert sie auf zwei kleinformatigen Ölgemälden in einem eng gewählten Bildausschnitt für die private Andacht.

Es gelang Beckenkamp nicht, bei seinen Gemälden mit religiösen Themen eine eigene stilistische Sprache zu entwickeln. Er schwankte zwischen den malerisch spätbarocken Stileigenheiten seines Lehrers Zick und dem neueren kühleren Kolorit sowie dem Formen- und Kompositionskanon des Klassizismus. Trotz seiner in den Kopien erprobten Kenntnis der sogenannten altdeutschen Malerei blieb Beckenkamp bei seinen religiösen Themen der spätbarocken Linie seiner frühen Jahre verpflichtet und schloss sich den thematischen und stilistischen Neuerungen der Nazarener nicht an.

4. Beckenkamp und die Landschaftsmalerei

Als Beckenkamp in den siebziger Jahren des 18. Jahrhunderts begann, sich der Portraitmalerei zu widmen, ging er nach Auskunft von De Noël nur ungern *von seinem gewöhnlichen Fache, der Landschaftsmalerei* ab[299]. In den wenigen sich mit Beckenkamp beschäftigenden Beiträgen wird dessen Tätigkeit als Landschaftsmaler dagegen zumeist überhaupt nicht oder nur kurz erwähnt.

Lohmeyer vermutete, Beckenkamp habe seine Lehrzeit bei dem älteren Schütz nur deshalb absolviert, um Landschaftshintergründe für seine Portraits malen zu können.[300] Tatsächlich aber sind viele der Portraits Beckenkamps Interieurportraits. Als ausgeprägte Landschaftshintergründe sind die Landschaften auf dem erst kürzlich bekannt gewordenen **Familienportrait mit Niederlahnstein und der Ruine Lahneck im Hintergrund**[301] (Farbabb. S. 108), auf dem **Reiterportrait der Fürstäbtissin Kunigunde vor dem Schloss in Kärlich**[302] (Abb. S. 77) und auf dem Bonner **Doppelportrait der Kinder Sigismund August und Elisabeth Beckenkamp**[303] (Abb. S. 84) zu nennen. Allerdings sind seine Annäherungen an diese Form der Landschaftsmalerei auf die erste Lebenshälfte der frühen Ehrenbreitsteiner Zeit und auf die frühen Kölner Jahre bis um 1800 beschränkt.

Auch die Landschaftshintergründe auf den beiden von Januarius Zick gemalten **Portraits des Hohenrheiner Hüttenherren Requilé mit Merkur und zwei Söhnen** und des **Portraits der Frau Requilé mit einer Tochter**[304] wurden nach Auskunft von Simon und Schlagberger von Beckenkamp gemalt.[305] Für ihre Behauptung führen die beiden Autoren aber keine Begründung an. Wegen der frühen Datierung der beiden Portraits von Januarius Zick aus dem Jahr 1771 und wegen der stilistischen Differenzen zwischen den wenigen Landschaftshintergründen bei Zick und bei Beckenkamp ist diese These aber sehr unwahrscheinlich.

Als einen der Landschaftsversuche Beckenkamps listet Elisabeth Moses in ihrem monographischen Aufsatz von 1925 unter den Werken des Malers auch eine nicht näher definierte Zeichnung zu einer Ansicht von Koblenz-Ehrenbreitstein auf und bemerkt deren weitere Verwendung als Kupferstich in den beiden Auflagen von Albert Klebes 1801 und 1806 erschienenem Rheinreiseführer und als einzelnes, von H. Cöntgen in Mainz gestochenes, Blatt.[306] Obwohl schon 1902 erwähnt[307], wurde ein weiterer Kupferstich Beckenkamps mit der „Rhein=Gegend bei der Stadt Kölln"[308] (Abb. S. 60) erst in den siebziger Jahren des 20. Jahrhunderts von Liesel Franzheim publiziert.[309]

In der Literatur zu Beckenkamp unbeachtet blieb die in den zwanziger Jahren des vorigen Jahrhunderts in die Sammlung des damaligen Kölner Historischen Museums hereingekommene, wohl auf Beckenkamp zurückzuführende und nur in Nachbildungen erhaltene Serie von vier Ansichten seines Kölner Wohnviertels am Waidmarkt. Ohne präzise Angabe eines Künstlers und trotz der schlechten Überlieferungsqualität wurden die Reproduktionen wegen ihres Zeitbildcharakters des untergegangenen „alten Köln" – vor allem in den ersten Jahren und Jahrzehnten nach dem Zweiten Weltkrieg – gerne publiziert.[310]

Vorausgreifend kann festgestellt werden, dass Beckenkamps Versuche in der Landschaftsmalerei bis auf die wenigen Landschaftshintergründe auf einigen Portraits und auf die beiden graphischen Rheinansichten begrenzt blieben. Ausgeprägter, wenngleich nur fragmentarisch überliefert sind seine Interessen in der Stadtlandschaft – in dem im weiteren Sinne ebenfalls zur Landschaftsmalerei gehörenden Straßen- oder Architekturbild.[311] Mit der Durchführung von auf Verbreitung angelegten zeichnerischen Vorlagen für illustrierte Rheinreisebücher zeigt Beckenkamp, dass er nicht nur die künstlerische Situation im Rheinland durchaus richtig einschätzte, sondern auch das kommerzielle Potential des Themas erkannte. Während für selbständige Landschaftsgemälde im Rheinland nur wenig Bedarf bestand, stieg mit der vielschichtigen Neubewertung und Bereisung des Rheines die Nachfrage „ausländischer" – also nicht-rheinischer – Auftraggeber nach Illustrationen imaginärer oder wirklicher Reisen entlang des Rheins.

4.1. Die Landschaftsmalerei im Rheinland am Ende des 18. Jahrhunderts

Von der Mitte bis zum Ende des 18. Jahrhunderts ist ein Aufschwung der Landschaftsmalerei in Westdeutschland vor allem in der Residenzstadt Mannheim und in der bürgerlich geprägten Stadt Frankfurt zu verzeichnen.[312] An den Höfen der beiden geistlichen Kurfürstentümer am Rhein und in der Stadt Köln dagegen konnte die Landschaftsmalerei nicht zum Durchbruch kommen, weil sich dort die neue, im Gefolge aufklärerischen Gedankengutes stehende Naturempfindung nicht durchsetzte.[313]

Diese Ansicht von H. Börsch-Supan muss zumindest für Kurtrier dahingehend relativiert werden, dass in Ehrenbreitstein die Landschaftsmalerei seit 1759 durch Bernhard Gottfried Manskirsch (1736–1817)[314], der nicht nur in Köln tätig war, repräsentiert wurde. Manskirsch war von seinen frühen und mittelmäßigen Veduten kurfürstlicher Schlösser[315] zu seinen vom Kurfürsten gelobten Allgäuer Landschaften des Augsburger Landkreises herangereift[316], die ihm 1774 die Bestellung zum kurfürstlichen Landschaftsmaler (nicht Hofmaler!)[317] einbrachten und von Gregor Joseph Lang 1786 die überschwängliche Einschätzung, dass *das Auge des Kenners durch die richtig getroffene Natur in eine täuschende Verwunderung* gesetzt werde.[318]

Bezeichnend für die mangelnde Wertschätzung der einheimischen Landschaftsmalerei durch den Trierer Kurfürsten ist jedoch die Tatsache, dass nicht Manskirsch, sondern für die Ausstattung des Kaffeezimmers der neuen Koblenzer Residenz 35 Landschaften des bereits verstorbenen, aus der sächsischen Heimat von Clemens Wenzeslaus stammenden Christian Wilhelm Ernst Dietrich (1712–1774), gen. Dietricy, bevorzugt wurden.[319] Dietrich, der nicht nur niederländische – wie Manskirsch – sondern auch französische und italienische, klassisch-ideale Landschaften zum Vorbild nahm, war wegen der Vielschichtigkeit seiner kunsthistorischen Assoziationen unter seinen gebildeten Auftraggebern besonders beliebt.[320]

4.2. Beckenkamp als Schüler bei Christian Georg Schütz d. Ä.

Dass Beckenkamp nicht bei dem in Ehrenbreitstein tätigen Manskirsch die Landschaftsmalerei lernte, mag vor allem auf dessen im Atelier entworfenen, dunkelfarbigen, an niederländischen Landschaftsmalern wie Jan van Goyen und den Brüdern Ruisdael orientierten Gemälden zurückzuführen sein. Christian Georg Schütz (1718–1791) dagegen hatte sich mit seiner Rheinreise 1750 und seiner Schweizreise 1760 bis 1762 ein offenes Auge für die natürliche Landschaft und das Malerische von Atmosphäre und Komposition erworben. Die frische Auffassung der Natur entsprach auch

*Der Frankfurter Landschaftsmaler
Christian Georg Schütz d. Ä. (Kat. Nr. 18)
Foto: Staatliche Museen zu Berlin –
Gemäldegalerie, Jörg P. Anders*

den künstlerischen Absichten Beckenkamps, die dieser dann im Portrait umsetzte. Die Landschaftskunst von Schütz strahlte in den deutschen Territorien ebenso aus[321] wie der Ruf der Stadt Frankfurt als einer weltoffenen und konfessionstoleranten Bürger-, Handels- und Messestadt, in der überdies der Kaiser gewählt und gekrönt wurde.

Das Werk von Schütz wurde sowohl in höfischen als auch in bürgerlichen Kreisen geschätzt und gesammelt und durch die Druckgraphik von Adrian Zingg (1734–1816)[322] in Deutschland sowie von Johann Georg Wille (1715–1808)[323] in Paris verbreitet. Wenn Beckenkamp das Werk des älteren Schütz schon früh durch die Radierungen von Zingg und Wille kennen lernen konnte, so wird ihm der direkte Kontakt zu Christian Georg Schütz d. Ä. durch seinen Lehrer Januarius Zick vermittelt worden sein.[324] Zick und Schütz hatten gemeinsam zwei Bilder geschaffen[325], wobei Schütz die Landschaft und Zick die Figurenstaffage gemalt hatte.[326] Strasser datiert die beiden Gemälde im Œuvrekatalog von Zick zwischen 1770 und 1780.[327]

Wenn so gefolgert werden kann, dass Beckenkamp im achten Jahrzehnt des 18. Jahrhunderts bei Schütz lernte, kann auch De Noëls Formulierung bestätigt werden, nach der Beckenkamp sich zuerst dem religiösen Historienbild im Gefolge von Januarius Zick und sich erst dann der Landschaftsmalerei widmete, denn der Ehrenbreitsteiner Maler *übte sich später in der Landschaftsmalerei nach dem bekannten Maler Schütz in Frankfurt.*[328]

50

Die De Noël folgenden Artikel der Künstlerlexika von Merlo, Meyer-Lücke-Tschudi und Thieme-Becker bis zu dem 1994 erschienen Lexikonartikel in Saurs AKL[329] interpretieren die Formulierung De Noëls im Hinblick auf einen Aufenthalt Beckenkamps in Frankfurt vorsichtig. Demnach habe sich der Ehrenbreitsteiner Maler lediglich an den Landschaften von Schütz orientiert und sie zum Vorbild genommen.

4.2.1. Beckenkamps Schütz-Portrait

Wenn es auch für einen Aufenthalt Beckenkamps in der freien Reichsstadt Frankfurt keine archivalische Bestätigung gibt[330], so ist der direkte Kontakt mit Schütz durch ein **Portrait des Landschaftsmalers Christian Georg Schütz d. Ä.**[331] – heute in der Alten Nationalgalerie in Berlin aufbewahrt – belegt. In Kenntnis dieses Portraits ging auch Elisabeth Moses von einer „Frankfurter Zeit" Beckenkamps aus.[332]

Das weder signierte noch datierte Brustbildnis wurde schon von Parthey Beckenkamp zugewiesen.[333] Beckenkamp greift hier im Portraitausschnitt ein Pastellportrait von Schütz von der Hand des Schweizer Malers Emanuel Handmann (1718–1781) aus dem Jahr 1762 wieder auf.[334] Auf diesem Brustbildnis wird der Frankfurter Maler mit der linken Schulter leicht nach links in den Bildraum gedreht dargestellt, den Betrachter fixierend. Auf Beckenkamps Bildnis erscheint Schütz – im Gegensatz zu dem früheren Portrait Handmanns mit keck aufgesetzter Mütze – als ein alter Mann mit von strengen Falten in den Mundwinkeln geprägtem Ausdruck und Doppelkinn.[335] Etwa 10 bis 20 Jahre werden zwischen den beiden Bildnissen vergangen sein. Das einfühlsam psychologisierende Portrait des alten Schütz spricht für eine längere und gute Kenntnis der Person durch den Portraitisten. Ob das Portrait von Schütz bei einem Aufenthalt Beckenkamps in Frankfurt oder anlässlich einer Reise von Schütz nach Ehrenbreitstein entstanden ist, lässt sich nicht entscheiden.[336] Von einer – wenn auch nicht belegbaren – Reise Beckenkamps nach Frankfurt ist jedoch auszugehen.

Wenn Beckenkamps Portrait von Schütz die Annäherung der beiden Biographien belegt, so erlauben zwei Ausstellungen und neuere Forschungen zum Werk von Christian Georg Schütz[337] und die Publikation von zahlreichen seiner Werke die Überprüfung einer künstlerischen Herleitung der wenigen Landschaftsversuche Beckenkamps.

4.2.2. Schütz d. Ä. als Vermittler holländischer Rheinlandschaften

Der 1718 in Flörsheim bei Mainz geborene Schütz war in Frankfurt Schüler des Fassaden- und Dekorationsmalers Hugo Schlegel (1679–1763). Schon als Dreizehnjähriger lernte er dort die groben Malerarbeiten wie das Farbenreiben und das Grundieren von Leinwänden.[338] Durch seine Heirat mit einer Frankfurterin wurde Schütz in der Stadt Beisasse, kam aber ohne das Bürgerrecht nicht in den Genuss der städtischen Privilegien.[339]

Seine Auftraggeber rekrutierten sich nicht nur aus der städtischen Bürgerschaft und dem städtischen Adel, sondern auch aus einigen Höfen Süd- und Mitteldeutschlands. Schon in seiner Jugend und in seinen Wanderjahren bis 1740 war Schütz für die Fürsten von Hohenzollern-Hechingen, von Nassau-Saarbrücken und später, um die Jahrhundertmitte, für den Mainzer Kurfürsten von Ostein und für Landgraf Wilhelm VIII. von Hessen-Kassel tätig. Zehn Jahre vor der Säkularisation des Kurstaates arbeitete Schütz 1784/86 noch einmal für den letzten Mainzer Kurfürsten Friedrich Karl von Erthal.[340]

Aber auch in zahlreichen bürgerlichen Sammlungen Frankfurts[341] lassen sich seine Landschaften nachweisen. *Die Rheingegenden hatte er [Schütz] ganz in seiner Gewalt sowie den sonnigen Ton, der in der schönen Jahreszeit belebt. [...] Er lieferte sehr heitre Bilder.*[342] Nicht nur bei Johann Caspar Goethe, auch bei dem Spezereyhändler Anton Maria Guaita (1721–1816), und in dem sog. Kleinen Gemäldekabinett des Frankfurter Konditormeisters Johan Valentin Prehn (1749–1821), einer auf verkleinerten Galeriewänden aufbewahrten, nur kleinformatige Bilder enthaltenden bürgerlichen Sammlung, befanden sich mehrere Gemälde von Schütz.[343] Der Frankfurter Gewürzhändler Johann Friedrich Städel war Besitzer von 23 Landschaften von Schütz und ließ sich auch sein Haus von ihm ausmalen.[344] Heute sind noch fünf Gemälde im Frankfurter Städelmuseum nachweisbar, u. a. eine Stadtlandschaft von 1754, eine **Ansicht des Römerbergs**, und zwei **Landschaften mit rheinischen Motiven**.[345]

Durch Christian Georg Schütz konnte der in einer überwiegend höfisch strukturierten Umgebung gereifte Ehrenbreitsteiner Maler Beckenkamp also auch das Anknüpfen und Pflegen von Kontakten mit bürgerlichen Auftraggebern lernen und in seinen späteren Kölner Jahren umsetzen.

Den Ruhm von Schütz begründete nicht der Rückgriff auf die lokalfarbigen und bewegt atmosphärischen Landschaftsbilder von niederländischen Malern des 17. Jahrhunderts wie Ruisdael, van Goyen oder Wouvermann, sondern die Wiederaufnahme der sonnendurchfluteten Flusslandschaften des Utrechters Hermann Saftleven (1609–1685). Saftleven hatte während seiner Rheinreise um die Mitte des 17. Jahrhunderts parallel zu den topographischen Interessen Merians und Hollars sowohl topographisch genaue Zeichnungen als auch ideale Gemäldekompositionen aus Versatzstücken von Rhein-, Nahe- und Moselabschnitten gestaltet.[346]

Seine hervorgehobene Rolle in der Landschaftsmalerei der zweiten Hälfte des 18. Jahrhunderts verdankt Schütz seiner Stellung innerhalb der „Saftleven-Renaissance" in der deutschen Landschaftsmalerei zwischen 1750 und 1780.[347] Die Originale von Saftleven konnte Schütz während seiner Auftragsarbeiten außerhalb Frankfurts in den Gemäldegalerien von Kassel und Salzdahlum bei Braunschweig (1749) kennen lernen.[348] Zahlreiche Originale Saftlevens befanden sich auch in der Frankfurter Sammlung von Schütz' adeligem Frankfurter Förderer Baron von Haeckel[349], ebenso wie in der bürgerlichen Sammlung Johann Friedrich Städels.[350]

Frankfurt war bereits seit dem 17. Jahrhundert wegen des Aufenthaltes zahlreicher niederländischer Flüchtlinge aus den Glaubenskriegen am Ende des 16. Jahrhunderts ein bevorzugtes Zentrum für das Sammeln holländischer Kunst.[351] In Frankfurt müssen zahlreiche holländische Gemälde der verschiedensten Genres bekannt gewesen sein. Darauf lässt das Spezialistentum der Frankfurter Maler des 18. Jahrhunderts schließen. So griff Johann Georg Trautmann (1713–1769)[352] Rembrandt in religiösen Szenen und in Genrebildern auf, Johann Daniel Bager (1734–1815)[353] malte Stillleben in der Art de Heems und van Huysums, und Johann Ludwig Ernst Morgenstern (1738–1819)[354] gestaltete Kircheninteriers in der Art von Peter Neeffs und Hendrik van Steenwijk.

So fügte auch Schütz sich in die überaus rege Frankfurter Kunstszene des 18. Jahrhunderts ein, indem er sein holländisches Vorbild nicht einfach kopierte oder in der Manier anglich, sondern indem er die Saftleven-Landschaften variierte, sie weiter entwickelte und sie dem zeitgenössischen

Geschmack anpasste. Von den Landschaften Saftlevens übernahm Schütz die Tiefenkomposition in Diagonalen, die sich in S-Kurven sanft dahinwindenden „Rheinströme", den leicht erhöhten, von Schütz aber niedriger angesetzten Standpunkt am Ufer und die ruhige Tätigkeit seiner Staffagefiguren.[355] Das kühle Himmelsblau und die atmosphärischen Wolken der Saftlevenschen Landschaften änderte Schütz in gelbliche und hellblaue, in warmen Tönen gebrochenen Wölkchenbildung bei meist flutendem Sonnenlicht um. Der entfernteste Hintergrund seiner Landschaften verwischt in milchigem Dunst und löst sich auf.

Als erster deutscher Landschaftsmaler hat Schütz 1750 den Mittelrhein besucht und dort – wie sein Vorbild Saftleven – topographisch genaue Reiseskizzen angefertigt.[356] Diese überarbeitete er – ebenfalls wie Saftleven und andere rheinreisende Maler aus den Niederlanden im 17. Jahrhundert – im Atelier, um daraus teils phantastische und ideale Flusslandschaften zu komponieren oder auch realistische Stadtansichten, wie seine Ansichten von Offenburg zu gestalten.

4.2.3. Die Rheinlandschaften von Christian Georg Schütz d. J.

> *Die Darstellung der Ufer an beiden Seiten, der Auen und Felsen des Stromes ist selbst so treu als anmutig, und das Gefühl, das den Rheinfahrenden ergreift, wird uns bei Betrachtung dieser Blätter mitgeteilt oder wieder erweckt.*
>
> Goethe[357]

Wenn auch anzunehmen ist, dass Beckenkamp bei Schütz in Frankfurt gelernt hat, ist jedoch nicht feststellbar, wie lange er sich dort aufgehalten haben könnte. Sicherlich hat er dort, wie der jüngere Schütz, die reichen Frankfurter Sammlungen besucht, die von ihren philantropischen Besitzern den Künstlern zum Studium geöffnet wurden.[358]

Der im Vergleich zu Beckenkamp elf Jahre jüngere Christian Georg Schütz d. J. (1758–1823)[359], ein Neffe des gleichnamigen älteren Schütz, hielt sich mehrere Jahre im Atelier seines Onkels auf. Seine Autobiographie gibt nicht nur Einblick in das Haus des älteren Schütz, welches *mit talentvollen Menschen, alle lebendig für die Kunst angefüllt*[360] war, sondern auch in den mühevollen Lernprozess, der den jungen Schütz nötigte, fünf Jahre lang nur *Köpfe und Glieder* zu malen, bevor ihm erlaubt wurde, nach der *mannigfaltigen* Natur studieren und mit *heißer Sehnsucht* und durch *wirkliche Anschauung* den Rhein sehen zu können, den er durch zahlreiche Zeichnungen visuell gefiltert schon kannte.[361] Beckenkamp könnte den jüngeren Schütz mit seiner romantisch eingefärbten Landschaftsanschauung während seines Frankfurter Aufenthaltes kennen gelernt haben. Das lange Studium von *Köpfen und Gliedern* aber hatte Beckenkamp bereits bei Januarius Zick in Ehrenbreitstein absolviert.

Als reiner Landschaftsmaler gestaltete der jüngere Schütz sowohl Ölgemälde[362], als auch Landschaftsaquarelle und -zeichnungen. Seine auch von Goethe geschätzten graphischen Rheinansichten, die er teilweise bei Janscha und Ziegler entlehnte, strahlten in der illustrierten Reiseliteratur bis in das erste Drittel des 19. Jahrhunderts hinein aus.[363] Seine transluziden, auf grauen, gelben und grünlichen Farben dreitonig aufgebauten Aquarelle[364] verraten eine zarte und empfindsame Annäherung an die Wirklichkeit, ohne diese zu verklären, zu idealisieren oder zu romantisieren. In anderen Aquarellen, wie auch in den Arbeiten für die späteren „Malerischen Ansichten"[365], zeigt sich aber auch ein technisches Können, das sich in der Sicherheit der Erfassung von Baukörpervolumina und perspektivischem wie morphologischem Landschaftsaufbau manifestiert. Die von verschiedenen Stechern[366] gestochenen Vorlagen für illustrierte Rheinreisebücher akzentuieren darüber hinaus einen zarten romantischen Stimmungswert, der auch schon in den Worten seiner Autobiographie angeklungen war. Von den frühen phantastischen Rheinlandschaften im Stil des älteren Schütz ausgehend, zeigt der Neffe im Verlauf seiner Laufbahn nicht nur ein erstaunliches technisches Repertoire, sondern auch eine stilistische und weltanschauliche Flexibilität, die es ihm erlaubte, den Schritt hin zur Rheinromantik zu vollziehen und damit eine Grundlage für seine Erfolge zu haben.

Anders als der jüngere Schütz hat Beckenkamp den Schritt zur selbständigen Landschaft als Tafelbild – nach bisheriger Kenntnis – ebenso wenig vollzogen wie er zu dessen romantischer Landschaftsauffassung gelangte. Dennoch ist es ein reizvoller, wenn auch nicht beweisbarer Gedanke, dass Beckenkamp jener *Freund meines Onkels* gewesen sein könnte, mit dem der jüngere Schütz 1779 seine erste Rheinreise bis Düsseldorf unternahm.[367]

4.3. Beckenkamps Rheinansichten

In Beckenkamps Œuvre befinden sich zwei graphische Rheinansichten von Koblenz-Ehrenbreitstein und von Köln. In diesen äußern sich Annäherungen an die Landschaftsmalerei, die aber kaum Verbreitung oder Nachfolge fanden. Um in diesem Genre mit seinen neuen kommerziellen Möglichkeiten zu reüssieren, bedurfte es wohl einer spezialisierten Ausbildung, wie die des Christian Georg Schütz d. J.

4.3.1. Rheintourismus und illustriertes Rheinreisebuch

Den Wunsch nach einer verstärkten Würdigung der Rheinlandschaft durch die Landschaftsmaler hatte schon 1789 in pathetischen Worten Gregor Joseph Lang geäußert: *Hier junger Landschaftsmaler öffnet sich für dich die reichhaltigste Schule! Das Gemälde der Wahrheit liegt dir stets vor Augen, und bietet dir mehr als alle Schätze der reichsten Galerien der Welt dar. Mögten doch unsere jungen Künstler wie Svanevelt und Sachtleven, Schütz und Mannskirch, die Ufer des Rheinstromes fleißiger besuchen; (...) Das Original übersteigt jede Kunst der Nachbildung*[368], wobei er lebende rheinische und verflossene holländische Künstler vermengte. Von den Landschaftsversuchen des 1789 bereits in Köln wohnhaften Beckenkamp, der ihm schon als Maler seines Portraits von 1784 bekannt war, erwähnte Lang nichts, noch förderte Lang Beckenkamps graphische Landschaftsveduten, indem er deren Verwendung in einer der sieben illustrierten Auflagen seines zweibändigen Rheinreiseführers vollzogen hätte.[369]

Wenn Gregor Joseph Lang sich als erster Rheinländer 1789 dem Rhein auch aus lokalpatriotischen Gründen literarisch genähert hatte, so fuhren nichtrheinische und ausländische Verfasser von Rheinbeschreibungen bereits seit den siebziger Jahren des 18. Jahrhunderts den Rhein hinauf. In den frühen Jahren dieses Jahrzehnts wurden die Reisenden oft noch von naturwissenschaftlichen Interessen geleitet, wie der Sekretär des Kurfürsten Carl Theodor von der Pfalz, Cosimo Alessandro Collini und der Genfer Jean

Gregor Joseph Lang, Geistlicher und Reiseschriftsteller – 1784. In diesem ganzfigurigen Gelehrtenportrait werden die bibliophilen, künstlerischen und wissenschaftlichen Neigungen des Koblenzer Hofgeistlichen herausgestellt (Kat. Nr. 26)
Foto: RBA, Wolfgang F. Meier
© Mittelrhein-Museum, Koblenz

André de Luc, der auf seiner metallurgischen und mineralogischen Forschungsreise entlang des Rheins 1778 dem Fluss nur einen kurzen aber folgenreichen sentimentalen Einschub widmen konnte: *J'ai appris dans ce trajet une singulière affection pour le Rhin: il a cet aire de bonté égale soutenue & active, qui fati le véritable ornement de la grandeur.*[370] Im Sommer des Jahres 1774 war Goethe mit Lavater und Basedow von Frankfurt über Mainz kommend den Rhein hinauf bis Düsseldorf gefahren.[371] Unter den ausländischen Reisenden, die den Rhein herab reisten, waren vor allem adelige Engländer auf ihrer Grand Tour nach Italien. Sie entdeckten zunächst die lieblichen an Italien erinnernden Rheingegenden wie den Rheingau und pflegten ab den achtziger Jahren des 18. Jahrhunderts, mit dem Aufkommen der „Gothic Novels" die zahlreichen Burgruinen entlang des Rheins mit ihren schaurigen Sagen aufzusuchen.

Dem in Tal Ehrenbreitstein wohnenden Beckenkamp werden die zahlreichen Besucher, nicht nur des Rheins, sondern auch des literarischen Zirkels der zwischen 1771 und 1780 in Ehrenbreitstein lebenden Sophie La Roche[372] nicht verborgen geblieben sein. Mit dem aufkommenden Empfinden für die Schönheit der landschaftlichen und der antiquarischen Reize der Gegend setzten Zeichner und Kupferstecher die nie abgebrochene topographische Tradition der Rheinansichten fort. Die Illustration der Rheinreisebeschreibungen setzte in etwa zeitgleich[373] zu der ersten empfindsamen Rheinreise des italienischen Abate Aurelio de' Giorgi Bertola (1787) mit den Kupferstichen des Artillerieleutnants am kurkölnischen Hof, Charles Dupuis[374] ein. Dieser fertigte für die zwischen 1784 und 1787 entstandene „Mahlerische Reise am Nieder-Rhein" von Johann Bernhard Constatin von Schönebeck Landschaften, Aufrisse und Ansichten von Bauwerken zwischen Köln und Bonn an. 1789 veröffentlichte Dupuis eine Serie von 16 Kupferstichen mit Rheinansichten, die er dem Kölner Kurfürsten, dem Habsburger Maximilian Franz widmete.[375] Diese Tatsache ist deshalb erwähnenswert, weil sich der als aufgeklärt geltende Kurfürst als Territorialherr für die illustrierte Rheinlandschaft zu interessieren begann. Zusammen mit dem Kupferstecher Cranz arbeitete Dupuis auch für die französische Version von Langs zweibändiger Rheinreise, die 1791 in der Übersetzung von Robineau als „Voyage pittoresque" erschien.[376] Im Vergleich zu den späteren Rheinansichten spezialisierter Künstler sind sie überaus trocken, keinesfalls malerisch, sondern mit dem Auge eines landvermessenden und die Nützlichkeit des Bodens aufnehmenden Betrachters gestaltet.[377]

4.3.2. Die „Rhein=Gegend bei Koblenz und der Vestung Ehrenbreitstein"

Ganz anders präsentiert sich dagegen das von H. Cöntgen und später von Tardieu d. Ä. gestochene Blatt nach Beckenkamps Vorzeichnung mit der Ansicht von Ehrenbreitstein und Koblenz. Der Standpunkt für Beckenkamps in der Himmesischen Buchhandlung in Koblenz[378] vertriebenen **„Rhein=Gegend bei Koblenz und der Vestung Ehrenbreitstein"**[379] ist auf

Die „Rhein=Gegend bei Koblenz und der Vestung Ehrenbreitstein" (Kat. Nr. 20)
Foto: Mittelrhein-Museum, Koblenz

dem rechten östlichen Rheinufer, südlich des Dorfes, der Residenz und der Festung Ehrenbreitstein gewählt. Der Zeichner befindet sich in einiger Distanz zu dem Ort, hinter einer (gedachten) Flussbiegung. Er befindet sich auf derselben Längsachse zum Residenzort Ehrenbreitstein. Das Auge des Zeichners (und des Betrachters) folgt einem mit Hut und Justeaucorps bekleideten, in Richtung Ehrenbreitstein wandernden Mann. Auch ein mit Zeltplane überspannter Nachen, mit drei Männern und einer Frau an Bord wird auf dem Fluss in der Nähe des rechten Ufers zu der Residenzstadt gerudert.

Dort lassen sich bei aller Einfachheit der Strichführung einzelne Gebäude identifizieren. Zwischen der Pfaffendorfer Höhe und dem Ehrenbreitsteiner Felsen im Tal ist am rechten Bildrand der Zentralbau von Beckenkamps Pfarrkirche Heilig Kreuz erkennbar; diese wurde 1702–1708 von dem Architekten Ravensteyn erbaut und im Zweiten Weltkrieg zerstört. Aus Platzmangel in dem engen Tal dem Rhein und Ehrenbreitstein wurde sie als kuppelüberwölbter Zentralbau ausgeführt. Die Krypta wurde als Grablege der Trierer Kurfürsten eingerichtet.[380]

Unterhalb des Felsens und der Aufbauten der Festung ist die im 17. Jahrhundert errichtete Residenz des Trierer Kurfürsten, die Philippsburg zu erkennen. Mit der wachsenden Bedrohung Triers durch Frankreich im Verlauf des Dreißigjährigen Krieges war unter Kurfürst Philipp Christoph von Soetern (1623–1652) die Entscheidung gefallen, die Residenz des Kurfürsten von Trier an den sichersten – und strategisch wie handelspolitisch günstigsten – Ort des Kurfürstentums, unterhalb der Festung Ehrenbreitstein zu verlegen. Von ihrer Höhe aus konnte nicht nur der Rhein, sondern auch die Mündung der Mosel überblickt und kontrolliert werden. Der Bau der Philippsburg erfolgte zwischen 1626 und 1629.[381] Wenn auch Teile der Verwaltung im gegenüberliegenden Koblenz beheimatet waren, so wurde Ehrenbreitstein mit seiner frühbarocken Residenz zum politischen und dann auch kulturellen Zentrum und blieb dies bis zur Verlegung der Residenz nach Koblenz durch Clemens Wenzeslaus im Jahr 1786.[382]

In dem gegenüberliegenden Koblenz bestimmen Kirchtürme wie auf einer Perlschnur aufgereiht das Stadtbild. Zu identifizieren sind am rechten Rand des Stiches die hohen Türme der Florinskirche, daneben die mit hohen barocken Hauben versehenen Türme der Liebfrauenkirche.

Im folgenden ist die von Gisela Albrod vorgeschlagene Datierung *um 1800*[383] zu überprüfen. Eine solche Datierung würde unser Blatt an den Beginn der Rheinromantik stellen und ihm eine entsprechende Bedeutung zuweisen. Für das Koblenzer Blatt gibt es bezüglich eines Terminus ante quem einige Hinweise. Datierungsanhaltspunkt ist das Jahr 1801, in dem das Blatt in der ersten Auflage des Reiseführers von Klebe erschien. Der von Tardieu d. Ä.[384] gedruckte Kupferstich in Klebes Reiseführer in der Auflage von 1801 präzisiert – im Gegensatz zu Cöntgens Blatt – daher auch mit der Unterschrift *vor dem Kriege*. Damit wird auf die Zerstörung der Festung Ehrenbreitstein durch die Franzosen am Ende des Zweiten Koalitionskrieges und nach dem Friedensschluss von Lunéville 1801 angespielt. Bei der Veröffentlichung der beiden Ausgaben von 1801[385] und 1806[386] entsprach Beckenkamps Rheinansicht schon nicht mehr den Gegebenheiten.

Aus verschiedenen Gründen wird die Vorlage für unsere Ansicht jedoch um einiges früher anzusetzen sein. Schon rein stimmungsmäßig, also werkimmanent, widerspricht Beckenkamps Landschaftsvedute der um 1800 einsetzenden Rheinromantik, in deren Verlauf der Rhein als Grenze zwischen Frankreich und Deutschland mit nationalen Werten besetzt wurde, die sich dann auch in Literatur und Kunst umsetzten.[387] Der idyllische Charakter und die malerische Harmonie der Landschaft dagegen gliedern sich in die Empfindsamkeit des ausgehenden Rokoko.

Äußere Anhaltspunkte unterstützen im folgenden diese Vermutung. Die bisher unbekannten Lebensdaten des Stechers H. (Heinrich Hugo) Cöntgen aus Mainz[388] lassen sich dank eines Hinweises aus dem Stadtarchiv Mainz verifizieren. Bisher war nur bekannt, dass Cöntgen von Lang 1789 für die Rheinlaufkarte der ersten Edition seiner „Reise auf dem Rhein" herangezogen wurde.[389] Diese Tatsache ergab aber keinen Anhaltspunkt für die Lebensdaten Cöntgens, denn Lang verwendete sie in allen weiteren sieben Auflagen seines Reiseführers.[390] Cöntgen starb 1792[391], so dass der Koblenzer Stich vor diesem Datum entstanden sein muss.

Topographische und stilistische Überlegungen ergänzen die oben dargestellten Ausführungen. Sehr auffällig ist, dass das zwischen 1779 und 1786 im Auftrag von Clemens Wenzeslaus von Trier erbaute Schloss mit seiner großen Rheinfassade nicht erscheint. Die neue Koblenzer Residenz war 1779 nach den Plänen des französischen Architekten Michel d'Ixnard, des Erbauers von St. Blasien im Schwarzwald, begonnen worden, dann von Antoine François Peyre und von Andreas Gärtner fortgesetzt worden. Der Rohbau war bereits 1783 fertiggestellt und 1784 war das Bauwerk vollendet.[392] Bis zu seiner Einweihung am 23. November 1786 wurde die Inneneinrichtung gestaltet. Beckenkamps Ansicht wird also aus bauhistorischen Erwägungen bezüglich des Koblenzer Schlosses vor 1784 anzusetzen sein. Diese Präzisierung wird durch die Jahreszahl der Gründung der Himmesischen Buchhandlung in Koblenz 1784[393], bei der Cöntgens Stich verlegt wurde, unterstützt und macht als Terminus post quem das Jahr 1784 wahrscheinlich. Eine auch von Elisabeth Moses erwähnte Vorzeichnung zu dem Stich[394] ist möglicherweise mit einer Abbildung in der 1923 von Adolf Bach besorgten Ausgabe von Goethes „Rheinreise" mit Lavater und Basedow zu identifizieren.[395] Bis auf die im Vordergrund rechts variierte Staffagefigur eines Anglers – auf dem Stich durch einen in Richtung Ehrenbreitstein wandernden vornehmen Herrn ersetzt – und dem Wegfall der Kartause im Vordergrund links, stimmt die Zeichnung in Komposition und Standort mit dem Kupferstich überein. Sehr wahrscheinlich handelt es sich um eine Vorstudie für den von Cöntgen und Tardieu bearbeiteten Stich. Bach datiert das Blatt ohne Anhaltspunkte *um 1775*. Da zwischen Vorzeichnung und graphischer Umsetzung durchaus ein längerer Zeitraum möglich ist, kann eine präzise zeitliche Einordnung der Zeichnung nicht vorgenommen werden.

Gerne wird Beckenkamps Blatt mit der älteren topographischen Kunst des 17. Jahrhunderts in Verbindung gebracht.[396] Ansichten von Ehrenbreitstein und Koblenz wurden auch von Wenzel Hollar 1636 und Matthäus Merian 1649 geschaffen.[397] Sowohl Hollar als auch Merian begreifen aber zunächst die Schauseite der gerade erst neu erbauten Ehrenbreitsteiner Residenz mit ihrer beeindruckenden Rheinfassade als zentralen Bildpunkt. Der Standpunkt für ihre Radierungen ist die Moselmündung mit dem Deutschen Eck.[398]

Besonders Hollar hat sich in elf Zeichnungen und Radierungen mit dem Residenzort und der Moselmündung beschäftigt.[399] Er bettete dabei Koblenz und Ehrenbreitstein in eine weiträumige Landschaftserfassung ein und gestaltete sie mit einer harmonischen Symmetrie. Besonders eine 1643/44 entstandene Radierung für die „Amoenissimi aliquot locorum ... Prospectus" gibt den weitwinkligen Blickpunkt auf Koblenz und Ehrenbreitstein von Süden, allerdings von der westlichen linken Rheinseite wieder.

Ein zu Beckenkamp etwa zeitgleiches Beispiel für eine ähnliche Rheinansicht von Koblenz und Ehrenbreitstein, auf dem sowohl das neue Koblenzer Schloss als auch die noch intakte Festung Ehrenbreitstein sichtbar werden, stammt von Christian Georg Schütz d. J.[400] Dieses Blatt des jüngeren Schütz, dessen Vorlage zwischen 1786 und 1801 – wahrscheinlich 1788[401] – entstanden sein muss, ist mit dem näheren Standpunkt, welcher der abschüssigen Ehrenbreitsteiner Felswand etwas Drohendes verleiht, schon in eine frühromantische Stimmung getaucht und weicht von dem idyllischen Rokokocharakter auf Beckenkamps Stich erheblich ab. Der Vergleich der beiden Blätter zeigt deutlich die oben beschriebene Divergenz zwischen der Landschaftsauffassung von Schütz d. J. und Beckenkamp.

Aus der älteren Topographie übernimmt Beckenkamp zweifellos die weitflächige Landschaftseinbettung und die symmetrische Landschaftsauffassung. Ergänzend dazu – und in einer geschickten Verbindung mit der nüchterneren Topographie – erscheint aber in Beckenkamps Blatt ein malerischer Effekt, der die Herkunft von der Landschaftsauffassung des älteren Schütz verrät. So spiegeln die leicht diagonale Komposition des Rheinflusses, der Standpunkt auf dem niedrigen Ufer und die unbeschwerte Heiterkeit und Selbstvergessenheit der eleganten Staffagefiguren die Umwandlung von Christian Georg Schütz' d. Ä. idealen Rheinflusslandschaften in topographisch rekonstruierbare und dennoch malerische Ansichten wider.

Christian Georg Schütz d. J. und Anton Radl – Ansicht von Ehrenbreitstein, Aquatinta
© Mittelrhein-Museum, Koblenz

4.3.3. Die „Rhein=Gegend bei der Stadt Kölln"

Beckenkamps „**Rhein=Gegend bei der Stadt Kölln**"[402] wurde von einem nicht näher bekannten, ebenfalls aus der Mainzer Kupferstecherfamilie stammenden *F. Cöntgen* in Mainz gestochen. Für Franz Joseph Cöntgen, einen Sohn von Heinrich Hugo Cöntgen, ließ sich nur das Geburtsdatum 1757 ermitteln.[403] Eine Datierung der Köln-Ansicht durch die Lebensumstände des Franz Joseph Cöntgen konnte nicht erreicht werden.

Die Köln-Ansicht liegt ausschließlich als Einzelblatt vor. Eine Verwendung in einem illustrierten Rheinbuch konnte nicht nachgewiesen werden. Das Blatt wurde bei *H. Goffart* in Köln Am Hof[404] vertrieben. Die gleiche Ansicht von Köln gab es laut darunter stehender Bezeichnung auch in der Buchhandlung Thorn in Koblenz und Trier zu kaufen. Großzügig wurde das Kölner Blatt *ca. 1810* datiert.[405] Als Terminus ante quem diente dabei wohl der auf dem Stich noch erkennbare barocke Dachreiter des Domtorsos, der 1812 abgetragen wurde.[406] Noch ist auch das hohe Satteldach der säkularisierten und 1807 zerstörten Kirche St. Johann und Cordula[407] zwischen den Türmen von Groß St. Martin und St. Kunibert zu erkennen.[408] Sofern in den Kölner Rheinfrontansichten nicht auf ältere Vorlagen zurückgegriffen wird[409], bietet das markante und hoch aufragende Dach der Kirche, die Wallraf noch als Gebäude für sein Museum hatte retten wollen[410], einen guten Anhaltspunkt für Datierungen.

59

Die „Rhein=Gegend bei der Stadt Kölln"
(Kat. Nr. 75)
Foto: RBA, Wolfgang F. Meier

Wie auf Beckenkamps Ehrenbreitsteiner Blatt, aber im Vergleich dazu noch etwas nachlässiger ausgeführt, erscheinen die markanten Baudenkmäler des Stadtpanoramas in starker Verkürzung. Sehr vereinfacht bildet St. Severin am südlichen Ende der Stadt die linke Rahmenbegrenzung, nördlich des Bayenturms wird ein Kirchlein mit östlich ausgerichtetem Turm sichtbar und weiter oben steht der Domtorso mit Kran und barockem Dachreiter im Dialog mit Groß St. Martin, bevor St. Johann und Cordula und St. Kunibert die linke Rheinfront im Norden abschließen. Zwischen dem Deutzer Rheinufer mit der Abtei St. Heribert und St. Urban werden auf dem Fluss fünf Mühlen, welche die Stadt mit Mehl versorgten[411], der Lastenkran und südlich von St. Martin am Ufer der Mastenwald der Handelsschiffe im Hafen sichtbar.

Um das Ende des 18. Jahrhunderts wurden die graphischen Köln-Ansichten immer öfter von einem Standpunkt in der Nähe oder südlich des Bayenturms erfasst.[412] Dabei wurde zum einen die in der älteren Topographie so beliebte Sicht auf Köln vom rechten Deutzer Rheinufer aufgegeben und die markanten Kölner Kirchenbauten verkürzt zusammen gedrängt und zumeist nur unpräzise wiedergegeben. Gleichzeitig kann die Vorrangstellung des Bayenturms in diesen Rheinfrontansichten das erwachende antiquarische und vorromantische Interesse an mittelalterlichen Bauten widerspiegeln, um so mehr als mit dem Bayenturm die düsteren Aspekte der Stadtgeschichte Kölns verbunden waren und der aufgespießte, erst 1771 abgefallene Kopf des Nikolaus Gülich sicherlich noch Jahrzehnte später in mündlicher Tradition in Köln präsent war.

Unter den frühen Köln-Ansichten seit dem Ausgang des 15. Jahrhunderts findet sich der Blick auf Köln von Süden zum ersten Mal auf einem Titelblattentwurf der Gegenreformationszeit in Köln wieder. Der Kölner Zeichner, Stecher und Maler Augustin Braun (um 1570 – nachweisbar bis 1639) schuf 1612 ein von Peter Isselburgh gestochenes Titelblatt, auf dem die Kölner Rheinfront erstmals nicht vom gegenüberliegenden rechtsrheinischen Deutz, also von Osten, sondern vom Fluss, auf der Höhe des südlichen Eckturms der Kölner Stadtmauer aus gesehen ist. Gut 20 Jahre später, 1635, entstand Wenzel Hollars Radierung mit der südlich des Bayenturms und des neuen Bollwerks auf der linken Rheinseite aufgenommenen Ansicht Kölns von Süden.[413]

Dieser Blickwinkel auf die Kölner Rheinfront, der von dem Künstler starke Verkürzungen und eine geschickte Tiefenstaffelung der Architektur verlangt, wurde erst 1792 von Laurenz Janscha wieder aufgegriffen.[414] Janschas Zeichnung wurde 1798 von Johann Ziegler gestochen und koloriert. Obwohl der Ratsturm und fast alle Kirchtürme der Stadt identifizierbar sind, erscheint ihre Aufreihung in der Tiefenstaffelung nicht korrekt. Ein präzises analytisches Stadtpanorama war jedoch nicht angestrebt. Mit seinem dekorativen Charakter des ausgehenden Rokoko spiegelt diese heitere Stadtlandschaft das Bild eines harmonischen Gemeinwesens am Fluss wider, das mit dem Datum seiner Veröffentlichung 1798 nichts von den bereits erfolgten historischen Umbrüchen verrät, sie gewollt oder unabsichtlich überspielt. Die Kölner Rheinansicht von Süden – vom Bayenturm aus – wurde stilbildend für eine große Zahl von Ansichten, die diesen Blickwinkel zum Vorbild nahmen. Eine davon ist – wohl über den Umweg von Christian Georg Schütz d. J., der sie bei Janscha und Ziegler entlehnte – die

Laurenz Janscha, Johann Ziegler: „Ansicht der Stadt Cöln – Vue de la ville de Cologne" – 1798 Foto: RBA, Wolfgang F. Meier

Aquatinta zu John Carrs[415] „A Tour through Holland along the right and the left banks of the Rhine" aus dem Jahr 1807. John Carr, der sich selbst auch als der Autor der Zeichnungen ausgab[416], hat die Rheinfrontansicht in eine romantische Stimmung getaucht: der Bayenturm wirkt nun düster im Gegenlicht der Abenddämmerung, seine Zinnen bleiben von den Strahlen der untergehenden Sonne im Westen nicht erfasst. Lang und schwer spiegelt sich sein Schatten im Fluss wider, und auch das zur Stadt zu vorbeiziehende Schiff wirft im Fluss einen schweren Schatten wie eine Säule.

Tageslicht, zarte Wolken, leichte Wasserspiegelungen befinden sich dagegen auf dem Blatt von Beckenkamp. Nicht nur der äußere Architekturaspekt, sondern auch die heiter-idyllische Atmosphäre – im Unterschied zu der romantisch-düsteren Variante Carrs von 1807 – bietet einen Datierungsanhaltspunkt vor 1800. Nicht zu entscheiden ist dagegen die Frage, ob der Stich des Mainzer Stechers Franz Joseph Cöntgen nach einer Vorzeichnung Beckenkamps chronologisch vor oder nach dem 1798 publizierten kolorierten Kupferstich von Janscha und Ziegler einzuordnen ist.

Analog zu dem Koblenz-Ehrenbreitsteiner Blatt Beckenkamps ist der Blick auf die Stadt in größerer Distanz gewählt. Hier wie dort spannt sich ein breiter, mit zarten Wolken durchsetzter Himmel über der Flusslandschaft. Noch deutlicher als auf dem Ehrenbreitsteiner Stich wird die starke Vereinfachung der Architekturkörper. Westlich des Bayenturmes wird nicht nur das Bollwerk, sondern auch ein Teil der Stadtmauer und sogar die in Wirklichkeit weiter westlich liegende Severinskirche einbezogen. Die größere Distanz zum Stadtbild verlangte dagegen ein in der Relation kleineres Stadtpanorama. Klarer als auf dem Ehrenbreitsteiner Blatt, das auch durch die malerische Landschaftsauffassung des älteren Schütz geprägt war, zeigt sich hier die Herkunft von der früheren topographischen Landschaftsauffassung mit ihrem weiten Blickwinkel und der harmonischen Einfassung des Stadtbildes in die weite Landschaftstopographie. Damit steht Beckenkamps Blatt mit seinem Rückgriff auf die ältere Topographie noch in der *barocken Kompilationstradition*[417] in der Druckgraphik, einer Interpretation des Stadtbildes, die um 1800 durch andere Werte abgelöst wird.

4.4. Das Kölner Waidmarktviertel: Eine Stadtbildserie von Beckenkamp?
In der Graphischen Sammlung des Kölnischen Stadtmuseums findet sich unter dem Stichwort „Beckenkamp" ein Aquarell mit einer **Ansicht des Waidmarktes von Süden**[418]. Auf der Rückseite des Blattes ist ein schmaler Papierstreifen mit einer Aufschrift von der Hand des Malers aufgeklebt: *der Waidmarkt zu Cölln gezeichnet von B. Beckenkam aus seiner Wohnung 1795*. Das Aquarell stammte aus der Sammlung des Kaufmanns Peter Keysers in der Kölner Humboldtstraße, der sich seit 1926 im Kölner Adressbuch nachweisen lässt. Weiterhin befinden sich in der Graphischen Sammlung des Kölnischen Stadtmuseums eine aquarellierte Photovergrößerung **Der Waidmarkt von Süden**[419], die das kopierte Originalaquarell aufgreift und – wahrscheinlich als Serie angelegt – weitere auf die gleiche Art eingefärbte Photographien, die vielleicht Kopien weiterer Originale wiedergeben. Es handelt sich um Ansichten von Straßen der unmittelbaren Umgebung von Beckenkamps Wohnviertel: **Der Waidmarkt von Norden**[420], **Der Blaubach**[421] und **Der Mühlenbach**[422]. Alle Reproduktionen[423] tragen die Aufschrift: *Kopiert nach dem Originalaquarell im Besitz des Herrn P. Kaysers in Köln - Humboldtstraße 27*[424] *von G. Fischer, Köln,*

ohne Angabe eines Künstlers.[425] Eine Urheberschaft von Beckenkamp für die Vorlagen der Kopien bzw. ihrer Photoreproduktionen lässt sich nicht beweisen.[426] Sie wird nur wegen des Sammlungszusammenhangs wahrscheinlich und angesichts der Tatsache, dass die Straßen seiner Wohnumgebung portraitiert sind. Trotz zahlreicher Abweichungen zwischen Original und Kopie sprechen auch stilistische Eigenheiten im Vergleich zwischen dem Aquarell und den vier Photoreproduktionen für eine Serie.

Die Photoreproduktionen nach den – nicht aufzufindenden Kopien – kamen laut Inventarnummern 1922, also noch vor dem einzigen Originalaquarell (1926) in die Sammlung des Historischen Museums. Da eine Verbindung der Reproduktionen mit Beckenkamp erst mit dem signierten Aquarell hergestellt werden konnte, erklärt sich hieraus vielleicht die Tatsache, dass Elisabeth Moses in ihrem 1925 erschienen Aufsatz keines dieser Stadtbilder erwähnt.

Die Komplexität des Problems wird dadurch verstärkt, dass nicht die „Originalkopien", sondern nur kolorierte Photoreproduktionen in das damalige Historische Museum kamen. Qualitätsmäßig weichen sie von den – vermuteten – Originalen noch erheblich ab und gleiten teilweise – vor allem bei der Ansicht des Mühlenbachs ins Naive ab. Die Kopie nach einem Aquarell des Mühlenbachs ist von so schlechter Qualität, dass man eine konkrete Vorlage anzweifeln möchte. Dennoch ist schwer vorstellbar, dass auch ein Modellbauer wie Gerhard Fischer über die Vorstellungskraft verfügt haben soll, eine Straßenzeile Kölns vom Ende der reichsstädtischen Zeit frei nachempfunden zu haben. Dafür sind die baulichen Details zu präzise. So soll in der Folge davon ausgegangen werden, dass die Kopien oder Nachempfindungen Fischers auf ehemals vorhandene Originale Beckenkamps verändernd zurückgreifen.

Vielleicht erklärt sich mit dieser Serie von Stadtansichten, für die eine Datierung von 1795 oder wenig später anzunehmen ist[427] auch die Bemerkung De Noëls, der Einmarsch der französischen Revolutionstruppen in Köln habe dazu beigetragen, dass Beckenkamp sich wieder seinem *Lieblingsfache*, der Landschaftsmalerei, widmete.[428]

4.4.1. Der Waidmarkt und seine Topographie im Wandel
Der Waidmarkt vor der gegenüber liegenden Häuserzeile ist auf Beckenkamps Aquarell noch als Platz erkennbar.[429] Heute wird er durch das 1959-64 erbaute, nun ehemalige, Polizeipräsidium dominiert und hat die frühere intime Geschlossenheit verloren. 1795 wurde der Waidmarkt noch durch hohe belaubte Pappeln und herumliegende und teilweise noch aufrecht stehende römische Begrenzungssteine[430] geprägt. Auf der platzartigen Erweiterung der alten Römerstraße fließen Abwasserbäche in einen größeren, die Mitte der Severinstraße durchziehenden Bach. Vornehme Damen, Geistliche und volkstümlichere Personen wandeln gemächlich allein, zu zweit oder halten im Gespräch mit Dritten inne. Als humorvolle Einlage in dem heiter beschaulichen Stadtidyll uriniert ein Mann an die Mauer der Stiftskirche St. Georg.

Der Maler hat die wenigen Figuren harmonisch in gleichbleibendem Abstand zueinander in die Tiefe gestaffelt. Die Gesichter sind höchst summarisch gestaltet, die Physiognomien auf schwarze Tupfer für Augen und Nasen reduziert.

Die beiden schlanken Bäume, die am linken Rand des Aquarells herein kragen, sind von dem Maler an den Kronen abgeschnitten worden. Dies verleiht dem Bild durch den ungewöhnlichen Ausschnitt einen Eindruck von Unmittelbarkeit. Die belaubten Pappeln und die helle warme Vormittagssonne – der Lichteinfall kommt aus Ost bis Südost – lassen auf die Atmosphäre einer freundlichen Jahreszeit schließen. Die ruhige und heitere, spätrokokohafte Stimmung wird von Beckenkamp durch den auf vier Tönen basierenden Farbaufbau von hellblau, crème, ockerbraun und grün verstärkt. Die Standortwahl und der niedrige Augenpunkt – der im Gegensatz zu der aufgeklebten Beschriftung des Malers auf der Rückseite wohl nicht aus seiner Wohnung, sondern wenige Meter vor dem Wohnhaus anzunehmen ist – verleihen dem Straßenbild eine subjektive Wärme und Anteilnahme. Die Wahl der Aquarelltechnik betont den Eindruck des Privaten.

Das Kirchenensemble von St. Georg[431] und St. Jakob[432] galt vor der Säkularisation 1802 und dem Abbruch von St. Jakob 1825 *als eine der schönsten Bautengruppen der Stadt*[433]. Vom südwestlichen Ende des Waidmarktes aus erfasst Beckenkamp schräg angeschnitten den wuchtig-gedrungenen Turm von St. Georg mit einem Teil (bis zum Dachreiter) der südlichen Wand des Mittelschiffs und dem 1536 erbauten, von zwei spätgotischen Eckpfeilern gerahmten südlichen Portal mit späterem Kruzifix.[434] Der Kirchturm trägt als Abschluss die um 1700 errichtete barocke Haube mit Zwiebelbekrönung.[435] Durch eine spitzgiebelige Vorhalle[436] ist die Stiftskirche direkt mit der Pfarrkirche St. Jakob verbunden.

Das Kirchenensemble von St. Georg und St. Jakob findet sich bereits auf einem Blatt des vierzehnteiligen Anno-Zyklus, eines um das Jahr 1600 gezeichneten Historienzyklus' des bereits erwähnten Künstlers Augustin Braun wieder.[437] Dieser Kölner Zeichner, Stecher und Maler der Gegenreformationszeit stellt die Kirchweihe von St. Georg 1067 anachronistisch vor der Kulisse von St. Georg und St. Jakob in den Bauformen des 16. Jahrhunderts dar. Dabei ist die figurenreiche Szenerie im Vordergrund aufgereiht, der die Kirche weihende Anno kniet in der Mitte, während sich im Hintergrund der Waidmarkt und daran anschließend die Straße Hohe Pforte öffnet. Braun erfasst das Kirchenensemble von St. Georg und St. Jakob jedoch von Süden, vom Ende der platzartigen Erweiterung des Waidmarktes aus. Die Kenntnis dieses Blattes von Braun durch Beckenkamp ist angesichts der Tatsache, dass der gesamte Anno-Zyklus durch Everhard Jabach nach Paris gelangte, jedoch auszuschließen.

Zwischen 1660 und 1665 erscheint das Kirchenensemble von St. Georg und St. Jakob wieder auf einem Blatt des Skizzenheftes von J. Finckenbaum (oder Vinckeboons) und dann wieder 1827, in ähnlichem Ausschnitt von Nordwesten, bei Johann Peter Weyer und seinem Lithographen J. A. Wünsch.[438] In einer weiteren Ansicht seines Skizzenbuches hat Finckenbaum St. Georg aber auch ganz von Süden erfasst[439], wobei der unvollendete Turm des salischen Kirchenbaus noch die Pyramidendachkonstruktion aus Brettverschlag trägt. Bei Finckenbaum wird in Ergänzung zu Beckenkamps Aquarell auch erkennbar, dass das Südportal eine unten doppelportalige Vorhalle war und sich erst darüber die mächtige Fensteröffnung mit dem eingepassten Kruzifix öffnete.[440] Interessant ist auch, dass die spätgotische Maßwerkbekrönung des Turmes von St. Jakob, bei Finckenbaum noch erkennbar, bereits durch die vereinfachte klassizistische Lösung vom Ende

St. Jakob und St. Georg von Nordwesten (Lithographie von Anton Wünsch – 1827) Foto: RBA, Wolfgang F. Meier

des 18. Jahrhunderts ersetzt worden ist.[441] Für die klassizistische Attika ergibt sich mit der gesicherten Datierung von Beckenkamps Aquarell ein Terminus ante quem von 1795.

Etwas zurückversetzt schließt sich eine in ockerbraunem Schatten liegende Häuserzeile an St. Jakob an, die mit dem besonnten Eckhaus Hohe Pforte-Mühlenbach kontrastiert. Der Blick wird über die nur einmal, durch die Querstraßen Mühlenbach und Blaubach unterbrochene Fluchtlinie, weiter in die Tiefe nach Norden, in die verlängerten Straßenflucht der Hohen Pforte geführt.

Der Waidmarkt (Aquarell) – 1795 (Kat. Nr. 63) Foto: RBA

4.4.2. Architekturbilder holländischer und rheinischer Städte des 17. Jahrhunderts

Präzise definierbare künstlerische Vorbilder für Beckenkamps Straßenansichten lassen sich nicht ausmachen. Der Eindruck des Privaten, die Spur des Alltäglichen lassen zunächst an die Ansichten holländischer Straßen und Plätze im niederländischen Architekturbild des 17. Jahrhunderts denken.

Das Architekturbild war im 17. Jahrhundert in den Niederlanden aus der Antwerpener Tradition der phantastischen Architekturdarstellung entwickelt worden.[442] Unabhängig voneinander, aber etwa gleichzeitig, im siebten Jahrzehnt des 17. Jahrhunderts, lösten sich die Brüder Job (1630–1693) und Gerrit (1638–1698) Berckheyde von der von Pieter Saenredam gegründeten Haarlemer Tradition des Kirchenbildes und des Kircheninterieurs[443] und auch Jan van der Heyden (1637–1712) widmete sich der Darstellung von Straßen, Plätzen und Architekturensembles.[444] Doch nicht nur die wirtschaftlich und kulturell prosperierenden Zentren der Niederlande standen im Zentrum der vom Bürgerstolz geprägten Maler und Auftraggeber. Analog zu der Entdeckung der Rheinlandschaft durch die an topographischen Städteansichten (Merian, Hollar) und idealen Flusslandschaften (Saftleven) interessierten Künstler, bereisten auch die Brüder Berckheyde (zwischen 1654 und 1660), Lambert Doomer (1663) und Jan van der Heyden (ebenfalls um 1663) den Rhein.[445] Ihren holländischen und in den Niederlanden lebenden deutschen Auftraggebern[446] lieferten sie teils topographisch genaue, später – gegen Ende des 17. Jahrhunderts – und immer öfter, Architekturensembles von Köln oder Bonn, die einzelne, zumeist romanische Kirchen zwar genau wiedergaben, aber in phantastische Städtebilder zusammenfügten. Dabei zeichnen sich Job und Gerrit Berckheyde durch die Isolierung und Monumentalisierung der vorzugsweise romanischen Kirchen aus, während Jan van der Heyden sich nicht auf einen darzustellenden Architekturstil festlegte. Auch van der Heyden wurde zunehmend frei von Vorbildern, erfand und komponierte ganze phantastische Städte.[447] Während van der Heyden als Feinmaler mit Akribie die Haut der Ziegelsteingebäude in vom weißen Mörtel umrissene Miniaturdetails auflöst, findet sich bei Gerrit Berckheyde vor allem in den rheinischen Städtebildern – so z. B. in einer Ansicht des polygonalen Bonner Kirchenbaus von St. Martin in einem Stadtzusammenhang (Schwerin, Mecklenburgisches Landesmuseum)[448] – zunehmend ein italienisierender Einfluss, der sich nicht nur in seinen bambocciantischen Staffagefiguren in Marktszenen, sondern auch und v. a. in den südlichen Schlaglichtern manifestiert, mit denen die Architekturvolumina zunehmend summarisch zusammengefasst wurden.

4.4.3. Frankfurter Stadtbilder von Christian Georg Schütz d. Ä.

Eine wenn auch nicht genau definierbare Kenntnis der holländischen Architekturdarstellungen van der Heydens[449] und der Berckheydes muss auch Christian Georg Schütz d. Ä. gehabt haben. In seinen wenigen topographisch genauen Frankfurter Stadtportraits, die wohl alle im sechsten Jahrzehnt, um 1754/55 herum, entstanden sind, lässt sich z. B. auf dem Gemälde **Ansicht der Hauptwache**[450] der für die Bilder der Brüder Berckheyde charakteristische, die Architekturzonen streng in Licht- und Schattenzonen unterteilende Diagonalschatten wiederfinden. Auf dem genannten Gemälde lässt dieser sich auf dem Turm der evangelischen Katharinenkirche am rechten Bildrand ausmachen, wo Schütz das Kirchenschiff und die Sockelzone des Turmes im Schatten belässt und das obere Turmgeschoss ins Licht taucht. Im Unterschied zu den Haarlemer Ansichten Gerrit Berckheydes mit den dramatisch-effektvollen Unterscheidungen der St. Bavo-Kirche in diagonale Licht- und Schattenzonen, ist diese bei Schütz aber kein konstitutives, sondern ein rein dekoratives Element. Auch hat der Blick auf den allein durch die Hauptwache verstellten weiten Frankfurter Platz durch die verschiedenen Fluchtpunkte einen additiven Charakter, während Straßenflucht und Raumtiefe eines Platzes bei den Berckheydes meistens auf einen Fluchtpunkt hin konzentriert sind.
Holländische Architekturbilder von Gerrit Berckheyde befanden sich auch in Frankfurter Bürgersammlungen. In der Sammlung von Johann Friedrich Städel ließen sich einstmals drei Gemälde von *Berckheyden* nachweisen.[451] Es handelte sich um eine **Ansicht des Amsterdamer Gemüsemarktes**,

eine **Ansicht der Börse** mit vielen Figuren und um die heute noch im Städelschen Kunstinstitut nachweisbare **Vue d'une ville hollandoise à coté d'un canal**[452], heute als **Ansicht der beiden Amsterdamer Synagogen** identifiziert.[453]

Es ist davon auszugehen, dass sich in Frankfurter Bürgersammlungen, aber auch bei den holländischen Glaubensflüchtlingen in Frankfurt weitere holländische Architekturbilder, etwa von Jan van der Heyden befanden. Gemälde der Brüder Berckheyde waren im 18. Jahrhundert außerdem in Kupferstichen bekannt.[454] In Köln lässt sich ein *Berckheyde* nach dem Inventar von 1810 in der Sammlung von Ferdinand Franz Wallraf nachweisen.[455] Wann das Gemälde in die Sammlung gelangte, ist nicht bekannt, auch nicht, um welches es sich handelte.

Obwohl ein direkter Kontakt von Schütz oder Beckenkamp mit holländischen Architekturbildern nicht ausgeschlossen ist, so lassen sich bei Schütz, aber auch bei Beckenkamp neben den erwähnten Konvergenzen auch differente Intentionen feststellen. Hat man vor allem bei den holländischen Städtebildern des Gerrit Berckheyde von Amsterdam und Haarlem den Eindruck einer geometrisch klar konstruierten idealen Bürgerstadt in kühler klarer Luft, in der aus dem Schatten heraus fein geschwungene Häusergiebelzeilen sich dem Licht entgegenstrecken, um ihre Ziegelfassaden prachtvoll lachsrot aufleuchten oder, bei Gegenlicht, die raffiniert geschwungenen Giebelformen in der Sonne glänzen zu lassen, so lässt Christian Georg Schütz bei seiner **Ansicht des Liebfrauenbergs**[456] auf den überhängenden Spitzgiebeln in verschiedenen Braun- und Crèmetönen Einflüsse von Alter, Verwitterung und Verfall erkennen. Schütz macht auch den Gegensatz zwischen den windschiefen Konturen mittelalterlicher Häuser und den klaren Frühbarockformen eines Stadtpalais' mit zartgelber Bemalung sowie die zeitgenössische Pracht der Frankfurter Fassadenmalerei auf seinen Städtebildern, wie der **Ansicht des Frankfurter Römerbergs**[457] deutlich. Das vielfigurige Markt- und Volkstreiben zwischen Abwasserbächen und Straßenschmutz ist bei Schütz bunt und volkstümlich, während die Staffagefiguren holländischer Architekturmaler gemessen und vornehm über die gepflasterten Straßen und Plätze schreiten. Die von Börsch-Supan angeführte Nähe der Frankfurter Straßenbilder zu den venezianischen Vedutisten des 18. Jahrhunderts[458] erscheint zum einen wegen der zeitlichen Nähe zu Bellottos bevölkerten Plätzen Venedigs und zum anderen wegen der geometrischen Konstruiertheit dieser Veduten unwahrscheinlich.

Alter, Verfall und die seit jeher in Reiseberichten für die Stadt Köln angeführte Sorglosigkeit bei der Pflege von Baudenkmälern und Straßen sind auch ein Thema von Beckenkamps Waidmarktaquarell. Die spärlich bevölkerten Straßen korrespondieren mit den Aussagen der Reiseberichte über die niedrige Bevölkerungsanzahl Kölns um die Wende zum 19. Jahrhundert.

Wenn die Frankfurter Straßenbilder von Schütz – die Beckenkamp in seiner Frankfurter Zeit gesehen haben wird – nicht nur durch ihr belebtes Publikum auf eine florierende und prosperierende Stadt schließen lassen, sondern auch von hohem stadtgeschichtlichem Wert sind[459], so ist dasselbe Kriterium außer an Beckenkamps Originalaquarell des Waidmarktes von Süden auch an die nur durch Gerhard Fischers Reproduktionen erhaltene Serie anzulegen.

Der Blaubach (Reproduktion)
(Kat. Nr. 64.3)
Foto: RBA

4.4.4. Das Waidmarktviertel: Die Reproduktionen von Gerhard Fischer

Dazu ist zunächst zu fragen, wie der Kopist Gerhard Fischer[460] gearbeitet hat. Dies wird an dem möglichen Vergleich des Originalaquarells mit der entsprechenden Photoreproduktion nach der Kopie deutlich.[461] Die Veränderungen werden vor allem in der auf grüne, silbriggraue und crèmefarbene Töne reduzierten Farbigkeit deutlich. Deutlich tritt auch die auf dem Aquarell nicht erkennbare lockere Umrisszeichnung aus Tusche zutage. Unter starker Vergrößerung werden die aufgesetzten Aquarellfarbenfelder sichtbar. Erheblich weicht auch die Figurenstaffage ab: so erscheinen z. B. auf dem bohlenüberdeckten Abwasserbach am unteren Bildrand der Kopie zwei Kinder, verschwunden ist der urinierende Mann an der Kirchenmauer und im Norden, am Ende des Waidmarktes taucht eine Straßenlampe auf, die an einer zwischen den Häuserzeilen gespannten Leine befestigt ist. Das große Kreuz in der südlichen Eingangshalle von St. Georg ist verschwunden.[462] Geistliche flanieren nun vor St. Jakob und ein französischer Soldat hält eine Dame untergehakt. Die französischen Revolutionssoldaten, die auch auf der Blaubach-Ansicht auftauchen und von denen einer dort pikanterweise vor einer reichsstädtischen Kettenwacht posiert, lassen den Verdacht aufkommen, dass sie aus historisierendem Interesse in die Ansicht hereingemalt wurden. Gerhard Fischer beließ also die Gesamtanlage, vor allem die architektonischen Gegebenheiten seiner Vorlage im wesentlichen unangetastet, nahm sich jedoch bei der Erneuerung der Personenstaffage große Freiheiten. So sind die unterschiedlichen Datierungen[463] von Fischers Blättern wohl auf modegeschichtliche Beobachtungen gestützt.[464] Die Figuren erscheinen von Fischers „Blaubach-Reproduktion" im Unterschied zum „Waidmarkt-Aquarell" von der Empiremode beeinflusst. Die Figuren bieten jedoch – wie gesehen – keinen Erkenntniswert.

4.5. Das Waidmarktviertel: Stadthistorischer Wert der Serie

Die Analyse muss sich auf die Baulichkeiten beschränken. Auf der **Ansicht des Waidmarktes von Norden** dominiert die Häuserfront der zumeist mittelalterlichen Gebäude mit den Hausnummern 1–33. Die Kirchenarchitektur von St. Georg und St. Jakob mit dem vorgelagerten profanen Kaplangebäude sind auf die Funktion einer Rahmenbegrenzung zurückgedrängt, ihr Denkmalwert aufs äußerste beschnitten. Deutlich erkennbar ist, wie St. Georg auf dem Platz vortritt. Rund und schlank ragt der Dachreiter der Karmeliterkirche vom Berge Mariae mit der doppelten Zwiebelhaube am südlichen Platzende im Bildhintergrund hervor.[465] Um 1800 hatte die Kirche noch eine hervorgehobene Rolle im Waidmarktviertel. Denn noch nach der Säkularisation 1802 gab es Überlegungen, die intakt scheinende Kirche statt des salischen Kirchenbaus von St. Georg als Ersatzpfarrkirche für die in ein Fouragemagazin umgewandelte Jakobskirche zu nehmen. Der Einsturz am 8. 5. 1810 machte das Vorhaben zunichte.[466] Auf dem Gelände des ehemals bedeutendsten Karmeliterklosters in Deutschland wurde 1825 das heute noch dort stehende (nach den Kriegszerstörungen neu aufgebaute) Friedrich Wilhelm-Gymnasium errichtet. Vor den Aufbauten der Karmeliterkirche wird das klobige zweistöckige Wohnhaus des Malers, Waidmarkt Nr. 1/3 sichtbar. Es wurde erst um 1789 neu erbaut und ersetzte das 1267 erbaute Haus „z. iseren Gader".[467]

Die **Ansicht des Blaubachs** gilt alleine der profanen Straßenarchitektur. Kein profanes oder kirchliches Bauwerk von besonderen Denkmalwert ist hervorgehoben. Wie schon auf Fischers Blatt **Waidmarkt von Norden** erscheint der Standpunkt des Malers nun leicht erhöht. Der Straßencharakter des Blaubachs, auf dem kein Verfall, sondern Vornehmheit dominiert, wird durch die Pflastersteinwiedergabe betont.

Der Anfang der gekrümmten Straße wird von dem markanten Eckbau zum Waidmarkt geprägt.[468] Das zum Blaubach hin zinnenbekrönte Haus „z. weißen Pferd" war im 16. Jahrhundert als Herbergshaus Gülich erbaut worden. Mit seinem Eingang auf dem Waidmarkt wird es von Vogts als Nr. 33, früher Nr. 39 gezählt.[469] An der Eckkante ist außer einer Madonnenfigur[470] ein – bei Vogts nicht erwähnter – andersfarbig hervorgehobener Eckstein mit den Angaben *Bureau de Diligence/pour Aix la/Chapelle//Bruxelles et Paris/pour Bonn Neuwied/Coblence F(ran?)*[471] zu erkennen. Damit werden die Angaben von Vogts, das Haus sei „später" ein Posthaus gewesen, bestätigt. Ein Blick in das Kölner Adressbuch von 1797[472] gibt unter der Adresse *Aufm Waidmarck 6693* Peter Joseph Pauli, *Kurkölnischer Post-Meister und Herausgeber des Staatsboth* an. Pauli war einer der vier Postunternehmer Kölns in reichsstädtischer Zeit, der mit kurkölnischem Erbpachtbrief – in Konkurrenz zu der von der Familie von Groote verwalteten kaiserlichen Reichspost – ausgestattet war und 32 Pferde einsetzen konnte.[473] Vor der Blaubach-Fassade ist eine zweirädrige Chaise erkennbar. Die mit dem Einmarsch der Franzosen im Oktober 1794 unsicher gewordenen Postwege scheinen eine 1798 befriedete und entspannte Situation zu reflektieren.

Für das alte Posthaus am Waidmarkt ist Beckenkamps Blatt die einzige bildliche Überlieferungsquelle. 1876 wurde es abgerissen und durch das Ossendorfsche Geschäftshaus, einen von Hermann Pflaume erbauten Gründerzeitbau ersetzt. Dieser imposante Bau ist durch eine alte Postkarte bildlich dokumentiert.[474] Seinen Platz nimmt nach den Zerstörungen

Das ehemalige Palais Salm-Reifferscheidt (später Lippesches Palais) auf dem Blaubach
Foto: RBA

des Zweiten Weltkriegs der Hochbau des bereits erwähnten ehemaligen Polizeipräsidiums am Waidmarkt ein.

Von den verschiedenen Kettenhäuschen Kölns, von denen die meisten in der Mitte des 18. Jahrhunderts einen pavillonartigen Ausbau im Rokokostil erhielten, wurde das Wachthaus am Waidmarkt als eines der letzten 1850 abgebrochen.[475] Noch um 1845 zeigt ein Aquarell von Cornelis Springer das kleine Militärgebäude.[476] Es diente der Aufbewahrung der Ketten, die seit der Mitte des 14. Jahrhunderts des Nachts ab 9 Uhr zur Absperrung der Straßen eingesetzt wurden.

Einen weiteren Akzent auf dem Blaubach setzt an dessen Ende das Palais des Grafen Sigismund zu Salm-Reifferscheidt am Blaubach 30.[477] Dieser hatte das zwischen 1745 und 1755 erbaute Haus 1785 gekauft.[478] Eine alte Photographie zeigt trotz einiger kleiner Divergenzen deutlich die Identität mit dem Gebäude auf dem Blaubach-Blatt.[479] Es handelt sich um ein Haus mit sieben Fensterachsen – deren mittlere drei in einem Risalit zusammengefasst sind – und zwei Obergeschossen, sowie einer Reihe von Mansardenfenstern, die erst später hereingebaut wurden. An den Hauptbau lehnte sich ein dreiachsiger Nebenbau mit dem Einfahrtstor an. Auch im Inneren des Palais' zeigte sich der Reichtum der Besitzer in einer guten Stuckdekoration mit Puttenköpfen, Rocaillen und Pflanzenfestons.[480]

Durch den möglichen Vergleich der erwähnten Photographie mit einem Gebäude auf den vorgestellten Blättern lässt sich eine positive Aussage über die Detailgenauigkeit und die topographische Treue der künstlerisch jedoch schwachen Blätter formulieren. Aus den Aufschlüsselungen der

Örtlichkeiten ist zu folgern, dass diese Serie von Straßenansichten Kölns am Ende der reichsstädtischen Zeit ein lebendiges, heute untergegangenes Stadtbild vermitteln. Darüber hinaus liegt der Wert dieser Blätter darin, dass der Maler eines der wenig zentralen und kaum besuchten Straßenviertel Kölns an der Wende von der reichsstädtischen zur französischen Zeit porträtierte und es unter Verzicht auf die herausgehobene Stellung eines kirchlichen oder profanen Denkmals in das alltägliche Leben der Stadt einbettete.

In Köln hat Beckenkamp sich mit seinen Versuchen in der Landschaftsmalerei keinen Namen machen können. Als er zwischen 1811 und 1813 durch Wallrafs Vermittlung und nach Wallrafs Ideen die Ausstattung des Hauses Urbach in der Straße Oben Mauern (Martinstraße) übernehmen sollte, wurde für die Landschaftshintergründe der Maler Manskirsch gewählt, sehr wahrscheinlich der ältere Bernhard Gottfried Manskirsch.[481] Aber auch Beckenkamps Rheinansichten blieben zahlenmäßig sehr begrenzt und scheinen keine größere Verbreitung gefunden haben. Dasselbe gilt insbesondere auch für seine „Stadtlandschaften", den zarten Aquarellen rund um sein Wohnviertel am Kölner Waidmarkt. In einer Zeit rascher Veränderung der politischen, gesellschaftlichen und der urbanen Situation des alten Kölns wurde der individuelle und kollektive Wert solcher Stadtveduten nicht erkannt. In Köln wurde von der wirtschaftlichen, klerikalen und kulturellen Elite der Stadt dagegen ein völlig anderes Genre bevorzugt, das nicht dazu dienen sollte, die urbanen Strukturen künstlerisch zu überliefern, sondern das eigene Abbild, den sozialen Status und die kulturellen Bestrebungen der Nachwelt zu bewahren: das Portrait. De Noëls Aussage, die Landschaftsmalerei sei Beckenkamps *gewöhnliches Fach* gewesen[482], kann dagegen für die überlieferten Werke nicht verifiziert werden.

5. Beckenkamp als Portraitmaler

5.1. Einführung

Das Portrait mit seinen verschiedenen Varianten bildet den größten Anteil im Werk von Beckenkamp. Im Unterschied zu den verschiedenartigen Aufträgen für religiöse Gemälde, seinen Rheinansichten und Stadtbildern, die der Maler in unterschiedlichen Lebensphasen ausführte, und zu den Kopiewerken, die ihn besonders zwischen 1812 und 1821 beschäftigten, bilden die Portraits eine Konstante in seiner über fünfzigjährigen Tätigkeit als Maler. Die Portraitaufträge reichen von den ersten unscheinbaren Reiterportraits[483] in den siebziger Jahren des 18. Jahrhunderts bis hin zu dem letzten und anspruchsvollsten Bildnis, dem lebensgroßen Familienbild der **Sechs Söhne des Kalligraphen Heinrigs**[484]. Lediglich im zweiten Jahrzehnt des 19. Jahrhunderts, als die *schmeichelhaften Aufträge* für Kopien nach dem Dombild[485] vor allem aus dem preußischen Königshaus zu umfangreich wurden, traten die Portraits im Werk von Beckenkamp nach Aussage von De Noël fast ganz zurück.[486] Dennoch lassen sich auch für diesen Zeitabschnitt immer wieder Bildnisse ausfindig machen.[487] Im Gegensatz beispielsweise zu den Kopiewerken, von denen etliche in den Quellen genannte Nachbildungen vor allem des **Dombildes** sich mit aufgefundenen Werken decken, ist aber erkennbar, dass ein größerer Teil von Beckenkamps Portraits nicht überliefert ist. Geht man von einer über fünfzigjährigen Schaffensphase aus, ist die Anzahl von ca. 115 erhaltenen oder in Schriftquellen erwähnten Portraits vergleichsweise gering.[488]

Greift man beispielsweise die in Köln datierten Portraits des Jahres 1793 heraus, so ergibt sich für jenes Jahr eine Anzahl von acht Portraits, von denen fünf für die kurkölnische Adelsfamilie von Wolff Metternich[489] und drei für die stadtkölnische Kaufmannsfamilie Fürth[490] gemalt worden sind. Da fraglich ist, ob die Datierungen Beckenkamps auch tatsächlich immer mit dem Entstehungsdatum übereinstimmen, oder ob sie nicht in verschiedenen Fällen das Datum der Ablieferung eines Portraits wiedergeben[491], lassen sich daraus keine präzisen Angaben zur Anzahl von Beckenkamps Portraits oder zum Umfang seines Gesamtwerkes machen.

5.1.1. Zeitgenössische Kritik

Im Gegensatz zu den weiter unten zu besprechenden Kopie-Werken ließen sich zu den Portraits Beckenkamps nur spärliche zeitgenössische Einschätzungen finden. Auf die Aussagen der Reiseberichte wurde bereits in der Einleitung eingegangen.[492] Von den dort enthaltenen Bewertung seiner Portraitkunst erscheinen zunächst die Äußerungen des Koblenzer Kunstsammlers und Auftraggebers Beckenkamps Gregor Joseph Lang (1790) von Interesse: *Seine Köpfe sind warm und atmen Geist und verraten das lebende Original, wie ein Spiegel*[493]. In den „Mahlerischen Ansichten" des Nikolaus Vogt mit den Zusätzen von Aloys Schreiber (1804) wird sodann eine erste kunsthistorische Einordnung der Portraits Beckenkamps versucht[494]: *ein vortrefflicher Portraitist der diese herabgewürdigte Gattung wieder emporheben könnte, wenn er mehrere Nachfolger hätte. Seine Muster scheinen Vandyck und Rubens zu seyn, vielleicht die einzigen, die den wahren Portraitstyl kannten, der das Mittel hält zwischen der schmeichlerischen Idealisirung eines Reynolds und der gemeinen platten Manier der ängstlichen Naturabschreiber*[495].

*Der Kölner Domvikar Caspar Bernhard Hardy war als vielseitiger Künstler in der Öl- und Emailmalerei ebenso tätig wie als Goldschmied und Bildhauer in Wachs. Seine Wachsbossierungen regten auch Goethe während eines Besuchs in Köln zum Kauf an. Das Portrait des zweiundachtzigjährigen Hardy enstand 1808 – (Kat. Nr. 83)
Foto: RBA*

Mehrfach besuchte der Kölner Romantiker Eberhard von Groote (1789-1864) Beckenkamps Werkstatt. Einige Tagebucheintragungen von Grootes[496] tragen wohl zur Datierung und zur Auffindung von Portraits und Kopien des Malers bei, nicht aber zur zeitgenössischen Bewertung und Einordnung seiner Werke. Als Kriterien für die Beurteilung von Beckenkamps Portraits finden wir bei von Groote lediglich *gelungen, wohl getroffen*[497], und die gängige Einschätzung *von der sprechendsten Ähnlichkeit*[498]. Ergiebiger und aussagekräftiger stellt sich die Beurteilung von Grootes über Portraits des Düsseldorfer Malers Heinrich Christoph Kolbe (1771-1836)[499] und des in Heinsberg gebürtigen, dann in Köln und später in Berlin wirkenden Malers Carl Begas (1794-1854)[500] dar: während Kolbes Portraitköpfe besonders die weiblichen *sehr eintönig* und *sein Colorit erbleichet, wie mit Schimmel überzogen*[501], seine Portraits insgesamt *gar zu französisch*[502] seien, beurteilte er das 1821 von Carl Begas fertiggestellte Familienportrait als *äußerst angenehm und lieblich [...] in keiner bekannten Manier gemalt* und welches über *viel gemüthliches altdeutscher Bilder*[503] verfüge.

Auch von Ferdinand Franz Wallraf, der sich 1812 von Beckenkamp in einem würdevollen gemalten Steinrahmen in barocker Tradition portraitieren ließ[504] und das Atelier des Malers öfters besucht haben wird, sind keine näheren Einschätzungen der Portraitkunst Beckenkamps überliefert. Allein über Beckenkamps **Portrait von Caspar Bernhard Hardy** schreibt Wallraf an den Kupferstecher Ernst Thelott in Düsseldorf, der die Bildnisse Wallrafs und Hardys in Kupfer stechen sollte, dieses sei *so ganz getroffen*[505].

Portrait eines unbekannten Herrn – 1815
(Kat. Nr. 107)
Foto: RBA

Genauso wenig wie über die zeitgenössische ästhetische Einschätzung der Portraits lassen sich Aussagen der Besitzer von Bildnissen Beckenkamps finden.[506] In einer Zeit, die familiäre Bindungen auf Gefühlswerten aufzubauen begonnen hatte und daher das Bildnis des Individuums und der Familie so hoch einschätzte, ist dieses eine bedeutende Fehlstelle. Weiterhin sind keine Anhaltspunkte für die Hängung der Bildnisse in den Wohnräumen ihrer Auftraggeber und Besitzer bekannt. Die Interieurgemälde oder -aquarelle, die fürstliche Wohnungen und ihre Ausstattung – beispielsweise in Berlin – so trefflich über ihre Zeit hinaus überlieferten, existieren für Köln nicht. In den Beschreibungen bürgerlicher Wohnkultur in Köln in den Erinnerungen des Juristen Johann Baptist Fuchs (1757–1828)[507] und von Ernst Weyden[508] gibt es keine Hinweise zu der Hängung und zum Stellenwert von Gemälden und damit auch nicht von Portraits der Familie. Aus diesen Bild- oder Schriftquellen hätten Kenntnisse über die Stellung und die Wertigkeit der Portraits herausgelesen werden können. So ergibt sich der im folgenden darzustellende Ansatz bei der Betrachtung von Beckenkamps Wirken im Portraitfach auch aus dem Fehlen solcher Zeugnisse.

5.1.2. Ansatz und Vorgehen

Beckenkamps Portraits sind in einem langen Zeitraum von vor 1780 bis 1828 entstanden, in einer Stilphase, die vom ausgehenden Rokoko über den Klassizismus bis zum Biedermeier reicht.[509] Entwicklung und Stilwandel vom Rokoko zum Biedermeier spiegeln sich auch in Beckenkamps Portraitœuvre und sollen anhand von Gemäldevergleichen beispielhaft demonstriert werden. Vorbilder und Anregungen seiner Lehrer sind gleichermaßen vorzustellen.

Darüber hinaus bietet sich aber auch ein anderer Ansatz an. Ein regional tätiger Künstler wie Benedikt Beckenkamp erweist sich als besonders interessant, wenn seine Werke die Situation der Kunst und der Gesellschaft in der entsprechenden Region reflektieren. Besonders das Portrait eignet sich für Aussagen über Auftraggeber: *Das Portrait ist mehr als nur das Abbild einer Person, es ist darüber hinaus auch historische Quelle, da es weit mehr vom Auftraggeber und damit den historischen Bedingungen abhängig ist. In ihm zeigen sich Zeitströmungen, politische Tendenzen und soziale Gegebenheiten mehr als in jeder anderen Kunstgattung*[510]. Diese Feststellung von Andrea Kluxen ist auch auf Beckenkamps Portraits übertragbar. Da das Bildnis – wie auch die Auftragskopie – in höchstem Maße an den Auftraggeber gebunden ist, bietet sich für Beckenkamps Bildnisse eine Verknüpfung mit dem gesellschaftlichen Wandel im Rheinland, vor allem in Köln, wo er über vierzig Jahre lang Portraits für die vornehme Gesellschaft der Stadt schuf, an.[511]

Die Portraits haben also neben dem stilhistorischen vor allem einen dokumentarischen Wert in ihren Aussagen über die Selbstdarstellung der vornehmen rheinischen und insbesondere der kölnischen Gesellschaft. Sie stellen Biographien von Personen heraus, die teilweise ihre Zeit so geprägt haben, dass ihre Wirksamkeit auch heute noch festzumachen ist, wie die Aktivitäten des engagierten Kaufmanns Johann Friedrich Carl Heimann, des Mitbegründers der Kölner Handelskammer[512], oder von Ferdinand Franz Wallraf, des Begründers der Museen der Stadt Köln.[513] Diese Portraits, die über die mehr antiquarisch reizvolle Betrachtung der Kopiewerke[514] hinaus einen zeitgenössischen Bezug herstellen, erfordern die Untersuchung von Beckenkamps Portraitœuvre.[515]

5.2. Stilistische Entwicklung: Anregungen und Vorbilder

Nach einer stilistischen Einordnung von Beckenkamps Portraits ist bisher nicht gefragt worden. Während er laut De Noël in frühester Jugend bei seinem Vater Lorenz Beckenkamp und dann als Figurenmaler bei Januarius Zick gelernt haben soll[516] und die Beeinflussung durch Zick sich anhand der aufgefundenen Werke Beckenkamps mit religiösen Themen aus den frühen Ehrenbreitsteiner Jahren bestätigen ließ[517], und auch die Landschaftsmalerei im Gefolge von Christian Georg Schütz d. Ä. nicht nur durch Beckenkamps Portrait von Schütz plausibel wurde[518], fehlt die kunsthistorische Analyse zur Entwicklung und Herleitung stilistischer Vorbilder in der Portraitmalerei Beckenkamps. Nur im Zusammenhang mit Beckenkamps **Portrait des „Baron Hüpsch"** (Abb. S. 25) von 1789 sprach Elisabeth Moses von einem *Schulbeispiel des Louis Seize Portrait*, ohne dieses näher zu umschreiben.[519]

Portrait einer unbekannten Dame – 1816 (Kat. Nr. 112) Foto: RBA

Die Erklärung für diese fehlende werkimmanente Betrachtung liegt möglicherweise in der erkennbar autodidaktischen Ausbildung Beckenkamps zum Portraitmaler begründet. Ihm fehlte eine akademische Ausbildung ebenso wie eine konsequente Ausbildung als Portraitmaler. Beckenkamp schloss sich bis auf seine letzten Jahre keinem Schulstil an oder ließ die direkte Anschauung internationaler Werke durchscheinen, die er auf Reisen hätte gewinnen können.

Beckenkamps Portraits sind zumeist Einzelportraits, die von herrschenden Fürsten, Mitgliedern des Trierer Kurstaates, von rheinischen Adeligen oder von Kölner Bürgern bestellt wurden. Dabei handelt es sich entweder um ganzfigurige Bildnisse, um Kniestücke, um Hüft- oder Halbfigurenportraits und schließlich, und in großer Anzahl, um Brustportraits. Etliche Portraits Beckenkamps sind Ehepaarportraits, die in traditioneller Form, der Mann auf der linken Seite, nach rechts gewandt, und die Frau rechts, nach links ausgerichtet, auf zwei unterschiedlichen Bildträgern gestaltet sind. Auch hier wiederholen sich die gerade erwähnten Bildausschnitte der Portraitmalerei.

Nur fünf Familienportraits Beckenkamps sind überliefert worden: von vier unterschiedlichen Auftraggebern und aus drei verschiedenen Phasen in seinem Schaffen spiegeln sie jedoch nicht nur den Wandel des Wertes der Familie zwischen Aufklärung und Biedermeier, sondern auch die stilistische Entwicklung des Ehrenbreitsteiner Malers wider.[520]

Die (vorläufige) Anzahl von ca. 115 Portraits erweist sich in der Zusammenschau nicht nur qualitativ, sondern auch stilistisch als heterogen und schwer zu kategorisieren. In seiner über fünfzigjährigen Tätigkeit als Portraitmaler hat Beckenkamp mehrere stilistische Wandlungen vollzogen. Ob er, wie De Noël behauptet, eine für ihn ganz charakteristische Portraitauffassung schuf, ist im folgenden zu überprüfen.[521]

Drei Stilphasen lassen sich herauskristallisieren. Die erste Phase geht von den frühen Reiterportraits und den ersten Individualportraits der siebziger und achtziger Jahre des 18. Jahrhunderts aus und reicht bis in die ersten Jahre des 19. Jahrhunderts hinein. Diese Phase wäre etwa mit „Frühe Portraits" zu beschreiben.

Ab etwa 1805 mit den Portraits von Johann Baptist und Sabina Fuchs wandelt sich nicht nur das sich in der Portraitauffassung widerspiegelnde Menschenbild, sondern auch die Farbigkeit und die Formgebung. Darüber

75

hinaus erweisen sich die in diesen Jahren entstandenen Bildnisse als reife und stilsichere Werke, so dass die Portraits der Jahre 1805 bis zu den zwanziger Jahren als Portraits der Reifezeit zu charakterisieren sind.

Ein erneuter Wandel vollzog sich in Beckenkamps späten Portraits. Diese mit den zwanziger Jahren des 19. Jahrhunderts einsetzende Spätphase ist durch die Abkehr von den französischen Vorbildern des Klassizismus charakterisiert und entspricht mit der Hinwendung zum biedermeierlichen Realismus der Restaurationszeit der programmatischen Abkehr vom napoleonischen Klassizismus in Köln. Als fast achtzigjähriger Maler erwies Beckenkamp sich dann als Neuerer: er war in Köln der erste Portraitmaler, der die Familienportraits des Biedermeier mit nahezu lebensgroßen Figuren einführte[522]; sie wurden vor allem von Simon Meister (1796–1844) weiterentwickelt.[523]

5.2.1. Frühe Portraits

Im Stil einer Anekdote aus Vasaris Künstlerviten schildert De Noël, der Biograph Beckenkamps, wie der junge Ehrenbreitsteiner Maler zur Portraitmalerei kam: *Hier brachte ihn die Bekanntschaft mit dem kurfürstlichen Hofstallmeister auf eine eigene Weise zur Bildnismalerei. Dieser nämlich gab ihm den Auftrag, die Pferde des Hofmarstalls und auf jedem derselben als Reiter einen Hofkavalier abzubilden. So ungern er auch bei dieser Gelegenheit von seinem gewöhnlichen Fache, der Landschaftsmalerei abging, so wusste ihn doch sein Freund zu dem Wagestücke zu bereden; und es gelang ihm, dieser fremdartigen Anforderung in dem Maße zu entsprechen, dass der dafür geerntete Beifall den Entschluss in ihm zur Reife brachte, sich künftig ausschließlich der Bildnismalerei zu widmen*[524]. Die Reiterbildnisse müssen demnach am Anfang von Beckenkamps Laufbahn gestanden haben und insofern eine wichtige Rolle für den Maler gespielt haben, als er auf Grund ihres Erfolges entschied, sich (nach der Interpretation von De Noël) von seinem *gewöhnlichen Fache*, der Landschaftsmalerei, abzuwenden und seine Laufbahn als Portraitmaler fortzusetzen.[525]

Elisabeth Moses konstatiert angesichts der *steifleinenen Figuren auf Holzpferdchen* mit Erstaunen die niedrigen Ansprüche des kurtrierischen Publikums, da diese frühen Versuche Beckenkamps *von keiner anatomischen Kenntnis angekränkelt, die Wirkung von Kindermalereien* hätten.[526] Die Kölner Kunsthistorikerin brachte die Pferdebilder Beckenkamps in Beziehung zu den *zarten duftigen Figuren eines Zick* und zu den *weichen Portraits eines Foelix*[527], was die Bilder aus ihrer Sicht in ihrer vom ästhetischen Gesichtspunkt sicherlich fragwürdigen Qualität weiter abfallen ließ.[528]

Moses erwähnt zahlreiche Versuche in diesem Genre aus Privatbesitz.[529] In seiner 1968/69 erschienen Studie über den kurmainzischen Marstall konnte Winfried von Borell ein offensichtlich von der Hand Beckenkamps stammendes Beispiel publizieren, das **Reiterbildnis von Unterstallmeister Johann Ignaz Josef Hoscher auf „Neapolitaner"**[530]. Es belegt, dass Beckenkamp auch für den kurmainzischen Marstall tätig war und in seinen frühen Jahren auch südlich von Koblenz Auftraggeber hatte.[531]

Das nur in einer Photographie erhaltene Portrait bestätigt die Einschätzung von Moses durchaus, wirft aber auch die Frage auf, ob ästhetische Kriterien allein den Maßstab für diese Reiterportraits bilden können. Überträgt man die Studie von Borells für den Mainzer Marstall auf den Ehrenbreitsteiner Marstall[532], so wird deutlich, dass für die Auftraggeber der Wert des Portraits in der dokumentarischen Überlieferung der Rassepferde bestand.

Die Schwester des Trierer Kurfürsten Kunigunde von Sachsen zu Pferde (Kat. Nr. 17)
Foto: RBA, Wolfgang F. Meier

Darauf weisen auch die deutlich erkennbaren Brandzeichen und die Darstellung der von der Spanischen Hofreitschule in Wien übernommenen Dressurübungen hin. Zu fragen ist auch, ob diese Bilder überhaupt in adeligen Wohnhäusern hingen, oder ob sie in einer Räumlichkeit des prachtvollen Marstalls[533] selber untergebracht gewesen sein könnten.

Über diese unmittelbar an den kurfürstlichen Marstall gebundenen Aufträge für Pferde- und Reiterportraits hinaus hat Beckenkamp in Ehrenbreitstein jedoch auch das fürstliche Reiterportrait weiter entwickelt. Das aus der Denkmalplastik herzuleitende Reiterbildnis[534], das ursprünglich Herrschern wie Tizians **Karl V.** vorbehalten war, wurde im 17. Jahrhundert in den Niederlanden auch von Bürgern übernommen, um ihren sozialen Aufstieg, ihren Einfluss und ihre finanzielle Potenz auszudrücken, wie Rembrandts **Reiterportrait des Frederic Rihel**[535] und das **Portrait des Dirck Tulp zu Pferde**[536] eindrucksvoll belegen. In Deutschland dagegen blieb das Reiterportrait im 17. und im 18. Jahrhundert Vorrecht der Fürsten und des Adels und gehört zum höfischen Bildnis des Barock.[537]

Wie Beckenkamp im Genre des höfischen Reiterportraits reüssierte, verdeutlichen die bereits in den siebziger Jahren des 18. Jahrhunderts von ihm gemalten beiden Bildnisse des Trierer Kurfürsten Clemens Wenzeslaus von Sachsen und seiner Schwester Kunigunde[538], Fürstäbtissin von Essen und erste Dame des Trierer Hofes in Ehrenbreitstein, zu Pferde. Ein weiterer größerer Auftrag war das Reiterportrait der Kunigunde, das sich heute in Schloss Bürresheim befindet.⁵³⁹ Dieses Portrait stellt die Dame aus dem Hause Sachsen wiederum im Profil, auf einem steigenden Schimmel sitzend dar. Ein weiteres Reiterportrait in Privatbesitz zeigt ein Pferd andalusischer Rasse⁵⁴⁰ bei der Levade, und auf seinem Rücken den kurtrierischen Hofmarschall und Obriststallmeister Freiherrn von Thünefeld⁵⁴¹.

Naturgemäß sind die Reiterportraits auch bei Beckenkamp nicht im Innenraum, sondern vor einer Landschaft platziert.⁵⁴² Im Falle des großen **Reiterportraits der Kunigunde von Sachsen** in Schloss Bürresheim ist die Landschaft in Verbindung mit einer Vedute von Schloss Kärlich im Hintergrund zu identifizieren.⁵⁴³ Ebenfalls kennzeichnend für diese frühen Reiterportraits ist die Tatsache, dass Pferd und Reiter nicht im Stillstand erfasst sind, sondern im Galoppsprung oder bei einer Dressurübung, wie der Levade. Trotz des erkennbaren Schematismus in der Beinstellung des Pferdes sind die Muskulatur und das Fell, die Proportionen, und die Bewegungen natürlich wiedergegeben. Das an den Beinen noch graue Fell des Schimmels der Prinzessin Kunigunde lässt erkennen, dass es sich um ein junges Pferd handelt. Die Führung des Kandarenzügels erscheint merkwürdig geziert und die Haltung der Reiterin steif. Der Sitz und die Bewegung derselben Reiterin auf dem Rappen auf dem verschollenen kleinen Bildnis des Koblenzer Schlossmuseums⁵⁴⁴ zeigt dagegen eine gute Verteilung des Gewichtes und eine der schnellen Gangart des Pferdes gemäße Haltung der emanzipiert im Herrensitz reitenden Fürstäbtissin auf.

Angesichts des Erfolges seiner Reiterbildnisse verwundert es auch nicht, dass Beckenkamp auch 1790⁵⁴⁵ beziehungsweise 1792⁵⁴⁶ aus Koblenz den Auftrag erhielt, den **Trierer Kurfürsten Clemens Wenzeslaus vor dem Frankfurter Römer** (vgl. Abb. S. 18) anlässlich einer Kaiserkrönung darzustellen.⁵⁴⁷ Der Kurfürst ist im Kurfürstenmantel und Hermelinkragen auf einem Schimmel reitend dargestellt. Die drei Portraits dieses Sujets mit wenigen Varianten – eines davon wurde von Beckenkamp signiert und 1790 datiert⁵⁴⁸ – sind durch eine weniger natürliche als repräsentative Haltung des reitenden Kurfürsten charakterisiert. Dies wird verständlich durch die Tatsache, dass diese Darstellungen nicht der privaten Erinnerung des fürstlichen Reiters, sondern wahrscheinlich dem höfischen Zeremoniell dienten.⁵⁴⁹ Mit dem Untergang der Kurstaaten und ihrem Repräsentationskanon fiel für Beckenkamp eine weitere Betätigung als Maler von fürstlichen Reiterportraits weg.⁵⁵⁰

Portrait einer unbekannten Dame – 1781
(Kat. Nr. 23)
Foto: LVR, Rheinisches Landesmuseum, Bonn

Die übrigen Portraits dieser frühen Schaffensphase sind Individualportraits, Ehepaarportraits, Familienportraits oder Selbstbildnisse des Künstlers und seiner Familie. Eines der frühesten signierten und datierten Individualportraits Beckenkamps ist das **Portrait einer unbekannten Dame**, möglicherweise einer Trierer Hofdame aus dem Jahr 1781.⁵⁵¹ Beckenkamp tritt hier bereits als ausgereifter Portraitmaler hervor. Im Gegensatz zu vielen anderen Portraits Beckenkamps handelt es sich um ein Frontalportrait, das als Hüftstück konzipiert ist. Beckenkamp greift hier noch das von dem französischen Hofmaler Antoine Pesne (1685–1757)⁵⁵² bei den Portraits preußischer Prinzessinnen und Hofdamen benutzte Schema einer streng pyramidalen Konstruktion auf.⁵⁵³ Dieses Schema wurde auch von anderen Malern höfischer Portraits gerne benutzt, wie das **Portrait der Maria Anna von Bayern** von Georg Desmarées⁵⁵⁴ demonstriert. Allerdings hat Beckenkamp die Portraitierte näher zum Betrachter herangeholt, die von Van Dyck abgeleitete Untersicht weitgehend aufgehoben und somit die Aura von Vornehmheit, Distanz und Eleganz bei den höfischen Damenportraits von Pesne verbürgerlicht und vereinfacht.

Dieses frühe Bonner Portrait lässt bereits eine technische Ausgereiftheit bei der Darstellung von stofflichen Details erkennen, die in Beckenkamps früherem wie späterem Werk jedoch nicht durchgängig ist. Das Talent der stofflichen Wiedergabe manifestiert sich vor allem bei der Darstellung der transparenten Spitzenetagen auf den Unterarmen, der feinteilig erfassten Schleife auf dem hellblauen Kleid und dem zarten schwarzen Spitzengewebe des über das Kleid gelegten Schals. Das in den verschiedenen Spitzen durchbrochene Stoffwerk aus wechselnder Dichte und Transparenz macht das Bonner Damenportrait zu einem späten Ausläufer des Rokokoportraits mit seinen fülligen und schwingenden Stofflichkeiten, wie es beispielsweise Jean-Marc Nattiers 1748 entstandenes **Portrait der Marie Leszczinska**[555], der Ehefrau Ludwigs XV. repräsentiert. Im Unterschied zum französischen Rokokoportrait aber hat Beckenkamp zeitgemäß eine größere Natürlichkeit bei der Relation von Figur und Kleidung erreicht, auf wallende Draperien ganz verzichtet und die helle, ausdifferenzierte und preziöse Farbigkeit des Rokokoportraits[556] auf das Gegeneinandersetzen von Hellblau, Weiß und Schwarz reduziert.

Von den wenigen erhaltenen Werken von Benedikts Vater Lorenz Beckenkamp befinden sich zwei Portraits von Mitgliedern der Hüttenfamilie Remy im Stadtmuseum Bendorf.[557] Vergleicht man das Bonner Damenportrait Beckenkamps mit dem Portrait der Johanette Remy[558] von Lorenz Beckenkamp (1702–1764), so lassen sich in einem knappen stilistischen Vergleich mit dem Bonner Damenportrait des Sohnes Differenzen wie Konvergenzen zum Portraitstil des Vaters und Lehrers feststellen, die jedoch auf eine frühe Prägung von Benedikt durch Lorenz Beckenkamp hindeuten.

Die achtunddreißigjährige Johannette Remy ist bei Lorenz Beckenkamp unvorteilhaft und alt dargestellt. Wie ihr Mann Johannes Remy erscheint die Frau des Hüttenherren in einem gemalten Oval mit schwarzen Zwickeln und vor grau-grünem Hintergrund. Ein blaugrüner Samtumhang umfängt die leicht nach rechts in den Raum gedrehte steife Figur der Dame im lachsrosa Kleid mit den Rankenstickereien. Die Hände sind nicht zu sehen. Das helle glatte Inkarnat der Johannette Remy ist wie bei der Bonner Dame an den Wangen mit zartem Rosa gepudert. Die Physiognomie ist fleischig, das Kinn in doppelter Rundung liegt auf den weißen Spitzen am Hals auf. Die flach geschwungenen Augenbrauenarkaturen lassen den Blick auf die nicht verschatteten breiten Lider frei. Das weibliche Modell besticht ebenso wenig wie die unbekannte Dame des Bonner Portraits von Benedikt Beckenkamp durch Schönheit und Anmut. Letztere allerdings wird durch einen Anflug von Heiterkeit, der sich in den leicht hochgezogenen Mundwinkeln zeigt, und durch die auf dem Schoß zusammengelegten Hände mit dem geschlossenen Fächer in der Rechten im Vergleich zu der starren Physiognomie und Körperhaltung des weiblichen Modells bei Lorenz Beckenkamp lebendiger und graziöser gestaltet.

Das Pendant zu dem Damenbildnis, das **Portrait des Hüttenherren Johannes Remy** (1713–1778)[559] von Lorenz Beckenkamp zeigt ebenfalls Stilelemente, die bei späteren Portraits von Benedikt Beckenkamp wiedererkennbar sind. Die steif und konventionell gemalte Halbfigur ohne Hände steckt in einem akkurat erfassten, unifarben taubengrauem Ensemble aus

Lorenz Beckenkamp:
Johannes Remy – 1758 und
Johannette Elisabeth Remy – 1758
Abb. aus: Ausstellungskatalog „Die Remys –
Eisenhüttenleute mit Leib und Seele",
Bendorf 1998, S. 15

79

*Der Kölner Domkapitular und Kunstsammler Clemens August Maria von Merle
mit einem Plan seines englischen Gartens – 1794 (Kat. Nr. 60)
Abb. aus: Ausstellungskatalog „Lust und Verlust". Kölner Sammler zwischen
Trikolore und Preußenadler. Köln 1995, Farbtafel VI*

Weste und Jacke mit reichen Stickereibordierungen. Der breite Kopf und die füllige Figur, die durch die Öffnung von Jacke und Weste über dem Bauch betont wird, gehen ineinander über und bilden keinen organischen Übergang. Der Kopf in Dreiviertelansicht ist glatt, trocken und pastos in einem warmen beigerosa Inkarnat erfasst. Die Charakterisierung des fünfundvierzigjährigen Frühindustriellen erfolgt über die langsame Schilderung der Epidermis und die großen Augen über breiten Lidern. Der Gesichtsausdruck ist ernst und schwer und wie bei Johanette Remy ohne einen Anflug von Heiterkeit.

Die sachliche Schilderung des Herrenportraits, seine konventionelle Darstellung der Figur und die Steifheit der Gliedmaßen bei gleichzeitiger Wärme und Eindringlichkeit in der psychologischen Schilderung der Physiognomie taucht beispielsweise auch auf dem viel späteren Kölner **Portrait des Domherren Clemens August Maria von Merle** aus dem Jahr 1794[560] auf. Auf diesem halbfigurigen Portrait erscheint der Kölner Domherr stehend mit einem einfachen schwarzen Talar bekleidet, durch eine leichte Körperdrehung in Dreiviertelansicht einen knappen Raum öffnend und den Betrachter anblickend.[561] Die Steifheit der Gliedmaßen, die unorganische Komposition der Figur mit dem runden breiten Kopf, der vornübergebeugt auf dem schwarzen Domherrengewand direkt aufliegt[562], erscheint unmittelbar von dem Portrait des Johannes Remy von Lorenz Beckenkamp abgeleitet. Durch die Wärme und Anteilnahme des Malers an den in der Physiognomie von Merles intensiv ablesbaren geistigen Interessen seines Modells verfeinert, aktualisiert und entwickelt Beckenkamp die Lektion von Lorenz Beckenkamp jedoch weiter und passt sie dem zeitgenössischen Geschmack seiner Kölner Auftraggeber an.

Aus seinen Ehrenbreitsteiner Jahren erhielt Beckenkamp jedoch nicht nur von Lorenz Beckenkamp Anregungen in Maltechnik und Portraitauffassung. **Das Portrait des kurtrierischen Hofbrunnendirektors Georg Heinrich Kirn und seine Familie**[563] mit seinen kleinformatigen Figuren zeigt seine Ausrichtung an bekannten Portraitvorbildern im Ehrenbreitsteiner Raum. Der kurtrierische Hofbrunnendirektor sitzt in einem sparsam eingerichteten Interieur mit hydraulischen Konstruktionszeichnungen an der Wand.[564] Der ihm gegenüberstehende Sohn am rechten Bildrand zeigt auf den farbig gezeichneten Plan einer Wasseranlage, den beide in der Hand halten. Hinter dem Tisch in der Mitte sitzt eine Dame, wohl die Mutter, und schaut wie unbeteiligt zum Fenster hinaus. Die Komposition beruht auf dem Dreiklang von Braun- und Grautönen mit dem Waldgrün der Tischdecke.

Beckenkamps **Portrait des kurtrierischen Hofbrunnendirektor georg Heinrich Kirn und seiner Familie** lässt sich deutlich von einem anderen Familienbild mit drei Figuren herleiten, das dem Hanauer Hofmaler Anton Wilhelm Tischbein[565] zugeschrieben wird. Dabei handelt es sich um das **Portrait der Sophie, Maximiliane und des Georg Michael La Roche** von 1773.[566] Maximiliane im Zentrum und ihr Vater Georg Michael La Roche sind durch Blick und Gestik verbunden, während ihre Mutter Sophie La Roche[567] etwas abseits des Nähtischchens am linken Bildrand mit abwesendem Blick den Raum quer durchmisst. Auch dieses Bild spielt mit einem Farbdreiklang aus braunen, ocker-beigen und grünen Farbtönen, die allerdings heller, wärmer und frischer als auf Beckenkamps Gemälde leuchten. Tischbeins kleines Bild ist ein Ausschnitt aus dem größeren Familienbild

Der kurtrierische Hofbrunnendirektor Georg Heinrich Kirn und seine Familie – 1783 (Kat. Nr. 25) Foto: RBA, Wolfgang F. Meier

der La Roche[568], das den Zusammenhang mit dem Portrait des Georg Heinrich Kirn mit seiner Familie noch deutlicher macht. Auf dem heute verschollenen Münchener Familienbild der La Roche ist das Interieur vergrößert, um den schmalen Ausschnitt eines hohen Fensters am linken Bildrand erweitert und um weitere im Raum verteilte Kinder der Sophie La Roche ergänzt. Beckenkamp, der Sophie La Roche während ihres Aufenthaltes in Ehrenbreitstein von 1771 bis 1781 kennen gelernt hat und einer unbenannten Quelle zufolge die Kinder der Sophie La Roche im Malen unterrichtet habe[569], fertigte vor 1782 eine Vorlage für das **Portrait der Sophie La Roche** (vgl. Abb. S. 20) für den Rötelkupferstich des Mannheimer Stechers Heinrich Sintzenich an.[570] Offensichtlich benutzte er dafür einen Ausschnitt aus einem der beiden Tischbein-Portraits der Familie La Roche.[571] Auch diese Tatsache unterstreicht die Beschäftigung Beckenkamps mit den Familienbildern der La Roche.

Das Familienbild des kurtrierischen Hofbrunnendirektors Kirn verdeutlicht aber auch die Anregung, die Portraits von Januarius Zick auf Beckenkamp ausübten. Nach dem Einfluss von Januarius Zick als Lehrer von Beckenkamp wurde zumeist nur im Zusammenhang mit dessen Gemälden religiösen Gehaltes gefragt.[572] Diese Tatsache erklärt sich wohl mit der geringen Anzahl von Portraits in Zicks Oeuvre.[573] Die wenigen Portraits von Januarius Zick erweisen sich darüber hinaus als uneinheitliche Komponente im Werk von Beckenkamps Lehrer.[574] Zicks Portraits begrenzen sich auf die beiden Würzburger Portraits, die als Selbstportraits von

Januarius Zick angesehen werden[575], auf die noch allegorisch angereicherten **Pendantportraits der Familie Réquilé** (1771), die Charakterstudien holländischer Prägung von Johann Mechel und seiner Frau (1776) bis hin zu dem großen repräsentativen **Familienbild der Bendorfer Hüttenfamile Remy**[576], ebenfalls aus dem Jahr 1776. Dieses vielfigurige Familienbild greift in seiner Komposition die Tradition des holländischen Interieurs, des holländischen Schützenportraits[577] und des französischen Rokokoportraits auf.[578] Möglicherweise wurde auch Zick durch die beiden Familienbilder La Roche zu seinem großen Gruppenportrait inspiriert.[579] Die Figuren auf Zicks Bendorfer Konversationsstück sind jedoch nicht mit der dem französischen Rokokoportrait entlehnten spielerischen Eleganz und Leichtigkeit auf Anton Wilhelm Tischbeins Familienbildern[580] ausgestattet, sondern halten sich, wie auch die Figuren auf Beckenkamps Bildnis der Familie Kirn mehr an Vorbilder der holländischen Malerei des 17. Jahrhunderts. Auch motivisch hat Beckenkamp die Gruppe um Johann Remy, seine Frau und eine Tochter auf das Kirn-Bild übertragen. Der füllige alte Hüttenherr sitzt im Profil und stützt sich wie Georg Heinrich Kirn mit der rechten Hand auf die Stuhllehne, während beide in der linken Hand ein wichtiges, auf den jeweiligen Beruf bezogenes Papier halten. Beide Herren sitzen mit den Beinen in einer Schrittstellung, die in ihrer Eleganz an die Darstellung des Tanzschritts auf Repräsentations- und Herrscherportraits erinnert und

Anton Wilhelm Tischbein: Sophie, Maximiliane und Georg Michael La Roche – 1773
Foto: Freies Deutsches Hochstift – Frankfurter Goethe-Museum

*Sigismund August und Elisabeth
Beckenkamp – 1797 (Kat. Nr. 68)
Foto: RBA, Wolfgang F. Meier
© LVR, Rheinisches Landesmuseum, Bonn*

damit den erstrebten gesellschaftlichen Aufstieg der Dargestellten unterstreicht. Johanette Elisabeth Remy sitzt mit aufeinandergelegten Unterarmen direkt daneben, während die älteste Tochter Helene aus einer silbernen Kanne Kaffee ausschüttet und dabei versonnen zur Seite schaut. Diese beiden Frauengestalten hat Beckenkamp zusammengezogen und auf dem Kirn-Portrait bei der Darstellung der Ehefrau und Mutter des heranwachsenden Ingenieurmajors Johann Jakob Kirn verwendet.

Die angeführten Vergleiche zeigen, dass Beckenkamp in seinen frühen Ehrenbreitsteiner Jahren vor allem die ihm zugänglichen Vorbilder in seiner Umgebung, das heißt von Lorenz Beckenkamp, von Januarius Zick, aber auch von den zeitgenössischen Frankfurter Malern[581], zu denen auch Anton Wilhelm Tischbein gehörte, auf eine ganz eigene Weise verarbeitete. Gleichzeitig verfügte er – wohl durch die Vermittlung von graphischen Reproduktionen – über gute Kenntnisse der früheren (Antoine Pesne) und der zeitgenössischen französischen Portraitmalerei.

Portrait eines Mädchens (Maria Sibylla Josepha Schimper?) – 1796 (Kat. Nr. 65)
Foto: RBA, Wolfgang F. Meier

In den frühen Portraits von ca. 1780 bis in die Jahre kurz nach 1800 werden auch andere Einflüsse wirksam. So werden bei den Bildnissen der Kinder Beckenkamps sowohl französische wie auch englische Elemente sichtbar, die jedoch sehr allgemein gehalten sind. Die beiden Bonner Bildnisse der Kinder des Malers, die **Portraits von Sigismund August Beckenkamp**[582] und **Franz Karl Beckenkamp**[583] (beide Farbabb. S. 106) von 1790 beziehungsweise 1788 lassen beispielsweise an Kinderbildnisse von Jean Baptiste Greuze (1725–1805) denken. So zeigt das **Portrait des Grafen Stroganoff**[584] von Greuze in der Malerei der seidig glänzenden Kinderhaare, der Natürlichkeit der Kinderkleidung mit ihrem breitgerüschten offenen Kragen und den runden kindlichen Formen deutliche Parallelen zu Beckenkamps Portrait seines Sohnes Sigismund August. Aber auch Kinderbildnisse von Elisabeth Vigée Lebrun (1755–1842), wie das ihr zugeschriebene **Bildnis des Dauphins**[585] von ca. 1790 erinnern in der Darstellung kindlicher Natürlichkeit und in der exponierten Sentimentalität an die Kinderbildnisse Beckenkamps.

Auf dem 1797 entstandenen **Doppelportrait der Kinder Sigismund und Elisabeth Beckenkamp**[586] sind die beiden einzigen der fünf Kinder des Malers, die das Erwachsenenalter erreichten[587], in einer dunklen Waldlandschaft platziert. Sigismund, der Neunjährige, sitzt vornehm gekleidet mit dunkelblauer langschößiger Jacke, strohgelber Kniebundhose und Schnallenschuhen bekleidet auf einem Stein, in der rechten Hand hält er als Spielzeug eine Peitsche, zu der ein Kreisel auf dem Boden vor ihm gehört. Zu Sigismunds Ausstattung gehört ein zylinderförmiger Hut[588], der ebenfalls auf dem Boden liegt. Links neben ihm steht die vierjährige Elisabeth im hellen fließenden Kleidchen mit breiter rosa Schleife um die Taille und offenem breiten Rüschenkragen, nur ein wenig größer als der Sohn und hält ihm einen Apfel hin.[589] Die Kinderbildnisse vor einer Landschaft bilden eine Parallele zur zeitgleichen englischen Malerei.[590] Joshua Reynolds (1723–1792), Thomas Gainsborough (1727–1788) und Josef Wright of Derby (1734–1797) haben die Kinder ihrer Auftraggeber vor einer Landschaft platziert, die aber mehr eine Parklandschaft als eine Waldlandschaft ist. Die Töchter von Thomas Gainsborough[591] wie auch die Kinder vornehmer englischer Auftraggeber[592] werden nicht wie bei Beckenkamp als kleine Erwachsene in eine erstarrte Pose gestellt oder gesetzt, sondern in der

Bewegung oder im Spiel dargestellt. Die in Rousseaus pädagogischer Schrift „Émile où de l'éducation" von 1762 betonten altersstufengemäßen Wesensmerkmale des Kindes und seine von der Erwachsenenwelt unabhängige Eigenentwicklung[593] werden damit in englischen Kinderportraits und in anderen Kinderportraits unter englischem Einfluss[594] mit dem Herauslösen der kindlichen Modelle aus der Sphäre der Erwachsenen weitestgehend umgesetzt.

5.2.2. Portraits der Reifezeit

Schon Elisabeth Moses hielt die um 1800 entstandenen Portraits Beckenkamps für Beispiele eines formalen Höhepunktes der stilistischen Entwicklung des Kölner Malers kurz nach 1800, der sich vor allem bei der Sorgfalt der Durchmodellierung von Köpfen und Händen zeige. Moses machte dies vor allem für das **Portrait des Johann Baptist Fuchs** deutlich, in dem der kleine Raumausschnitt mit dem Ernst und der Würde der Requisiten und dem *sympathischen Kopf* des Kölner Juristen *aufs glücklichste* harmoniere.[595] Auf dem 1805 entstandenen **Portrait von Johann Baptist Fuchs**[596] erscheint der Kölner Jurist in kurkölnischen, französischen und preußischen Diensten in einem sparsam ausgestatteten grünlichen Interieur auf einem Empire-Stuhl sitzend und mit der Feder in der Hand schreibend. Die einzige Raumdekoration ist eine antikische Büste auf dem Sockel in einer Wandnische. Die Schrift auf den vor ihm liegenden Blättern und den Buchtiteln ist – wie so oft bei Beckenkamp – nicht zu entziffern. Fuchs trägt eine in dünnen Streifen gemusterte beige und hellblaue Weste unter einer dunklen Anzugjacke. Von den an den Schläfen leicht angegrauten Haaren fallen einige Strähnen in die Stirn.

In den Portraits des Johann Baptist und seiner Frau Sabina Fuchs mit ihrer Tochter lässt sich auch erstmals die Auseinandersetzung mit der Portraitauffassung des zeitgleichen französischen Klassizismus in Bildnissen von Jacques Louis David (1748–1825), François Gérard (1770–1837) oder Antoine Gros (1771–1835) erkennen. Beckenkamp nähert sich damit auch zeitgenössischen rheinischen Malern wie Heinrich Christoph Kolbe aus Düsseldorf[597], Johann Baptist Bastiné aus Aachen[598], oder Carl Joseph Begas an, die, eine Generation jünger als Beckenkamp, jedoch direkt bei David, bzw. bei dessen Schüler Gérard in Paris gelernt hatten. Bei den nach 1800 entstandenen Portraits von Beckenkamp aber lässt sich im Unterschied zu diesen weder eine Hinwendung zu italienischen, niederländischen oder deutschen Werken der Renaissance nachweisen, wie sie beispielsweise in einigen Portraits von Carl Begas zu finden ist[599], noch der lineare und porzellanhaft glatte Bildnisstil und die plastische Härte, wie sie bei dem späten Gérard festzumachen sind. Beckenkamp bewahrte die spätbarocke malerische Feinheit auch in den in Absicht und Komposition an das klassizistische Bildnis erinnernden Portraits. Erhalten bleibt in Beckenkamps Bildnissen der langsame Farbschichtenaufbau mit Lasuren und die Modellierung der Umrisse und Körpervolumina mit Farben und Licht. Ein Aufenthalt Beckenkamps in Paris ist nicht überliefert und die konservative spätbarocke Malweise bestätigt, dass der Kölner Maler weder von der zeitgenössischen französischen Kunst, noch von den im Pariser Musée Napoléon zusammengetragenen Kunstwerken der früheren Malerschulen Italiens, Deutschlands und der Niederlande direkt beeinflusst wurde.

Eine Bekanntschaft mit graphischen Reproduktionen zeitgenössischer

Der Kölner Jurist Johann Baptist Fuchs – 1805 (Kat. Nr. 77)
Foto: RBA

französischer Bildnisse des Klassizismus ist dagegen anzunehmen. So erinnert das **Portrait von Johann Baptist Fuchs** von 1805 beispielsweise an das **Bildnis des Jacobus Blauw**[600], eines holländischen Jakobiners und Politikers, der um 1795 von Jacques Louis David in Paris portraitiert, und dessen Bildnis 1796 von dem Kupferstecher Tardieu[601] in Paris gestochen und auf der Ausstellung des Salon gezeigt wurde.[602] Auch Blauw sitzt mit einer Feder in der Rechten in einer monochromen Räumlichkeit, die außer einem Schriftstück, einer Schnupftabakdose und einem rot-weiß karierten Tuch auf dem Tisch nichts aufzuweisen hat. Doch während der strenge Revolutionsklassizismus Davids zehn Jahre zuvor auf alle Zimmerdekorationen verzichtend allein die Figur Blauws durch die Einfachheit der Pose und den Kontrast der Blautöne zu monumentalisieren und der Wichtigkeit des Schreibgestus eine historische Größe zu verleihen gedachte, schimmert bei Fuchs trotz aller Einfachheit und Sparsamkeit der Komposition eine biedere Behäbigkeit der Person und der Atmosphäre durch, die das Schreibbüro des Kölner Juristen zu einer alltäglichen Räumlichkeit, nicht zu einem Raum zeitloser und historischer Größe wandelt.

Das klassizistisches Portrait mit seinem humanistischen Ethos und der Idealisierung der Physiognomie und der menschlichen Gestalt versucht, ein monumentales Menschenbild zu verwirklichen, geistige Größe und Bildung, beispielsweise durch Attribute wie Schreibgerät oder antike Kunstwerke auszudrücken sowie menschliche Würde widerzuspiegeln.[603] Auch Beckenkamp bediente sich wie auch auf dem **Familienbild des Everhard**

Maria Susanna Heimann, geb. Trombetta, zweite Ehefrau von Johann Friedrich Carl Heimann – 1806 (?) (Kat. Nr. 81)
Foto: privat

Caspar Schüll[604] von 1806 einiger Anklänge an die Antike, um damit den vom Geburtsadel unabhängigen geistigen Adel seiner bürgerlichen Kölner Modelle zu betonen.

Das **Portrait der Sabina Fuchs**[605] spiegelt den Wandel der Mode zwischen dem ausgehenden 18. Jahrhundert und den Jahren des Empire wider: die helle Farbigkeit, die noch das hellblaue Kleid der Anna Maria Beckenkamp auf dem Bonner Portrait von 1797[606] (Farbabb. S. 107) ausgezeichnet hatte, die graziöse Zurschaustellung weiblicher Modeaccessoires wie Blumenbouquet im Ausschnitt, seidigem Fichu und reicher Spitzenhaube ist der Einfachheit des nachtblauen, die runden weiblichen Formen der Sabina Fuchs betonenden fließenden Chemisenkleides gewichen. Als Modeneuheit ist auch die französische *Serre-tête* zu erkennen, welche die kostbaren Spitzenhauben der vornehmen Kölner Damen im ausgehenden 18. Jahrhundert verdrängt hatte.[607]

Auch auf dem Portrait des Johann Baptist Fuchs zeigt sich der Einfluss der französischen Herrenmode des Empire. Die Haare werden nicht mehr halblang, gepudert, *à la mode aile-de-pigeon* mit eingedrehten Locken oder gar als Perücke, sondern so natürlich wie möglich und kurz getragen.[608] Weggefallen sind die Accessoires der Männermode des 18. Jahrhunderts wie das Jabot, die Schleife und die preziösen hellen Töne der Jacketts oder das beliebte Gegeneinandersetzen der Komplimentärfarben blau und gelb der männlichen Oberbekleidung, welche den schwarzen oder nachtblauen Jacken der Mode nach 1800 gewichen waren.

Sabina Fuchs mit einer Tochter – 1805
(Kat. Nr. 78)
Foto: RBA

Der Einfluss der klassizistischen französischen Portraitmalerei im Werk Beckenkamps zeigt sich deutlich auch auf zwei Frauenportraits: auf dem – nur durch eine alte Fotografie überlieten – **Portrait der Maria Susanna Heimann**[609] (Abb. S. 88) und auf dem **Portrait der Bernhardine Nolden**[610], die beide motivisch an Davids **Portrait der Henriette de Verninac**[611] von 1799 erinnern. Bernhardine Nolden im weißen Empirekleid und von einem roten Schal umfangen sitzt auf einem zum Betrachter im Profil stehenden Stuhl, auf dessen Lehne sie ihren rechten Oberarm gelegt hat. Das weibliche Modell auf dem Dreiviertelportrait im Kölnischen Stadtmuseum ist in frontaler Sitzhaltung ausgerichtet, die Figur leicht nach links gewandt, den Blick auf den Betrachter gerichtet, dargestellt. Ein Korallendiadem umfasst die streng mittig gescheitelten schwarzen Haare. Das Fließen des weißen Stoffes, das auf Davids **Portrait der Henriette de Verninac** so wirkungsvoll durch die kurvige Linie des antikisierenden Stuhles unterstützt und durch die gegenläufigen Bahnen des messinggelben Schales kontrastiert wurde, ist auf Beckenkamps kleinformatigem Portrait der Bernhardine Nolden durch das Gegeneinandersetzen von großflächigen Stoffzonen aus dem Weiß des Chemisenkleides und dem Zinnoberrot des Schals gelöst worden. Die Herbheit, Strenge und Monumentalisierung der Französin Henriette de Verninac als antike Heroin durch David[612] hat Beckenkamp jedoch nicht übernommen und seinem Modell die individuellen Züge einer scheuen jungen Kölner Bürgersfrau gegeben, die nur modisch und motivisch Anklänge an Davids Henriette de Verninac und an Gérards Madame Récamier von 1802[613] sucht, sich jedoch der Idealisierung und Heroisierung der klassizistischen Portraits entzieht.

Bernhardine Nolden – 1815 (Kat. Nr. 106)
Foto: RBA, Wolfgang F. Meier

5.2.3. Späte Portraits

Die Anklänge an die Portraitmalerei des französischen Klassizismus in den Portraits zwischen 1805 und 1815 stehen zweifellos auch im Zusammenhang mit der französischen Besetzung Kölns bis 1814. In seinen letzten Schaffensjahren nach 1815 hat Beckenkamp die Anklänge an die Antike und an das französische Portrait des Klassizismus dann wieder aufgegeben. Gleichzeitig lassen sich in Beckenkamps späten Portraits die Hinwendung zu den naturalistischen Tendenzen des Biedermeier feststellen.[614] Die realistische Komponente seiner letzten Jahre wird in dem **Portrait des Maximilian von Kempis**[615] und dem Pendantbildnis von dessen Frau, dem **Portrait der Anna Lucia von Kempis**[616] von 1822 gut sichtbar. Die Eleganz des späten Rokoko auf Beckenkamps frühen Portraits, die betont ernste und würdevolle Personendarstellung seiner klassizistischen Portraits mit antikisierenden Inszenierungen werden nun abgelöst durch die Sachlichkeit und Eindringlichkeit der Personenschilderung.

Maximilian von Kempis und Anna Lucia von Kempis – 1822 (Kat. Nr. 134 u. 135)
Fotos: RBA, Wolfgang F. Meier

Beckenkamps letzte Portraits der Jahre zwischen 1824 und 1828 weisen eine Hinwendung zum großen Format auf. Dies betrifft sowohl die **Portraits des Nikolaus und der Katharina Hackenbroich**[617], wie auch die beiden Portraits eines **Unbekannten Herrn mit der Landkarte von Brandenburg** und seiner Frau[618] und die großen Familienbildnisse für den Kalligraphen Johann Heinrigs. Das **Portrait des Kalligraphen Johann Heinrigs mit Frau und zwei Söhnen**[619] und die **Sechs Söhne des Kalligraphen Johann Heinrigs**[620] (beide Farbabb. S. 110) gehören zu den frühen Familienbildern des Biedermeier, in denen die Dargestellten in einer Folge von Einzelportraits gemalt werden.[621] Die fehlende Handlung und die ausbleibende Interaktion und Kommunikation unter den Söhnen des Kalligraphen wird besonders auf dem Bonner Bild von 1828 deutlich. Neben der Hinwendung zum holländischen Bürgerfamilienportrait und der ebenfalls aus der holländischen Malerei des 17. Jahrhunderts stammenden Bild-im-Bild-Idee[622] weisen die beiden Heinrigs-Bilder, wie auch die beiden Portraits des unbekannten Paares im Kölnischen Stadtmuseum in der Personenschilderung über die sachliche Darstellung hinaus eine idealisierende Tendenz auf.

Mit dieser vor allem auf den Heinrigs-Familienbildern erkennbaren glücklichen Synthese von realistischen und idealistischen Elementen hätte Beckenkamp, wenn er bei einer längeren Schaffenszeit diese Lösung hätte weiterentwickeln können, seine Stellung als Portraitmaler auch weit über das Rheinland hinaus festigen können.

5.3. Auftraggeber der Umbruchszeit um 1800

In der Forschung wird Benedikt Beckenkamp gerne als Maler des Kölner Bürgertums hingestellt. Das Verzeichnis seiner Werke macht jedoch deutlich, dass er auch als Portraitist der Höfe[623], des kurkölnischen Adels[624] und des Klerus[625] im ausgehenden Ancien Régime eine Rolle spielte. Diese Tatsache unterstreicht die Flexibilität des Malers und seine Geschicklichkeit, den Wünschen seiner aus verschiedenen Ständen stammenden Auftraggeber nachzukommen.

Der Wandel der Auftraggeber ist eng mit den historischen Ereignissen um die Besetzung des Rheinlandes durch die Franzosen 1794 und die Eingliederung Kölns in Preußen verknüpft. Hatte Beckenkamp noch 1792 Portraits und Portraitkopien für die sich in Ehrenbreitstein aufhaltenden Brüder des französischen Königs Ludwig XVI. angefertigt[626], so führte er schon 1797 im Auftrage nicht näher genannter *Freiheitsfreunde*, Anhänger der an den französischen Revolutionsidealen orientierten cisrhenanischen Republik die Radierung **Gülichsäule** (Abb. S. 231) aus.[627] Während der französischen Jahre unter Napoleon gehörten auch französische Militärangehörige wie beispielsweise der Jülicher Kommandant Pìerre Barrère (Abb. S. 28) zu Beckenkamps Auftraggebern.[628] Dagegen sind Portraitaufträge von Vertretern der preußischen Herrschaft in Köln bisher nicht nachweisbar.[629] Die Mitglieder des Königshauses, die im zweiten Jahrzehnt des 19. Jahrhunderts die großen Kopie-Aufträge an Beckenkamp vergaben, nahmen ihn nicht als Portraitist in Anspruch. Nur der bereits erwähnte, von Beckenkamp portraitierte **Unbekannte Herr mit der Landkarte von Brandenburg** könnte preußischer Herkunft sein.[630] So spiegeln die verschiedenen Auftraggeber des Malers auch den historischen Umbruch im Rheinland um 1800 wider.

5.3.1. Höfische Portraits

> *Goldne Zeiten hat unter dem leichten Scepter des sächsischen*
> *Prinzen der Kurstaat erlebt, sie sind geschwunden, gleich dem*
> *Traum einer Sommernacht, ohne eigentliche Bedeutung fortan*
> *für die Geschichte.*[631]
>
> Christian von Stramberg

Als Benedikt Beckenkamp in den siebziger Jahren des 18. Jahrhunderts nach dem Erfolg seiner Pferde- und Reiterbildnisse auch für den Trierer Kurfürsten Clemens Wenzeslaus von Sachsen Portraits und Reiterportraits mit offizieller und privater Ausrichtung ausführte, waren das Trierer Kurfürstentum und die beiden anderen geistlichen Territorien in Deutschland am Ende des Ancien Régime bereits ein anachronistisches Gebilde. Ohne die Prinzipien von Macht und dynastischer Kontinuität waren sie weder fähig, sich wie die säkularen Flächenstaaten fortschrittlichen Tendenzen zu öffnen, noch eine kontinuierliche Wirtschafts- und Kulturförderung durchzuführen.[632] Dennoch oder gerade wegen des drohenden Verfalls entstand eine Anzahl von Portraits der letzten Kurfürsten, die in ihren repräsentativen Formeln nichts von dem Sturm um das europäische Haus des Ancien Régime vor 1789 durchschimmern lassen.

Das höfische Portrait des Absolutismus hatte die Aufgabe, den Herrscher durch die Selbstdarstellung im Portrait sowohl der menschlichen Vergänglichkeit als auch der Alltäglichkeit des Daseins zu entrücken und ihn einer idealen Sphäre zuzuführen.[633] Zu den höfischen Portraits des 18. Jahrhunderts zählten vor allem das offizielle Staatsportrait des Herrschers mit seinen Insignien, das Reiterportrait und das Feldherrenportrait.[634] Mit dem aufgeklärten Absolutismus milderten sich Pomp und Pathosformeln des höfischen Portraits und gingen in die Darstellung des Fürsten als liebenswürdigem, gewandtem und weltoffenem Herrscher über.[635] Einen Prototypus dieses gemilderten Repräsentationsportraits bildet Carle Vanloos **Portrait von Ludwig XV.**[636] Das 1751 im Salon ausgestellte Portrait des französischen Königs diente nicht allein der dem Untertanen Ehrfurcht gebietenden feudalen Repräsentation – wie noch Rigauds **Bildnis von Ludwig XIV.**[637] – sondern stellte sich einer bürgerlichen Öffentlichkeit als Kunstwerk vor.[638]

Unter dem Einfluss der Kunstkritik der Aufklärung fand auch die Privatsphäre der Fürsten Raum im Bildnis. Am eindrucksvollsten findet diese neue Auffassung ihre Umsetzung in den zwei von Johann Georg Ziesenis (1716–1776) gemalten **Portraits des Kurfürsten Carl Theodor und der Elisabeth Auguste von der Pfalz** in ihren privaten Räumen und in ihren häuslichen Negligées von 1757.[639] Doch auch diese – für den modernen Betrachter als intime Privatportraits verstandene – Bildnisse sind als Teil fürstlicher Selbstinszenierung aufzufassen und unterscheiden sich nur im Grad von dem Repräsentationsbedürfnis der offiziellen Staatsportraits.[640]

Diese bewusst antirepräsentative Haltung, die von Ludwig XV. in Frankreich ausging[641], findet ihren Niederschlag auch in Beckenkamps Portraits des Trierer Kurfürsten und seiner Schwester. Vor diesem Hintergrund ist auch das bereits besprochene **Reiterportrait der Kunigunde von Sachsen vor dem Schloss im Kärlich** (Abb. S. 77) zu verstehen. Die Fürstäbtissin von Essen zeigt sich bei ihrem privaten Vergnügen, dem Ausritt in der Landschaft. Sie reitet im einfachen grünen Kleid gekleidet. Ohne die Bildaufschrift *Cunegond Fürstin von Sazen* am rechten Rand des Gemäldes wüsste der Betrachter nicht, dass es sich um das Reiterportrait einer Dame aus königlichem Hause handelte. Die Schwester des Trierer Kurfürsten und erste Hofdame in Koblenz-Ehrenbreitstein wird nicht beschönigt dargestellt. Der Maler hat auf Draperien und Hoheitszeichen ganz verzichtet. Dennoch weist das sich auf den Hinterbeinen aufrichtende Pferd trotz der naturalistischen Atmosphäre der Hintergrundlandschaft und der individuellen Züge der Reiterin auf den repräsentativen und herrschaftlichen Charakter des Bildes hin.

Der Trierer Kurfürst Clemens Wenzeslaus von Sachsen (Kat. Nr. 46)
Foto: RBA, Wolfgang F. Meier

Die Ambivalenz zwischen Privatsphäre und Repräsentation zeigt auch das **Portrait des Trierer Kurfürsten Clemens Wenzeslaus von Sachsen im Profil**[642] von Beckenkamp. Dieses Portrait stellt den gealterten Kurfürsten im Profil dar. Die in früheren Bildnissen hervorgehobene Milde, Güte und Glätte der Gesichtszüge ist auf diesem Portrait in Privatbesitz einer schonungslosen psychologischen Analyse gewichen. Tränensäcke, ein vorstehendes Doppelkinn und die fliehende Stirn des Fürsten werden hervorgehoben. Das Portrait steht unter dem Einfluss von Lavaters 1775 bis 1778 erschienenen „Physiognomischen Fragmenten zur Beförderung der Menschenliebe" als Charakterstudie in Profildarstellung. Die Halbfigur im engen Raum hebt die Distanz zum Betrachter auf. Damit wird gleichzeitig der repräsentative Gehalt des Portraits gemindert.[643] Dennoch verzichtet der Auftraggeber nicht auf seinen Hermelinkragen, der seinen Rang und seine Würde auszeichnet. Das wegen des vorangeschrittenen Alters des Fürsten in die neunziger Jahre zu datierende Gemälde repräsentiert demzufolge die in den Portraits von Adeligen und Fürsten zu beobachtende Angleichung der Stände, die sich seit den sechziger Jahren des 18. Jahrhunderts in Deutschland beispielsweise in den Werken der Portraitmaler des nahen Mannheimer Hofes, wie Heinrich Carl Brandt[644] und Johann Georg Ziesenis äußerte und sich am pfälzischen Hof konsequent zu einer stark verbürgerlichten Ausrichtung der höfischen Portraits bis in die neunziger Jahre entwickelte.[645]

Am Trierer Hof fand das Konversationsstück bürgerlicher Prägung auch im höfischen Portrait seinen Einzug.[646] Wohl aus den siebziger Jahren stammt ein kleines, Johann Heinrich Tischbein zugeschriebenes Gemälde, das den Kurfürsten im einfachen schwarzen Kanoniker-Habit zusammen mit zwei seiner Schwestern aus dem Hause Sachsen bei einer Tee- oder Kafferunde zeigt.[647] Kleidung, Möblierung und Service deuten wohl auf vornehme Herrschaften hin. Weisungsgesten, den fürstlichen Rang charakterisierende Kleidung oder andere Hinweise auf den gesellschaftlichen Status oder das höfische Zeremoniell fehlen dagegen ganz.

Überraschenderweise hat auch Beckenkamp ein solches, leider nicht erhaltenes Konversationsstück gemalt.[648] Die mit Clemens Wenzeslaus verwandten Revolutionsflüchtlinge und Emigranten aus dem französischen Königshaus, die bei Beckenkamp einige Portraits in Auftrag gegeben hatten, erhielten von ihm unter anderem *dero Portraiten in original beysammen auf ... einem Stück vorstellend bey einem frühstück*[649] Sehr wahrscheinlich haben wir uns auch dieses Portrait als kleines Gesellschaftsstück ohne höfisches Pathos vorzustellen. Diese Vermutung spräche ebenfalls dafür, dass der Trierer Kurfürst Clemens Wenzeslaus, wie auch sein Kollege aus Kurpfalz, die Angleichung an den Bürgerstand mittrug und zur Schau stellte.

Eine solche bürgerliche Tendenz findet sich dagegen bei dem letzten Kölner Kurfürsten Maximilian Franz nicht. Weder in den beiden aufgefundenen Staatsportraits als Kurfürst[650] und als Hochmeister des Deutschen Ordens[651], noch in Portraits dieses Kurfürsten von der Hand anderer Maler scheint diese von der Aufklärung beeinflusste Portraithaltung durch. Die von Beckenkamp gemalten großen Portraits des letzten Kölner Kurfürsten aus dem Hause Habsburg lassen dagegen die Anlehnung an die französischen Königsportraits des ausgehenden Rokoko, wie das schon genannte **Portrait von Ludwig XV.** von Carle Vanloo, wie auch die Tradition des Kölner Kurfürstenportraits[652] erkennen.

92

Der Kölner Kurfürst Maximilian Franz als Hochmeister des Deutschen Ordens – ca. 1787 (Kat. Nr. 37)
Foto: RBA

Die höfischen Portraits, die Beckenkamp in Ehrenbreitstein und Bonn, beziehungsweise in Köln[653] malte, lassen keine Rückschlüsse auf den tatsächlichen Grad der Anteilnahme der dargestellten Fürsten an den Ideen der Aufklärung zu. Sie erlauben aber zu folgern, dass der Trierer Kurfürst der Inszenierung aufklärerischen Gedankengutes in der Portraitdarstellung ebenso nahe stand, wie den modernen Tendenzen bürgerlicher Portraitmalerei überhaupt.

5.3.2. Klerikerportraits
Als eine konstante Auftraggeberschicht in Beckenkamps Kölner Jahren von 1786 bis 1828 erwies sich der städtische Klerus.[654] Dies überrascht nicht, angesichts der hohen Zahl von Geistlichen gegen Ende der reichsstädtischen Zeit in Köln. Auch in der neueren Forschung wird von einer Zahl von etwa 2.500 Personen geistlichen Standes[655] ausgegangen, die auf eine Bevölkerungszahl von etwa 40.000 bis 45.000 Einwohnern, davon 6.000 qualifizierte Bürger kamen.[656]

Der Aachener Domkapitular und Kölner Dompfarrer Johann Michael DuMont (1806–1818). Das Originalportrait aus dem Jahr 1815 wurde dem Kölner Wallraf-Richartz-Museum kurz vor der Drucklegung dieser Arbeit geschenkt. (Kat. Nr. 104)
Foto: RBA, Rolf Zimmermann

Von den Köln-Besuchern der Aufklärungszeit wurde der Klerus in Köln gerne als Hort der Rückständigkeit, Verkrustung und Intoleranz dargestellt.[657] Ein differenzierteres Bild ergibt sich aus der neueren Forschung. Das Domkapitel war nicht nur durch Mitglieder des hohen Reichsadels, sondern auch durch Angehörige bürgerlicher Familien geprägt.[658] Sie bildeten ein Gegengewicht zu den absolutistischen Bestrebungen der Kurfürsten.[659] Einige Mitglieder des Domkapitels waren auch in reichsstädtischer Zeit Angehörige von Freimaurerlogen und offen für die josephinische Aufklärung.[660] Kölner Geistliche gehörten zur Gruppe der Künstler, wie der Domvikar und Wachsbildhauer Caspar Bernhard Hardy[661] und zu den Kölner Kunstsammlern, wie Clemens August Maria von Merle[662] oder der Kanonikus Ferdinand Franz Wallraf.[663] Auch der schwäbische Reichsgraf, Kanonikus und Dompropst Franz Wilhelm von Oettingen-Baldern war Besitzer eines Raritäten- und Kuriositätenkabinetts.[664]

Schon früh muss Beckenkamp in Köln mit Oettingen-Baldern in Verbindung getreten sein. Darauf lässt die Patenschaft des Dompropstes für eine 1792 geborene Tochter des Malers schließen.[665] Ein Auftrag von Oettingen-Baldern an Beckenkamp ist auf Grund dieser Patenschaft anzunehmen, aber ein Portrait oder ein anderes Gemälde von seiner Hand für den Dompropst ist nicht überliefert.

Dompfarrer Johann Michael DuMont – Lithographie von Johann Baptist Hützer (Kat. Nr. 104a)
Foto: RBA

Über Oettingen-Baldern wird Beckenkamp bald auch an weitere Mitglieder des Kölner Klerus weiter empfohlen worden sein. 1794 und 1798 folgten die beiden **Portraits des Domherren Clemens August Maria von Merle**[666]. Das spätere **Portrait von Merles als Weihbischof** von 1798 ist für die Kölner Kirchengeschichte von Interesse.[667] Es zeigt von Merle im Bischofsgewand und mit der hellblauen erzbischöflichen Mitra im Hintergrund. Der Kölner Domherr war von dem geflüchteten Kurfürsten Maximilian Franz 1797 zum Weihbischof konsekriert worden und hatte damit die geistliche Rechtsnachfolge des Kurfürsten angetreten. 1798 war darüber hinaus ein Jahr kirchlicher Gängelungen und finanzieller Einschränkungen durch die Regierung in Paris.[668] Von Merle, der als Vertreter der antiaufklärerischen Linie des Kölner Klerus galt[669], scheint mit diesem von Beckenkamp gemalten Bildnis trotz der im Oktober 1797 mit dem Frieden von Campo Formio erfolgten Anerkennung der Annektion des Rheinlandes gegen die neugeschaffenen Fakten opponieren und Präsenz demonstrieren zu wollen.

Das Portrait von Merles ist eines der letzten Klerikerportraits von einem exponierten Vertreter des Ancien Régime in Köln. Mit der Aufhebung des Kölner Erzbistums 1801 und dem 1802 in Kraft getretenen Konkordat erfolgte eine völlige Umwandlung der kirchlichen Strukturen in Köln. Die höhere Geistlichkeit, auch das Kölner Domkapitel war in die rechtsrheinischen Gebiete Kurkölns geflohen, von wo erst 1804 eine Rückkehr einsetzte. Die niederen geistlichen Würdenträger waren geblieben.[670] Erst 1821, sechs Jahre nach dem Wiener Kongress und der Eingliederung Kölns in das Königreich Preußen wurde das Kölner Erzbistum wiederhergestellt.

Die Konstanz von Portrait-Aufträgen aus dem Klerus auch nach dem Ende der reichsstädtischen Zeit ist angesichts der Einschränkungen kirchlicher Macht in Folge der Säkularisation überraschend. Schon zwischen 1806 und 1818, der Amtszeit des Dompfarrers Johann Michael DuMont, stellte Beckenkamp diesen demonstrativ vor einem Bündelpfeiler des Domes dar, mit der spätgotischen Petrusfigur vom Petersportal des Domes im Hintergrund.[671]

Auch der Rektor der Elendskirche, Freund Eberhard von Grootes und Kunstsammler, Gerhard Kunibert Fochem, ließ 1814 sein Portrait von Beckenkamp anfertigen[672], das mit der Darstellung einiger Bücher von Winckelmann, Fiorillo, Schlegel und Ramdohr die künstlerischen Neigungen des Kunstsammlers betont. Zwischen 1818 und 1823 ließen sich fünf Kölner Pfarrer von Beckenkamp portraitieren, darunter wiederum Fochem, dieses Mal als Pfarrer von St. Ursula.[673] 1825 portraitierte Beckenkamp den Amtsnachfolger Dumonts, den Dompfarrer Johann Heinrich Filz und zwischen 1825 und 1827 den ersten Kölner Erzbischof ohne säkulare kurfürstliche Macht, Ferdinand August Graf von Spiegel.[674] Die Aufzählung verdeutlicht, dass ein neuer Typus von Geistlichen in Köln zu Beckenkamps Auftraggeberkreis nach der Säkularisation gehörte. Die Portraits der Kölner Pfarrer heben deren gestiegene Bedeutung in der Stadt und ihre neue Funktion, die vertriebene Stifts- und Klostergeistlichkeit zu ersetzen, hervor.[675]

Zwei weitere Bildnisse, das nur durch einen Nachstich erhaltene **Portrait des Pfarrers Johann Gottfried Müller** von St. Maria Lyskirchen[676] und das kürzlich dank der Hilfe von Ludwig Gierse im Kölner Priesterseminar aufgefundene **Portrait eines Geistlichen**[677] zeigt die konventionelle Anlage dieser Klerikerportraits. Der dargestellte Geistliche erscheint darauf sitzend oder stehend in seiner Amtstracht und mit seinen Insignien. Oft hält er

Clemens August Maria von Merle als Weihbischof – 1798 (Kat. Nr. 72)
Foto: RBA

Ferdinand August Graf von Spiegel – der erste Kölner Erzbischof nach der Säkularisation – 1825–27 (Kat. Nr. 143)
Foto: RBA

Dompfarrer Johann Heinrich Filz – 1825
(Kat. Nr. 142)
Foto: RBA

ein Birett in der Hand. Vor ihm auf einem Tisch steht ein schwarzes Kreuz mit Korpus aus Elfenbein auf barockem Sockel und ein für die geistliche Tätigkeit signifikantes Buch oder eine Inschrift, die auf das Leben und die Tätigkeit des Dargestellten hinweisen.

In diesem Zusammenhang ist das **Portrait des Dompfarrers Johann Heinrich Filz**[678] fast schon ein Ereignisportrait. 1825, vier Jahre nach der Restitution des Erzbistums entstanden, lässt Johann Heinrich Filz sich nicht wie sein Amtsvorgänger Johann Michael DuMont als Dompfarrer, sondern im Chorherrengewand und als Vorsteher des wieder begründeten Kölner Domkapitels sowie als Vertreter des erst 1825 eingesetzten Kölner Erzbischofs von Spiegel darstellen. Unter dem geöffneten Psalmenbuch erscheint ein gehefteter Papierstoß mit dem Titel der päpstlichen Bulle *De salute animarum*, mit der die Restitution des Erzbistums in Kraft gesetzt wurde. Wie bereits auf dem DuMont-Portrait greift Beckenkamp auch bei Filz hier mit Weisegestus und abwesend distanzierendem Blick Formeln des höfischen Portraits des 18. Jahrhunderts wieder auf. Der Domherrenstern auf dem Tisch und das Birett sind Zeichen von Amt und Rang des Dargestellten. Die lesbare Schrift im Hintergrund und im lateinischen Psalmenbuch weisen auf die Wichtigkeit des Portraitierten und des Ereignisses – wie auch auf seine theologisch-heilsgeschichtliche Interpretation durch Filz[679] – für die Kölner Kirchengeschichte hin. Wie im Fall des 1798 entstandenen **Portraits von Clemens August Maria von Merle als Weihbischof** wird Beckenkamps **Portrait von Johann Heinrich Filz** durch seine kirchenpolitische Funktion herausgehoben. In einer Zeit der Schwächung der klerikalen Elite durch die französische Besetzung Kölns und durch die Säkularisation diente das Portrait der Demonstration von Stärke beziehungsweise der wiedererstandenen Macht des Kölner Klerus.

5.3.3. Bürgerportraits

> *Aus unserem Köln, welches länger als ein Jahrhundert, durch einen unstrebsamen Geist, in Hinsicht auf Kunst und wissenschaftlichen Verkehr mit dem Ruhrlande wie in sich gehüllt und geschlossen schien, wogegen die kühne, glückliche, stolze Tatkraft des übrigen Deutschlandes auch alles Leben und Weben der Künstler unter uns für erstorben wähnte...*
>
> Ferdinand Franz Wallraf[680]

In diesem von Wallraf 1812 im Rückblick auf das 18. Jahrhundert charakterisierte Köln war Benedikt Beckenkamp 1786 in die Malerzunft aufgenommen worden und hatte 1787 das Kölner Bürgerrecht angenommen.[681] Nach seinen Gründen, Koblenz-Ehrenbreitstein zu verlassen, ist schon gefragt worden. Warum Beckenkamp sich in der Stadt Köln niederließ, erscheint vor dem Hintergrund der Aussagen einiger Reiseberichte, die Köln am Ende des 18. Jahrhunderts nicht nur als Hort der Aufklärungsfeinde, sondern auch als Ort von sozialem Elend und urbanistischer Verwahrlosung darstellten, zunächst schwer nachvollziehbar.[682]

Aus der Sicht des Kölner Architekturhistorikers verwies Hans Vogts bereits 1950 auf die Fülle von Vorurteilen und von teilweise voneinander abgeschriebenen Klischees in diesen Berichten hin und suchte unter dem Aspekt der lebhaften Bautätigkeit auf dem Kölner Stadtgebiet im 18. Jahrhundert diese Sicht, wenn nicht zu revidieren, so doch zu relativieren.[683] Vogts zählte die in dieser Epoche entstandenen Stadtpaläste rheinischer

Adelsfamilien und als deren berühmtesten den Nesselroder Hof[684], das sog. Mühlheimsche Haus auf der Gereonstraße[685], eines der späteren Kölner Palais' der westfälischen Familie von Zuydtwyck und den zwischen 1745 und 1755 entstandenen Palast am Blaubach 30, der 1785 in den Besitz des Grafen Sigismund von Salm-Reifferscheidt kam[686], auf. Vogts kam zu dem Schluss, dass Köln auch nach den Rückschlägen des Dreißigjährigen Krieges ein kulturelles, wirtschaftliches und gesellschaftliches Zentrum[687] geblieben wäre, da auch weitere kurkölnische Adelsfamilien wie die Burscheidt[688], die Weichs, die Wolff Metternich zur Gracht[689], die Hatzfeldt, die Belderbusch und die westfälischen Fürstenberg sich in Köln ihre Stadtquartiere bauten.

Seit der Mitte des 18. Jahrhunderts intensivierte sich die Bautätigkeit vornehmer Häuser in Köln noch einmal und brachte eine Anzahl großer Palaisbauten der bedeutenden Kölner Rats- und Adelsfamilien hervor.[690] Zu diesen zählten die neuen Häuser der Kölner Patrizierfamilien de Groote in der Glockengasse 3[691], von Geyr in der Breitestraße[692], von Pütz auf der Hohepforte 11[693] und das von Monschauische Haus in der Severinstraße 218, gegenüber dem Karmeliterkloster am Waidmarkt hinzu.[694]

Aber auch die Familien der bürgerlichen Oberschicht Kölns wohnten in reich ausgestatteten Häusern. Über die prächtige Innenausstattung mit den frühklassizistischen Stuckverzierungen im Haus Severinstraße 214, dem Monschauischen Haus benachbart, berichtet Johann Baptist Fuchs in seinen Erinnerungen über seine Kindertage im Haus des Vaters, des Pächters und Betreibers der Köln-Deutzer Fähre Jakob Fuchs, der auch Rheinfloßmeister war.[695]

Aus dieser kurzen Aufzählung wird ersichtlich, dass eine Reihe von möglichen Auftraggebern aus den höheren Kreisen Kölns und des Rheinlandes sich in der Stadt konzentrierten. Diese soziologischen Gegebenheiten stellten für den Portraitmaler eine wichtige Voraussetzung für Erfolg und für finanzielle Unabhängigkeit dar und überlagerten die negativen Aspekte des urbanistischen Kontextes und des *unstrebsame*[n] *Geist*[es] *in der Kunst und im wissenschaftlichen Verkehr*, wie Ferdinand Franz Wallraf das intellektuelle Leben Kölns im 18. Jahrhundert charakterisiert hatte.

Auch H. Börsch-Supan schätzte die künstlerische Situation der Maler in Köln am Ende des 18. und zu Beginn des 19. Jahrhunderts weniger düster ein. In seinen kunstgeographischen Forschungen erfasste er für die Stadt Köln ein differenziertes Bild: *Die erzbischöflichen Residenzen Trier, Koblenz und Bonn verödeten. Nur im bürgerlichen Köln hielt sich noch ein recht konservatives Kunstleben. Kaspar Benedikt Beckenkamp malte tüchtige Bildnisse.*[696] Börsch-Supan hob besonders das Kölner Bürgertum hervor, das sich mit seinem starken Selbstdarstellungs- und Portraitbedürfnis vor anderen deutschen Bürgerstädten wie Frankfurt und Hamburg auszeichnete.[697] Im Vergleich zu den aufstrebenden Residenzen von Weimar und Berlin blieb das Kunstleben in Köln jedoch eingeschränkt.[698]

Das Aufkommen eines modernen Wirtschaftsbürgertums während der rheinischen Frühindustrialisierung im 18. Jahrhundert fand außerhalb der freien Reichsstädte wie Aachen und Köln statt.[699] Dennoch florierte auch in Köln im 18. Jahrhundert der Handel. Die wirtschaftliche Führungsschicht bildete sich aus einer Gruppe von Kaufleuten, die in Speditions- und Kommissionsgeschäften beträchtliche Erfolge hatte.[700] Diese wirtschaftliche Oberschicht der Stadt bestand aus etwa 250 Großkaufleuten, die

„Straßenwärts betrat man einen großen Saal in Gips und mit den kunstreichsten bas reliefs, mit schönem Frankfurter Spiegel, mit einer reichen, eichenen Lamperie und mit den modernsten Gardinen versehen." Abb. und Text aus: Heyderhoff (Bearb.), 1912, S. 175–176: Der Kölner Jurist Johann Baptist Fuchs (Abb. S. 87) über die ehemalige Ausstattung seines Elternhauses in der Severinstraße 214.

*Der Kölner Kaufmann
Johann Friedrich Carl Heimann – 1792
(Kat. Nr. 49)
Foto: RBA, Wolfgang F. Meier*

im Weinhandel und in Speditions- oder Kommissionsgeschäften tätig waren.[701] Oft waren diese reichen Kaufleute auch Mitglieder des Kölner Rates.[702] Die Aufgeschlosseneren unter ihnen gehörten einer Freimaurerloge an, in denen sich die katholischen und die von der Bürgerschaft ausgeschlossenen protestantischen Kaufleute zusammenfanden, vereint mit dem Wunsch nach konfessioneller Toleranz und nach ökonomischem und politischem Fortschritt.[703] Zu der Schicht der Großkaufleute, die Mitglieder des Rates oder der Freimaurerloge waren, gehörte ein größerer Teil von Beckenkamps bürgerlichen Auftraggebern in Köln bis zum Einmarsch der Franzosen 1794.

Beckenkamps **Portrait von Johann Friedrich Carl Heimann**[704] von 1792 kann die Rolle des Bürgerportraits in der Person des aus Waldbröl im Bergischen Land stammenden Kaufmanns exemplarisch deutlich machen. Die von Hans Ost neben dem Original von 1792 aufgefundenen Kopien von und Abbildungen nach weiteren Portraits Heimanns (wie des späteren Portraits von ca. 1806), seiner ersten Frau Anna Christina, geb. Martini, und seiner zweiten Frau Maria Susanna, geb. Trombetta[705], belegen, dass der Maler nicht nur von einem fürstlichen, sondern auch von einem bürgerlichen Auftraggeber über mehrere Jahre hindurch mehrfach beschäftigt werden konnte. Johann Friedrich Carl Heimann, der möglicherweise auch der Dargestellte auf einem früheren, um 1789 entstandenen **Portrait eines Mannes – Johann Friedrich Carl Heimann (?)**[706] im Besitz des Kölner Wallraf-

Richartz-Museums ist, war für Beckenkamp wahrscheinlich von ähnlich großer Bedeutung bei der Einführung in die bürgerlichen Kreise der Stadt, wie der Dompropst Oettingen-Baldern, der den Maler innerhalb der klerikalen Elite Kölns weiter vermittelt haben wird.

Auf Beckenkamps Heimann-Portrait von 1792 ist der fünfunddreißigjährige Kaufmann frontal zum Betrachter sitzend in seinem Kontor dargestellt. Die Beine bis zum Knie sind – wie bei Beckenkamp öfter zu beobachten – nur schablonenhaft gemalt. Die ebenfalls für Beckenkamp charakteristische Steifheit der Figur wird durch den direkt auf dem Kragen aufliegenden Kopf und die beiden rechtwinklig angewinkelten Arme betont. Der Tenor des Bildes gilt der Geschäftigkeit, Tüchtigkeit und Liebenswürdigkeit des Dargestellten. Darüber hinaus wird die Eleganz der modebewussten Erscheinung mit ihrer blümchenbestickten Seidenweste betont. Der einladende Blick, das liebenswürdige Durcheinander in dem knapp bemessenen Raum und die modernen Louis Seize-Möbel unterstreichen die weltoffene Haltung des Kaufmanns, Ratsherren, Freimaurers und späteren Mitbegründers der Kölner Handelskammer. Der Portraitmaler vermittelt diese Weltoffenheit und setzt sie bewusst in Gegensatz zu dem **Portrait des**

Johann Friedrich Carl Heimann – ca. 1806 (?) (Kat. Nr. 80)
Foto: privat

Anna Christina Heimann, geb. Martini, erste Frau von Johann Friedrich Carl Heimann – 1792 (?) (Kat. Nr. 50)
Foto: privat

Der Ratsherr Johann Helner – 1796 (?)
(Kat. Nr. 67)
Foto: RBA

Ratsherrn Johann Helner[707], der mit seiner ernsten und maskenhaften Physiognomie und vor dem kleinen Fensterausschnitt einer Landschaft sitzend einen behäbigen und konventionellen Portraittypus wiedergibt. Ganz programmatisch betont Beckenkamp auf dem Heimann-Portrait auch die Anklänge an das englische Bürgerportrait.[708] Die dem Fürstenportrait entlehnte Pose des in die Hüfte gestützten rechten Armes[709] ist im englischen Portrait des 18. Jahrhunderts auch im Kaufmannsportrait, wie dem 1789/90 entstandenen **Bildnis von Sir Richard Arkwright** von Joseph Wright of Derby zu finden.[710] In Köln hatte Johann Jakob Schmitz mit dem **Portrait des Kaufmanns Johann Jakob Herstatt**[711] eine ähnliche Betonung kaufmännischen Erfolges und bürgerlicher Selbstzufriedenheit herausgestellt. Beckenkamps Heimann-Portrait scheint sich in der freundlichen Verbindlichkeit und in der Präsentation kaufmännischen Stolzes und Selbstbewusstseins, weniger jedoch in der Malkultur[712], ausdrücklich auf das Herstatt-Portrait von Schmitz zu beziehen. Sowohl Schmitz als auch Beckenkamp verzeichnen in ihren Portraits arrivierter Kölner Wirtschaftsbürger in der zweiten Hälfte des 18. Jahrhunderts den Aufstieg eines neuen, auch protestantischen Unternehmertypus'[713], der bis in die Zeit der Industrialisierung Kölns am Ende des 19. Jahrhunderts Erfolge verbuchte.

Mit der Eingliederung Kölns in den französischen Staat 1797 änderte sich die Auftraggeberschaft für den Portraitmaler nicht nur durch den Wegfall von Kurfürst und Adeligen[714], und vorübergehend auch des Klerus, sondern auch innerhalb des Bürgertums. Zu den Exponenten des reichen Wirtschaftsbürgertums kamen mit den neuen französischen Verwaltungsstrukturen auch Vertreter der alten, wieder eingesetzten, jetzt aber unter neuen Verwaltungsstrukturen arbeitenden Kölner Beamten- und Juristenelite als Portraitauftraggeber hinzu. Dazu gehörte auch der bereits erwähnte Johann Baptist Fuchs, der 1798 Präsident der Munizipalität war. Die Anklänge an das französische Portrait des Klassizismus erscheint daher bei dem **Portrait von Johann Baptist Fuchs** aus seiner beruflichen Laufbahn heraus ebenso nachvollziehbar wie die Abkehr von französischen Portraitvorbildern auf den beiden großen Familienbildern des preußisch orientierten Kalligraphen und Freund Beckenkamps, Johann Heinrigs.

5.4. Selbstportraits

Beckenkamps Selbstbildnisse[715] werfen ein Licht nicht nur auf sein Selbstverständnis als Künstler, sondern auch auf seine Rolle als Teil der Kölner Gesellschaft. Schon Ingeborg Krueger hatte festgestellt, dass das frühe Bonner **Selbstportrait**[716] (Abb. S. 22) Beckenkamps von 1786 durch kompositionelle Leere die künstlerische Unsicherheit des Malers ebenso greifbar mache, wie die fehlende persönliche Selbstsicherheit.[717] Wie auf den späteren Selbstbildnissen stellt Beckenkamp sich mit dem Kreidegriffel dar. Der Maler inszeniert sich nicht als Portraitmaler, sondern zeigt einen Teil seiner Arbeit als Figurenmaler. Erst ein Jahr später, 1787, nachdem Beckenkamp das Kölner Bürgerrecht erworben hatte und in die Zunft aufgenommen worden war, schien die berufliche Situation in der Stadt für den Maler geklärt zu sein und er konnte im Besucherbuch der Sammlung Hüpsch mit *Benedict Beckenkamp - Portrait-mahler aus Cöllen* signieren.

Das im zeitlichen Rahmen mittlere **Selbstportrait**[718] Beckenkamps aus der Sammlung Wallraf, das um 1797 wohl im Zusammenhang mit den anderen Portraits seiner Familie, der Gattin des Künstlers und seiner Kinder entstand, reflektiert im Vergleich zu dem früheren Bonner **Selbstportrait** die Selbstsicherheit des arrivierten Künstlers.

Das Kölner **Selbstportrait** scheint kompositionell – allerdings spiegelverkehrt – von Anton de Peters' **Portrait von Ferdinand Franz Wallraf** aus dem Jahre 1792[719] abhängig zu sein. Dies erscheint umso plausibler, da beide Portraits wahrscheinlich im Auftrage Wallrafs und für seine sich formierende Sammlung gemalt waren. Sowohl de Peters als auch Beckenkamp bauten ihre Portraits auf Diagonalen auf. Wie Beckenkamp sitzt auch Wallraf im Profil dem Maler de Peters Modell und schaut dabei den Betrachter freundlich heiter vor einem aufgestellten Buch an. Der linke angewinkelte Arm liegt auf dem geöffneten Botanikwerk und ist im Begriff, eine Seite umzublättern. Die einladende Freundlichkeit wird sowohl bei Wallraf als auch bei Beckenkamp durch den angewinkelten Arm im Vordergrund in Distanz umgewandelt.[720] Wie bei de Peters' Wallraf-Portrait hat auch Beckenkamp durch eine leichte Körperdrehung der Figur und durch die leichte Schrägstellung der Möbel das strenge Profil aufgehoben und vor neutral braungrauem Hintergrund wenn auch begrenzten Raum für die Figur geschaffen. Der Kontrapost in den Bewegungen und die beruhigte Farbigkeit machen beide Portraits zu einem akademischem Lehrstück. Im Gegensatz zu der schwarzen Kleidung des Stiftsgeistlichen Wallraf hat Beckenkamp die helle freundliche Farbigkeit von Jacke und Weste seines oben genannten Auftraggebers, des Speditionskaufmanns und Gründers des Kölner Handelskollegiums Johann Friedrich Carl Heimann angepasst. Wenn die Raffinesse von Heimanns Schleife und die Feinheit seiner mit Blumen bestickten Seidenweste auch die unifarben graublaue Jacke und die gelb-grau gestreiften Weste des Malers an Eleganz übertreffen, so ist bei Beckenkamp doch der Wille sichtbar, sich modisch mit seinen Auftraggebern vergleichen zu können.

Dieser Anklang ist sicherlich nicht zufällig. Er ist aber auch nicht die einzige Parallele des Heimann-Portraits zu Beckenkamps Selbstbildnis. Wie bei dem Heimann-Portrait stellt der aufmerksame und freundlich einladende Gesichtsausdruck des Dargestellten eine direkte Kommunikation mit dem Betrachter her. Auch die Dynamik und heiter selbstbewusste Bestimmtheit des Malers erinnert an das 1792 von Beckenkamp gemalte Heimann-Portrait. Auch hier waren Werte wie Tüchtigkeit und Verbindlichkeit in Szene gesetzt worden. Der sich durch seine Arbeit definierende Künstler hat sich auf seinem Portrait bewusst der kaufmännischen Haltung seiner Auftraggeber, besonders der Kölner Kaufleute und Beamten angepasst. Auf seinem **Selbstportrait** von 1797 inszeniert Beckenkamp sich als einen homo novus, als einen neuen Typus des selbstbewussten Künstler-Unternehmers, der sich bereits aus den Zwängen des höfischen Auftraggeberkreises seiner frühen Jahre gelöst hat. In der auffälligen Anpassung an eine Auftraggeberschicht steht Beckenkamp nicht alleine: Um 1770 hatte Georg Desmarées (1697–1776), seit 1730 Hofmaler in München und Portraitist der Wittelsbacher und damit auch des Kölner Kurfürsten Clemens August (1700–1761)[721], sich selbst mit Fürstenmantel bekleidet und sich auf seinen Malerstock wie auf ein Szepter stützend mit herrschergleicher Selbstsicherheit als höfischer Maler in Pose gestellt.[722] Der Fürstenmaler hatte sich damit dem Rang und der Stellung seiner bevorzugten Modelle und Auftraggeber angleichen wollen.

Auf Beckenkamps **Selbstportrait** von 1797 binden die ungeordnet herumliegenden Papiere und die wie in einem Trompe-l'oeil zum Zugreifen auffordernde eingerollte Graphik den Betrachter in die Lebenswelt des Malers ein. Das Motiv mit einem auf dem Tisch liegenden Graphikblatt könnte Beckenkamp einem Bildnis von Johann Jakob Schmitz (1787) entlehnt haben. Auf dem **Portrait der Künstlergattin Margarethe Schmitz**[723], die möglicherweise als Kunsthändlerin tätig war[724], kommen unter einem Ölgemälde mit Elsheimers **Tobias und der Engel** Zeichnungen hervor, die sich dem Betrachter präsentieren. Im Gegensatz zu Schmitz' Portrait seiner Frau – und wie so oft – erlaubt Beckenkamp jedoch keine Identifizierung von Beiwerk wie Büchern oder Kunstwerken. Sicherlich handelt es sich bei dem eingerollten Blatt auf Beckenkamps Portrait nicht um eine Portraitgraphik, sondern um eine graphische Landschaftsdarstellung oder auch um die 1797 entstandene Radierung **Gülichsäule**. Hier wie dort stellen sich die beiden Portraits als Berufsportraits und quasi als Aushänge- oder Werbeschild des Malers beziehungsweise der Künstlergattin und Kunsthändlerin dar.

Benedikt Beckenkamp – ca. 1797
(Kat. Nr. 69)
Foto: RBA, Rolf Zimmermann

Auch der Kasseler Portrait-, Historien- und Landschaftsmaler Johann Heinrich Tischbein d. Ä. (1722–1789) aus der gleichnamigen Künstlerfamilie malte sich vor einem Skizzenbuch halbfigurig auf einem Stuhl sitzend und in einer Dreiviertelansicht den Betrachter anschauend.[725] Der sechzigjährige Tischbein erscheint im Gegensatz zu Beckenkamp jedoch in einem Augenblick des Zurücklehnens und der Muße. Das verschattete Gesicht Tischbeins zeugt von tiefem Ernst, Reflektion und Selbstbefragung. Darüber hinaus legt Tischbein Wert auf seine Selbsteinschätzung als *pictor doctus*, auf den die beiden Bände von Sulzers 1771 bis 1774 erschienene „Allgemeine Theorie der schönen Künste" hinweisen.[726] So stellt sich auch Anton Raffael Mengs in einem seiner zahlreichen für Freunde geschaffenen Selbstbildnissen[727] als *pictor philosophus*, *Professore del disegno* und als Schulhaupt[728] dar. Mengs' Selbstdarstellung verdeutlichte damit auch die Notwendigkeit für den Künstler, eine gewisse Bildungshöhe zu erreichen.[729] Viele Auftraggeber standen unter dem Eindruck der Literatur und forderten Bildungskunst, nicht zuletzt, um sich selbst als „aufgeklärt" zu erweisen. Bildung war im Gegenzug aber auch für den Künstler eine Möglichkeit, sich gesellschaftlich zu verbessern. Offensichtlich stellte sich für Beckenkamp in Köln eine solche Notwendigkeit jedoch nicht. In das auf dem Tischpult als Stütze für das Skizzenbuch des Malers hingelegte dicke Buch sind zwar Lesezeichen hineingesteckt, ein Buchtitel ist aber nicht erkennbar und dem Band werden mehr praktische als intellektuelle Funktionen zugewiesen.

Für die Annahme der Selbstdarstellung Beckenkamps als aufstiegsbewusstem Unternehmer-Künstler spricht auch die Inszenierung der finanziell wohlsituierten Lebenssituation unter dem Schatten der französischen Besetzung Kölns auf dem als Pendant anzunehmenden Bonner **Portrait von Anna Maria Beckenkamp**[730] (Farbabb. S. 107). Die exponierte Darstellung von Luxusgütern, wie der teure Kaffee im Porzellanservice und die luxuriösen modischen Accessoires der Künstlergattin reflektieren nicht nur den Stolz über den erreichten Wohlstand, sondern auch eine Aristokratisierung des Künstler-Bürgers und seiner Familie.

Ganz im Gegensatz zum Standesbewusstsein, dem Unternehmergeist und dem Künstlerstolz, die Beckenkamp auf seinem um 1797 entstandenen Portrait wie ein Werbeschild in Szene gesetzt hatte, steht das einzige erhaltene Altersbild Beckenkamps, das **Selbstportrait im Alter**[731] verinnerlicht und abgeklärt als Selbstbefragung und Befragung des Betrachters gleichsam mit diesem im Dialog. Die Verschattung der Physiognomie und die Konzentration auf das Seelische lassen nicht nur auf eine altersbezogene biographische Begründung dieses Rückzuges auf das eigene Innere schließen. Dieses wohl zwischen 1810 und 1820 entstandene Portrait des ca. siebzigjährigen Künstlers ist auch als unter dem Einfluss der Romantik stehend einzuordnen. Im zweiten Jahrzehnt des 19. Jahrhunderts entstanden die zahlreichen romantisch motivierten Auftragskopien nach dem **Dombild** und Beckenkamp stand in Verbindung mit den romantisch inspirierten Zirkeln in Köln. Die Beschäftigung mit den neuen Ideen und der neuen Kunstauffassung findet in diesem Altersselbstportrait einen Nachhall.

Benedikt Beckenkamp –
Selbstportrait im Alter – 1810–20
(Kat. Nr. 128)
Foto: RBA, Wolfgang F. Meier

folgende Farbseiten:

105
Erzherzog Maximilian Franz von Habsburg, Kurfürst von Köln – 1786 (Kat. Nr. 36)
Foto: © Dombauarchiv Köln, Matz und Schenk

106
Die Kinder des Künstlers: Sigismund August Beckenkamp – 1790 (Kat. Nr. 42) (links)
und Franz Karl Beckenkamp – 1788 (Kat. Nr. 38) (rechts)
Fotos: RBA, Wolfgang F. Meier; © LVR, Rheinisches Landesmuseum, Bonn

107
Anna Maria Beckenkamp – die Frau des Künstlers – 1797 (Kat. Nr. 70)
Foto: RBA, Wolfgang F. Meier; © LVR, Rheinisches Landesmuseum, Bonn

108
Familienportait mit Niederlahnstein und der Burgruine Lahneck im Hintergrund – 1779 (Kat. Nr. 11)
Foto: privat

109
Henriette von Ammon – 1817 (Kat. Nr. 116)
Foto: privat

110
Der Kalligraph Johann Heinrigs mit seiner Frau und zwei Söhnen – 1824 (Kat. Nr. 139) (oben)
Die sechs Söhne des Kalligraphen Heinrigs – (Kat. Nr. 149) (unten)
Fotos: RBA, Wolfgang F. Meier (oben), LVR, Rheinisches Landesmuseum (unten)

111
Christus am Kreuz mit Maria Magdalena (aus dem Besitz der Familie Heinrigs) – 1826 (Kat. Nr. 147)
Foto: RBA, Wolfgang F. Meier

112
Stefan Lochner: Der Altar der Stadtpatrone im Kölner Dom – ca. 1445 (oben)
Benedikt Beckenkamp: Das Triptychon Heereman von Zuydtwyck – 1826–28 (Kat. Nr. 150) (unten)
Fotos: RBA, Helmut Buchen (oben), RBA, Wolfgang F. Meier (unten)

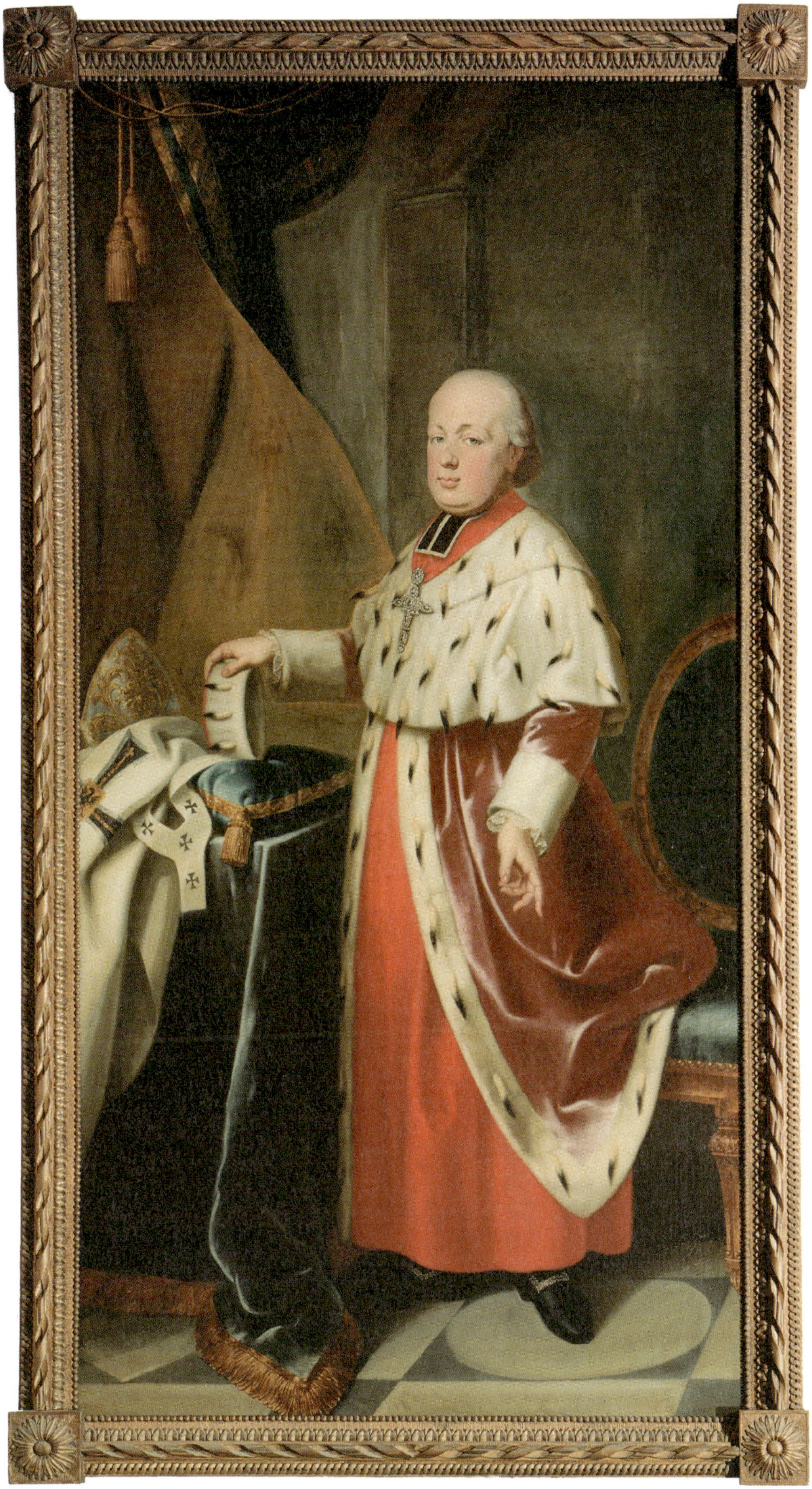

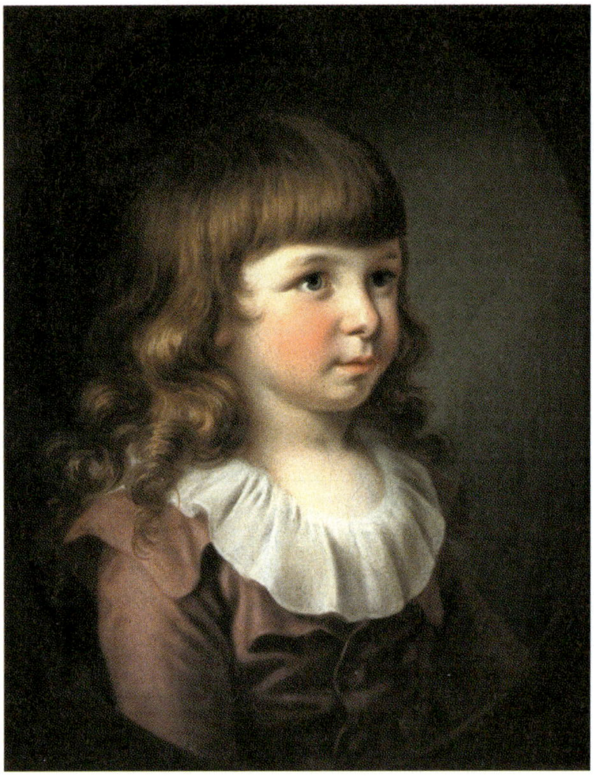

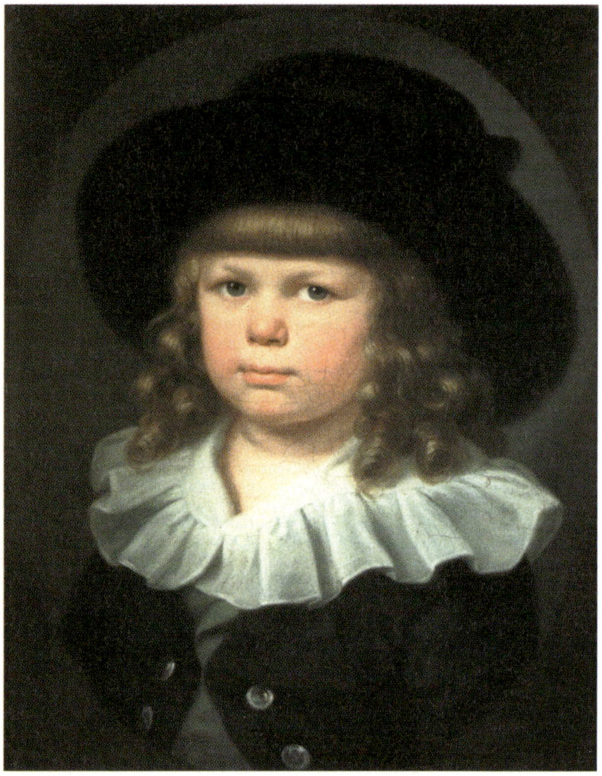

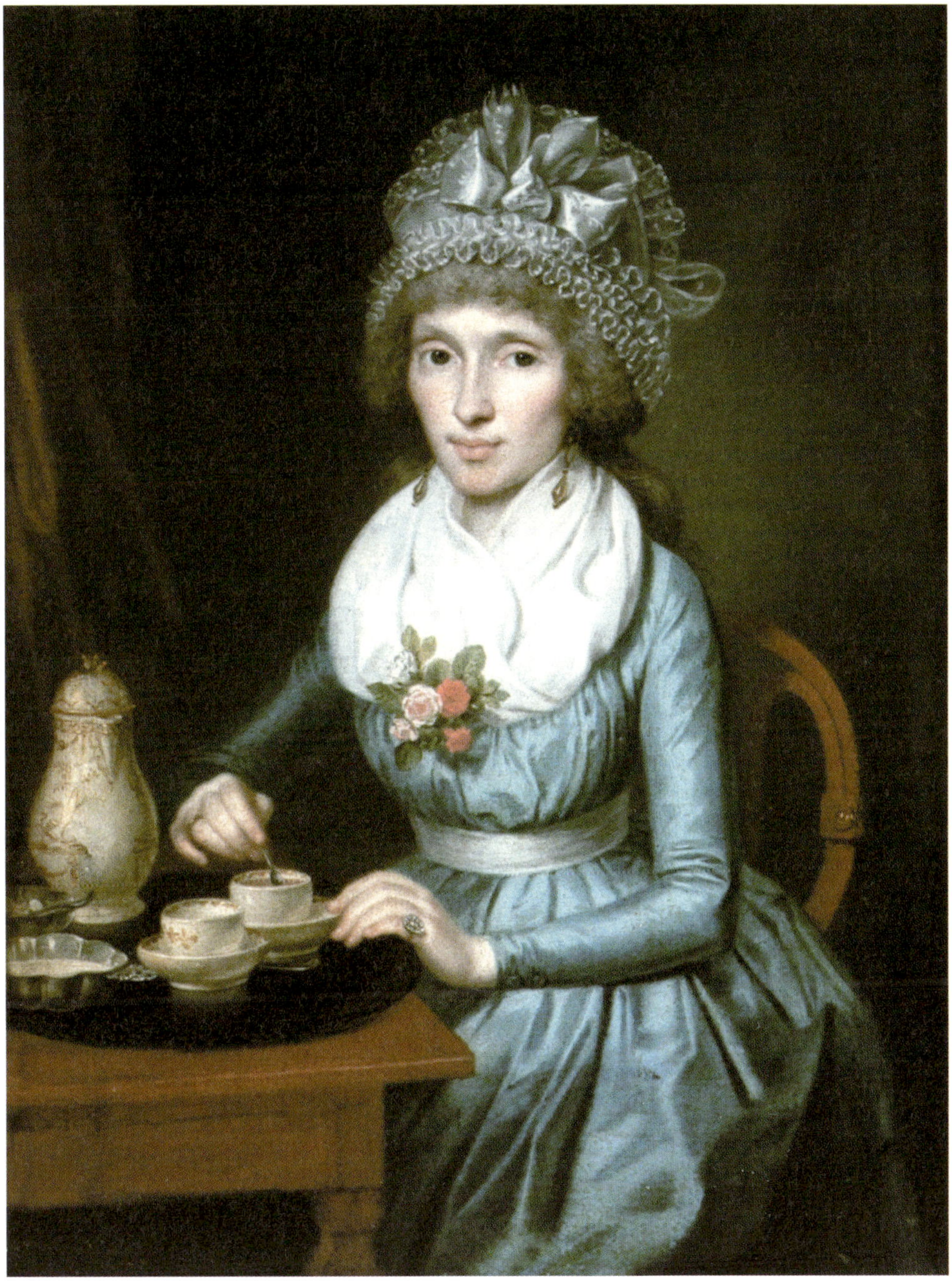

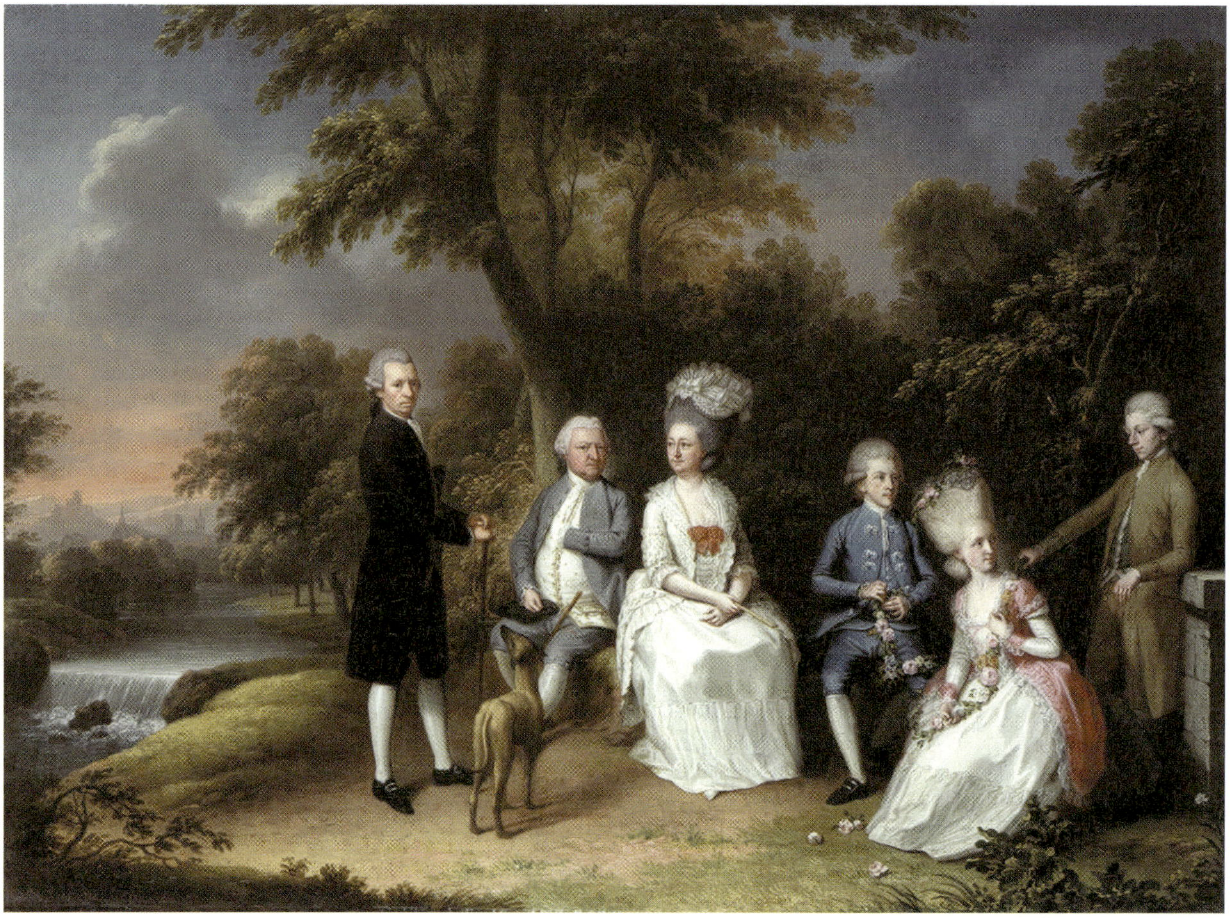

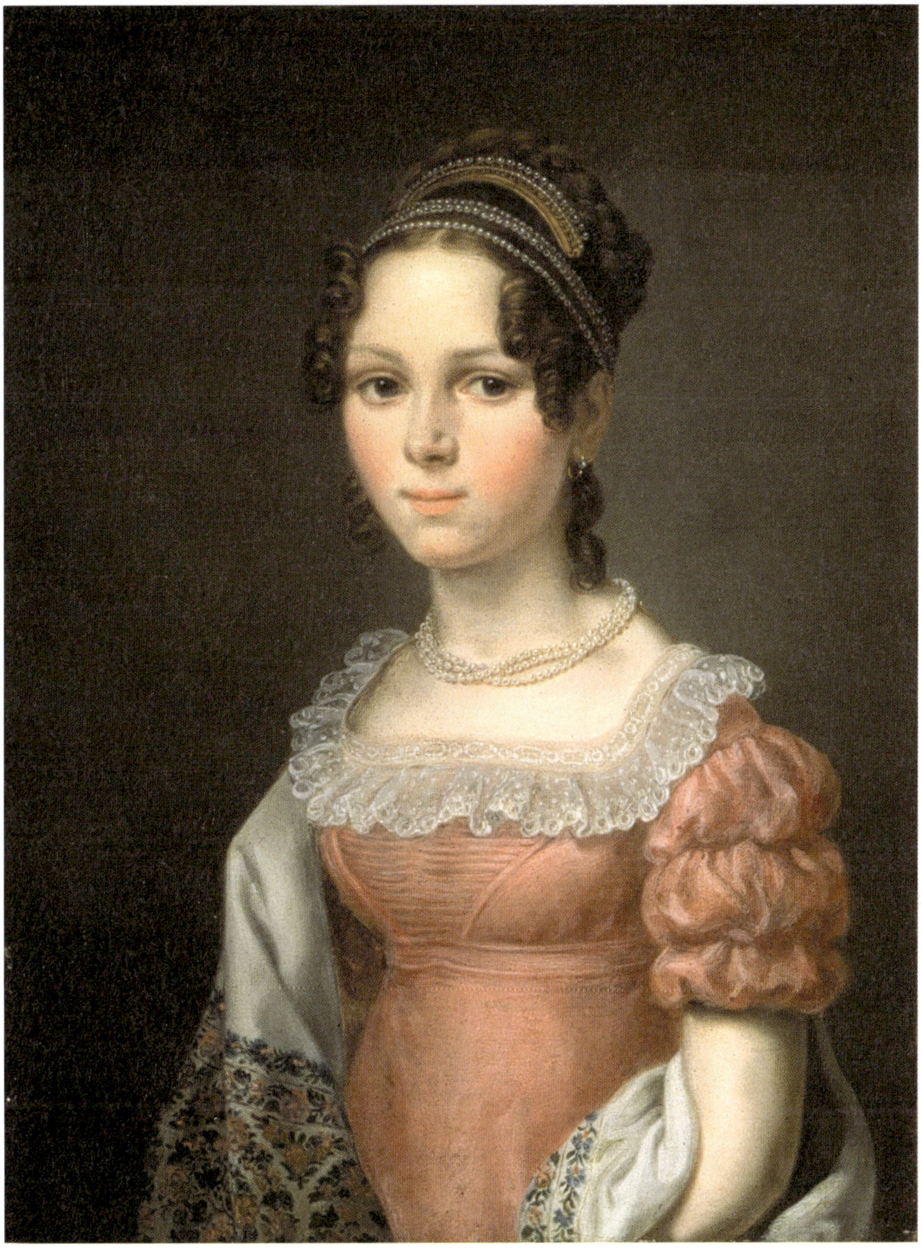

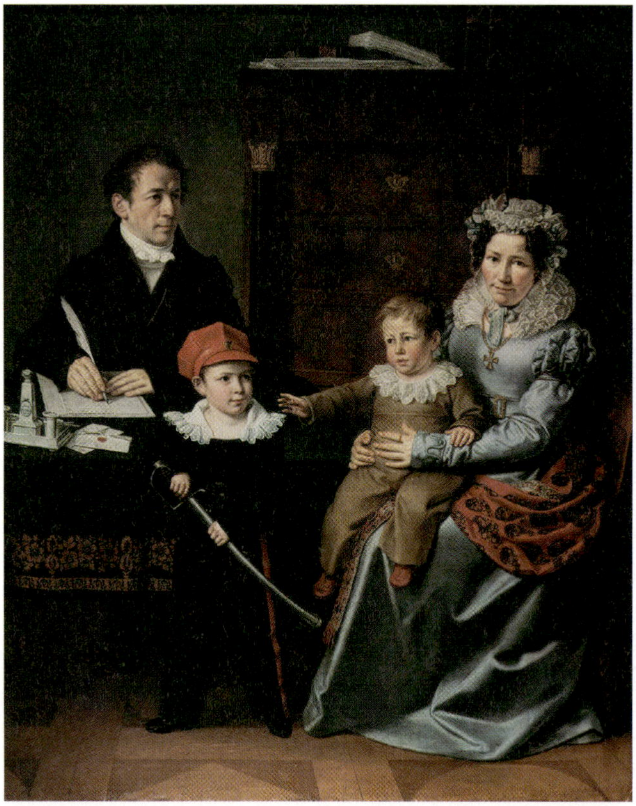

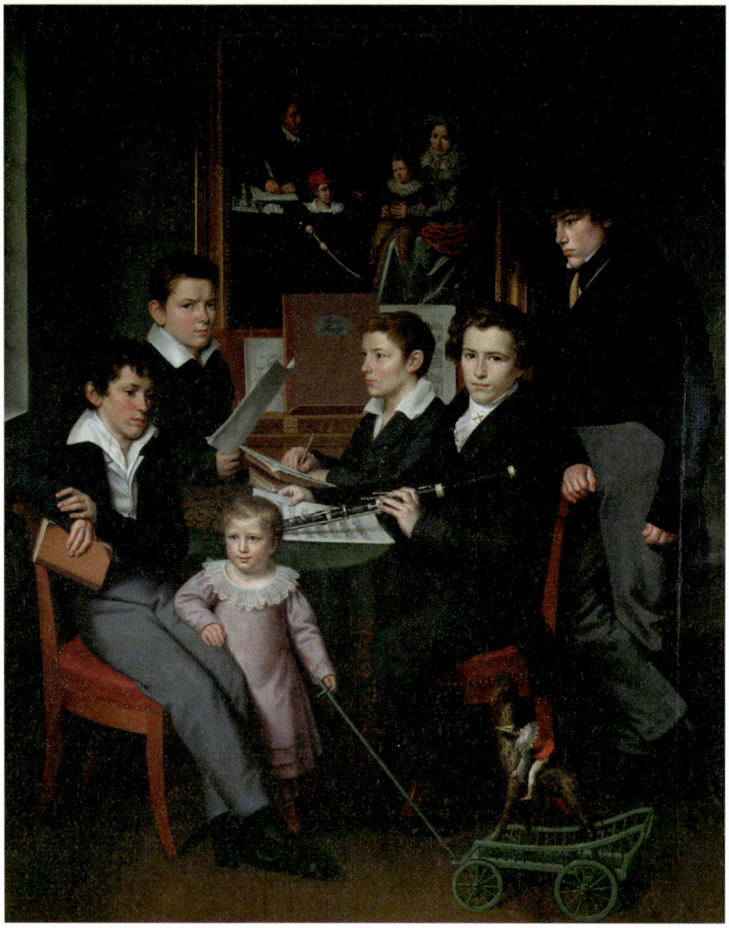

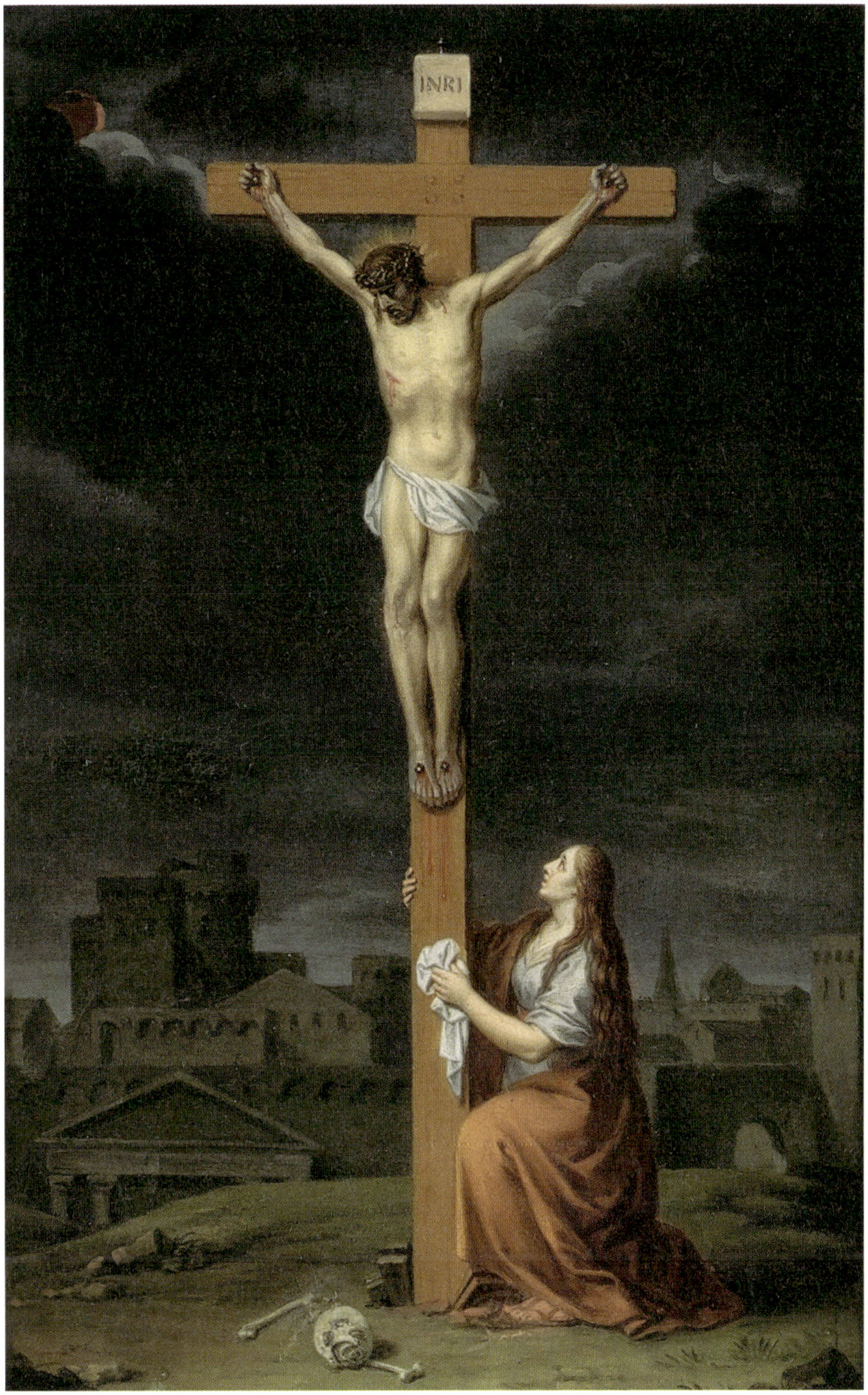
INRI

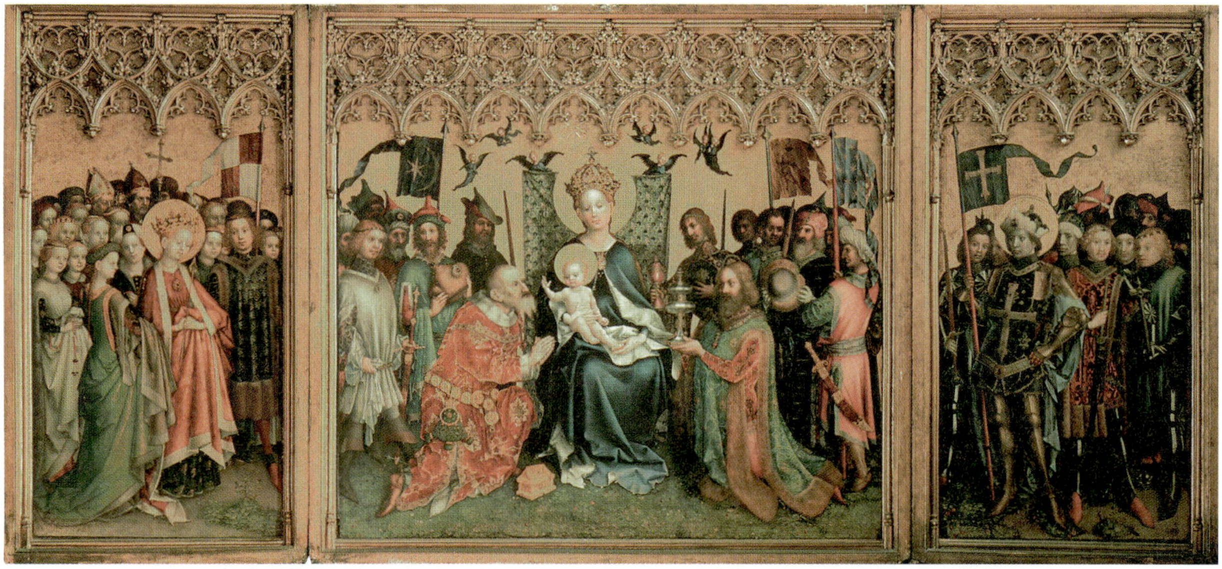

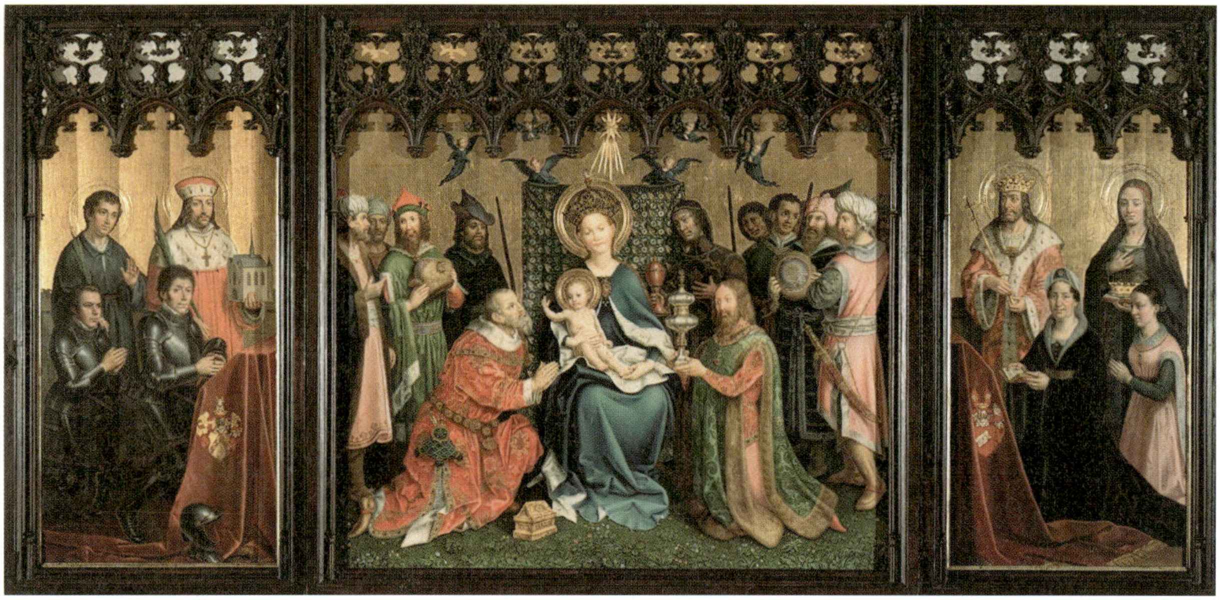

6. Beckenkamp als Kopist des „Dombildes"

Mit dem historischen Zusammentreffen von Säkularisation und Romantik in Köln *tat sich für Beckenkamp ein neues Feld der Kunstpraktik auf, nämlich die Nachbildung altdeutscher Gemälde. [...] Mehrere Jahre hindurch und fast ausschließlich*, so De Noël[732], beschäftigte sich Beckenkamp mit den Nachbildungen des **Dombildes**.

Die Säkularisation und der durch das Freiwerden zahlreicher Kunstwerke aus Kölner Kirchen blühende Kunsthandel brachten dem Maler jedoch auch Aufträge für Kopien nach anderen altdeutschen Gemälden ein. An erster Stelle nennt De Noël[733] die Kopie nach der **Beweinung Christi** (Abb. S.10 und 11) von Joos van der Beke aus der Kirche St. Maria Lyskirchen, die durch die Folgen der Säkularisation für Köln verloren ging.[734] Diese von Beckenkamp ausgeführte Kopie und nicht eine Nachbildung des **Dombildes** gilt De Noël als Beweis für die technischen Fähigkeiten und die Geschicklichkeit seines Lehrers.[735]

Die Forschung hat der Tätigkeit Beckenkamps als Kopist bisher wenig Aufmerksamkeit geschenkt.[736] Wie in der Einleitung gezeigt, haben zeitgenössische Rhein-Reisende und Köln-Besucher die Kopien Beckenkamps, besonders aber die Aufträge für das preußische Königshaus durchaus gewürdigt. Die große Nachfrage sah vor allem Goethe als ein Zeichen neu beginnenden Kulturlebens in Köln.[737]

Ein tabellarisches Verzeichnis der bisher aufgefundenen oder durch Quellen überlieferten Kopien des Malers soll eine Übersicht über diesen kaum erforschten Aspekt von Beckenkamps Wirken geben (vgl. in dieser Arbeit S. 115). Diese Aufstellung zeigt jedoch nur seine Kopien nach altdeutschen Gemälden, nicht aber die Kopien nach barocken Bildern wie Annibale Carraccis **Christus und die Samariterin am Brunnen**[738] (Abb. S. 33) und Rigauds **Portrait von Everhard Jabach**[739].

Zwei Tendenzen lassen sich als Motivation für die an Beckenkamp herangetragenen Kopie-Aufträge herauskristallisieren: Der ideelle und romantische Wunsch, das **Dombild** als einem zentralen Kunstwerk und Andachtsbild des Mittelalters in einer Reproduktion zu besitzen und auf der anderen Seite das konservatorisch-pragmatische Ziel, ein als wichtig eingeschätztes, aber durch Verkauf aus Köln oder dem Rheinland entferntes Gemälde durch ein visuelles Andenken zu bewahren.[740]

Neben dem bereits zitierten Altarbild aus der Kirche St. Maria Lyskirchen betraf diese Absicht auch das zu Beginn des 19. Jahrhunderts Holbein zugeschriebene **Portrait des „Agrippa von Nettesheim"**[741]. Als hervorragendes Gemälde aus der Sammlung des Bonner Kanonikus Franz Pick war es bei deren Auflösung und Verkauf 1819 für Wallraf unerschwinglich.[742] Das Bild wurde im Auftrag Wallrafs von Beckenkamp kopiert. Der Sammler und Bewahrer Wallraf[743] wollte das Bild vor dem Verkauf nicht nur durch eine Gemälde-Reproduktion für Köln und für seine Sammlung bewahren, sondern demonstrierte mit dem Auftrag an Beckenkamp auch seinen Lokalpatriotismus und seinen Familienstolz, da er seine Familie mütterlicherseits von dem ehemaligen Universitätsprofessor und Alchimisten von Nettesheim ableitete.[744]

Romantische Kopie-Wünsche in Köln betrafen jedoch nicht nur das **Dombild**. So wurde noch vor der Rheinreise Goethes mit dem Freiherrn von Stein im Juli des Jahres 1815 an den Kunstsammler Gerhard Kunibert

„Agrippa von Nettesheim" – Kopie
(Kat. Nr. 122)
Das Original von Barthel Bruyn d. Ä.
befindet sich heute in Wien,
Kunsthistorisches Museum.
Foto: RBA, Wolfgang F. Meier

Fochem von Seiten Steins der Wunsch herangetragen[745], ein **Portrait des Kaisers Maximilian** in Fochems Besitz durch Beckenkamp kopieren lassen zu können.[746] Diese Absicht zeigt aber auch, dass Beckenkamps Ruf und Spezialisierung als Kopist in den Kreisen der Romantiker bereits 1815 so verbreitet war, dass auch auswärtige Persönlichkeiten von Rang mit Aufträgen an den Maler heran traten.[747]

Die tabellarische Übersicht macht jedoch deutlich, dass die überwiegende Zahl der Kopie-Aufträge dem **Dombild** galt. Fast möchte man von einer serienmäßigen Fabrikation sprechen.[748] Die folgende Darstellung ist daher auf die romantischen Gemälde-Kopien nach dem **Dombild** durch Beckenkamp begrenzt. Eine Ausnahme bildet das *Taschenbuch für Freunde altdeutscher Zeit und Kunst auf das Jahr 1816*[749], in dem auch eine graphische Reproduktion des **Dombildes**, sowie Kupferstiche nach zwei Miniaturbildern und nach einem flämischen Gemälde des frühen 16. Jahrhunderts publiziert wurden. Das *Taschenbuch* spielt im Rahmen der Bestrebungen Kölner Romantiker und im Hinblick auf die engagierte, bisweilen propagandistische Verbreitung von romantisierenden Köln-Ideen eine so zentrale Rolle, dass auf eine Betrachtung nicht verzichtet werden sollte.

Obwohl Beckenkamp als Kopist nicht als eigenständig schöpferischer Künstler in Erscheinung trat, geben die Kopie-Wünsche seiner Auftraggeber Einblick in den geistesgeschichtlichen und kulturpolitischen Kontext der Interessenten in Preußen, in der neupreußischen Stadt Köln und in Westfalen.

Vorausgehen sollen dieser Darstellung einige kurze Überlegungen zur Zuschreibung und zur Technik von Beckenkamps Kopien und zur Terminologie von Kopie und Nachbildung. Danach folgt eine kurze Skizze des kulturhistorischen Kontextes, des Zusammentreffens von Säkularisation und Romantik in Köln.

Jahr	Kopie	Auftraggeber	Aufbewahrungsort
1812–1813/1814	**Dombild Prinz Wilhelm** Teilkopie – Dreiviertelausschnitt **Kat. Nr. 96**	Prinzessin Marianne für Prinz Wilhelm von Preußen	Verbleib unbekannt Bis ca. 1889 in Schloss Fischbach, Niederschlesien, nachweisbar
1814	**Dombildskizze Dohna-Wundlacken** Ölskizze **Kat. Nr. 103**	Graf Heinrich Ludwig von Dohna-Wundlacken	Verbleib unbekannt
1814	**Dombild Peter Beuth** Ausschnittskopie **Kat. Nr. 102**	Peter Beuth	Staatliche Museen zu Berlin, Gemäldegalerie
1814–1816	**Dombild; Hl. Katharina, Hl. Michael, Maria mit dem Kind vor einem Brunnen** Kupferstiche **Kat. Nr. 101**	Eberhard von Groote	*Taschenbuch für Freunde altdeutscher Zeit und Kunst auf das Jahr 1816*
1815	**Portrait des Kaisers Maximilian** (Kopie nach „Holbein" oder „Hemmling") **Kat. Nr. 108**	Freiherr von Stein	Nassau, Steinscher Turm (?)
1815 (?)	**Dombild Prinzessin Marianne** Ausschnittskopie „Maria mit dem Kind" **Kat. Nr. 109**	Prinzessin Marianne	Bis 1851 im Grünen Zimmer des Berliner Stadtschlosses nachweisbar. Verbleib unbekannt
1815 (?)	**Dombild Schloss Stolzenfels** Teilkopie **Kat. Nr. 110**	Kronprinz Friedrich Wilhelm von Preußen (?)	Schloss Stolzenfels
1815–1817 (?)	**„Dreikönigsbild"** Teilkopie **Kat. Nr. 111**	Prinz Friedrich von Preußen (?)	Köln, Dreikönigsgymnasium
1816 (?)	**Beweinung Christi** (nach Joos van der Beke) aus St. Maria Lyskirchen, Köln **Kat. Nr. 115**	Pfarrei St. Maria Lyskirchen, Köln	St. Maria Lyskirchen, Köln
1807–1819	**Portrait des „Agrippa von Nettesheim" = Gerhard von Westerburg** (Kopie nach B. Bruyn d. Ä.) (Slg. Pick) **Kat. Nr. 122**	Ferdinand Franz Wallraf	Köln, Kölnisches Stadtmuseum
1819–1821	**Dombild Schloss Friedrichshof** Ganze Kopie einschließlich der Verkündigungsflügel **Kat. Nr. 124**	König Friedrich Wilhelm III. von Preußen	Kronberg, Taunus Schloss Friedrichshof
1823	**Dombildzeichnung Von Groote** Zeichnung **Kat. Nr. 137**	Eberhard von Groote	Verbleib unbekannt
1826 (?)–1828 (?)	**Triptychon Heereman von Zuydtwyck** (Nachbildung) **Kat. Nr. 150**	Familie Heereman von Zuydtwyck	Köln, Rathausvorhalle

6.1. Fragen und Probleme
Anlässlich der ersten monographischen Ausstellung zum Werk von Benedikt Beckenkamp 1997 in Koblenz und in Köln ist eine Teilkopie nach dem Stefan Lochner zugeschriebenen **Altar der Stadtpatrone**, dem sogenannten **Dombild** bekannt geworden[750], die sich seit 1950 im Besitz des Kölner Dreikönigsgymnasiums befindet. Das in Anlehnung an das Schulpatronat „**Dreikönigsbild**"[751] genannte Gemälde – es wird im weiteren Verlauf dieser Arbeit auch weiter so bezeichnet – weist eine gute technische Qualität auf und bündelt brennpunktartig einige Fragen und Probleme.

6.1.1. Fragen der Zuschreibung
Die Zuschreibung einer in der Regel nicht gezeichneten Gemälde-Kopie[752] gestaltet sich naturgemäß als schwierig. Im Einzelfall ergibt sich bei Beckenkamp aber eine mehr oder weniger gesicherte Zuweisung durch schriftliche Quellen wie Briefe, Akten, Inventare oder Rechnungen. Verschiedentlich wurde nur auf Grund der mündlichen oder schriftlichen Überlieferung, nach der Beckenkamp in Köln der bekannte – von Goethe erwähnte – Kopist der Romantik gewesen sei, eine Zuschreibung vorgenommen, so zum Beispiel im Fall des großen **Triptychons Heereman von Zuydtwyck** in der Kölner Rathaus-Vorhalle.[753]

Auch das Gemälde des Kölner Dreikönigsgymnasiums ist weder signiert noch datiert. Beim Ankauf durch die Bursa Tricoronata in Köln im Jahre 1950 wurde in einer Expertise ebenfalls die in mündlicher Tradition überlieferte Zuschreibung an den Maler Beckenkamp übernommen[754] und später in einem weiteren Aufsatz näher begründet.[755]

Die dank eines Hinweises von Horst Vey wieder aufgefundene Kopie **Dombild Schloss Friedrichshof** für König Friedrich Wilhelm III.[756] erlaubt heute jedoch, die verschiedenen, jemals mit dem Kölner Maler in Verbindung gebrachten Kopien zu einer Gruppe von Gemäldereproduktionen nach dem **Dombild** zusammenzufügen. Diese große Kopie nach dem **Altar der Stadtpatrone** ist von Beckenkamp auf der Vorderseite zweimal signiert worden.

Das weiter unten zu besprechende Aquarell des Innenraums eines Berliner Palais' des Prinzen Friedrich von Preußen überliefert eine Teilkopie des **Dombildes**, bleibt aber ebenfalls ohne Hinweis auf deren Urheber. Die auf dem Gemälde vereinfacht und in starker Verkürzung wiedergegebene Kopie weist in Ausschnitt und Rahmung starke Ähnlichkeiten mit heute erhaltenen Werken (beispielsweise im Kölner Dreikönigsgymnasium und auf Schloss Stolzenfels) auf. So kann der Bildvergleich mit den genannten Kopien eine Zuweisung an Beckenkamp begründen.

6.1.2. Original und Kopie: technische Aspekte
Beim Vergleich der signierten großen Kopie für König Friedrich Wilhelm mit den anderen Beckenkamp zugewiesenen Nachbildungen des **Dombildes** lassen sich – anhand eines kurzen Vergleichs mit dem Original – einige technische und stilistische Übereinstimmungen herausarbeiten. Dies betrifft vor allem Fragen nach dem Bildgrund, nach dem maltechnischen Bildaufbau, aber auch die Vergleichung einzelner Formen. Eine systematische Analyse wäre dabei aus konservatorischer Sicht unter dem Aspekt des Kopiewesens, vor allem der romantischen Kopien im frühen 19. Jahrhundert, überaus reizvoll. Genauere technologische Untersuchungen

könnten Aufschluss über die Annäherung des Kopisten der Romantik an das Original geben. Sie würden einen Beitrag zum Verständnis des Mittelalters durch einen Maler des frühen 19. Jahrhunderts unter dem Aspekt der Maltechnik leisten. An dieser Stelle seien nur einige Vergleichspunkte angeführt.

Immer wieder wird Beckenkamp in Verbindung mit der 1809 erfolgten Restaurierung des **Altares der Stadtpatrone** gebracht.[757] Dieses würde in der Tat auch die Kenntnis und die technische Beherrschung des mittelalterlichen Altarwerkes durch den in der barocken Malweise ausgebildeten Beckenkamp erklären. Die Quellen stützen diese seit dem Aufsatz von Elisabeth Moses aufgestellte Behauptung, Beckenkamp habe sich auch als Restaurator des **Dombildes** betätigt, jedoch nicht.[758] Als alleiniger Restaurator wird sowohl von den beiden Kölner Kunstsammlern Wallraf[759] und Sulpiz Boisserée[760], die auch an der Übertragung des Originals von der Rentkammer des Rathauses in den Dom beteiligt waren, Maximilian Heinrich Fuchs (1767–1846)[761] genannt, während ein nicht näher bezeichneter Wal[t]zer[762] als Vergolder erwähnt ist.

Als der **Altar der Stadtpatrone** (Farbabb. S. 112) 1925 auf der großen Jahrtausendausstellung der Rheinlande gezeigt wurde[763], ließen sich unter dem grellen Ausstellungslicht in den Köln-Deutzer Messehallen Schäden und Verputzungen, aber auch die Erstarrung der grün oxydierten Ölunterlage des Goldgrundes aus dem frühen 19. Jahrhundert deutlich erkennen. Im Verlauf der fast drei Jahre dauernden Restaurierung des Bildes nahmen der

Dombild Schloss Friedrichshof – 1819–1821 (Kat. Nr. 124). Über einen Enkel von König Friedrich Wilhelm III., den späteren Kaiser Friedrich III., gelangte das große Gemälde nach Schloss Friedrichshof in Kronberg/Ts, wo es in der Bibliothek gezeigt wird.
Foto: Atelier Camnitzer, Königstein

Bonner Restaurator Robert Hieronymi und der Vergolder Wyskirchen die von Wal[t]zer vorgenommene Ölvergoldung des Altares wieder ab. Darunter zum Vorschein kamen die ursprüngliche Polimentvergoldung[764] und die seit 1809 nicht mehr sichtbaren zarten Punzierungen.[765] Diese bilden sich rautenförmig aus doppelreihig aufgezogenen Blätterreihen, die an ihren Kreuzungspunkten von großen Blüten gehalten werden. Von diesen Blüten oder Sonnenrändern gehen geflammte Strahlen aus.[766]

Auf Grund der angeführten Darstellung wird deutlich, dass der Kopist des frühen 19. Jahrhunderts die feinen ornamentalen Verzierungen des mittelalterlichen Tafelbildes nicht vor Augen hatte und sie folglich auch nicht reproduzieren konnte. Zu fragen ist aber auch, ob sich für eine solche Technik ein Spezialist gefunden hätte, denn auch in der arbeitsteiligen Werkstatt des 15. Jahrhunderts wurde diese Tätigkeit nicht von dem Maler selbst, sondern von einem geübten und zeichnerisch talentierten Handwerker ausgeführt.[767] So ist es auch folgerichtig, dass auf den bisher aufgefundenen **Dombild**-Kopien Beckenkamps – mit Ausnahme des großen Triptychons in der Kölner Rathausvorhalle[768] – die Bildgründe mit einer Ölvergoldung ausgestattet sind und den Zustand des Originals nach der Restaurierung und Neuvergoldung des Jahres 1809 auch heute noch wiedergeben.[769]

Die Bildgründe seiner Kopie-Werke scheint Beckenkamp jedoch nicht selbst vergoldet zu haben. Wie aus einem Brief Wallrafs an Prinzessin Marianne von Preußen hervorgeht, übernahm zumindest bei der ersten **Dombild**-Kopie von 1812 der oben erwähnte Kölner Maler Nikolaus Zimmermann, der später selbst das Altarwerk mehrfach kopierte[770], die *Vergoldung des Grundes*.[771] Ob eine solche Arbeitsteilung auch bei der Ausführung der anderen Kopie-Werke Beckenkamps vollzogen wurde, ist dagegen nicht ersichtlich. Ebenso wenig lässt sich entscheiden, ob Beckenkamp die anderen Goldauflagen wie die Blattgoldpartien der Krone, des Schatzkästchens des alten Königs oder anderer Schmuckpartien selber gestaltete. Die Nimben der Heiligen und der Madonna sind mit Ausnahme der großen Kopie für König Friedrich Wilhelm III. untergliedert und ihre Zirkellinien in die Gips- oder Kreidegrundierung eingraviert.

Gültige Aussagen über die Anwendung von Pigmenten und Bindemitteln sind ohne technologische Analyse nicht, oder nur äußerst oberflächlich zu treffen. Auch ein Farbtonvergleich erscheint schwierig, da nicht nur das Original von vor einem halben Jahrtausend, sondern auch die vor fast 200 Jahren entstandenen Kopien bereits verändert sind.

Gut erkennbar ist allerdings, dass Beckenkamp sich spezielle mittelalterliche Maltechniken wie die kostbare Stupftechnik auf dem unteren Teil des Marienmantels[772] und die Modeltechnik des Pressbrokatvorhangs[773] nicht aneignete. Bei näherer Betrachtung der Thronbehänge mit ihrem Vogelmuster fällt auf, dass die einzelnen Vögel und Ornamente auf den Reproduktionen des **Dombildes** jeweils einzeln, ohne Anwendung von Schablonen hereingemalt wurden.

Der Kopist, so Max Friedländer, der sich in „Kunst und Kennerschaft" (1946) der Annäherung an das Original durch den reproduzierenden Maler zugewandt hatte, geht von einer bereits vollzogenen Vision aus und erreicht deshalb nur eine mechanische Tätigkeit ohne intellektuelle Eigenleistung.[774] Gerade in der Wiedergabe der Physiognomie, so Friedländer weiter[775], fällt es dem Kopisten am schwersten, den Gesichtsausdruck genau zu treffen. Eben dies ist auch auf Beckenkamps Nachbildungen der

Madonna auf dem **Altar der Stadtpatrone** zu beobachten. So hat der Kopist vor allem die Augenpartie, beispielsweise der Madonna, viel detaillierter als sie auf dem Original erkennbar ist, ausgeführt, sie deutlich sichtbar mit Augenbrauen ausgestattet und die halbgeschlossenen Augen in eine Augenhöhle gebettet. Auch der Mund der Maria, bei dem Maler des **Dombildes** durch kräftig aufgelegtes Zinnober gestaltet, hat Beckenkamp farbig differenzierter, mit feinsten Schattierungen und damit naturalistischer angelegt. In der Anlage der Kinn- und der Halspartie auf den Kopien der **Dombild**-Madonna wird deutlich, wie der Kopist im Gegensatz zu dem Maler des Originals die Schattenpartien nicht als Gegensatz zu den auffälligen Lichthöhungen begreift, sondern aus dem Licht- und Schattenkontrast heraus die Körperformen als Volumina plastisch hervortreten lässt.[776]

Nicht nur durch die mit Resten barocker Chiaroscuro-Technik plastischer als das Original gestalteten Figuren, durch das dunklere Inkarnat, sondern auch durch die erwähnte Veränderung der Gesichtsformen wirken die Figuren auf Beckenkamps Kopiewerken schwerer und irdischer als auf dem mittelalterlichen Vorbild. Auch dieses ist ein Merkmal, das sich auf allen Reproduktionen Beckenkamps nach dem **Altar der Stadtpatrone** wiederholt und die eingangs gestellte Frage nach einer gesicherten Zuweisung der Kopiewerke unterstützt.

Allen Nachbildungen des **Dombildes** von Beckenkamp eigen ist auch die Umgestaltung der ursprünglichen Triptychonform in eine einzige plane unbewegliche Tafel. Es handelt sich daher nicht um drei unterschiedlich umrahmte Tafeln oder Leinwandteile, die mit Scharnieren aneinander gelegt bewegbar sind und sich in eine Mitteltafel und zwei Flügel unterteilen. Die dreifache Untergliederung des Gemäldes konstituiert sich bei den Reproduktionen Beckenkamps allein durch die Rahmenleisten, die eine Triptychon- beziehungsweise Polyptychonform lediglich vortäuschen. Eine kürzlich aufgetauchte Miniaturkopie des **Dombildes** aus dem ehemaligen Besitz der Prinzessin Marianne von Preußen dagegen greift die Triptychonform des **Dombildes** mit den beiden auch rückseitig bemalten Verkündigungsflügeln als klappbares Hausaltärchen auf.[777] Dieses kleine Gemälde ist auch mit einem Rahmen versehen, der das Gesprenge des **Dombildes** überaus detailgetreu imitiert. Bei den größeren Teilkopien Beckenkamps und auf der großen Kopie für König Friedrich Wilhelm III. sind die Rahmen dagegen stark vereinfacht und das Maßwerk ist jeweils mit einer Reihe von in Rundbögen eingepassten Kleeblattfüllungen nur angedeutet worden.

6.1.3. *Schwierigkeiten des Kopisten*
Über die Vorgehensweise des Kopisten lassen die vorgefundenen Quellen keine Erkenntnisse zu. Ablesbar sind aus ihnen jedoch die Probleme und die technischen Schwierigkeiten des Kopisten vor dem Original des Lochner-Altares im Kölner Dom. Sie vermitteln einen Eindruck davon, unter welchen äußeren Bedingungen der Kopist im Dom zu arbeiten hatte und welche Widrigkeiten er bezüglich seiner Entlohnung antraf.

Als Beckenkamp in der ersten Jahreshälfte des Jahres 1812 damit begann, die erste Teilkopie nach dem **Dombild** für Prinzessin Marianne von Preußen herzustellen, war er bereits fünfundsechzig Jahre alt. Für die Fertigstellung

Auf den engen Zusammenhang zwischen Kopie und Fälschung in der Romantik hat Niels von Holst hingewiesen.[793] Ob Beckenkamp auch als Fälscher hervorgetreten ist, lässt sich aus den Quellen nicht herauslesen. Künstlerische und kommerzielle Unehrlichkeit würde dem Charakter dieses Malers, so wie De Noël ihn darstellte[794], widersprochen haben. Dass Beckenkamp rein technisch dazu in der Lage gewesen wäre, weniger versierte Käufer zu täuschen, zeigt ein Vergleich seines **Portraits des „Agrippa von Nettesheim"** (Abb. S. 106) im Kölnischen Stadtmuseum[795] mit dem Original im Kunsthistorischen Museum in Wien. Die Behauptung von Holsts, sogar Sulpiz Boisserée sei auf diese „Fälschung" der Sammlung Wallraf hereingefallen[796], wird allerdings weder durch die Tagebucheintragungen Boisserées, noch durch Firmenich-Richartz bestätigt.[797]

6.2. Historische Voraussetzungen für die Wiederentdeckung der altdeutschen Kunst und des „Dombildes"

Erst die französische Besetzung der Stadt und die ihr folgende Säkularisation bildeten die historische Voraussetzung für die Wiederentdeckung und Neubewertung der Kunst des Mittelalters in Köln.[798] Zur Romantisierung des **Dombildes** trugen auch das in den Befreiungskriegen erwachte Nationalbewusstsein und die Eingliederung des Rheinlandes in den preußischen Staat bei.

6.2.1. Vom „Rathausbild" zum „Dombild": Der Altar der Stadtpatrone in der Säkularisation

Die Verschleppung von Kunstschätzen aus Kirchengut in das revolutionäre Frankreich hatte in Köln schon unmittelbar nach der französischen Besetzung der Stadt im Herbst 1794 begonnen.[799] Das politische und kulturelle Zentrum in einem freiheitlich umgestalteten Europa sollte nun die französische Hauptstadt sein. Paris sollte alle Formen von Kunst und Wissenschaft in sich vereinigen und zur freien Anschauung und damit zum Fortschritt der Völker zur Verfügung stellen. Aus diesem Grund ging die Kulturenteignung in den von Frankreich besetzten Gebieten der eigentlichen Säkularisation noch voraus.

Gleichzeitig ist in der Endphase der alten Reichsstadt in Köln ein eher gleichgültiger Umgang mit den älteren Kunst- und Kulturgütern zu beobachten gewesen. Noch 1791 hatte der Universitätsprofessor und Kunstsammler Wallraf am Verkauf des Jabach'schen Familienbildes von Charles LeBrun mitgewirkt.[800] Bezeichnend für den geringschätzigen Umgang mit alter Kunst war der konservatorische Zustand des Gemäldes gewesen, das sich in einer Abstellkammer befunden hatte. Noch 1774 hatte Goethe das Bild im Jabach'schen Haus in der Kölner Sternengasse bewundert.[801] Schon im 17. und 18. Jahrhundert waren zahlreiche Gemälde früherer Kunstepochen, also die altkölnischen Gemälde des 14., 15. und 16. Jahrhunderts in Nebenkapellen, Sakristeien und Kapitelsäle verbannt worden. In solchen Räumlichkeiten konnten sie allerdings oft einen guten Erhaltungszustand bewahren.[802] Dagegen war der Abtransport von Rubens' **Kreuzigung Petri** aus der Kölner Pfarrkirche St. Peter am 10. Oktober 1794, nur wenige Tage nach dem Einmarsch der Franzosen[803], eine Aktion des militärischen Siegers. Diese ersten Enteignungsmaßnahmen durch die Franzosen blieben in Köln – im Gegensatz zu anderen besetzten Gebieten wie etwa Italien –

zahlenmäßig eher geringfügig. Der Abtransport des Rubens-Bildes rief aber in Köln allerdings ein größeres historisches Bewusstsein für den Wert der mobilen Kunstschätze der älteren Epochen der ehemaligen Reichsstadt hervor.

Eine zweite – von den Staaten und vom Papst gebilligte – Welle der Enteignung von Kirchenbesitz betraf nicht nur die mobilen Kunstschätze, sondern auch die Kirchengebäude selbst. Vorausgegangen waren die endgültige Annexion des Rheinlandes nach deren Anerkennung von Kaiser und Reich im Frieden von Lunéville (Februar 1801) und das Konkordat Napoleons mit dem Papst im Juli 1801 (erst 1802 rechtskräftig). Die Säkularisation bedeutete für die Kirche in der Stadt Köln die Auflösung des Erzbistums, des Domkapitels und der kirchlichen Einrichtungen, sowie das Einziehen von mobilem und immobilem Kirchengut. Im einzelnen betraf die Liquidierung religiöser Einrichtungen in Köln 67 geistliche Institutionen, unter ihnen acht Herren- und drei Damenstifte, sowie 56 Klöster.[804] Der Zerstörung von Stifts-, Kloster-, Abtei- und Pfarrkirchen sahen die Kölner, die darin weder Kunstschätze noch historischen Denkmalwert erkannten, gelassen und gleichgültig entgegen.[805]

Mit der Metapher von einem *ungeheuern Schiffbruch*, durch welchen *viel Köstliches in dem Sturm untergegangen* sei, *die bewegten Wellen* gleichzeitig aber vieles *an den Strand spülen*[806] konnten, wägt der Kunstsammler Sulpiz Boisserée (1783 – 1854) die negativen und positiven Folgen der Säkularisation des Kirchengutes und seine Herauslösung aus einem tradierten sakralen Kontext ab. Denn die Entfernung der kirchengebundenen Kunstschätze markierte auch einen neuen Anfang im Bewahren oder *Retten* (Boisserée), im Sammeln von und im Handeln mit Kunstwerken. Das Freiwerden von Kirchenkunst im Jahr 1802 und folgende brachte Zerstörung und *Mißhandlung* (Boisserée), das Hinauswerfen in einen profanen Kontext oder das Überwechseln von einem sakralen in einen anderen sakralen Hintergrund. Diese Art des Wechsels betraf auch den **Altar der Stadtpatrone** (Farbabb. S. 112) in der Kapelle der Kölner Ratsherren aus der reichsstädtischen Zeit.

Der verborgene *Schatz* der am 15. Juli 1798 profanierten Kapelle des Kölner Rates St. Maria in Jerusalem entging *der Raubsucht der Franzosen durch einen sonderbaren Zufall [...], ohne den es seines hohen Kunstwerths wegen gewiss von ihnen nach Paris entführt worden wäre. Es hing nämlich in einer Kapelle des Rathhauses, in der an jedem Montage eine Messe gelesen ward, die der versammelte Rath anhörte. Es wurde in dem beschränkten Locale durch den Kerzendampf geschwärzt, daher die Aufwärter es von Zeit zu Zeit mit einem in Bier getauchten Schwamm säuberten, wodurch es am Ende einen Überzug erhielt, der es ganz unscheinbar machte. Das Bier wurde übrigens den Farben nicht schädlich. Auf diese Weise entging es den Blikken der Franzosen und niemand ahnete den Schatz, der unter dem Schmutz verborgen war, bis Herr Professor Wallraf zufällig auf einen Kopf aufmerksam wurde, der unter dem Bierfirniss ein wenig hervorschimmerte. Er untersuchte nun das Bild genauer, veranlasste die Reinigung desselben und darauf erhielt es seine gegenwärtige Stelle.*[807]

Dieser Vorgang, den der Köln-Besucher Rosenwall[808] im Jahre 1815 in wenigen Sätzen schildert und der ebenso abenteuerlich wie legendenhaft klingt, zog sich über fast ein Jahrzehnt hin.

Zu einem nicht näher definierbaren Zeitpunkt, wohl um 1798, als die Gefahr eines Abtransports des Gemäldes nach Paris noch akut war, wurde das große Altarwerk in den Kellern des Rathausgebäudes versteckt.[809]

Interessengemeinschaft aus Mitgliedern des preußischen Königshauses, der rheinischen Intelligenzia und des westfälisch katholischen Uradels ab 1812 zur Verbreitung des **Dombildes** durch Gedichte, graphische Reproduktionen und Gemäldekopien desselben bei. Im Unterschied zu anderen berühmten Gemälden der Kunstgeschichte wie etwa Leonardos **Abendmahl** oder seine **Mona Lisa**, blieb dem **Dombild** aber eine umfassende Popularisierung, Banalisierung und Verkitschung erspart.[831] Die Bewunderer des **Dombildes** blieben auf eine kleine Elite im frühen 19. Jahrhundert begrenzt. In der Hoffnung, mit einer Ausnutzung der Wirkung dieses Bildes konkrete Vorteile für die Stadt Köln herausholen zu können, geriet das **Dombild** allerdings zeitweise in die enthusiastischen, mystifizierenden und versüßlichenden Tendenzen der den Befreiungskriegen unmittelbar folgenden Jahre.

Durch eine konfessionelle und nationalistische Brille getrübt und dennoch – oder gerade deshalb – aussagekräftig, erscheint die Bewertung der **Dombild**-Kopien und ihrer Rezeption in Berlin durch den aus Kleve stammenden Peter Beuth[832], eines Freundes des Kölner Romantikers Eberhard von Groote wie auch des Architekten Schinkel, und in preußischen Diensten tätigen Förderers des Gewerbewesens. Beuth war auch Kunstsammler und Besitzer einer Ausschnittskopie der **Maria mit dem Kind (Dombild Peter Beuth)**[833] von der Hand Beckenkamps. Anlässlich der lange erwarteten Ankunft dieses Gemäldes schrieb Beuth an Groote am 15. Februar des Jahres 1815: *So wäre es denn da das schöne Marienbild woran ich mich nicht sattsehen kann und das sonderbar genug jedermann anzieht. In einem protestantischen Lande ist dieses auffallender; der Beschauer eines Marienbildes tritt da ohne Andacht vor dasselbe, der Antrieb den diese an der* Beurtheilung *eines christlichen Kunstwerks nothwendig haben muß fehlt, bloße Kunstäußerung tritt an die Stelle, wozu sich jeder geschickt zu glauben pflegt. Da ist es dann natürlich anständig, dass bey der geringen Zahl von Leuten welche sich darauf verstehen, und deren Gemüth noch nicht ganz verdorrt ist, Bemerkungen über* Trokene Hände *Heiligenscheine die wegen des Einschneidens in das Holz wie Teller aussehn usw. zum Vorschein kommen ehe man das Ganze aufgefaßt und darüber etwas von sich gegeben hat. Darauf muß ich bemerken dass jeder protestantische Deutsche ein solches Bild doch mit mehr Gemüth betrachtet, als ein katholischer Franzose, der* allemal *in eine* Jeremiade *über den Mangel an „Correction des formes" et d'intelligence du clair obscur besonders die froideur de l'expression, l'inconvenience du costume, la secheresse du pinceau, ausbricht und allenfalls une étude naive de la nature einräumt. [...] über dergleichen* raisonniert *ein französischer Maler immer ehe er ein Bild anfängt, um ein kritikloses Bild zu liefern, qui fait honneur au génie français. Doch genug von den Lumpen.*

Dem braven Beckenkamp sage meinen herzlichen innigen Dank für seine Arbeit, ich weiß die Innigkeit und Liebe zu schätzen womit er copiert, und besonders den Kopf der Jungfrau dem Urbild so nahe gebracht hat, – sage ihm recht viel freundliches von mir.[834]

Der den Bestrebungen der rheinischen Romantik um Eberhard von Groote nahestehende Peter Beuth setzte also in seiner Beurteilung der Rezeption des **Dombildes** und der mittelalterlichen Kunst die Nation über die Konfession, das Kunstverständnis protestantischer Preußen über dasjenige katholischer Franzosen. Gleichzeitig ist diese Briefstelle ein Beleg für das Durchdringen der Gedanken Wackenroders und der dezidiert antirationalistischen Kunstkritik der Romantik. Als Freund des Kölner Romantikers von Groote und anderer Mitglieder dieses heterogenen Zirkels sah Beuth es als seine patriotische Pflicht an, 150 Exemplare des von Grooteschen *Taschenbuches* zu subskribieren, um das **Dombild** und die mittelalterlichen Dichtungen und Kunstwerke auch in Berlin bekannt zu machen und den kulturpolitischen Forderungen der Kölner Nachdruck zu verleihen.[835]

6.3. Das „Taschenbuch für Freunde altdeutscher Zeit und Kunst auf das Jahr 1816"[836]

> *Man sieht ein himmlischsüßes Wunderbild*
> *in Köllens prachterfülltem Dome hängen,*
> *Das zu uns spricht in lieblichen Gesängen,*
> *Wenn sich sein goldnes Heiligthum enthüllt*
> Friedrich Wilhelm Carové[837]

Mit der Herausgabe eines literarischen Taschenbuches griff der Kölner Jurist und Germanist Eberhard von Groote (1789–1864)[838] eine seit der Aufklärung beliebte und zumeist von verschiedenen Autoren getragene Gattung der Kleinpublizistik auf.[839] Musenalmanache und Taschenbücher waren im letzten Viertel des 18. und im ersten Viertel des 19. Jahrhunderts in vielen deutschen Territorien zu einer beliebten literarischen Mode entwickelt worden. Ursprünglich als Kalenderbeigabe mit Illustrationen, Sinnsprüchen und genealogischen Nachrichten ausgestattet, richteten diese periodischen Kleinpublikationen sich zunehmend an ein gebildetes Publikum. Klassische Lyrik und dramatische Werke fanden ebenso Eingang in die große Zahl dieser Publikationen wie epische, historiographische und auch populärwissenschaftliche Texte.[840] Bildbeigaben sollten verschiedene Sachverhalte mit geographischen Karten, architektonischen Skizzen oder Reproduktionsstichen nach Gemälden erläutern. Zahlreich Almanache boten in zunehmender Spezialisierung auf bestimmte Themenkreise und oft in einer Verbindung der schönen Künste ein Gesamt- und Kleinkunstwerk. Schiller und Goethe veröffentlichten einige ihrer Werke erstmals in einem Musenalmanach. Auch in Köln wurde Anschluss an diese Entwicklung gesucht.

So gab Ferdinand Franz Wallraf in den Jahren zwischen 1798 und 1804 unter verschiedenen Titeln Almanache und Taschenbücher mit Poesien, Epigrammen, Aufsätzen, vor allem aber Bildbeschreibungen heraus, wobei diesen Kupferstiche nach den besprochenen Gemälden beigefügt waren.[841]
In den zuletzt erschienenen Taschenbüchern 1800 (1801), 1801 (1802) und 1803 (1804) *nach Kunst und Laune* hatte Wallraf nicht nur eigene, sondern auch Beiträge von Autoren wie Ernst Moritz Arndt und Ludwig Tieck veröffentlicht.[842]

Zehn Jahre nach Erscheinen des letzten Taschenbuches von Wallraf belebte Eberhard von Groote diese Publikationsform wieder und bereicherte dessen lokalpatriotische Ansätze um die romantischen Themenkreise von Kunst und Literatur des Mittelalters vor allem um einige ihrer in Köln befindlichen Zeugnisse. Schon der Einband des Oktavformates zeigte mit der Illustration auf der Rückseite – einer Ansicht der von Bäumen umgebenen Kölner Gereonskirche als Miniaturbild und von Grottesken eingefasst – das Zusammentreffen der romantischen Themen mittelalterliche Kunst, Natur und Frömmigkeit in Köln.[843]

"Taschenbuch für Freunde altdeutscher Zeit und Kunst..." – 1816 (Kat. Nr. 101): Hl. Katharina (unten) und Hl. Michael (rechts) (Miniaturen aus einem flämischen Stundenbuch), Kupferstiche von Ernst Thelott nach Beckenkamp. Abb. aus: „Taschenbuch" – 1816, S. 318 (Hl. Katharina), S. 214 (Hl. Michael)

Seine Herkunft, seine literarischen Ambitionen und sein im Umgang mit Sulpiz Boisserée und Wallraf erworbenes Kunstverständnis, sowie seine weitläufigen Kontakte mit intellektuellen Kreisen im Rheinland und in Preußen prädestinierten von Groote zu einem solchen Unternehmen.[844] Eberhard von Groote entstammte einer aus Flandern eingewanderten Patrizierfamilie, die im 17. und 18. Jahrhundert einige Bürgermeister in Köln stellte. Grootes Vater war in reichstädtischer Zeit Oberpostdirektor gewesen und in den Reichsadel erhoben worden. Während seiner Heidelberger Jura-Studien von 1809 bis 1811 näherte sich Eberhard von Groote den literarischen Zirkeln der Heidelberger Romantiker mit ihrer Vorliebe für alte Volkslieder an. Als preußischer Freiwilliger während der Hundert Tage war er 1815 mit der Rückführung Kölner Kunstschätze aus Paris beauftragt.[845]

Bereits zu Beginn des Jahres 1814 hatte der Initiator des *Taschenbuch*-Unternehmens damit begonnen, Dichter, Germanisten und Kunstwissenschaftler mit der Bitte, literarische und wissenschaftliche Beiträge zu liefern, anzuschreiben.[846] Im Mai und im Juni desselben Jahres stellte Groote den Brüdern Boisserée in Heidelberg sein Projekt detailliert vor.[847] Offensichtlich hatte Sulpiz, der ein Probekupfer für das *Taschenbuch* gesehen hatte, aber Zweifel am Gelingen des Werkes.[848]

Groote konnte schließlich außer seinen eigenen und den Sonetten seines Mitherausgebers Friedrich Wilhelm Carové[849] auf das **Dombild** auch Gedichte von der Hagens[850], und des ostpreußischen Dichters Max von Schenkendorff veröffentlichen. Weitere Beiträge lieferten Josef Görres mit einem Minnelied und Jakob Grimm mit einem Märchen.

Als Künstler beauftragte von Groote Benedikt Beckenkamp, Zeichnungen nach dem **Dombild**, nach zwei altflämischen Miniaturen und nach einem altflämischen Gemälde herzustellen, die dann von dem Düsseldorfer Kupferstecher Ernst Thelott (1760–1834)[851] gestochen wurden. Für die Kupferstiche[852] nach den Miniaturen und dem altflämischen Gemälde schrieb von Groote selber die Begleittexte[853], da Wallraf diese Aufgabe nicht übernehmen wollte.[854]

Die beiden Vorlagen der Miniaturen mit Darstellungen der **Hl. Katharina** und des **Hl. Michael** waren einem Stundenbuch aus der Sammlung des Rektors der von Grooteschen Elendskirche und späteren Pfarrers von St. Ursula Gerhard Kunibert Fochem (1771–1847)[855] entnommen. Nicht nur die Kupferstiche selbst, auch die Beschreibung Grootes lassen erkennen, dass es sich bei den Originalminiaturen um Vorlagen der flämischen Buchmalerei gehandelt haben muss. So erwähnt Groote beispielsweise auch die durch blaue Farbtöne erzeugte, für die altniederländischen Landschaften charakteristische Luftperspektive auf der Hintergrundlandschaft der Katharinenminiatur[856], ebenso wie die in räumlicher Illusion die Randleisten verzierenden Akanthusarabesken.

Auch die Größe und Form des Miniaturvorbildes ließen ebenso wie die Randleistenverzierungen und die Anlage der Figuren mit ihrer Platzierung in einer Landschaft an Miniaturvorlagen aus der letzten Phase der flämischen Buchmalerei im letzten Viertel des 15. und im ersten Viertel des 16. Jahrhunderts denken. Buchmaler in den flämischen Zentren Brügge und Gent konkurrierten mit den zeitgenössischen aktiven Tafelmalern wie Hugo van der Goes, Hans Memling, Gérard David, Mabuse und van Orley.[857] Die heiligen Gestalten wurden mit dem Ausdruck edler moralischer Empfindungen in einer weiten und natürlichen Umgebung platziert. Die Randleisten erhielten mit farbenreichen naturalistischen Blumen, Früchten und Insekten eine üppige Ausstattung.

Die Vermutung eines flämischen Kontextes wurde durch das Auffinden des originalen Stundenbuches aus der Kölner Sammlung bestätigt. Der Besitzer des wertvollen Buches, der bereits erwähnte Kölner Geistliche Gerhard Kunibert Fochem, verkaufte schon zu Lebzeiten immer wieder Teile seiner Sammlung. Fochem betrachtete seine Sammelobjekte auch als Spekulationsobjekte.[858] Das nach Aussage des stolzen Besitzers Fochem auch von Stein und Goethe bewunderte reich illuminierte Stundenbuch[859] wurde schon 1832[860] von dem englischen Handschriftensammler Francis Douce angekauft.[861] Es befindet sich heute in der Bodleian Library in Oxford. Die Herkunft des Buches aus der Sammlung Fochem wird durch die Eintragung *1813./ H. Fochem/Rector* bestätigt.[862] Das Stundenbuch, das zeitweise im Besitz der Maria von Medici gewesen sein soll[863], wurde wahrscheinlich vom Meister der Davidszenen aus dem Breviarium Grimani illuminiert.[864] Die Auswahl der Vorlagen für die Kupferstiche ist ganz folgerichtig im Programm der rheinischen Romantik einzugliedern und folgt auch den Ideen Schlegels. Das Stundenbuch, als Ausdruck spätmittelalterlicher Laienfrömmigkeit, als privates *Schatzkästlein* für Kunst und Andacht, musste den Romantikern mit ihrer Absicht, die christliche Religion mittels der Kunst zu verherrlichen, ein Vorbild gewesen sein.[865] Entscheidend für die Romantiker war auch die große künstlerische Qualität der flämischen Miniaturen, die sich in ihnen widerspiegelnde Durchdringung von weltoffenem, irdischem und kontemplativ religiösem Leben, wie es sich in den die Sinne und das ästhetische Empfinden ansprechenden Werken der flämischen Stundenbücher vom späten 14. bis zum frühen 16. Jahrhundert äußerte.

Die Vorlage für den erwähnten Kupferstich mit **Maria am Springbrunnen** konnte dagegen bisher nicht aufgefunden werden. Von Groote ordnete das Gemälde in die Dürerzeit zu Beginn des 16. Jahrhunderts ein.[866] Das Vorbild für Beckenkamps Nachzeichnung und Thelotts Kupferstich nach diesem Bild ist jedoch nicht in der Dürerschule, sondern im Umkreis eines flämischen Malers zu Beginn des 16. Jahrhunderts zu suchen. Am nächsten steht diese Art der Mariendarstellung dem Bernard van Orley (ca. 1491–1542) aus Brüssel.[867] Orley schuf besonders im zweiten Jahrzehnt des 16. Jahrhunderts zahlreiche Madonnendarstellungen, auf denen sich die Marienfigur breit und bequem in ein lieblich harmonisches Bildganzes einfügt.[868] Besonders in seinen Heiligen Familien findet sich eine Begegnung mit dem Werk Raffaels.[869] Auch in der Lieblichkeit von Madonna und Kind und in den rundlichen Formen des Jesus-Knaben auf unserem Kupferstich sind Reminiszenzen an Raffael erkennbar.

Eine ähnliche Darstellung des Themas der Maria am Springbrunnen (**Muttergottes mit Engeln**) von der Hand Bernard van Orleys im Metropolitan Museum New York[870] unterstützt die Annahme, dieser Künstler sei für das Gemälde aus der Sammlung Fochem verantwortlich. Im Vordergrund erscheint Maria und beugt sich zu ihrem Kind nieder, das sie küsst. Die Innigkeit der Mutter-Kind-Beziehung ist auch ein Thema der Kupferstichvorlage, auf der die Gottesmutter dem Kind die Brust hinhält. Am linken Bildrand erscheint ein Springbrunnen aus zisieliertem Goldschmiedewerk. Schräg angeschnitten reichen phantasievolle Palastarchitekturformen in die Bildtiefe. Hinter einem dunkel belaubten Baum öffnet sich auf

Maria am Springbrunnen – Kupferstich aus dem „Taschenbuch für Freunde altdeutscher Zeit und Kunst..." – 1816 (Kat. Nr. 101)
Abb. aus: „Taschenbuch" – 1816, S. 106

der linken Seite eine Landschaft. Außer diesen Übereinstimmungen im Gesamtbild findet sich neben der Parallelität der Architekturformen insgesamt ein kleines Architekturdetail, das auf diesen Maler hinweist: es sind dies die sichtbar aneinander gefugten Steinplatten, deren Zusammenhalt außerdem mit zwei schmalen Eisenplättchen verstärkt wurde. Diese bauliche Besonderheit findet sich sowohl auf dem New Yorker Bild als auch auf dem Kupferstich nach dem verschollenen Gemälde wieder.

Der Dom und das **Dombild** aber waren die zentralen Motive in der bunten Sammlung romantischer Kunst- und Literaturblüten des *Taschenbuches*.[871] In dem Briefwechsel von Grootes wird ersichtlich, wie viel Engagement und Sorgfalt er aufbrachte, um das Unternehmen gelingen zu lassen. Der Kupferstecher Thelott verzögerte seine Arbeit.[872] Besonders lange brauchte er für die Reproduktion des aufwendigen **Dombildes**. Zeitweise überlegten Groote und Carové, dass Thelott den Kopf der Maria und des Kindes vom Mittelblatt des **Dombildes** erneuern müsste.[873] Für die Beschreibung des **Dombildes** ließ Ferdinand Franz Wallraf sich sehr lange bitten.[874] Endlich, im Juli 1815, konnte Fochem Groote in Paris berichten, Wallraf setze sich *dieser Tage zu Beckenkam in den Dom, um die versprochene Beschreibung zu fertigen*.[875]

Ob das Unternehmen, das Groote schon im Frühjahr 1814 *wie eine theure, innigst geliebte Braut geworden*[876], auch ein finanzieller Erfolg war, lässt sich nicht mit Sicherheit sagen. Immerhin ist erkennbar, dass Eberhard von Groote im Juli des Jahres 1815 so viele Subskriptionen erhalten hatte, dass er nahezu die Hälfte seiner Ausgaben bereits einholen konnte.[877]

Die Bestrebungen der Herausgeber des *Taschenbuches* sind nicht allein in der Verbreitung romantischer Ideen zu suchen. Besonders in der Persönlichkeit Eberhard von Grootes, der sich auch aktiv für das Heranziehen von Universität und Rheinischem Museum in Köln und in einer späteren Lebensphase für den Ausbau des Doms engagierte[878], liegt die Vermutung begründet, mit einer solchen publizistischen Köln-Propaganda unter dem Deckmantel des literarischen Kleinkunstwerkes auch politisch bei den neuen preußischen Machthabern möglichst viele Vorteile für Köln erreichen zu wollen. Besonders am Herzen lag von Groote (wie auch Wallraf) die Frage der Restitution der Kölner Universität.[879]

Wohl ermutigt durch die Überzeugungskraft, mit der Boisserée Goethe für sein Domwerk eingenommen hatte, versuchte auch von Groote mit dem *Taschenbuch,* Goethe für die Sache Kölns zu gewinnen und über ihn die Forderungen der rheinischen Romantiker durchzusetzen. Der kulturpolitische Hintergrund des *Taschenbuches* wurde wohl auch von Goethe genauso verstanden, wie er dem ebenfalls an dem Unternehmen beteiligten Rektor Fochem bekundete.[880] Dennoch ließ sich Goethe nicht vereinnahmen und erzeugte mit seinen kritischen Anmerkungen in der bereits erwähnten, 1816 erschienen Schrift „Über Kunst und Alterthum in den Rhein- und Maingegenden" heftigen Unmut bei den Kölnern. Vor allem das **Dombild** sah Goethe – ohne das *Taschenbuch* ausdrücklich zu erwähnen – *durch Hymnen versüßlicht und durch enthusiastische Mystik verständigen Kennern widrig gemacht.*[881] Als *verständiger Kenner* ließ sich Goethe dennoch nicht verdrießen und erwarb für sich selbst den Kupferstich Thelotts nach Beckenkamps Zeichnung des **Dombildes**. Auch heute noch steht der als Flügelaltar eingefasste Kupferstich in Goethes Wohnhaus am Frauenplan in Weimar.[882] Das *Taschenbuch* selbst ließ sich bezeichnenderweise in Goethes Bibliothek nicht nachweisen.

In den ersten Jahren des 19. Jahrhunderts und besonders in den ersten Jahren der preußischen Herrschaft wurde Köln zu einem Wallfahrtsort der Romantiker. Fürsten, Dichter, Philosophen und Maler huldigten dem „Heiligen Köln". Der Kran auf dem Dach des Domes und das Dombild wurden die Symbole der Romantiker.[883] Und doch versagte Köln *zwischen 1815 und 1818 ... an der Aufgabe, eine – vielleicht* die *– Hauptstadt der Romantik zu werden.*[884] Als Gründe dafür nennt Pièrre Ayçoberry die fehlende Beteiligung der Kölner an den kulturellen Bestrebungen der rheinischen Romantiker. Das anderswo vergoldete Mittelalter war in Köln erst mit dem Ende der Reichsstadt 1794 untergegangen. Die mangelnde zeitliche Distanz konnte keine Atmosphäre von Sehnsucht und Traum altdeutscher Heldenzeiten schaffen, sondern förderte Gleichgültigkeit oder Pragmatismus im Umgang mit den alten Kulturgütern. Während Köln mit seinen historischen Gebäuden und Kunstschätzen von außen mit Begeisterung und Enthusiasmus gefeiert wurde, sahen die Kölner ihre Reichtümer lediglich als Kulisse ihres alltäglichen Lebens.[885]

Nur die kleine intellektuelle Elite um Eberhard von Groote, Wallraf und den preußischen Regierungsrat von Haxthausen in Köln, sowie den Brüdern

Boisserée in Heidelberg und Beuth in Berlin, wusste den Kunstreichtum Kölns nicht nur richtig einzuschätzen, sondern auch zu verwerten. Den kulturellen Aufschwung aber verhinderten zu viele einander widerstrebende Interessen und Kräfte, das Mangeln eines lenkenden Geistes, einer effektiven Koordination und eines verbindlichen Programms. Schon die in den Briefen und Tagebüchern von Grootes deutlichen Zwistigkeiten mit dem um eine Generation älteren Wallraf[886], eines Befürworters der Restauration der reichsstädtischen Strukturen, oder das Misstrauen Wallrafs gegen den pointiert katholisch-konfessionell auftretenden Werner von Haxthausen macht die Unterschiede innerhalb dieses Zirkels deutlicher als die Gemeinsamkeiten. Die *wehmütige Elite* Kölns (Ayçoberry) konnte die restaurativen preußischen Tendenzen nicht von dem Urteil abbringen, das Köln in einem Bericht des Kulturministers Altenstein als eine *durch Untertanengeist, Frömmelei und falsche Mystik verkümmerte Stadt* bezeichnet hatte.[887]

6.4. Die preußischen Kopie-Aufträge

Das Urteil des Ministers Altenstein, das die Standortfrage der Universität zu Gunsten Bonns gelöst hatte[888], änderte jedoch nichts an der privaten Begeisterung der Mitglieder des preußischen Königshauses für die Kunst und Kultur des Rheinlandes und namentlich des Domes und des **Dombildes**.
Als *Gegenstück zur Sixtinischen Madonna* aus der Sicht Preußens bezeichnet H. Börsch-Supan den **Altar der Stadtpatrone**.[889] Mindestens vier große Kopien, bzw. Teilkopien nach dem **Dombild** hat Beckenkamp für das preußische Königshaus angefertigt. Die Begeisterung für das **Dombild** in Preußen war jedoch nicht nur im Königshaus verbreitet. Auch der preußische Offizier Heinrich Ludwig von Dohna-Wundlacken[890] bestellte eine Kopie in Form einer Ölskizze bei Beckenkamp.[891] Für den aus Magdeburg stammenden Kölner Polizeipräsidenten Georg Karl Philipp von Struensee fertigte der Kölner Maler und Kopist Nikolaus Zimmermann eine Kopie an.[892] Daneben entstanden aber auch Miniaturkopien.[893] Anlässlich der Hochzeit von Kronprinz Friedrich Wilhelm mit Elisabeth von Bayern 1823 schenkte die Stadt Köln dem Kronprinzen eine solche Miniaturkopie nach dem **Dombild**. Sie stammte von der Hand des Beckenkamp-Schülers Heribert Sieberg.[894] Die Verknüpfung einiger aufgefundener Kopien nach dem **Dombild** mit ihren Auftraggebern lässt sich – besonders im Zusammenhang mit den preußischen Kopie-Aufträgen – jedoch nicht immer mit Sicherheit herstellen.[895]

Die Unterschiede, aber auch die wechselseitigen Einflüsse zwischen den Rheinländern und ihrer preußischen Regierung seit 1815 bilden ein Spannungsfeld, das sich auch auf kunsthistorischem Gebiet zu untersuchen lohnt.[896] Diese von Ursula Rathke im Rahmen ihrer Forschungen zur preußischen Burgenromantik aufgestellte Feststellung und Ermunterung gilt in wesentlich begrenzterem Rahmen analog auch für die preußischen Kopie-Wünsche, die an den Maler Beckenkamp für das **Dombild** herangetragen wurden.
Aus sicherheitspolitischen Erwägungen waren auf dem Wiener Kongress 1815 die ehemaligen Kurfürstentümer von Trier und Köln und dann im französischen Staat inkorporierten Territorien entlang des Mittel- und Niederrheins dem preußischen Staat zugesprochen worden.[897] Auch die ehe-

maligen preußischen Gebiete am Niederrhein waren wieder zu Preußen gekommen. Preußen legitimierte diese Besitzergreifung mit der gegen Frankreich gerichteten Verteidigung der deutschen „Urlande".
Unterschiedliche Erwartungen und Überlegenheitseinschätzungen von Preußen und Rheinländern prallten aufeinander. Die Rheinländer fühlten sich wirtschaftlich überlegen und verteidigten die neuen zivilen Errungenschaften der Franzosen, während die Preußen vor allem militärische Stärke und Festigkeit für sich geltend machten und die unmilitärische Tradition der Rheinländer und ihre Kapitulation vor Frankreich verachteten. Auf kulturellem Gebiet dagegen herrschte beiderseits ein Überlegenheitsgefühl vor.
Das gegenseitige Kennenlernen von Preußen und Rheinländern konnte daher folgerichtig am ehesten auf dem Weg über die Kultur erfolgen. 1817 wurde nicht nur die Gewerbeausstellung aus Anlass des Besuches des Königs, sondern auch eine Ausstellung von Kunstwerken aus Kölner Sammlungen für den Kronprinzen veranstaltet.[898] Auf kulturellem Sektor stellten vor allem die Kölner hohe Ansprüche an die neue preußische Regierung: man erwartete, wie schon erwähnt, vor allem die Restitution der Universität und die Gründung eines Rheinischen Museums.
In den Jahren nach 1815 wurden die zahlreichen Hoffnungen der Kölner auf konkrete kulturpolitische Maßnahmen jedoch enttäuscht. Das Interesse der Mitglieder des preußischen Königshauses blieb auf die Zeugnisse der mittelalterlichen katholischen Kirchen- und Baukunst beschränkt. Beides lag für die Vertreter des protestantischen Königshauses in den restaurativen Tendenzen nach 1815 begründet. Diese äußerten sich in dem der Restauration eigenen Gedanken des christlichen Staates, in dem Bündnis zwischen Thron und Altar.
Vor der **Anbetung der Hl. Drei Könige** auf dem Mittelteil des **Altares der Stadtpatrone** im Kölner Dom sahen sich die preußischen Prinzen und Könige wohl auch als die Rechtsnachfolger der deutschen Könige in den Rheinlanden. Wie einst die zu Aachen gekrönten Könige in Köln die Reliquien der Heiligen Drei Könige im Dom verehrt hatten, so bekundete das preußische Königshaus mit seinen Besuchen im Dom und mit den Bestellungen von Kopien des **Dombildes** nicht nur sein Interesse an der Dreikönigenthematik, sondern knüpfte – ganz im Sinne der Restauration – das Selbstverständnis der neuen preußischen Herrscherdynastie ganz bewusst an das mittelalterliche Reichsverständnis, an die Einheit von Thron und Altar an.

6.4.1. Die Kopien für Prinz Wilhelm und Prinzessin Marianne von Preußen
Nur zwei Jahre nach der Übertragung des großen Altarwerkes in den Dom im Jahre 1810, ist der erste Auftrag einer Kopie des **Dombildes** aus dem Sommer des Jahres 1812 greifbar. Dieses Datum spricht für die frühe Rezeption des romantischen Gedankengutes der Schriften Wackenroders, Tiecks, Novalis' und Schlegels im preußischen Königshaus.
Prinzessin Marianne von Hessen-Homburg (1785–1846)[899] hatte am 12. Januar 1804 den Prinzen Wilhelm von Preußen (1783–1851), einen jüngeren Bruder von König Friedrich Wilhelm III. geheiratet. Nach dem frühen Tod der Königin Louise 1810 übernahm Marianne in Berlin praktisch deren Rolle als erste Frau im preußischen Staate. In den zumeist älteren biographischen Werken noch aus dem 19. Jahrhundert wird besonders ihre patriotische Gesinnung herausgehoben. Während der Flucht des Königs aus Berlin

1813 gründete sie einen Frauenverein zum „Wohl des Vaterlandes", der die preußischen Frauen aufforderte, zur Finanzierung des Befreiungskrieges gegen Frankreich Goldschmuck abzugeben.[900] Auch am Berliner Hof fühlte Marianne sich stets als Rheinländerin. Ihre patriotische Gesinnung wird in den biographischen Werken indes nicht mit Preußen, sondern mit den ideologischen Gegensätzen ihres deutsch-französischen Elternhauses in Verbindung gebracht. Die Verbindung ihrer rheinisch-hessischen Wurzeln mit dem Patriotismus ihres Vaterhauses mag sie schon vor der durch die Befreiungskriege hervorgerufenen eigentlich patriotischen Welle in Verbindung mit den Ideen der Berliner Romantik gebracht haben.

Die Geschichte des Kopie-Auftrages an Beckenkamp lässt sich anhand des Nachlasses von Ferdinand Franz Wallraf[901] wie folgt rekonstruieren: Am 18. Juni 1812 ließ der Hofmarschall Graf von der Groeben im Auftrag der preußischen Prinzessin Marianne bei Wallraf anfragen, ob in Köln eine Kopie des **Dombildes** mit bestimmten Abweichungen angefertigt werden könnte.[902] Vorausgegangen war ein Besuch des Prinzen Wilhelm und der Prinzessin Marianne in Köln im Frühjahr 1812. Bei dieser Gelegenheit hatte das fürstliche Paar auch *meinen [Wallrafs] ordnungslos hingestellten alten und neuen Kunstgegenständen höchst dero kritisches Kennerauge zu widmen* geruht. Die Kopie sollte ein Geburtstagsgeschenk Mariannes für den Prinzen Wilhelm sein. Wallraf vergab diesen Auftrag an Beckenkamp.[903] Mit großer Wahrscheinlichkeit bezieht sich ein im Januar 1813 geschriebener Brief von Rektor Fochem an Wallraf auf die Kopie der Prinzessin Marianne und deren Fertigstellung durch Beckenkamp. Darin schlug Fochem eine Ausstellung der Kopie und dazu einige der letzten Portraits Beckenkamps vor.[904] Dieser Brief zeigt auch, dass in Köln der Wert des **Dombildes** rasch erkannt wurde, ebenso wie die Vorteile, die mit seiner Verbreitung durch Kopien für Köln nutzbar gemacht werden konnten. In diesem Sinne agierte auch Wallraf, der den Enthusiasmus der Prinzessin anlässlich des verspäteten Erhaltes von Beckenkamps Kopie (Mai 1814) – und Prinzessin Mariannes bei dieser Gelegenheit offen demonstriertes Wohlwollen für die Stadt (*mein liebes Köln*)[905] – gleich bestmöglich zu instrumentalisieren und kulturpolitisch zum Wohle Kölns umzumünzen gedachte. Offen und unverblümt – und dazu noch mit einem halben Jahr Verspätung – trug Wallraf der Prinzessin, deren politischen Einfluss bei Hofe er jedoch überschätzt haben muss, einige seiner Wünsche und Forderungen für Köln vor: Köln sollte Gouverneurssitz des Prinzen Wilhelm und der Prinzessin Marianne, sowie Sitz der Universität und eines Obertribunals werden.[906]

Im Oktober des Jahres 1814 lässt sich das Kölner Gemälde dann im Berliner Stadtschloss nachweisen. Zu diesem Datum bewohnten Prinz Wilhelm und Prinzessin Marianne eine Wohnung im zweiten Obergeschoss des Schlosses.[907] Am 22. Oktober 1814 schrieb der Maler Philipp Veit aus Berlin an seine Mutter Dorothea Schlegel über die Wohnung der Prinzessin Marianne: *die reichen Zimmer sind voll der trefflichsten Gemälde, meistens Kopien nach alten Bildern, unter denen das Rathausbild (jetzt Dombild) in Köln den vorzüglichsten Platz einnimmt.*[908] Trotz der ungenauen Formulierung Philipp Veits ist anzunehmen, dass es sich um die bei Wallraf bestellte Teilkopie, das **Dombild Prinz Wilhelm**[909], und nicht um die weiter unten zu besprechende Ausschnittskopie, die höchstwahrscheinlich ebenfalls von Beckenkamp gemalt wurde und die noch 1851 im Berliner Stadtschloss nachweisbar ist, handelte.

Erst in den zwanziger und dreißiger Jahren des 19. Jahrhunderts war der im Rheinland beliebte Prinz Wilhelm[910] dann in Mainz als Gouverneur und in Köln (1831 – 33) als Generalgouverneur für den Niederrhein und Westfalen tätig. Als Sommersitz kaufte er 1822 Schloss Fischbach in Niederschlesien und wurde Nachbar u. a. des Grafen Gneisenau.[911] Nach dem neugotischen Um- und Ausbau des Schlosses, wahrscheinlich unter Beteiligung Schinkels, wurde die Kopie Beckenkamps dann im sog. „Blauen Zimmer", in dem die Prinzessin schrieb und arbeitete aufgehängt, und wo sie vor 1889 noch der Biograph der Prinzessin, Wilhelm Baur sah.[912] Das Inventar von Schloss Fischbach im Hessischen Staatsarchiv Darmstadt verzeichnet die *Copie des Cölner Dombildes in 3 Abtheilungen, auf Goldgrund im Goldrahmen*[913], jedoch ohne Maßangaben und Beschreibung. Sehr wahrscheinlich ähnelte die Fischbacher Kopie den Reproduktionen, die Beckenkamp wenig später für Kronprinz Friedrich Wilhelm und für Prinz Friedrich malte.

Im ehemaligen Berliner Stadtschloss ist eine zweite Kopie nach dem **Dombild** in der Wohnung der Prinzessin Marianne nachweisbar. Sie taucht in dem 1851, nach dem Tod der Bewohner erstellten Inventar als *Madonna Copie nach dem Cölner Altarbilde Oelgemälde – Original v. Lochner* auf.[914] Mit einiger Mühe lässt sich das Gemälde, das von einem Kronleuchter verdeckt ist, auch auf dem das „Grüne Zimmer" dokumentierenden Aquarell von Eduard Gaertner (1801 – 1877) aus dem Jahr 1847 erkennen.[915] Dort hängt es über einem Brustportrait des Prinzen Wilhelm von Gérard und rahmt dieses zusammen mit der unter dem Portrait hängenden Madonna Raffaels, einer Kopie von Schadow, ein.

Der Ausschnitt der **Dombild**-Kopie ähnelt derjenigen von Peter Beuth, die nur Maria mit dem Kind zeigt.[916] Auch auf der Kopie im Berliner Schloss sind die Figuren auf die Madonna und das Kind beschränkt. Vermutlich handelt es sich bei der Berliner Ausschnittskopie um das Bild, das der Köln-Besucher Rosenwall 1815 erwähnt hatte: *… die Prinzessin Wilhelm* [i. e. Prinzessin Marianne] *hat durch einen Köllner Maler eine Figur der Maria nehmen lassen.*[917] Sehr wahrscheinlich wurde auch diese Kopie von Beckenkamp angefertigt. Über den weiteren Verbleib dieser Ausschnittskopie im Berliner Stadtschloss, dem **Dombild Prinzessin Marianne**[918], lassen sich keine Angaben machen.

Im Besitz der Prinzessin Marianne und des Prinzen Wilhelm lassen sich mit der ebenfalls verlorenen Ausschnittskopie im Berliner Stadtschloss, der größeren, heute ebenfalls verschollenen dreiteiligen Teil-Kopie[919], einer Lithographie in fünf Teilen[920] und dem jüngst wiederaufgefundenen klappbaren Hausaltärchen, das vermutlich von Beckenkamps Schüler Heribert Sieberg angefertigt worden war[921] – alle aus Schloss Fischbach – vier in Ausschnitt, Technik und Größe unterschiedliche Kopien nach dem **Dombild** im Besitz von Prinzessin Marianne und Prinz Wilhelm nachweisen. Darüber hinaus waren im „Grünen Zimmer" des Prinzenpaares im Berliner Stadtschloss neben drei Kopien nach Madonnen von Raffael (darunter die **Madonna della Sedia** und die **Sixtinische Madonna**), sowie – der Ausschnittskopie nach dem **Dombild** gegenüber – die (echte) **Madonna des Bürgermeisters Meyer** von Holbein ausgestellt. Die Ausstattung ihres Wohnumfeldes in Berlin und in Schloss Fischbach zeigt nicht nur die kulturellen Vorlieben dieses Prinzenpaares, sondern auch die intensive Religiosität und die gewachsene Marienverehrung einiger Mitglieder des preußischen Königshauses.

6.4.2. Die Kopie für Kronprinz Friedrich Wilhelm von Preußen

...von da an ging's zum göttlichen Bilde...
Kronprinz Friedrich Wilhelm[922]

Als Auftraggeber und Besitzer von zwei Kopien des **Dombildes** von Beckenkamp hat Elisabeth Moses ohne Angaben von Quellen und zum Verleib der Kopiewerke den Kronprinzen Friedrich Wilhelm (1795–1861), den späteren König Friedrich Wilhelm IV. herausgestellt.[923]

Der älteste Sohn von Friedrich Wilhelm III. kam im Juli des Jahres 1814 zum ersten Mal nach Köln. Dort wurde er von Sulpiz Boisserée durch den Dom geführt.[924] Bereits 1813 hatte der Kronprinz Boisserée in Frankfurt kennen gelernt, der ihm bei dieser Gelegenheit die ersten von Maximilian Fuchs gezeichneten Domrisse gezeigt hatte. Der junge impulsive und romantisch exaltierte Prinz hatte daraufhin nach eigener Aussage drei Nächte lang nicht schlafen können und wollte sogleich den Weiterbau des Domes beginnen. Für die Anfertigung einer **Dombild**-Kopie lassen sich als Motive für Kronprinz Friedrich Wilhelm vor allem der jugendliche Enthusiasmus für den Rhein[925], die vaterländische Begeisterung für die Zeugnisse der mittelalterlichen Kunst des Rheinlandes, vor allem des Kölner Domes – mit dem er sich in seinen zahlreichen Architekturzeichnungen ausführlich beschäftigte[926], und dessen Ausbau er als König nachhaltig förderte – ausmachen. Neben der privaten Kunstförderung und der Sammelleidenschaft des Kronprinzen[927] mögen die preußischen Kopie-Aufträge nach rheinischen Kunstwerken durchaus auch politische Hintergründe gehabt haben. So hat Ursula Rathke für den Ausbau der Burgruine Stolzenfels als Sommerwohnsitz für Friedrich Wilhelm die positive Wirkung herausgestellt, die von dem zeitweiligen Aufenthalt des Kronprinzen am Rhein ausging.[928] Friedrich Wilhelm war auch für einen dauernden Aufenthalt im Rheinland vorgesehen, um den Wünschen der preußenfreundlichen Rheinländer zu entsprechen und andererseits die nicht überall freundschaftlichen Gefühle der Rheinländer an Preußen zu binden.[929] Auf seinen zahlreichen Besuchsfahrten an den Rhein in den Jahren nach 1814 gelang es ihm nach Aussage des preußischen Generalleutnants und Ingenieur-Inspektors von Wussow, den *noch wirrenden Sinn der Bewohner der Rheinlande*[930] für seine Person und zunächst auch für Preußen einzunehmen. So wird das in einem Kopie-Auftrag nach dem **Dombild** manifestierte Interesse an dem Werk in der psychologischen Wirkung auf die neuen Untertanen dem Ausbau der rheinischen Burgen ähnlich gewesen sein.

Ein Kopie-Auftrag des Kronprinzen an Beckenkamp ließ sich in den konsultierten Quellen nicht auffinden. Die Formulierung Beckenkamps in dem zitierten Brief an die Domkirchmeister vom März 1816, die *königl. prinzen* hätten von ihm Kopien verlangt[931], lässt zu diesem Datum allerdings darauf schließen, dass einer dieser königlichen Prinzen und Auftraggeber Friedrich Wilhelm gewesen ist. Möglicherweise ist mit einem weiteren der von Beckenkamp erwähnten *königl. prinzen* neben dem Kronprinzen selbst dessen Vetter Prinz Friedrich gemeint, der auf einer späteren Reise im Juli des Jahres 1815 zusammen mit Friedrich Wilhelm auf einer Yacht von Mainz bis Köln reiste und der Stadt ebenfalls einen Besuch abstattete.[932] Auch Prinz Friedrich war, wie zu zeigen sein wird, Besitzer einer **Dombild**-Kopie.

Dombild Schloss Stolzenfels (Mittelteil mit der Anbetung der Hl. Drei Könige) – um 1815 (Kat. Nr. 110)
Foto: Landesamt für Denkmalpflege Rheinland-Pfalz, Straeter

Eine Kopie des **Dombildes**, die sich ehemals im Besitz von Prinz Friedrich Wilhelm befand, lässt sich auf Grund von Inventaren in Berlin nachweisen. Diese befand sich in einem Raum im ersten Obergeschoss des Berliner Schlosses, in dem der Prinz seit 1815 wohnte.[933] Dieser Raum war der mit spätgotischen Schlingbögen gewölbten, dem Kronprinzen als Arbeitsraum dienenden Erasmuskapelle im Schloss vorgelagert. In dem als Gemeinderaum genutzten, und als „Halle" bezeichneten Raum sind in einem Inventar von 1826 sechs Gemälde verzeichnet, unter anderem eine nicht näher bezeichnete Kopie (oder Teilkopie) nach dem **Dombild**.[934] Eine Abbildung dieses Zimmers mit einer Gemälde-Reproduktion des **Dombildes** ist nicht bekannt. Die Berliner **Dombild**-Kopie ist auch noch in einer Beschreibung des Berliner Schlosses von Max Schasler erwähnt.[935]

Über den weiteren Verbleib dieses Gemäldes gibt es keine gesicherten Erkenntnisse. Mit einer gewissen, auf den Besitzverhältnissen gründenden Wahrscheinlichkeit, ist dieses Bild später nach Schloss Stolzenfels bei Koblenz gekommen. Möglich – jedoch leider nicht belegbar – ist aber auch, dass Beckenkamp für Kronprinz Friedrich Wilhelm und seine Frau Elisabeth zwei Kopien geschaffen hat (dies würde E. Moses bestätigen), von denen eine um 1842 nach Schloss Stolzenfels gebracht worden wäre.

Die Ruine der mittelalterlichen Zollburg Stolzenfels war dem Kronprinzen Friedrich Wilhelm anlässlich seiner Heirat mit Elisabeth von Bayern 1823 von der Stadt Koblenz geschenkt und nach Plänen Schinkels 1836 bis 1842 in ein neugotisches Schloss umgestaltet worden.[936] Das **Dombild Schloss**

*Carl Graeb: Schloss Stolzenfels, Wohnzimmer der Königin Elisabeth (Aquarell, um 1847), rechts angeschnitten die Teilkopie nach dem Dombild von Beckenkamp
Foto: Windsor Castle, Royal Library, © HM Queen Elisabeth II.*

Stolzenfels muss im Zuge der Einrichtung des Schlosses seit 1842 in das dortige Wohnzimmer der Königin Elisabeth gelangt sein und ist seit 1844 dort nachweisbar. Ein Aquarell von Carl Graeb in Windsor Castle zeigt die heute noch an derselben Stelle vorhandene Teilkopie Beckenkamps im Wohnzimmer der Königin Elisabeth in Schloss Stolzenfels.[937] So wie der neugotische Ausbau der Ruine Stolzenfels die politische Botschaft vermitteln sollte, die neuen preußischen Herren würden den Verfall des Rheinlandes und seiner kulturellen Zeugnisse beheben[938], so demonstrierte Kronprinz Friedrich Wilhelm neben seiner persönlichen Verehrung für **den Altar der Stadtpatrone** als Kunstwerk schon früh seinen Willen, sein Haus an die Tradition der Dreikönigenverehrung der deutschen Monarchen des Mittelalters zu binden.

6.4.3. Die Kopie für Prinz Friedrich von Preußen

Von anderer Seite kam dagegen die Vermutung, dass eine Kopie des **Dombildes** im Besitz des Prinzen Friedrich (Ludwig) von Preußen (1794–1863) mit derjenigen in Schloss Stolzenfels identisch sei.[939] Der Vetter des Kronprinzen könne das Gemälde dem seit 1840 als König regierenden Friedrich Wilhelm IV. geschenkt haben.

Die Teilkopie des Prinzen Friedrich ist auf einem Architekturbild des Berliner Malers Carl Friedrich Zimmermann (1796–1820) überliefert.[940] Das die **Rüstkammer des Prinzen Friedrich von Preußen** darstellende Bild war von Johannes Sievers auf Burg Rheinstein gefunden worden.[941] Für diese zwischen Bingen und Mainz rechtsrheinisch gelegene Rheinburg hatten sich Prinz Friedrich und der Kronprinz bereits seit ihrer gemeinsamen Rheinreise des Jahres 1815 begeistert.[942] Da dem Kronprinzen die Ruine Stolzenfels bei Koblenz zu seiner Hochzeit mit Elisabeth von Wittelsbach geschenkt worden war, kaufte Prinz Friedrich ebenfalls 1823 die Ruine von Rheinstein, die er zunächst von dem Koblenzer Baumeister Johann Claudius von Lassaulx und dann von dessen Schüler Wilhelm Kuhn ausbauen ließ. Schon 1828/29 konnte die Burg eingerichtet werden und diente dem in Düsseldorf residierenden Prinzen als Sommersitz. Kostümfeste und Ritterspiele sollten bei dem Aufenthalt des Prinzen und seiner Familie sowie beim Besuch hoher Gäste die mittelalterliche Welt sinnlich erfahrbar machen. Auch bei der Ausstattung der Burg, die erst 1975 nahezu komplett verkauft wurde, zeigte sich die Vorliebe des preußischen Prinzen für das Mittelalter. Waffen, kunstgewerbliche Einrichtungsgegenstände, unter anderem Glasfenster und ein Kamin aus dem alten Köln[943], sowie alte Gemälde spiegeln die romantische Begeisterung des Prinzen für die mittelalterliche Lebenswelt wider. Das Gemälde Zimmermanns mit der Rüstkammer des Prinzen und anderer mittelalterlicher und neumittelalterlicher Kunst- und Einrichtungsgegenstände erinnerte den Besitzer von Schloss Rheinstein an seine Berliner Wohnung in der Wilhelmstraße, die er zusammen mit seiner Frau bereits 1820 verlassen hatte.[944]

Ein Vergleich der auf dem Gemälde Zimmermanns[945] verkürzt und vereinfacht wiedergegebenen Teilkopie des **Dombildes** macht die Übereinstimmung mit den bisher bekannten Teilkopien Beckenkamps, des **Dombildes Schloss Stolzenfels**[946] als auch des „**Dreikönigsbildes**"[947] deutlich. Diese Übereinstimmungen betreffen vor allem die Auswahl und die Positionierung der Figuren, die Anlage als einteiliges, ein Triptychon aber evozierendes und auf die Verkündigungsflügel verzichtendes Gemälde, sowie die Rahmungen mit ihren angedeuteten Maßwerkansätzen. Ein Vergleich der Maße der beiden Teilkopien des **Dombildes** in Köln und in Stolzenfels zeigt, dass sie in der Breite um 20 und in der Höhe um 30 cm differieren.[948]

Die Beschaffenheit des Rahmens – von dem angenommen werden kann, dass er original ist – schließt allerdings aus, dass die Kopie von Schloss Stolzenfels identisch mit der Kopie auf Zimmermanns Gemälde ist. Die fünf genasten Kielbögen auf dem Mittelteil der Stolzenfels-Kopie und die jeweils drei Bögen der beiden Flügel geben den ansonsten überaus ähnlichen Kopien des Kölner Dreikönigsgymnasiums eine völlig andere Rahmenstruktur. Die Andeutungen von Maßwerk auf dem Rahmen der Kopie des Dreikönigsgymnasiums mit seinen acht plus jeweils fünf Rundbögen mit eingepassten Dreipässen stimmen dagegen bis auf den Rahmenaufsatz im wesentlichen mit der von Zimmermann auf dem Kamin der Berliner Wohnung des Prinzen Friedrich dargestellten Gemälde-Kopie überein. Die Identifizierung des „**Dreikönigsbildes**" im Kölner Dreikönigsgymnasium mit dem Ausstattungsstück des neugotischen Interieurs in der Berliner Wilhelmstraße 72 wird damit sehr wahrscheinlich, wenn sie sich auch nicht ganz eindeutig belegen lässt.

Der Wunsch des Prinzen Friedrich, in den Besitz einer **Dombild**-Kopie zu gelangen, könnte sich schon während seines Besuches zusammen mit seinem Vetter Friedrich Wilhelm in Köln konkret in einer Auftragsvergabe niedergeschlagen haben. Möglicherweise beeinflusste Prinz Friedrich seinen königlichen Vetter, den Kronprinzen, mit dem er zusammen erzogen worden war, bei dessen Wunsch nach einer **Dombild**-Kopie.[949] Aber auch auf Schinkel, der sowohl für den Kronprinzen, als auch für den Prinzen Friedrich[950] beratend tätig war und der 1816 durch das Rheinland reiste[951], könnten Kopie-Aufträge an Beckenkamp zurückzuführen sein.

Die Teilkopie für Prinz Friedrich könnte dagegen in Zusammenhang mit der Ausstattung seines Palais' in der Berliner Wilhelmstraße 72[952] und seiner Heirat mit Wilhelmine Luise von Anhalt Bernburg[953] zwei Jahre später im November des Jahres 1817 gebracht werden. Das Gemälde muss Ende Juli

139

1817 fertiggestellt gewesen sein, denn Prinz Friedrich bat Schinkel, einen passenden Rahmen für das Bild herstellen zu lassen.[954]

Zimmermanns Gemälde mit der **Rüstkammer des Prinzen Friedrich von Preußen** ist nicht nur die einzige Bildquelle einer Räumlichkeit des Palais' Wilhelmstraße 72, sondern auch die einzige vollständige bildliche Überlieferung des zeitgenössischen Raumkontextes einer **Dombild**-Kopie Beckenkamps im allgemeinen und in einer preußischen Residenz im besonderen. Dieses Architekturbild zeigt angeschnitten einen rechteckigen Raum, an dessen Stirnseite in der Raumtiefe ein aus vielen kleinen Teilen aus Mittelalter und Renaissance zusammengesetztes Glasfenster in die Wand eingelassen ist. Links und rechts davon befinden sich Harnischteile an der Wand befestigt und davor stehend eine ganze Ritterrüstung. Neben dem Eingang an der rechten Längsseite sind an der Wand verschiedene alte Waffen angebracht. Auf einem truhenförmigen Möbel mit zarten neugotischen Verstrebungen steht neben einem geflügelten Helm die Skulptur der Jeanne d'Arc mit erhobenem Schwert in Halbfigur. An der linken Wand gegenüber ist auf einen Kamin mit brennendem Feuer das Kölner „**Dreikönigsbild**" von Beckenkamp in einen neugotischen Rahmen gesetzt.

Eine Sternendecke mit ihren fünfeckigen Feldern faltet sich von einem großen zentralen Kreis ausgehend auf. Das von Schinkel gestaltete Interieur

Carl Friedrich Zimmermann und Franz Krüger: Die Rüstkammer des Prinzen Friedrich von Preußen – vor 1820
Foto: Staatliche Schlösser und Gärten, Berlin-Brandenburg

vermittelt inhaltlich wie formal den Eindruck eines neugotischen Gesamtkunstwerkes, in dem sakrale mit profanen Elementen gemischt sind und gotische Formen mit Versatzstücken aus Mittelalter und Renaissance ineinander fließen.[955] Die Gemäldekopie mit sakralem Inhalt, dessen Original in eine feste liturgische Funktion eingebunden war, wird hier in einen historisierend profanen und sogar militärischen Kontext gestellt. Das auf einem brennenden Kamin aufgestellte Bild bewirkt aus konservatorischer Sicht Befremden und wirft die Frage nach Idealität und Realitätsgehalt der Darstellung Zimmermanns auf.

Die vor dem Kamin sitzende Prinzessin Wilhelmine Luise hat ein Buch sinken lassen und sich zu ihrem Gatten Prinz Friedrich umgewandt, der gerade in Begleitung einer großen Dogge zu ihr getreten ist. Von den beiden fürstlichen Personen, deren Bildnisse von dem Berliner Portraitmaler Franz Krüger hereingemalt wurden[956], geht nicht nur die romantische Sehnsucht nach mittelalterlicher Frömmigkeit, Tugend und Kraft, sondern auch eine ganz biedermeierliche Häuslichkeit und Ruhe aus. Das Herauslösen der Kopie aus dem ursprünglich sakralen Kontext des Originals und seine Einfassung in Räume, die mit ihren mittelalterlichen oder neumittelalterlichen Ausstattungsstücken die biedermeierliche Gemütlichkeit der Restaurationszeit heraufbeschwören, ist charakteristisch für den architekturikonologischen Kontext romantischer Kopie-Aufträge nach dem **Dombild**.

Die neugotische Berliner Idylle wurde von Prinz Friedrich und seiner Familie bereits 1820 aufgegeben. Prinz Friedrich stärkte seine kulturelle Verbindung zum Rheinland durch seine Übersiedelung nach Düsseldorf, wo er Kommandeur der 14. Division wurde.[957] Möglicherweise nahm er seine Gemälde-Kopie mit nach Düsseldorf, wo er in Schloss Jägerhof residierte. Erst 1850 kehrte er, verbittert durch die ihm als Repräsentanten Preußens während der Revolution von 1848 gezeigte Verachtung der Rheinländer, nach Berlin zurück.

„Dreikönigsbild" – um 1815 (Kat. Nr. 111)
Diese Teilkopie nach dem Dombild befindet sich heute im Kölner Dreikönigsgymnasium.
Foto: RBA, Wolfgang F. Meier

6.4.4. Die Kopie für König Friedrich Wilhelm III. von Preußen

Von ganz anderen Überlegungen war dagegen der Auftrag des preußischen Königs für eine Kopie des **Dombildes** an Beckenkamp geprägt. Während des Besuches von König Friedrich Wilhelm III. in Köln am 10. September 1817 wurde im städtischen Rathaus eine *Ausstellung von kölnischen Industrie- und Kunsterzeugnissen*[958] gezeigt, auf der unter anderem die Miniaturkopie mit der Anbetung der Könige von Josef Raabe (1780–1846) zu sehen war.[959] Der König kaufte eine Teilkopie des **Dombildes** von Nikolaus Zimmermann, die nur die Madonna mit dem Kind in verkleinertem Maßstab nachbildete.[960] Doch erst im Dezember des darauffolgenden Jahres, 1818, vergab König Friedrich Wilhelm den Auftrag, den **Altar der Stadtpatrone** (Farbabb. S. 112) ohne Vereinfachungen und Variationen zu kopieren.[961] Friedrich Wilhelm kam auf der Durchreise zum Aachener Monarchenkongress am 19. November 1818 auch nach Köln, wo er nach Auskunft Eberhard von Grootes wieder im Haus der Frau von Zuydtwyck in der Gereonstraße wohnte.[962] Das Datum 1818 lässt zumindest vermuten, dass vor allem dieser Auftrag mehr mit nüchternen kulturpolitischen Absichten als mit der Mittelaltersehnsucht der königlichen Prinzen verbunden war.[963]

Über die kulturelle Situation im Rheinland nach der Besetzung durch Preußen brachte die 1816 erschienene Schrift Goethes über Kunst und Altertum eine Zusammenstellung. Sie war das Ergebnis seiner mit dem Freiherrn von Stein im Sommer des Jahres 1815 unternommenen Rheinreise. Sehr wahrscheinlich wurde diese Inspektionsreise im Auftrag der preußischen Regierung unternommen.[964]

Obwohl Goethe in seiner Schrift für Köln die Einrichtung einer Universität und eines Zentralmuseums gefordert hatte, war die Standortwahl für die neue rheinische Universität im Mai 1818 schließlich auf Bonn gefallen. Der Streit war schon 1813 entbrannt und hatte auf beiden Seiten die Parteinehmer der einzelnen Städte formieren lassen. Auch Wallraf hatte – wie gesehen – unter anderem anlässlich der Versendung von Beckenkamps **Dombild**-Kopie an Prinzessin Marianne von Preußen über dieselbe versucht, in Berlin eine Lobby für die Sache Kölns zu gewinnen. Mit dem für Köln schmeichelhaften Auftrag an Beckenkamp könnte Friedrich Wilhelm III. einen Beitrag zur Beruhigung der erhitzten Gemüter und der verletzten Eitelkeit der Kölner Seele beabsichtigt haben, nachdem die Standortwahl zu Ungunsten Kölns ausgefallen war.

Auf Grund der für diesen Komplex mangelhaften Quellenlage ist eine politische Absicht des Königs nicht belegbar, erweist sich aber als sehr wahrscheinlich.[965] Dennoch könnte auch persönliche Motivation hinter dem Auftrag König Friedrich Wilhelms stehen. In der Literatur zu Friedrich Wilhelm III. wird diesem nach dem Tod der Königin Luise 1810 ein zunehmender Hang zur Religiosität zugeschrieben. Daher wurde im Königlichen Palais in Berlin 1827 durch Schinkel eine Kapelle gebaut und ausgestattet und dafür der Thronsaal verkleinert.[966] Die Ausstattung bestand aus einem großen umlaufenden Fries mit elf Zeichnungen von J. Schoppe.

Bereits in einem 1822 entstandenen Inventar der Königlichen Schlösser wurde das Gemälde in dem „Louisen-" oder „Thronzimmer" genannten Raum des von Friedrich Wilhelm III. bewohnten Königlichen Palais (Unter den Linden) unter der Nr. 410 vermerkt.[967] Dort sah es auch Sulpiz Boisserée bei einem Besuch im *Königlichen Palais* in Berlin am 24. Mai 1832: *in dem Nebengang der Kapelle hängt das v. Beckenkamp copierte Dombild von Köln in Originalgröße.*[968]

Nach dem Tod von Friedrich Wilhelm III. wurde das Gebäude als Kronprinzenpalais für den Prinzen Friedrich (Wilhelm), einen Enkel des Königs und Sohn des späteren Kaisers Wilhelm I., den späteren Kaiser Friedrich III., verwendet. Bei der Neugestaltung des dann wieder Königlichen Palais' für Friedrich III. wurde die große Kopie übernommen. Sie kam erst 1888, nach dem Tod dieses Kaisers zusammen mit seiner Witwe, der „Kaiserin Friedrich", der Victoria von England erste und gleichnamige Tochter, nach Schloss Friedrichshof in Kronberg/Ts. Diese neumittelalterliche Schlossanlage wurde 1889–93 als Witwensitz der „Kaiserin Friedrich" gebaut.[969] Seit 1954 wird das Schloss als Hotel genutzt. Das **Dombild Schloss Friedrichshof**[970] (Abb. S. 117) befindet sich heute in der Bibliothek des mondänen Schlosshotels.

6.5. Die Nachbildung des „Dombildes"
für die Familie Heereman von Zuydtwyck

Seit 1973 (und nach einer mehrjährigen Unterbrechung voraussichtlich wieder ab 2004) steht in der Vorhalle des Kölner Rathauses[971] – vis-à-vis vom ehemaligen Standort des Originals in der untergegangenen Kölner Ratskapelle St. Maria in Jerusalem – ein großes, dem Kölner **Dombild** verpflichtetes Triptychon mit der **Anbetung der Hl. Drei Könige und zwei Stifterflügeln**. Dieses große Gemälde war 1962 im Kunsthandel aufgetaucht und bei dieser Gelegenheit Beckenkamp zugeschrieben worden.[972] Diese Zuschreibung bestätigten Ursula Erichsen-Firle und Horst Vey und ergänzten eine kurze Notiz[973] über die Identität der Stifterfamilie um die Lebensdaten der vier dargestellten Personen.[974]

Das Triptychon wurde in zeitgenössischen Quellen wie den oben[975] angeführten Reiseberichten und auch bei De Noël nicht erwähnt.[976] Noch 1964 erhielt das Bild beim Vergleich mit Kopien und Nachbildungen der Lochnernachfolge um 1500 eine negative Bewertung[977] und wurde erst 1995 auf der Kölner Ausstellung über das Kunstsammlertum zwischen Trikolore und Preußenadler in den richtigen kulturhistorischen Kontext eingegliedert.[978]

Im folgenden sind zuerst Fragen nach dem Verhältnis des **Triptychons Heereman von Zuydtwyck**[979] zu seinen verschiedenen Vorbildern zu stellen.[980]

6.5.1. Vorbilder des Triptychons Heereman von Zuydtwyck

Wie bei den meisten Kopien Beckenkamps nach dem **Dombild**[981] ist trotz der immer noch beachtlichen Größe des Werkes auch bei dem großen Triptychon der Kölner Rathausvorhalle im Vergleich zum Original[982] eine Reduktion der Maße vorgenommen worden.[983]

Die Reduktion der Maße vor allem in der Breite wirkt sich hier auch in der Strukturierung des Bildes durch die Maßwerkbögen des schweren Rahmens aus.[984] Den drei Bögen der Flügel entsprechen im Original vier, und den sieben Bögen des Mittelteils stehen im Original acht gegenüber. Damit erscheinen die Proportionen des Triptychons gleich auf den ersten Blick verändert.

Den Abweichungen in der äußeren Struktur entspricht eine geänderte Aufteilung im Inneren des Bildes. Diese macht sich zunächst auf dem Mittelteil weniger bemerkbar als auf den Flügeln, die eine völlig andere Vorlage aufgreifen. Wie auf Lochners Original kniet der älteste der drei Könige im schweren rot-goldenen Brokat anbetend zur Rechten Marias und des Kindes. Dem älteren König gegenüber reicht der jüngere König im grünen

Engelbert Anton und Werner Alexander Heereman von Zuydtwyck mit den Heiligen Engelbert und Werner (Kat. Nr. 150)
Foto: RBA

Joos van der Beke: Nicasius und Georg Hackeney mit den Heiligen Nicasius und Georg
Foto: RBA

pelzverbrämten Umhang einen großen, mit goldenen Graten und Ornamenten versehenen Pokal[985], das Weihrauchgefäß, dar. Hinter ihm stehend, die linke Hand zur Brust geführt, bringt der dritte König seine Gabe, die Myrrhe, in einem rot leuchtenden, edelsteinbesetzten Japsispokal[986] herbei.

Doch schon bei dem Vergleich der Figur des jüngsten Königs auf dem **Triptychon Heereman von Zuydtwyck** (Farbabb. S. 112) mit seiner Entsprechung auf dem **Altar der Stadtpatrone** ist eine Variante festzustellen, die der Interpretation Beckenkamps eine deutlich vom Original divergierende Tendenz zuweist. Die Hand an die Brust geführt, hat sich der jüngste der drei Könige näher zu Maria und dem Kind vorgebeugt und lehnt den Kopf an den Brokatvorhang, der nun scheinbar durch den Druck und nicht mehr durch die Hand des Cherubims eine sanfte Falte aufwirft. Der Thronbehang wird damit nicht mehr als eine himmlische Ortsbeschreibung mittels materieller Erscheinung, sondern als eine konkrete stoffliche Substanz aufgefasst. Die Gesichtszüge des Anbetenden erscheinen weich und versonnen[987] und als anbetendes Individuum ist er gleichsam körperhaft in die göttliche Sphäre eingedrungen, von der ihn im Original ein Stück Goldgrund getrennt hatte. Auch der Schatten, den der Kopf des „schwarzen" Königs auf dem Pressbrokat wirft, unterstreicht plastisch die reale Präsenz des jüngsten Königs.

Damit wird auch betont, dass es nicht *nur zwei, sondern drei Könige waren, die das Kind auf dem Schoß der Mutter angebetet haben; er* [der Maler] *verstärkt damit zugleich die erzählerische Nuancierung, die diese Kopie im Gegensatz zum Dombild näher an die Dreikönigenlegende führt.*[988] Die *etwas unglückliche Stellung des dritten Königs*[989] auf dem Original, die Symmetrie und strenge Dreieckskomposition habe Beckenkamp damit korrigiert und zu Gunsten anderer inhaltlicher Werte aufgegeben.[990]

So scheint auch das Gefolge der Könige durch Vergrößerung der Figuren und ihre Kommunikation mittels direkter Blicke untereinander nunmehr nur noch eine weltliche Gruppe ohne nähere Beziehung zu den drei Königen zu sein. Hatte im **Dombild** der Bedeutungsmaßstab auch die ästhetische Funktion gleichsam absidenförmig Halbkreise um die zentrale Figurengruppe zu bilden, so bewirkte die Aufhebung desselben nun eine größere Distanz des Gefolges zu den Heiligen Drei Königen.

Auch die Madonna, bei Lochner straff und symmetrisch vor den Thronbehang gespannt, hat auf unserem Triptychon den Kopf mehr zu ihrem Kind geneigt, wirkt ernster, körperhafter und elegischer, wie auch die Gesamtstimmung des Bildes sentimentaler und damit irdischer ist. Die im Wind des Himmlischen Jerusalems flatternden Fahnen auf dem Original hat Beckenkamp wohl auch wegen der reduzierten Höhe seiner Tafel weggelassen. Im Gegenzug hat der Maler die beiden Figurengruppen am rechten und linken Bildrand verändert, indem er zum einen den Bedeutungsmaßstab[991] unter den Figuren am rechten Bildrand aufgehoben[992] und am linken Bildrand hinter dem alten König eine kleine Gruppe von Pagen durch zwei männliche Figuren in orientalischer Tracht und Turban ersetzt hat. Das größere Gewicht, das Beckenkamp durch Ergänzung von turbantragenden Gefolgsleuten der orientalischen Herkunft der Könige gibt, unterstützt zunächst die These Depels, dass die Dreikönigenlegende des Johannes von Hildesheim[993] für Beckenkamps Auftraggeber auch von inhaltlicher Bedeutung für das Triptychon gewesen sein könnte.[994]

144

Für die beiden Flügel haben Ursula Erichsen-Firle und Horst Vey die Flügel des sogenannten **Kleinen Marientodes** von Joos van der Beke aus der Sammlung Wallraf als Vorbild ausfindig gemacht.⁹⁹⁵ Dort erscheinen die beiden Kölner Finanzmakler des ausgehenden Mittelalters, Nicasius und Georg Hackeney mit ihren Namenspatronen auf dem linken, sowie auf dem rechten Flügel die beiden Frauen der Stifter Christina Hardenrath und Sibylla van Merle mit ihren Namensheiligen.⁹⁹⁶ Zehnder hat dagegen im Zusammenhang mit dem Triptychon der Rathausvorhalle darauf verwiesen, dass auch im Werk von Barthel Bruyn Stifterportraits auftauchen.⁹⁹⁷ Tatsächlich ähneln beispielsweise die beiden älteren knienden Stifter von Bruyns Altar der Familie Siegen⁹⁹⁸ den beiden vor einem Betpult knienden Stiftern auf Beckenkamps Altarflügeln. Allerdings wird Bruyns Komposition um vier hinter Arnold von Siegen im Harnisch kniende Männer in dunklen Gewändern, vielleicht seine Söhne, erweitert. Analog dazu wird der linke Flügel um die vier knieend betenden Töchter der Frau von Siegen ergänzt.⁹⁹⁹ Zwischen den knienden Stiftern und einer Mauerbrüstung mit Porphyrsäulen, die den Blick auf eine Landschaft durchlassen, stehen jeweils zwei Heilige, die in keiner ausdrücklichen Beziehung zu den Stiftern stehen. Im Vergleich zu den älteren aber fortschrittlicheren Figuren van der Bekes erscheinen Bruyns Stifter steif, ausdruckslos und konventionell. Die gut zwanzig Jahre jüngeren Stifterbilder der Familie Siegen von der Hand Barthel Bruyns werden sich ihrerseits auf Joos van der Bekes Modell bezogen haben.¹⁰⁰⁰

Ferdinandine und Amalie Heereman von Zuydtwyck mit den Heiligen Ferdinand und Amalie (Kat. Nr. 150)
Foto: RBA

Die beiden Flügel Bruyns aus der Kirche St. Johann Baptist (in der Kölner Severinstraße) wurden Anfang des 19. Jahrhunderts von den Brüdern Boisserée angekauft.¹⁰⁰¹ Für Beckenkamp, der in der Nähe dieser Kirche wohnte und auch mit den Brüdern Boisserée in Kontakt stand, war Bruyns Altar der Familie Siegen sicherlich nicht unbekannt. Allerdings wird dieses Bild schon um 1810 mit der Sammlung Boisserée von Köln weggebracht worden sein.¹⁰⁰² Beckenkamps Rückgriff auf die beiden Flügel von Joos van der Bekes **Marientod-Altares**¹⁰⁰³ ist jedoch eindeutig erkennbar. Im Vergleich zu den vier Stifter-Figuren der Familie Hackeney erscheinen vor allem die beiden männlichen Personen des linken Flügels sehr detailgetreu von Beckenkamp übernommen. Das betrifft vor allem die Haltung des Älteren der beiden knienden Beter, der sich wie Nicasius Hackeney nur auf ein Knie aufstützt, sowie das Verhältnis des jüngeren zu dem älteren vor ihm knienden Stifter.¹⁰⁰⁴ Die beiden Harnische sind in allen Bestandteilen bis zum Kettenhemd in jeder Einzelheit kopiert.¹⁰⁰⁵

Joos van der Beke: Christina und Sibilla Hackeney mit den Heiligen Christina und Gudula
Foto: RBA

Die beiden Damen des rechten Flügels übernimmt Beckenkamp dagegen mit größeren Freiheiten. Der schwarze Witwenmantel der Frau des Stifters in seiner samtenen Stofflichkeit ist dem Vorbild getreulich nachempfunden, sein oberer Abschluss mit dem Kragen und die mit einer Brosche versehene Haube hat der Maler dagegen der hinter der Hl. Ursula hervorlugenden, den Betrachter keck anschauenden Dame auf dem Ursulaflügel des **Dombildes** entlehnt. Auch das Kleid des fünfzehn bis siebzehnjährigen Mädchens greift nicht auf die Renaissancetracht der Sibylla van Merle auf dem rechten Flügel des Joos van der Beke, sondern in dem Ärmelausschnitt und in dem blauen Brokatstoff des Untergewandes¹⁰⁰⁶ auf die Mode der Lochnerzeit zurück. An dieser Stelle wird auch sehr gut sichtbar, wie Beckenkamp mit Versatzstücken arbeitete, um den Eindruck von Authentizität zu erwecken, und gleichzeitig etwas völlig Neues zu gestalten.

145

Erheblich unterscheiden sich jedoch die Heiligen im Hintergrund von den Namenspatronen auf den Flügeln des Hackeneyschen **Marientod**-Bildes. Sie stellen eine von direkten Vorbildern freie Neuschöpfung dar. Vor einer ziegelbedachten Mauerbrüstung angeordnet, stehen sie zwar unmittelbar hinter ihren Namensnehmern, stellen aber keine körperliche Beziehung zu den knienden Stiftern her, etwa durch einen Empfehlungsgestus wie das Auflegen von Händen auf Schultern oder Köpfe. Allein der jüngste Heilige hat seine rechte Hand dem jüngeren Stifter auf die Schulter gelegt. Die statuarische Distanz und die Anordnung der Figuren im Hintergrund erinnert an eine mittelalterliche Heiligenreihung. Die heiligen Engelbert und Ferdinand hat Beckenkamp mit Kurmantel und Kurhut, bzw. Krone dargestellt. Der heilige Engelbert stellt mehr einen Kurfürsten in zeitlosem Gewand als einen Kölner Erzbischof des Mittelalters dar. Die Haarmode dieser beiden Heiligen ist Dürerselbstportraits entlehnt.[1007] Die beiden jüngeren Heiligen der beiden Flügel dagegen tragen nur eine einfache Tracht.

Im Gegensatz zu Joos van der Bekes Marientod-Flügeln hat Beckenkamp seine Stifterfiguren nicht vor einer Landschaft platziert, sondern den Bildhintergrund seiner Stifter-Flügel als Goldgrund gestaltet. Diese ästhetische Entscheidung hat der Maler sicherlich nicht nur wegen der größeren Einheitlichkeit getroffen. Auf diese Weise stellte er die beiden knienden Stifterpaare im Unterschied zum Vorbild in den gleichen Raum der Anbetungsszene. Joos van der Beke hatte dagegen mit der Differenzierung zwischen dem Innenraum des Sterbens Mariens und den in der Landschaft sich aufhaltenden Stiftern und Heiligen die Trennung zwischen den Anbetenden und der Sterbeszene betont.[1008] Mit der Vereinheitlichung des Hintergrundes bezieht Beckenkamp dagegen die Stifter auch räumlich in die Anbetungsszene mit den Hl. Drei Königen ein. Nur eine niedrige Mauerbrüstung trennt die Figuren der Flügel vom Gold des Hintergrundes. Mit dem vereinheitlichten Goldgrund betont der Maler die Transzendenz des Andachtsbildes und nähert die Stifterfamilie dem romantischen Ideal mittelalterlicher Frömmigkeit weiter an.

6.5.2. Die Familie Heereman von Zuydtwyck
Wie bei Joos van der Beke sind die prächtigen Familienwappen auf der rotsamtenen Betpultdecke auf Beckenkamps Triptychon-Flügeln die Grundlage für die Identifizierung der Stifterpersönlichkeiten gewesen.[1009] Das Familienwappen der Ehefrau, einer geborenen von Haxthausen auf dem rechten Flügel, sowie die in den Heiligenscheinen eingeschriebenen Namen (von links) *S. Wernerus Mart.*, *S. Engelbertus Archiep. et Mart.*, *S. Ferdinandus Rex.* und *S. Amalia* erlaubten eine genaue Rückführung der dargestellten Personen auf Engelbert Anton Heereman von Zuydtwyck (1769–1810), seine Frau Ferdinandine, geborene von Haxthausen (1781[1010]–1851), den Sohn Werner Alexander (1808–1886) und die Tochter Amalie Theodora Heereman von Zuydtwyck (1809–1853[1011]).

Erichsen-Firle und Horst Vey hatten auf Grund des Alters der Kinder eine Datierung um die Mitte der zwanziger Jahre, also um 1825 oder wenig später vorgeschlagen.[1012] Damit ergab sich auch, dass Engelbert Anton Heereman von Zuydtwyck bei Entstehung des Bildes bereits verstorben war. Dieser fiel damit als möglicher Auftraggeber weg. Wahrscheinlich benutzte Beckenkamp für sein postumes Stifterportrait eine ältere Vorlage.[1013]

Schon 1786 und 1787 hatte Beckenkamp Mitglieder der Familie Heereman von Zuydtwyck portraitiert.[1014] So werden auch die Bildnisse der Eltern des Stifters, Franz Ernst Hyacinth Heereman von Zuydtwyck und von dessen Frau Maria Anna von Wrede Melschede mit Beckenkamp in Verbindung gebracht.[1015] Der große romantische Auftrag an den Kölner Maler, der Kopie und Bildnis verband, wäre so auch aus dieser weit zurückliegenden Vorgeschichte verständlich.

Der rheinische Zweig der ursprünglich aus den Niederlanden stammenden Familie Heereman von Zuydtwyck hatte in der Umgebung Kölns mehrere Güter[1016] und in Köln zwei Stadthäuser.[1017] Die Kölner Stadtpalais' befanden sich in der Hohestraße 115[1018] – wo Engelberts Mutter Maria Anna von Wrede-Melschede (gestorben 1811) ihren Witwensitz hatte – und in der Gereonstraße 12, dem ehemaligen Mülheimschen Palais.[1019] Bis zum Verkauf dieses Hauses im Jahr 1824 war es im Besitz der Witwe von Engelbert Anton, Ferdinandine Heereman von Zuydtwyck und ihrer beiden Kinder Werner und Amalie. So ist der Auftrag des großen Gemäldes in der Kölner Rathausvorhalle zunächst mit Ferdinandine Heereman von Zuydtwyck in Verbindung zu bringen.[1020]

6.5.3. Das Schloss in Herstelle und das Triptychon Heereman von Zuydtwyck

Der Lebensweg der Ferdinandine von Zuydtwyck ist wegen ihres häufigen Aufenthaltswechsels nicht einfach zu verfolgen. Nachdem sie schon 1810 Witwe geworden war, blieb sie zunächst bis 1815 mit ihren beiden Kindern im Stadtpalais der Familie in der Kölner Gereonstraße wohnen. Zwischen 1815 und 1819 lebte sie dagegen wieder auf dem Stammsitz ihrer Familie in Bökendorf bei Brakel. Dennoch scheint sie weiter mit ihren Kölner Verwandten und Freunden in Verbindung gestanden und Köln auch häufiger besucht zu haben.[1021]

Die gebürtige Westfälin aus der Familie Haxthausen kaufte 1820 in Herstelle bei Beverungen an der Weser zunächst das Gut Kemperfeld und 1823 die Burg Herstelle selbst.[1022] Im Mai 1826 legte ihre Tochter Amalie dort den Grundstein für den Neubau einer historisierenden Schlossanlage durch den Koblenzer Architekten Johann Claudius von Lassaulx (1781–1848).[1023] Für den Neubau griff Ferdinandine von Heereman nicht nur auf den Kölner Baumeister Friedrich Erben[1024], sondern für die Ausstattung auch auf rheinische Handwerker zurück.[1025] Schon 1825 waren erste Einrichtungsgegenstände für den geplanten Bau gekauft worden.[1026] Erst 1832 war das Schloss fertiggestellt, schon 1833 ging es an den Sohn Werner Alexander anlässlich seiner Heirat über und noch 1834 waren kleinere Baumaßnahmen zu tätigen.

Der Schlossbau von Herstelle mit seinen neugotischen und romanischstaufischen Bauformen gilt in der neueren Forschung zu Lassaulx als *Hauptwerk rheinischer Schlösserromantik*.[1027] Kritischer beurteilten Zeitgenossen das Schloss von Herstelle. Als *Luftschloss*[1028] bezeichnete es der Kasseler Maler, Radierer und Bruder der Märchensammmler Wilhelm und Jakob, Ludwig Emil Grimm (1790–1863), der mit Ferdinandine Heereman von Zuydtwyck, besonders aber mit deren Tochter Amalie durch Besuch und Briefe in Verbindung stand. Levin Schücking, der spätere Freund der Annette von Droste-Hülshoff, stellte die Mischung von sakralen und profanen Elementen des Neubaus heraus: *Herstelle ist jetzt ein neues Gebäude, das halb in*

*Schloss Herstelle an der Weser,
gebaut von dem Koblenzer Architekten
Johann Claudius von Lassaulx (1781–1848)
Foto: Westfälisches Amt für Denkmalpflege,
A. Brockmann-Peschel*

*Schloss Herstelle an der Weser, Wintergarten in den Formen eines chorartigen Anbaus mit gotischen Spitzbogenfenstern
Foto: Westfälisches Amt für Denkmalpflege, A. Brockmann-Peschel*

gotischem Stil errichtet mit seinem schweren zinnengekrönten Turme und chorartigem Ausbau, halb den Eindruck einer Zwingfeste aus der Ritterzeit, halb den einer Kirche macht.[1029]

Dem sakralen Element des Gebäudes wird in der Ausstattung der Wunsch nach einem großen Tafelbild in mittelalterlichem Geist entsprochen haben. Die Verbindung zwischen dem Schlossbau in Herstelle und dem großen Gemälde der Kölner Rathausvorhalle hatten schon Erichsen-Firle und Vey hergestellt.[1030] Wahrscheinlich war an die Aufstellung in der geplanten Burgkapelle gedacht worden.[1031] Diese wurde aber nie ausgeführt. Möglicherweise war dann der als Wintergarten dienende chorartige Anbau mit seinen gotischen Spitzbogenfenstern als Aufstellungsort erwogen worden. Dieser Raum wäre schon allein von seiner Größe dafür geeignet gewesen, das gut vier Meter breite Gemälde aufzunehmen.[1032] Der Saloncharakter des Raumes verdeutlicht – wie auch die Aufstellung einer Lochner-Kopie Beckenkamps auf dem Kamin der Rüstkammer des Prinzen Friedrich auf dem Gemälde Carl Friedrich Zimmermanns – die Entkleidung der sakralen Funktionen eines romantischen Andachtsbildes. Die Betonung des Portraitcharakters der Stifterbildnisse und die elegisch-sentimentale Grundtendenz des Triptychons hätten bei einer Verwirklichung der Aufstellung des Gemäldes in dem Wintergarten mit seinen sakralen Formen und seiner profanen Ikonologie keinen Bruch in der Funktion und der Ausrichtung des Triptychons hervorgerufen. Das in Herstelle verwirklichte Ideal von Kirche und Ritterzeit, wie es Levin Schücking dargestellt hatte, verbindet sich also nicht nur in dem romantischen Schlossbau von Herstelle, sondern auch in der Verbindung von sakralen und profanen Komponenten in Beckenkamps **Triptychon Heereman von Zuydtwyck**.

6.5.4. Der Regierungsrat von Haxthausen und das Triptychon Heereman von Zuydtwyck

Durch eine Tagebucheintragung Eberhard von Grootes tritt eine weitere Persönlichkeit hinzu, die maßgeblich die Auftragsvergabe an Beckenkamp, aber auch die Auswahl inhaltlicher Komponenten beeinflusst haben könnte. Um genaue und belegbare Aussagen zu treffen, fehlen jedoch heute wichtige Quellen, in denen präzisere Details zur Entstehung dieses Bildes zu vermuten sind.[1033]

Seit 1815 lebte und arbeitete als preußischer Regierungsbeamter in Köln der Bruder der Ferdinandine von Zuydtwyck, Werner von Haxthausen (1780–1842).[1034] Haxthausen stammte aus einer alten westfälischen Familie mit Besitzungen in der Umgebung Paderborns, wie das schon erwähnte Bökendorf, Abbenburg und Thienhausen. Er studierte Jura in Prag, Orientalistik in Paris und Medizin in Halle und in Göttingen. 1811 musste Haxthausen vor Napoleon nach London fliehen, wo er als Arzt tätig war. Als Arzt (und Orientalist) wollte er in englischen Diensten in Kalkutta tätig werden, wurde aber auf der Reise dorthin von den Befreiungskriegen überrascht und nahm in nationaler Begeisterung daran teil. Auf dem Wiener Kongress wurde Haxthausen dann angetragen, den preußischen Oberpräsidenten in Köln, Graf Solms-Laubach, bei der Neuorganisation der rheinischen Territorien zu unterstützen.

In Köln wohnte Haxthausen in dem ehemals der Kölner Familie Pütz gehörenden Brempter Hof, dem einzigen damals erhaltenen Haus auf der alten Kölner Stadtmauer, nahe dem Bayenturm, ihrem südlichen Eckturm.[1035] Nicht nur die persönlichen Beziehungen zu seiner Schwester Ferdinandine von Zuydtwyck banden Haxthausen bald an Köln, sondern auch seine Freundschaft mit ebenfalls romantisch gesinnten Freunden wie Eberhard von Groote. Haxthausen fühlte sich auch Wallraf freundschaftlich verbunden, während dieser ihm zunächst eher skeptisch gegenüber stand.[1036] Der kunstsinnige westfälische Adelige, der für die preußische Regierung auch denkmalpflegerisch tätig war, begann schon bald nach seiner Ankunft in Köln eine Gemäldesammlung mit Werken der kölnischen, flämischen und westfälischen Malerei des Mittelalters aufzubauen, die von den Reisenden geschätzt und bewundert wurde.[1037] Durch seine Heirat mit der niederrheinischen Adeligen Elisabeth von Harff-Dreiborn im Jahr 1825 wurde diese Sammlung um weitere qualitätvolle Stücke ergänzt. Ein Auszug aus Haxthausens in seinen Kölner Jahren bis 1826 zusammengestellten Sammlungen konnte 1995 in Köln wieder vorgestellt werden.[1038] Dabei zeigte sich auch, dass Haxthausen selber Künstler für Portraits seiner Familie beschäftigte.[1039]

So überrascht es nicht, dass Haxthausen in Köln auch mit Beckenkamp in Kontakt[1040] stand und diesem sein Portrait in Auftrag gegeben hatte. Dieses erwähnt Eberhard von Groote, als er im Juli des Jahres 1818 zusammen mit Regierungsdirektor Sotzmann und mit Haxthausen das Atelier Beckenkamps besuchte, *wo wir H.s wohl getroffenes Bild in der Manier Holbeins sehen*.[1041] Den altdeutsch-romantischen Geschmack Haxthausens und seiner Schwester Ferdinandine belegt weiterhin ein Auftrag – der nicht an Beckenkamp ging – für eine kleine Kopie des **Dombildes**. Dieses Bild war schon in der ersten Hälfte des Jahres 1823 in Auftrag gegeben worden, als *Haxthausen [...] eines danach* [i. e. nach dem **Dombild**] *in Miniatur für s. Schwester v. Zuydtwyck malen ließ*.[1042] Etwa ein halbes Jahr später, im September 1823, zeigt Haxthausen Eberhard von Groote eine Miniaturkopie des **Dombildes** *von einem hiesigen jungen Maler*, die Groote *recht hübsch* findet.[1043] Diese heute nicht auffindbare Miniaturkopie kann in Zusammenhang mit den Planungen zu dem an Beckenkamp erteilten Auftrag für das heute in der Kölner Rathausvorhalle befindliche Triptychon der Familie Heereman von Zuydtwyck gebracht werden.

Als gesichert darf damit wohl auch gelten, dass Haxthausen die Kunstaufträge seiner seit dem Winter 1822 auf Gut Kemperfeld in Herstelle wohnenden Schwester Ferdinandine von Zuydtwyck in Köln inspirierte und koordinierte und zumindest bei den Vorüberlegungen für das große Familientriptychon involviert gewesen ist. Wie weit er sich bis zu seinem Weggang aus Köln 1826 für die weitere Durchführung des Auftrages für das Triptychon engagierte, ist jedoch ungewiss.

Jedenfalls könnte sich die Auswahl von Joos van der Bekes Hackeney-Flügeln als Vorbild für Beckenkamps romantische Stifterbilder auch auf eine Vorgabe Haxthausens zurückführen lassen. Die Kenntnis des **Kleinen Marientodes**, der sich seit 1810 in der Sammlung Wallrafs befand[1044], wird eher Haxthausen, als seiner ab 1815 mehr sporadisch in Köln weilenden Schwester Ferdinandine von Zuydtwyck zuzuschreiben sein. Seinem romantischen Frömmigkeitsideal gemäß hat sich Haxthausen später selber – wiederum in altdeutscher Tracht – mit seiner Familie als Stifter darstellen lassen.[1045] Auf dem geplanten Familienbild, das Haxthausen bei dem schon erwähnten Kasseler Maler Ludwig Emil Grimm bestellt hatte[1046] und von dem neben einigen zeichnerischen Vorentwürfen nur eine kleine Ölskizze

*Engelbert Anton Heereman von Zuydtwyck, Detail aus dem linken Flügel des Triptychons der Familie Zuydtwyck, heute in der Kölner Rathausvorhalle (Kat. Nr. 150)
Foto: Sibylle Schmitt, Köln*

aus dem Jahr 1841/42 durchgeführt wurde, erscheint Haxthausen mit Frau und Tochter ebenfalls als Stifter vor einem nicht näher zu identifizierenden Altar.[1047] Beim Vergleich der Skizze Grimms mit Beckenkamps Stifterflügeln scheint der Kasseler Maler sich ausdrücklich auf den linken Flügel Beckenkamps bezogen und den pyramidalen Aufbau mit den beiden knienden Frauen und der dahinter stehenden Namenspatronin mit einigen Variationen – beispielsweise der hinter Frau und Tochter stehende Haxthausen und die Veränderung der Mode in Renaissancekleider mit ihren ausladenden Ärmeln – herausgelöst zu haben.

Neben den zeittypischen Annäherungen an den altdeutschen Geschmack bei der Wahl der Vorbilder und der von den Portraitierten getragenen Mode verfügt das romantische Devotionsbild der Familie Heereman von Zuydtwyck über weitere Sinnschichten. Es zeigt zunächst die romantische Interpretation des spätmittelalterlichen Devotions- oder Stifterbildes[1048], wie es sich vor allem in Burgund im 15. und im frühen 16. Jahrhundert ausgeprägt hatte.[1049]

Die private Bestimmung des **Triptychons Heereman von Zuydtwyck** gibt Anlass, mehr von einem Devotions- als von einem Stifterportrait zu sprechen. Eine konkrete kirchliche Stiftung ist nicht erkennbar. Das Wiederaufgreifen eines spätmittelalterlichen Frömmigkeitsmotivs in der Kunst der Romantik reiht sich damit in das Wiederaufleben des religiösen Lebens nach Revolution und Säkularisation ein. Sehr wahrscheinlich aber ist die Frömmigkeitstradition im katholischen Westfalen nie unterbrochen gewesen.

Die Wahl des kurz vor der Reformation entstandenen flämischen Stifterbildes van der Bekes mit der großfigurigen Anordnung der Stifter als Vorbild, beleuchtet die herausgehobene Bedeutung des Portraits für das **Triptychon Heereman von Zuydtwyck**. Dafür sprechen die lebendigen Portraitköpfe der Mitglieder der Stifterfamilie, von denen die beiden älteren einen Blickkontakt zum Betrachter herstellen und diesen so in die romantische Andachtsatmospähre mit einbeziehen. Die frommen romantischen Stifter öffnen damit gleichsam ein Fenster zur profanen Außenwelt.

Die Tatsache, dass neben Ferdinandine Heereman von Zuydtwyck ausgerechnet ihr bei Entstehung des Portraits bereits verstorbener Ehemann Engelbert Anton Blickkontakt mit dem Betrachter aufnimmt, ergibt eine Umkehrung der Verhältnisse im Vergleich zum spätmittelalterlichen Stifterbild: dort war der bereits verstorbene Stifter durch seine schwarze Kleidung oder durch ein Kreuz in der Hand als Verewigter gekennzeichnet, auf dem romantischen Devotionsbild der Familie Heereman von Zuydtwyck dagegen wird der Verstorbene in den Kreis der Lebenden hereingeholt.

Aus diesen Überlegungen heraus ergibt sich auf den Flügeln des **Triptychons Heereman von Zuydtwyck** eine sehr interessante Mischung aus Portrait, Kopie und freier Neuschöpfung in dem, was die westfälischen Romantiker als altdeutsche (rheinische und niederländische) Kunst und mittelalterliche Frömmigkeit ansahen.

Zu dem Wiederaufgreifen des spätmittelalterlichen Stifterbildes und der Betonung des Portraits zum privaten Andenken gesellen sich aber auf dem Triptychon der Kölner Rathausvorhalle weitere inhaltliche Überlegungen, die lokalhistorische mit subjektiven Aspekten verbinden.

Anlässlich des im Jahre 1810 erfolgten Tausches des **Kleinen Marientodes** aus der Sammlung Boisserée[1050], mit dem sog. **Großen Marientod**, den Wallraf als Kanonikus von St. Maria im Kapitol aus dieser Kirche erworben hatte, ließ der Kölner Kunstsammler und Lokalpatriot das Andenken der auf den Flügeln als Stifter dargestellten Familie Hackeney wieder aufleben. In einem Aufsatz für das *Intelligenzblatt* 1810[1051] beschrieb er die auf beiden Gemälden nahezu identischen Stifterflügel: *Die Herren von Haquenay, Vater und Sohn*[1052] *knien auf alten Gemälden schon*[1053] *geharnischt, der Vater mit dem Kreuze am Halse und dem Wanderstabe*[1054]*, als Ritter des heiligen Grabes. Sie waren mit den ersten Patricial-Familien in Köln ...* . Wallrafs sog. **Kleiner Marientod** aus dem Jahr 1515 stammte aus der Privatkapelle des zwischen 1507 und 1509 erbauten Hackeneyschen Hofes.[1055] In Wallrafs Schrift war auch zu lesen, dass der Palast der Hackeneys am Neumarkt eigens für die von den Aachener Krönungsfeierlichkeiten durchziehenden Kaiser als Residenz für ihre Aufenthalte in Köln gebaut und zur Verfügung gestellt worden wäre.[1056] Die Blütezeit der nach Wallrafs Lesart aus dem Burgundischen stammenden Familie Hackeney sah der Autor mit der Heirat des deutschen Kaisers Maximilian mit Maria von Burgund gekommen. Im Auftrag dieses Kaisers, so Wallraf, habe Nicasius Hackeney bedeutende Finanzoperationen unternommen.

Auch Engelbert Anton Heereman von Zuydtwyck, der früh verstorbene Ehemann von Haxthausens Schwester Ferdinandine, war im Dienste des französischen Kaisers nicht ohne Bedeutung. Wie Nicasius Hackeney war er mit finanziellen Angelegenheiten betraut. 1804 wurde Heereman von Zuydtwyck kaiserlicher Kammerherr, diente 1805/6 bei Napoleon in St. Cloud und erhielt 1809 den Titel eines Baron de l'Empire.[1057] Bei der Durchreise Napoleons in Köln im November 1811 überließ die Witwe von Engelbert Anton, Ferdinandine Heereman von Zuydtwyck, Napoleon und dessen zweiter Frau Marie Louise von Habsburg das Palais in der Gereonstraße für zwei Tage als Wohnung. Nach der Eingliederung Kölns in den preußischen Staat setzte sie auf die Beziehung ihrer Familie zu den neuen Machthabern und beherbergte im September 1817 und im November 1818 König Friedrich Wilhelm III. bei kurzen Aufenthalten in Köln.[1058]

Schließlich war auch die Tatsache, dass Wallrafs **Kleiner Marientod** für die Hauskapelle der Hackeneys am Kölner Neumarkt bestimmt gewesen war, eine Parallele zu dem geplanten Bestimmungsort des Altars der Familie Heereman von Zuydtwyck in einer zu bauenden Kapelle, beziehungsweise in dem neugotisch-kapellenartigen Wintergarten des romantischen Schlossbaus von Herstelle.

In Kenntnis des kurzen Zeitungsabschnitts von Wallraf, aber auch im Umgang Haxthausens mit Wallraf selbst[1059] mögen die Auftraggeberin von Zuydtwyck und ihr Bruder auf die genannten Parallelen zwischen der Kölner Kaufmannsfamilie Hackeney und der Familie Heereman von Zuydtwyck angespielt, und mit der Auswahl der Stifterflügel des ausgehenden Mittelalters ihr Triptychon auch mit persönlichen und lokalen Erinnerungen an Köln aufgeladen haben.

Gerne würde man Haxthausen selbst als turbantragenden blondbärtigen und auf die heilige Szene hinweisenden Orientalen am linken Bildrand identifizieren. Seine Eingliederung in die Anbetungsszene würde sowohl seinen Bemühungen um das romantische Devotionsbild als auch seinen orientalistischen Interessen entsprechen. Ein Vergleich mit bekannten Portraits Haxthausens, der sich meistens bartlos darstellen ließ, zeigt jedoch keine präzise Ähnlichkeit, weder mit diesem, noch mit einem anderen der dargestellten Namenspatrone oder Mitglieder der königlichen Gefolgsleute.[1060]

Orientale – Detail aus dem Triptychon Heereman von Zuydtwyck (Kat. Nr. 150) Foto: Sibylle Schmitt, Köln

Diese Feststellung führt zu einer Frage, die Irene Markowitz aufgeworfen hatte.[1061] Markowitz hatte in den Namenspatronen der Stifterflügel Portraits gesehen, die sie als Bildnisse von Familienangehörigen Beckenkamps bezeichnete. Tatsächlich lässt sich der Portraitcharakter der Namenspatrone nicht verleugnen, und auch die beiden Turbanträger am linken Bildrand und im linken Bildhintergrund des Mittelteils tragen individuelle Züge. Da jedoch Vergleichsportraits der Familienangehörigen Beckenkamps nicht vorhanden sind, kann die Behauptung von Irene Markowitz nach bisherigem Kenntnisstand nicht bestätigt werden. Der Sohn Sigismund August war zum Zeitpunkt des Entstehens des Gemäldes zwischen 1826 und 1828 bereits tot. Von ihm, wie von seiner Schwester Elisabeth fehlen Bildnisse als Erwachsene.

6.5.5. Wurde das Triptychon Heereman von Zuydtwyck von Beckenkamp vollendet?
Im folgenden ist die eingangs gestellte Frage nach der Datierung des großen **Triptychons Heereman von Zuydtwyck** dahingehend zu erweitern, ob Beckenkamp das Gemälde überhaupt vollendete. Für ein so umfangreiches Bild musste, analog zu der Herstellung der großen Kopie für König Friedrich Wilhelm III., mit einer Arbeitsdauer von ungefähr ein bis zwei Jahren gerechnet werden. Dabei war auch das hohe Alter des nun fast achtzigjährigen Malers einzubeziehen.

1827 muss zumindest die Mittelgruppe der Maria mit dem Kind fertiggestellt gewesen sein. Darauf lässt eine Lithographie von Wilhelm Goebels[1062] schließen, die dem neuen Kölner Erzbischof von Spiegel gewidmet war. Goebels hat auf seinem Blatt „Die Begrüssung der H. Drey Könige"[1063] die Mittelgruppe des **Dombildes** nach dem Ausschnitt der Maria mit dem Kind vor einem Baldachin und um sie herum gruppiert die Heiligen Drei Könige wiedergegeben. Bei näherer Betrachtung stellt sich heraus, dass Goebels nicht direkt auf die Mittelgruppe des **Dombildes**, sondern auf die zentralen Figuren von Beckenkamps Triptychon der Kölner Rathausvorhalle zurückgreift. Goebels hat konsequent die von Erich Depel betonte erzählerische Tendenz und die Herausstellung des dritten und jüngsten Königs wie auf dem Mittelteil von Beckenkamps Triptychon durchgeführt. Ebenso weich und versonnen hat sich der jüngere König der göttlichen Sphäre der Maria mit dem Kind genähert. Auch der Ausdruck der Madonna ist weniger himmlisch und hoheitsvoll als auf dem **Dombild**, sondern wirkt schwerer und elegischer. Wie bei Beckenkamp hat Goebels die gliedernden Zirkellinien auf dem Nimbus der Maria tellerförmig und rasterhaft gestaltet. Die aufgezeichneten dünnen Maßwerkbögen der Darstellung auf der Lithografie sind auf sieben Bögen um einen, im Vergleich zum Original im Kölner Dom reduziert, was mit der Unterteilung des Gesprenges auf dem Mittelteil des Triptychons der Kölner Rathausvorhalle korrespondiert. Der auf dem Triptychon plastisch aufgesetzte Stern erscheint auch bei Goebels zwölfstrahlig und volumenhaft. Wie bei seinem Kopie-Vorbild ist der Stern unter dem mittleren der sieben Gesprengebögen angebracht und strahlt daher von links und nicht – wie auf den anderen Kopien Beckenkamps, wie auch auf dem Original im Dom – die Madonna von rechts an.

Wilhelm Goebels starb mit nur dreiundzwanzig Jahren bereits im April des Jahres 1827. Die Lithographie muss also vor diesem Datum entstanden sein. Die Dedikation an den Kölner Erzbischof Ferdinand von Spiegel dage-

Anbetung der Hl. Drei Könige – Lithographie von Wilhelm Goebels nach den zentralen Figuren des Mittelteils auf dem Triptychon Heereman von Zuydtwyck (Kat. Nr. 150 a)
Foto: RBA

gen kann kein Anhaltspunkt für eine Datierung nach 1825 sein, da der Text wahrscheinlich von Heinrich Goffart verfasst und daher auch nach dem Tod Goebels 1827 entstanden sein kann. Goebels Rückgriff auf die zentralen Figuren dieser späten **Dombild**-Kopie Beckenkamps wird auch in einer von den beiden Künstlern in demselben Zeitraum gemeinsam gestalteten Arbeit begründet sein. Dabei handelt es sich um eine Lithographie mit einem **Portrait des Kölner Erzbischofs Ferdinand August Graf von Spiegel** (Abb. S. 95), die Wilhelm Goebels – im Auftrag des Buchhändlers Heinrich Goffart[1064] – nach einer Vorzeichnung Beckenkamps ebenfalls zwischen 1825 und 1827 geschaffen hat.[1065]

Die Frage, ob Beckenkamp das große Triptychon fertiggestellt habe, ist bisher nicht gestellt worden. Die Vermutung, der über achtzigjährige Maler habe das Werk nicht vollendet, kam bei der Durchsicht der Briefedition des schon erwähnten Kasseler Malers Ludwig Emil Grimm auf, der in stetem Briefkontakt mit Amalie von Zuydtwyck[1066], der auf dem Triptychon erscheinenden Tochter der Ferdinandine stand. Am 8. Juni 1828, also schon gut zwei Monate nach dem Tod des Malers, schrieb Grimm aus Kassel an das von ihm liebevoll „Malchen" genannte kränkelnde Mädchen: *hat sich dann nun Werner* [der Bruder Amalies] *auf dem Kölner Bild fertig mahlen lassen?*[1067] und sechs Wochen später, am 20. Juli 1828: *Ist dan das Cölner Bild worauf Sie u Werner sind fertig, u kömt es bald nach Herstelle?*[1068] Ein anderes Gemälde als unser Triptychon, auf das sich Ludwig Emil Grimm bezogen haben könnte, war nicht ermittelbar. Die Annahme, dass es sich bei dem erwähnten Bild auch wirklich um das Triptychon der Kölner Rathausvorhalle gehandelt habe, wird durch ein weiteres „Kölner Bild" im Besitz der Familie unterstützt. Auf einer 1831 entstanden Portraitzeichnung Grimms von Amalie von Zuydtwyck mit ihrer Cousine im Kinderzimmer einer Kasseler Wohnung der Familie Heereman von Zuydtwyck[1069] erscheint die **Madonna im Rosenhag** von Stefan Lochner[1070] an der Zimmerwand. Ob es sich dabei um eine Gemälde-Kopie oder um eine Reproduktion in Form einer Umrisszeichnung handelte, ist nicht erkennbar. Die Vorliebe für Kölner Erinnerungen und für die Zeugnisse der altdeutschen religiösen Kunst des Rheinlandes wird bei dieser Zimmerausstattung der westfälischen Adelsfamilie aber wiederum erkennbar.

Ob Grimm in Kenntnis von dem Ableben des Malers unseres *Cölner Bild*[es] war, lässt sich an seinen Fragen nicht erkennen. Demzufolge ist auch nicht ersichtlich, ob sein Kenntnisstand die Vollendung des Werkes durch einen anderen Maler reflektiert.

Aber auch technische Details lassen den Schluss zu, dass Beckenkamp das Werk nicht vollenden konnte. Das betrifft zunächst generell die Ausführung der Malerei, die im Vergleich, beispielsweise zu der Kopie des Kölner Dreikönigsgymnasiums, weniger transparent und sorgfältig ausgeführt erscheint. Ein weiterer Detailvergleich von Stirnabschluss und Krone der Maria zeigt auf dem „**Dreikönigsbild**", besonders bei der Ausführung des Haaransatzes mit den feinen gelben Fadenhöhungen auf dem rotblonden Haar der Maria und bei den Goldverstrebungen der Bügelkrone[1071], eine wesentlich akkuratere Ausführung als auf dem **Triptychon Heerman von Zuydtwyck** in der Kölner Rathausvorhalle.

Aber auch innerhalb des Triptychons ergab sich bei eingehender Betrachtung des Gemäldes[1072], dass einzelne Details flüchtiger als andere gemalt sind. Dies ist besonders gut an der Ausführung der Kettenhemden der beiden geharnischten Herren von Zuydtwyck erkennbar, von denen das des Vaters mit großer Sorgfalt, das des Sohnes aber nachlässig ausgeführt wurde. Juwelen und Perlen erfahren eine unterschiedliche Feinabstufung in den Glanzlichtern und Schatten. Einzelne Farbfelder sind ohne weiche Übergänge flächig und schematisch aneinander gelegt. Im Vergleich dazu ist Beckenkamps 1828 signiertes und datiertes großes Familienportrait der Söhne des Kalligraphen Heinrigs, das als des Malers letztes Werk unter Beteiligung von Schülern gilt[1073], äußerst akkurat gestaltet. Die Frage, ob Beckenkamp das Triptychon der Familie Heereman von Zuydtwyck fertiggestellt habe, wird sich letztlich nicht mit Sicherheit beantworten lassen. Die angeführten Punkte sprechen allerdings dafür, dass der Maler nicht selber die letzte Hand an das Triptychon legte.

Weitere Fragen stellen sich bei der Betrachtung des oberen Abschlusses des Gemäldes und des darüber liegenden Rahmens. Die auf einer Bolusunterlage aufliegende Polimentvergoldung des Hintergrundes endet in stumpfen Spitzbögen knapp oberhalb der Maßwerkbögen. Auf den beiden Flügeln liegt unter dem Maßwerk eine dünne hellblaue Malschicht auf, die dann mit beiger Farbe übermalt wurde. Der obere Abschluss des Mittelteils dagegen wurde mit einer Ockerschicht übermalt, so dass der Eindruck eines einheitlichen Übergangs zwischen dem Goldgrund und dem ockerfarbenen Abschluss entsteht. Diese Restaurierungsmaßnahmen sind jüngeren Datums.

Ob der Rahmen mit dem reich geschnitzten Maßwerk zeitgleich mit dem Gemälde entstanden ist und ob eine Vergoldung vorgesehen war, lässt sich nicht entscheiden.[1074] Außer den Inlay-Leisten der Flügel ist das Gesprenge nicht vergoldet, ein lasierend aufgetragener dunkler Firnis erzeugt den Eindruck von künstlicher Alterung. Wahrscheinlich wurde der dunkle Rahmen des **Kleinen Marientodes** mit dem Maßwerk des **Dombildes** kombiniert und so – der Tendenz des gesamten Gemäldes folgend – durch das Heranziehen von Versatzstücken auch mit dem Rahmen etwas Neues geschaffen.

An dieser Stelle ist auch zu fragen, ob das Bild jemals nach Herstelle kam. Aus einem Briefwechsel im Westfälischen Archivamt in Münster ist zu erfahren, dass Ferdinandine Heereman von Zuydtwyck das Gemälde im Frühjahr 1839 verkaufen wollte.[1075] Zu dieser Zeit befand es sich noch im Wallrafianum im Kölner Hof in der Trankgasse.[1076] Bei dem Verkauf des Bildes war jedoch nur an den Mittelteil gedacht worden, während die Flügel *wohlverpackt* nach Herstelle geschafft werden sollten.[1077] Bereits gut zehn Jahre nach der Fertigstellung des Bildes scheint es schwierig gewesen zu sein, einen angemessenen Preis für eine Kopie des **Dombildes** zu erzielen.[1078] Der geschäftstüchtige Kölner Sachverwalter der Familie versuchte in dieser Angelegenheit die Tatsache auszunutzen, dass um 1840 herum jährlich rund 50.000 rheinreisende Touristen Köln besuchten.[1079] Der von dem Sachverwalter eingeschaltete Kölner Kunsthändler Renard schätzte das Bild im Mai 1839 dagegen nur auf einen Wert von nur 200 Talern ein, während 1000 Taler gefordert worden waren.[1080] Um den Verkauf zu beschleunigen, sollte die Verkaufsabsicht durch eine Annonce in der Zeitung, aber auch durch das Anschreiben hochstehender Persönlichkeiten, deren Interesse für das **Dombild** bekannt war, publik gemacht werden. Überraschenderweise handelte es sich bei den Adressaten unter anderem um den Kronprinzen Friedrich Wilhelm und um Prinz Friedrich in Düsseldorf[1081], die beide bereits im Besitz einer Kopie waren.

Amalie Heereman von Zuydtwyck – Detail aus dem rechten Flügel des Triptychons der Familie Heereman von Zuydtwyck, heute in der Kölner Rathausvorhalle (Kat. Nr. 150) Foto: Sibylle Schmitt, Köln

Weder die Zeitungsannonce, noch das Anschreiben möglicher Interessenten aus Fürsten- und Adelskreisen[1082] und auch nicht das Engagement weiterer Familienmitglieder (Moritz von Haxthausen) erreichten einen Verkauf des Bildes. Vier Jahre später, 1843, befand sich das Triptychon immer noch in Köln und erschien in dem Revisionsinventar der Sammlung Wallraf.[1083] Während der Mittelteil, die Kopie des **Dombildes**, immerhin im ersten Zimmer des Flügelgeschosses ausgestellt war, waren die *Donatoren Zuydtwyck* in die Remise verbannt worden.[1084]

Über das weitere Schicksal des Gemäldes ab diesem Datum gibt es bis zu seinem ersten Wiedererscheinen auf einer Auktion im Jahr 1929 keine weiteren Nachrichten. Es kam wohl niemals an seinen Bestimmungsort, das rheinische Romantikerschloss Herstelle an der Weser. Das Triptychon entging jedoch einer Teilung und Abtrennung der Flügel, die weniger als Stifterbilder und damit als Teil der **Anbetung der Könige**, denn als selbständige Portraits in der Manier eines altdeutschen Malers aufgefasst wurden (*Donatoren Zuydtwyck*).

Die Verkaufsabsichten und ihr mangelnder Erfolg im Jahre 1839 zeigen aber auch, wie schnell das fast rauschhafte Interesse am **Dombild** wieder erlosch und auch die Kopien desselben nicht mehr verlangt und geschätzt wurden.

Das **Triptychon der Familie Heereman von Zuydtwyck** stellt also im Gegensatz zu der preußisch-protestantischen und der kölnisch romantischen eine dritte Interessentenschicht, die neukatholische Richtung des rheinisch-westfälischen Adels dar, die in der freien Nachbildung des **Dombildes** ein romantisches Devotionsbild für die private Dreikönigenverehrung, gleichzeitig aber auch ein Erinnerungsbild an die Kölner Jahre schaffen wollte.

6.6. Zusammenfassung

Die Kopien, Teilkopien und Nachbildungen des **Dombildes** – gleich ob sie sich im Besitz von preußisch-protestantischen Mitgliedern des Königshauses oder von Katholiken des westfälischen Adels befanden – waren in keinem Fall für einen liturgischen Gebrauch bestimmt. Damit wurde den Kopien eine wesentlich andere Funktion zugewiesen als dem Original, das zuerst in der Rathauskapelle einer kleinen Elite von Ratsherren und dann im Dom allen Gläubigen zur Andacht diente. So weit erkennbar, wurden die bisher aufgefundenen Kopien des **Dombildes** alle in einen neugotischen Architekturkontext eingegliedert, der entweder weltliche Konnotationen hatte (Rüstkammer des Prinzen Friedrich), einem sakralen Raum benachbart war (die Halle neben der Erasmuskapelle im Berliner Schloss, das einer Kapelle benachbarte Luisenzimmer im Königlichen Palais in Berlin), oder aber – wie die Planungen zu Kapelle und Wintergarten des westfälischen Schlossbaus von Herstelle zeigen – eine zwischen sakralen und profanen Elementen schwankende Raumikonologie hatten (neugotischer Wintergarten).

Die Kopien Beckenkamps nach dem **Altar der Stadtpatrone** waren nicht in öffentlichen, sondern stets in privaten Wohnräumlichkeiten untergebracht. Oft waren sie in einen privaten Sammlungs- oder Ausstattungskontext integriert. Als einzige Teil- beziehungsweise Ausschnittkopie fand die von Beckenkamp für Peter Beuth gemalte **Maria mit dem Kind** (die zentrale Figur des **Dombildes**) den Weg in eine öffentliche Sammlung: über das Beuth-Schinkel-Museum gelangte sie in die Bestände der Alten Nationalgalerie Berlins. Die preußischen Kopien nach dem **Dombild** blieben zumeist im Rahmen der Ausstattungen der Berliner Schlösser. Den unterschiedlichen Absichten romantischer Auftraggeber aus dem Königshaus gemäß waren sie zunächst Kernstück der idealisierten deutschen Kunst des Mittelalters, Erinnerungsstücke an Rheinreisen (Kronprinz Friedrich Wilhelm, Prinz Friedrich), Teil eines Musée sentimental (Prinzessin Marianne), konnten aber auch auf politische Effekte abzielen (Kopie für König Friedrich Wilhelm III., Kopie für Kronprinz Friedrich Wilhelm). Der Aspekt privater Frömmigkeit ist besonders in dem Auftrag der Prinzessin Marianne erkennbar, die im „Grünen Zimmer" ihrer Berliner Wohnung neben einer Ausschnittskopie nach dem **Dombild** (Maria mit dem Kind) zahlreiche Kopien (und Originale) berühmter Madonnenbilder Raffaels und Holbeins hängen hatte. Diese Zusammenstellung manifestiert eine romantisch-katholisierenden Frömmigkeitstendenz mit einer starken Marienverehrung innerhalb des preußischen Königshauses.

Im Gegensatz zu der mehr rezeptiven Begeisterung von Mitgliedern des preußischen Königshauses für das **Dombild** stehen die aktiven Versuche kulturpolitischer Tätigkeit der rheinischen Romantiker mit Eberhard von Groote an der Spitze. Das Scheitern der rheinischen Romantiker in ihrer Synthese von Lokalgeschichte und Nationalgefühl ist in dem nostalgischen Beharren auf der Glorie der alten Reichsstadt Köln ebenso zu suchen, wie in persönlichen Eitelkeiten, Entzweiungen und Durchsetzungsversuchen subjektiver Ziele.

Das große **Triptychon Heereman von Zuydtwyck** war als familiäres Erinnerungsstück der romantischen Stifter aus Westfalen und als religiöses, ihre Dreikönigenverehrung reflektierendes Devotionsbild konzipiert worden. In seinem heutigen öffentlichen Raumkontext in der Vorhalle des Historischen Rathauses zu Köln hat es seine ursprüngliche, rein private Devotions- und Erinnerungsfunktion verloren. Im Gegenzug ist ihm jedoch die Aufgabe übertragen worden, Kölner und auswärtige Besucher an das Original in der untergegangenen Ratskapelle St. Maria in Jerusalem vis-à-vis und damit an den Ort zu erinnern, an dem die Ratsherren der freien Reichsstadt ihre Stadtpatrone baten, Gott selbst die Geschicke ihrer Stadt zu empfehlen.

7. Schluss

Die vorliegende Arbeit betrachtet sich als archäologische Grabung und kunsthistorische Feldforschung, die das Œuvre des rheinischen Malers – im Vergleich zu der ersten monographischen Untersuchung vor gut 75 Jahren – um fast zwei Drittel ergänzen, aber längst nicht die Rekonstruktion des Gesamtwerkes erreichen konnte. Viele der hier erfassten Werke sind ohnehin nur durch Archivquellen übermittelt worden, ohne dass ihr Verbleib geklärt werden konnte. Hier ist zu hoffen, dass – wie bereits in dem Zeitraum zwischen der Vollendung der Dissertationsarbeit 1999 und der Publikation 2003 – geschehen, neue Werke über den Kunstmarkt oder durch Zufallsfunde bekannt werden.

Auch die Kenntnisse über die Lebensumstände von Benedikt Beckenkamp konnten zwar erweitert, nicht aber ganz rekonstruiert werden. In künstlerischer Hinsicht erwies Beckenkamp sich im Laufe der Untersuchung als vielseitiger Maler, der nicht nur auf die Portraitmalerei beschränkt war, dessen Werk jedoch qualitativ heterogen und nicht leicht zu kategorisieren ist. Seine Anpassungsfähigkeit und Wendigkeit war auch die Grundlage des Erfolges bei seinen Zeitgenossen. In seinem Tätigkeitsfeld als Portraitmaler blieb ihm trotz der Rezeption der stilistischen Formulierungen von Klassizismus und Biedermeier nach 1800 ein konventionelles Kompositionsschema, die Steifheit und Eckigkeit der Figurenzeichnung bei gleichzeitiger überzeugender Eindringlichkeit und Ernsthaftigkeit der Personenschilderung eigen. Erst am Ende seiner Schaffenszeit, als nahezu achtzigjähriger Maler, erwies er sich mit seinen beiden großen und vielfigurigen **Portraits der Familie des Kalligraphen Johann Heinrigs** auch als Neuerer, indem er den Weg für die vor allem von Simon Meister weiter entwickelten Familienportraits im Rheinland bahnte. Dennoch kam Beckenkamp mit seinen Portraits nicht über den rheinischen Rahmen hinaus, während sein Ruhm mit seinen großen Kopien nach dem **Dombild** unter anderem für Mitglieder des preußischen Königshauses auch über das Rheinland hinaus reichte.

Beckenkamps Leben und Wirken hat nicht nur in den zeitgenössischen Schriftquellen, sondern auch im späteren Schrifttum des Rheinlandes nur einen sehr verstreuten Niederschlag gefunden. Die Archivforschungen zur Personengeschichte stellten sich besonders für Korrekturen zu dem von De Noël erstmals gezeichneten Lebensweg von Beckenkamp (Kap. 2), aber auch für fehlende Hinweise zu den biographischen Lebensumständen der von Beckenkamp portraitierten Personen (Werkverzeichnis) als notwendig heraus. Für die Einbettung der Kopien Beckenkamps nach dem **Dombild** in die Auseinandersetzungen um das preußisch-rheinische Kulturverhältnis nach 1815 erwiesen sich die Archivbestände des Nachlasses von Ferdinand Franz Wallraf, der teilweise nicht publizierte Briefwechsel Eberhard von Grootes und die unveröffentlichten Tagebücher dieses rheinischen Romantikers von großem Interesse.

Für die religiöse Historienmalerei Beckenkamps (Kap. 3) in seinen frühen Ehrenbreitsteiner Jahren konnten anhand aufgefundener Werke die Parallelen zu Januarius Zick, der auch Lehrer von Benedikt Beckenkamp war, deutlich gemacht werden. Entgegen der Forschungsmeinung, vor allem bei Moses[1085], ist die stilistische Nähe Beckenkamps zu Zick größer als zuweilen angenommen. Die Interpretation der Werke von Zick durch Beckenkamp zeigte vor allem motivische und thematische Ähnlichkeiten, während die Malweise sich nur in den beiden Koblenzer Skizzen und auf dem Urmitzer Hochaltar an Zick orientierte. Die anderen Gemälde in Urmitz und in die Seitenaltäre in Beulich dagegen wiesen bereits ein kühleres und flacheres Kolorit, friesartige Kompositionsschemata und die Rezeption klassizistischer Formvorgaben auf. Beckenkamp konnte die Divergenz der älteren und moderneren Muster nicht befriedigend harmonisieren und keine eigene Stilsprache entwickeln. Eine Beeinflussung seiner späteren Bilder mit religiösen Themen durch die spätgotische Malerei Kölns und der Niederlande, etwa im Sinne der Nazarener, ist bei Beckenkamp nicht feststellbar.

Die Landschaftsmalerei blieb bei Beckenkamp hauptsächlich auf die Landschaftshintergründe einiger Portraits, die Rheinansichten und auf das intimistische Kölner Stadtbild (Kap. 4) beschränkt. Seine Erfassung des Raumes, der Perspektive und der Baukörpervolumina blieb begrenzt und entbehrte der Spezialisierung eines Christian Georg Schütz d. J. ebenso wie der neuen romantischen Gefühlskultur in der Umsetzung. Die Kölner Stadtbilder Beckenkamps machten ihren stadthistorischen Wert erfahrbar und zeigten sowohl die direkte Rezeption von rheinischen Städtebildern holländischer Maler wie Gerrit Berckheyde und Jan van der Heyden, als auch die durch Christian Georg Schütz d. Ä. gefilterte Sicht auf das holländische Architekturbild.

An Beckenkamps Portraits (Kap. 5) waren die verschiedenen Anregungen, die, von seinem Vater Lorenz Beckenkamp ausgehend, über das Portrait des französischen Klassizismus bis hin zum biedermeierlichen Familienbild reichten, aufzuzeigen. Diese vielfältigen Vorbilder bestätigen nicht nur die stilistischen Anpassungsfähigkeit des Malers, sondern auch eine beachtliche Flexibilität und das Vermögen, auf die Wünsche seiner verschiedenen Auftraggeber in einer schwierigen historischen Umbruchphase einzugehen.

Für die Kopie-Werke Beckenkamps (Kap. 6) konnte festgestellt werden, dass Beckenkamp sich nicht nur mit den zwei bis 1995 bekannten Kopien nach dem **Dombild** in Schloss Stolzenfels und in der Kölner Rathausvorhalle beschäftigt hatte. Anhand der Quellen ließen sich mindestens vier von dem Maler ausgeführte Kopie-Aufträge für Mitglieder des preußischen Königshauses nachweisen, ihr Verbleib allerdings konnte nicht für alle Kopie-Werke mit Sicherheit angegeben werden. Darüber hinaus konnte diesen Bildern im Kontext der kulturpolitischen Auseinandersetzungen zwischen einem höchst heterogenen intellektuellen Zirkel in Köln und den machthabenden Stellen in Berlin eine interessante Rolle in den Jahren der frühen Romantik zugewiesen werden.

Über diese Ergebnisse hinaus möchte diese Arbeit anregen, das negative Urteil über die Kunst in Köln und im Rheinland im ausgehenden 18. und im beginnenden 19. Jahrhundert nicht kritiklos zu übernehmen. Auch der Satz von Elisabeth Moses, den Kölner Malern um 1800 müsse trotz der Verpflichtung, sie wieder in die Künstlerliste einzureihen, von der Kunstkritik *der Platz in den hinteren Reihen der Maler* zugewiesen werden[1086], wäre zu überprüfen. Wie bereits die Kölner Ausstellung „Lust und Verlust" von 1995[1087] gezeigt hat, ist der Blick auf Kunst und Kunstsammlertum in Köln und im Rheinland aus kulturhistorischer Sicht reizvoll und ergiebig. Monographische Studien über Künstler wie den Portraitmaler Johann Jacob Schmitz, den Bildhauer Peter Joseph Imhoff und andere Mitglieder dieser Familie wären ebenso wünschenswert wie eine vertiefte Sicht auf den Kölner Portraitmaler Ägidius Mengelberg oder den lange in Köln tätigen Künstler Georg Osterwald. Solche Studien könnten einen differenzierteren und präziseren Blick auf die Situation der Kunst im Rheinland vor und nach 1800 liefern.

Besonders die monographische Erarbeitung zum Werk eines Künstlers birgt die Gefahr, nicht in allen Punkten zufrieden stellen zu können.[1088] Dies gilt besonders dann, wenn sich ein zumeist als reiner Portraitmaler definierter Künstler im Laufe der Untersuchung vielfältiger als oft dargestellt[1089] herausstellte. Weitere vertiefte Forschungen zum Werk von Benedikt Beckenkamp wären vor allem angesichts weiterer aufzufindender Portraits und Kopien begrüßenswert und würden die Sicht auf die kulturelle Situation des Rheinlandes um 1800 erweitern.

Anmerkungen

1. Einleitung (S. 9–15)

[1] Kölnisches Stadtmuseum, Graphische Sammlung, HM 1900/ 561, 76 x 178 cm, HM 1900/562, 73 x 175 cm und HM 1900/563, 72 x 230 cm (Tuschfederzeichnung).

[2] Als zahlenmäßig größte Gruppe repräsentieren 108 Kölner Persönlichkeiten das 19. Jahrhundert.

[3] Vgl. in dieser Arbeit Kat. Nr. 69; Köln, Wallraf-Richartz-Museum, Inv. Nr. 1985.

[4] [MATTHIAS JOSEPH DE NOËL] - Nekrolog von Caspar Benedikt Beckenkamp, in: Kölnische Zeitung, 13. April 1828, Beiblatt Nr. 7, Sp. 3-5. Dass es sich bei dem ungenannten Verfasser um De Noël handeln muss, erwähnt er selber in dem von ihm bearbeiteten Köln-Teil des Reiseführers KÖLN UND BONN 1828, S. 153, Anm. 55, daher wird der Nekrolog im Folgenden zitiert als [DE NOËL] 1828.

[5] Zu De Noël als Museumskonservator, Zeichner und Maler vgl. den Aufsatz von Elga Böhm: Matthias Joseph De Noël (1782 - 1849). Erster Konservator des Kölner Museums „Wallrafianum", in: WRJb 1980, 41, S. 159-197, sowie Susanne Blöcker: Matthias Joseph De Noël (1782 - 1849). Sammler und Bewahrer kölnischer Altertümer, in: AK KÖLN 1995, S. 457-479; KIER – ZEHNDER (Hg.) 1998, S. 342-347.

[6] NAGLER 1835-52, Bd. 1, S. 360; MERLO 1850, S. 28-31; MEYER-LÜCKE-TSCHUDI, 1885, 3, S. 264 f.; MERLO 1895, Sp. 59-62; THIEME-BECKER, Bd. 3, 1909, S. 143; BÉNEZIT [1911] 1976, 1, S. 563; BRAUKSIEPE-NEUGEBAUER 1986, S. 18 f.; AKL 1994, 8, S. 152; in letzterem werden weder Merlo, noch Thieme-Becker und auch nicht der grundlegende Beitrag von E. Moses erwähnt.

[7] Dies ist v.a. der Tenor bei George Forster, vgl. BAYER 1912, S. 69-74.

[8] Zitiert nach [LANG] 1789, S. 172.

[9] Zitiert nach [LANG] 1790, S. 305.

[10] Zitiert nach Wakkerbart in: BAYER 1912, S. 87.

[11] Zitiert nach KLEBE 1806, S. 559.

[12] Zitiert nach HEINEN 1808, S. 240.

[13] Zitiert nach Goethe in: BAYER 1912, S. 178.

[14] Zitiert nach Rosenwall in: BAYER 1912, S. 170. In der Fußnote erwähnt Bayer, dass es sich „wahrscheinlich" um Beckenkamp handelte; s. u. Kap. 6.4.1. (Die preußischen Kopieaufträge).

[15] Zitiert nach Goethe in: BAYER 1912, S. 178.

[16] Zitiert nach [DE NOËL] 1828, Sp. 4.

[17] Zitiert nach SCHREIBER 1821, S. 174.

[18] Vgl. in dieser Arbeit Kat. Nr. 123.

[19] Zitiert nach KÖLN UND BONN 1828, S. 107.

[20] [DE NOËL] 1828, Sp. 4. Das Original war ins „Ausland" verkauft worden und befindet sich heute im Frankfurter Städel-Institut; vgl. in dieser Arbeit Kat. Nr. 115.

[21] DEMIAN 1822, S. 13.

[22] Zur Diskussion um die Urheberschaft dieser Ausstattung s. u., Kap. 2.2.

[23] In den *Nachrichten von dem Leben und den Werken kölnischer Künstler* von MERLO 1850, S. 28-31. Bei MERLO 1850, S. 31, findet sich ein erstes Verzeichnis von 12 graphischen Blättern nach Beckenkamp und die Erwähnung seiner Radierung *Gülichsäule*, vgl. in dieser Arbeit Kat. Nr. 71.

[24] Als Einschub in einem biographischen Abriss über das Leben von De Noël in seinen *Zeitbilder[n] aus der neueren Geschichte der Stadt Köln...*befasst sich ENNEN 1857, S. 285 f. nur mit den Portraits Beckenkamps bis 1794 und mit seiner Tätigkeit als Lehrer, v. a. von De Noël.

[25] Zitiert nach FÜSSLI 1843, S. 355.

[26] FÜSSLI 1843, S. 356.

[27] Vgl. in dieser Arbeit Kat. Nr. 82.1-16.

[28] AK BERLIN 1906, S. 18, Kat. Nr. 54 und Abb. S. 19, vgl. in dieser Arbeit Kat. Nr. 88. Zur Neubewertung der deutschen Kunst des 19. Jahrhunderts auf der Berliner Ausstellung vgl. BÖRSCH-SUPAN 1988, S. 13.

[29] Bei BIERMANN 1914, S. 268, Nr. 438, als „Caspar Beckenkamp".

[30] Zitiert nach LANKHEIT 1965, S. 5.

[31] Eine gute Übersicht über die sich mit der Epoche beschäftigende kunsthistorische Literatur gibt KLUXEN 1989, S. 10-14.

[32] Es ist bezeichnend, dass der erste monographische Aufsatz von Elisabeth Moses (s. u.) gerade im Jahr der großen Jahrtausendausstellung der Rheinlande 1925 publiziert wurde.

[33] Bei LOHMEYER 1919, S. 41-43.

[34] Vgl. WAGNER 1923, S. 16-19.

[35] Bei JUNGJOHANN 1929, S. 17 f.

[36] Elisabeth Moses: Caspar Benedikt Beckenkamp, in: Wallraf-Richartz-Jahrbuch II, 1925, S. 44-77, = MOSES 1925.

[37] Darunter die 1925 noch komplette Serie mit kleinen Kopien von Persönlichkeiten einer Kölner Familie, wahrscheinlich der Familie von Merle, vgl. in dieser Arbeit Kat. Nr. 153.1–6.

[38] MOSES 1925, S. 65-77. E. Moses konnte ihrem Aufsatz immerhin 14 Abbildungen beigeben; vier Gemälde davon sind heute verschollen, aber so wenigstens durch eine Abbildung bekannt. Es handelt sich um das **Portrait von Theodor Laurenz Fürth** (Moses, Abb. 6, S. 50), das **Familienportrait Schüll** (Moses, Abb. 11, S. 54) und um die beiden Miniaturbildnisse auf Elfenbein, die den greisen Beckenkamp selbst und seine Frau Anna Maria darstellen. Diese beiden Miniaturbildnisse befanden sich ehemals im Koblenzer Schlossmuseum (MOSES 1925, S. 62 und Abb. 13 und 14).

[39] Dr. Elisabeth Moses (1894 - 1957), von 1920 bis 1933 Wissenschaftliche Hilfskraft und Angestellte, seit 1925 auch Bibliothekarin des Kölner Kunstgewerbemuseums, musste 1934 in die USA emigrieren. Bis zu ihrem Tod 1957 war sie als Kustodin im De Young-Museum in San Francisco angestellt. Informationen über Dr. Elisabeth Moses stellte mir das Historische Archiv der Stadt Köln zur Verfügung; vgl. nun auch: Bettina Mosler: Elisabeth Moses, Kunsthistorikerin der Adenauerzeit in Köln. Auf der Suche nach einer verlorenen Biographie, in: Kölner Museumsbulletin. Berichte und Forschungen aus den Museen der Stadt Köln, 1999, 4, S. 33-37.

[40] MOSES 1925, S. 63-65.

[41] Zu diesen Ausnahmen zählt der 1928 ebenfalls im Wallraf-Richartz-Jahrbuch erschienene Aufsatz von Luise Straus-Ernst (die erste Frau von Max Ernst und Wissenschaftliche Angestellte am Wallraf-Richartz-Museum) über den Kölner Landschaftsmaler Franz Joseph Manskirsch, vgl. WRJb 1928, V, S. 89 ff.

[42] Walter Cohen in: KOETSCHAU (Hg.) 1926, S. 23, sah in der geplanten Ausstellung des Kölner Wallraf-Richartz-Museums die Chance, dass sie *gerade manchen der so lange zu unrecht übersehenen Mittelrheinländer, die wie Beckenkamp die Aussicht auf Broterwerb nach der Domstadt getrieben hatte, zu neuem künstlerischen Leben erwecken möge.*

[43] Der die Ergebnisse der Ausstellung zusammenfassende Aufsatz von Felix Kuetgens erschien 1928 in Bd. XIV der Aachener Kunstblätter, S. 65-135.

[44] Kubach, Hans Erich, Michel, Fritz, Schnitzler, Hermann (Bearb.): Die Kunstdenkmäler des Landkreises Koblenz, Düsseldorf 1944 (= KUBACH-MICHEL-SCHNITZLER Bearb. 1944); Caspary, Hans; Götz, Wolfgang; Klinge Eckart (Bearb.) Handbuch der deutschen Kunstdenkmäler. Rheinland-Pfalz, Saarland, = DEHIO Bd. V, München 1972.

[45] Lust und Verlust. Kölner Sammler zwischen Trikolore und Preußenadler (hg. von Hiltrud Kier und Frank Günther Zehnder), Köln 1995 = AK KÖLN 1995.

[46] **Portrait des Baron Hüpsch**, Darmstadt, Hessisches Landesmuseum, in: AK KÖLN 1995, S. 527 f., Kat. Nr. 60, Tafel VII; vgl. in dieser Arbeit Kat. Nr. 39; und **Portrait des Kunstsammlers von Merle**; Köln, Universität, in: AK KÖLN 1995, S. 264 f. und Abb. 2,3 (Farbtafel VI), sowie Kat. Nr. 52, S. 526, vgl. in dieser Arbeit Kat. Nr. 60.

[47] AK KÖLN 1995, S. 635 f., Kat. Nr. 306 (ohne Abbildung), vgl. in dieser Arbeit Kat. Nr. 150.

[48] Ebda., S. 636, Kat. Nr. 308 (mit Abbildung).

[49] **Portrait des „Agrippa von Nettesheim"** (Gerhard von Westerburg), ebda., S. 637, Kat. Nr. 308 (Farbtafel CXLVI), vgl. in dieser Arbeit Kat. Nr. 122.

[50] In seinem Literatur- und Ausstellungsbericht über Säkularisation und frühes Sammelwesen in Köln unterstreicht DIEMER 1996, S. 313, die *starke Anziehungskraft frühzeitig zu Popularität gelangter historischer Vorbilder wie (...) des Dombildes*, die sich in dieser Ausstellung in der Abteilung „Kopien und Reproduktionen nach Kölner Bildern" eindrucksvoll gezeigt habe.

[51] Die Ausbeute von Gemälden Beckenkamps im Kunsthandel ist äußerst rar, zwischen 1945 und 1994 fand sich neben dem großen **Triptychon der Familie Heereman von Zuydtwyck** (hier Kat. Nr. 150), das **Portrait eines unbekannten Kindes** (hier Kat. Nr. 113) das **Portrait der Henriette von Ammon** (hier Kat. Nr. 116) das **Portrait einer Dame** (hier Kat. Nr. 88), sowie das **Familienportrait des Hofbrunnendirektors Kirn** (hier Kat. Nr. 25). Kurz vor Drucklegung dieser Dissertation tauchten im Kunsthandel ein kleines **Reiterbildnis der Kunigunde von Sachsen**, Fürstäbtissin von Essen (hier Kat. Nr. 14) und ein **Familienportrait mit Niederlahnstein und der Ruine Lahneck im Hintergrund** (1779) (hier Kat. Nr. 11) auf.

[52] Ost, Hans: Bildnisse von Caspar Benedikt Beckenkamp. Mit einem Exkurs zur Gemäldesammlung des Clemens August Maria von Merle, in: AK KÖLN 1995, S. 263-281.

⁵³ Caspar Benedikt Beckenkamp (1747 - 1828). Ein rheinischer Maler zwischen Rokoko und Biedermeier, Koblenz, Mittelrhein-Museum, 20.3. - 27.4.1997 und Kölnisches Stadtmuseum, 17.5. - 20.7. 1997. Lieselotte Saur-Kaulbach: Ein Maler an der Zeitenwende, in: Rhein-Zeitung (Koblenz), 20.3.1997; Angelika Storm-Rusche: Meister des Portraits, in: General-Anzeiger, Bonn, 24.4.1997, Thomas Linden: Keine Angst vor Schönheitsfehlern, Kölnische Rundschau, 17.5.1997, EvS: Zwischen Rokoko und Biedermeier, Kölner Stadtanzeiger, 17.5.1997.

⁵⁴ Der Verlust von graphischen Vorarbeiten scheint nicht außergewöhnlich zu sein. K. Weschenfelder konstatiert dies auch für das Werk von Simon Meister (1796 - 1844), von dessen Studien und Skizzen sich nichts ausfindig machen ließ, vgl. AK KOBLENZ 1994, S. 7.

⁵⁵ HAStK., Best. 1105. Geordnet und als Regestenband publiziert von Joachim Deeters (Bearb.): Der Nachlass Ferdinand Franz Wallraf (Best. 1105) = Mitteilungen aus dem Stadtarchiv Köln, Bd. 71, Köln 1987, = DEETERS (Bearb.) 1987.

⁵⁶ HAStK., Best. 1552, Nr. 1/1-37. Für den freundlichen Hinweis auf die Tagebücher Eberhard von Grootes im Historischen Archiv danke ich Frau Dr. Barbara Becker-Jákli, Köln. B. Becker-Jákli verewigte Beckenkamp auch als Nebenfigur in ihrem historischen Kriminalroman: Mord im Biedermeier. Köln 1998

⁵⁷ HAStK., Best. 1552, Nr. 2-52.

2. Stationen eines Lebensweges (S. 16–32)

⁵⁸ [DE NOËL] 1828, Sp. 3-5.

⁵⁹ BECKENKAMP 1951 in den Anmerkungen zum Stammbaum der Familie Beckenkamp.

⁶⁰ WAGNER 1923, S. 16.

⁶¹ Zitiert nach WAGNER 1923, S. 16.

⁶² WAGNER 1923, S. 18.

⁶³ Ebda.

⁶⁴ Trier, Bistumsarchiv, Pfarrei Hl. Kreuz, Taufbuch Nr. 1, S. 568, Nr. 1. Getauft wurde er am 7. Februar 1747. Das Geburtsdatum Beckenkamps wird seit [DE NOËL] 1828 in allen Publikationen fälschlich mit dem 5. Februar angegeben. Eine Ausnahme bildet LOHMEYER 1919, S. 41.

⁶⁵ Als einziger erwähnt WAGNER 1923, S. 18, die Tatsache, dass Beckenkamp sich den Namen Caspar zulegte. Eines der früh verstorbenen Kinder des Malers trug den Namen Johann Caspar.

⁶⁶ Die Totenzettel von Caspar Benedikt, Anna Maria und Sigismund August Beckenkamp im HAStK, Slg. Merlo, Abt. 1072 B.

⁶⁷ Nordrheinwestfälisches Personenstandsarchiv Brühl, Sterbeurkunde 1.4.1828.

⁶⁸ Als Maler des von Heinrich Sintzenich 1782 gestochenen Portraits der Sophie La Roche, vgl. in dieser Arbeit Kat. Nr. 24.

⁶⁹ So verschiedentlich in den Akten zu der großen Dombildkopie für Friedrich Wilhelm III.

⁷⁰ BECKENKAMP 1951, Stammbaum der Familie Beckenkamp. Dort erscheinen nur drei Kinder des Lorenz Beckenkamp. Zu den Lücken des Stammbaums vgl. SCHMIDT 1954/55, S. 163. [DE NOËL] 1828, Sp. 3, erwähnt 14 Kinder; LOHMEYER 1919, S. 41, nennt nach Einsicht in die Ehrenbreitsteiner Taufbücher 11 Kinder von Lorenz Beckenkamp.

⁷¹ Von Franz Bernhard Beckenkamp (1741 - 1769) erwähnt JUNGJOHANN 1929, S. 18, zwei Portraits von Johannes Baptista Fachbach und seiner Ehefrau aus dem Jahr 1764. Johann Wilhelm Beckenkamp ist vermutlich der Maler eines Dreifaltigkeitsaltares für die ehemalige kurfürstliche Kapelle in Wittlich, vgl. AKL 1994, Bd. 8, S. 152. Sein Geburtsjahr gibt AKL 1994, Bd. 8, S. 152, mit 1749, WAGNER 1923, S. 17 und BÖRSCH-SUPAN 1988, S. 564, dagegen mit 1750 an. Gestorben ist Johann Wilhelm Beckenkamp 1789. Von Johann Peter Beckenkamp ist nur das Geburtsdatum 1758 bekannt, zuletzt AKL 1994, Bd. 8, S. 151.

⁷² AKL 1994, Bd. 8, S. 152, schreibt ihm fälschlicherweise das Altarbild der **Maria Immaculata** in der Kapuzinerkirche in Ehrenbreitstein zu.

⁷³ PROESSLER 1992, S. 470 f.

⁷⁴ BRAUKSIEPE/NEUGEBAUER 1986, S. 19, weisen das **Portrait des Industriellen Johannes Remy** und das **Portrait der Johanette Remy** Benedikt Beckenkamp zu. Da diese aber signiert und überdies 1758 datiert sind (vgl. SCHRÖDER, 1986, Abb. Tafel 6), als der Sohn des Lorenz erst 11 Jahre alt war, ist dessen Urheberschaft auszuschließen. Die wenigen bekannten Portraitaufträge des Lorenz Beckenkamp zeigen, dass er nicht nur für die zu seiner Zeit regierenden Schönborn, sondern auch für am Hof und im aufblühenden Hüttenwesen der Region tätige Bürger arbeitete, vgl. BRAUKSIEPE/NEUGEBAUER 1986, S. 20. Den Kontakt mit den wirtschaftlich wendigen und geistig aufgeschlossenen Hüttenherrn der Neuwieder und der Lahngegend hielt sein Sohn Benedikt aufrecht.

⁷⁵ C. G. Schütz d. J. in seiner Autobiographie, publiziert bei SIMON 1929, S. 126.

⁷⁶ S. u. Kap. 4.2. und 4.2.1.

⁷⁷ Zu dem höfischen Portraitensemble des vorletzten Würzburger Fürstbischofs vgl. VON RODA 1980, S. 51-72 und S. 149-157.

⁷⁸ WAGNER 1923, S. 17. Katharina Scholastika Beckenkamp starb am 8.12.1785, ebda.

[79] LHA Koblenz, ebda. 1 C 5174, S. 190, Nr. 1799; 1 C 5175, S. 180, Nr. 1173 und 1 C 5179, S. 181, Nr. 1980. Die Belege erscheinen entweder unter dem Titel (32) Hof-Tapisserie oder unter dem Titel (43) Hofbauamt.

[80] Ebda., 1 C 5180, S. 229, Nr. 1065.

[81] Vgl. in dieser Arbeit Kat. Nr. 1 (**Maria mit ihren Eltern Anna und Joachim**).

[82] Vgl. in dieser Arbeit Kat. Nr. 5-10 (sechs Gemälde für St. Georg in Urmitz am Rhein) und Kap. 3.2 und 3.2.1.

[83] [DE NOËL] 1828, Sp. 3.

[84] Vgl. in dieser Arbeit Kat. Nr. 15 und 16. Sie lassen sich in den älteren Koblenzer Museumskatalogen (vgl. Bibliographie) nachweisen, als Kriegsverlust sind sie bei BERNHARD 1964, Nr. 135-36, verzeichnet, vgl. Kap. 5.2.1. Auf der Lempertz-Auktion vom November 2000 wurde ein weiteres, bisher unbekanntes Reiterportrait der Prinzessin Kunigunde versteigert, vgl. in dieser Arbeit Kat. Nr. 14.

[85] Vgl. in dieser Arbeit Kat. Nr. 21, vgl. Kap. 5.2.1. und 5.3.1.

[86] vgl. in dieser Arbeit Kat. Nr. 43–45.

[87] Zitiert nach [DE NOËL] 1828, Sp. 3.

[88] LHA 1 C 340 (Berichtigung der Kabinettsrechnungen 1794-96): *Dem Maler Beckenkamp für verschiedene Portraits Serenissimi 16 Carolinen*, S. 25, Nr. 177.

[89] Zu Foelix vgl. die unveröffentlichte Dissertation von Maria Wein-Mehs: Heinrich Foelix. Ein kurtrierischer Maler des 18. Jh.s Wittlich 1955. WEIN-MEHS 1955, S. 19, behauptet dagegen, Beckenkamp sei keine ernsthafte Konkurrenz für Foelix gewesen. Auch Beate Nagel: Heinrich Foelix, ein kurtrierischer Hofmaler. Studien zu seinen Bildnissen. (Magisterarbeit der Universität Münster. Maschinenschriftliches Exemplar). Münster 1996, S. 51f., kommt zu dem Ergebnis, dass die Portraits Beckenkamps für höfische Kreise weniger qualitätvoll und überdies keine Repräsentationsportraits gewesen seien, so dass sich das Auftragsfeld der beiden Maler nicht überschnitten habe.

[90] AUKT. KAT. KÖLN 2001, S. 13, Nr. 1004.

[91] Vgl. in dieser Arbeit Kat. Nr. 11.

[92] Karl Zimmermann: Das Haus der Familie La Roche in Ehrenbreitstein, in: Festschrift für Karl Lohmeyer etc. Saarbrücken 1954, S. 214. Renate Feyl: Die profanen Stunden des Glücks. München 1998, S. 109.

[93] THIERHOFF 1997, S. 14.

[94] SMETS 1825, S. 11.

[95] BRAUBACH 1961, S. 67 f.

[96] [DE NOËL] 1828, Sp. 3.

[97] Die Formulierung De Noëls: *Von dem Kurfürsten von Köln zu einer Reise an den bönnischen Hof beredet*, lässt annehmen, dass der Kölner Kurfürst eine aktive Rolle bei der Übersiedelung Beckenkamps nach Bonn und Köln übernahm, vgl. [DE NOËL] 1828, Sp. 4.

[98] Die relativ zahlreichen Portraits von Maximilian Franz listet GÜRTLER 1913, S. 41, auf. Allein in Bonn befanden sich acht Portraits des Kurfürsten und Hochmeisters des Deutschen Ordens.

[99] AEK., Kurkölnische Hofkalender für die Jahre 1786, 1787, 1791, 1792, 1793, 1794 bearbeitet von J.P.N.M.V.[ogel].

[100] Als Bildnismaler werden im ausgehenden 18. Jahrhundert Johann Jakob Schmitz, Leonhart Blanckhart und Johann H. Fischer aufgeführt, vgl. dazu ROBELS 1990, S. 233.

[101] So z. B. BACKES in: THEATER DER STADT KOBLENZ 1985, S. 39.

[102] KUHN 1985, S. 192.

[103] Ebda.

[104] Ebda.

[105] Ebda. Als Mitglied der Kölner Malerzunft erscheint er bei MERLO 1852, S. 219.

[106] Bistumsarchiv Trier, Pfarrei Hl. Kreuz, Kirchenbuch Nr. 7, S. 169, Nr. 8, 20. Februar 1781. Am 24. Januar 1784 wurde der Sohn Franz Karl getauft, ebda., Kirchenbuch Nr. 2, S. 335, Nr. 1. Katharina Josepha Breitbach starb nur wenige Tage nach der Geburt des Sohnes, am 1. Februar 1784, ebda., Kirchenbuch Nr. 7, S. 470, Nr. 2. Ein zweites Kind der beiden, das De Noël erwähnt, kann im Bistumsarchiv Trier nicht nachgewiesen werden.

[107] Stadtarchiv Bonn, Kirchenbuch St. Remigius (Taufen) 1782 - 1797, 24.10.1786, Taufe des Wilhelm Ferdinand Beckenkamp, Sohn des Johann Peter.

[108] PIEPER 1949, S. 26, listet u. a. auch die Besoldung der Hofsängerin *Beckingkam* auf.

[109] AKL 1994, Bd. 8, S. 151, nennt die „Denkmünze mit Bildnis des Kurfürsten Max Franz von Köln" und das „Siegel der Universität Bonn" (= Maxische Akademie). Das „Bönnische Intelligenzblatt" vom 28. November 1786 erwähnt einen Kupferstich von Peter Beckenkamp nach dem neu errichteten Triumphbogen auf dem Bonner Markt (freundliche Mitteilung von Dr. Schloßmacher, Stadtarchiv Bonn.).

[110] TISCHER 1909, S. 724 f. Eine Beziehung Beckenkamps zu der Familie Beethoven erwähnt De Noëls Nekrolog nicht.

[111] Taufpate war der Bruder beider Maler, Wilhelm Beckenkamp (1749/50 - 1789). Zu dem angeblichen Portrait der Mutter Beethovens vgl. in dieser Arbeit Kat. Nr. 86.

[112] [DE NOËL] 1828, Sp. 4.

[113] Nicht zu verwechseln mit der jüngeren Linie der Salm-Reifferscheidt, die durch Erbteilung ab 1649 bestand. Der Hauptsitz der Altgrafen Salm-Reifferscheidt war Bedburg im Erftkreis, die sog. jüngere Linie bewohnte Schloss Dyck bei Jüchen am Niederrhein, vgl. WUNDERLICH 1984, S. 17-21.

[114] PIEPER 1949, S. 24.

[115] Sein Bruder Peter ist 1790 in Bonn im Haus Zur Silbernen Ketten, in der Sternstraße 3 wohnhaft, vgl. DIETZ 1962, S. 572 f.

[116] HOWALDT 1979, S. 13 zitiert Adolf Dyroff (Hg.): Festschrift zur Feier des 150-jährigen Bestehens der Lese- und Erholungsgesellschaft zu Bonn 1787 - 1937, Bonn 1937, S. 108.

[117] In den Protokollen der Lesegesellschaft im Bonner Stadtarchiv, Lese 1, General-Versammlungen, 2. Januar - 1. Oktober 1793, befindet sich in der Tat für den Juli 1789 die Aufnahme von *Beckenkam, Maler*. Um diese Zeit wohnte Benedikt Beckenkamp aber bereits in Köln.

[118] VOGTS 1966, Bd. 2, S. 566, Abb. 316. Das nach den Nachbesitzern „Lippesches Palais" genannte Haus erscheint auch auf einem nur in einer kolorierten Fotoreproduktion bekannten, nicht erhaltenen Aquarell Beckenkamps, vgl. in dieser Arbeit Kat. Nr. 64.3 (Blaubach).

[119] [DE NOËL] 1828, Sp. 4, nennt die zweite Ehefrau des Malers mit dem Vornamen Maria Scholastika. Sie wurde aber als Anna Maria Walburga Jacobina Zipperlin(g) am 10. 12. 1750 in Bruchsal geboren, vgl. Stadtarchiv Bruchsal, Taufbuch der Hofkapelle (Auszug aus dem Taufbuch).

[120] [DE NOËL] 1828, Sp. 4, vgl. Nordrhein-Westfälisches Personenstandsarchiv Brühl, Kirchbuch St. Jakob, (Heiraten), 26. 3. 1786.

[121] VOGTS 1966, Bd. 2, S. 570, Abb.320: Zimmer mit Stuckdekorationen des Salm-Reifferscheidtschen Hauses.

[122] Nordrhein-Westfälisches Personenstandsarchiv Brühl, Taufbuch St. Jakob, 8.1.1788: bei der Taufe von Sigismund August Beckenkamp (1788 - 1823) erscheint Sigismund zu Salm-Reifferscheidt als Pate. Ebda., Köln, Taufbuch St. Jakob, am 1.2.1792 tritt Eleonora Wilhelmina zu Salm-Reifferscheidt als Taufpatin einer gleichnamigen Tochter des Malers auf, die bereits wenige Monate später, am 7.12.1793 wieder begraben wurde, ebda., Köln, St. Jakob, Sterbefälle. Von den bei [DE NOËL] 1828, Sp. 4, erwähnten fünf Kindern des Malers aus zweiter Ehe erscheinen nur vier in den Kirchenbüchern von St. Jakob. Der in Ehrenbreitstein geborene Sohn aus erster Ehe, Franz Karl, starb sechsjährig am 9. Mai 1791, ebda., Köln, St. Jakob, Sterbefälle. Auch der am 23.11.1789 geborene Sohn Johannes Caspar, ebda., Köln, St. Jakob, Taufen, starb mit nur wenigen Monaten am 29. Mai 1790, ebda., Köln, St. Jakob, Sterbefälle. Einzig die am 8.4.1793 geborene Tochter Johanna Elisabeth überlebte ihre Eltern, vgl. HAStK Best. 1072 B, Totenzettel, unter „Anna Maria Beckenkamp". Über das weitere Schicksal der einzigen überlebenden Tochter lässt sich in den Archiven nichts herausfinden.

[123] Fünf Portraits für die kurkölnische Adelsfamilie Wolff Metternich, vgl. in dieser Arbeit Kat. Nr. 52-56 aus dem Jahr 1793.

[124] Portraits für Mitglieder der Familien Heereman von Zuydtwyck und Kerckerinck zur Borg.

[125] MOSES 1925, S. 63 ff., publizierte bereits die diesbezüglichen Auszüge aus den Briefen von Franz Josef von Sternberg (1763 - 1830) an seinen Freund und Lehrer Wallraf; vgl. auch DEETERS (Bearb.) 1987, S. 219 f.: demnach hielt Beckenkamp sich von Ende August bis wahrscheinlich zum September oder Oktober 1786 in Blankenheim auf.

[126] CLEMEN (Bearb.) 1901, S. 154, über den Ankauf des Schlosses durch die Familie Heereman von Zuydtwyck 1785.

[127] Zur Geschichte von Schloss Gracht, vgl. Boebé, Sabine: Schloss Gracht in Erftstadt-Liblar, Neuss [1990] ND 1993 = Rheinische Kunststätten Heft 355, S. 3-31.

[128] Nordrhein-Westfälisches Personenstandsarchiv, Brühl, Köln, St. Jakob, Taufbuch, 1. 2. 1792: neben der oben erwähnten Taufpatin Eleonora Wilhelmina von Salm-Reifferscheidt war der Propst Franz Wilhelm von Oettingen-Baldern Taufpate des Kindes Eleonora Wilhelmina; zu Oettingen-Baldern, einem Freund Wallrafs, vgl. z.B. AK KÖLN 1974, S. 44.

[129] S.u. Kap. 5.3.2., Klerikerportraits.

[130] Zitiert nach [DE NOËL] 1828, Sp. 4.

[131] AK FRANKFURT 1991, S. 107: in Frankfurt konnten die Maler Schütz d. Ä., Juncker und Hirt 1767 aus der Malerzunft austreten. Gegen die handwerklichen Auflagen und die veraltete Schülerausbildung versuchten sie - vergebens - neue Formen herauszubilden und die Gründung einer Akademie durchzusetzen.

[132] NICOLINI 1979, S. 109. Für Beckenkamp galt der Paragraph 16 der am 16. April 1700 vom Magistrat genehmigten und 1701 von der Zunft approbierten *Verbesserten Amtsordnung* für fremde und auswärtige Meister: Diese sollten in Köln nicht Meister werden, *wenn sie ohne ehrliche Geburt wären und qualification, des Catholischen glaubens bestänndige attestation* nicht angebracht hätten. Die Amtsordnung ist abgedruckt bei MERLO 1852, S. 204 - 210, Paragraph 16 auf S. 206.

[133] MOSES 1925, S. 63 f. und DEETERS (Bearb.) 1987, S. 219 f.

[134] HAStK., Zunft 86 A, S. 36 r. u. v.: *...ist vor denen Hrn Amts=Meistern Schmitz und Siegfried obgeladener erschienen der portrait Mahler Beckenkamp und hat sich erbotten gleich nach Neu Jahr zur bürger- um lichtmeßen zur Meisterschaft zu qualifizieren.*

[135] HAStK., Zunft 86 A, S. 36 v. u. 37 r.: *...daß der Maler Beckenkamp kürzlich wegen seiner Unmöglichkeit die 40 rthlr Meister=Gelder aufzubringen in Raths=statt supplicirt, so dan begehrt hätte um 30 rthlrMeister zu werden ... die Lösung gefunden wurde daß er (...) nunmehro gleich die eine Halbscheid zu 20 rthl abführen, so dan um Ostern nechstkünfftig die anderte 20 rthl zahlen.*

[136] ROBELS 1990, S. 222.

[137] HAStK, Best. 10 (Ratsprotokolle), 234/27 a (12.1.1787): *Auf des Portrait=Mahlers Beckenham verlesenes untertäniges Memoriale, Supplication und Bitt, werden dem Supplikanten die Abgaben zur Bürgerschaft zur Halbscheid in Gnaden nachgelassen, so viel aber die Zunftgebührnissen betrifft, ist zu zeitlichen Herren Gaffelkommissarien zu verweisen* und am 24. 1. 1787 wird der Maler als Außerstädtischer mit 10 Reichstalern zur Bürgerschaft qualifiziert.

[138] Er tat dies auf der Basis der Qualifikationsordnung von 1617, die Köln zu einer Stadt katholischer Bürger werden ließ. Die Qualifikationsgebühr betrug für außerstädtische Antragsteller 20 Reichstaler. Zum Problem des Bürgerrechtserwerbs in der Freien Reichsstadt Köln vgl. besonder DEETERS 1987, S. 1-83, am Ende der reichsstädtischen Zeit ebda., S. 62-83; dazu auch NICOLINI 1979, S. 88-114.

[139] DEETERS 1987, S. 78 f.

[140] Zitiert nach NICOLINI 1979, S. 91.

[141] Ebda., S. 100, Tabelle 12.

[142] Grundlegend über den „Baron Hüpsch" immer noch die Monographie von SCHMIDT 1906; neuerdings zu der Sammlung Hüpschs auch JÜLICH in: AK KÖLN 1995, S. 45-56.

[143] BÖHM in: AK KÖLN 1995, S. 57-76.

[144] Ebda., S. 63.

[145] Darmstadt, Hessische Landes- und Hochschulbibliothek, Hs 3517, S. 16 r. und v., S. 28 r., S. 32r. und v., S. 33 a (freundlicher Hinweis von Dr. Kurt Hans Staub, Darmstadt, Hessische Landes- und Hochschulbibliothek):
*Herrn Baron Hüpsch wolte gebetten haben von der güte zu sein, und mir ein buch wo ein Römische Statuen seind zu lehen nicht das von dem Amsterdamer rathhaus auch nicht das kleine, so gehabt habe, wohl aber ein dergleichen grösseres, so ich bey herrn baron gesehen habe bitte meine freyheit zu verzeyhen
dero ergebenster Diener
B. Beckenkam*

[146] Darmstadt, Hessisches Landesmuseum, Inv. Nr. GK 823 (Mechthild Happertz) und GK 383 (Hüpsch), vgl. in dieser Arbeit Kat. Nr. 40 und 39.

[147] Zu Christoph Wilhelm Bock vgl. THIEME-BECKER 1919, Bd. 4, S. 157.

[148] Mittelrhein-Museum Koblenz, Inv. Nr. M 71 a, vgl. in dieser Arbeit Kat. Nr. 48.

[149] Mit den französischen Emigranten am Trierer Hof in Koblenz beschäftigt sich die unpublizierte Schülerarbeit von BORNKESSEL 1989/90.

[150] BOCKIUS 1987, S. 29, zitiert den zeitgenössischen Bericht aus dem Kurtrierischen Intelligenzblatt vom 1. September 1788: *und [man] schonte keine Unkosten, um teils dem Schauspielsaale durch eine geschmackvolle Verschönerung, teils dem Theater durch eine Menge täuschender und von der Meisterhand unseres Herrn Beckenkamm gefertigte Dekorationen eine solche Vollkommenheit zu verschaffen.*

[151] ELENZ in: THEATER DER STADT KOBLENZ 1985, S. 49-50, schreibt die gesamte Originalausmalung ohne Begründung dem Architekten des Theaters Peter Joseph Krahe zu. BOCKIUS 1987, S. 30, sieht die Entwürfe in der Hand Krahes, die Ausführung aber, den Quellen folgend, bei Beckenkamp. BACKES in: THEATER DER STADT KOBLENZ 1985, S. 41, erwähnt nur mehrere Neuanstriche nach 1800 im Inneren des Theaters.

[152] Schon DEMIAN 1822, S. 13: *Die Dekorationen sind von dem Maler Beckenkamp, befinden sich aber jetzt in einem sehr schlechten Zustand* oder KLEIN 1828, S. 161: *Das Theater, von Krahe erbaut und von Beckenkamp dekorirt [!], sonst eine Zierde der Stadt, bedürfte einer durchgreifenden Reparatur.*

[153] BOCKIUS 1987, S. 29.

[154] BOCKIUS 1987, S. 30, hält es für wahrscheinlich, dass der ausführende Maler nach dem Grad seiner Berühmtheit der seit 1785 in Köln wirkende Benedikt Beckenkamp gewesen sein müsste.

[155] Zu Schütz' Ausbildung als Dekorationsmaler vgl. AK FRANKFURT 1992, S. 6, Abb. 1 und S. 7.

[156] Gothaer Theater-Kalender auf das Jahr 1791, zitiert in: GESCHICHTE DER STADT BONN 1989, Bd. 3, S. 533.

[157] ADRESSBUCH KÖLN 1795, handschriftliches Exemplar in der Bibliothek des Kölnischen Stadtmuseums. Im ADRESSBUCH KÖLN 1813 ist er als wohnhaft in der neu angelegten St. Georgstraße 1 verzeichnet und aus der Sterbeurkunde im Nordrheinwestfälischen Personenstandsarchiv in Brühl geht hervor, dass der Maler kurz vor seinem Tod in der Straße Im alten Kapitol Nr. 2 wohnte. Dass er in der (allerdings in der Nähe liegenden) Sternengasse 35 gestorben sei, wie TISCHER 1909, S. 724, behauptet, ist nicht erkennbar.

[158] HAStK., ZUNFT 86 A, 20. Juli 1795, S. 54 r.: *...wurde bei Versammlung des ganzen Malergliedes zur Wahl der neuen Amtsmeister geschritten wo dann die Mehrheit der Stimmen den Hrn Franz Siegfried zum ältesten und den Hrn Beckenkamp zum jüngeren Amtsmeister ernannte.*

[159] MERLO 1852, Erneuerte Verordnung 16. August 1786, S. 212.

[160] HAStK., ZUNFT 86 A, S. 61 r.

[161] Die Auflösung der Zünfte war eine der Maßnahmen, die dazu beitrugen, Köln in das französische Staats- und Gesellschaftssystem einzugliedern, vgl. dazu: Joachim Deeters: Köln – une bonne ville de la France? Die französischen Jahre, in: GiK 1999, Heft 4, S. 58-70

[162] Zu Schmitz als „44er" Mitglied der Gaffel vgl. ROBELS 1990, S. 222.

[163] [DE NOËL] 1828, Sp. 4.

[164] Das Pendant zu diesem Gemälde ist das frühe Selbstportrait von Benedikt Beckenkamp (1786), vgl. in dieser Arbeit Kat. Nr. 32.

[165] Vgl. in dieser Arbeit Kat. Nr. 47, Bonn, Rheinisches Landesmuseum, Inv. Nr. 28 967.

[166] 1798 ist das **Portrait von Clemens August Maria von Merle als Weihbischof** (hier Kat. Nr. 72) entstanden. Das **Portrait der Anna Christina Heimann** (hier Kat. Nr. 76), wäre spätestens in das Jahr 1803 zu datieren, könnte allerdings auch postum gemalt worden sein. 1805 sind die beiden Portraits von **Johann Baptist** und von **Sabina Fuchs** in Privatbesitz (hier Kat. Nr. 77 und 78) gemalt worden.

[167] Eine Anfrage im Rijksarchief in Groningen blieb ohne Antwort.

[168] Düsseldorf, Kunstmuseum, Inv. Nr. 4387 und 4388, vgl. in dieser Arbeit Kat. Nr. 84 und 85.

[169] THIERHOFF 1997, S. 124 f. und Anm. 1003.

[170] KIER – ZEHNDER (Hg.) 1998, (Lust und Verlust II, Corpusband), S. 297, Nr. 43. Das **Achatiusmartyrium (Marter der Zehntausend)** befindet sich heute in Münster, Westfälisches Landesmuseum für Kunst- und Kulturgeschichte.

[171] [DE NOËL] 1828, Sp. 4. Wie diese Tätigkeit Beckenkamp *über mehrere Jahre und fast ausschließlich beschäftigte*, s. u. Kap. 6.

[172] Die Signatur der Einladungsliste zum Rubensfest: HAStK., 400 I-14D-1, Nr. 4, Bl. 1 ff. Die Auswertung der Einladungsliste bei KRISCHEL (1) in: AK KÖLN 1995, S. 91-112.

[173] Ebda., S. 95.

[174] Nach KRISCHEL (2) in: AK KÖLN 1995, S. 237-262, fertigte auch der Kölner Maler Nikolaus Zimmermann (1766 - 1833) Kopien nach dem **Dombild** an, und zwar auf Vorrat, auf verschiedenen Bildträgern wie Leinwand, Glas und Papier - und ebenso wie Beckenkamp als Teilkopie oder als Gesamtkopie, S. 250 und S. 260, Anm. 125.

[175] [DE NOËL] 1828, Sp. 4, erwähnt den Schüler Heribert Sieberg, der 1823 sogar eine Miniaturkopie für die Kronprinzessin Elisabeth anfertigte, die ihr die Stadt Köln anlässlich ihrer Heirat mit Kronprinz Friedrich Wilhelm von Preußen schenkte.

[176] Vgl. in dieser Arbeit Kat. Nr. 124.

[177] Vgl. in dieser Arbeit Kat. Nr. 149.

[178] Vgl. in dieser Arbeit Kat. Nr. 150.

[179] S. u. in dieser Arbeit Kap. 6.5.5.

[180] UNBEKANNTER VERFASSER [LEOPOLD] 1825, S. 517. Den freundlichen Hinweis auf den Beitrag des unbekannten Verfassers verdanke ich Dr. Burghardt Joachim Richter, Köln.

[181] Zu Matthias Joseph De Noël vgl. in dieser Arbeit Anm. 4 und 5.

[182] UNBEKANNTER VERFASSER [LEOPOLD] 1825, Sp. 517.

[183] Ebda., Sp. 522, vgl. in dieser Arbeit Kap. 6.4.2. Eine weiter Miniaturkopie fertigte Sieberg für den Regierungsrat und westfälischen Romantiker Werner von Haxthausen an, UNBEKANNTER VERFASSER [LEOPOLD] 1825, Sp. 522, vgl. Kap. 6.5.4. Möglicherweise war auch die Miniaturkopie aus dem Besitz der Prinzessin Marianne, ehemals in Schloss Fischbach, von Sieberg gemalt, vgl. Kap. 6.4.1.

[184] KRISCHEL (1) in: AK KÖLN 1995, S. 106.

[185] Als Beispiel mögen hier die Anmahnungen des aus Kleve stammenden Kunstsammlers und von Handwerk und Gewerbe in preußischen Diensten, Peter Beuth, in seinen Briefen an Eberhard von Groote dienen, z. B. HAStK. 1552, Nr. 5: *Auf den alten Beckenkamp bin ich sehr böse, ich kann es Ihnen nicht verhehlen. Ich halte mich daran, daß Leute die Deutsch sprechen, auch Wort halten und den Franzosen das landesübliche versprechen und nicht halten, überlassen...* (26. Juli 1814).

[186] Der Verfasser des Briefes ist nicht mit dem späteren Dompfarrer Johann Michael DuMont identisch, der selber sein Portrait von Beckenkamp anfertigen ließ, vgl. in dieser Arbeit Kat. Nr. 104. Möglicherweise handelt es sich bei dem Unterzeichner des Briefes um Johann Michael Joseph Hubert Lucas Vitalis DuMont (1782–1865), einen Bruder des Verlegers Marcus DuMont.
Ein im Frühjahr 2003 dem Kölnischen Stadtmuseum geschenktes Photoalbum aus Familienbesitz enthält ein altes Photo nach einem Portrait DuMonts, das mit Beckenkamp in Verbindung gebracht werden könnte. Allerdings ließ sich weder über den Inhalt, noch über den weiteren Ausgang des erwähnten Auftrags etwas ermitteln.

[187] *Reverentia! Haben Sie doch die Güte diesen morgen bei Hrn. Bickenkamp anzurufen* [sic!] *und ihn nolentem volentem zu mir zu bringen. Wenn er nur eine viertelstunde lang hierher kommen und einige Gedanken vorzeichnet, so ist mir geholfen und das kann ihn doch in diesen übrigen Geschäften so* [unleserlich] *Schaden nicht thun. So er keine Zeit hat, selbst die Ausführung hier zu besorgen, so will ich mich gern begnügen, nur die Gedanken zu haben und dann das nötighe* [unleserlich] *von ihm zu nehmen. Sagen Sie ihm doch dies und bringen Sie ihn auf eine viertelstunde mit. Salus. M. Dumont*, HAStK., Best. 1105, Nr. 4, Bl. 168.

[188] Der erwähnte Brief an Hüpsch und ein inhaltlich ebenso wertloser und undatierter Brief Beckenkamps an Wallraf (Verabredung zu einem Treffen), vgl. DEETERS 1987, S. 7, Nr. 1, Bl. 85.

[189] AEK., Metropolitankapitel 369 (Acta betreff die Domgemälde: Dombild).

[190] HAStK., Best. 1552, Nr. 5, Brief Beuths an Eberhard von Groote, 15.2.1815.

[191] So beispielsweise der Düsseldorfer Kupferstecher Ernst Thelott in einem Brief an Eberhard von Groote: ... *allein ich bin gewiß, der alte ehrliche Mann* [Beckenkamp] *wird keine Unwahrheit auf sein Gewissen laden*, HAStK Best. 1552, 52, Nr. 14, (ohne Datum, wahrscheinlich vom Jahresanfang 1815).

[192] Zitiert nach [DE NOËL] 1828, Sp. 5.

3. Beckenkamp und die religiöse Historienmalerei (S. 33–47)

[193] [DE NOËL] 1828, Sp. 3, erwähnt dagegen mehrere Beispiele *seiner hier vorhandenen Versuche in der Geschichtsmalerei*, die während der Zeit der französischen Besetzung Kölns entstanden sein sollen. Ob er damit die 16 bemalten Kupfertäfelchen für den Dreikönigenschrein meinte, oder aber andere, heute verschollene Gemälde Beckenkamps, ist nicht bekannt.

[194] Vgl. in dieser Arbeit Kat. Nr. 1.

[195] LOHMEYER 1919, S. 42. Wohl auf Lohmeyers Einschätzung aufbauend das Urteil von KOETSCHAU (Hg.) 1926, S. 22: *Nach einigen ziemlich mißglückten Versuchen im Andachtsbilde hat Beckenkamp in kluger Beschränkung sich ausschließlich der Bildnismalerei zugewandt ... .*

[196] Koblenz, Mittelrhein-Museum, Inv. Nr. M 69.

[197] Koblenz, Mittelrhein-Museum, Inv. Nr. M 74.

[198] MOSES 1925, S. 46 f., S. 65.

[199] JUNGJOHANN 1929, S. 18.

[200] [DE NOËL] 1828, Sp. 3.

[201] S. u. Kap. 5. 2.

[202] METZGER 1980, S. 24.

[203] **Holzsammlerin mit Schubkarren**, Frankfurt/Main, Historisches Museum, Inv. Nr. Pr. 369 und **Schäfer, eine Pfeife schnitzend**, Frankfurt/Main, Historisches Museum, Inv. Nr. Pr. 368.

[204] S.u. Kap. 4.2.

[205] Würzburg, Mainfränkisches Museum, Inv. Nr. 32817, die Abbildung des Portraits bei STRASSER 1987, Abb. 17.

[206] STRASSER 1994, S. 459, Gb 93; AK BENDORF 1998, S. 83 (Abb.).

[207] Würzburg, Mainfränkisches Museum, Inv. Nr. 32400; STRASSER 1994, S. 35, S. 429, G 415, (Abb. 1).

[208] Eine ausführliche Beschreibung und Besprechung befindet sich bei STRASSER 1987, S. 34-42. In seiner Magisterarbeit über die frühen Werke Zicks hatte Strasser das spätere Würzburger „Selbstportrait" Zick noch zugesprochen und es wegen der harten Formen und der Steifheit der Figuren stilistisch an die Portraitauffassung Zicks auf dem Gruppenportrait der Remys von 1777 (Bendorf) angenähert (ebda., S. 38).

[209] Koblenz, Mittelrhein-Museum, Inv. Nr. M 71 a, vgl. in dieser Arbeit Kat. Nr. 48.

[210] Ehemals Slg. Max Josef Stelzmann, Köln, vgl. in dieser Arbeit Kat. Nr. 57.

[211] Zick kann auf dem späteren Würzburger Bild nicht viel älter als 40 oder 45 Jahre gewesen sein.

[212] STRASSER 1994, S. 23.

[213] Eine Aufzählung bei METZGER 1970, S. 112 f.: Benediktinerkloster Wiblingen bei Ulm 1780-81, Pfarrkirche in Zell bei Riedlingen 1781, Pfarrkirche in Dürrenwaldstetten 1782, Benediktinerklosterkirche in Oberelchingen 1782-83, Kirche der Prämonstratenser in Rot an der Rot 1784.

[214] Die Reduzierung von Feiertagen und Prozessionen und die Unterstützung antiklerikaler Reformer und Beamter wie des Weihbischofs Nikolaus von Hontheim („Febronius") sowie des Staatskanzlers Georg Michael von La Roche gehört zu den säkularisierenden Bestrebungen des letzten Trierer Kurfürsten Clemens Wenzeslaus, vgl. dazu HEYEN 1986, S. 18.

[215] VON EINEM 1978, S. 13.

[216] VON EINEM 1978, S. 14.

[217] Zitiert nach STRASSER 1994, S. 23.

[218] STRASSER 1994, S. 15.

[219] PLATO 1978, S. 19.

[220] So auch der Untertitel von Lohmeyer 1919: „Das Wirken einer rheinischen Künstlerkolonie", zuletzt auch Proessler in: GESCHICHTE DER STADT KOBLENZ 1992, S. 471 („Ehrenbreitsteiner Malerkolonie").

[221] LEXIKON DER KUNST 1971, Bd. 2, Artikel „Künstlerkolonie", S. 802.

[222] Eine Ausnahme in der Bildung einer Künstlergruppe und ihrem Kunstschaffen stellt die Darmstädter Künstlerkolonie dar, die von einem Fürsten, dem Großfürsten von Hessen-Darmstadt 1906 gegründet wurde, vgl. ebda.

[223] So auch HEITGER 1982, S. 13.

[224] PROESSLER in: GESCHICHTE DER STADT KOBLENZ 1992, S 463-466.

[225] Das Schloss wurde 1806 zerstört.

[226] STRASSER 1994, S. 14 und Anm. 52.

[227] HEITGER 1982, S. 33-35.

[228] METZGER 1970, S. 110.

[229] PROESSLER in: GESCHICHTE DER STADT KOBLENZ 1992, S. 471.

[230] STRASSER 1994, S. 42 sieht als Grund für diesen Auftrag an Zick den konservativen Kunstgeschmack des Kurfürsten Clemens Wenzeslaus.

[231] Dazu ausführlich SEELIG in: AK KOBLENZ 1986, S. 76-82 mit Abbildungen.

[232] SEELIG in: AK KOBLENZ 1986, S. 83.

[233] Eine zeitgenössische Innenansicht der zerstörten Kapelle mit Zicks Malereien bei MARSCHALL in: AK KOBLENZ 1986, S. 41, Abb. 10.

[234] METZGER 1970, S. 115, vgl. auch PROESSLER in: GESCHICHTE DER STADT KOBLENZ 1992, Bd. 1, S. 472.

[235] NAGEL 1996, S. 52f.

[236] Vgl. in dieser Arbeit Kat. Nr. 1.

[237] Bei STRASSER 1994, S. 387, Kat. Nr. 215 und 216, sowie Abb. 84 und 85.

[238] Vgl. in dieser Arbeit Kat. Nr. 3.

[239] Dazu STRASSER 1994, S. 18.

[240] Vgl. in dieser Arbeit Kat. Nr. 2.

[241] Vgl. dazu den umfangreichen Katalog von Zicks Werken bei STRASSER 1994.

[242] KUBACH - MICHEL SCHNITZLER (Bearb.) 1944.

[243] CASPARY - GÖTZ - KLINGE (Bearb.) = DEHIO Bd. 5, 1972.

[244] Diese Gemälde waren nicht zugänglich.

[245] WACKENRODER (Bearb.) 1959, S. 170: *Oberhalb der Beichtstühle und an den Wänden elf sehr einfache Tafelgemälde v. J. 1750, in oben geeckten Rahmen, 100 x 86 cm, von K. B. Beckenkamp aus Ehrenbreitstein.*

[246] EUSKIRCHEN 1997, S. 100.

[247] FESTSCHRIFT 1962, S. 47.

[248] KUBACH - MICHEL - SCHNITZLER (Bearb.) 1944, S. 344 - 346.

[249] WAGNER 1923, S. 25.

[250] SCHUG 1966, S. 572.

[251] Vgl. in dieser Arbeit Kat. Nr. 4 (Skizze) und Kat. Nr. 5 (Hochaltar).

[252] MOSES 1925, S. 45.

[253] AK KOBLENZ 1986, S. 47, Kat. Nr. 22 und S. 28 (Abb.).

[254] **Die Anbetung der Könige, Das letzte Abendmahl, Die Himmelfahrt, Die Auferstehung, Christus auf dem Berg Tabor,** vgl. in dieser Arbeit Kat. Nr. 6 - 10.

[255] Vgl. in dieser Arbeit Kat. Nr. 6.

[256] Eine ähnlich reliefartige Komposition Zicks mit der Anbetung der Könige (allerdings mit gegenläufiger Ausrichtung nach rechts), die etwa 1789 datiert wird, befindet sich im Bonner Rheinischen Landesmuseum, vgl. BEST. KAT. BONN 1982, S. 574 f. und S. 575 (Abb.)

[257] So z. B. STRASSER 1987, S. 40 und S. 69, Anm. 109.

[258] CASPARY - GÖTZ - KLINGE (= DEHIO, Bd. 5) 1972, S. 103.

[259] Vgl. in dieser Arbeit Kat. Nr. 28.

[260] STRASSER 1994, S. 13.

[261] Dazu gehören auch Zeichnungen Zicks von Köpfen im römischen Konservatorenpalast. In seiner Magisterarbeit diskutierte Strasser die Frage, ob Zick die Carracci-Fresken der Galleria Farnese durch graphische Reproduktionen kennen gelernt haben könnte und kam durch Vergleiche zu dem Schluss, dass Zick die Zeichnungen nach den Originalen angefertigt haben müsste, vgl. STRASSER 1987, S. 47-52 und Abb. 21, 25, 26.

[262] Vgl. in dieser Arbeit Kat. Nr. 29.

[263] Für den freundlichen Hinweis auf A. Carracci als Vorbild der Kopie danke ich Dr. Irene Haberland, Bonn.

[264] Zu diesem Bild vgl. POSNER 1971, Bd. 2, S. 42 f., Nr. 98.

[265] Carlo Maratta, der im letzten Drittel des 17. Jahrhunderts die akademische Version des römischen Frühbarock, wie er sich vor allem im Werk der Bologneser Annibale und Ludovico Carracci und Guido Reni manifestierte, aufgriff, fertigte auch eine Radierung nach Annibales Budapester **Samariterin am Brunnen** an, vgl. dazu AK PAVIA 1977, S. 40, Kat. Nr. 3, S. 41, Abb. 8.

[266] POSNER 1971, Bd. 2, S. 42 f., Nr. 98.

[267] Vgl. in dieser Arbeit Kat. Nr. 27.

[268] Koblenz, Mittelrhein-Museum, Inv. Nr. 1039, vgl. STRASSER 1994, S. 382, G 187 und Abb. 80.

[269] [DE NOËL] 1828, Sp. 4, erwähnt *mehrere seiner hier vorhandenen Versuche in der Geschichtsmalerei* aus den Jahren von Beckenkamps *Geschäftslosigkeit*, die De Noël unmittelbar nach dem Einmarsch der Franzosen in Köln 1794 ansetzte. Von diesen Werken seiner frühen Kölner Jahre ließ sich jedoch keine Spur entdecken.

[270] Zu dem von Wallraf und auch von Goethe geschätzten Kölner Maler Josef Hoffmann vgl. Luise Straus-Ernst: Josef Hoffmann, ein kölnischer Maler des Klassizismus, in: WRJb 1925, Jg. 2, S. 78-87 und zuletzt THIERHOFF 1997, S. 79-81.

[271] THIERHOFF 1997, S. 79 und Anm. 554.

[272] Vgl. in dieser Arbeit Kat. Nr. 82.1-16.

[273] AEK, A II 36, Rechnungsbuch über empfangene Beiträge und Ausgaben für die Restaurierung des Dreikönigenschreins.

[274] Zu Beckenkamps Kupfertäfelchen für den Dreikönigenschrein, die seit Oktober 2000 in der neuen Kölner Domschatzkammer ausgestellt sind, vgl. nun v. a. BECKS – LAUER 2000, S. 94 f. und Abb. a, b, d, g, i, k, m, p.

[275] Zitiert nach BOECKER 1810, S. 81 f.

[276] Zitiert nach BOCK 1858, S. 31.

[277] Zitiert nach BOCK 1858, S. 41.

[278] Zur Entstehungsgeschichte der Loggien und ihrer Rezeption bis zum Ende des 19. Jahrhunderts vgl. Nicole Dacos: Le Logge di Raffaello. Maestro e bottega di fronte all'antico. Rom 1977.

[279] Vgl. in dieser Arbeit Kat. Nr. 82.1.

[280] Vgl. in dieser Arbeit Kat. Nr. 82.15.

[281] Vgl. die entsprechenden Abbildungen bei DACOS 1977, Tafel XX a, bzw. XLVIII b.

[282] Vgl. in dieser Arbeit Kat. Nr. 82.6.

[283] Vgl. die entsprechende Abbildung bei DACOS 1977, Tafel XXX.

[284] Vgl. in dieser Arbeit Kat. Nr. 82.9.

[285] Vgl. die entsprechende Abbildung bei DACOS 1977, Tafel XXXIX b.

[286] Vgl. dazu den Ausstellungskatalog Raphael invenit. Stampe da Raffaello nelle collezioni dell'Istituto per la Grafica. Rom 1985

[287] DACOS 1977, S. 8 f.

[288] DACOS 1977, S. 13.

²⁸⁹ Die Abbildung eines Kupferstiches nach Raffaels **Transfiguration** erschien im *Taschenbuch für Kunst und Laune auf das Jahr 1801*, die Bildbeschreibung stammte von Wallraf, vgl. DEETERS 1987, S. 365, Nr. 36 c. Eine ausführliche Analyse der Bildbeschreibung unternimmt - ohne Nennung des Verfassers - Beate Reiffenscheid: Raffael im Almanach. Bochum 1996, S. 94-105.

²⁹⁰ Kupferstich und Bildbesprechung Wallrafs in: *Taschenbuch für Kunst und Laune auf das Jahr 1802*, vgl. DEETERS (Bearb.) 1987, Nr. 38 b.

²⁹¹ Zitiert nach THIERHOFF 1997, S. 29.

²⁹² AEK, A II 36: Rechnungsbeleg von Beckenkamp vom 20. 1. 1808.

²⁹³ Den starken Eingriff Wallrafs auf die ausführenden Künstler hat Bianca Thierhoff bereits am Beispiel von Joseph Hoffmanns Ausmalung von Groß St. Martin und von Ernst Thelotts Kupferstichen nach Beckenkamps gemaltem Portrait Wallrafs aufgezeigt, vgl. THIERHOFF 1997, S. 79 und Anm. 551.

²⁹⁴ Zu den verschollenen mythologischen Szenen Beckenkamps für den Kölner Kaufmann Abraham Urbach 1811-1813 vgl. in dieser Arbeit Kat. Nr. 93 a-c.

²⁹⁵ MOSES 1925, S. 60, betrachtete die religiösen Andachtsbilder Beckenkamps von 1826 als Echo auf die Tätigkeit des Malers für seine Kopien nach dem **Dombild** und nach anderen spätgotischen Tafelwerken.

²⁹⁶ Köln, Kölnisches Stadtmuseum, KSM 1990/121, zu diesem Bild vgl. DIECKHOFF 1992, S. 33, vgl. in dieser Arbeit Kat. Nr. 147.

²⁹⁷ Vgl. AK KOBLENZ 1976, S. 34 (Abb.), ebda., S. 47, Kat. Nr. 25. Die Komposition des Bildes ist fast spiegelbildlich wieder aufgegriffen. Die Malweise Beckenkamps ist im Gegensatz zu Zicks Licht-Schatten-Modellierung und der bildimmanenten Dramatik beruhigt und ist durch eine glatte und lineare Malweise charakterisiert.

²⁹⁸ Vgl. in dieser Arbeit Kat. Nr. 146.1 und 2.

4. Beckenkamp und die Landschaftsmalerei (S. 48–71)

²⁹⁹ [DE NOËL] 1828, Sp. 3.

³⁰⁰ LOHMEYER 1919, S. 42.

³⁰¹ Vgl. in dieser Arbeit Kat. Nr. 11.

³⁰² Vgl. in dieser Arbeit Kat. Nr. 17.

³⁰³ Vgl. in dieser Arbeit Kat. Nr. 68.

³⁰⁴ Bonn, Rheinisches Landesmuseum, Inv. Nr. 19866/7, vgl. BEST. KAT. BONN 1982, S. 566, 568 und S. 567 und 569 (Abb.)

³⁰⁵ SIMON - SCHLAGBERGER 1987, S. 146. Stilistisch ähneln die Hintergründe der Landschaftskulisse auf Zicks großem Familienportrait für die Bendorfer Hüttenherren Remy aus dem Jahre 1777; dazu eine gute farbige Abbildung des Portraits bei SIMON-SCHLAGBERGER in: AK BENDORF 1998, S. 66.

³⁰⁶ MOSES 1925, S. 47 und S. 77.

³⁰⁷ MITTEILUNGEN 1902 (= Mitteilungen aus dem Stadtarchiv von Köln, Heft 31) (HEFT 31) 1902, S. 31, Nr. 149 (=A/I 2/146) und Nr. 150 (=A/I 2/147).

³⁰⁸ Vgl. in dieser Arbeit Kat. Nr. 74 und 75.

³⁰⁹ FRANZHEIM (Bearb.) 1977³, Abb. 3 und Text.

³¹⁰ Z. B. in KELLENBENZ 1975, Bd. 1, S. 63.

³¹¹ Zur Definition und Entwicklung des Architekturbildes vgl. J. Held in: REALLEXIKON ZUR DEUTSCHEN KUNSTGESCHICHTE 1937, Bd. 1, S. 911-918.

³¹² BÖRSCH-SUPAN 1988, S. 131.

³¹³ Ders., 1979, Bd. 3, S. 209.

³¹⁴ MERLO 1895, Sp. 563 f.; LOHMEYER 1919, S. 45; THIEME-BECKER 24, 1930, S. 35 f.; BEST. KAT. KÖLN 1973, S. 61; BEST. KAT. BONN 1982, S. 292 f. Wie Beckenkamp stammte auch Manskirsch aus einer Handwerkerfamilie: sein Vater Jacob Manskirsch war am Kölner Hof des Kurfürsten Clemens August in Bonn Hofstallmaler, seine Tätigkeit war die Bemalung der Kutschen. Parallel zu dem Lebensweg von Lorenz Beckenkamp gelangte auch Jacob Manskirsch dazu, selbständige Kunstwerke, Landschaften, zu malen. Einige davon befinden sich im Rheinischen Landesmuseum in Bonn und im Stadtmuseum Bonn.

³¹⁵ Abgebildet bei KUHN 1985, S. 195, Abb. 2 (Jagdschloss Wittlich) und S. 196, Abb. 3 (Kärlich); (beide mit der Bildunterschrift *J. B. Manskirsch*).

³¹⁶ KUHN 1985, S. 193-198.

³¹⁷ KUHN 1985, S. 192; vgl. in dieser Arbeit Kap. 2.1.

³¹⁸ Zitiert nach KUHN 1985, S. 191.

³¹⁹ Der Beschreibung der 35 Landschaften für das Kaffeezimmer der Residenz widmet LANG 1789 mehrere Seiten, S. 211-216, vgl. auch KUHN 1986, S. 96.

³²⁰ BÖRSCH-SUPAN 1988, S. 127.

³²¹ Z. B. in MEUSELs MUSEUM 1788, S. 95, wird der Landschaftsmaler und Kopist Johann Leonhardt Städtler in dem entlegenen Neustadt/Aisch noch mit Schütz in Verbindung gebracht: *Seine Landschaften, denen er viel Leben gibt und über das Ganze Feuer und Geist verbreitet, sind meistens nach der Manier eines Schütz ausgeführt, nach denen er auch schon vieles kopirt hat.*

³²² AK FRANKFURT 1992, Abb. A 50, S. 100; zu dem Schweizer Landschaftsmaler und Zeichner Zingg, der 1766, in demselben Jahr wie Anton Graff nach Dresden berufen wurde.

³²³ AK FRANKFURT 1991, S. 91, Kat. Nr. 43/44; zu Wille vgl. BÖRSCH-SUPAN 1988, S. 122.f. und BECKER 1971, S. 24-26, v.a. S. 25.

³²⁴ So auch MOSES 1925, S. 47.

³²⁵ Es handelt sich um die **Landschaft mit Hirt** und die **Landschaft mit Holzsammlerin** der Frankfurter Sammlung Prehn, heute im Besitz des Historischen Museums Frankfurt; vgl. AK FRANKFURT 1992, S. 56 f., Kat. Nr. 47, 48 und S. 57, Abb. 47, 48.

[326] Zur Zusammenarbeit von Januarius Zick und Christian Georg Schütz d. Ä. s. o. Kap. 3.1.

[327] STRASSER 1994, S. 437 f. mit Abbildungen.

[328] Zitiert nach [DE NOËL] 1828, Sp. 3.

[329] Vgl. die Literaturübersicht in Kap. 1, Anm. 1.

[330] Schriftliche Mitteilung des Instituts für Stadtgeschichte, Frankfurt vom 30. 9.1997.

[331] Vgl. in dieser Arbeit Kat. Nr. 18, Berlin, Alte Nationalgalerie, Inv. A. I. 1050.

[332] MOSES 1925, S. 47 f.

[333] PARTHEY 1863, S. 74 f.

[334] Die Abbildung des Pastellportraits von Handmann in: AK FRANKFURT 1991, S. 2. Dieses Pastellportrait kannte Beckenkamp, wenn nicht im Original, dann in einem 1774 angefertigten Kupferstich von Johann Friedrich Beer, Frankfurt, Historisches Museum, C 5291, AK FRANKFURT 1991, Kat. Nr. 7, S. 92.

[335] Für MOSES 1925, S. 48, tritt der spätere Naturalismus der Beckenkamp'schen Portraits bei dem Bildnis von Schütz schon zutage.

[336] Eine Reise von Schütz nach Ehrenbreitstein zwischen 1770 und 1780 ist in der Literatur über den Frankfurter Maler nicht erfasst, vgl. Daten zur Biographie von Schütz in AK FRANKFURT 1991, S. 105-107. Es ist anzunehmen, dass zur Ausführung der erwähnten Koproduktionen von Zick und Schütz der Ehrenbreitsteiner Hofmaler Zick, der 1774 in Bad Ems an der Lahn Lavater besuchte (vgl. BACH 1923, S. 55), den Weg nach Frankfurt nahm.

[337] AK FRANKFURT 1991; AK FRANKFURT 1992.

[338] AK FRANKFURT 1991, S. 8.

[339] Vgl. in dieser Arbeit über die Bürgerrechtssituation in Frankfurt, Kap. 2.2.

[340] AK FRANKFURT 1991, S. 8.

[341] In Frankfurt konnte im späten 18. Jahrhundert der Sammler und Kunstschriftsteller Heinrich Sebastian Hüsgen (1745 - 1807) über 80 Besitzer von Kunstsammlungen nennen, vgl. AK FRANKFURT 1988, S. 32.

[342] GOETHE (Dichtung und Wahrheit), ed. 1975, S. 100 f., vgl. auch STAHL in: AK BONN/KOBLENZ 1992, S. 198.

[343] AK FRANKFURT 1988, S. 39, 102.

[344] AK FRANKFURT 1991 (2), Nr. 9, 10, 14, 18, 22, 23, 118, 119, 129, 130, 141, 149, 160, 164, 218, 220, 358, 363, 364, 407, 408, 423. Vgl. auch AK FRANKFURT 1982, S. 33.

[345] AK FRANKFURT 1991 (2), Abb. 34-36, S. 75 und Abb. 39, S. 76.

[346] WESCHENFELDER in: AK BONN/KOBLENZ 1992, S. 27.

[347] STAHL (ebda.) 1992, S. 196.

[348] STAHL (ebda.) 1992, S. 196 f.

[349] STAHL (ebda.), S. 197 f.

[350] STAHL (ebda.), S. 198.

[351] Ebda., S. 198 f.

[352] AK FRANKFURT 1982, S. 36-38, Nr. 11-14 (mit Abbildungen).

[353] Ebda., S. 90 f., Nr. 55, 56 (mit Abbildungen).

[354] Ebda.; S. 96-99, Nr. 61, 63 und 64 (mit Abbildungen).

[355] STAHL in: AK BONN/KOBLENZ 1992, S. 202 f.

[356] Ebda.

[357] Zitiert nach KOCHS (Bearb.) 1977, S. 14. Diese Würdigung von Schütz d.J. durch Goethe reflektiert die Wärme und Unmittelbarkeit seiner Blätter, die für die Rheinillustration des beginnenden 19. Jahrhunderts so wertvoll waren.

[358] C. G. Schütz d. J. in: SIMON 1929, S. 127.

[359] HÜSGEN 1791, S. 390-394; NAGLER 1835 - 52, Bd. 18, S. 25-27; THIEME-BECKER 1936, Bd. 30, S. 315; KOCHS (Bearb.) 1977, S. 14 f.; AK BONN/KOBLENZ 1992, S. 31, Abb. 19 und 20, S. 32, S. 338; SCHMITT (in: SCHÄFKE - BODSCH 1993), S. 44 f.

[360] Zitiert nach C. G. Schütz d. J. in: SIMON 1929, S. 126.

[361] Ebda., S. 127.

[362] Z. B. AK BONN/KOBLENZ 1992, S. 209 (Abb.), und S. 338, Kat. Nr. 77.

[363] SCHMITT in: SCHÄFKE - BODSCH 1993, S. 45.

[364] AK BONN/KOBLENZ 1992, S. 31, Abb. 19 und 20.

[365] SCHÄFKE - BODSCH 1993, S. 107, Kat. Nr. 304: 32 Malerische Ansichten des Rheins von Mainz bis Düsseldorf für Nikolaus Vogts und von Christian August Günther gestochen.

[366] Die 24 Aquatinten der Engländer Thomas Sutherland und William Havell nach Schütz entstanden für Gernings „Pictouresque Tour..." (1820), vgl. KOCHS (Bearb.) 1977 und SCHMITT in: SCHÄFKE - BODSCH 1993, S. 45.

[367] Christian Georg Schütz d. J. in: SIMON 1929, S. 127. Auf dieser Reise weilte der jüngere Schütz auch *lange in der Urstadt Köln, deren Merkwürdigkeiten, jeder Art, mich mit magischem Zauber umhüllten und deren Eindruck unvertilgbar in meiner Seele bleibt*, ebda., S. 128.

[368] Zitiert nach [LANG] 1789, S. 157.

[369] SCHMITT 1996, Nr. 139-145.

[370] Zitiert nach FECHNER 1974, S. 115.

[371] GOETHE 1975, Bd. 3, S. 689-98.

[372] Sophie La Roche wohnte mit ihrer Familie von 1771 bis 1780 in der Ehrenbreitsteiner Hofstraße in der Nähe der kurfürstlichen Residenz, der Philippsburg. Ihr Mann, Georg Michael La Roche war Sekretär des Trierer Kurfürsten und fiel 1780 wegen antiklerikaler Schriften in Ungnade. Zu den Ehrenbreitsteiner Jahren der La Roche vgl. PLATO 1978, S. 9-54. Zu Beckenkamps Kupferstichvorlage zum Portrait der Sophie La Roche vgl. in dieser Arbeit Kat. Nr. 24.

[373] RAVE 1924, S. 129.

[374] Zu Dupuis vgl. MERLO 1895, Sp. 203-206. Die Lebensdaten von Dupuis sind unbekannt.

[375] MERLO 1895, Sp. 204.

[376] FECHNER 1974, S. 133 und Anm. 65.

[377] Dennoch erweist sich Dupuis als ein interessanter Kupferstecher mit ausgeprägt topographischer und antiquarischer Ausrichtung (im Auftrag von J. P. N. Vogel zeichnete er 1781 den Zustand des Dreikönigenschreins vor den unwiederbringlichen Beschädigungen der Säkularisationsauslagerung).

[378] Die Buchhandlung von Johann Martin Himmes wurde 1784 in Koblenz eröffnet. Die Anregung zur Eröffnung von Buchhandlungen in Koblenz kam aus dem Kreis von Sophie La Roche, vgl. SCHAAF 1992, S. 455.

[379] Vgl. in dieser Arbeit Kat. Nr. 20, Koblenz, Mittelrhein-Museum, G 1198.

[380] PROESSLER 1992, S. 462.

[381] PROESSLER 1992, S. 459.

[382] Ebda.

[383] ALBROD 1984, S. 108 f.

[384] Der im Vorwort erwähnte B. Tardieu ist ein nicht näher zu identifizierendes Mitglied der großen Familie von Kupferstechern und Malern Tardieu in Paris gewesen, vgl. dazu NAGLER 1835-52, Bd. 20, S. 251-63.

[385] In der Ausgabe Klebes von 1801 erscheint Beckenkamps Blatt als Frontispiz.

[386] In der Ausgabe Klebes von 1806 erscheint Beckenkamps Blatt auf S. 446.

[387] TÜMMERS in: AK BONN/KOBLENZ 1992, S. 91-105.

[388] Die Familie Cöntgen war in Mainz und Frankfurt ansässig. H. Cöntgen (nach BÉNÉZIT [1911] 1976, Heinrich Hugo Cöntgen) erscheint in den einschlägigen Künstlerlexika ohne Lebensdaten, nur mit der Bezeichnung „18. Jahrhundert".

[389] SCHMITT 1996, S. 282 f., Nr. 139.

[390] Ebda., Nr. 139-146.

[391] BENZING 1957, S. 160, konnte die in die Nachschlagewerke eingegangenen fehlerhaften genealogischen Daten s.o. von Heinrich Hugo Cöntgen (1727 - 1792) anhand der Kirchenbuchkartei des Mainzer Stadtarchivs korrigieren.

[392] MARSCHALL in: AK KOBLENZ 1986, S. 40.

[393] SCHAAF 1992, S. 455.

[394] MOSES 1925, S. 77, nennt in ihrem Werkverzeichnis eine *Zeichnung zu dem Stich: Ansicht von Koblenz und der Festung Ehrenbreitstein vor dem Kriege* ohne Angabe eines Ortes, vgl. in dieser Arbeit Kat. Nr. 19.

[395] BACH 1923, Abb. 9, bei S. 113. Bach datiert *1775 ?* und setzt die Zeichnung in Bezug zu einem nicht näher bezeichneten kolorierten Stich im (ehemaligen) Koblenzer Schlossmuseum.

[396] ALBROD 1984, S. 108 f.; SCHMITT 1996, S. 258, Nr. 121, erwähnt Merian als Vorbild.

[397] AK MAINZ 1987, S. 70 und Abb. S. 73 (Hollar) und S. 77, Abb. 20 (Merian).
[398] AK MAINZ 1987, S. 72 (Kat. Nr. 26 - Hollar) und S. 77, Abb. 20 (Merian).

[399] AK MAINZ 1987, S. 71.

[400] Es befindet sich als Einzelblatt (Aquatinta von Anton Radl nach der Vorlage von Christian Georg Schütz d. J.) in der Graphischen Abteilung des Mittelrhein-Museums Koblenz, G. 1967/76.

[401] HÜSGEN 1790, S. 393, erwähnt eine zweite Rheinreise des jüngeren Schütz im Jahr 1788 *wovon sich Blätter von besonderer Schönheit befanden* und nennt auch eine bei dieser Gelegenheit entstandene *Malerische Ansicht* von Koblenz-Ehrenbreitstein.

[402] Vgl. in dieser Arbeit Kat. Nr. 74 und 75.

[403] BENZING 1957, S. 156.

[404] In den Kölner Adressbüchern von 1797, 1813 und 1822 ließ sich kein H. Goffart mit dieser Adresse nachweisen. Der Kupferdruckhändler Josef Goffart wohnte 1797 Unter Helmschläger 2509, Heinrich Joseph Goffart, ''instruments de musique et imprimeur en taille douce' Université n. 49 und der Kupferdrucker Heinrich Goffart handelte 1822 in Musikinstrumenten, Kupferstichen und allen Artikeln zum Zeichnen und Malen unter der Adresse Unter Goldschmied N. 68. Zu Heinrich Goffart vgl. auch die Angaben bei SCHÖLLER (Bearb.) 1995, S. 122.

[405] MITTEILUNGEN 1902, S. 31, Nr. 149.

[406] CLEMEN 1937 (=KD I.3.), S. 68.

[407] BORGER - ZEHNDER 1982, S. 201, gibt die auch bei Janscha/Ziegler erscheinende Kirche mit St. Lupus an. St. Lupus war aber im Kölner Stadtbild weit weniger markant und auffällig.

[408] ARNTZ - NEU - VOGTS (= KD II,3), S. 118. Abbildung der Kirche von Woensam, ebda., S. 116, Fig. 91 und von Finckenbaum (dort mit barockem Dachreiter), ebda., S. 120, Fig. 95.

[409] Die Frage nach dem topographischen Realitätsgehalt diskutiert SIEVERS (Bearb.) 1997, S. 12: *Es ging nicht um die topographisch genaue Wiedergabe aller Gebäude einer Stadt, sondern um die Vorstellung, den Begriff der Stadt mit ihren Wesensmerkmalen. Diese mittelalterliche Darstellungsweise der abstrahierenden Stadtformel wird erst im 18. Jahrhundert aufgegeben.*

[410] ARNTZ - NEU - VOGTS (= KD II.3), S. 118.

⁴¹¹ Zu den Kölner Rheinmühlen vgl. Horst Kranz: Die Kölner Rheinmühlen. Untersuchungen zum Mühlenschrein, zu den Eigentümern und zur Technik der Schiffsmühlen, 2 Bde., (Phil. Diss.) Aachen 1991. Um die Mitte des 18. Jahrhunderts arbeiteten in Köln noch acht Rheinmühlen, die nur noch etwa die Hälfte ihrer Mahlleistung aus dem späten 16. und dem frühen 17. Jahrhundert zu leisten hatten, vgl. KRANZ 1991, Bd. 2, S. 326. Schon zu Beginn des 19. Jahrhunderts existierten nur noch zwei Rheinmühlen, vgl. KRANZ 1991, Bd. 1, S. 341.

⁴¹² MEYNEN in: KIER - KRINGS 1984, S. 619.

⁴¹³ Augustin Braun und Peter Isselburgh: Titelblatt für die Werke des Beda Venerabilis, erschienen bei dem Verleger Anton Hierat 1612, Kölnisches Stadtmuseum, A. I. 2/30. Dieselbe Kupferplatte wurde für eine Auflage der Werke des Hrabanus Maurus, erschienen bei Johann Gymnich, wieder verwendet.

⁴¹⁴ „Collection de cinquante vues du Rhin les plus intéressantes et les plus pittoresques depuis Spire jusqu'à Düsseldorf nach der Natur gezeichnet von L.[aurenz] Janscha und ... von Ziegler gestochen", vgl. SCHÄFKE-BODSCH (Hg.) 1993, S. 81, Kat. Nr. 92.

⁴¹⁵ SCHÄFKE-BODSCH (Hg.) 1993, S. 46 und S. 48 (Abb.).

⁴¹⁶ SCHMITT in: SCHÄFKE - BODSCH 1993, S. 46.

⁴¹⁷ Der Ausdruck bei SIEVERS (Bearb.) 1997, S. 6.

⁴¹⁸ Vgl. in dieser Arbeit Kat. Nr. 63, Kölnisches Stadtmuseum, HM 1926/629.

⁴¹⁹ Vgl. in dieser Arbeit Kat. Nr. 64.1., Kölnisches Stadtmuseum, HM 1922/21.

⁴²⁰ Vgl. in dieser Arbeit Kat. Nr. 64.2. Kölnisches Stadtmuseum, HM 1922/22.

⁴²¹ Vgl. in dieser Arbeit Kat. Nr. 64.3. Kölnisches Stadtmuseum, HM 1922/23.

⁴²² Vgl. in dieser Arbeit Kat. Nr. 64.4., Kölnisches Stadtmuseum, HM 1922/24.

⁴²³ Bis auf 1922/22, wo die Beischrift bei einer neuen Rahmung mit Passepartout wegfiel.

⁴²⁴ Im ADRESSBUCH VON KÖLN UND UMGEBUNG 1926, S. 443 findet sich der Kaufmann mit der Schreibweise „Keysers", wohnhaft in der Kölner Humboldt (nicht Humbold)straße 27 als Eigentümer.

⁴²⁵ Im Inventarbuch des Historischen Museums werden die Nachbildungen Fischers als aus dem Archiv der Stadt Köln überwiesen verzeichnet.

⁴²⁶ VOGTS (Bearb.) 1930, S. 570 und 572, nennt die vier „Aquarelle" im Zusammenhang und zwei davon als „wahrscheinlich" bzw. „der Überlieferung nach von B. Beckenkamp".

⁴²⁷ ARNTZ-NEU-VOGTS (Bearb.) (= KD II.3) 1937, S. 40, datieren sowohl das Aquarell als auch die Kopien „um 1800". Die Autoren bezeichnen das Aquarell als „angeblich von Beckenkamp". An der Eigenhändigkeit der Schrift des Malers auf dem Aquarell ist aber nicht zu zweifeln.

⁴²⁸ [DE NOËL] 1828, Sp. 3.

⁴²⁹ ALTKÖLNISCHES BILDERBUCH 1950, Nr. 93 und Abb. 93.

⁴³⁰ Für den freundlichen Hinweis danke ich Dr. Sven Schütte, Köln.

⁴³¹ Zu der 1067 geweihten salischen Kirche St. Georg vgl. VERBEEK 1984, S. 256 ff.

⁴³² Die Pfarrkirche St. Jakob wurde zwischen 1532 und 1537 durch den Vater des Hermann, Christian von Weinsberg als Baumeister errichtet, vgl. ARNTZ - NEU - VOGTS 1930, S. 40-47.

⁴³³ Zitiert nach VERBEEK 1984, S. 256.

⁴³⁴ VOGTS 1966, Bd. 2, S. 460, stellt das Portal als den ersten, in Köln selbst gefertigten Bauteil mit Renaissanceformen, unter Vermischung mit romanischen und gotischen Elementen heraus.

⁴³⁵ VERBEEK 1984, S. 265.

⁴³⁶ Sie wurde 1551 erbaut; vgl. VERBEEK 1984, S. 266.

⁴³⁷ Vgl. zu diesem Zyklus ausführlich Horst Vey: Ein Anno-Zyklus von Augustin Braun um 1600, in: WRJb 1965, 27, S. 235-258. Dieser Zyklus mit 14 Szenen aus dem Leben des Hl. Anno ist der ausführlichste Bilderzyklus zum Leben des heiligen Kölner Erzbischofs. Der Besitzer Everhard Jabach verkaufte den Zyklus 1671 an Ludwig XIV. Er befindet sich noch heute im Kupferstichkabinett des Louvre. Der Zyklus ist um 1600 zu datieren und stellt das früheste künstlerische Zeugnis von Augustin Braun dar. Wegen der akkuraten und präzisen Entfaltung des architektonischen Formengutes verfügen diese Blätter auch über einen stadthistorischen Wert.

⁴³⁸ BINDING 1980, S. 142 und Abb. 65 und Abb. S. 143.

⁴³⁹ BINDING 1980, S. 140, Abb. S. 141.

⁴⁴⁰ VOGTS 1966, Bd. 2, S. 460.

⁴⁴¹ ARNTZ - NEU - VOGTS (Bearb.) 1937, S. 44.

⁴⁴² HELD in: REALLEXIKON ZUR DEUTSCHEN KUNSTGESCHICHTE 1937, Bd. 1, Sp. 909 f.

⁴⁴³ WAGNER 1971, S. 23.

⁴⁴⁴ WAGNER 1971, S. 29-41.

⁴⁴⁵ BINDING - KAHLE 1984, S. 595 f.

⁴⁴⁶ LAWRENCE 1989, S. 73.

⁴⁴⁷ DATTENBERG 1967, S. 210-233, mit zahlreichen Abbildungen.

⁴⁴⁸ DATTENBERG 1967, S. 40, Kat. Nr. 37 und Abb. S. 41.

⁴⁴⁹ In AK FRANKFURT 1992, Kat. Nr. 6, S. 40, werden Anregungen Jan van der Heydens auf Schütz wegen der hellen Lichtbehandlung, der diagonalen Tiefenstaffelung und der Licht- und Schattenkontraste vorgeschlagen.

⁴⁵⁰ AK FRANKFURT 1992, Kat. Nr. 6, S. 40, und Abb. 6, S. 39

⁴⁵¹ AK FRANKFURT (2) 1992, Nr. 154, Nr. 201, Nr. 259.

⁴⁵² Ebda., S. 92, Nr. 259.

[453] LAWRENCE 1989, S. 56, Anm. 45 c, und Abb. 69.

[454] WURZBACH 1963, Bd. 1, S. 85 f.

[455] In dem bei THIERHOFF 1997, S. 140 abgedruckten Inventar von 1810. Danach lässt sich das Gemälde nicht mehr in der Sammlung Wallraf nachweisen.

[456] AK FRANKFURT 1992, S. 38 f., Kat. Nr. 5 und S. 38, Abb. 5.

[457] AK FRANKFURT 1992, S. 36, Kat. Nr. 4 und S. 37, Abb. 4.

[458] BÖRSCH-SUPAN 1988, S. 132.

[459] AK FRANKFURT 1992, S. 16.

[460] Informationen über G. Fischer befinden sich in der Akte Best. 610 im Hist. Archiv der Stadt Köln, wo Fischer im ersten Drittel des 20. Jahrhunderts Archivdiener war. Er war auch der Erbauer des großen historischen Stadtmodells im Kölnischen Stadtmuseum und fertigte zahlreiche Reproduktionen von Urkunden, Handzeichnungen und Ölgemälden für das Historische Museum, das Rheinische Museum und den Stadtkonservator an.

[461] Vgl. in dieser Arbeit Kat. Nr. 63 und Kat. Nr. 64.1.

[462] Ohne den steinernen Corpus des Kruzifixes an der südlichen Vorhalle von St. Georg erscheint eine Außenansicht von Südosten des Zeichners Thomas Cranz und des Aquarellisten Adolph Wegelin aus der Sammlung Weyer, vgl. EULER-SCHMIDT 1985, S. 68, Nr. 5 und Abb. S. 69. Auch eine um 1840 entstandene Tuschzeichnung von Cornelis Springer (1817 - 1891), die auf die südliche Vorhalle von St. Georg fokussiert ist, gibt einen Zustand des Portals ohne Kreuz wieder, vgl. EULER-SCHMIDT 1985, S. 70, Abb. 6. Um 1910 erscheint der Corpus des Kruzifixes in der Aufnahme eines anonymen Photographen dagegen wieder an seinem ehemaligen Platz, vgl. EULER-SCHMIDT 1985, S. 73, Abb. 11. Das südliche Portal von St. Georg wurde 1945 zerstört.

[463] So datieren ARNTZ - NEU - VOGTS 1937, S. 40, Aquarell und Kopien „um 1800".

[464] Von SCHORN 1940, S. 116, Abb. 76, ebenso wie das Aquarell, S. 116, Abb. 75 „um 1810" datiert

[465] ARNTZ-NEU-VOGTS (Bearb.) 1937, S. 301 f.

[466] VOGTS 1932, S. 184.

[467] VOGTS 1966, Bd. 2, S. 805.

[468] VOGTS (Bearb.) 1930, S. 320.

[469] VOGTS (Bearb.) 1930, S. 572.

[470] VOGTS (Bearb.) 1930, S. 572.

[471] Wahrscheinlich ist Frankfurt gemeint.

[472] ADRESSBUCH KÖLN 1797, S. 255.

[473] SAUTTER 1898, S. 6.

[474] SCHÄFKE - DITGEN (Hg.) 1996, Bd. 1, S. 83.

[475] VOGTS (Bearb.) 1930, S. 331 f.

[476] Ebda., fig. 213, mit einer Abbildung des Kettenhäuschens am Waidmarkt von Cornelis Springer.

[477] S.o., Kap. 2.2.

[478] VOGTS 1966, Bd. 2, S. 568 f. und Anm. 65, S. 650.

[479] VOGTS (Bearb.) 1930, S. 422, Abb. 275.

[480] VOGTS 1966, Bd. 2, S. 570, Abb. 320.

[481] DEETERS (Bearb.) 1987, S. 261, Nr. 37, Bl. 18 ff.

[482] [DE NOËL] 1828, Sp. 3.

5. Beckenkamp als Portraitmaler (S. 72–112)

[483] Z. B. die beiden verschollenen Reiterportraits des reitenden Trierer Kurfürsten und seiner Schwester Kunigunde, vgl. in dieser Arbeit Kat. Nr. 15 und 16.

[484] Vgl. in dieser Arbeit Kat. Nr. 149.

[485] Zitiert nach [DE NOËL] 1828, Sp. 4. Zur Rolle Beckenkamps als Kopist s. u. Kap. 6.

[486] [DE NOËL] 1828, Sp. 4: *Mehrere Jahre hindurch und fast ausschließlich, beschäftigten unseren Künstler dann die wiederholten Nachbildungen unseres Domgemäldes [...]*.

[487] In den Jahren 1812 bis 1820 entstanden u. a. die Portraits von Wallraf 1812, von Fochem (1814), der Bernhardine Nolden (1815), eines Herrn und einer Dame (1815 und 1816), eines unbekannten Kindes (1816), der Henriette von Ammon und ihrer älteren Schwester Frau von Kamphausen (1817), zwei Portraitkopien nach einem Bildnis des Grafen Gneisenau (1817), das Portrait des Kölner Pfarrers Albert Gereon Schwarz (1818), eines unbekannten Geistlichen (1818), des Werner von Haxthausen in der Manier Holbeins (1818) und des Kanonikers und Vikars Johann Arnold zum Pütz.

[488] Die Anzahl der Werke Benedikt Beckenkamps beträgt nach bisherigem Kenntnisstand (= 2003) insgesamt 155 Arbeiten, davon 115 Portraits. Zum Vergleich: Ekhart Berckenhagen stellte 1967 einen Katalog von 1704 Portraits bekannter und unbekannter Personen im Werk von Anton Graff (1736 - 1813), der eine ähnlich lange Lebens- und Schaffenszeit wie Beckenkamp erreichte, zusammen, in: BERCKENHAGEN 1967. Für den Portraitmaler Johann Georg Ziesenis (1716 - 1776) und seine Werkstatt hat Karin Schrader 430 Portraits ausfindig machen können, vgl. SCHRADER 1995, S. 41.

[489] Vgl. in dieser Arbeit Kat. Nr. 52-56.

[490] Vgl. in dieser Arbeit Kat. Nr. 57-59.

491 So z. B. bei den Portraits der drei erwachsenen Kinder aus dem Hause von Wolff Metternich (1793) - vgl. in dieser Arbeit Kat. Nr. 54 - 56, zu denen Hildegard Westhoff-Krummacher Portraitkopien von Johann Christoph Rincklage gefunden hatte, die von dem westfälischen Bildnismaler 1792 datiert wurden, vgl. WESTHOFF-KRUMMACHER 1984, S. 117.

492 S.o. Kap. 1.1.

493 Zitiert nach [LANG] 1790, Bd. 2, S. 308.

494 Eine Einschätzung der Aussagen von Lang und von Vogt-Schreiber findet sich bei OST in: AK KÖLN 1995, S. 264.

495 Zitiert nach Vogt-Schreiber in: BAYER 1912, S. 131 f.

496 Die bisher unpublizierten Tagebücher von Grootes im Historischen Archiv der Stadt Köln reichen von 1815 bis zum Jahresanfang 1824.

497 Besuch von Grootes in Beckenkamps Werkstatt am 19. Juli 1818: *wo wir H.'s [Haxthausens] wohl getroffenes Bild in der Manier Holbeins sehn*, HAStK., Best. 1552, 1/19, Bl. 13 recto, vgl. dazu in dieser Arbeit Kat. Nr. 121.

498 E. von Groote über das Portrait Beckenkamps von De Noël: *ein Äeußerstes an Ähnlichkeit*, HAStK., Best. 1552, 1/28, 21. Februar 1821, Bl. 2 r., 21. Februar 1821, vgl. in dieser Arbeit Kat. Nr. 132.

499 Zu Kolbe vgl. LEXIKON DER DÜSSELDORFER MALERSCHULE 1997/98, Bd. 2, S. 265-269.

500 Zu Begas vgl. AK HEINSBERG 1994.

501 HAStK., Best. 1552, 1/13, Bl. 21 recto, Tagebucheintragung E. von Grootes, 14. Mai 1817.

502 HAStK., Best. 1552, 1/17, Bl. 7 verso: *doch sehn wir das Portrait der Frau Schaafhausen und ihrer Tochter da, von Colbe gemalt. Es gefällt uns nicht sonderlich. Es ist gar französisch, schroff und keck, in bläulichem Ton, in mancherlei Hinsicht unangenehm*, Tagebucheintragung E. von Grootes, 26. Februar 1818.

503 HAStK., Best. 1552, 1/30, Bl. 9 verso: *und wir sehn das Familienbild des Begas, welches äußerst angenehm und lieblich ist. Es ist in keiner bekannten Manier gemalt, hat viel gemüthliches altdeutscher Bilder, und die Portraits sind sprechend ähnlich*, E. v. Groote am 15. 12. 1821.

504 Vgl. in dieser Arbeit Kat. Nr. 95.

505 HAStK., Best. 1105, Nr. 21, Bl. 41, Wallraf an Thelott, 1. Oktober 1812.

506 Zur Bedeutung der Portraits für ihre Auftraggeber und Besitzer und zur seelischen Reaktion auf diese vgl. den Aufsatz von Hildegard Westhoff-Krummacher: Carl Joseph Haas (1775 - 1852), ein unbekannter münsterischer Portraitist, in: Westfalen 1976, Nr. 54, S. 146-166.

507 Die Beschreibung des Wohnhauses der Familie mit seiner Innenausstattung in den siebziger Jahren des 18. Jahrhunderts durch Johann Baptist Fuchs bei HEYDERHOFF (Bearb.) 1912, S. 175-177. Die Wände eines großen Saales waren *mit meines Vaters Holzhandels- und Floßgeschichte* bemalt, ebda. S. 175.

508 Ernst Weyden beschrieb 1862 erstmals seine Jugend im napoleonischen Köln unter dem Titel „Köln vor 50 Jahren". Dieses Buch ist schon mehrfach verlegt worden, in dieser Arbeit wurde die von Max-Leo Schwering besorgte Ausgabe von 1960 benutzt.

509 So auch der Untertitel der Ausstellung von 1997 zu Beckenkamp: Ein rheinischer Maler zwischen Rokoko und Biedermeier.

510 Zitiert nach KLUXEN 1989, S. 44.

511 Einen kulturgeschichtlichen Ansatz verfolgt H. Westhoff-Krummacher in ihrer Monographie zu Johann Christian Rincklage, Münster 1984.

512 Zu Heimann vgl. u. a.: KELLENBENZ in: NDB 1969, 8, S. 271 und Klara van Eyll: Der Gründungspräsident der Kölner Handelskammer. Johann Friedrich Carl Heimann lebte von 1757 bis 1835, in: Markt und Wirtschaft 1984, Nr. 12, S. 24-30.

513 Zu Wallraf als Sammler und Aufklärer vgl. u. a. AK KÖLN 1974, DEETERS 1990 und THIERHOFF 1997.

514 S. u. Kap. 6.

515 Die einzelnen Biographien der Dargestellten in den Katalognummern des Werkverzeichnisses.

516 Vgl. dazu [DE NOËL] 1828, Sp. 3.

517 S. o. Kap. 3.1.

518 S. u. Kap. 4.2. und 4.2.1.

519 MOSES 1925, S. 53, vgl. in dieser Arbeit Kat. Nr. 39.

520 Die Auftraggeber sind für das 2001 aufgefundene **Familienportrait mit Niederlahnstein und der Ruine Lahneck im Hintergrund** (noch) unbekannt, der kurtrierische Hofbrunnendirektor Kirn für das Portrait der dreiköpfigen Familie, der Kölner Kaufmann Everhard Schüll für das (bis heute) verlorene Familienbild und letztlich der Kupferstecher und Kalligraph Johann Heinrigs für die beiden großen Familienbilder (Kat. Nr. 11, 25, 79, 139, 149). Eine ausführliche Untersuchung zum Familienportrait in Deutschland zwischen Aufklärung und Biedermeier bietet LORENZ 1985.

521 Vgl. dazu die Feststellung De Noëls: *jenen ganz eignen Typus in der Auffassungs- und Darstellungsgabe, die ihm bis zum Schluss seiner Künstlerlaufbahn nie untreu geworden ist*, zitiert nach [DE NOËL] 1828, Sp. 3.

522 MOSES 1925, S. 61.

523 Beispielsweise mit dem **Bildnis der Familie Werbrun**, Köln, Wallraf-Richartz-Museum, Inv. Nr. 1113, vgl. AK KOBLENZ 1994, S. 72 f, Kat. Nr. V/3 und Abbildung.

524 Zitiert nach [DE NOËL] 1828, Sp. 3.

525 Ebda.

526 Zitiert nach MOSES 1925, S. 49.

527 Ebda.

[528] Offensichtlich kannte Elisabeth Moses die ebenfalls steifen Reiterportraits von der Hand von Heinrich Foelix nicht. Für den freundlichen Hinweis auf ein Reiterportrait des Trierer Kurfürsten Johann Philipp von Walderdorff von Foelix im Brühler Schloss danke ich Frau Rita Wagner M.A., Köln.

[529] MOSES 1925, S. 48 f., ohne nähere Angaben.

[530] VON BORELL 1959, Tafel 15 (Heidelberg, [ehemals?] Sammlung Waltraud Dell).

[531] Möglicherweise stammen aus dieser nicht näher zu definierenden Zeit - wohl in den siebziger Jahren des 18. Jahrhunderts - die Kontakte Beckenkamps zu der Mainzer Kupferstecherfamilie Coentgen. Die beiden Rheinansichten Beckenkamps von Koblenz-Ehrenbreitstein und von Köln wurden von Heinrich Hugo und von Franz Joseph Cöntgen gestochen, vgl. in dieser Arbeit Kat. Nr. 20, sowie Kat. Nr. 74 und 75.

[532] Auch der kurkölnische Hof verfügte noch 1784 über einen Marstall mit 150 Pferden, der - nach einer Aufstellung des kurfürstlichen Hofkammerpräsidenten Johann Ignaz Graf Wolff Metternich über die Kosten der Haus- und Hofhaltung - allein für die Fourage 13500 Reichstaler verschlang, diese Aufstellung bei WINTERLING 1986, Anhang XVIII, S. 246-250, insbesondere S. 248.

[533] Das von dem Schüler Balthasar Neumanns, von Johannes Seiz erbaute Marstall-Gebäude in Ehrenbreitstein ist noch heute erhalten, zur Bautätigkeit im Kurfürstentum Trier s.o., Kap. 3.

[534] AK LEEUWARDEN 1979, S. 13 ff.

[535] London, National Gallery, vgl. AK LEEUWARDEN 1979, S. 19, Abb. 20.

[536] Amsterdam, Sammlung Sixt, vgl. AK LEEUWARDEN 1979, S. 21, Abb. 21.

[537] Vgl. Börsch-Supan in: AK BERLIN 1966, S. 8.

[538] Vgl. in dieser Arbeit Kat. Nr. 14, 15 und 16.

[539] Vgl. in dieser Arbeit Kat. Nr. 17.

[540] Freundlicher Hinweis auf die Pferderasse von dem Besitzer des Portraits.

[541] Vgl. in dieser Arbeit Kat. Nr. 30.

[542] Beckenkamps Ausbildung in der Landschaftsmalerei bei Schütz diente auch der Befähigung zum Malen einer Landschaftsstaffage, vgl. dazu LOHMEYER 1919, S. 42.

[543] Vgl. dazu KUHN 1985, S. 196, und Abb. 3, mit einer Bernhard Gottfried Manskirsch zugeschriebenen Vedute des kurfürstlichen Lustschlosses in Kärlich (Bildunterschrift: *J. B.* Manskirsch) in Schloss Bürresheim, s.o., Kap. 4.1.

[544] Vgl. beispielsweise die Abbildung in AUKT. KAT. KÖLN 2000, S. 62, Abb. 1103; vgl. in dieser Arbeit Kat. Nr. 14 und 15.

[545] Anlässlich der Kaiserkrönung von Leopold II. in Frankfurt.

[546] Anlässlich der Kaiserkrönung von Franz II. in Frankfurt.

[547] Für diese Darstellungen könnte Beckenkamp auch auf Grund seiner Lehrzeit bei Schütz in Frankfurt gewählt worden sein, zur Wahrscheinlichkeit eines Aufenthaltes Beckenkamps in Frankfurt, s.o. Kap. 4.2.

[548] Vgl. in dieser Arbeit Kat. Nr. 43-45. Kat. Nr. 43 ist von Beckenkamp signiert und 1790 datiert. Kat. Nr. 44, das Reiterportrait im heutigen Besitz der Münchener Residenz, wurde von Lorenz Seelig Heinrich Foelix zugeschrieben. Die Gründe für eine Zuschreibung an Beckenkamp überwiegen aber.

[549] WEBER 1993, S. 85.

[550] Eine Betätigung Beckenkamps als Maler von Pferde- oder Reiterportraits für Bedienstete des kurkölnischen Hofes ist nicht auszumachen.

[551] Bonn, Rheinisches Landesmuseum, Inv. Nr. 56.52., vgl. in dieser Arbeit Kat. Nr. 23.

[552] Zu Pesne vgl. die Monographie: Antoine Pesne. Mit Beiträgen von Ekhart Berckenhagen, Pierre du Colombier, Margarete Kühn, Georg Poensgen. Berlin 1958.

[553] Vgl. beispielsweise die Portraits der Sophie Marie Gräfin von Voss, Berlin, Schloss Charlottenburg, bei BERCKENHAGEN - COLOMBIER - KÜHN - POENSGEN 1958, S. 185, Kat. Nr. 323 b und Abb. 178, der Eleonore Freifrau von Keyserlingk, Berlin, Schloss Charlottenburg, ebda., S. 179, Kat. Nr. 189 a, Abb. 179 oder das Portrait der Wilhelmine von Preußen, Berlin, Schloss Charlottenburg, ebda., S. 188, Kat. Nr. 334 a, Abb. 183 a, alle aus den vierziger Jahren des 18. Jahrhunderts.

[554] München, Bayerische Staatsgemäldesammlungen, bei HAASE-SCHMUNDT 1984, S. 2914, Abb. 7.

[555] Versailles, Musée National, die Abbildung beispielsweise bei SCHOCH 1975, Nr. 9.

[556] Als charakteristisch für das Rokokoportrait sieht BAUER 1980, S. 128 die Raumlosigkeit des Hintergrundes, die hellwache und skeptische Bewusstheit des Modells und die Momentaneität von Physiognomie und Pose an.

[557] Das Portrait des Hüttenherren Remy und seiner Frau Johannette, geb. Hoffmann im Stadtmuseum Bendorf, Inv. Nr. 2.60 und 2.61. BRAUKSIEPE - NEUGEBAUER 1986, S. 17, hatten die Bilder Benedikt Beckenkamp zugewiesen. Da sie aber *L. Beckenkam - 1758* bezeichnet sind, müssen sie zweifellos ein Werk des Lorenz Beckenkamp sein. Die Remys, ursprünglich eine hugenottische Familie aus Lothringen, siedelten im westerwäldischen Grenzhausen als Töpfer. Der nach dem Städtchen Bendorf in der religionstoleranten Grafschaft Wied ausgewanderte Familienzweig baute dort als Hüttenherren ein Imperium auf, das erst 1870 durch Verkauf an Krupp in Essen aufgelöst wurde.

[558] AK BENDORF 1998, S. 15, Abb. 4.

[559] AK BENDORF 1998, S. 15, Abb. 3.

[560] Vgl. in dieser Arbeit Kat. Nr. 60.

[561] Zu diesem Portrait, das Hans Ost 1994 im Kunsthandel auffand, vgl. OST in: AK KÖLN 1995, S. 264-267.

⁵⁶² Der unorganische Körperaufbau, die teilweise missverstandenen Proportionen und die dünnen, hölzernen Gliedmaßen und eckig angewinkelten Arme der Dargestellten ist besonders für einige Portraits der neunziger Jahre in Köln charakteristisch, wie z. B. das Doppelportrait einer unbekannten Kölner Dame mit ihrer Enkelin im Kölner Wallraf-Richartz-Museum, vgl. in dieser Arbeit Kat. Nr. 61.

⁵⁶³ Vgl. in dieser Arbeit Kat. Nr. 25.

⁵⁶⁴ Bei einer Auktion 1985 in Schloss Ahlden bei Hannover wurde das Familienbild als Genrebild mit dem Titel „Die geplante Wasserkunst" gehandelt.

⁵⁶⁵ Zu Anton Wilhelm Tischbein vgl. THIEME-BECKER 1939, 33, S. 205. Zur Herkunft der aus Haina stammenden Malerfamilie Tischbein vgl. AK KASSEL 1989, S. 52-55.

⁵⁶⁶ Eine farbige Abbildung dieses Gemäldes bei WECKEL 1994, S. 47. Das kleine Familienbild La Roche befindet sich heute im Freien Deutschen Hochstift, Frankfurt, Inv. Nr. IV/493. Das Bild ist ebenfalls kleinformatig und hat die Maße 35 x 42 cm.

⁵⁶⁷ Die Schriftstellerein Sophie La Roche hielt sich von 1771 bis 1780 in Ehrenbreitstein auf, s. o. Kap. 4.3.1.

⁵⁶⁸ Eine Abbildung des 1935 noch bei Frau von Savigny in München befindlichen Bildes befindet sich bei Werner Milch: Die Großmutter der Brentanos. Frankfurt 1935, S. 96. Auch das größere Familienbild La Roche wird Anton Wilhelm Tischbein zugeschrieben und 1774 datiert.

⁵⁶⁹ ZIMMERMANN 1954, S. 214.

⁵⁷⁰ Vgl. in dieser Arbeit Kat. Nr. 24.

⁵⁷¹ AK KOBLENZ 1986, S. 189, Kat. Nr. B 57 und Abb. 64.

⁵⁷² S. o. Kap. 3.1.

⁵⁷³ Zu Zicks Selbstportraits und Portraits vgl. STRASSER 1987, S. 34-42; zu Zicks Portraits vgl. STRASSER 1994, S. 33-35; zu Zicks Remy-Portrait vgl. SIMON-SCHLAGBERGER in: AK BENDORF 1998, S. 83-96.

⁵⁷⁴ STRASSER 1987, S. 35.

⁵⁷⁵ Zu den beiden Würzburger Portraits von Zick, von denen das 1770 bis 1775 datierte Bildnis auch mit Beckenkamp in Verbindung gebracht werden könnte, s.u. Kap. 3.1.

⁵⁷⁶ Nürnberg, Germanisches Nationalmuseum, Inv. Nr. GM 1380, STRASSER 1994, S. 428, G 411 und Abb. 188.

⁵⁷⁷ Davon abweichend die Interpretation von HOFFMANN 1934, S. 66, die dieses großformatige Familienbild von der Tradition der primitiven Familienportraits der Handwerker herleitet.

⁵⁷⁸ SIMON-SCHLAGBERGER in: AK BENDORF 1998, S. 88.

⁵⁷⁹ Ebda.

⁵⁸⁰ Gut sichtbar auf dem **Bildnis der Familie Borries mit ihren Kindern** von Anton Wilhelm Tischbein in Frankfurt, Historisches Museum, vgl. SIMON-SCHLAGBERGER in: AK BENDORF 1998, S. 87 und Abbildung.

⁵⁸¹ Über die Wahrscheinlichkeit, dass Beckenkamp in Frankfurt Schüler bei Christian Georg Schütz d. Ä. war und folglich auch die Frankfurter Maler und die hessischen Maler der Umgebung Frankfurts, wie eben Tischbein kennen lernen konnte, wurde bereits gesprochen, s.u. Kap. 4.2. und 4.2.1.

⁵⁸² Vgl. in dieser Arbeit Kat. Nr. 42.

⁵⁸³ Vgl. in dieser Arbeit Kat. Nr. 38.

⁵⁸⁴ Die Abbildung dieses Portraits z. B. bei WALDMANN 1940, S. 45, Abb. 114.

⁵⁸⁵ Vgl. THIEL 1985⁶, S. 266, Abb. 471.

⁵⁸⁶ Vgl. in dieser Arbeit Kat. Nr. 68.

⁵⁸⁷ Zu den Lebensdaten von Beckenkamps Kindern s.o. Kap. 2.1.

⁵⁸⁸ Nach Angabe von GERMER - LANGE-PÜTZ 1990, S. 68 ein Filzhut.

⁵⁸⁹ Diese Geste der vierjährigen Elisabeth ist mit keinem emblematischen Gehalt angereichert und kann damit als ein Portrait der Aufklärung angesehen werden. Zum abnehmenden allegorischen Gehalt in Portraits unter dem Einfluss der Aufklärung im 18. Jahrhundert vgl. KLUXEN 1989, S. 91. Zu den emblematischen Bezügen auf Kinderbildern der Barockzeit in Köln vgl. DIECKHOFF in: BEST. KAT. KÖLN 1989, S. 20.

⁵⁹⁰ So auch GERMER - LANGE-PÜTZ 1990, S. 68.

⁵⁹¹ London, National Gallery.

⁵⁹² Von Joseph Wright of Derby beispielsweise **The Leaper Children** von 1785 und **The Wood Children** von 1789, beide in der National Gallery, London.

⁵⁹³ Zur Geschichte der Kindheit und zur Darstellung des Kindes im Kölner Portrait vgl. die Aufsätze von Jutta Becher und Reiner Dieckhoff in: BEST. KAT. KÖLN 1989, S. 7-13 und 14-27.

⁵⁹⁴ Zu deutschen Kinderportraits unter englischem Einfluss vgl. auch KLUXEN 1989, S. 156-161.

⁵⁹⁵ MOSES 1925, S. 56 f.

⁵⁹⁶ Vgl. in dieser Arbeit Kat. Nr. 77.

⁵⁹⁷ Kolbe arbeitete 14 Jahre in Paris bei David und bei Isabey; zu den deutschen Malern in Paris vgl. die Dissertation von Wolfgang Becker: Paris und die deutsche Malerei 1750 - 1840. Köln 1971, hier S. 75.

⁵⁹⁸ Zu Bastiné vgl. den bereits zitierten Aufsatz von Felix Kuetgens aus dem Jahr 1928.

⁵⁹⁹ BECKER 1971, S. 77.

⁶⁰⁰ London, National Gallery, vgl. AK PARIS 1989, S. 318, Kat. Nr. 143, S. 319, Abb.

⁶⁰¹ Aus der bereits erwähnten Kupferstecherfamilie Tardieu, s.o. Kap. 4.3.2.

⁶⁰² AK PARIS 1989, S. 318.

⁶⁰³ Zur klassizistischen Portraitauffassung vgl. LAMMEL 1986, S. 60.

[604] Verbleib unbekannt, vgl. in dieser Arbeit Kat. Nr. 79.

[605] Privatbesitz, vgl. in dieser Arbeit Kat. Nr. 78.

[606] Bonn, Rheinisches Landesmuseum, vgl. in dieser Arbeit Kat. Nr. 70.

[607] Ein lebendiges Bild über die sich unter französischer Herrschaft ändernde Mode in Köln gibt WEYDEN 1960, S. 106-112, zur *serre tête* vgl. S. 110.

[608] THIEL 1985[6], S. 291 f., spricht von der Mode des kurzen, gelockten Tituskopf für die Herren, die nach 1795 aufkam.

[609] Auf eine alte in Privatbesitz befindliche Fotografie dieses Portraits machte mich dankenswerteweise Frau Margarethe Johlen, Köln, aufmerksam. Damit konnte – wenigstens durch eine Abbildung – die Existenz eines Originals bestätigt werden, das Hans Ost (AK KÖLN 1995), S. 271 und S. 272, Abb. 15, in Kopie bereits veröffentlicht hatte, vgl. in dieser Arbeit Kat. Nr. 80. Hans Ost erkannte in dem um 1806 entstandenen Portrait der zweiten Ehefrau von Johann Friedrich Carl Heimann Anklänge an Ingres, ebda.

[610] Köln, Kölnisches Stadtmuseum, KSM (HM) 1926/192, vgl. in dieser Arbeit Kat. Nr. 106.

[611] AK PARIS 1989, S. 354, Kat. Nr. 157, Abb. S. 355.

[612] Dieses bekannte und beliebte Portrait wurde beispielsweise auch von dem Düsseldorfer Maler Heinrich Kolbe in einem Damenportrait verarbeitet, vgl. BECKER 1971, S. 75 und Anm. 578, **Bildnis einer Dame**, Privatbesitz.

[613] Eine Abbildung dieses wegen seiner Laszivität berühmten Frauenportraits von Gérard z. B. bei THIEL 1985[6], S. 294, Abb. Nr. 525.

[614] HIMMELHEBER 1989, S. 54.

[615] Privatbesitz, vgl. in dieser Arbeit Kat. Nr. 134.

[616] Privatbesitz, vgl. in dieser Arbeit Kat. Nr. 135.

[617] Vgl. in dieser Arbeit Kat. Nr. 140 und 141.

[618] Vgl. in dieser Arbeit Kat. Nr. 144 und 145.

[619] Köln, Kölnisches Stadtmuseum, vgl. in dieser Arbeit Kat. Nr. 139.

[620] Bonn, Rheinisches Landesmuseum, vgl. in dieser Arbeit Kat. Nr. 149.

[621] AK MÜNCHEN 1988, S. 54.

[622] LORENZ 1985, S. 174.

[623] So berichtet De Noël 1828, Sp. 3, über die anlässlich eines Besuches in Ehrenbreitstein angefertigten Portraits von Albert von Sachsen Teschen (eines Bruders von Clemens Wenzeslaus) und seiner Frau Marie Christine von Habsburg. Durch Rechnungen dokumentiert sind die Portraits und Portraitkopien für einige französische Emigranten in Ehrenbreitstein, Brüder von Ludwig XVI., die späteren Ludwig XVIII. und Karl X., vgl. in dieser Arbeit Kat. Nr. 51. Die Zahl der kurfürstlichen Portraits im Werk Beckenkamps widerspricht der These von NAGEL 1996, S. 51, wonach Foelix den kurfürstlich-höfischen Auftraggeberkreis und Beckenkamp den bürgerlichen Kreis in Ehrenbreitstein mit Portraits bedient habe.

[624] Beckenkamps Portraits der kurkölnischen Adelsfamilien Salm-Reifferscheidt und Sternberg sind verschollen. Erhalten, aber in schlechtem Zustand sind die Bildnisse von Mitgliedern der westfälischen Adelsfamilie Heereman von Zuydtwyck. In gutem Zustand überkommen sind dagegen die Portraits der Familie Wolff von Metternich. Zur Stellung und Bedeutung des Adels am kurkölnischen Hof vgl. vor allem WINTERLING 1986, S. 78-112.

[625] S. u. Kap. 5.3.2.

[626] Vgl. die Rechnung aus dem Diözesanarchiv Limburg, Kopie in der Autographensammlung des Mittelrhein-Museums Koblenz (Nachlass Hans Wolfgang Kuhn), dazu in dieser Arbeit Kat. Nr. 50

[627] Vgl. in dieser Arbeit Kat. Nr. 71.

[628] Vgl. in dieser Arbeit Kat. Nr. 84.

[629] Eine Ausnahme bildet die Portraitkopie nach dem Portrait eines unbekannten französischen Malers von Gneisenau im Auftrag der Frau von Clausewitz, vgl. in dieser Arbeit Kat. Nr. 117.

[630] Köln, Kölnisches Stadtmuseum, vgl. in dieser Arbeit Kat. Nr. 144.

[631] Zitiert nach Christian von Stramberg in: RHEINISCHER ANTIQUARIUS 1853, Bd. I.2., S. 53.

[632] So analysiert BRAUBACH 1961, S. 85-87, am Beispiel Kurkölns den Verfall der geistlichen Kürfürstenstaaten.

[633] Zur Funktion und Verbreitung des höfischen Portraits im Spätbarock vgl. die Einführung von Börsch-Supan in: AK BERLIN 1966, S. 7-37, hier besonders S. 7 f.

[634] AK BERLIN 1966, S. 8.

[635] LAMMEL 1986, S. 59.

[636] Versailles, Musée National.

[637] Paris, Musée du Louvre.

[638] SCHOCH 1975, S. 25.

[639] Zu den Portraits ausführlich: SCHRADER 1995, S. 70.

[640] Barbara Grotkamp in: AK HEIDELBERG 1979, S. 48.

[641] So SCHRADER 1995, S. 70.

[642] Vgl. in dieser Arbeit Kat. Nr. 46.

[643] Grotkamp in: AK HEIDELBERG 1979, S. 47.

[644] Zu Brandt vgl. Grotkamp in: AK HEIDELBERG 1979, S. 49 f.

[645] Grotkamp in: AK HEIDELBERG 1979, S. 53 f.

[646] Zum Konversationsstück vgl. immer noch Mario Praz: Conversation Pieces. London 1971.

[647] Mainz, Mittelrheinisches Landesmuseum, vgl. AK KOBLENZ 1986, S. 188, B 50 und S. 111, Abb. 58.

[648] Vgl. in dieser Arbeit Kat. Nr. 50.

⁶⁴⁹ Rechnung aus dem Diözesanarchiv Limburg etc., Fotokopie aus dem Nachlass Kuhn.

⁶⁵⁰ Vgl. in dieser Arbeit Kat. Nr. 36.

⁶⁵¹ Vgl. in dieser Arbeit Kat. Nr. 37.

⁶⁵² Vgl. beispielsweise das **Portrait des Kölner Kurfürsten Clemens August mit einem Pagen** von Georg Desmarées, Brühl, Schloss Augustusburg, in: AK BRÜHL 1961, S. 156, Kat. Nr. 7 und Abb. 26 sowie das **Portrait von Maximilian Friedrich von Königseck-Rotenfels**, Köln, Hohe Domkirche, in: HERBORN 1996, S. 13, Abb.

⁶⁵³ Die bürgerliche Tendenz in der Lebensführung des letzten Kölner Kurfürsten, Maximilian Franz von Habsburg, wird beispielsweise bei BRAUBACH 1961, S. 236-240, hervorgehoben.

⁶⁵⁴ Die einzigen Beispiele von Bildnissen geistlicher Personen in den kurtrierischen Jahren Beckenkamps sind die beiden Portraits von Gregor Joseph Lang von 1784 und 1791, beide Koblenz, Mittelrhein-Museum. Auf dem früheren Portrait erscheint Lang mit Talar und Beffchen als Person geistlichen Standes gekleidet, lässt sich aber durch die Interieurschilderung und die Attribute seiner Bibliophilie und Gelehrsamkeit als aufgeklärter Wissenschaftler darstellen. Auf dem Portrait von 1791 dagegen erscheint er ohne Habit und mit weit geöffnetem Hemdkragen in einem einfühlsamen Freundschaftsportrait im Helldunkel holländischer Malerei dargestellt.

⁶⁵⁵ Diese Zahl ist schon bei LANG in: BAYER 1912, S. 53 zu finden.

⁶⁵⁶ NICOLINI 1979, S. 19.

⁶⁵⁷ So beispielsweise bei FORSTER in: BAYER 1912, S. 72.

⁶⁵⁸ Von den 24 Mitgliedern mussten 16 Domkapitulare dem hohen Reichsadel angehören, während die acht übrigen, die Priesterpräbenden oder Priesterkanoniker, in Theologie oder Jura promoviert und zum Priester geweiht sein mussten.

⁶⁵⁹ FRANK 1989, S. 63.

⁶⁶⁰ FRANK 1989, S. 67.

⁶⁶¹ Zu Beckenkamps **Portrait von Hardy** vgl. in dieser Arbeit Kat. Nr. 83.

⁶⁶² Von Merle als Domherr und Kunstsammler in Beckenkamps Portrait von 1794, vgl. in dieser Arbeit Kat. Nr. 60.

⁶⁶³ Wallraf in einfacher bürgerlicher Kleidung in Beckenkamps Portrait von 1812, vgl. in dieser Arbeit Kat. Nr. 95.

⁶⁶⁴ THIERHOFF 1997, S. 104.

⁶⁶⁵ Die 1792 geborene und nach wenigen Monaten verstorbene Tochter Eleonora Wilhelmina, s. u. Kap. 2.2.

⁶⁶⁶ Kommentiert und abgebildet bei OST in: AK KÖLN 1995, S. 264 f. Das von Hans Ost 1994 im Kunsthandel aufgefundene Portrait von Merles als Domherr und Besitzer und Förderer eines englischen Gartens zeigt ihn bei seinen privaten kulturellen Interessen.

⁶⁶⁷ Vgl. in dieser Arbeit Kat. Nr. 72. Zu diesem Portrait vgl. OST 1995, S. 265, Abb. 4, S. 266, Abb. 4.

⁶⁶⁸ AK KÖLN 1994, S. 69.

⁶⁶⁹ HEGEL 1979, Bd. 4, S. 83.

⁶⁷⁰ BÜTTNER 1971, S. 56.

⁶⁷¹ Vgl. in dieser Arbeit Kat Nr. 104. Der Kölner Dom war in der neuen Kirchenstruktur der Stadt eine der vier Hauptpfarrkirchen Kölns.

⁶⁷² Vgl. in dieser Arbeit Kat. Nr. 99.

⁶⁷³ Vgl. in dieser Arbeit (in chronologischer Reihenfolge) Kat. Nr. 120 (Pfarrer Schwarz von St. Maria im Kapitol), Kat. Nr. 129 (Pfarrer Aldenkirchen von St. Gereon), Kat. Nr. 130 (Pfarrer Firmenich von St. Georg) und Kat. Nr. 133 (Pfarrer Fochem von St. Ursula).

⁶⁷⁴ Vgl. in dieser Arbeit Kat. Nr. 143. Bei einem weiteren Ölportrait Spiegels (vgl. in dieser Arbeit Kat. Nr.164), das zurzeit nicht auffindbar ist, kann daher nicht geklärt werden, ob es von Beckenkamp oder von Ägidius Mengelberg stammt.

⁶⁷⁵ Die Neueinrichtung der Kirchenstruktur nach dem Konkordat 1802 erwirkte eine Untergliederung in vier Haupt- und 16 Sukkursalpfarrkirchen.

⁶⁷⁶ Das verlorene Portrait Müllers ist in einer Lithographie von Ludwig Heis erhalten, Köln, Kölnisches Stadtmuseum, G 7706 a und b, vgl. in dieser Arbeit Kat. Nr. 136 –136b.

⁶⁷⁷ Vgl. in dieser Arbeit Kat. Nr. 11.

⁶⁷⁸ Köln, im Besitz der Hohen Domkirche (Dompfarre), vgl. in dieser Arbeit Kat. Nr. 141 (Ölgemälde) und 141a (Lithographie).

⁶⁷⁹ Die Parallele der in Psalm 118 besungenen Rückkehr des Volkes Israel nach der vierzigjährigen Wüstenwanderung und dem Ende des zwanzigjährigen Exils des Domkapitels in Arnsberg ist gewollt und offensichtlich.

⁶⁸⁰ Aus Wallrafs Grabrede auf den 1812 verstorbenen Künstler Josef Hoffmann, zitiert nach THIERHOFF 1997, S. 81.

⁶⁸¹ S. o. Kap. 2.2.

⁶⁸² Vgl. die bei BAYER 1912 abgedruckte Sammlung von Reiseberichten um die Wende des 18. und des 19. Jahrhunderts.

⁶⁸³ VOGTS 1950, S. 282.

⁶⁸⁴ Der Hof des Grafen Franz Carl von Nesselrode am Neumarkt 2 wurde unter dem Einfluß italienischer Baukunst am Düsseldorfer Hof zwischen 1727 und 1729 erbaut, vgl. VOGTS 1966, Bd. 2, S. 555 f.

⁶⁸⁵ Die Fassade dieses Hauses entstand 1758, vgl. VOGTS Bd. 2, S. 572 (mit Abb. 322) und S. 573 f. Abb. 323 und 324 (Kupferstich von Charles Dupuis - um 1794). Das spätere von Zuydtwycksche Palais auf der Gereonstraße, das vor allem unter Engelbert Anton und später unter dessen Witwe Ferdinandine Heereman von Zuydtwyck seinen glanzvollsten gesellschaftlichen Kontext erlebte, wurde 1824 bis zu seinem Abriss 1911 Sitz der Kölner Erzbischöfe, s. u., Kap. 6.5.3.

⁶⁸⁶ Zur Verbindung Beckenkamps mit Sigismund von Salm-Reifferscheidt und seiner Familie s. o. Kap. 2.2. und Kap. 4.4.4. und 4.5. Das spätere sog. Lippesche Palais auf dem Kölner Blaubach bezeichnet VOGTS 1950, S. 284, als das schönste der ehemaligen Kölner Adelspalais' des Rokoko.

⁶⁸⁷ VOGTS 1950, S. 282 und VOGTS 1966, Bd. 2, S. 540.

⁶⁸⁸ Der Burscheiderhof „*Wichterich*", Weyerstraße 2, vgl. VOGTS 1966, Bd. 2, S. 571.

⁶⁸⁹ Die Familie Wolff Metternich zur Gracht besaß in Köln den 1660 erbauten sog. Clevischen Hof in der Brückenstraße 5, vgl. GEYR VON SCHWEPPENBURG 1925, Haus und Garderoben Inventaria I.

⁶⁹⁰ VOGTS 1966, Bd. 2, S. 564.

⁶⁹¹ Ebda.

⁶⁹² Breitestraße 92, wahrscheinlich von dem Architekten Nikolaus Krakamp erbaut, vgl. VOGTS 1966, S. 566 und S. 567, Abb. 317.

⁶⁹³ VOGTS 1966, Bd. 2, S. 572.

⁶⁹⁴ Die ausführliche Beschreibung des Hauses durch Johann Baptist Fuchs, das *im elegantesten französischen Stil gebaut* war, bei HEYDERHOFF 1912, S. 174-177 und Abbildungen.

⁶⁹⁵ Dazu VOGTS 1966, Bd. 2, S. 574, 576-578.

⁶⁹⁶ BÖRSCH-SUPAN 1988, S. 169.

⁶⁹⁷ BÖRSCH-SUPAN 1988, S. 314.

⁶⁹⁸ Der Fortschritt in der freien Reichsstadt Köln wurde vor allem durch die Umklammerung durch den Flächenstaat des Kurfürstentums Köln, durch die Ablehnung neuer Technologien bei der wirtschaftlichen Produktion durch die Zünfte und durch die konfessionellen Zwänge, die Protestanten und Juden verbot, Geschäfte zu treiben gehemmt, vgl. METTELE 1991, S. 235 f.

⁶⁹⁹ EBELING in: BÜRGERLICHE ELITEN 1985, S. 418.

⁷⁰⁰ Ebda., S. 419.

⁷⁰¹ METTELE 1991, S. 234.

⁷⁰² Ebda., S. 238-240. Gut 43% der Kölner Ratsherren in der zweiten Hälfte des 18. Jahrhunderts waren Kaufleute, vgl. S. 239, Tabelle.

⁷⁰³ Zu der Kölner Freimaurerloge *Au Secret des Trois Rois* und dem Soziogramm ihrer Mitglieder vgl. den Aufsatz von Winfried Dotzauer in: JbKGV 1973, 44, S. 123-231. Zur Kölner Loge gehörten auch Mitglieder des Kölner Domkapitels, vgl. FRANK 1989, S. 67.

⁷⁰⁴ Vgl. in dieser Arbeit Kat. Nr. 49.

⁷⁰⁵ Vgl. in dieser Arbeit Kat. Nr. 80 und 81, und OST in: AK KÖLN 1995, S. 267-272, vor allem S. 272.

⁷⁰⁶ Vgl. in dieser Arbeit Kat. Nr. 41.

⁷⁰⁷ Köln, Kölnisches Stadtmuseum, KSM (HM) 1915/127, vgl. Ulrich Bock: Kölner Köpfe, Saalzeitung, Köln 1993, Nr. 6, mit Abbildung, vgl. in dieser Arbeit Kat. Nr. 65.

⁷⁰⁸ Zum englischen Einfluss des Bürgerportraits in Deutschland vgl. KLUXEN 1989, S. 127-135.

⁷⁰⁹ OST in: AK KÖLN 1995, S. 272.

⁷¹⁰ Privatbesitz/England, die Abbildung bei BUSCH 1993, S. 421, Nr. 118.

⁷¹¹ Köln, Kölnisches Stadtmuseum, KSM (HM) 1949/37, vgl. ROBELS 1990, S. 226, Abb. 6. Das Herstatt-Portrait ist 1784 datiert.

⁷¹² Die feine Malkultur von Johann Jakob Schmitz scheint sich in ihrer Kompaktheit, Leuchtkraft und Präzision ausdrücklich auf die englische Portraitmalerei, wie sie Hogarth und Joseph Wright of Derby vertraten, zu beziehen.

⁷¹³ Johann Friedrich Carl Heimann war anlässlich seiner Heirat in die Kölner Kaufmannsfamilie Martini zum katholischen Glauben konvertiert. Den Aufstieg der Protestanten in Köln bei BECKER-JÁKLI 1983.

⁷¹⁴ S.o. Kap. 5.3. und 5.3.1.

⁷¹⁵ Selbstportraits von Beckenkamp sind nur aus seinen Kölner Jahren 1786 bis 1828 bekannt.

⁷¹⁶ Vgl. in dieser Arbeit Kat. Nr. 32.

⁷¹⁷ Ingeborg Krueger in: BEST. KAT. BONN 1982, S. 35.

⁷¹⁸ Vgl. in dieser Arbeit Kat. Nr. 69.

⁷¹⁹ Köln, Wallraf-Richartz-Museum, Inv. Nr. 1078, vgl. BEST. KAT. KÖLN 1986, S. 71.

⁷²⁰ So auch bei dem etwa zeitgleich, um 1798/99, entstandenen Selbstbildnis mit Tonpfeife von Johann Christoph Rincklage, vgl. WESTHOFF-KRUMMACHER 1984, S. 100 f. und Abbildung, S. 362, sowie ebda., Kat. Nr. 141.

⁷²¹ Zu Desmarées vgl. z. B. Börsch-Supan in: AK BERLIN 1966, S. 15.

⁷²² Georg Desmarées, **Selbstportrait** um 1770, Hamburger Kunsthalle Inv. Nr. 787, vgl. HOLSTEN 1978, S. 17 und Abb. 13.

⁷²³ Köln, Wallraf-Richartz-Museum, Inv. Nr. 1096.

⁷²⁴ Vgl. zu Schmitz und seiner Frau als mögliche Kölner Sammler und Händler KRISCHEL (2) in: AK KÖLN 1995, S. 247 und zu diesem Portrait zuletzt Roland Krischel und Thomas Ketelsen in: AK KÖLN 1995, S. 627, Kat. Nr. 287, sowie Farbtafel CXL.

⁷²⁵ Vgl. AK KASSEL 1989, S. 166, Kat. Nr. 31 und S. 74, Tafel 41.

⁷²⁶ AK KASSEL 1989, S. 110.

⁷²⁷ Madrid, Duque de Alba.

⁷²⁸ Zu Mengs' Selbstbildnissen vgl. Herbert von Einem: Ein unveröffentlichtes Selbstbildnis von Anton Raphael Mengs und seine Einordnung in die Selbstbildnisse des Künstlers, in: WRJb 1973, Nr. 35, S. 343-352. Zum gesellschaftlichen Anspruch des sich als „pictor philosophus" darstellenden Künstlers, ebda., S. 346.

⁷²⁹ LAMMEL 1986, S. 53.

⁷³⁰ Vgl. in dieser Arbeit Kat. Nr. 70.

⁷³¹ Privatbesitz, vgl. in dieser Arbeit Kat. Nr. 128.

6. Beckenkamp als Kopist des Dombildes (S. 113–160)

[732] Zitiert nach [DE NOËL] 1828, Sp. 4.

[733] *Ein Beweis seiner Treue und Fertigkeit in diesem Fache ist uns in dem eigentlichen Fac-Simile des ins Ausland gewanderten Lyskircher Bildes geblieben*, vgl. [DE NOËL] 1828, Sp. 4.

[734] Das Original befindet sich heute im Frankfurter Städel-Institut, vgl. in dieser Arbeit Kat. Nr. 115.

[735] *Ein Beweis seiner Treue und Fertigkeit in diesem Fache ist nun in dem eigentlichen Fac-Simile des leider ins Ausland gewanderten Lyskircher Bildes geblieben, dessen Seitenflügel aber von seinem Sohne herrühren...*, [DE NOËL] 1828, Sp. 4.

[736] Eine Ausnahme bildet der Aufsatz von Niels von Holst: Nachbildungen und Fälschungen altdeutscher Kunst im Zeitalter der Romantik, der Beckenkamp eine zentrale Rolle als Kopist in Köln zuweist, vgl. VON HOLST 1934, S. 37.

[737] *Der Kunstfreund verlangt nicht immer Originale; trifft und rührt ihn irgend ein merkwürdiges Bild, dessen Besitz nicht zu erlangen ist, so erfreut er sich an einer Copie. Dieses zeigt sich schon gegenwärtig bei der Freude an der altdeutschen Kunst, dass man Nachbildungen von Gemälden dieser Art verlangt und schätzt*, Goethe in: Kunstschätze am Rhein, Main und Neckar 1814 und 1815, zitiert nach BAYER 1912, S. 177 f.

[738] Beckenkamps Kopie in Koblenz, Mittelrhein-Museum, Inv. Nr. M 202; vgl. in dieser Arbeit Kat. Nr. 29.

[739] MOSES 1925, S. 76; VEY 1967, S. 176 und Anm. 32. Diese Kopie ist nicht mehr auffindbar, vgl. in dieser Arbeit Kat. Nr. 154.

[740] Auf ein barockes Beispiel für eine Kopie - in diesem Falle eine Portrait-Kopie - nach einem Bildnis des 15. Jahrhunderts durch den Kölner Maler Gottfried von Wedig (1583 - 1641), machte mich Dr. Reiner Dieckhoff, Köln, aufmerksam. Das 1624 datierte und mit dem Monogramm *GDW* versehene Bildnis des Walter Rotkirchen kopiert mit Abweichungen und vergrößert um ein Vierfaches ein heute verschollenes Vorbild, wahrscheinlich vom Meister der Verherrlichung Mariens. Das Motiv für diesen Kopie-Auftrag war das Einfügen des verlorenen Originals in den Sammlungszusammenhang der Portraitgalerie dieser seit dem 12. Jahrhundert in Köln nachweisbaren Familie; dazu ausführlich U. Erichsen-Firle - H. Vey, in: BEST. KAT. KÖLN 1973, S. 85-87.

[741] Vgl. in dieser Arbeit Kat. Nr. 122.

[742] Das Gemälde erzielte einen Höchstpreis von 2100 Francs und befindet sich heute im Kunsthistorischen Museum in Wien, vgl. SPILLER 1968, S. 73 und Anm. 460-462.

[743] Die neuesten Forschungsergebnisse zur Sammlung Wallrafs in: AK KÖLN 1995: Uwe Westfehling, Ferdinand Franz Wallraf als Graphiksammler, in: AK KÖLN 1995, S. 407-416; Peter Noelke, Die Altertumssammlungen Ferdinand Franz Wallrafs und ihre Rezeption, ebda., S. 429-456; und Bianca Thierhoff: Ein Sammler des „pädagogischen Zeitalters", ebda., S. 389-406. Die Ergebnisse von Bianca Thierhoff sind unter dem Titel: Ferdinand Franz Wallraf (1748 - 1824). Eine Gemäldesammlung für Köln, Köln 1997, als Dissertation veröffentlicht. Das jüngste Forschungsergebnis zur Sammlung Wallraf in KIERZEHNDER (Hg.) 1998, S. 52-209.

[744] Zuletzt dazu THIERHOFF 1997, S. 114 und Anm. 927 und 928.

[745] DÜNTZER 1885, S. 83, zitiert einen Brief Fochems vom 20. Juli 1815 an Eberhard von Groote: *Görres ersuchte mich für den Minister von Stein, der mich bald selbst besuchen würde, um die Erlaubnis, meinen Max durch Beckenkamp kopiren zu lassen.* Dieser Brief befindet sich, zusammen mit anderen Briefen Fochems an Groote, im HAStK., Best. 1552, 16, Nr. 5. Verärgert schreibt Fochem eine Woche später, am 27. 7. 1815 an Groote, dass die inzwischen in Köln eingetroffenen Goethe und der Freiherr von Stein die Sammlung Wallrafs, nicht aber die seine besucht hätten, und das, obwohl Fochem Stein erlaubt habe, *meinen so sehr schönen Maximilian* kopieren zu lassen, vgl. HAStK., Best. 1552, 16, Nr. 8, dazu auch DÜNTZER 1885, S. 104. Am 28. 7. 1815 besuchten Stein und Goethe die Sammlung Fochems schließlich doch und lobten - nach Aussagen Fochems - das reich illuminierte lateinische Stundenbuch dieser Sammlung, sowie einen „Raffael" und die anderen alten Bilder. Der gesamte, wegen der übergroßen Eitelkeit Fochems äußerst amüsante Briefbericht desselben ist abgedruckt bei DÜNTZER 1885, S. 103 f., vgl. HAStK. Best. 1552, 16, Nr. 9, Brief Fochems an von Groote vom 28.7.1815.

[746] Dieses Portrait wurde von Fochem Holbein zugeschrieben, wie aus einem Brief Fochems an Groote hervorgeht, vgl. HAStK., Best. 1552, 16, Nr. 5: darin wird der sich in Paris aufhaltende Groote von Fochem bedrängt, im Louvre Dürer, Hemling [Memling] und Holbein zu studieren, vor allem Holbein, damit er, Fochem, Einsicht in seinen Maximilian bekomme. DÜNTZER 1885, S. 83, Anm.*, erwähnt zwei Portraits im Steinschen Turm in Nassau, das eine den Kurfürsten Maximilian von Bayern, das andere Kaiser Maximilian darstellend. Eine Anfrage bei der Verwaltung Graf von Kanitz in Nassau ergab, dass diese beiden Portraits in den Unterlagen der Verwaltung 1833 und 1891 verzeichnet sind. Nach 1945 lässt sich nur noch das Portrait des Kaisers Maximilian im Arbeitszimmer des Freiherrn von Stein in Nassau nachweisen. Über den Grafen Sternberg in Prag wurden in Januar 1816 für sieben verfertigte Gemälde 256 fl. bezahlt. Eine direkte Verbindung mit der erwähnten Kopie ist nicht zu belegen. Dass es sich bei dem auch heute noch im Steinschen Turm in Nassau befindlichen **Portraits des Kaisers Maximilian** um die erwähnte Kopie Beckenkamps handelt, ist dennoch wahrscheinlich, vgl. in dieser Arbeit Kat. Nr. 108. Für die freundlichen Hinweise danke ich Herrn Archivar Ditges, Nassau.

[747] Möglicherweise vermittelte der von Stein geschätzte Kölner Miniaturmaler Peter Josef Lützenkirchen, der auch ein Schüler Beckenkamps war, seinem Lehrer diesen Auftrag. Lützenkirchen, der in Frankfurt lebte, war dort für Wallraf eine wichtige Informationsquelle und bei Stein, dessen Miniaturportrait er 1814 malte, Mittler in den auch mit Stein geführten Verhandlungen um die Kölner Universitätsfrage; zu Lützenkirchen vgl. MERLO 1895, Sp. 559 f.; Josef Giesen: Der Maler P. J. Lützenkirchen, ein Freund Wallrafs, in: JbKGV., 1927, Bd. 8, S. 122-134, und THIERHOFF 1997, S. 89.

[748] So auch der Maler Nikolaus Zimmermann (1766 - 1833) der, als Kopist des Dombildes ein schwächerer Konkurrent Beckenkamps, seine Nachbildungen in verschiedenen Techniken *auf Vorrat* fertigte; vgl. dazu KRISCHEL (2) in: AK KÖLN 1995, S. 260, und Anm. 122 und 123, vgl. auch in dieser Arbeit Kap. 2.3.

[749] Vgl. in dieser Arbeit Kat. Nr. 101.

[750] Für den freundlichen Hinweis auf das Gemälde danke ich Frau Beatrice Huppertsberg, Kunsterzieherin am Kölner Dreikönigsgymnasium.

[751] Vgl. in dieser Arbeit Kat. Nr. 111.

[752] Zur Definition der Gemälde-Kopie vgl. NICOLAUS 1982, S. 119 f.

[753] AUKT. KAT. KÖLN 1962, S. 69; – VEY in: BEST. KAT. KÖLN 1973, S. 18 f.; ZEHNDER in: AK KÖLN 1982, S. 225. Vgl. in dieser Arbeit Kat. Nr. 150 und Kap. 6.5.

[754] HUPPERTSBERG 1994, S. 17 f., dort ist die Expertise des damaligen Kölner Diözesankonservators Dr. Rudolf Wahl abgedruckt.

[755] HUPPERTSBERG 1994, S. 17-20.

[756] Vgl. in dieser Arbeit Kat. Nr. 124.

[757] So zuletzt beispielsweise THIERFOFF 1997, S. 87 und Anm. 611.

[758] MOSES 1925, S. 57, spricht von einer Beteiligung Beckenkamps an der Restaurierung des Dombildes durch Maximilian Fuchs.

[759] Wallraf in: RICHARTZ (Hg.) 1861, S. 297.

[760] BOISSERÉE (Hg. Hans-J. Weitz) 1978, Bd. 1, S. 54: *Fuchs und Walzer arbeiteten damals fleißig an der Herstellung des großen Altarblatts aus der Rats-Capelle.*

[761] Eine Einschätzung der Restaurierung des **Dombildes** durch Fuchs bei FIRMENICH-RICHARTZ 1916, S. 79. Eine Übersicht über das Leben und Werk von Fuchs findet sich in dem unveröffentlichten Manuskript von Elga Böhm: Maximilian Heinrich Fuchs (1767 - 1846), für dessen Kenntnisnahme ich Herrn Prof. Dr. Horst Vey, Karlsruhe, danke.

[762] Das französische ADRESSBUCH KÖLN 1813 nennt einen *François Bernard* und einen *Chrétien* Waltzer, beide *peintre, doreur, vernisseur.* Das ADRESSBUCH KÖLN 1822 verzeichnet nur noch den Vergolder Christian Waltzer, wohnhaft in der Mariengartenstraße.

[763] AK KÖLN 1925, S. 202, Raum 21 (Malerei), Nr. 42.

[764] O. H. Förster, der bei der Abnahme der alten Ölvergoldung des Dombildes zugegen war, beschrieb ausführlich den Erhaltungszustand, den Farbaufbau und den Unterschied zwischen Ölvergoldung und dem originalen Polimentgoldgrund: *Der milde Glanz der alten Polimentvergoldung gab den Bildern etwas Froheres, Festliches*, zitiert nach FÖRSTER 1928, S. 245.

[765] *Die sorgfältige und zierliche Punzierung nimmt das Strahlenmotiv des über Maria stehenden, plastisch aufmodellierten Bethlehemsternes auf, setzt es in ihrem Rautenmuster achsenmäßig fort und bringt in jeder Raute wieder ein von oben aus einer Wolke fallendes Strahlenbündel, so dass hierdurch schon die ganze Bildfläche unauffällig aber wirkungsvoll zusammengebunden wird*, zitiert nach FÖRSTER 1928, S. 246.

[766] Die Untersuchung der Punzierungen im Werke Lochners und auf dem **Altar der Stadtpatrone** findet sich bei Annette Willberg, in: AK KÖLN 1993, S. 157-168, die Beschreibung des punzierten Goldgrundes auf dem **Altar der Stadtpatrone**, ebda., S. 164, vgl. auch S. 165, Abb. 22, mit einem Detailfoto von Krone, Nimbus und Strahlenkranz der Maria. Zur Punzierung des Altares der Stadtpatrone vgl. auch SCHULZE-SENGER in: LAUER - SCHULZE-SENGER - HANSMANN 1987, S. 51.

[767] WILLBERG in: AK KÖLN 1993, S. 165.

[768] Das große Triptychon in der Kölner Rathausvorhalle weist eine auf einer rötlichen Bolusunterlage aufliegende Polimentvergoldung auf. Wann diese Goldauflage aufgetragen wurde, ist nicht zu entscheiden.

[769] Für das „Dreikönigsbild" führt dies auch HUPPERTSBERG 1994, S. 20, an.

[770] Zu den Kopien Zimmermanns vgl. KRISCHEL (2) in: AK KÖLN, 1995, S. 250 und 260, Anm. 125.

[771] *Denn in der Zeit war die Vergoldung des Grundes von dem Maler Zimmermann bearbeitet worden, welchen ich auch immer dem alten Beckenkamm zu den Neben-Handarbeiten und Ausmahlungen beygestellt hatte;* Darmstadt, HStAD. (Fischbacher Archiv), D 22 Nr. 21/266, Brief Wallrafs an Prinzessin Marianne von Preußen vom 28. März 1814.

[772] SCHULZE-SENGER in: LAUER - SCHULZE-SENGER - HANSMANN 1987, S. 52 f.

[773] Eine ausführliche Beschreibung des Applizierens der Modeln auf dem Pressbrokatvorhang befindet sich bei SCHULZE-SENGER in: LAUER - SCHULZE-SENGER - HANSMANN 1987, S. 51 f. Zur kunsthistorischen Einordnung der textilen Ornamentik des Seidenbrokats vgl. KLESSE 1964, S. 364.

[774] FRIEDLÄNDER [1946] 1995, S. 138-146. Erst neuerdings wird der Kopie im Zusammenhang mit der Fälschung und der Replik vor dem Hintergrund des Kunstmarktes und den Museumssammlungen eine größere Bedeutung beigemessen, vgl. dazu: AK Echt Falsch. München 1991, vor allem das Gespräch mit dem Chefkonservator des Louvre, Pièrre Rosenberg, S. 135-140.

[775] FRIEDLÄNDER [1946] 1995, S. 143.

[776] Die Prägung des Kopisten altdeutscher Malerei im frühen 19. Jahrhundert durch die dazwischenliegende Malerei der Renaissance und des Barock hebt Irmgard Feldhaus auch für den Lithographen der Sammlung Boisserée, Johann Nepomuk Strixner (1782 - 1855) hervor, vgl. FELDHAUS in: GETHMANN-SIEFERT - PÖGGELER 1995, S. 152-174, besonders S. 170.

[777] Hessischer Privatbesitz, 59 x 71,5 cm (Mittelteil), 59 x 35,5 cm (Flügel). Für den freundlichen Hinweis auf diese kleinformatige Kopie-Version des Dombildes als Hausaltar danke ich Dr. Volker Illgen, Darmstadt. Das Gemälde stammte aus Schloss Fischbach in Niederschlesien (Inv. Nr. 887). Eine Zuschreibung der Miniaturkopie an

Beckenkamp konnte noch nicht verifiziert werden. Möglicherweise war der auf Miniaturkopien spezialisierte Schüler Beckenkamps Heribert Sieberg für die Ausführung dieses Altärchens verantwortlich.

[778] Brief Wallrafs an Prinzessin Marianne vom 28. März 1814 (ausgeführtes Konzept) im Hessischen Staatsarchiv Darmstadt, (Fischbacher Archiv) D 22 Nr. 21/266. Vgl. dazu auch die Zusammenfassung des Briefkonzeptes bei DEETERS (Bearb.) 1987, S. 175, das Briefkonzept im HAStK., Best. 1105, Nr. 15, Bl. 54, 55.

[779] Die weiteren Gründe für die verspätete Versendung des Gemäldes waren ein Aufenthalt Wallrafs in Paris (Ende 1812), seine Krankheit sowie seine Korrekturwünsche an der Kopie. Schließlich verhinderten die Befreiungskriege eine gefahrlose Spedition, HStAD. (Fischbacher Archiv) D 22 Nr. 21/266, Brief Wallrafs an Prinzessin Marianne vom 28. März 1814.

[780] **Portrait von Ferdinand Franz Wallraf** – 1812, vgl. in dieser Arbeit Kat. Nr. 95.

[781] **Drei Supraporten aus dem Hause Urbach**, vgl. in dieser Arbeit Kat. Nr. 93.

[782] HAStK., Best. 400 (Akten des Oberbürgermeisters), Nr. I 7 G 1, Bl. 9 ff., Vertrag mit dem Maler Beckenkamp.

[783] HAD., Reg. Köln, Nr. 2680. Den freundlichen Hinweis auf diese Akte verdanke ich Herrn Prof. Dr. Gisbert Knopp, Brauweiler bei Köln.

[784] AEK, Metropolitankapitel 369 (= Acta betreff die Domgemälde: Dombild): *Auf das Schreiben der Herren Kirchenmeistern vom 16ten merz habe ich gleich auf der Stelle antworten wollen aber wegen allzu vielen geschäften hier ganz darauf vergessen, kanns aber doch nicht ohne antwort lassen, und diene hiemit, das ich mich ganz wohl errinnere, das ich nur für die bilder, die ich im Sommer des Jahres 1814 zu verfertigen hatte, die 6 Ducaten verwilligte, in der festen erwartung, dass, wie ich auch sagte, die Herren, für welche diese arbeit sey, diese verlangte abgabe nicht verweigern würden, für das künftige war von seiten meiner keine rede noch gedanken einen solchen unbedingten accord einzugehen, freilich sprachen die Herrn Kirchenmeister davon, und kündigten mir an, dass dieses müßte der Kirche gegeben werden wenn jemand copieren lassen wollte, ich aber machte dabei den festen entschluß entweder kein solche arbeit mehr anzunehmen, oder denen die dergleichen verlangten zu sagen, wie die sache sich verhalte, dass sie selbst mit der Kirche sich abfinden und für die gestattung der copien die erlaubnis bewircken solten; und ich an meinem Verdienst nicht verlieren wolte, da aber die königl. prinzen von mir copien verlangten, wäre es lächerlich gewesen von abgaben etwas zu sagen, und dachte hier hat es eine ausnahm, und daher war es auch meine meinung nach glücklicher vollendung dieser arbeit der kirche ein freiwilliges opfer zu bringen, welches dan eben auch nicht so gering würde gewesen sein. es lasst sich nicht allzeit so thun nach willkühr so viel zu [unleserlich] dass man für alles entschädigt ist, die herren durchgehends accordieren genau, ja selbst des prinzen K. G: verlangten den preis seiner arbeit beyläufig voraus zu wissen.
die herren Domkirchenmeister mögen es wohl jetz so auf ihre seite auslegen wollen, als hätte ich solchen unbedingten accord mit ihnen gemacht, um so zu ihrem entzweck zu kommen wo von ich aber nichts weiß, auch vielleicht bey der regierung oder dem prinzen dieses vor wenden, ich werde aber darauf bestehen, dass dieses sich nicht so verhaltet und mich gegen jede anschuldigung zu rechtfertigen wissen was das anstoßen bey der regierung angeht, muß ich ihnen auch bemerken, dass dieses wohl nicht fehlen kan, wan die sach so wird erwogen werden, dass man den maler da mit abgaben plagen will, ihm verdruß und ärger verursachet, der zum vergnühen solcher standespersonen den auftrag hat in der Kirche zu copieren, welche nicht nöthig haben darum anzufragen, und es befehlen können wan man es benachrichtigen wolte, dass man dem maler gerathen hat, seinen preis desto höher anzuschlagen, um diese abgabe der kirche geben zu können, und auf solche art doch die prinzen es geben, welche man hintergeht, ist die Domkirche arm, so kan ihr damit nicht geholfen werden, wan dieser zufall des copierens sich nicht erreichnet hätte, so würde doch die domkirche ferner noch existieren.
ich grüße die herren domkirchenmeistern wiederum höflichst
Kölln d 29. Merz 1816
Benedict Beckenkam*

Den freundlichen Hinweis auf diesen Brief Beckenkamps an die Domkirchmeister verdanke ich Herrn Ludwig Gierse, Köln.

[785] Wallraf in: RICHARTZ (Hg.) 1861, S. 299.

[786] HStAD. (Fischbacher Archiv), D 22 Nr. 21/266, Brief Wallrafs an Prinzessin Marianne vom 28. März 1814.

[787] AEK, Metropolitankapitel 369 (= Acta betreff die Domgemälde: Dombild). Aus dem entsprechenden Brief des Domkirchmeisters De Bèche geht hervor, dass das dauernde Öffnen des Altares den Maler behinderte und dass er befürchtete, das Gerüst würde einstürzen.

[788] FRIEDLÄNDER [1946] 1995, S. 142, behauptet, dass die Vollendung einer Kopie auf Grund der Ermüdung des Auges beim Kopisten erheblich länger als die Ausführung eines Originals dauern könne.

[789] [DE NOËL 1828], Sp. 4.

[790] Bei aller Präzision in der getreuen Wiedergabe des Vorbildes lassen sich dennoch Unterschiede zum Original feststellen. So sind die äußeren Verkündigungsflügel leicht verkleinert worden, denn im Vergleich zum Original fehlen auf dem linken Teil die Verlängerung der Sitzbank mit der Lilienvase. Ebenso ist das Spruchband des Erzengels Gabriel auf dem linken Teil abgeschnitten.

[791] Die Maße im Vergleich: Die Kopie in Schloss Friedrichshof misst 235 x 700 cm. Das Original im Kölner Dom hat dagegen die Maße 261 x 570 cm. Würde man an die Maße des Originals in der Breite noch die Maße der Flügelrückseiten (jeweils 142 cm) addieren, ergäbe sich eine Gesamtbreite von 854 cm.

[792] Vgl. in dieser Arbeit Kat. Nr. 150 und s. u. Kap. 6.5.

[793] Dabei wird ein Zusammenhang zwischen literarischen Fälschungen der Romantik, wie beispielsweise Macphersons Ossian und den Gemäldekopien aufgestellt, vgl. VON HOLST 1934, S. 24.

[794] [DE NOËL] 1828, Sp. 5.

[795] Vgl. in dieser Arbeit Kat. Nr. 122, Kölnisches Stadtmuseum, HM 1940/70.

[796] VON HOLST 1934, S. 28.

[797] Die Kopie Beckenkamps nach dem „Agrippa von Nettesheim" ist erwähnt bei FIRMENICH-RICHARTZ 1916, S. 38. Firmenich-Richartz zitiert eine Einschätzung Boisserées bezüglich einer von Schinkel gelobten „Madonna": *Die Maria auf dem Thron v. Eyk eine blaue Lilie zu[r] einen, eine weiße Lilie auf der and[eren] Seite des Throns, ist nichts wie eine grobe Nachahmung oder (alte) Copie!* die bestätigt, dass Sulpiz Boisserée sich über Original und Kopie nicht leicht täuschen ließ, zitiert nach Boisserée in: FIRMENICH-RICHARTZ 1916, S. 36.

[798] Zu dem Ablauf und den Folgen der Säkularisation in Köln vgl. BÜTTNER 1973; HEGEL 1988, Bd. 4, S. 493 ff. (für das Erzbistum Köln); DEETERS (Bearb.) in: AK KÖLN 1994, S. 69-71; DIEDERICH in: AK KÖLN 1995, S. 77-84, und zuletzt den wissenschaftlichen Sammelband: Georg Mölich, Joachim Oepen, Wolfgang Rosen (Hg.): Klosterkultur und Säkularisation im Rheinland. Essen 2002.

[799] Zum Abtransport von Kunst- und Kulturgut aus den rheinischen Zentren vgl. vor allem BRAUBACH 1974, S. 93-108.

[800] AK KÖLN 1974, S. 45 f., Nr. 78. Dem Lokalpatrioten und Kunstfreund Wallraf soll der Verkauf aber nicht leicht gefallen sein.

[801] Dieses Gemälde wurde an den niederländischen Sammler Hope verkauft und ist seit der Versteigerung dieser Sammlung in London 1816 verschollen. Eine zweite Version des Jabach-Bildes war im Besitz der Familie von Groote. Eberhard von Groote musste es 1836 verkaufen. 1945 verbrannte dieses Gemälde in Berlin.

[802] Vgl. HINZ 1973, S. 116.

[803] Vgl. dazu den Aufsatz von Norberto Gramaccini: Rubens' Petrus-Martyrium im Exil, in: AK KÖLN 1995, S. 85-90.

[804] Diese Zahlen z. B. bei DIEDERICH in: AK KÖLN 1995, S. 81.

[805] AYÇOBERRY 1996, S. 86.

[806] Zitiert nach BOISSERÉE 1978, Bd. 1, S. 26.

[807] Zitiert nach ROSENWALL in: BAYER 1912, S. 170.

[808] Rosenwall war ein Pseudonym für Gottfried Peter Rauschnik, der die Karwoche und die Ostertage des Jahres 1815 in Köln verbrachte. Seine *Malerische[n] Ansichten und Bemerkungen auf einer Reise durch Holland, die Rheinlande, Baden, die Schweiz und Württemberg* erschienen in Mainz im Jahre 1818, abgedruckt bei BAYER 1912, S. 166 ff.

[809] Die Versionen über die Umstände der Rettung des Gemäldes gehen auseinander: *durch eine glückliche Fügung* (Wallraf 1816), der Stadtbaumeister Peter Schmitz habe es in einen *verborgenen Behälter des Thurmes beim Rathause* [D'Hame] 1821, S. 184 und Anm.), Sulpiz Boisserée sieht dagegen Wallraf als Retter des Dombildes, (Boisserée, 1978, Bd. 1, S. 25).

[810] KIER 1987, S. 760.

[811] BOISSERÉE 1978, Bd. 1, S. 25 f.

[812] Der im revolutionären Frankreich geborene Gedanke, Frankreich mit Paris zum Zentrum von Wissenschaft und Kunst zu machen, wurde unter Napoleon fortgesetzt und mit dem Baron Dominique Vivant Denon ausgebaut. In den Jahren des Kaiserreiches wurden die Kunstschätze allerdings nicht mehr aus den mit Frankreich vereinigten Gebieten links des Rheins, sondern aus Italien, Preußen und anderen besetzten Gebieten nach Paris abtransportiert, vgl. BRAUBACH 1974, S. 108.

[813] KIER 1987, S. 766.

[814] FLOECK (Hg.) 1939/40, S. 58-63.

[815] HAStK., Best. 1552, 7, Nr. 6, Brief von Sulpiz Boisserée an Eberhard von Groote vom 23. 12. 1809.

[816] Der Brief der Domkirchmeister ist abgedruckt bei KIER 1987, S. 763 f.

[817] Diese Vermutung stellt DEETERS in: AK KÖLN 1974, S. 67 f. an.

[818] Dies lassen jedenfalls die Worte Boisserées in dem bereits zitierten Brief an Groote vom 23. 12. 1809 vermuten: *die unangenehmen Gespräche, die ich deshalb mit Wallraf gehabt, kannst Du Dir vorstellen, aber es ist ihm nicht so schlimm, dies Bild nicht in seine Sammlung zu kriegen, als dass es im Dom nicht auf die mittlere Wand der Kapelle, sondern auf die Seite, die nach dem Ausgang geht [...] – soll aufgestellt werden ...*, Köln, HAStK., Best. 1552, 7, Nr. 6.

[819] Die Inschrift ist abgedruckt bei KIER 1987, S. 765. Übersetzt und erläutert wird sie bei GOMPF 1997, S. 213-218.

[820] HEINE 1987, S. 37.

[821] Den Beitrag von Friedrich Schlegel zum „Gothic Revival" im Bereich der Architektur und die Entwicklung seiner Ansichten in seinen Schriften untersucht ROBSON-SCOTT 1965, S. 129-145. Zu Friedrich Schlegels Leben und Werk vgl. die Bildbiographie von Ernst Behler: Friedrich Schlegel. Hamburg 1966

[822] „Dritter Nachtrag alter Gemälde". Hier benutzt in der Ausgabe Friedrich Schlegel: Gemälde alter Meister. Mit Kommentar und Nachwort von Hans Eichner und Norma Lelless, Darmstadt 1995, S. 110-113.

[823] Friedrich von Hardenberg (Novalis): Die Christenheit oder Europa, geschrieben 1799, publiziert 1826.

[824] Wilhelm Heinrich Wackenroder (1773 – 1798) veröffentlichte 1797 zusammen mit Ludwig Tieck die „Herzensergießungen eines kunstliebenden Klosterbruders". Zur Wirkungsgeschichte dieses Buches vgl. Martin Bollacher: Wackenroder und die Kunstauffassung der Frühromantik. (= Erträge der Forschung Bd. 202) Darmstadt 1983.

[825] Schlegel bewertete bei Raffael alleine die als frühe Gemälde betrachteten Werke, zur Bewertung Raffaels durch Schlegel, vgl. REIFENSCHEID 1991, S. 60-70.

[826] BOISSERÉE 1978, Bd. 1, S. 20-29, über die wechselseitigen Einflüsse zwischen Friedrich Schlegel und den Brüdern Boisserée und Bertram in den Pariser und Kölner Jahren.

[827] Zu der Freundschaft der Brüder Boisserée und Bertram zu Friedrich Schlegel in den frühen Jahren der Romantik vgl. Ernst Behler: Friedrich Schlegel und die Brüder Boisserée. Die Anfänge der Sammlung und ihr philosophischer Ausgangspunkt, in: GETHMANN-SIEFERT - PÖGGELER 1995, S. 30-41.

[828] Zitiert nach SCHLEGEL 1995², S. 110-113.

[829] Ebda., S. 110.

[830] Zitiert nach GERMAN 1974, S. 89.

[831] Als Fallstudie zur „Mona Lisa" vgl. Sylvie Béguin: Mona Lisa. Ein berühmtes Lächeln, in: AK MÜNCHEN 1991, S. 117-132.

[832] Zu Peter Beuth vgl. KARMARSCH in: ADB [1875] 1967, Bd. 2, S. 588.

[833] Vgl. in dieser Arbeit Kat. Nr. 102.

[834] Zitiert aus einem Brief Beuths an Groote vom 15. 2. 1815, Köln, HAStK., Best. 1552, 5, Bl. 5.

[835] HAStK., Best. 1552, 16, Nr. 14, Brief Grootes an Fochem vom 23. 10. 1815: *Beuth nimmt 150 Exemplare unseres Büchleins, und sagt: es sey Patriotismus, dass man es nähme...*

[836] Ein Exemplar des *Taschenbuches* in der Bibliothek des Kölnischen Stadtmuseums, D 935, vgl. in dieser Arbeit Kat. Nr. 101.

[837] Aus dem Gedicht *Das Bild im Dom zu Köln*, zweite Strophe, *Die Verkündigung* von Carové, in: *Taschenbuch* 1816, S. 2.

[838] Eine neuere monographische Untersuchung zum Wirken Eberhard von Grootes wäre ein wichtiger Beitrag zur Geschichte der Romantik in Köln. Die ältere Literatur fasst Adolf Giesen in: Eberhard von Groote. Ein Beitrag zur Geschichte der Romantik am Rhein. (Phil. Diss.) Gladbach-Rheydt 1929, zusammen.

[839] Eine Zusammenstellung von Exemplaren dieser Publikationsform für die Zeit nach 1800 findet sich bei R[aimund] Pissin: Almanache der Romantik (= Veröffentlichungen der Deutschen Bibliographischen Gesellschaft Bd. 7 und Bibliographisches Repertorium Bd. 5). Berlin 1910.

[840] Eine kleine Übersicht zur Entwicklung von Taschenbuch und Almanach findet sich bei Mix York-Gothart: Die Künste im Taschenbuchformat. Almanache und Taschenbücher zwischen Rokoko und Biedermeier, in: Weltkunst, 1993, vol. 63, Nr. 2, S. 2362-2365; und von derselben: Almanach und Taschenbuchkultur des 18. und 19. Jahrhunderts, Wiesbaden 1996.

[841] Zu den von Wallraf herausgegebenen Taschenbüchern vgl. DÜNTZER 1885, S. 64-67; ein Verzeichnis der darin befindlichen Schriften Wallrafs und der von dem Kölner Künstler Josef Hoffmann stammenden Kupferstiche bei DEETERS (Bearb.) 1987, S. 363-368.

[842] DÜNTZER 1885, S. 67.

[843] Die Illustration des Einbandes, deren Urheber unbekannt ist, lässt an Schinkels 1810 entstandene Lithographie **Dom unter Bäumen** denken. Der Vergleich verdeutlicht aber gleichzeitig die unterschiedliche Mittelalter- und Gotik-Rezeption in der Berliner und in der rheinischen Romantik: Während bei Schinkel die Filigranität der neugotischen Architektur in der Natur völlig aufgelöst wird, dominiert auf der Illustration des *Taschenbuch*-Einbandes die wuchtige Architektur des annonischen Kölner Kirchenbaus als Überrest der glorreichen mittelalterlichen Vergangenheit über den niedrigen Baumreihen der städtisch gezähmten Vegetation. Der Bruch zwischen der Gotik und der Neugotik bei Caspar David Friedrich und bei Karl Friedrich Schinkel ist in der rheinischen Romantik gerade nicht festzustellen, da das Mittelalter im Rheinland zu nahe an die Gegenwart im frühen 19. Jahrhundert heranreichte.

[844] Das Entstehen des *Taschenbuches* ist in den Briefen von Grootes im Kölner Stadtarchiv bestens dokumentiert, vgl. HAStK., Best. 1552, 2-52, verschiedene Adressaten.

[845] Diese Tätigkeit von Grootes fand auch in der neueren Literatur Beachtung: Max Braubach, Verschleppung und Rückführung rheinischer Kunst- und Literaturdenkmale 1794 bis 1815/16, in: AHVN 1974, Heft 176, S. 92-153, vor allem S. 116-153, sowie KRISCHEL (1) in: AK KÖLN 1995, S. 91-94.

[846] Dies geht aus einem Brief des Germanisten und Mitherausgebers des *Taschenbuches* Friedrich Wilhelm Carové an Groote vom 8. Februar 1814 hervor, in dem eine entsprechende Anfrage Grootes an Josef Görres, den Herausgeber des Rheinischen Merkur bereits erwähnt ist, vgl. dazu GIESEN 1929, S. 48.

[847] *Nun aber, da die bessere Zeit uns wieder näher und herzlicher ansprechen zu wollen scheint, habe ich etwas größeres unternommen, und möchte, wenn nicht ein unvorhergesehenes Hindernis eintritt, ein Taschenbuch für Freunde altdeutscher Zeit und Kunst mit mehreren kundigen Freunden herausgeben. Die Kupfer werden aus den Schätzen die sich noch in unseren Mauern befinden gezeichnet u. von Thelott gestochen. Das erste, des Rektors Madonna am Brünnlein lieferte er uns schon zu unserer großen Zufriedenheit. Er arbeitet über einem Blatte aus einem herrlichen Buche welches der Rektor besitzt. [...] Zu diesem 3. möchten wir gern das besonders in unsern letzten Tagen so oft und genug bewunderte Dombild in 3 Blättern geben. [...] Die kleine (wenn gleich größt mögliche Taschenform unseres Bildes erlaubt uns freilich nichts entsprechendes über dies unendliche Werk mitzuteilen, und dies wird daher noch von einem anderen Verehrer desselben geschehen können.*, Brief Grootes an Boisserée vom 4. Mai 1814. Für das Gelingen, so Groote in einem weiteren Brief an die Brüder Boisserée vom 6. Juni 1814 *bürgen uns auch so ziemlich die Fähigkeit unseres Malers* Beckenkamp *und des Hrn* Thelott *in Düsseldorf.* Beide Briefe im Nachlass Boisserée, Köln, HAStK., Best. 1018, 118, Nr. 15 und 16.

[848] BOISSERÉE 1978, Bd. 1, S. 161: *Plan zum Kölnischen Taschenbuch - Cotta hats angenommen. ich prophezeie aber Schwierigkeiten, da ich das Probe-Kupfer - die Maria am Brunnen - sehe. wegen zu großem Format usw.* (26. Juni 1814).

⁸⁴⁹ Friedrich Wilhelm Carové war wie sein Freund von Groote Germanist. Zu dem *Taschenbuch* trug er Gedichte und den an Novalis' „Europa" (geschrieben 1799) erinnernden Aufsatz „Ansichten der Kunst des deutschen Mittelalters" bei, vgl. ROBSON-SCOTT 1965, S. 261-263. Der Briefwechsel Grootes mit Carové in: HAStK., Best. 1552, 10, vor allem Nr. 6, 7, 14, 16 und 18.

⁸⁵⁰ Friedrich Heinrich von der Hagen, Schüler von August Wilhelm Schlegel, Germanist und Herausgeber einer neuhochdeutschen Übertragung des Nibelungenliedes (1807), vgl. ROBSON-SCOTT 1965, S. 251-253.

⁸⁵¹ Zum Düsseldorfer Kupferstecher Ernst Thelott vgl. THIEME-BECKER 1938, Bd. 32, S. 591.

⁸⁵² Zu den weiteren Kupferstichen des *Taschenbuches* vgl. in dieser Arbeit Kat. Nr. 101.

⁸⁵³ *Taschenbuch* 1816, S. 101-106, mit dem Kupferstich **Maria mit dem Kind am Brunnen** auf S. 106; S. 213-215, mit dem Kupferstich **Hl. Michael** auf S. 214 und S. 315-319 mit dem Kupferstich **Hl. Katharina** auf S. 318.

⁸⁵⁴ Der Mitherausgeber des *Taschenbuches*, Friedrich Wilhelm Carové, forderte Groote sogar zu einer List gegenüber Wallraf auf, um ihn zu den Beschreibungen der beiden Miniaturen und der „Maria am Brunnen" zu überreden: *weil außer Wallraf von uns wohl keiner so viel gründliche Kenntnis der Malerei hat um die Beschreibung der 3 anderen Bild. zu übernehmen. Du mußt ihn zu bewegen suchen, und ist einmal die Beschreibung d. Dom-Bild. fertig, - und in deinen Händen, ihm sagen, dass aus dem ganzen nichts würde, wenn er uns im Stich ließe. Dies wäre eine verzeihliche, unschädliche List*, Köln, HAStK., Best. 1552, Nr. 10 Brief 6, vom 16. August 1814. Wallraf, der sich möglicherweise bei den Planungen übergangen fühlte, ließ sich dennoch nicht überzeugen.

⁸⁵⁵ Eine Untersuchung über die Sammlung des eitlen Rektors der von der Familie von Groote gestifteteten Elendskirche in Köln (und späteren Pfarrers an St. Ursula) wäre angesichts der qualitätvollen Werke seiner Sammlung und trotz seines skrupellosen Vorgehens im Fall des Altarblattes mit der **Beweinung Christi** in St. Maria Lyskirchen wünschenswert; zu Fochem als Kunsthändler vgl. zuletzt KRONENBERG in: AK KÖLN 1995, S. 127 und Anm. 62, 63.

⁸⁵⁶ *Taschenbuch* 1816, S. 318.

⁸⁵⁷ D'ANCONA - AESCHLIMANN 1969, S. 25.

⁸⁵⁸ KRONENBERG in: AK KÖLN 1995, S. 127.

⁸⁵⁹ *Von den alten Bildern sagten beide, dass sie überaus schön und mein Manuskript etwas Künstliches wäre*, (Brief Fochems an von Groote vom 28. Juli 1815), zitiert nach DÜNTZER 1885, S. 103 f.

⁸⁶⁰ Bereits 1820 notiert Eberhard von Groote, der Rektor Fochem habe *sein Buch mit den schönen Bildern* an einen Lord Gordon verkauft. Da keine weiteren Hinweise auf reich illuminierte Stundenbücher im Besitz Fochems vorliegen, handelte es sich wahrscheinlich um das erwähnte Stundenbuch, vgl. Köln, HAStK., Best. 1552, 1/25, Juli 1820.

⁸⁶¹ MUNBY 1972, S. 55, identifizierte den Ankauf dieses Buches in der British Library. Das heute in der Bodleian Library in Oxford befindliche Buch hat die Inventarnummer Douce 112.

⁸⁶² Vgl. die Eintragung auf den Seiten i recto, 1 recto, 169 verso und 173 verso bestätigt. Für die briefliche Mitteilung danke ich Dr. Martin Kauffmann, Oxford, Bodleian Library.

⁸⁶³ Fochem könnte das Stundenbuch aus dem Kölner Karmeliterkloster in der Schnurgasse erworben haben, wo die französische Königin Maria von Medici ihre letzten Lebensjahre im Exil verbrachte.

⁸⁶⁴ PÄCHT - ALEXANDER 1966, Bd. 1, S. 30, Kat. Nr. 396.

⁸⁶⁵ *Wir halten es vielmehr für das Schatzkästlein, in welches ein frommer, künstlicher Mann viele Jahre seines Lebens hin das Köstlichste und Liebste, was er kannte und hatte, hineingelegt, und mit Betrachtung, Anordnung und Vollendung dieser Kleinodien die schönsten, andächtigsten und begeistertsten Stunden hingebracht hat. So sind uns dies, und einige, fast unbegreifliche, Werke vollendeter deutscher Kunst immer erschienen, und nur diese Meinung haben wir bis dahin für hinreichend gehalten, um daraus eine befriedigende Erklärung über ein solches Werk geben zu können*, vgl. von Groote in: *Taschenbuch* 1816, S. 318.

⁸⁶⁶ *Taschenbuch* 1816, S. 101.

⁸⁶⁷ Eine neuere Dissertation zu Bernard van Orley hat John David Farmer: Bernard van Orley of Brussels. London 1982, geschrieben. Der zweite Band mit Abbildungen konnte nicht eingesehen werden.

⁸⁶⁸ FRIEDLÄNDER 1930, Bd. 8, S. 97.

⁸⁶⁹ VON DER OSTEN 1973, S. 198.

⁸⁷⁰ Eine Abbildung dieses Gemäldes z. B. bei VON DER OSTEN 1973, S. 157, Abb. 132.

⁸⁷¹ ROBSON-SCOTT 1965, S. 262.

⁸⁷² Der Briefwechsel zwischen von Groote und Thelott in: HAStK., Best. 1552, 52, Nr. 1-14. Thelotts Entschuldigung und Verteidigung gegenüber von Groote gewährt auch einen Blick auf die Anfertigung der verschollenen Kupferstichvorlagen durch Beckenkamp: *Ein Bild worauf [?] vierzehn ganze Figuren darauf und über 40 Köpfe, die alle behandelt werden müßen, wie Porträt, die soll ich vor den nehmlichen Preiß, worauf 4 Figuren und eben so viele Köpfe darauf seyn, machen können dies gränzt an Ungerechtigkeit. Sie können zwahr sagen, ich hätte das Gemälde gesehen, das ist wahr, aber bey Got, kein Mensch könnte es danach berechnen, dass die Figuren so groß und so ausgeführt ausfallen konnten, ich will der unendlichen Verziehrungen nicht gedenken, die man in der Entfernung nicht entdecken kann, und sich nun in der Zeichnung findet. Kurz, ich fordere Hrn Beckenkamp, den Verfertiger auf, wenn er nicht wenigstens dreymal ich wolte auch mit Gewißheit behaubten,*

viermal so lange daran zeichnete, als an einem Einzelnen, so will ich verloren haben, allein ich bin gewiß, der alte ehrliche Mann wird keine gräßliche Unwahrheit auf sein Gewissen laden.

[873] Carové an Groote, Brief vom 22. Mai 1815, HAStK., Best. 1552, 10, Nr. 18: *andernfalls sündigten die Herausgeber wahrlich an dem erhabenen alten Meister.*

[874] HAStK., Best. 1105, Nr. 7, Bl. 173-175.

[875] HAStK., Best. 1552, 6, Nr. 5, Brief Fochems an Groote vom 20. Juli 1815.

[876] HAStK., Best. 1552, 22, Nr. 6, Brief Grootes an den Kupferstecher Ernst Thelott vom 31. Mai 1814.

[877] HAStK., Best. 1552, 16, Nr. 14, Brief Grootes an Fochem vom 23. 10. 1815: *Fast für die Halbscheid unserer Kosten habe ich allein schon Bestellungen. Beuth nimmt 150 Exemplare unseres Büchleins, und sagt: es sey Patriotismus, dass man es nähme... .*

[878] Zu diesen Aktivitäten von Grootes vgl. GIESEN 1929, S. 63-102.

[879] Groote hatte selber eine Denkschrift zu Gunsten der Kölner Universität verfasst; vgl. dazu Gunter Quarg: Ein Gutachten Eberhard von Grootes zur Frage der Wiederbegründung der Kölner Universität nach 1814, in: JbKGV 1989, 60, S. 225-239.

[880] *Goethe lobte unser Bestreben in der Herausgabe des Taschenbuches „Nun, das ist brav, das heißt doch etwas gethan",* Fochem in dem bereits erwähnten Brief an Groote vom 28. Juli 1814, zitiert nach DÜNTZER 1885, S. 104.

[881] Goethe zitiert nach DÜNTZER 1885, S. 118.

[882] GIESEN 1929, S. 79, Anm. 2. Dieser Stich befindet sich auch heute noch im Urbinozimmer von Goethes Wohnhaus in Weimar, vgl. MAUL - OPPEL 1996, S. 108.

[883] DIE STADT KÖLN 1916, S. 216.

[884] AYÇOBERRY 1996, S. 82.

[885] Ebda., S. 86.

[886] HAStK., Best. 1552, 1/20-22, 1818/19, verschiedene Textstellen, in denen Wallraf von Groote als langweilig, geschwätzig und eitel bezeichnet wird.

[887] AYÇOBERRY 1996, S. 83.

[888] Zu den kölnischen Bemühungen um die Wiedererlangung der Universität nach 1815 vgl. ausführlich Klaus Pabst: Der Kölner Universitätsgedanke zwischen Französischer Revolution und preußischer Reaktion (1794 - 1818), in: HEIMBÜCHEL - PABST 1988, Bd. 2., S. 1-100.

[889] Zitiert aus AK KÖLN 1982, S. 223.

[890] Altpreußische Biographie, ND 1974, Bd. 1, S. 144 f.

[891] Dombildskizze Dohna Wundlacken, Vgl. in dieser Arbeit Kat. Nr. 104.

[892] Köln, HAStK., Best. 1105, Nr. Nr. 4, Bl. 110-112.

[893] VON HOLST 1934, S. 37 f., erwähnt zahlreiche Miniaturkopien des Altarwerkes von Beckenkamp, wovon eine sich im ehemaligen Berliner Hohenzollernmuseum mit der Inventarnummer 677 befunden haben soll. Diese ist heute nicht mehr nachweisbar (freundlicher Hinweis von Gerd Bartoschek, Potsdam).

[894] UNBEKANNTER VERFASSER [LEOPOLD] 1825: *Zweimal vollendete Hr. Sieberg auch das Dombild, in Miniatur. Das erste wurde von der Stadt, bei Gelegenheit der hohen Vermählungsfeier Sr. Königl. Hoheit, unserm vielverehrten Kronprinzen überreicht, was dieser sehr huldvoll aufnahm; das zweite besitzt der Regierungsrath, Freiherr von Haxthausen...* [DE NOËL] 1828, Sp. 5: *Siebergs Wiederholung dieses Bildes im verjüngten Maßstab der Miniaturmalerei ward von der städtischen Behörde ausersehen, dem allgeliebten Kronprinz von Preußen bei Gelegenheit Höchstseiner Vermählung den Beweis der innigsten Verehrung darzubringen, und huldreich genehmigte ihn der kunstliebende Königssohn.* Zu Heribert Sieberg vgl. MERLO 1895, Sp. 797 f. Eine Miniaturkopie auf Elfenbein des Dombildes in Schloss Stolzenfels verzeichnet DOHME 1850, S. 49, im Schreib-Kabinett der Königin Elisabeth. Wahrscheinlich war sie identisch mit der von Sieberg angefertigten Miniaturkopie, dem Hochzeitsgeschenk der Stadt Köln an den Kronprinzen.

[895] Nur ein ausgiebiges Quellenstudium der einzelnen Nachlässe im Preußischen Staatsarchiv in Berlin-Dahlem könnte genauere Aufschlüsse über die Auftragsgeschichte geben. Angesichts des Umfangs des zu bearbeitenden Quellenmaterials und der vermutlich eher geringen Ergiebigkeit zu diesem Thema wurde aber darauf verzichtet. Bei den Inventaren der königlichen Schlösser half mir Herr Gerd Bartoschek von den Staatlichen Schlössern Preußischer Kulturbesitz in Potsdam, dem ich an dieser Stelle herzlich danken möchte.

[896] Vgl. dazu die ausführlichen Untersuchungen von Ursula Rathke: Preußische Burgenromantik am Rhein. Studien zum Wiederaufbau von Rheinstein, Stolzenfels und Sooneck (1823-1860), hier vor allem S. 10.

[897] Dazu und im folgenden vgl. VIERHAUS 1965, S. 152-175.

[898] Um das erkennbare preußische Interesse an den Kulturzeugnissen des Rheinlandes zu verstärken waren 1817 in Wallrafs Haus in der Trankgasse aus verschiedenen Kölner Sammlungen Kunstwerke zusammengetragen worden. Die Vorbereitungen dazu spiegeln sich in den Tagebüchern von Grootes, vgl. HAStK., Best. 1552, 1/10, verschiedene Eintragungen vom Juli bis zum September 1817.

[899] Eine biographische Übersicht zu Prinzessin Marianne bei VON PETERSDORFF in: ADB [1906] 1971 (Nachträge), Bd. 52, S. 202-210.

[900] VON PETERSDORFF in: ADB [1906] 1971, Bd. 43, S. 206.

[901] Vgl. DEETERS (Bearb.) 1987, Briefwechsel Wallrafs mit Prinzessin Marianne von Preußen, S. 174-176, Nr. 15, Bl. 149 ff.

[902] DEETERS (Bearb.) 1987, S. 174, Nr. 15, Bl. 149.

[903] Die Vergabe des Auftrags an Beckenkamp wird erst im Verlauf des Schriftwechsels ersichtlich. Vgl. auch THIERHOFF 1997, S. 87 und Anm. 612-614.

[904] HAStK., Best. 1105, Nr. 6, Bl. 52, 53, Brief Fochems an Wallraf vom 17. Januar 1813: *Die Kopie, welche unser Beckenkam nach dem Dombild gemacht hat, ist nun fertig. In Hinsicht desselben habe ich schon seit langem gedacht die öffentliche Ausstellung dieser Kopie würde nicht nur unserm vaterländischen Künstler Ehre machen, sondern sie könnte auch der Liebe zur Kunst selbst aufhelfen. Dieser Meinung ist ebenfalls Hr De Noël, dem ich meine Gedanken hierüber zu eröffnen die Ehre hatte; und ich darf nicht einmal zweifeln, dass auch damit ihrem bekannten Patriotismus gedient seyn werde. Es käme also nur auf die Bestimmung des Lokals dazu an. Wäre es nicht passend, verehrtester Herr Professor, wenn das Bild neben einigen der vorzüglichsten Portraiten desselben Meisters und anderen köllnischen Kunstwerken in ihrer Behausung ausgestellt würde?* In einer eintägigen Ausstellung soll die Kopie, verbunden mit einem Konzert, gezeigt worden sein, vgl. THIERHOFF 1997, S. 184, Anm. 615 und HAStK., Best. 1105, Nr. 152, Bl. 5.

[905] HAStK., Best. 1105, Nr. 15, Bl. 156/57. Dieser Ausdruck der Prinzessin Marianne bei Erhalt ihres Gemäldes weckte in Köln besonders bei Wallraf Hoffnungen.

[906] Der entsprechende Brief Wallrafs an Prinzessin Marianne in Darmstadt, Hessisches Staatsarchiv (Fischbacher Archiv, D22. Nr. 21/266) vom 15. Dezember 1814: *geruhete höchstdieselbe [Marianne] meine gute Vaterstadt ihr liebes Cöln zu nennen, [...] Die Sache hat Noth für uns. List und Neid will uns vieles von unserm glanze und vielleicht alles rauben - Es gilt [geht?] um die wiedererhaltung unserer alten Vorzüge des gouvernements sitzes, des [unleserlich] tribunals, des bischöfl. Stuhls ... . Die von unseren alten edlen Familien mit reichen Stiftungen gegründete Universität [ist] Verleumdungen und bösen Anschlägen ... der uns immer neidischen Stadt Bonn [ausgesetzt]. [...] und selbst den H. Von Stein gewonnen haben soll. [...] N. B.: Cöln muß unter dem preußischen Zepter alles werden, was es war ...* . Das undatierte Briefkonzept Wallrafs befindet sich im HAStK., Best. 1105, Nr. 15, Bl. 158 und 159 (die Unterstreichungen stammen von Wallraf).

[907] Zur Einrichtung der Wohnung von Wilhelm und Marianne von Preußen im zweiten Obergeschoss des Berliner Schlosses vgl. BÖRSCH-SUPAN 1976, S. 72 ff.

[908] Zitiert aus: BAUR 1889², S. 383.

[909] Vgl. in dieser Arbeit Kat. Nr. 96.

[910] Eine biographische Übersicht zu Prinz Wilhelm von Preußen bei VON PETERSDORFF in: ADB [1898] 1971, Bd. 43, S. 171-177.

[911] Schloss Fischbach in Niederschlesien entging zwar Kriegszerstörungen, wurde aber von Verwahrlosung, Diebstahl von Einrichtungsgegenständen und mehrfachem Besitzerwechsel nicht verschont, vgl. dazu SLIWA 1995, S. 93. Der Umbau des Fischbacher Schlosses erfolgte in den zwanziger Jahren des 19. Jahrhunderts. Auf die geistigen Verbindungen der königlichen Einwohner des Schlosses mit Köln weist ein Gedicht mit dem Titel *Fischbach und Köln* hin, vgl. dazu STANISZEWSKA 1995, S. 85, beziehungsweise S. 81.

[912] BAUR 1889², S. 294. Die *treffliche Copie des Dombildes von Meister Stephan in Mariannes blauer Stube* erwähnt auch VON PETERSDORFF in: ADB [1906] 1971, Bd. 52, S. 209.

[913] HStADA, (Fischbacher Archiv) D 22 Nr. 10/56: Inventar von Schloss Fischbach, Nr. XIII, Blaues Zimmer, Nr. 881.

[914] Im Inventar von 1851 als Nr. 33 im Grünen Zimmer des Berliner Stadtschlosses, vgl. BÖRSCH-SUPAN 1976, S. 94.

[915] Gärtners Aquarell, das zusammen mit anderen Aquarellen eine Serie bildete, war für die Tochter des Prinzenpaares, Elisabeth von Hessen und bei Rhein als Erinnerung an die Räumlichkeiten, in denen ihre Eltern in Berlin und in Fischbach wohnten entstanden. Das Aquarell befindet sich heute, zusammen mit der ganzen Serie in Darmstadt, Großherzoglich Hessisches Familienarchiv im Staatsarchiv, unter der Nummer [Darmstadt] 14, vgl. BÖRSCH-SUPAN 1976, S. 93, Abb. 37.

[916] Vgl. in dieser Arbeit Kat. Nr. 94.

[917] Zitiert nach ROSENWALL in: BAYER 1912, S. 170, vgl. dazu auch Kap. 1.1.

[918] So auch BAYER 1912, S. 170, in der entsprechenden Anmerkung.

[919] HStAD., (Fischbacher Archiv), D 22/ Nr. 10/56, Inventar von Schloss Fischbach, Nr. 881.

[920] HStAD., (Fischbacher Archiv), D 22/ Nr. 10/56, Inventar von Schloss Fischbach, Nr. 905.

[921] HStAD., (Fischbacher Archiv), D 22/ Nr. 10/56, Inventar von Schloss Fischbach, Nr. 887. Zu dem kleinen Hausaltar mit einer vollständigen Kopie des Dombildes vgl. in dieser Arbeit Kap. 6.1.2.

[922] In einem Brief an seinen Erzieher Ançillon, zitiert nach RATHKE 1982, Teil 1, S. 157.

[923] MOSES 1925, S. 57.

[924] SCHNÜTGEN 1942, S. 63 und Anm. 26.

[925] *Welch ein göttlicher Strom! Diese Breite! Diese Ufer! Diese Strömung! ... O Dio - dies ist die schönste Gegend von allen deutschen Landen !!!!! !!!!!*, Kronprinz Friedrich Wilhelm an Ançillon, 3. Juli 1815, zitiert nach RATHKE 1979, S. 47.

[926] Vgl. dazu den Aufsatz von Ursula Rathke: Die Rolle Friedrich Wilhelms IV. von Preußen bei der Vollendung des Kölner Domes, in: Domblatt 1982, Teil 1, S. 127-160.

[927] Dazu Gerd Bartoschek: Die Welt in Bildern, in: AK POTSDAM 1995, S. 318-321. Die Anfänge der Sammlung Friedrich Wilhelms lassen sich bereits in das Jahr 1815 nachweisen, ebda., S. 318.

[928] RATHKE 1979, S. 113.

[929] SCHNÜTGEN 1942, besonders S. 60-71.

[930] Brief von Wussows an den Kronprinzen Friedrich Wilhelm, 10. April 1836, zitiert nach RATHKE 1979, S. 113.

[931] AEK, Metropolitankapitel 369 (= Acta betreff die Domgemälde: das Dombild).

⁹³² SCHNÜTGEN 1942, S. 64.

⁹³³ BARTOSCHEK in: AK POTSDAM 1995, S. 318.

⁹³⁴ Eine Abbildung der Erasmuskapelle, die Schinkel zwischen 1824 und 1828 für Friedrich Wilhelm als Arbeitszimmer umgestaltete, ist auf einem 1839 entstandenen Aquarell von Johann Heinrich Hintze zu sehen, vgl. AK POTSDAM 1995, S. 322 (Abb.) und S. 323, Kat. Nr. 6. 2. Ein Gemälde von Franz Krüger (1846), von dem drei Versionen existierten, zeigt Friedrich Wilhelm IV. an seinem Schreibtisch in der Erasmuskapelle stehend, ebda., (Umschlagabbildung) und S. 322, Kat. Nr. 6.1.

⁹³⁵ Dies erwähnt BARTOSCHEK in: AK POTSDAM 1995, S. 318. Gerd Bartoschek teilte mir mit, dass Max Schasler (1856) in seiner Beschreibung nicht immer den tatsächlichen Stand der Einrichtung wiedergebe.

⁹³⁶ Zur Baugeschichte, Architekturikonologie und Ausstattung der preußischen Burgen Rheinstein, Stolzenfels und Sooneck vgl. Ursula Rathke, Preußische Burgenromantik am Rhein. Studien zum Wiederaufbau von Rheinstein, Stolzenfels und Sooneck (1823-1860). München 1979.

⁹³⁷ *Einer der merkwürdigsten Gegenstände im Wohnzimmer der Königin, ist die gute Kopie von Beckenkamp der Hauptfiguren des schönen Dombildes zu Köln*, zitiert nach MALTEN 1844, S. 58, eine ausführliche Beschreibung des Bildes, ebda., S. 58-60. Das älteste Inventarbuch von Schloss Stolzenfels wurde nach der Wiedereinrichtung des Schlosses durch Georg Poensgen nach dem Ersten Weltkrieg angelegt. Die Inventar-Nummer 6806 gibt die Generalkatalognummer, die für die übergreifende Katalogisierung der Preußischen Schlösserverwaltung galt, an. Für alle diese Angaben, wie auch für den Hinweis auf das Aquarell von Carl Graeb in Windsor Castle danke ich Herrn Dr. Jan Meißner, Mainz, Landesamt für Denkmalpflege. Zur Innenausstattung der Rheinburgen Rheinstein und Stolzenfels vgl. den Aufsatz von Jan Meißner in: AK Koblenz 2002, S. 165 - 175.

⁹³⁸ Vgl. dazu den Katalog: Preußische Facetten: Rheinromantik und Antike. Zeugnisse des Wirkens Friedrich Wilhelms IV. am Mittelrhein und Mosel. Regensburg 2001 (= AK BERLIN 2001), und zur politischen Nutzung von Schloss Stolzenfels v. a. S. 95.

⁹³⁹ SIEVERS 1954, S. 107.

⁹⁴⁰ Zu dem kurzen Leben und dem Werk des Berliner Architekturmalers Zimmermanns vgl. BÖRSCH-SUPAN 1981, S. 3464 f.

⁹⁴¹ SIEVERS 1954, S. 107.

⁹⁴² RATHKE 1979, S. 14.

⁹⁴³ RATHKE 1979, S. 32. Die Beschreibung und Analyse der Ausstattung von Burg Rheinstein ebda., S. 32-35.

⁹⁴⁴ Das Gemälde Zimmermanns gehört heute der Verwaltung der Staatlichen Schlösser und Gärten in Potsdam, Öl/Lw 73 x 95,5 cm.

⁹⁴⁵ Für die Provenienz der auf Zimmermanns Gemälde überlieferten Teilkopie des Dombildes aus der Berliner Wohnung von Prinz Friedrich von Preußen könnte die dort ebenfalls dargestellte halbfigurige Zinkplastik der Jeanne d'Arc mit erhobenem Schwert sprechen. Eine solche Figur fand sich auch in dem Pergola-Hof von Schloss Stolzenfels. Gerd Bartoschek, Staatliche Schlösser und Gärten, Potsdam, machte mich jedoch darauf aufmerksam, dass solche Plastiken öfters in preußischem Besitz auftauchen, vgl. auch BÖRSCH-SUPAN 1976, S. 76, der eine Gipsfigur der Johanna von Orléans im Wohnzimmer des älteren Prinzen Wilhelm im zweiten Obergeschoss des Berliner Schlosses verzeichnet.

⁹⁴⁶ Vgl. in dieser Arbeit Kat. Nr. 110.

⁹⁴⁷ Vgl. in dieser Arbeit Kat. Nr. 111.

⁹⁴⁸ Die Bildmaße im Vergleich: **Dombild Schloss Stolzenfels** 218 x 394 cm; **„Dreikönigsbild"** 190 x 375 cm.

⁹⁴⁹ RATHKE 1979, S. 13. SIEVERS 1954, S. 94 geht dagegen davon aus, dass der Kronprinz und sein Bruder Prinz Wilhelm (der spätere Kaiser Wilhelm I.) den Prinzen Friedrich in seinen künstlerischen Entscheidungen beeinflussten.

⁹⁵⁰ *... dagegen habe ich den Prinzen [Friedrich] beredet, in aller Art Kunstwerke zu sammeln und jährlich von seiner künftig sehr bedeutenden Apanage recht tüchtige Summen daranzusetzen, damit er seine Zimmer voll bekommt und Künstler beschäftigt werden. [...] doch wünschte ich, dass weniger auf Antiken gesehen würde als auf Arbeiten neuerer Meister und vorläufig zum Teil auf gute Kopien nach den schönsten Werken der alten Kunst*, Brief Schinkels an den Bildhauer Rauch in Rom, 23. März 1817, zitiert nach SIEVERS 1954, S. 97.

⁹⁵¹ Zu Schinkels Aktivitäten im Rheinland vgl. Eva Brues: Die Rheinlande, in: Karl Friedrich Schinkel - Lebenswerk. München 1968, besonders die Einleitung S. 3-18; über die Rheinreise von 1816 vgl. vor allem S. 3-6.

⁹⁵² Zur Umgestaltung und zur Ausstattung des Palais' durch Schinkel vgl. SIEVERS 1954, S. 97 ff.

⁹⁵³ Wilhelmine Luise von Preußen (1799-1882) als Malerin wurde in einer Ausstellung des Düsseldorfer Stadtmuseums vom 8. März bis 19. April 1998 gewürdigt.

⁹⁵⁴ *Wie freue ich mich, dass das Bild so gut ausgefallen ist. Ich finde den Preis gar nicht hoch, da ich das Original kenne und die Arbeit kenne, die es erfordert*, Prinz Friedrich an Schinkel, Brief vom 28. Juli 1817, zitiert nach SIEVERS 1954, S. 107.

⁹⁵⁵ Auf die Idealität des Raumportraits von Zimmermann weist BÖRSCH-SUPAN 1976, S. 16, hin.

⁹⁵⁶ AK KÖLN 1982, S. 223, Kat. Nr. 105.

⁹⁵⁷ Kurze Informationen zu Prinz Friedrich bei RATHKE 1979, S. 13 und bei SIEVERS 1954, S. 94 f.

[958] Eine zeitgenössische Beschreibung der ausgestellten Werke stammt von Matthias Joseph De Noël: Übersicht der Ausstellung von Kölnischen Industrie- und Kunsterzeugnissen ... 1817, vgl. dazu Max Tauch: Von Köln aus in alle Welt: Kunst und Kunstgewerbe der Neugotik. „Messe schon vor 160 Jahren", in: Weltkunst, März 1979, Heft 5, S. 446 f.; und ders.: Die erste Kölner Gewerbe- und Kunstausstellung, in: Weltkunst, Februar 1989, S. 493.

[959] AK KÖLN 1982, S. 222, Kat. Nr. 104. Josef Raabe war nicht nur Ingenieur-Offizier in preußischen Diensten, sondern auch Maler und Autor eines ca. 1814 gemalten Goethe-Portraits (Köln, Wallraf-Richartz-Museum, WRM 1937).

[960] DE NOËL 1817 (ohne Seitenzählung).

[961] HAStK., Best. 400 (Akten des Oberbürgermeisters), Nr. 7 G 1, Bl. 1, Brief des Geheimen Kabinettsrates Albrecht an den Kölner Oberbürgermeister Mylius.

[962] HAStK., Best. 1552, 1/21, Bl. 8 v., Tagebucheintragung von Grootes vom 19. November 1818.

[963] Zum Begriff „Kulturpolitik" und zu konkreten kulturpolitischen Maßnahmen Preußens vgl. Georg Mölich: Preußische Kulturpolitik am Rhein nach der „Besitzergreifung" - eine Skizze, in: AK KÖLN 1995, S. 163-167.

[964] MÖLICH in: AK KÖLN 1995, S. 164.

[965] Auch die Verleihung des Roten Adlerordens dritter Klasse durch Friedrich Wilhelm III. an Wallraf am 11. November 1818 (vgl. z. B. SMETS 1825, S. 15), also wenige Tage vor dem Besuch des Königs in Köln, wird als Beschwichtigung der erzürnten Kölner Gemüter aufzufassen sein.

[966] BÖRSCH-SUPAN 1976, S. 134 f.

[967] Freundlicher Hinweis von Gerd Bartoschek, Potsdam, Stiftung Preußische Schlösser und Gärten Berlin-Brandenburg.

[968] BOISSERÉE 1981 (Bd. 2), S. 656.

[969] Zu Schloss Friedrichshof vgl. Heinz Biehn: Schloss Friedrichshof und seine Erbauerin. (= Schnell, Kunstführer 974) München und Zürich 1975.

[970] Vgl. in dieser Arbeit Kat. Nr. 124.

[971] Aus der Bildakte des Wallraf-Richartz-Museums geht hervor, dass das Triptychon nur kurz im Besitz des Wallraf-Richartz-Museums (als Dep. Nr. 353) gewesen und bereits im Mai 1973 an den Stadtkonservator überwiesen worden war; vgl. dazu den Briefwechsel von Elga Böhm mit dem damaligen Stadtkonservator Mühlenberg in der erwähnten Bildakte.

[972] Zuschreibung von Dr. Werner Stopp, Kunsthaus van Ham, vgl. AUKT. KAT. KÖLN 1962 (Van Ham), Aukt. Nr. 10, S. 69, Nr. 1081 und Abb. Tafel 24.

[973] Nach DEPEL 1964, S. 371, Anm. 1, geht die Identifizierung der Stifterfamilie auf Dr. Effertz, Brühl, zurück.

[974] BEST. KAT. KÖLN 1973, S. 19.

[975] S.o. Kap. 1.1.

[976] Dementsprechend fehlt eine Erwähnung bei MERLO 1850, MERLO 1895, THIEME-BECKER 1909 und bei MOSES 1925. Auch im AKL 8, 1994, findet das Gemälde keine Erwähnung.

[977] Nach DEPEL 1964, S. 372., steht Beckenkamps Rückgriff auf das Dombild *inmitten einer kleinen und ihrer Bedeutung nach geringwertigen Gruppe von Bildern, die ähnliches Bemühen zeigen*.

[978] ZEHNDER in: AK KÖLN 1995, S. 635 f., Kat. Nr. 306.

[979] Vgl. in dieser Arbeit Kat. Nr. 150.

[980] Aus Anlass der letzten großen Restaurierung des Altars entstand die umfassende Studie von LAUER - SCHULZE-SENGER - HANSMANN 1987, S. 9-80. Darin beschäftigte sich Lauer mit der kunsthistorischen Einordnung, Schulze-Senger mit der technologischen Bestandsaufnahme und den konservatorischen Maßnahmen und Hansmann mit den Unterzeichnungen im frühen Arbeitsstadium des Dombildes.

[981] Mittelteil: 260 x 285 cm, Flügel, je: 261 x 142 cm.

[982] Die letzten Tendenzen der Forschung zum **Dombild** stellt Dagmar Täube in: AK KÖLN 1994, S. 324, Kat. Nr. 46 zusammen. Vgl. auch die Abbildung des Altares, ebda., S. 325, Abb. 46 a und 46 b.

[983] Der **Altar der Stadtpatrone** hat die Maße: 260 x 285 (Mittelteil), 261 x 142 cm (Flügel). Das heißt im Detail, dass der Mittelteil des Rathaus-Triptychons in der Breite um 82 auf 203 Zentimeter, und die Flügel um jeweils 40 auf 102 Zentimeter verkleinert wurden. Die Gesamtbreite des Rathaus-Triptychons beträgt also 407 cm (die Breite des Originals 570 cm) und wurde also um 163 cm verkleinert. Die Höhe des gesamten Bildes wurde um 67 auf 193 Zentimeter verkürzt.

[984] Auf das reduzierte Gesprenge wies bereits der AUKT. KAT. KÖLN 1962, Aukt. Nr. 10, S. 69, Nr. 1081 hin.

[985] Zu den gemalten Goldschmiedearbeiten im Werke Lochners vgl. FRITZ in: AK KÖLN 1993, S. 133-141; der silberne Pokal könnte ebenso wie der Pokal aus Japsis wirklich existiert haben und möglicherweise Teil des dem Kölner Rat gehörenden Schatzes gewesen sein, vgl. ebda., S. 140.

[986] FRITZ in: AK KÖLN 1993, S. 138 f.

[987] Der Dichter Zacharias Werner beschreibt den dritten König auf dem **Dombild** als *eines der lieblichsten Gesichter im Bilde, er blickt so ehrlich und mitleidig und süß schwermüthig lächelnd, als wolle er sagen: Muß denn dieses zarte Kindlein einst leiden?*. Diese romantisch-katholische Interpretation des Dichters scheint von Beckenkamp in seiner veränderten Anordnung des jüngsten Königs in die Sprache des Bildes umgesetzt zu sein. Die Textstelle aus den Tagebüchern von Zacharias Werner zitiert bei FLOECK (Hg.) 1939/40, S. 61.

[988] Zitiert nach DEPEL 1964, S. 372.

[989] Zitiert nach LAUER in: LAUER - SCHULZE-SENGER - HANSMANN 1987, S. 21. KLESSE 1964, S. 360, ist dagegen der Auffassung, dass der dritte König auf dem Dombild durch *sein aufwendig verziertes Gewand besonders ausgezeichnet und somit den Hauptfiguren der Darstellung zugesellt* worden sei.

[990] Eine interessante These zu der Frage, warum auf dem **Altar der Stadtpatrone** nur zwei, nicht aber die biblische Zahl der Drei Könige betont wird, stellt EPPING 1994 auf und führt diese ikonographische Besonderheit darauf zurück, dass die beiden Könige die beiden Kölner Bürgermeister als Auftraggeber des Werkes repräsentieren sollten. Der Maler habe den übersehbar im Hintergrund erscheinenden dritten König jedoch durch die zwei Edelsteinreihen mit jeweils drei (für die Dreifaltigkeit) beziehungsweise fünf (für die fünf Wundmale Christi) Juwelenreihen auf dem vergleichsweise bescheidenen Myrrhegefäß hervorgehoben. Durch die Korrespondenz der fünf Juwelen auf dem Kronreif Mariens habe das Christus-Thema „Erlösung" im Zeichen der Myrrhe verdeutlicht werden sollen. Schon DIECKHOFF 1986, S. 63, hatte in den beiden vorne stehenden Königen „Kryptoportraits" der zur Entstehungszeit des Bildes amtierenden Kölner Bürgermeister Johann von der Arken und Johann von Heymbach gesehen.

[991] LAUER in: LAUER - SCHULZE-SENGER - HANSMANN 1987, S. 20, stellt die ungewöhnliche Mischung von älteren Elementen wie Goldgrund, Goldnimben, Rahmenarchitektur und Bedeutungsmaßstab mit neueren Tendenzen wie der veristischen Detailfreudigkeit in der altniederländischen Malerei im Dreikönigenaltar heraus.

[992] Der bei Lochner als Bannerträger fungierende Mann mit Turban am rechten Bildrand beispielsweise hat bei Beckenkamp an Größe und Umfang zugenommen.

[993] Goethe hatte im Herbst des Jahres 1819 in Jena ein altes Manuskript mit der Legende von den Heiligen Drei Königen gekauft. Die darauf folgenden Nachforschungen Sulpiz Boisserées ergaben den Theologieprofessor und Karmeliter Johannes von Hildesheim als Autor der zwischen 1364 und 1375 verfassten Schrift. 1821 bearbeitete Boisserée zusammen mit Gustav Schwab das Werk. Schwab dichtete zwölf Romanzen dazu. Boisserées Anmerkungen zu der Legende boten erste textkritische und ikonographische Kommentare. Obwohl die Dreikönigenlegende in lateinischen Werken wie bei Hermann Crombach im 17. Jahrhundert bekannt war, machte die erste Neuübersetzung seit 300 Jahren den Text für das 19. Jahrhundert wieder zugänglich; vgl. dazu Elisabeth Christern: Goethe, Sulpiz Boisserée und die Legende von den Heiligen Drei Königen, in: Kölner Domblatt, 14/15, 1958, S. 163-172.

[994] DEPEL 1964, S. 372.

[995] ERICHSEN-FIRLE - VEY in: BEST. KAT. KÖLN 1973, S. 19.

[996] Köln, Wallraf-Richartz-Museum, WRM 430, zu dem Gemälde vgl. im einzelnen HILLER - VEY in: BEST. KAT. KÖLN 1969, V, S. 21-27; zu der Familie Hackeney und ihren Kunststiftungen vgl. SCHMID 1988, S. 45-58. Sibilla van Merle mit einem Kreuz in der Hand wird damit als Verstorbene gekennzeichnet.

[997] ZEHNDER in: AK KÖLN 1982, S. 225, Kat. Nr. 107.

[998] Vgl. dazu die Bruyn-Monographie von TÜMMERS 1964, S. 100 f., Kat. Nr. A 142 und A 143 mit Abb. S. 212 und S. 213.

[999] Diese Figurengruppen waren möglicherweise später hinzugefügt worden, vgl. TÜMMERS 1964, S. 100, Anm. 325.

[1000] Das vermutet auch TÜMMERS 1964, S. 101: *wie bei einem vergleichbaren Stifterflügel sprechen auch hier wieder Erinnerungen an Joos van Cleve mit.*

[1001] TÜMMERS 1964, S. 100.

[1002] GETHMANN-SIEFERT - COLLENBERG in: AK KÖLN 1995, S. 185. Heute befinden sich diese Flügel in Nürnberg, GM 876, 877.

[1003] Zu den beiden **Marientod**-Altären von Joos van der Beke vgl. zuletzt HELLER 1976, S. 142-144; HAND 1978, S. 77-81.

[1004] Auf Grund der hochrechteckigen Anlage der beiden Flügel bei Beckenkamp – im Gegensatz zu der fast quadratischen (65 x 56,5 cm) Anlage der beiden Flügel Joos van der Bekes – ist jedoch ein geringerer Abstand zwischen den jeweiligen Stifterpaaren erkennbar. Diese Tatsache könnte auch die Vermutung aufkommen lassen, Beckenkamp habe die Flügel nach dem sog., ebenfalls Joos van der Beke zugeschriebenen, **Großen Marientod**-Altar kopiert. Auch dieses Bild war von der Familie Hackeney in Auftrag gegeben worden, auch dort erscheinen dieselben vier Mitglieder der Familie. Abweichend von der Kölner Komposition auf hochrechteckigen Flügeln, sind die Figuren – ähnlich wie bei Beckenkamp – näher zusammengerückt. Das erwähnte Gemälde, ebenfalls von Joos van der Beke, ging 1810 mit der Sammlung der Brüder Boisserée von Köln weg und befindet sich heute in der Alten Pinakothek in München.

[1005] Die Kette mit Kreuzanhänger von Nicasius Hackeney ist bei Beckenkamps älterem Stifter jedoch ebenso wenig übernommen wie der goldfarbige Kragen des Kettenhemdes.

[1006] Dieser korrespondiert in seinem Muster mit dem blauen Brokatstoff des jüngsten Königs. Auch der hermelinbesetzte rosafarbene Brokatmantel des Hl. Ferdinand entspricht in seinem Muster dem des ältesten knienden Königs.

[1007] Der bewusste Rückgriff auf die *altdeutsche* Haartracht der Dürerzeit symbolisierte auch auf diesem Gemälde ein Bekenntnis zum Deutschtum, vgl. DIECKHOFF in: AK KÖLN 1980, Bd. 2, S. 77 f.

[1008] So auch HELLER 1976, S. 142. Dieses gilt für beide Versionen des **Marientod**-Altares der Familien Hackeney.

[1009] Eine Abbildung des Wappens befindet sich in der Sammlung Oidtmann, Mappe 578, in der Bibliothek des Kölnischen Stadtmuseums.

[1010] Das in BEST. KAT. KÖLN 1973 nicht erwähnte Geburtsdatum der Ferdinandine Heereman von Zuydtwyck fand sich bei ARENS 1927, S. 7, Anm. 6.

[1011] Das in BEST. KAT. KÖLN nicht erwähnte Todesdatum der Amalie Heereman von Zuydtwyck fand sich bei KOSNIOWSKI/LEUSCHNER 1990, S. 16.

[1012] BEST. KAT. KÖLN 1973, S. 19. So auch DEPEL 1964, S. 371.

[1013] BEST. KAT. KÖLN 1973, S. 19.

[1014] Vgl. in dieser Arbeit Kat. Nr. 33-35.

[1015] WESTHOFF-KRUMMACHER 1984, S. 494 f.; vgl. in dieser Arbeit Kat. Nr. 157 und 158.

[1016] Schloss Wahn war 1785 von Theodor Josef, einem Bruder von Engelbert Anton Heereman von Zuydtwyck angekauft worden, Sammlung Oidtmann, Mappe 578, S. 726.

[1017] Eine Chronik der Familie Heereman von Zuydtwyck wurde in der Einleitung zu dem Findbuch des Archives Haus Surenburg von Wolfgang Leesch zusammengestellt. Dort finden sich auch Angaben zu den rheinischen Besitzungen der Familie, vgl. LEESCH [o. J., ca. 1949/50], S. 78.

[1018] LEESCH [o. J., ca. 1949/50], S. 78. Bei VOGTS 1930 und bei VOGTS 1966 gibt es keine Bestätigung dieser Eigentumsverhältnisse für ein Haus in der Hohestraße 115.

[1019] Das Haus Gereonstraße 12 (nicht 18, wie bei LEESCH [o. J., ca. 1949/50], S. 78 f. geschrieben) war 1758 von Bürgermeister Johann Balthasar von Mühlheim erbaut worden und gelangte dann in den Besitz der Familie Heeremann von Zuydtwyck. Im November 1824 wurde es vom preußischen Staat angekauft und wurde Erzbischöfliches Palais, vgl. VOGTS 1930, S. 450 f. und VOGTS 1966, Bd. 2, S. 572-575. Eine zeitgenössische Abbildung des Gebäudes um 1790 befindet sich bei dem bereits erwähnten (Kap. 4.5.) Kupferstecher Charles Dupuis auf einem seiner Kölner Stadtbilder, vgl. die Abbildung bei VOGTS 1966, Bd. 2, S. 575.

[1020] BEST. KAT. KÖLN 1973, S. 19. In den Akten der Familie Heereman von Zuydtwyck (Archiv Haus Surenburg) befinden sich - im Gegensatz zum Schlossbau in Herstelle - keine Dokumente, die den Auftrag für das große Triptychon belegen können.

[1021] Diese Besuche notiert Eberhard von Groote in sein Tagebuch. So z. B. nach einer längeren Abwesenheit der Familie am 15. November 1819: *und gehe zu v. Zudtw. Haxth., die ich aber zu Tisch finde. Die Frau ist unverändert geblieben, seit den fünf Jahren ihrer Abwesenheit; der Junge breit und vierschrötig, das Mädchen zart und hübsch*, HAStK., 1552, 1/24, Bl. 14 verso.

[1022] KD 39, Herstelle Kreis Höxter, 1914, S. 104; RATHSCHEK 1925, S. 100; LEESCH [o. J., ca. 1949/50], S. 79.

[1023] Zu Lassaulx vgl. die Studie von Udo Liessem: Johann Claudius von Lassaulx 1781 - 1848. Koblenz 1989.

[1024] Ein Kölner Einwohner dieses Namens lässt sich in den Kölner Adressbüchern von 1813, 1822 und 1838 nicht nachweisen.

[1025] LIESSEM 1989, S. 221.

[1026] Ebda.

[1027] Dort konnte Lassaulx seine nicht umgesetzten Ideen für die Schlösser Rheinstein und Stolzenfels verwirklichen, ebda., S. 220-228.

[1028] Zitiert nach einem Brief von Ludwig Emil Grimm an seinen Bruder Wilhelm Grimm in Kassel (7. 4. 1830) zitiert nach KOOLMANN (Hg.) 1985, Bd. 1, S. 116, Nr. 106.

[1029] Die Einschätzung Schückings zitiert nach LIESSEM 1989, S. 225.

[1030] BEST. KAT. KÖLN 1973, S. 19.

[1031] LIESSEM 1989, S. 227.

[1032] Ebda.

[1033] Dabei handelt es sich vor allem um eine von Amalie Heereman von Zuytwyck geschriebene Familienchronik. Das Original im Familienarchiv der Familie auf Schloss Surenburg ist ebenso verschwunden wie eine Abschrift im Nachlass von Pater Rathschek O.F.M., auf die LIESSEM 1989, S. 223, der daraus zitiert, noch zurückgreifen konnte. Leider reichen die Tagebucheintragungen Eberhard von Grootes - nach bisherigem Kenntnisstand - nur bis zum Beginn des Jahres 1824. Von Groote, der in engem Kontakt zu Haxthausen stand, hätte einen solchen Kopie-Auftrag an Beckenkamp notiert und kommentiert.

[1034] Eine monographische Studie zu Werner von Haxthausen ist noch nicht geschrieben worden; die bisher gründlichste Studie über Haxthausen und seinen Freundeskreis am Rhein ist KLEIN 1954, S. 160-183, zu verdanken. KLEIN 1967, S. 14-19, beschäftigt sich mit der Tätigkeit Haxthausens im Kölner Oberpräsidium im ersten preußischen Jahrzehnt in Köln.

[1035] Eine Abbildung befindet sich bei SCHADEN in: AK KÖLN 1995, S. 206.

[1036] KLEIN 1954, S. 169, druckt einen Brief Haxthausens aus dem Nachlass Wallraf ab, der Wallrafs kritische Haltung zu dem Engagement Haxthausens innerhalb der preußischen Regierung voraussetzt.

[1037] Über die Kunstsammlung Haxthausens kommt SCHADEN in: AK KÖLN 1995, S. 210, zu folgendem Urteil: *Innerhalb weniger Jahre war im Brempter Hof eine Kunstsammlung zusammengebracht worden, die den Gemäldesammlungen Lyversberg, Fochem, Schmitz und Oppenheim weder in Quantität, noch in Qualität nachstand.* KIER-ZEHNDER (Hg.) 1998, S. 290-319.

[1038] AK KÖLN 1995, S. 570-574, Kat. Nr. 165a-173.

[1039] AK KÖLN 1995, S. 570 f., Kat. Nr. 165 a und b: **Portrait des Grafen Werner von Haxthausen und Familie** (um 1841/42) von Ludwig Emil Grimm und **Maria mit dem Kind und der Familie Haxthausen** von Eduard Eichens.

[1040] Als Pfarrmitglied von St. Severin engagierte sich Haxthausen auch für die Wiederausstattung der säkularisierten Stiftskirche. Beckenkamp und dessen Sohn Sigismund August waren Haxthausen auch durch die Arbeiten für die Neuanfertigung des eingeschmolzenen romanischen Reliquienschreins des Kirchenpatrons bekannt gewesen sein. Zu der Wiedereinrichtung der ehemaligen Stiftskirche, vgl. SCHADEN (1) in: AK KÖLN 1995, S. 113-120.

[1041] Tagebucheintragung von Grootes vom 19. Juli 1818, in: HAStK., Best. 1552, 1/19, Bl. 13 recto. Beckenkamps Portrait von Haxthausen *in der Manier Holbeins* muss heute als verschollen gelten. Möglicherweise befindet es sich noch im bei Nachkommen der Familie in Westfalen, vgl. in dieser Arbeit, Kat. Nr. 120.

[1042] Das notiert Eberhard von Groote in sein Tagebuch, als er am 2. Mai 1823 Beckenkamp *wegen meiner Zeichnung des Dombildes* besuchte, vgl. HAStK., Best. 1552, 1/34, Bl. 29 r.: *Haxthausen läßt eines danach [i.e. nach dem Dombild] in Miniatur für s. Schwester v. Zuydtwyck malen.*

[1043] *Haxthausen zeigt mir das Miniaturbild, welches er von einem hiesigen jungen Maler hat nach dem Dombild malen lassen, u. welches recht hübsch ist*, HAStK., Best. 1552, 1/35, Bl. 32 r., Tagebucheintragung von Grootes vom 12. September 1823. Gemeint ist Heribert Sieberg, der Schüler Beckenkamps, vgl. UNBEKANNTER VERFASSER [LEOPOLD] 1825, Sp. 522: *Zweimal vollendete Hr. Sieberg auch das Dombild, in Miniatur ... das zweite besitzt der Regierungsrath, Freiherr von Haxthausen, ein Freund und Gönner unseres jungen Meisters 1829)* vgl. MERLO 1895, Sp. 797f.

[1044] BEST. KAT. KÖLN 1969, S. 22.

[1045] So z. B. auf auf dem Kupferstich von Eduard Eichens nach der Vorlage des Nazareners Joseph Ernst Tunners (1792 - 1877). Die Vorzeichnung war vermutlich bei einem Rom-Aufenthalt der Familie Haxthausen im Jahr 1831 entstanden; dazu Christoph Schaden in: AK KÖLN 1995, S. 570 f., Kat. Nr. 165 b und Abb. S. 571.

[1046] Die Entstehungsgeschichte dieses Bildes beschreibt Ludwig Emil Grimm im September 1842, vgl. KOOLMANN (Hg.) 1985, Bd. 1, S. 284 f., Nr. 253, dazu Bd. 2, S. 647, Nr. 253 (Anmerkungen).

[1047] Diese Ölskizze befindet sich heute in Münster, Westfälisches Landesmuseum, Inv. Nr. 761 LM; vgl. dazu Christoph Schaden in: AK KÖLN 1995, S. 570 und Farbtafel LXX.

[1048] Eine genaue Abgrenzung zwischen Devotionsbild und Stifterbild erscheint schwierig. Als Unterscheidungsmerkmal ist der Aspekt der Öffentlichkeit zu nennen: demnach ist das Devotionsbild der privaten Andacht und nicht notwendigerweise allein der Jenseitsvorsorge gewidmet, während das Stifterbild auch eine Darstellung der eigenen Frömmigkeit für die Öffentlichkeit beinhaltet. Zum Stifterbild vgl. REINLE 1984, S. 51-65; HELD 1976, S. 1-37, S. 160-168; zum Devotionsbild vgl. REINLE 1984, S. 31-42.

[1049] Vgl. dazu HELD 1976, S. 1-37, S. 160-168.

[1050] Dazu ausführlich THIERHOFF 1997, S. 122 ff.

[1051] Abgedruckt bei RICHARTZ (Hg.) 1861, S. 169 f.

[1052] Wallrafs Deutung, dass es sich um Vater und Sohn Hackenay gehandelt habe, erwies sich in der jüngeren Forschung als nicht haltbar. Dargestellt sind als Stifter Nicasius und sein jüngerer Bruder Georg Hackeney, der auch durch Kunststiftungen hervortrat (auf seine Stiftung geht wahrscheinlich der Lettner in St. Maria im Kapitol in Köln zurück). Nikasius Hackeney blieb dagegen in seinen zwei Ehen kinderlos; vgl. dazu SCHMID 1988, S. 47 und S. 44.

[1053] Hiller und Vey in: BEST. KAT. KÖLN 1969, S. 22, lesen *schön geharnischt*, was plausibler klingt.

[1054] Wohl als Ausdruck einer Pilgerreise nach Santiago de Compostela.

[1055] SCHMID 1988, S. 45 f. Schmids Aufsatz beschäftigt sich nicht nur mit den Tätigkeiten des Nikasius Hackeney für Kaiser Maximilian, sondern auch mit dem Bau des Hackeney'schen Hofes, sowie den Kunststiftungen des kaiserlichen Finanzverwalters in Köln.

[1056] Wallraf beschrieb das Haus am Neumarkt mit seinen *geräumigen Sälen, mit einem weitschichtigen Vestibul auf dem ersten Stocke, mit zwei schönen Erkern gegen den Neumarkt zu, und mit einer steingepflasterten großen Capelle, welche für die kaiserliche Hofcapelle diente und einen in der jetzigen Olivengasse als Erker herausgebauten Altar und prächtig gemalte gothische Fenster hatte. Die Capelle war dem heiligen Nikasius gewidmet ... .*

[1057] LEESCH [o. J. ca. 1949/50], S. 79.

[1058] VOGTS 1930, S. 451.

[1059] Vgl. DEETERS 1987, S. 81, Nr. 8, Bl. 29, Brief Haxthausens an Wallraf bezüglich einer katholischen Universität für Köln vom 18. Februar 1816.

[1060] Vgl. z. B. das Portrait Haxthausens bei Ludwig Emil Grimm in: AK KÖLN 1995, Farbtafel LXX. Die Abbildung eines Profilportraits des jungen Haxthausens befindet sich bei ARENS 1927, S. 32.

[1061] MARKOWITZ 1979, S. 50.

[1062] Zu Leben und Werk von Goebels, vgl. MERLO 1895, Sp. 297 f. Zu Goebels Lithographie schreibt MERLO ebda.: *Ist die Mittelgruppe aus dem Dombilde von Meister Stephan Lochner.*

[1063] Vgl. in dieser Arbeit Kat. Nr. 150a. Eine kurze Beschreibung bei MERLO 1895, Sp. 297; vgl. dazu auch SCHÖLLER (Bearb.) 1995, S. 47, Kat. Nr. 35, sowie Abb. S. 51.

[1064] Der Kölner Verleger Heinrich Goffart taucht in den Kölner Adressbüchern von 1813 - 1841 als Händler von Kupferstichen, Musikinstrumenten und Malerbedarf auf, vgl. SCHÖLLER (Bearb.) 1995, S. 122.

[1065] Vgl. in dieser Arbeit Kat. Nr. 143.

[1066] L. E. Grimm kam ab 1818 durch Vermittlung seiner Brüder Jakob und Wilhelm in Kontakt mit dem westfälischen Romantikerkreis der Familie Haxthausen auf dem Stammsitz der Familie in Bökendorf. Ab etwa 1823 stand er in Briefkontakt mit Amalie von Zuydtwyck und besuchte sie mehrfach; vgl. dazu Margarete Lippe: Ludwig Emil Grimm und der von Haxthausensche Kreis, in: Westfalen 1938, S. 154-175 und als Nachtrag, dies.: Ludwig Emil Grimm und Westfalen, in: Westfalen 1939, S. 80-87.

[1067] Zitiert nach KOOLMANN (Hg.) 1985, Bd. 1, S. 98, Nr. 88, an Amalie von Zuydtwyck in Kassel, 8. 6. 1828.

[1068] Zitiert nach KOOLMANN (Hg.) 1985, Bd 1, S. 101, Nr. 91, an Amalie von Zuydtwyck in Kassel, 20. 7. 1828.

[1069] Abgebildet bei KOSNIOWSKI - LEUSCHNER 1990, S. 155, P 329.

[1070] Das Gemälde befand sich in Köln im Besitz der Familie von Herwegh.

[1071] Auch auf dem originalen **Altar der Stadtpatrone** im Dom ist die auf dem Blattgold gezeichnete, dem Typus kaiserlicher Bügelkronen nachempfundene Krone der Maria nur sehr allgemein und mit Hilfe eines *in Zeichnungen vorliegenden Baukastensystems* von Edelsteinen und verschieden großen Perlen zusammengesetzt, vgl. FRITZ in: AK KÖLN 1993, S. 135 und S. 140.

[1072] Eine nähere Betrachtung konnte ich zusammen mit Frau Dipl. Restauratorin Sibylle Schmitt, Kölnisches Stadtmuseum, unternehmen, der ich für wichtige Hinweise danke.

[1073] [DE NOËL] 1828, Sp. 5.

[1074] Das Fehlen einer Vergoldung des Gesprenges könnte mit dem durch die Unkosten für den Bau von Herstelle entstandenen Geldmangel erklärbar sein. Der Alterungseffekt durch den Firnis dagegen spräche für einen absichtlichen Verzicht auf eine Vergoldung. Möglicherweise war sogar an die Wiederholung des bei Joos van der Beke auftauchenden Illusionseffektes gedacht. Joos van der Beke hatte die Betpultteppiche auf den Hackeney-Flügeln des **Kleinen Marientodes** auf der unteren Rahmenleiste fortgeführt.

[1075] Westfälisches Archivamt Münster, Archiv Haus Surenburg [= Familienarchiv Heereman von Zuydtwyck], H 35 (Schriftwechsel betr. Amalia Timothea Heereman (1809 - 1853) und deren Personalpapiere.). Für seine Mutter Ferdinandine führte Werner Alexander Heereman von Zuydtwyck, zu dieser Zeit bereits Burgherr in Herstelle, den Briefwechsel. Der Adressat seiner Briefe war wohl ein Sachverwalter der Familie in Köln. Er unterschrieb nahezu unleserlich mit *Lendeman* (?) und wohnte in Königsdorf bei Köln.

[1076] Wahrscheinlich war Beckenkamps Triptychon zusammen mit der Sammlung von Werner von Haxthausen im Wallrafianum untergestellt. Der in Bonn lebende Bruder Moritz von Haxthausen kümmerte sich nach dem Ende des zehnjährigen Leihvertrags (1826-1836) um die Rückführung der Sammlung an seinen Bruder, vgl. dazu SCHADEN 1995 (1), S. 212 und Anm 46.

[1077] Westfälisches Archivamt Münster, Familienarchiv Heereman von Zuydtwyck, H 35, Brief an Werner Alexander Heereman von Zuydtwyck vom 12. April 1839.

[1078] Aus diesem Grund hielt der Kölner Sachverwalter einen Verkauf im April oder Mai des Jahres für ungünstig: *Euer Hochwohlgeboren ist es dagegen bewußt, dass während der Sommerzeit eine große Menge Engländer die Ufer des Rheins besuchen. Jeder unserer fremden Gäste will Cöln und sein sehr reiches Museo sehen. Wenn ich nun das Bild im Museo ausstellte, den Preis dabei bemerkte, [...] sollte dies nicht vorteilhafter sein? Ich bezweifle dies nicht und glaube, dass zwischen dem jetztigen und späteren Verkauf ein Unterschied von 2 bis 300 Thlrn. zu suchen ist.* (Ebda.).

[1079] Diese Zahl findet sich für das Jahr 1840 bei AYÇOBERRY 1996, S. 85.

[1080] Westfälisches Archivamt Münster, Familienarchiv Heeremann von Zuydtwyck, H 35, Brief an Werner Alexander Heereman von Zuydtwyck vom 14. Mai 1839.

[1081] Ebda.

[1082] Ein weiterer Briefadressat war ein Baron von Fürstenberg-Stammheim. Dieser ist wahrscheinlich identisch mit Franz Egon Graf von Fürstenberg-Stammheim (1797-1859) aus dem sauerländischen Arnsberg. Fürstenberg-Stammheim war ein politisch-reaktionärer Befürworter der preußischen Politik. Als Kunstförderer trat der kirchentreue katholische Adelige durch seine Unterstützung des Domweiterbaus und als Erbauer der Apollinariskirche in Remagen hervor, vgl. W. [?] in: ADB 1878, Bd. 8, S. 244. Fürstenberg-Stammheim war auch im Besitz der Originalzeichnung von Franz Massau nach dem Dombild, welche sich heute im Besitz des Kölnischen Stadtmuseums befindet (KSM 1985/176), vgl. dazu Reiner Dieckhoff, „Liebe und Treue bis in das kleinste Detail". Zu Franz Massaus Zeichnung von Stephan Lochners Altar der Stadtpatrone (1844), einer Neuerwerbung des Kölnischen Stadtmuseums, in: Museen in Köln. Bulletin 4, 1985, S. 42-44.
Im Zusammenhang mit Fürstenberg-Stammheim ergab sich eine peinliche Situation, da auch ein Onkel von Werner Alexander von Zuydtwyck, gleichzeitig ein Bruder von Werner und Ferdinandine von Haxthausen, der in Bonn lebende Moritz von Haxthausen, dem Baron von Fürstenberg das Bild zu einem niedrigeren Preis angeboten hatte: *muß ich für die mir zum Kauf angetragene Copie „die heiligen drey Könige nach jenem im Dom zu Cöln befindlichen Original umsomehr danken, als der von Ihnen geforderte Preis von 1000 Th. ohngefähr das doppelte desjenigen Preises beträgt, der mir anderweitig als Forderung für dasselbe bezeichnet worden ist.* (Brief des Baron Fürstenberg-Stammheim an Werner Alexander Heereman von Zuydtwyck vom 15. Juni 1839).

[1083] HAStK., Abt. 402/HI Nr. 162, S. 45 v. und S. 30 v.

[1084] Sowohl der Mittelteil, als auch die Flügel hatten den Vermerk: *gehört H. von Haxthausen*. Werner von Haxthausen war am 30. April 1842 in Würzburg gestorben. Möglicherweise hatte sein Bruder Moritz von Haxthausen, der sich selbst 1839 in den Verkauf eingeschaltet hatte, das Triptychon selber erworben.

7. Schluss (S. 158–160)

[1085] Vgl. MOSES 1925, S. 46 f.

[1086] MOSES 1925, S. 45.

[1087] Vgl. den Ausstellungskatalog „Lust und Verlust. Kölner Sammler zwischen Trikolore und Preußenadler". Köln 1995.

[1088] Dies ist auch die Einschätzung von Karin Schrader in ihrer Monographie über den Portraitmaler Johann Georg Ziesenis, vgl. SCHRADER 1995, S. 11.

[1089] Die Einschätzung Beckenkamps als vielfältigem Maler findet sich allerdings schon bei HEITGER 1982, S. 238, Anm. 71.

B
Verzeichnis der Werke

Das Werkverzeichnis von Benedikt Beckenkamp unterteilt sich in **zwei** Gruppen:

Die **erste Gruppe** (Kat. Nr. 1–155) erfasst in chronologischer Reihenfolge die für Beckenkamp gesicherten Werke. Zu diesen gehören eigenständige Ölgemälde, die Kopien und die graphischen Werke. Der Zeitraum ist nach Jahrzehnten gegliedert. In diese Abschnitte werden jeweils die datierten, datierbaren oder zumindest annähernd datierbaren Werke eingefügt. Erhaltene Werke und heute nicht auffindbare Gemälde, auch solche, die nur durch zeitgenössische Quellen oder bildliche Überlieferung dokumentiert sind, werden im Werkverzeichnis gleichermaßen berücksichtigt. Zur besseren Kennzeichnung sind die Titel von Werken mit unbekanntem Verbleib aber ohne Fettdruck versehen.

Gemälde und Zeichnungen, die nur in einen größeren Zeitraum einzugliedern oder über keinen Datierungsanhaltspunkt verfügen, werden entweder der Gliederungseinheit in Jahrzehnten angefügt oder ganz am Schluss dieser ersten Gruppe angehängt.

Die kleine **zweite Gruppe** (Kat. Nr. 156–167) schließlich erfasst Werke mit unsicherer Zuschreibung und Gemälde, deren Zuschreibung an Beckenkamp sich nicht aufrecht erhalten lässt. Eine Reihe von Gemälden, meist Portraits, wurde mit Beckenkamp in Verbindung gebracht, sobald ihr Entstehungsort dem Rheinland (Koblenz, Bonn oder Köln) um 1800 zuzuweisen waren.

Neben Signatur und Datierung des Malers sowie späteren Beschriftungen werden soweit bekannt Angaben zur Technik, den Maßen, dem Verbleib, der Provenienz (Prov.) eines Werkes, sowie zu den Ausstellungen (Ausst.) und der Literatur (Lit.) wiedergegeben.

Graphische Reproduktionen beziehungsweise Gemäldekopien von der Hand anderer Künstler, aber auch Repliken der von Beckenkamp gemalten Portraits werden in der Katalognummer nach den Angaben zu Maßen, Technik etc. aufgenommen.

Graphische Reproduktionen von Gemälden werden – da sie auf Verbreitung angelegt waren und damit ein Eigenleben hatten – mit derselben Katalognummer angeführt, aber mit Anhängung eines Buchstabens nachgestellt.

Soweit bekannt, wird der Bildrahmen, wenn es sich um einen Originalrahmen handelt, am Ende der Katalognummer erwähnt.

I) GESICHERTE WERKE
1770-1780

1.
MARIA MIT IHREN ELTERN ANNA UND JOACHIM – 1776
Öl/Lw 124 x 87 cm
B. Beckenkamp fec. 1776 (unten links)
Koblenz-Ehrenbreitstein, Pfarrhaus Heilig Kreuz
Prov.: Gehörte zur Ausstattung der 1702–1708 erbauten, im Zweiten Weltkrieg zerstörten und 1962/3 wieder aufgebauten Heilig-Kreuz-Kirche in Koblenz-Ehrenbreitstein.
Lit.: LOHMEYER 1919, S. 42; PFARRARCHIV EHRENBREITSTEIN, Kunstwerke und Altertümer. Bauwerke, Mobiliar, Bilder, S. 12, f. = Ordnerband 2, Nr. 3; MOSES 1925, S. 65; MICHEL 1954, S. 435; PROESSLER 1992, 461 f. und Abb. (der Pfarrkirche) S. 461.
Kopie: Glasfenster von Dornhoff in Trier als Chorfenster (zusammen mit Ittenbachs Maria und Kind mit den Heiligen Augustinus und Franziskus) – etwa 1920/21 entstanden, nicht mehr auffindbar – Kriegsverlust (?)

Kniestück mit drei Figuren.
Auf der linken Seite des Bildes sitzt Anna in lindgrünem Gewand und stützt sich mit der rechten Hand auf die Volutenlehne ihres Stuhles (unter dieser zinnoberfarben die Signatur Beckenkamps). Mit der rechten Hand zeigt sie auf das Buch auf ihren Knien. Maria in weißem Unter- und blauem Obergewand hält das Buch geöffnet. Im Hintergrund Joachim mit grauem Bart, schiefergrauem Unter- und senfgelbem Obergewand. Ockergrauer Hintergrund.
Dieses früheste datierbare Gemälde Beckenkamps weist die Verwandtschaft zu Werken von Januarius Zick mit demselben Bildthema auf.
Wenig ausdifferenzierte Farben, wenige Schatten. Starke, wenig korrekte Verkürzungen (beispielsweise Annas Hand).
Mit der Einrichtung einer selbständigen Pfarrei in Ehrenbreitstein (bis 1702 zu Niederberg gehörig), wurde der Bau einer Pfarrkirche nötig. Die italianisierende Kreuzkuppelkirche wurde zwischen 1702 und 1708 von dem Trierer Hofarchitekten Johann Honorius Ravensteyn gebaut. Die Kirche wurde 1944 vollständig zerstört.
Originalrahmen.
Vgl. in dieser Arbeit Kap. 3.1.

2.
FIGURENSTUDIEN – 1775–1780 (?)
Zeichnung
Bleistift auf Papier, 299 x 403 mm
Koblenz, Mittelrhein-Museum, Inv. Nr. G 107
Prov.: Nachlass von Düsseldorf 1916
Lit.: BEST. KAT. KOBLENZ 1999, S. 114, Nr. 341.

Studien von Einzelfiguren.
Das Blatt bildet die Rückseite einer Johann Baptist Bachta (1782–1856) zugeschriebenen Zeichnung (Tuschpinsel) mit einer Ansicht der Abtei Maria Laach am Laacher See.
Erkennbar sind von links nach rechts ein Heiliger Sebastian, ein aus der Raumtiefe hervorreitender römischer Soldat, der den Mantel aufteilt, zweifellos ein Heiliger Martin. Zu dessen Rechten stehend im Profil der Bettler. Daneben sitzend und mit erhobenem Arm ein weiterer Bettler mit Beinstumpf und Prothese. Am rechten Bildrand sind einige weibliche Personen sichtbar. Dr. Klaus Weschenfelder, dem ich den freundlichen Hinweis auf diese Zeichnung verdanke, weist im Koblenzer Bestandskatalog 1999 für die Figuren auf den Zick-Umkreis hin. Die große Ähnlichkeit mit der Vorstudie im Besitz des Mittelrhein-Museums Koblenz (vgl. Kat. Nr. 4) und dem Urmitzer Hochaltar (vgl. Kat. Nr. 5) macht eine Zuschreibung dieser Figurenstudien an Beckenkamp wahrscheinlich.
Vgl. in dieser Arbeit Kap. 3.1.

3.
ST. MARTIN UND DER BETTLER – 1775–1780
Öl/Kupferblech, 25 x 18 cm
Koblenz, Mittelrhein-Museum, M 69, Photo Nr. 4295
Prov.: Nachlass Lang (L. Nr. 117)
Lit.: MOSES 1925, S. 47, 65; JUNGJOHANN 1929, S. 18; HEITGER 1982, S. 309; BEST. KAT. KOBLENZ 1999, S. 20, Nr. 25

Der heilige Martin im Profil auf einem Rappen.
Der Heilige ist mit einer blau-grauen römischen Rüstung und Helm mit ochsenblutrotem Federbusch bekleidet und zerteilt mit einem Schwert seinen lavendelfarbenen Mantel für einen knienden Bettler. Alter, Armut und Elend des Bettlers werden durch dessen nackten Oberkörper und den verbundenen Stumpf des linken Beines betont.
Pendant zur Öl-auf-Kupfer – Skizze „St. Georg und der Drachen". Daraus folgt die Datierung in die zweite Hälfte der siebziger Jahre des 18. Jahrhunderts.

Eine Ausführung der Öl-Skizze in einem größeren kirchlichen Zusammenhang (vgl. Kat. Nr. 4) konnte nicht gefunden werden.
Vgl. in dieser Arbeit Kap. 3.1. und Abb. S.

4.
ST. GEORG, DEN DRACHEN TÖTEND –
ca. 1778
Öl/Kupferblech, 25 x 18 cm
<u>Koblenz, Mittelrheinmuseum</u>, M 74, Photo Nr. 4296
Prov.: Nachlass Lang (L. Nr. 124)
Ausst.: Koblenz, Köln 1997
Lit.: MOSES 1925, S. 46, 47 (Abb. 2), S. 65; JUNGJOHANN 1929, S. 18; HEITGER 1982, S. 309; BEST. KAT. KOBLENZ 1999, S. 20, Nr. 24

Skizze für den Hochaltar in Urmitz, Sankt Georg.
Auf einem Schimmel aus der Bildtiefe hervorreitend, bekleidet mit einem roten flatternden Mantel, sowie Helm und Federbusch, stößt der Heilige Georg dem Drachen die Lanze ins Maul. E. Moses, die das Täfelchen als selbständiges Werk betrachtete, vermisste *die Grazie des Rokoko*. Jungjohann sah in den beiden Kupfertäfelchen Einflüsse von Zick und Tiepolo. Die mit kurzen Pinseltupfern aufgesetzten Lichter, die Farbigkeit und die Dynamik der Bewegungen ordnen das Kupfertäfelchen, ebenso wie Kat. Nr. 3 dem Stil der frühen Rembrandtphase Zicks zu.
Vgl. in dieser Arbeit Kap. 3.2. und 3.2.1. und Abb. S. 38.

5.
ST. GEORG, DEN DRACHEN TÖTEND – ca. 1778
Öl/Lw, wegen der Höhe und der Position des Altars nicht auszumessen.
Signatur, Datierung – wegen der Höhe und der Position des Altars nicht erkennbar
<u>Urmitz, St. Georg</u>, Hochaltar, Landesmedienzentrum Koblenz, Bild Nr. CU 55 296 a
Prov.: Erstausstattung der 1772–1776 erbauten neuen Pfarrkirche von Urmitz
Lit.: WAGNER 1923, S. 25; KUBACH - MICHEL - SCHNITZLER (Bearb.) 1944, S. 344–346; FESTSCHRIFT 1962, S. 47-49, SCHUG 1966, S. 572; CASPARY - GÖTZ - KLINGE (= DEHIO, Bd. 5) 1972, S. 950 f.; EUSKIRCHEN 1997, S. 100 f.

Die Komposition fast wie Kat. Nr. 4.
Karge, felsige Landschaft mit einem verdorrten Baum. Über dem Heiligen erscheinen im Unterschied zur Skizze zwei Puttenköpfe.

Der blau gefasste Holzrahmen imitiert eine Marmorierung und ist oben halbrund geschweift, an den Seiten und unten leicht konvex eingekehlt, und mit Rocaillen aus Stuck an den beiden oberen Ecken ausgestattet. Über dem Rahmen das Auge Gottes in einem Dreieck, von einem Strahlenkranz umgeben (Holz vergoldet). Der ganze Rahmen ist innen und außen durch eine goldene Leiste abgesetzt und auf der hellblau marmorierten Holzwand des Hochaltars angebracht.
Vgl. in dieser Arbeit Kap. 3.2. und 3.2.1. und Abb. S. 39.

6.
DIE ANBETUNG DER HEILIGEN DREI KÖNIGE –
1778
Öl/Lw 135 x 200 cm
Beckenkam f. 1778
<u>Urmitz, St. Georg</u>, linke Seitenwand, 1. Bild, Landesmedienzentrum Koblenz, Bild Nr. CU 55 294 a
Prov.: Erstausstattung der 1772–1776 erbauten neuen Pfarrkirche von Urmitz
Lit.: KUBACH - MICHEL - SCHNITZLER 1944, S. 344 –346; FESTSCHRIFT 1962, S. 47-49, SCHUG 1966, S. 572; CASPARY - GÖTZ - KLINGE (= DEHIO, Bd. 5) 1972, S. 950 f.

Maria sitzt mit rotem Gewand und hellblau-grauem Mantel bekleidet am linken Bildrand. Das auf ihrem Schoß stehende Kind hält sie den Heiligen Drei Königen und ihrem Gefolge zur Anbetung hin. Auch Joseph, der hinter Maria stehend im Profil dargestellt wird, ist der Gruppe zugewandt. Ein alter König in ockergelbem Gewand betet das Kind kniend an. Dahinter steht der Mohrenkönig mit seiner Schatulle und als dritter König bringt ein blonder bärtiger, mit Kurfürstenmantel und Hermelinkragen bekleideter Mann ein Weihrauch-Gefäß dar. Im Vordergrund trägt ein dunkelhäutiges Kind in Rückenfigur eine Krone, während ein blonder Page den Mantel des knienden alten Königs hält. Am rechten Bildrand trägt ein weiteres Kind die rote Schleppe des Königs mit Hermelinkragen.
Der Stern sendet seinen hellen Strahl direkt auf Maria und das Kind vor der Grotte. Im Hintergrund werden Kamele und weiteres Gefolge sichtbar.
Vgl. in dieser Arbeit Kap. 3.2. und 3.2.1. und Abb. S. 40.

Kat. Nr. 10
(Foto: © LMZ – Landesmedienzentrum Rheinland-Pfalz)

7.
DAS LETZTE ABENDMAHL – ca. 1778
Öl/Lw 135 x 200 cm
Urmitz, St. Georg, linke Seitenwand, 2. Bild, Landesmedienzentrum Koblenz, Bild Nr. CU 292 a
Prov.: Erstausstattung der 1772–1776 erbauten neuen Pfarrkirche von Urmitz
Lit.: KUBACH - MICHEL - SCHNITZLER 1944, S. 344-346; FESTSCHRIFT 1962, S. 47-49; SCHUG 1966, S. 572; CASPARY - GÖTZ - KLINGE (= DEHIO, Bd. 5) 1972, S. 950 f.

Christus in rotem Gewand segnet inmitten der Apostel den Brotlaib. Auf dem Tisch werden der Kelch und der Kopf des Osterlammes sichtbar. Weitere Trinkgefäße aus verschiedenfarbigen Metallen sind vorne rechts erkennbar. Christus hebt die Augen zum Himmel, sein Kopf ist lichtumflort. Außer Judas im Vordergrund, der sich dem Betrachter zuwendet, streben alle Apostel zu dem segnenden Christus.
Vgl. in dieser Arbeit Kap. 3.2. und 3.2.1.

8.
DIE HIMMELFAHRT – ca. 1778
Öl/Lw 135 x 200 cm
Urmitz, St. Georg, rechte Seitenwand, 2. Bild, Landesmedienzentrum Koblenz, Bild Nr. CU 55 295 a
Prov.: Erstausstattung der 1772–1776 erbauten neuen Pfarrkirche von Urmitz
Lit.: KUBACH - MICHEL - SCHNITZLER 1944, S. 344-346; FESTSCHRIFT 1962; S. 47-49, SCHUG 1966, S. 572; CASPARY - GÖTZ - KLINGE (= DEHIO, Bd. 5) 1972, S. 950 f.

Christus, im Zentrum des Bildes, in weißem Gewand und hellblauem Umhang wird von einer dunklen Wolke umhüllt. Der Himmel öffnet sich, Christus fährt, die Apostel segnend, ins himmlische Licht auf. Karge felsige Landschaft. Die Köpfe sind sehr schwach modelliert.
Vgl. in dieser Arbeit Kap. 3.2. und 3.2.1.

9.
DIE AUFERSTEHUNG – ca. 1778
Öl/Lw 135 x 200 cm
Urmitz, St. Georg, rechte Seitenwand, 1. Bild, Landesmedienzentrum Koblenz, Bild Nr. CU 55 293 a
Prov.: Erstausstattung der 1772–1776 erbauten neuen Pfarrkirche von Urmitz
Lit.: KUBACH - MICHEL - SCHNITZLER 1944, S. 344-346; FESTSCHRIFT 1962; S. 47-49, SCHUG 1966, S. 572; CASPARY - GÖTZ - KLINGE (DEHIO) 1972, S. 950 f.

Den auferstehenden Christus mit weit geöffneten Armen umgibt ein wehender rosafarbener Umhang. Die Figur Christi erinnert an eine verschlankte Version des römischen Laokoon. Die dunklen Wolken öffnen sich dem Licht kreisförmig. Sie betonen die zirkulare Komposition des Bildes.
Rechts schiebt ein blondgelockter Engel im weißen Gewand die Grabplatte weg. Darunter liegt ein durch das Geschehen auf den Rücken hingestreckter römischer Soldat in der Pose eines durch das Damaskusgeschehen zu Boden geworfenen Saulus. Links ein weiterer römischer Soldat mit betonter Körperdrehung zwischen Erschrecken und Flucht.
Vgl. in dieser Arbeit Kap. 3.2. und 3.2.1.

10.
CHRISTUS AUF DEM BERG TABOR – ca. 1778
Öl/Lw 150 x 180 cm
Urmitz, St. Georg, rechtes Querhaus, rechte Wand. Ursprünglich auf der Orgelempore im Kirchenschiff, Landesmedienzentrum Koblenz, Bild Nr. CU 55 291 a
Prov.: Erstausstattung der 1772–1776 erbauten neuen Pfarrkirche von Urmitz
Lit.: KUBACH - MICHEL - SCHNITZLER 1944, S. 344-346; FESTSCHRIFT 1962, S. 47-49, SCHUG 1966, S. 572; CASPARY - GÖTZ - KLINGE (= DEHIO, Bd. 5) 1972, S. 950 f.

Schwere, ockerfarben-goldene Wolken geben wie ein zurückgezogener Theatervorhang den Blick auf den verklärten, von einem großen Strahlenkranz umgebenen Christus im leuchtend weißen Gewand wieder. Er hat die Arme ausgebreitet und weist auf Moses zu seiner Rechten und auf Elias zu seiner Linken.
Unten die drei Jünger Petrus, Johannes und Jakobus.
Vgl. in dieser Arbeit Kap. 3.2. und 3.2.1. und Abb. S. 200.

11.
FAMILIENPORTRAIT MIT NIEDERLAHNSTEIN UND DER RUINE LAHNECK IM HINTERGRUND – 1779
Öl/Lw 51,5 x 71 cm
B. Beckenkamp 1779 (Die Datierung wurde im Auktionskatalog Lempertz irrtümlich 1776 gelesen).
Koblenz, Mittelrhein-Museum, Leihgabe aus Privatbesitz
Prov.: Privatsammlung, Paris; Auktion Lempertz, Nr. 802, 19. Mai 2001.
Lit.: AK BAD EMS 1994 (Grisar); AUKT. KAT. KÖLN 2001 (Lempertz), Aukt. Nr. 802, S. 13, Nr. 1004, Farbtafel LXXXI.

Auf einer Lichtung an einer Flussaue hat sich eine Familie zum gemeinsamem Portrait gruppiert. In der Mitte sitzt das Familienoberhaupt, ein älterer Herr mit einem feinen grauen Anzug bekleidet. Die neben ihm sitzende ältere Dame mit dem Fächer ist wohl seine Ehefrau und die Mutter von zumindest zwei der drei vornehmen jungen Herrschaften, die sich zur Linken des Paares befinden. Dabei handelt es sich entweder um drei Geschwister oder um ein durch eine Blumengirlande verbundenes Brautpaar. Dann wäre der junge Mann im ockerfarbenen Anzug, der an eine kleine Mauer gelehnt ist, der Bruder einer der beiden Brautleute. Am linken Bildrand steht ein auf einen Stab gestützter und mit einem schwarzen Justeaucorps bekleideter älterer Herr, vielleicht ein Geistlicher und möglicherweise der Erzieher der jungen Erwachsenen. Ein Windspiel, von hinten in den Raum hereinstehend, ist zwischen dem Familienvater und dem Geistlichen platziert.
Der soziologische und geistige Hintergrund der hier dargestellten Familie ist im Kontext des bürgerlichen Milieus der Aufklärung zu suchen, da vor allem die Physiognomie der Eltern, wie auch die Betonung des hohen Wertes der Erziehung durch die Einbeziehung des älteren Herren am linken Bildrand, offensichtlich der Erzieher der Heranwachsenden, darauf schließen lassen.
Die Identifizierung der Burgruine mit Lahneck und dem charakteristischen Turmensemble der Johanniskirche in Niederlahnstein im Hintergrund verdanke ich Dr. Jan Meißner, Mainz, der auch vermutet, die dargestellte Familie mit den Niederlahnsteiner Hüttenherren und Besitzern von Wasserquellen, Grisar, identifizieren zu können. Diese Vermutung ergibt sich, da durch die Eingrenzung auf den Niederlahnsteiner Raum der Blick auf die Hüttenherren der Lahngegend focussiert wird, die zur Auftraggeberschaft Beckenkamps

gehörten (vgl. Kat. Nr. 12) und im ausgehenden 18. Jahrhundert zur reichen bürgerlichen Gesellschaftsschicht der Frühindustriellen im Koblenzer Raum zählten. Auch Beckenkamps Vater Lorenz hatte bereits 1758 Mitglieder der Bendorfer Hüttenherrenfamilie Remy portraitiert. Beckenkamps Lehrer Januarius Zick, der 1771 das Bonner Doppelportrait für die Hohenrheiner Hüttenherren Requilé gemalt hatte (und auf dem die Erziehung der Nachkommen eine zentrale Rolle spielt), war bereits für diesen Auftraggeberkreis tätig gewesen und hätte seinen Schüler Beckenkamp weiter vermitteln können. Zum Beleg der von Jan Meißner vorgeschlagenen Identifizierung gibt es jedoch auf dem Gemälde keinen weiteren Anhaltspunkt, etwa einen Gegenstand oder ein Attribut, das zur Klärung beitragen könnte.

Deutlich und gut erkennbar ist auf diesem Gemälde aber, dass Beckenkamp gute Kenntnisse der zeitgenössischen englischen Portraitmalerei besitzen musste. Am ehesten ist an die mehrfigurigen Familienportraits vor Landschaftshintergründen von Gainsborough selbst, aber auch von dem aus Ehrenbreitstein stammenden, nach England ausgewanderten Portraitmaler Johann Zoffany zu denken.

Vgl. in dieser Arbeit Kap. 2.1. und Farbabb. S. 108.

12.
ZWEI PORTRAITS VON HOHENRHEINER
HÜTTENHERREN AUS DER FAMILIE MÄURER
Maße unbekannt
Verbleib unbekannt
Prov.: ehemals Familienbesitz Mäurer
Lit.: Lohmeyer 1919, S. 42 f. und Anm. 41.

Noch im Jahr 1915 sah Karl Lohmeyer zwei alte Portraitkopien von Hohenrheiner Hüttenherren aus der Familie Mäurer bei einem Nachkommen der Familie, dem Beigeordneten Peter Mäurer. Die Mäurers waren mit der Familie des Ehrenbreitsteiner Malers Januarius Zick verschwägert.

Bei den beiden erwähnten Portraits handelt es sich wahrscheinlich um Kopien nach jenen Bildern auf denen die Hüttenherren aus der Lahngegend auf *sich aufbäumenden und galoppierenden Pferden in kleinem Format vor landschaftlichen Hintergründen einhersprengend* dargestellt waren. Auf die gleiche Weise hatte Beckenkamp auch den Trierer Kurfürsten Clemens Wenzeslaus und seine Schwester Kunigunde portraitiert.

13.
REITERPORTRAIT VON UNTERSTALLMEISTER
JOHANN IGNAZ JOSEF HOSCHER AUF
„NEAPOLITANER" – 1770–1780
Maße unbekannt
Verbleib unbekannt
Prov.: Heidelberg, ehemals Sammlung Waltraud Dell
Lit.: [DE NOËL] 1828, Sp. 3; VON BORELL 1959, S. 107 f. und Tafel 13

Dieses, nur durch eine kleine Schwarzweiß-Aufnahme bekannte Gemälde wurde von Winfried von Borell in seinem Aufsatz über den kurmainzischen Marstall ohne Angaben zu Maßen, Technik oder eventueller Signatur erstmals publiziert. Nach Borell gehörte es mit einigen anderen kleinen Reiterportraits zur Ausstattung des kurmainzischen Gestüts Lichtenau im Spessart. Auf diesen zeigten Mitglieder aus höfischen Mainzer Kreisen Sprünge und Kunststücke der Spanischen Hofreitkunst. Die Bedeutung der Pferde liest sich an ihren auf den Portraits erkennbaren Brandzeichen und der Überlieferung ihrer Namen ab. Von Borell schrieb diese Bilder dem Mainzer Maler Joseph Heideloff (1718–1781), das Reiterportrait des Unterstallmeisters Joseph Ignaz Hoscher (1762–1799) aber Beckenkamp zu (ebda., S. 107). Sehr wahrscheinlich hatte Beckenkamp den Auftrag, mehrere solcher Pferde- und Reiterportraits für die kurfürstlichen Marställe zu malen, die heute jedoch nicht erhalten sind. Diese Arbeiten zogen weitere Aufträge für Reiterportraits des Trierer Kurfürsten und seiner Schwester nach sich (vgl. Kat. Nr. 14–17).

Möglicherweise bezieht sich die im folgenden zitierte Aussage De Noëls auf die von Borell publizierten Bilder: *Hier brachte ihn seine Bekanntschaft mit dem kurfürstlichen Hofstallmeister auf eine eigene Weise zur Bildnismalerei. Dieser nämlich gab ihm den Auftrag, die Pferde des Hofmarstalls und auf jedem derselben als Reiter einen Hofkavalier abzubilden* ([De Noël] 1828, Sp. 3). Der *geerntete Beifall* für dieses *Wagestück* begründete wohl auch Beckenkamps Weg und seinen Ruf als Portraitmaler.

Auch E. Moses erwähnte eine Gruppe von frühen Reiterportraits Beckenkamps. Sie beurteilte diese Gemälde als *steifleinene Figuren auf Holzpferdchen, die die Wirkung von Kindermalerei haben.* (E. Moses 1925, S. 65) Die Resonanz am Mainzer und später am Ehrenbreitsteiner Hof lässt sich wohl nur mit der Rolle der dortigen Marställe erklären. Edle Pferde, spanische Dressur und mehrspännige Gefährte waren nicht nur Luxus und Liebhaberei, sondern Teil der höfischen Selbstinszenierung und Legitimation.

14.
REITERPORTRAIT DER KUNIGUNDE VON SACHSEN, FÜRSTÄBTISSIN VON ESSEN – 1770–1779
Öl/Lw 35,7 x 43,5 cm
Privatbesitz
Prov.: unbekannt
Lit.: AUKT. KAT. KÖLN 2000, Aukt. Nr. 801, S. 13, Nr. 1103 und S. 62, Abb. 1103

Querrechteckiges Format.
Auf einem Rappen nach rechts reitend im grauen Kleid und mit schwarzem Hut. Im Profil dargestellt und den Betrachter anblickend. Nach Angaben des Auktionskataloges von Lempertz stellt dieses Portrait eine verkleinerte Version des größeren Reiterportraits aus dem Besitz des Grafen von Renesse in Schloss Bürresheim dar. Diese Behauptung ist nicht zutreffend, vgl. Kat. Nr. 17. Das Reiterportrait ist jedoch eine Variante des wahrscheinlich im Krieg verschollenen kleinen Reiterportraits der Prinzessin Kunigunde von Sachsen, ehemals im Besitz des Koblenzer Schlossmuseums und daher wohl ebenfalls zwischen 1770 und 1779 entstanden (vgl. Kat. Nr. 15).

15.
REITERPORTRAIT DER KUNIGUNDE VON SACHSEN, FÜRSTÄBTISSIN VON ESSEN – 1770–1779
Öl/Lw 33 x 42 cm
B. Beckenkamp, pinx. 177 [ ].
Verbleib unbekannt (ehemals Koblenz, Schlossmuseum, wohl im Krieg verschollen).
Prov.: unbekannt
Lit.: LOHMEYER 1919, S. 23, Abb. 14; MOSES 1925 S. 65; WEIN-MEHS 1955, S. 19 f.; BERNHARD 1965, Nr. 135

Querrechteckiges Format.
Zu Pferde nach rechts reitend. Im Profil dargestellt und den Betrachter anblickend. Sowohl der Sprung des Pferdes als auch die Bewegung der Reiterin sind gut erfasst. Die Darstellung ist nahezu identisch mit Kat. Nr. 14, differiert jedoch um wenige Zentimeter in den Maßen. Die Ecken sind abgerundet.

16.
REITERPORTRAIT DES TRIERER KURFÜRSTEN CLEMENS WENZESLAUS VON SACHSEN – 1770–1779
Öl/Lw 33 x 42 cm
Verbleib unbekannt
Prov.: Koblenz, Schlossmuseum
Lit.: MOSES 1925, S. 45, 65, WEIN-MEHS 1955, S. 19 f.; BERNHARD 1965, Nr. 136

Pendant zu Kat. Nr. 15; der Kurfürst im braunen Mantel, nach links reitend.

17.
REITERPORTRAIT DER FÜRSTÄBTISSIN KUNIGUNDE VOR DEM SCHLOSS IN KÄRLICH
Öl/Lw 117 x 96 cm
Burgen, Schlösser, Altertümer, Rheinland-Pfalz, Schloss Bürresheim
Prov.: Geschenk des Kurfürsten an Clemens Wenzeslaus von Renesse, alter Bestand von Schloss Bürresheim (freundliche Mitteilung von Dr. Jan Meißner, Landesamt für Denkmalpflege, Mainz)
Ausst.: Koblenz 1986; Koblenz, Köln 1997
Lit.: ASCHERFELD 1930, S. 10 ff. (Kunigunde); HEITGER 1982, S. 309; KUHN 1985, S. 196, Abb. 3, „Ansicht von Kärlich" von Bernhard Gottfried Manskirsch in Schloss Bürresheim); AK KOBLENZ 1986, S. 110 (Abb. 57), S. 188.

Ganzfiguriges Reiterportrait, nach links reitend, vor einer Landschaft.
Erst eine Aufschrift am rechten unteren Bildrand *Cunegond Fürstin von Sazen* klärt die Identität der Dargestellten. Fürstäbtissin Kunigunde sitzt im Herrensitz auf einem Grauschimmel im Galoppsprung (oder im Kunstsprung Levade). Auf dem Landschaftshintergrund ist ein Schloss mit vier Ecktürmen zu erkennen. In großer Entfernung silbern schimmernd ist der Lauf des Rheins auszumachen, ebenso eine kleine Kirche im Hintergrund. Die Reiterin im dunkel olivgrünen, mit zahlreichen Knopflaschen verzierten Kleid und passender Jacke erscheint im Profil, den Blick dem Betrachter zugewandt. Ebenfalls olivgrün und goldbordiert ist die Satteldecke des Pferdes, das sie zierlich und scheinbar ohne Anstrengung am linken Kandarenzügel hält. Die Formen des Pferdes sind weich und warm erfasst. Die Figur der Reiterin dagegen wirkt hölzern und steif, das Gesicht ist leicht gerötet, und zeigt Amüsement bei der Ausübung ihres Freizeitvergnügens.
Äußere Anhaltspunkte für eine Datierung des Gemäldes gibt es nicht. Die in den achtziger Jahren des 18. Jahr-

hunderts entstandene Parkanlage rund um Schloss Kärlich ist auf diesem Reiterportrait nicht dargestellt. Überdies ist ein zeitlicher Zusammenhang mit den kleinen Reiterbildnissen der Fürstäbtissin von Essen und sächsischen Prinzessin Kunigunde (vgl. Kat. Nr. 14, 15) anzunehmen, sodass auch das Bürresheimer Reiterportrait in das Jahrzehnt 1770–1780 zu datieren sein wird.
Das in einem einfachen dunklen Rahmen gespannte Leinwandbild ist voller Firnisflecken. Die gelblichen Flecken sind besonders gut auf dem weißen Fell des Schimmels und bei den braun verfärbten Blättern der Birke an rechten Bildrand zu erkennen.
Kunigunde von Sachsen (1740–1829) war das letztgeborene der 13 Kinder von Friedrich August II. von Sachsen und Maria Josepha von Habsburg. Die jüngste Schwester von Clemens Wenzeslaus von Sachsen, Kurfürst von Trier, sollte als Spielball der Mächte den Habsburger und Anwärter auf den Kaiserthron Joseph II. heiraten, um die Position Sachsens im Deutschen Reich zu stärken. Als dieser ablehnte, wurde sie mit dem Fürstbistum Essen und Thorn (bei Limburg) abgefunden, hielt sich aber vorzugsweise am Hof ihres Bruders in Ehrenbreitstein auf. Dort spielte sie quasi die Rolle einer ersten Hofdame und beteiligte sich trotz ihres geistlichen Standes an höfischen Festen, Tänzen und Spielen. Sie galt als hervorragende Reiterin. Als Musikerin übte sie das Klavierspiel sogar öffentlich aus. 1794 ging sie mit ihrem Bruder ins Exil nach Augsburg und kehrte nach dessen Tod 1812 in ihre Geburtsstadt Dresden zurück.
Das Schloss im Hintergrund des Reiterportraits ist als kurfürstliches Wasserschloss Kärlich zu identifizieren. Mit seinem quadratischen Grundriss und seinen vier Ecktürmen ist es auch auf einer frühen Vedute von Bernhard Gottfried Manskirsch, heute ebenfalls in Schloss Bürresheim, dargestellt.
Vgl. in dieser Arbeit Kap. 5.2.1. und Abb. S. 77.

18.
PORTRAIT DES LANDSCHAFTSMALERS CHRISTIAN GEORG SCHÜTZ D. Ä. – 1770–1780
Öl/Lw 50,5 x 40,5 cm
Staatliche Museen zu Berlin, Gemäldegalerie, Inv. Nr. A. I. 1050, Photo Nr. 30780
Prov.: Ludwig Niedick, Düsseldorf
Lit.: PARTHEY 1863; S. 74 f.; FAHNE 1873, S. 131, Nr. 259; MOSES 1925, S. 47 f., S. 65; AK FRANKFURT 1982, S. 21 (Bildnis Schütz' von Johann Ulrich Schnetzler [?]) AK FRANKFURT 1991, S. 2 (Bildnis Schütz' von E. Handmann), S. 12 (Bildnis Schütz' von Johann Christian Fiedler)

Brustbildnis in Dreiviertel-Drehung nach rechts, den Betrachter anschauend.
Der Landschaftsmaler Christian Georg Schütz trägt einen braunen (Moses) Rock mit Goldknöpfen, Goldtresse und einen kleinen Puderzopf mit schwarzer Schleife.
Christian Georg Schütz d. Ä. (1718–1791) stammte aus Flörsheim bei Frankfurt und war in der zweiten Hälfte des 18. Jahrhunderts einer der am meisten beschäftigten Maler der freien Reichsstadt Frankfurt. Als Schüler des Freskomalers von Illusionsfassaden auf Frankfurter Bürgerhäusern Hugo Schlegel erlernte Schütz zunächst die handwerklichen Qualitäten eines Weißbinders. Durch druckgraphische Motiv- und Landschaftsbücher setzte er sich früh mit der italienischen und niederländischen Malerei auseinander, die in der Bürgerstadt Frankfurt besonders beliebt war. Sein Erfolg gründete sich auf seiner Wiederaufnahme von topographischen, idealen und phantastischen, meist sonnendurchfluteten Flusslandschaften im Stile Hermann Saftlevens.
Von Schütz sind vier Portraits bekannt. In zeitlicher Reihenfolge sind dies: Johann Christian Fiedler: „Selbstbildnis mit dem Portrait von Schütz" – 1752 datiert, Emmanuel Handmann, „Pastellportrait von Schütz" – 1762 datiert, Johann Ulrich Schnetzler (?): „Profilportrait von Schütz mit Palette" – Anfang der 70er Jahre, Beckenkamp: „Portrait von Schütz" – um 1780.
Beckenkamps Portrait seines Lehrers Schütz zeichnet sich im Vergleich zu den erwähnten Bildnissen durch Einfachheit und psychologisches Einfühlungsvermögen aus.
Ein *Dokument der Frankfurter Zeit, das schon früh den Naturalismus Beckenkamps zeigt* (Moses S. 47 f.).
Vgl. in dieser Arbeit Kap. 4.2.1. und Abb. S. 50.

19.
ANSICHT VON KOBLENZ UND EHRENBREITSTEIN –
ca. 1780
Maße, Technik unbekannt (Federzeichnung, laviert?)
Verbleib unbekannt
Lit.: BACH 1923, S. 113 (Abb. 9), S. 237; MOSES 1925, S. 77

Moses erwähnt als einziges Beispiel für Beckenkamps Landschaftsmalerei die (verschollene) Vorzeichnung für einen Kupferstich von H. Cöntgen. Eine bei Bach 1923, S. 113 (Abb. 9), abgebildete Zeichnung (offenbar eine lavierte Federzeichnung) ist vielleicht mit der von Moses erwähnten identisch. Allerdings handelt es sich nicht um eine Stichvorlage. Nähere Angaben als Coblenz und Ehrenbreitstein (1775?). Nach einem koloriertem Stich im Koblenzer Schlossmuseum liefert Bach nicht. Wegen einiger Abweichungen im Verhältnis zu den Stichen von Cöntgen und Tardieu ist bei der bei Bach abgebildeten Zeichnung von einer Vorstudie oder einer Entwurfszeichnung zu dem Kupferstich auszugehen.

20.
„RHEIN=GEGEND BEI KOBLENZ UND DER VESTUNG EHRENBREITSTEIN"
Kupferstich
Darst.: 187 x 336 mm
Blatt: 246 x 396 mm
Bend. Beckenkam delineavit [links] – *H. Cöntgen Sculps. Mog.* [rechts]
Koblenz, Mittelrhein-Museum, G. 1198
Ausst.: Koblenz, Köln 1997
Lit.: THIEME - BECKER 1912, Bd. 7, S. 169; MOSES 1925, S. 47; BENZING 1957, S. 158-166 (H. H. Cöntgen).

Querformat.
Einzelblatt. Der auf dem Blatt erwähnte Stecher ist mit Heinrich Hugo Cöntgen (1727–1792) zu identifizieren, der in Mainz Kupferstecher und Kalligraph war.
Vgl. in dieser Arbeit Kap. 4.3.2. und Abb. S. 56.

21.
„ANSICHT VON KOBLENZ UND DER VESTUNG EHRENBREITSTEIN VOR DEM KRIEGE"
Kupferstich
B. Beckenkam delin. - Gestochen zu Paris von Tardieu d. ält. Straße Sorbonne no. 385.
Köln, Kölnisches Stadtmuseum, (Bibliothek), D 2161+2, D 434
Lit.: KLEBE 1801, Bd. 1, Frontispiz; KLEBE 1806, Abb. S. 446; NAGLER 1835-52, Bd. XX, S. 251-263 (Kupferstecher- und Malerfamilie Tardieu); MOSES 1925, S. 77; ALBROD 1984, S. 108 f., S. 171, Nr. 68 und Abb. S. 209.

Der in beiden Auflagen (1801, 1806) von Klebes Reiseführer publizierte Kupferstich ist mit dem vorherigen Einzelblatt von Cöntgen auf dieselbe Vorlage Beckenkamps zurückzuführen. Für den ersten Band von Klebes Rheinreiseführer war ursprünglich ein Kupferstich mit einer Darstellung des Denkmals für General Hoche vorgesehen. Da dieses Blatt jedoch aus Paris nicht geliefert wurde, fand ein Tausch statt, *wobei die Käufer dieses Buches meines Ermessens eher gewinnen als verlieren werden* (Klebe, 1801, S. 2).
In ihrem „Verzeichnis der Werke" erwähnt Moses eine von Tardieu in Paris gestochene Zeichnung Beckenkamps für Klebes Reiseführer von 1801.
Gisela Albrod datiert „um 1800" und beschreibt: *sehr fein und minutiös sind besonders die Häuser von Koblenz und die Festung wiedergegeben, die noch nicht den trutzigen, wehrhaften Charakter späterer Bilder hat. Es entsteht eine gelassene ruhige stimmungsvolle Landschaftsinszenierung und eine harmonische und ausgewogene Komposition* (S. 108/109).
Diese Graphik steht stilistisch in Beziehung zu den Landschaften von Beckenkamps Lehrer Christian Georg Schütz. Dafür sprechen sowohl die Komposition, als auch die Zeichnung des Laubs und der Staffagefigur vorne rechts.

1781-1790

22.
PORTRAIT DES FREIHERRN VON DIENHEIM – 1781
Öl/Lw 84,5 x 67 cm (doublierte Leinwand)
1781 (unterhalb des Wappens)
Trier, Museum Simeonstift, Inv. Nr. III 636
Prov.: unbekannt
Lit.: SCHMIDT 1979, S. 378; SCHÖLZEL 1984, S. 207 mit Abb.; BRAUKSIEPE – NEUGEBAUER 1986, S. 19

Halbfiguriges Sitzportrait nach links, den Betrachter anschauend.
Vor dunklem Hintergrund, in der linken oberen Ecke ein Wappen, das Dienheim als Angehörigen des Deutschen Ordens ausweist. Dienheim trägt eine rote Uniform mit silbernen Knöpfen und darüber einen beigen Umhang. Die Hand hat er in die Uniform gesteckt.
Der Reichsfreiherr Wilhelm Ludwig Christoph von Dienheim (1739-1812) war nicht nur Ritter des Deutschen Ordens, sondern auch Domkapitular in Trier. Er verwaltete die Deutschordenskommenden Luxemburg und Meinsiedel. Ab 1782 war er auch in kurtrierischen Kammerdiensten.
Das Photo bei Schölzel, S. 207 stellt nur einen Ausschnitt des halbfigurigen Portraits dar (freundliche Mitteilung von Dr. Bärbel Schulte, Museum Simeonstift, Trier).

23.
PORTRAIT EINER DAME – 1781
Öl/Lw, 84,5 x 71,5 cm
B. Beckenkamp pinxit 1781 (Rückseite)
Bonn, Rheinisches Landesmuseum, Inv. Nr. 56.52
Prov.: 1956 bei Hardy, Bendorf erworben
Lit.: BEST. KAT. BONN 1982, S. 33 (und Abb.), S. 34; HEITGER 1982, S. 309.

Hüftstück, en face.
Vor neutralem dunkelbraunem Hintergrund steht eine Dame mittleren Alters. Sie trägt ein tief ausgeschnittenes hellblaues Seidenkleid mit Schleife auf der Brust und zartem weißem Spitzenbesatz an Mieder und Ärmeln. Um ihre Schultern hat sie einen schwarzen Spitzenschal gelegt. Eine schwarze Spitzenrüsche mit einer Perlenkette darauf dient ihr als Halsschmuck. Auf ihrem gepudertem Haar trägt sie eine Spitzenhaube. Weitere Attribute ihrer Weiblichkeit und ihres Reichtums (und ihres Adels?) sind der geschlossene Fächer in der rechten Hand, Ohrringe und zwei vierbahnige Perlenketten um beide Handgelenke. Das Inkarnat ist porzellanhaft glatt, das Inkarnat ist zartrosa. Die Dreieckskomposition und die Zentrierung der Figur, sowie die Vorliebe für schwarze Spitzen lässt als Vorbild den französischen Portraitmaler Antoine Pèsne erkennen.
I. Krüger vermutet in der Dargestellten eine Hofdame des kurtrierischen Hofes.
Vgl. in dieser Arbeit Kap. 5.2.1. und Abb. S. 78.

24.
PORTRAIT DER SOPHIE VON LA ROCHE – 1782
Kupferstich in Röteldruck
Blatt: 500 x 350 mm
Brekenkamp/Beckenkamp gemalt (linke Umschrift)
H. Sintzenich gestochen in Mannheim 1782
(rechte Umschrift)
(Darunter:) *Frau von LA ROCHE geb: von GUTTERMANN*
Düsseldorf, Goethemuseum (Sammlung Kippenberg)
Lit.: NAGLER 1835–1852, XVIII, S. 482, Nr. 19; THIEME-BECKER 1937, Bd. 31, S. 95 (Sintzenich); KATALOG KIPPENBERG 1928, Nr. 5130; ZIMMERMANN 1954, S. 214 (Das Haus La Roche in Ehrenbreitstein); GOETHE 1975, Bd. 3, S. 619-624 (Besuch bei Familie La Roche in Ehrenbreitstein), S. 624 (Abb.); PLATO 1978 (Sophie La Roche in Ehrenbreitstein); GROTKAMP-SCHEPERS 1980, S. 181 und Abb. 103; WECKEL 1993, S. 41-60; FEYL 1998, S. 109; WECKEL 1997, S. 79-99.

Brustportrait im Oval.
Die Vorlage nach einem verschollenen Portrait Beckenkamps wurde wegen der eher *Brekenkamp* als *Beckenkamp* gelesenen Umschrift nicht mit dem Ehrenbreitsteiner Maler in Verbindung gebracht. Allein Nagler listet im Œuvre von Sintzenich das Portrait La Roches *nach Beckenkamp punktiert und farbig gedruckt* auf.
Die Ehefrau des kurtrierischen Hofkanzlers Georg Michael von La Roche war die erste weibliche Romanschriftstellerin der deutschen Literatur. Trotz ihrer Anbindungen an den Trierer Hof hat Beckenkamp ihr Portrait nicht höfisch-idealisierend sondern bürgerlich und einfach gestaltet. Er greift damit die rousseauisch bürgerliche Tendenz ihrer Erziehungsromane auf, in denen die Frauen zu Einfachheit und Zurückhaltung aufgefordert werden.
Sophie La Roche (1731-1807) lebte von 1771 bis 1780 in Ehrenbreitstein, wo sie einen literarischen Zirkel gegründet hatte und zahlreichen Besuch empfing. 1774 besuchte Goethe Sophie La Roche in Ehrenbreitstein: *Schlank und zart gebaut, eher groß als klein, hatte sie bis in ihre höheren Jahre eine gewisse Eleganz der Gestalt sowohl als des Betragens zu erhalten gewußt, die zwischen dem*

Benehmen einer Edeldame und einer würdigen bürgerlichen Frau gar anmutig schwebte. Im Anzuge war sie sich mehrere Jahre gleichgeblieben. Ein nettes Flügelhäubchen stand dem kleinen Kopfe und dem feinen Gesicht gar wohl, und die braune oder graue Kleidung gab ihrer Gegenwart Ruhe und Würde... . Nach dem Sturz von Georg Michael von La Roche wegen seiner antiklerikalen Schriften (1781) zog sie mit ihrer Familie über Mannheim und Speyer nach Biberach an der Riss. Sie war die Mutter der von Goethe in „Dichtung und Wahrheit" verehrten Maximiliane und die Großmutter von Clemens und Bettina Brentano.

Das Portrait wird auch in dem biographischen Roman von Renate Feyl über Sophie La Roche erwähnt. Das verlorene Ölportrait wird vor 1780, Datum des Weggangs der Familie La Roche aus Ehrenbreitstein, entstanden sein. Der Rötelstich von Heinrich Sintzenich wurde 1782, in der Mannheimer Zeit der Sophie La Roche angefertigt.

Heinrich Sintzenich (1752-1812) war ab 1778 Hofkupferstecher in Mannheim und zwischen 1790 und 1802 in preußischen Diensten in Berlin tätig.

Vgl. in dieser Arbeit Kap. 2.1. und Abb. S. 20.

25.
FAMILIENPORTRAIT DES KURTRIERISCHEN HOFBRUNNENDIREKTORS GEORG HEINRICH KIRN UND SEINER FAMILIE – 1783
Öl/Lw 47 x 63 cm
B. Beckenkam pinxit 1783 (auf dem Tafelklavier)
Privatbesitz
Prov.: Auktionshaus Schloss Ahlden, Auktion Nr. 40, Juni 1985.
Lit.: AUKT. KAT. HANNOVER 1985, Nr. 40, Kat. Nr. 708, Abb. Tafel 133; THIEME-BECKER 1951, 20, S. 374 f. (Georg Heinrich Kirn), KUHN 1987, S. 103, Anm. 7 (zu J. J. Kirn).
Ausst.: Koblenz, Köln 1997

Interieurportrait mit drei Personen.
Das Familienbild des Hofbrunnendirektors Kirn wurde noch im Auktionskatalog Schloss Ahlden als „Die geplante Wasserkunst" bezeichnet. In einem schlichten Salon sitzen der Hofbrunnendirektor im blauem Rock und seine Gemahlin an einem länglichen Tisch, um sich von ihrem Sohn, wahrscheinlich der zum Zeitpunkt der Entstehung des Portraits sechzehnjährige Johann Jacob Kirn (1767-1850), den detaillierten Plan einer Wasserkunst erläutern zu lassen. Auf dem grüngedeckten Tisch vor der Wand mit Konstruktionszeichnungen befinden sich zahlreiche Fachbücher.

Georg Heinrich Kirn (1736-1793) war der Sohn eines aus Augsburg eingewanderten Brunnenmeisters. Er konstruierte Brücken, die Koblenzer Wasserleitung und entwarf zahlreiche Wasserkünste für die Residenz in Ehrenbreitstein, das Jagdschloss in Wittlich und das Schloss in Kärlich. Er prägte das Bild der Bäder- und Kurstadt Bad Bertrich. Im Dienst des Hofes war er auch Oberwegeinspektor, Bauamtsbeisitzer und Ingenieurhauptmann. 1792 wurde Kirn in den Reichsritterstand erhoben.

Sein Sohn Johann Jacob trat 1793 die Nachfolge seines Vaters als Hofbrunnen- und Oberwasserbaudirektor, sowie als Oberwegeinspektor an. 1803 wurde er von Nassau-Weilburg übernommen und trat schon 1810 in den Ruhestand. Als Gemäldesammler profitierte Johann Jacob Kirn von der Säkularisation und von der Aufhebung des Kurstaates. Zeitweilig war er im Besitz der heute auf Schloss Bürresheim in der Eifel aufbewahrten Serie von Portraits der Trierer Kurfürsten.

Für den freundlichen Hinweis auf die Identität der Dargestellten danke ich Dr. Jan Meißner, Mainz.

Vgl. in dieser Arbeit Kap. 5.2.1. und Abb. S. 82.

26.
GREGOR JOSEPH LANG IM GEISTLICHEN ANZUG IN SEINER STUBE – 1784
Öl/Lw 39,5 x 33,8 cm
Rückseitige Inschrift:
„Effigies G. Josephi/ Lang Professoris/aetatis 29. 1784, picta/ Ao 1804 10ma Nov. Parochus factus est/ in Neuendorf prope Confluentiam."
darunter mit breiterem Pinsel:
gemahlt von Bened. Bekenkam 1784
Koblenz, Mittelrhein-Museum, Inv. Nr. M 11
Prov.: Nachlass Lang (L Nr. 22)
Ausst.: Koblenz, Köln 1997
Lit.: LOHMEYER 1919, S. 45, Abb. 15; MOSES 1925, S. 66; JUNGJOHANN 1929, S. 66; FRANKE 1967, Bd.1, S. 248 und Abb.; HEITGER 1982, S. 80-88, S. 434, Abb. 38 (Portrait Langs von Verflassen); SCHMIDT 1991, S. 85 ff.; AK KOBLENZ 1994, S. 245, Kat. Nr. II/8 mit Abb. – (Portrait Langs von Simon Meister); SCHMITT 1996, S. XVI, S. 281-288, Nr. 139-147; BEST. KAT. KOBLENZ 1999, S. 21, Nr. 27.

Ganzfiguriges Sitzportrait.
Der Dargestellte im geistlichen Anzug mit Beffchen, sitzt mit übereinander geschlagenen Beinen auf einem mit gelbem Stoff bezogenen Stuhl und schaut den Betrachter an. Durch eine Fensteröffnung hinten rechts im Bild kommt Tageslicht; von vorne wird der Kunst-

sammler, Reiseschriftsteller und Hofgeistliche Pastor Gregor Joseph Lang (1755-1834) von einer künstlichen Lichtquelle angestrahlt.

Der Geistliche und Kunstsammler legte Wert auf ein Gelehrtenportrait mit zahlreichen Accessoires. Die Bücher im Regal, auf dem Tisch und ein Buch in der linken Hand betonen vor allem die bibliophilen Neigungen Langs. Eingerahmt und akzentuiert werden sie von den beiden auf einem Kissen ruhenden Büchern des originalen Rahmens. Im Bild werden auch die naturwissenschaftlichen und musischen Neigungen des Geistlichen sichtbar: Die Elektrisiermaschine auf dem Tisch und die vier Silhouetten an der Wand – Lang fertigte selber Schattenrisse an – zeugen von aufklärerischen Aktivitäten in der Physik und der Physiognomik.

Gregor Joseph Lang wurde bereits in jungen Jahren durch die Protektion der kurtrierischen Adelsfamilie von Hohenfeld Militärgeistlicher. 1779 wurde er in Köln zum Priester geweiht. Clemens Wenzeslaus von Trier beauftragte Lang 1784 eine Schulreform im Kurfürstentum vorzubereiten. Bis zum Einmarsch der Franzosen in Koblenz unterrichtete Lang dort auf dem neu gegründeten Lehrerseminar. 1804 erhielt er die Pfarrstelle in Neuendorf bei Koblenz und wurde von den Preußen zum Inspektor der Elementarschulen im Landkreis Koblenz ernannt.

1789/90 erschienen anonym die zwei Bände von Langs *Reise auf dem Rhein*, die am Beginn der um 1800 einsetzenden Rheinromantik steht und weitere sieben Auflagen hatte. Lang zeigt sich von aufklärerischem Gedankengut beeinflusst.

Daneben widmete Gregor Joseph Lang sich auch seiner Gemäldesammlung, die er kurz vor seinem Tod 1834 der Stadt Koblenz vererbte. Das frühe Portrait Langs von Beckenkamp war unter den 210 Stücken, die das Testament beinhaltete.

1826 ließ sich der vielseitig engagierte Geistliche von dem Koblenzer Maler Johann Jakob Ignaz Verflassen (1797-1868) in einem halbfigurigen Sitzportrait vor einer italienischen Madonna seiner Sammlung portraitieren. Zwei Jahre später, 1828, bestellte Lang ein weiteres Portrait bei Simon Meister.

Originalrahmen. Auf dem oberen Rand des Rahmens befinden sich aus vergoldetem Holz gestaltet und stillebenhaft angeordnet zwei Bücher.

Vgl. in dieser Arbeit Kap. 4.3.1. und Abb. S. 55.

27.
VERKÜNDIGUNG AN MARIA – 1784
Öl/Lw, etwa 200 x 100 cm
Bened. Beckenkam 1784 (auf dem Betpult)
Beulich, St. Laurentius, Landesmedienzentrum Koblenz, Bild Nr. CU 55 298 a
Prov.: für diese Kirche gemalt.
Lit.: CASPARY - GÖTZ - KLINGE (= DEHIO; Bd. 5) 1972, S. 103.

Ein Engel in weißem Gewand und gelbem Umhang, in der rechten Hand eine Lilie, die Linke erhoben, erscheint in einer leichten Linksdrehung vor Maria, um ihr die Botschaft zu verkünden. Maria ist mit einem lachsfarbenen Gewand und blauem Mantel bekleidet. Ein weißes, fließendes Tuch ist in ihrem kastanienbraunen Haar verknotet. Maria hat die Lektüre eines Buches auf dem Kniepult unterbrochen und die linke Hand zur Brust geführt. Unter ihrem Lesepult liegt Nähzeug, worauf ein weißes Tuch gelegt ist. Zu ihrer Rechten hängt ein grauer Vorhang, über dem Puttenköpfe in einer Wolke schweben. Der Heilige Geist in Gestalt der Taube sendet seine Strahlen auf Maria.

Originalrahmen.

Vgl. in dieser Arbeit Kap. 3.2. und 3.2.2. und Abb. S. 43.

28.
CHRISTUS UND DIE SAMARITERIN – 1784
Öl/Lw ca. 200 x 100 cm
B. Beckenkam 1784 (auf dem unteren der drei Steine des Sockels, der Jesus als Sitzgelegenheit dient)
Beulich, St. Laurentius, Landesmedienzentrum Koblenz, Bild Nr. CU 55 297 a
Prov.: für diese Kirche gemalt
Lit.: CASPARY - GÖTZ - KLINGE (= DEHIO, Bd. 5) 1972, S. 103.

Christus sitzt am linken Bildrand, bekleidet mit einem braun-grauen Gewand und rotem Umhang. Die gelb gekleidete Samariterin mit mittelblauem Umhang hat ihr messingfarbenes, in der Form eines Messkelches gestaltetes, Trinkgefäß auf dem Brunnenrand abgestellt. Im Hintergrund ein klassischer Tempelbau, hinter dem Brunnen mit Radkran erscheinen drei Männer. Sowohl der Brunnen als auch die Architekturen stammen aus dem Repertoire von Januarius Zick und wurden von diesem wiederum bei Poussin entlehnt.

Beide Gemälde für die einfache Beulicher Dorfkirche sind in weiß bemaltem Holz gefasst. Die innere und äußere Rahmenleisten sind vergoldet. Während die Seitenränder gerade sind, wurden der obere und der

untere Abschluss nach oben halbrund geschweift. Die Ecken sind mit Stuckdekorationen in Form von Akanthusblättern verziert. Die Gemälde liegen auf Holztäfelung auf.
Originalrahmen.
Vgl. in dieser Arbeit Kap. 3.2. und 3.2.2. und Abb. S. 41.

29.
CHRISTUS UND DIE SAMARITERIN – um 1784 (?)
Öl/Lw 72,3 x 60,6 cm
B. Beckenkam pinxit (auf dem Stein unten rechts)
<u>Koblenz, Mittelrhein-Museum</u>, Inv. Nr. M 202
Prov.: 1917 von Frau Witwe Sprung an das damalige Schlossmuseum Koblenz verkauft.
Die Witwe Sprung könnte eine Verwandte des Bauunternehmers Friedrich Sprung aus Koblenz gewesen sein, der dem Bonner Rheinischem Landesmuseum 1916 fünf Portraits der Familie Beckenkamp verkaufte, vgl. in dieser Arbeit Kat. Nr. 32, 38, 42, 47, 68.
Ausst.: Koblenz, Köln 1997
Lit.: GASSEN 1874/92 (Nachträge), Nr. 320; MOSES 1925, S. 47, S. 65; JUNGJOHANN 1929, S. 18; POSNER 1971, Bd. 2, S. 42 f., Nr. 98; AK PAVIA 1977, S. 40, Kat. Nr. 3, S. 42 f. und Abb. 10; BEST. KAT. KOBLENZ 1999, S. 21, Nr. 26.

Freie Kopie nach der Budapester Version dieses von Annibale Carracci behandelten Themas, oder nach einer Kopie dieses Gemäldes.
Vgl. in dieser Arbeit Kap. 3.2. und 3.2.2. und Abb. S. 33.

30.
PORTRAIT DES HOFMARSCHALLS FREIHERRN VON THÜNEFELD – 1784 (?)
Öl/Lw 35 x 43 cm
aet. suis 42 Confluentiae Beckenkam (spätere Schrift auf der Rückseite des Rahmens)
<u>Privatbesitz</u>
Prov.: Familienbesitz
Lit.: KUHN (Thünefeld) 1976, S. 261 f.

Reiterportrait im Profil nach links reitend.
Hofmarschall von Thünefeld in roter Uniform auf einem falben Pferd bei der Levade. Pferd und Reiter schauen beide den Betrachter an; Thünefeld beherrscht sein schweres Ross mit graziler Zügelführung. Trifft die nicht von Beckenkam stammende Schrift auf der Rahmenrückseite zu, dann muss das Portrait wegen der Lebensdaten Thünefelds (1742–1810) und der Altersangabe aet. suis 42 auf das Jahr 1784 datiert werden.

Thünefeld hatte sehr verschiedene Aufgaben am Trierer Hof inne, u.a. war er Chef der Hofökonomie, Musiktendant und Obriststallmeister.
Vgl. in dieser Arbeit Kap. 5.2.1.

31.
REITERPORTRAIT EINES UNBEKANNTEN HERRN – 1786
Öl/Lw 35 x 44 cm
B. Beckenkam f. 1786. (unten rechts auf dem Stein)
<u>Privatbesitz</u>
Prov.: Dr. Fritz Michel, Koblenz
Lit.: MICHEL 1954, S. 514.

Ganzfiguriges Reiterportrait.
Der nicht identifizierbare Reiter lässt sich auf einem braunen Pferd aus der Bildtiefe hervor reitend darstellen. Im Hintergrund erscheint die Silhouette einer Stadt.

32.
SELBSTPORTRAIT VON BENEDIKT BECKENKAMP – 1786
Öl/Lw 20 x 15,5 cm
B. Beckenkam f. 1786 (Rückseite)
<u>Bonn, Rheinisches Landesmuseum</u>, Inv. Nr. 28 966
Prov.: Friedrich Sprung, Koblenz, 1916
Ausst.: Koblenz, Köln 1997
Lit.: LOHMEYER 1919, S. 22, Abb. 13; WAGNER 1923, Tafel VII, Abb. 15; MOSES 1925, S. 69; BEST. KAT. BONN 1927², S. 12, Nr. 7 A, Tafel 25; BEST. KAT. BONN 1959, S. 10; BEST. KAT. BONN 1982, S. 34 (Abb.), S. 35 f.

Hüftstück im Profil, nach rechts gewandt.
Beckenkamp stellt sich selbst stehend, mit dem Kreidegriffel in der Hand dar. Vor ihm wird ein mit Büchern abgestütztes Zeichenbrett sichtbar, auf dem ein Blatt mit einer weiblichen Figur liegt. Der Maler trägt einen braunen, langschößigen Rock mit breitem Kragen, darunter ein geöffnetes Hemd mit lockerem Jabot und Ärmelrüschen. Sein Gesichtsausdruck wirkt im Vergleich zu dem späteren Selbstportrait wenig selbstbewusst und sicher. Am 26. 3. 1786 hatte er seine zweite Ehefrau, Anna Maria Zipperling aus Bruchsal geheiratet.
E. Moses stellt dieses kleine Selbstbildnis in ihrem Werkverzeichnis zeitlich direkt dem „Selbstbildnis um 1800" nach. Offensichtlich kannte sie das Bild ohne die umseitige Signatur.
Vgl. in dieser Arbeit Kap. 5.4. und Abb. S. 22.

33.
PORTRAIT DES CLEMENS AUGUST FREIHERR VON KERCKERINCK ZUR BORG – 1786
Öl/Lw 43,9 x 34 cm
Clemens August von Kerkerinck zur Borg geboren den 24. ten May 1744 gemahlt im Jahre 1786 (Beschriftung auf der Rückseite).
Privatbesitz
Lit.: H. WESTHOFF-KRUMMACHER 1984, S. 496 mit Abb., Kat. Nr. 403.

Kniestück in Dreiviertelansicht, sitzend nach rechts gewandt, den Betrachter anblickend.
Der Freiherr hält in der rechten Hand einen Brief, mit der Linken weist er auf ein Buch auf dem Tisch, unter diesem liegt ein geöffnetes gesiegeltes Couvert. Er trägt eine rote, goldbordierte Jacke über einer crèmefarbenen Weste und das weiß gepuderte Haar ist à la mode *aile-de-pigeon* toupiert.
Der Reichsfreiherr Kerkerinck zur Borg war Kaiserlicher Kämmerer und Oberstwachtmeister. Seit 1760 war er in österreichischen Diensten und bereitete seit 1779 die Wahl von Maximilian Franz zum Fürstbischof von Münster gegen den Kandidaten Franz von Fürstenberg vor. 1780 schrieb er eine berühmte Denkschrift an den künftigen Landesherren, in der er die politischen und wirtschaftlichen Zustände im Münsterland schilderte. Nach der Wahl des Kurfürsten von Köln und Fürstbischofs von Münster Max Franz lebte er meistens auf dem Bispinghof in Münster. Er spielte eine führende Rolle auf der Ständeversammlung.
1787 heiratete er Maria Alexandrine Heereman von Zuydtwyck zu Wahn.
Originalrahmen.

34.
PORTRAIT DES CLEMENS AUGUST FREIHERR VON KERCKERINCK ZUR BORG
Öl/Lw 43,2 x 33,3 cm
Clemens August von Kerkering Borg gest. 1805 geb. 1743. (Beschriftung auf der Rückseite)
Privatbesitz
Lit.: WESTHOFF-KRUMMACHER 1984, S. 496 (Abb.), S. 497, Kat. Nr. 404.

Eigenhändige Wiederholung.
Originalrahmen.

35.
PORTRAIT DER MARIA ALEXANDRINE MONIKA FREIFRAU VON KERCKERINCK ZUR BORG, GEB FREIIN HEEREMAN VON ZUYDTWYCK – 1787
Öl/Lw 43,5 x 33,5 cm
Maria Alexandrine Fr. v. Kerkering zur Borg geb. Heeremann Zuydwyck zu Zuydwiik (Beschriftung auf der Rückseite)
Privatbesitz
Lit.: WESTHOFF-KRUMMACHER 1984, S. 497, Kat. Nr. 405.

Kniestück in Dreiviertelansicht, sitzend nach links gewandt, dem Betrachter anschauend.
Die Tochter von Franz Ernst Hyazinth Heereman von Zuydtwyck und der Maria Anna von Wrede Melschede trägt ein weißes ausgeschnittenes und mit Rüschen besetztes Kleid. Nähzeug auf dem Tisch und in der Hand unterstreichen ihre weiblichen Tätigkeiten. Das Portrait mag kurz vor oder anlässlich ihrer Hochzeit mit Clemens August Freiherr von Kerkerinck zur Borg entstanden sein.
Originalrahmen.

36.
PORTRAIT DES KÖLNER KURFÜRSTEN, ERZHERZOG MAXIMILIAN FRANZ VON HABSBURG – 1787
Öl/Lw 224 x 114 cm
B. Beckenkamp 1787 (am unteren Bildabschluss rechts)
Köln, Dom St. Peter und Maria (Sakristei)
Prov.: Domsakristei
Lit.: [DE NOËL] 1828, Sp. 4; CLEMEN (Bearb.) 1937, S. 300 (ohne Angabe des Malers); BRAUBACH 1961 (Maximilian Franz); OLDENHAGE 1969 (Maximilian Franz); HERBORN 1996, S. 15 (Abb.).

Ganzfiguriges Repräsentationsportrait.
Der letzte Kölner Kurfürst Maximilian Franz (1750–1801) steht in Dreiviertelansicht nach links gewandt vor einem mit einer blauen Samtdecke überzogenen Tisch, auf dem die Insignien seiner geistlichen Würden ausgebreitet sind. Zu diesem Ensemble gehören der weiße Hochmeistermantel des Deutschen Ordens, das Pallium und die Bischofsmitra.
Der Erzbischof und Kurfürst trägt den roten, mit Hermelinbordüre abgesetzten Kurmantel aus Samt, sowie eine Hermelinstola auf den Schultern. Hinter dem Kurfürsten steht ein Louis Seize-Stuhl aus vergoldetem Holz mit grünblauem Polster. Im Hintergrund sind – stark übermalt – Teile einer Innenarchitektur

mit Pfeilern und korinthischen Kapitellen sichtbar, am linken Bildrand befinden sich ein goldfarbener Vorhang mit zwei Quasten.

Der zunächst für eine militärische Karriere als Statthalter von Ungarn vorgesehene jüngste Sohn von Maria Theresia, musste diese Pläne wegen physischer Überforderung bereits 1779 aufgeben. Widerstrebend willigte er ein, das geistliche Erzbistum Köln beim Ableben des regierenden Kurfürsten zu übernehmen. 1780 wurde Maximilian Franz zum Hochmeister des Deutschen Ordens, als dessen Koadjutor er schon 1769 eingesetzt worden war, und zum Koadjutor des alten Kölner Kurfürsten Maximilian Friedrich von Königsegg gewählt. Mit der Kurfürstenwürde Kölns übernahm Max Franz auch das Fürstbistum Münster. Erst im Mai 1785 konnte der mit Max Franz verschwägerte Clemens Wenzeslaus von Trier den neuen Kurfürsten und dem geistlichen Stand wenig Zugeneigten zum Bischof weihen. In seiner kurzen, zehnjährigen Regierungszeit zeigte er sich als sparsamer, weniger dem Prunk des Hoflebens als der Aufklärung verpflichteter, dabei aber noch der alten Reichsidee verhafteter Kurfürst. Wenn auch den bildenden Künsten wenig zugetan, so förderte er die Musik und sicherte dem jungen Beethoven mit einem Stipendium einen Studienaufenthalt in Wien.

Das Portrait führt die Serie der Kurfürstenportraits der Kölner Domsakristei fort. Zusammen mit dem Kurfürstenportrait von Maximilian Friedrich von Königseck-Rotenfels, des Vorgängers von Maximilian Franz, stellt Beckenkamps Portrait das einzige originale Bildnis dieser Reihe dar.

Vgl. in dieser Arbeit Kap. 2.1., 5.3.1. und Farbabb. S. 105.

37.
PORTRAIT DES ERZHERZOGS MAXIMILIAN FRANZ ALS HOCHMEISTER DES DEUTSCHEN ORDENS – um 1787

Öl/Lw 235 x 155 cm
Köln, Kölnisches Stadtmuseum, (als Leihgabe im Deutschordensmuseum Bad Mergentheim) KSM 1983/513, RBA Nr. 49 519
Prov.: unbekannt; alte Bezeichnung L. Nr. 6.
Ausst.: Köln 1956, Alden Biesen 1987, Alden Biesen 1992.
Lit.: GÜRTLER 1912, S. 40-42; KÖLN 1956, S. 55, Kat. Nr. 11, Abb. Tafel 31; BRAUBACH 1961 (Maximilian Franz); BRILL 1965, S. 62, Abb. 26; OLDENHAGE 1969 (Maximilian Franz); AK ALDEN BIESEN 1987, S. 194, Nr. IX/4 (mit Abb.), AK ALDEN BIESEN 1992, S. 120 (III. 1. 19).

Ganzfiguriges Repräsentationsportrait.

Maximilian Franz posiert ganzfigurig im Harnisch, über dem ein weißer Hochmeistermantel des Deutschen Ordens mit einer Kette zusammengehalten wird. Die rechte Hand mit gespreiztem Zeigefinger in die Hüfte gestützt, zeigt er mit der Linken auf einen Tisch mit seinen Insignien wie Feldherrenstab, Zweispitz, Kurfürstenhut, Helm mit Federbusch und im Hintergrund eine Mitra. Ein Teil des Deutschordensmantels kräuselt sich über dem grün-bespannten Louis Seize-Stuhl, im Hintergrund ist die zur Seite geschobene Draperie mit den zwei Goldfaden-Quasten erkennbar. Der Hintergrund ist ausgemalter als auf dem Portrait der Domsakristei.

Dieses Portrait war als von unbekanntem Maler zusammen mit einem großen Desmarées Portrait von Clemens August in einer früheren Präsentation des Kölnischen Stadtmuseums ausgestellt (fünfziger bis siebziger Jahre des 20. Jahrhunderts).

Die Zuschreibung an Beckenkamp kann bei dem Vergleich mit dem vorherigen Repräsentationsportrait der Kölner Domsakristei (Kat. Nr. 36) vorgenommen werden. Sie erscheint aufgrund des nahezu identischen Kopfes des Habsburgers, der überaus ähnlichen Hinter- und Vordergrundgestaltung sowie wegen der maltechnisch und stilistisch gleichen Gestaltung folgerichtig.

Die Provenienz dieses bei Moses nicht erwähnten Portraits anhand der alten Listennummer ist nicht mehr zu klären. Möglicherweise handelt es sich um das bei Gürtler aufgelistete Portrait von Maximilian Franz als Deutschordensmeister aus dem Böselager Hof in Bonn.

Ob das Bild des Kölnischen Stadtmuseums vor, nach oder zeitgleich mit dem Repräsentationsportrait der Kölner Domsakristei (1787) entstanden ist, lässt sich nicht entscheiden. Allein der Kopf des Habsburgers erscheint auf dem Bildnis des Stadtmuseums aufgedunsener (der Kurfürst litt an Wassersucht), was für eine etwas spätere Datierung sprechen würde.

Das Portrait steht in der Tradition der von Desmarées und Werkstatt gemalten Clemens August-Portraits als Hochmeister des Deutschen Ordens.

Vgl. in dieser Arbeit Kap. 5.3.1. und Abb. S. 93.

38.
PORTRAIT DES SOHNES FRANZ KARL – 1788
Öl/Lw 44,5 x 35,8 cm
Franciscus Carolus Beckenkam, gebohren den 23. Jan. 1784, gemalt 1788. Von Seinem Vater, Benedict Beckenkam. Später hinzugefügt: ist gestorben den 6ten Maj 1791 (Rückseite)
Bonn, Rheinisches Landesmuseum, Inv. Nr. 28 964
Prov.: Friedrich Sprung, Koblenz, 1916
Lit.: MOSES 1925, S. 52, 67; BEST. KAT. BONN 19272, S. 12, Nr. 7c; BEST. KAT. BONN 1959, S. 10; BEST. KAT. BONN 1982, S. 37, Abb. S. 38.
Ausst.: Koblenz, Köln 1997.

Brustportrait im Oval.
Grüner Hintergrund mit schwarzen Zwickeln. Der vierjährige Sohn des Malers, Franz Karl Beckenkamp, trägt einen breitkrempigen schwarzen Hut, eine dunkelblaue Jacke, darunter einen breiten Rüschenkragen. Schulterlange blonde Locken und blaue Augen, mit denen er den Betrachter anschaut.
Franz Karl, noch in Ehrenbreitstein geboren, war ein Sohn aus der ersten Ehe Beckenkamps mit Katharina Josepha Breitbach. Wie die Aufschrift auf der Rückseite des Bildes gibt auch die Taufurkunde als Taufdatum den 23. Januar 1784 an. Seine Mutter starb bereits eine Woche nach der Geburt des Sohnes am 1. Februar 1784 im Alter von 25 Jahren. Im Personenstandsarchiv Brühl werden auch die weiteren Angaben des Vaters auf der Rückseite des Bildes bestätigt: *majus 9a Sepultus est Franciscus infans filius D. Benedicti Beckenkamm,* (Kirchbuch St. Jakob 1791 – Sterbefälle).
Stilistische Anlehnung an die französischen sentimentalen Kinderbildnisse von Greuze und Vigée Lebrun.
Vgl. in dieser Arbeit Kap. 5.2.1. und Farbabb. S. 106 (rechts)

39.
PORTRAIT DES „BARON HÜPSCH" – 1789
Öl/Lw 42,7 x 30,5 cm
Depot Nr. 36 b, Caspar Beckenkamp, Bildnis des Baron v. Hüpsch (unten), *Kunstpalast Düsseldorf* (Bedrucktes Schild auf dem äußeren Rahmen) 1964 (Schrift auf dem Keilrahmen).
Darmstadt, Hessisches Landesmuseum, Gk 383
Prov.: Sammlung Hüpsch, Köln
Lit.: BIERMANN 1914, Nr. E 11; SCHMIDT 1906, S. 266 f.; MOSES 1925, S. 53 f., S. 66; BOTT 1968, S. 12 f. (Testament Hüpsch), S. 21, (Abb.), AK KÖLN 1974, Abb. 16; HOWALDT 1979, S. 14 f., Kat. Nr. 5 (und Abb.); AK KÖLN 1995, S. 527 f, Kat. Nr. 60, Tafel VII.; KIER-ZEHNDER (Hg.) 1998, S. 40 f., Kat. Nr. 38 und S. 26, Abb.
Ausst.: Darmstadt 1914, Nr. E 11; Köln 1995, Kat. Nr. 60; Koblenz, Köln 1997

Brustportrait nach rechts ausgerichtet.
Portrait im ovalen Trompe l'oeil-Steinrahmen, dieser ist von Blumengirlanden und Schleife auf dem oberen Teil bedeckt. Das Portrait steht auf einem Steinsockel, auf dem sich ein Schmetterling niedergelassen hat. Der Stein trägt folgende Inschrift: *JEAN GUIL. CHARL. ADOLPHE BARON DE HUPSCH*: Vor dem Sockel stilllebenartig ausgebreitet von links nach rechts: ein Globus, Zirkel und Winkelmesser, Bücher, eine Münze, eine Languste, ein Fisch und eine weiße Krähe. Diese Objekte stammen aus der Sammlung Hüpsch und waren teilweise auf der Kölner Ausstellung „Lust und Verlust" zu sehen. Der als überaus eitel geltende Charles Honvlez legte sich den mit einem Adelstitel versehenen Phantasienamen „Baron Hüpsch" zu.
Hüpsch trägt eine dunkelblaue Jacke mit Goldrändern und darunter aus demselben Stoff eine Weste, die in der Mitte ebenfalls mit Goldbordüre abgesetzt ist. Die gepuderten Haare (Perücke?) trägt er nach der Mode *Aile-de-pigeon*, sein Gesicht ist hager, die Augen schauen klug und aufmerksam.
1730 in Lüttich geboren, kam Hüpsch 1749 mit seiner Familie nach Köln. Nach unvollendeten Studien in der Medizin und in Jura beschäftigte er sich als Gelehrter im Dienste kleinerer Fürsten, wie des Großherzogs von Darmstadt. Seine stattlichen Einkünfte legte er in seiner ausgedehnten Sammlung an. Die enzyklopädisch ausgerichtete Sammlung umfasste Altertümer, Fossilien, Mineralien, Waffen und Münzen, aber auch Gemälde und Skulpturen. Sie war in 11 der 12 Zimmer des Lützeroder Hofes in der Kölner St. Johannstraße untergebracht und wurde, wie das erhaltene Gästebuch und die zeitgenössischen Reiseführer zeigen, gerne besucht.

Auch der Maler Beckenkamp, der erst wenige Monate zuvor Kölner Bürger geworden war, besuchte die Sammlung im Juli 1787. Gerne benutzte er auch die Bibliothek des bibliophilen und philantropen Sammlers. Das Ausleihbuch in der Darmstädter Landesbibliothek erfasst auch die Ausleihwünsche des Malers. Meistens handelte es sich um Bücher mit Kupferstichsammlungen zu einem bestimmten Thema. Da der Maler seine Bücher immer zurück brachte, sind alle seine Ausleihen mit dickem Stift durchgestrichen und nur schwer zu entziffern.

Erst 1789 erhielt auch Hüpsch das Kölner Bürgerrecht. Das Portrait Beckenkamps ist möglicherweise aus diesem Anlass entstanden.

Mit der Säkularisation ergriff Hüpsch als einer der ersten Kölner Sammler die Gunst der Stunde und kaufte altkölnische und altniederländische Gemälde aus Kölner Kirchen und Klöstern, so die „Darstellung im Tempel" von Stefan Lochner. Nachdem Hüpsch seine Sammlung der Stadt Köln vergeblich zum Ankauf angeboten hatte, vererbte er sie dem Landgrafen von Hessen-Darmstadt, Ludwig I., der seit 1802 bereits Einzelstücke daraus erworben hatte.

Vgl. in dieser Arbeit Kap. 2.2. und Abb. S. 25.

39a.
PORTRAIT DES „BARON HÜPSCH" – 1790
Kupferstich, seitenverkehrt
Darst.: 424 x 303 mm
Blatt: 489 x 363 mm
Benedict Beckenkam de pinx. ad Vivum Coloniae 1789
Christoph Guilelm. Bock fe: Norimbergae 1790
Köln, Kölnisches Stadtmuseum, G 7387 b, RBA Nr. 208 777
Lit.: DRUGULIN 1863, S. 74, Nr. 2704; THIEME - BECKER 1910, Bd. 4, S. 157 (zu Chr. W. Bock)
Ausst.: Koblenz, Köln 1997

Die von Christoph Wilhelm Bock beschriftete Graphik erlaubt die genaue Datierung sowohl des Ölbildes, wie auch des seitenverkehrt angelegten Kupferstiches. Christoph Wilhelm Bock (1755–ca. 1835) lebte und arbeitete als Portraitstecher in Nürnberg. Dort gab er eine „Galerie Nürnbergischer Bürger und Bürgerinnen aus verschiedenen Ständen" und eine „Sammlung berühmter Gelehrter und Künstler" heraus. Für letztere wird der Portraitkupferstich des Baron Hüpsch entstanden sein.

Vgl. in dieser Arbeit Kap. 2.2.

40.
PORTRAIT DER EVA MECHTHILD HAPPERTZ – 1789/90 (?)
Öl/Holz 34,4 x 28 cm
Darmstadt, Hessisches Landesmuseum, Gk 823
Prov.: Sammlung Hüpsch, Köln
Lit.: MOSES 1925, S. 66; BOTT 1968, S. 13 (Happertz); HOWALDT 1979, S. 14, Kat. Nr. 4 (und Abb.); KIERZEHNDER (Hg.) 1998, S. 41 f., Kat. Nr. 39 und Abb.

Hüftstück, en-face.

Die Haushälterin des „Baron Hüpsch" war eine von vielen Reisenden anerkannte Cicerone, die durch die einem „philosophischen Quodlibet" gleichende Sammlung ihres gelehrten Dienstherrn führte. Ein bei Bott (S. 13) zitiertes zeitgenössisches Urteil über Madame Happertz soll nicht vorenthalten werden: *Sie sah aus, als habe er sie selbst in einer glücklichen Stunde aus den Schlacken seines chemischen Laboratoriums zusammengeklebt; aber die Ziegenhaar-Perücke, welche ihr so zierlich auf dem einen Ohr saß, war unstreitig aus der Antiquitäten-Sammlung.*

Entgegen dieser despektierlichen Beschreibung hat sich Madame Happertz (Köln 1725–1805) als akkurate Person mit brav aufeinandergelegten Händen in Szene gesetzt: Über ihrem Kleid trägt sie ein breites Fichu und eine Lederkette mit Kreuzanhänger, auf dem Kopf eine Spitzenhaube. Ihren Gesichtszügen nach ist sie eine einfache, intelligente und umtriebige Frau gewesen. Die Schildkröte auf dem Tisch wird nicht symbolisch zu verstehen sein, sondern ein Sammelstück, oder einfach ein Haustier gewesen sein.

Ein zeitlicher Zusammenhang zu dem Portrait Hüpschs ist anzunehmen.

Kat. Nr. 41 (Foto: RBA)

41.
PORTRAIT EINES MANNES – JOHANN FRIEDRICH CARL HEIMANN (?) – um 1789
Öl/Lw 55 x 46 cm
Dies Bildniss von Joseph Haydn... ist gemalt von dem Churfürstl. Hofmaler Beckenkamp, und der Frau Bettina von Arnim als ein Zeichen seiner Verehrung geschenkt von Hermann Schaaffhausen Bonn, d. 26ten April, 1856. (Zwei Zettel auf der Rückseite)
Köln, Wallraf-Richartz-Museum, WRM 1985, RBA Nr. 134 588
Prov.: 1926 Geschenk von Herrn Joseph Hanstein (Kleisterdoublierung und Fehlstellenretuschierungen durch den Restaurator des „Dombildes" Robert Hieronymi); Sammlung Bettina von Arnim (seit 1856), Berlin (?); Sammlung Hermann Schaaffhausen, Bonn (?)
Lit.: BEST. KAT. 1927, S. 132, Tafel 9; BEST. KAT. KÖLN 1927, S. 96; BEST. KAT. KÖLN 1938, S. 31; BEST. KAT. KÖLN 1942, S. 9 und Abb.; ROBBINS LANDON 1970, S. 30 und Abb. S. 33 (Haydn-Portrait von Thomas Hardy, London, Royal College of Music); BEST. KAT. KÖLN 1973, X, S. 15, Abb. 104; SCHULTEN in: AK KÖLN 1985, Bd. 2, S. 66 f. (Schaaffhausen); BEST. KAT. KÖLN 1986, S. 11, Abb. 515; ZÄNGL-KUMPF 1993, S. 69-74 (zu Hermann Schaaffhausen).
Ausst.: Koblenz, Köln 1997

Brustbildnis, frontal, leichte Linksdrehung des Kopfes. Die auf der Rückseite des Portraits vorgenommene Identifizierung des Bildes mit Haydn wiesen bereits Erichsen-Firle und Vey zurück. Schon beim Eingang des Portraits in das Wallraf-Richartz-Museum 1926 war darauf verzichtet worden.

Ein Vergleich mit einem Bildnis Haydns von Thomas Hardy aus dem Jahr 1791, dem Datum, das annähernd auch für unser Bildnis angenommen wird, bestätigt die Absurdität dieser Identifizierung. Der Komponist Haydn war „um 1790" bereits ca. 60 Jahre alt (1732–1809), das Alter des Dargestellten aber liegt zwischen 30 und 40 Jahren. Auch kann es sich nicht um die Kopie eines früheren Portraits von Haydn handeln, da die Mode im wesentlichen mit dem Datum „um 1790" übereinstimmt.

Der dargestellte jüngere Mann ist frontal im Brustbildnis dargestellt, den Kopf hat er nach links gedreht, die Augen schauen aus dem Bild heraus. Er trägt die gepuderten Haare à la mode *aile-de-pigeon*. Er ist modisch mit einer olivgrünen Jacke mit großen Goldknöpfen gekleidet. Seine Augen sind hell und groß, die Lippen fein geschwungen.

Ein Vergleich mit Beckenkamps Portrait des Kölner Kaufmanns Johann Friedrich Carl Heimann (1792) in Privatbesitz (vgl. in dieser Arbeit Kat. Nr. 49) zeigt überraschende Ähnlichkeiten mit der Physiognomie des unbekannten Mannes auf WRM 1985. Die großen blauen Augen, der fein geschwungene Mund, der Schnitt der gepuderten Haare stimmen mit dem Kopf Heimanns auf dem Portrait in Privatbesitz überein. Die in den Ecken bereits etwas gelichteten Haare auf dem Heimann-Bildnis von 1792 in Privatbesitz würden eine um wenige Jahre vorangehende Datierung „um 1790", vielleicht auch schon um 1787, unterstützen. 1789 wurde Johann Friedrich Carl Heimann Chef des neu gegründeten Handelskollegiums in Köln, das Brustbildnis des Wallraf-Richartz-Museums WRM 1985 könnte aus diesem Anlass entstanden sein. Beim Übergang in die Sammlung Hermann Schaaffhausens, oder bereits früher, könnte auf Grund eines akustischen Versehens die Verwechslung der Namen Haydn und Heimann entstanden sein, oder aber eine absichtliche Täuschung vorgelegen haben. Letzte Sicherheit lässt sich aber auch hier nicht gewinnen.

Der Lebensweg des Vorbesitzers Hermann Schaaffhausen (1816–1893), dessen Name auf dem rückseitig angebrachten Zettel erwähnt ist, kann ein Licht auf die Identitätsverwechslung werfen. Schaaffhausen war ein bekannter Bonner Anthropologe, der aus dem Koblenzer Zweig der rheinischen Familie Schaaffhausen stammte. Er war nicht nur als Erforscher des Neandertalfundes berühmt, sondern begutachtete als Schädelforscher auch 1864 die Reliquien der Hl. Drei

Könige und der Hl. Ursula mit ihrem Gefolge. In seiner Freizeit widmete sich der Wissenschaftler besonders der Musik und dem privaten Geigenspiel. 1845 richtete er das Bonner Beethovenfest aus und leitete 1880 ebenfalls in Bonn das Rheinische Musikfest. Er war auch als Maler von Aquarellen tätig. Ein Bildnis von Haydn musste ihn also interessieren.
Vgl. in dieser Arbeit Kap. 5.3.3. und Abb. S. 214.

42.
PORTRAIT DES SOHNES SIGISMUND – 1790
Öl/Lw 44 x 34 cm
Sigismund Beckenkam ist gebohren den 8. Jan. 1788. gemalt von Seinem Vater 1790 im September (Rückseite)
Bonn, Rheinisches Landesmuseum, Inv. Nr. 28 963
Prov.: Friedrich Sprung, Koblenz, 1916.
Lit.: MOSES 1925, S. 52 f., 66 f.; BEST. KAT. BONN 19272, S. 12, Nr. 7 D; BEST. KAT. BONN 1959, S. 10; BEST. KAT. BONN 1982, S. 36, S. 38
Ausst.: Koblenz, Köln 1997

Brustportrait im Hochoval vor grüngrauem Hintergrund und dunkelbraunen Zwickeln. Dreiviertel-Wendung nach rechts.
Blonde, über die Schultern gehende Locken, blaue Augen, rundliches Gesicht. Breiter Rüschenkragen fällt über das grau-rosa Jäckchen. Vielleicht Gegenstück (ähnliche Maße) zu dem Bildnis des Franz Karl. Der kleine Sigismund ist auf dem Portrait fast 3 Jahre alt.
Das Taufdatum von Sigismund August Beckenkamp wird im Personenstandsarchiv Brühl bestätigt: 8. Januar 1788 in der Kölner Pfarrei St. Jakob. In der Sammlung Rheinische Totenzettel erscheint als Datum seines Todes der 8. Mai 1823. Damit ist er der einzige Sohn des Malers, der das Erwachsenenalter erreichte und einige Jahre mit seinem Vater zusammen arbeiten konnte. Sigismund Beckenkamp war Maler wie sein Vater. Er fertigte die Kopien der Flügel nach dem Triptychon des Joos van der Beke in St. Maria Lyskirchen (1816) an und half seinem Vater bei den Arbeiten für den Severinschrein (1819).
Vgl. in dieser Arbeit Kap. 5.2.1. und Farbabb. S. 106 (links).

43.
REITERPORTRAIT DES TRIERER KURFÜRSTEN CLEMENS WENZESLAUS VOR DEM FRANKFURTER RÖMER – 1790
Öl/Lw 79,8 x 59 cm
B. Beckenkam pinx. 1790 (auf dem Stein unten rechts)
Privatbesitz
Prov.: Familienbesitz Thünefeld
Lit.: SEELIG 1986, S. 92, Anm. 164; WEBER 1993, S. 83-85.

Profilportrait des reitenden Kurfürsten, nach rechts. Das Bild stellt den Trierer Kurfürsten auf einem Schimmel reitend vor dem Frankfurter Römer dar. Das Portrait muss aus Anlass der Krönung des vorletzten Kaisers des Heiligen Römischen Reiches Franz II. 1790 entstanden sein. Satteldecke, Zaumzeug und Schweif des Pferdes sind reich verziert. Der Kurfürst trägt den Kurhabit mit Mantel, Hermelinkragen und Kurhut.
Bis auf kleine Abweichungen ist dieses Gemälde mit einem Reiterportrait des Clemens Wenzeslaus (vgl. Kat. Nr. 44) in der Münchener Residenz identisch. Auch die Maße sind nahezu gleich. Abweichend sind der Schritt des Pferdes und der Hintergrund mit dem Frankfurter Römer. Eine geringfügige Differenz lässt sich auch bei der Fältelung des Mantels auf dem Sattel erkennen.
Vgl. in dieser Arbeit Kap. 5.2.1.

44.
REITERPORTRAIT DES TRIERER KURFÜRSTEN CLEMENS WENZESLAUS VOR DEM FRANKFURTER RÖMER – 1790 (oder 1792)
Öl/Lw 81,4 x 61 cm
München, Residenz (Depot)
Prov.: Freiherr von Köth-Wanscheid, Planegg bei München
Lit.: SEELIG 1986, S. 83, S. 92 (Anm. 162-164), S. 106 (Abb. 52), S. 188, Kat. Nr. B 49; WEBER 1993, S. 83-85; NAGEL 1996, Text zu Abb. 30 (ohne Seitenangaben).

Ganzfiguriges Reiterportrait nach rechts ausgerichtet. Das Gemälde wird auf Grund der *emaillierenden Malweise* (Seelig 1986, S. 83, vgl. auch Nagel 1996, Text zu Abb. 30) auch Heinrich Foelix zugeschrieben. Ein Vergleich mit einem signierten und 1780 oder 1786 entstandenen Sitzportrait des Trierer Kurfürsten von Foelix in der Münchener Residenz (Inv. Nr. Res. Mü. G 111) ergab jedoch deutliche Differenzen zu Foelix. Die Malweise dieses Sitzportraits ist opak, die Formen bewegter, ausladender, barocker, und die Hermelin-Stola weist schwarze Punkte auf, welche auf der kurfürstlichen Hermelinstola des Reiterportraits fehlen. Dieselben Charakteristika weist auch das Heinrich Foelix zugewiesene Repräsentationsportrait von Clemens Wenzeslaus mit Ausblick auf das Koblenzer Schloss auf (Koblenz, Mittelrhein-Museum, Inv. Nr. M 1961/5). Die Malerei des Reiterportraits zeichnet sich durch sehr feine Pinselführung, stoffliche Qualitäten und klare Farben aus. Alle diese Merkmale sind auch bei weiteren Fürstenportraits von der Hand Beckenkamps zu finden, etwa auf dem 1787 entstandenen Standportrait des Kölner Kurfürsten Maximilian Franz (vgl. in dieser Arbeit Kat. Nr. 36). Überdies ähnelt das Reiterportrait der Münchener Residenz bis auf wenige Details dem von Beckenkamp signierten und datierten Reiterportrait von Clemens Wenzeslaus (vgl. Kat. Nr. 43) in Privatbesitz (vgl. dazu auch W. Weber, 1993, S. 83-85).

E. Moses (1925) erwähnt ein Reiterportrait des Kurfürsten Clemens Wenzeslaus im Krönungsornat von Beckenkamp im Besitz des Johann Georg von Sachsen (1869-1938). Anfragen bei den Häusern Sachsen und Württemberg dazu wurden nicht beantwortet. Prinz Johann Georg von Sachsen war in erster Ehe mit einer Herzogin von Württemberg verheiratet und starb auf deren Stammschloss der Württemberger in Altshausen (für die freundlichen Hinweise zu den dynastischen Zusammenhängen und Besitzverhältnissen danke ich Christina Freifrau von Koeth).

Originalrahmen mit der Aufschrift auf einer Rundung des unteren Rahmenabschlusses:
MORIBUS CLEMENS NOBILIS VULTU PLACIDUS INGENIO MITIS LARGUS ET OMNIA HAEC
CUM MENSURA ET SINE
IACTANTIA
Vgl. in dieser Arbeit Kap. 5.2.1. und Abb. S. 18.

45.
REITERPORTRAIT DES TRIERER KURFÜRSTEN CLEMENS WENZESLAUS VOR DEM FRANKFURTER RÖMER – 1790 (oder 1792)
Öl/Lw 36,5 x 46,5 cm
Köln, Kölnisches Stadtmuseum, KSM (RM) 1926/677
Prov.: Hermann Sonnthal, Köln (1926) (Kunstsalon Hermann Sonnthal, Am Domhof 12/14, Antiquitäten, Gemälde, Stiche, Plastik, Möbel, Porzellane = Grevens Adressbuch 1926).

Profilportrait des Kurfürsten zu Pferde nach rechts.
Auf dieser Version reitet Clemens Wenzeslaus auf einem Rappen. Das querrechteckige Format und die vereinfachende Malweise weichen von den beiden anderen Gemälden ab. Es handelt sich wohl um eine Replik der beiden obigen Reiterportraits des Kurfürsten. Die Anlage der Frankfurter Häuserzeile ähnelt mehr dem Bildnis aus Privatbesitz, die Fältung des Kurmantels dagegen dem Münchener Bild. 1794 tauchen in den Rechnungsbüchern des Hofes die Notiz auf, Beckenkamp habe *für mehrere Portraits Serenissimi* mehrere Gulden erhalten. Dabei geht aus den Rechnungen nicht hervor, welcher Art diese *Portraits Serenissimi* waren, ob es sich um reine Personen- oder Reiterportraits handelte.
Vgl. in dieser Arbeit Kap. 5.2.1.

46.
PORTRAIT DES TRIERER KURFÜRSTEN CLEMENS WENZESLAUS IM PROFIL –
ca. 1790-1794 (?)
Öl/Lw 73 x 60 cm
B. Beckenkam pinxit (rechts unten)
Privatbesitz
Prov.: (Sandra Meichelberger, München – laut Frau Kuhn von ihrem Mann in den 70er Jahren photographiert – Neg. Nr. 2613, Mittelrhein-Museum, Koblenz)
Ausst.: Koblenz, Köln 1997
Lit.: [DE NOËL] 1828, Sp. 3; KUHN 1977, S. 256, Abb. 1; HEYEN 1986, S. 17-22 zu Clemens Wenzeslaus); POLENZ - V. SEYDEWITZ 1989, S. 254-257 (Sachsen-Wettin)

Halbfiguriges Profilportrait des Kurfürsten Clemens Wenzeslaus.
Der Kurfürst trägt den Hermelinkragen, darunter werden das Band mit silbernem Pektorale und das Kanonikerbeffchen sichtbar. Das Bildnis schmeichelt dem Kurfürsten keineswegs: es betont seinen vorstehenden Unterkiefer, das Doppelkinn und die Augentaschen. Wegen des Alters des Kurfürsten in die frühen neunziger Jahre, jedenfalls aber vor der Flucht ins Exil nach Marktoberndorf bei Augsburg (1794) zu datieren. Auf Grund der wenig schmeichelhaften und realitätsnahen Portraitauffassung wird dieses – trotz des Ornats – nicht für eine repräsentative, sondern für eine private Bestimmung angefertigt worden sein. Dieses Portrait des Kurfürsten war möglicherweise ein Geschenk an den Trierer Hofbeamten Gottfried von Wallmenich (freundlicher Hinweis von Frau Halgard Kuhn, Hannover, aus dem Nachlass von Hans-Wolfgang Kuhn).
Clemens Wenzeslaus hatte den Ehrenbreitsteiner Maler *wegen seines Fleißes und sanften Charakters lieb und beschäftigte ihn unausgesetzt* (De Noël 1828, Sp. 3). Der Kurfürst verschaffte Beckenkamp weitere

Portraitaufträge, v. a. von fürstlichen Herrschaften auf der Durchreise in Ehrenbreitstein. In De Noëls Nekrolog werden der kurfürstliche Bruder und Herzog von Sachsen-Teschen, Albert, sowie dessen Frau Maria Christina ebenso erwähnt wie Maximilian Franz, mit dem Clemens Wenzeslaus verschwägert war. Auch die beiden Söhne Ludwigs XVI., die späteren Ludwig XVIII. und Karl X., die aus Frankreich geflüchteten Großneffen von Clemens Wenzeslaus, ließen sich danach von Beckenkamp portraitieren. Nur für die Portraits von Albert von Sachsen Teschen und seiner Frau Maria Christina gibt es keine weiteren Erwähnungen oder Überlieferungen. Clemens Wenzeslaus von Trier (1739–1812) war der letztgeborene Sohn des sächsischen Kurfürsten Friedrich August II. von Sachsen und seiner Mutter Maria Josepha von Habsburg. Als Spross einer ambitionierten deutschen Herrscherfamilie sollte er zunächst eine glänzende militärische Karriere eingehen, trat aber nach einer schweren Krankheit in den geistlichen Stand ein. Nachdem Bemühungen um seine Nachfolge des Kölner Kurfürsten Clemens August 1761 gescheitert waren, wurde er mit der Kurwürde Triers, mit dem Fürstbistum Augsburg sowie mit der Propstei Ellwangen abgefunden. Unter dem Einfluss der febronianisch-aufklärerischen Gedanken des Nikolaus von Hontheim schaffte er zunächst kirchliche Feiertage ab und förderte die Volksbildung, bis er sich unter dem Eindruck der Ereignisse in Frankreich zur Rückkehr zu Ultramontanismus und Absolutismus gezwungen sah. Die Geschichtsschreibung zeichnet von ihm das Bild eines menschenfreundlichen, aber wankelmütigen Herrschers. Er förderte v. a. Handel, Wirtschaft und Verkehr sowie die Volksbildung und prägte mit der Einführung der Rieslingtraube bis heute den Moselraum. Das Koblenzer Stadtbild verdankt mit der Verlegung der Residenz von Ehrenbreitstein nach Koblenz sein Gesicht bis heute seinem letzten Kurfürsten.
Originalrahmen.
Vgl. in dieser Arbeit Kap. 5.3.1. und Abb. S. 92.

1791–1800

47.
PORTRAIT DER ANNA MARIA BECKENKAMP – 1791
Öl/Lw 20 x 15,5 cm (Moses: Öl auf Pappe)
Bened. Beckenkam pinxit 1791 (Rückseite).
Bonn, Rheinisches Landesmuseum, Inv. Nr. 28 967
Prov.: Friedrich Sprung, Koblenz (1916)
Ausst.: Große Kunstausstellung Düsseldorf 1925, Nr. 79, Koblenz, Köln 1997
Lit.: [DE NOËL] 1828, Sp. 4; MOSES 1925, S. 47, Abb. 3, S. 52, S. 66; BEST. KAT. BONN 19272, S. 12, Nr. 7 B, Tafel 25; BEST. KAT. BONN 1959, S. 10; BEST. KAT. BONN 1982, S. 39 f.

Hüftstück, en face, nach links gewandt.
Vor neutralem grauen Hintergrund sitzt die zweite Frau des Künstlers und arbeitet an einer Handarbeit. De Noël berichtet, Frau Beckenkamp sei während einer nahezu zweijährigen Beschäftigungslosigkeit des Malers nach dem Einmarsch der Franzosen 1794 mit ihren Stickarbeiten eine *wesentliche Stütze seines Haushaltes* gewesen.
Ihr nach rechts schweifender Blick wirkt traurig, das Gesicht verhärmt. Über mittellangem grau gepudertem Haar trägt sie eine Spitzenhaube und ein schleierartiges Fichu mit Spitzenborte umfängt die schmalen Schultern. Das Kleid ist rotbraun, als Schmuck wird allein ihr Ehering an der rechten Hand bemerkbar.
Anna Maria Beckenkamp (1751–1831) war die zweite Ehefrau des Malers. Seine erste Frau, Katharina Josepha Breitbach war nach dreijähriger Ehe, wenige Tage nach der Geburt von Franz Karl Beckenkamp gestorben. Die aus Bruchsal stammende Anna Maria Zipperlin (oder Zipperling) lernte Beckenkamp im Hause der Familie Salm-Reifferscheidt auf dem Blaubach kennen. Die Heirat mit Benedikt Beckenkamp fand am 26. 3. 1786 in der Kölner Pfarrkirche St. Jakob statt. In den Pfarrbüchern (Personenstandsarchiv Brühl) erscheint sie als Anna Maria Zipperlin, während sowohl De Noël, als auch alle späteren Quellen als Vornamen der zweiten Ehefrau Maria Scholastika nennen. Möglicherweise handelt es sich dabei um eine Verwechslung mit Beckenkamps Mutter Scholastika Hoffmann. 1831, drei Jahre nach Benedikt, ist Anna Maria Beckenkamp in Köln gestorben.
Vgl. in dieser Arbeit Kap. 2.2. und Abb. S. 23.

48.
PORTRAIT DES PASTORS GREGOR JOSEPH LANG – 1791
Öl/Holz 59 x 47 cm
B. Beckenkam pinxit 1791 (unten rechts), *Gregor Josephus Lang, Aetatis suae XXXV* (Rückseite)
Koblenz, Mittelrhein-Museum, Inv. Nr. M 71 a
Prov.: (Sammlung Lang)
Ausst.: Koblenz, Köln 1997
Lit.: BRAUKSIEPE/NEUGEBAUER 1986, Abb. S. 19; SCHAAF 1992, S. 453, Abb. 74.; BEST. KAT. KOBLENZ 1999, S. 22, Nr. 28.

Brustprotrait.
Lang ist in Dreiviertelausrichtung nach rechts gewandt, den Betrachter aus braunen Augen anblickend. Er trägt einen schwarzen, offenen Anzug mit großem, weich fallenden und geöffneten Hemdkragen. Die grau gepuderten Haare lassen das rechte Ohr und die hohe Stirn frei, eine kräftige gerade Nase erhebt sich über das schmale Gesicht.
Dieses warme und ruhige Portrait ist ganz auf die Physiognomie Langs konzentriert. Die Accessoires des eleganten und repräsentativen Gelehrtenportraits von 1784 sind weggefallen.
Der Dargestellte scheint jünger als 35 Jahre alt zu sein. Möglicherweise bezog Beckenkamp sich auf eine schon in seinen Koblenzer Jahren angefertigte Vorlage.
Das 1791 entstandene Brustportrait zeigt, dass Beckenkamp auch nach seinem Umzug nach Köln 1785 weiter Kontakte mit Koblenzer Auftraggebern pflegte und Portraitaufträge erledigte.
Originalrahmen.
Vgl. in dieser Arbeit Kap. 2.2. und Abb. S. 26.

49.
PORTRAIT DES JOHANN FRIEDRICH CARL HEIMANN – 1792
Öl/Lw 100 x 84 cm
Caspar Beckenkamp + 1828 (spätere Schrift aus dem 19. Jh. auf dem Rahmen)
Privatbesitz
Prov.: Landgerichtsrat Heimsöth, Elberfeld; Gotfried Schwartz, Düsseldorf.
Lit.: MOSES 1925, S. 67; KELLENBENZ 1969 (= NDB Bd. 8), S. 271 (Heimann); KELLENBENZ 1975, Bd. 2, S. 36, 140, 143, 145; SCHLEICHER (Bearb.) 1982, Nr. 1629, S. 265; VAN EYLL 1984, S. 24-30; SCHLEICHER (Bearb.) 1987, S. 314; OST 1995, S. 267-72 und Abb. S. 268; SCHMIDT 2001 (Albermann), S. 77 f., 193f.
Ausst.: Koblenz, Köln 1997

Kopien:
1. Peter Hasenclever (Düsseldorfer Privatbesitz)
2. Peter Schick, Düsseldorf, entstanden zwischen 1887 – 1898 (Kölner Industrie- und Handelskammer am Hansaring, Heimann-Saal in venezianischer Neogotik, Photo, Kölnisches Stadtmuseum, Graphische Sammlung, RBA Nr. 219 023). Nach der Kriegszerstörung des Saales neue Kopie von Ludwig Siekmeyer (Siegburg) 1958
3. Kopie in Privatbesitz (Emmerich)
4. Verkleinerndes ovales Pastell-Portrait (Slg. Hiedemann, Köln)
5. Ganzfigurige Steinstatue vor der früheren Handelshochschule (Hansagymnasium) von Wilhelm Albermann (1835–1913)
6./7. Drei Bronzestatuetten von Wilhelm Albermann, vermutlich nach der Steinstatue am Hansaring, alle in Privatbesitz.

Knieportrait en face.
Johann Friedrich Carl Heimann sitzt frontal im Zentrum des Bildes und schaut aus großen, klaren, blauen Augen fein lächelnd den Betrachter an. Seine Körpersprache zeigt Tatkraft, Entschlossenheit, aber auch Liebenswürdigkeit. Heimann ist sehr modisch gekleidet, trägt eine in goldenen und hell- sowie dunkel-blaugrün gehaltenen Streifen gemusterte Jacke mit langen Schößen. Halb aufgeknöpft ist die hellblaue Seidenweste mit Schmetterlingen und Blumenmuster („Blümchenswest"), unter der eine große runde Schleife und die gerüschte Borte des hochkragigen Hemdes sichtbar werden. Die linke Hand hat Heimann in die Hüfte gestützt, in der rechten Hand hält er einen Brief mit der Aufschrift *Mon ...Heym ... Cologne*; eines der vielen auf dem Louis Seize-Sekretär liegenden, ansonsten unleserlich geschriebenen Papiere trägt die Jahreszahl *Ao 1792*. Eine Radschloss-Pistole an der Wand und ein Keramik-Tintenfass in durchbrochenem Rautenmuster spielen auf weitere Handelsaktivitäten des Kaufmanns an.
Johann Friedrich Carl Heimann (1757–1835) wurde als Sohn eines Hof- und Bergwerksbesitzers in Waldbröl geboren. 1779 zog er nach Köln, heiratete noch im selben Jahr die Kaufmannstochter Anna Christina Martini und trat zum katholischen Glauben über. Den Kaufmann in *Specerey, Wein, Spedit. und Commission*-Geschäften vermerkt das Kölner Adressbuch als wohnhaft im Haus Obenmarspforten Nr. 15. Von 1792 bis 1795 war Heimann Kölner Ratsherr. Sein Wirken galt vor allem dem Ausbau einer effektiven Korporation Kölner Kaufleute, die sich mit ihren protestantischen – bis 1797

mit schweren Beschränkungen belasteten – Kollegen von den merkantilen Einengungen der reichstädtischen Regierung befreien wollten. Die Gründung der Handelskammer gelang erst 1797 und Heimann war ihr erster Präsident und von 1806 bis 1810 ihr Vizepräsident. Der frankophile Heimann suchte wie viele Kaufleute Toleranz und geistige Aufgeschlossenheit bei den Freimaurern und war Mitglied der Loge *Maximilian zu den drei Lilien*.

Vgl. in dieser Arbeit Kap. 5.3.3., Kap. 5.4. und Abb. S. 98.

50.
PORTRAIT DER ANNA CHRISTINA MARTINI, ERSTE EHEFRAU DES JOHANN FRIEDRICH CARL HEIMANN – 1792 (?)
Öl/Lw 110 x 80 cm
Verbleib unbekannt
Prov.: Konsul Albert Heimann, Köln
Lit.: MWGfFK, V (= Mitteilungen der Westdeutschen Gesellschaft für Familienkunde) Okt. 1926, S. 63, S. 64 (Abb.); SCHLEICHER (Bearb.) 1982, S. 226 und Abb.; OST 1995, S. 267-72, Abb. S. 271.
Ausst.: Köln 1925, Raum 31 (Familienkunde), Nr. 23
Kopien:
1. Spätes 19. Jahrhundert, Emmerich,
Frau Tjaben-Stevens
2. Verkleinerndes ovales Pastell-Portrait – Pendant zu dem um 1900 entstandenen Pastell-Portrait des Ehemannes, (Slg. Hiedemann, Köln)
3. Aquarell-Kopie in der Bonner Sammlung Heimsöth.

Kniestück en face.
Dieses Gemälde, das nur durch eine alte (von Frau Margarethe Johlen, Köln, freundlicherweise zur Verfügung gestellten) Photographie bekannt ist, war mit großer Wahrscheinlichkeit das Pendant zum obigen Portrait ihres Ehemanns Johann Friedrich Carl Heimann. Allerdings weichen die Maße der Bildnisse um 10 cm in der Höhe und um 4 cm in der Breite voneinander ab.
Anna Christina Martini (1761–1803) war die erste Frau von Johann Friedrich Carl Heimann. Sofern das verlorene Bildnis Beckenkamps ebenfalls aus dem Jahr 1792 stammt, ist die Dargestellte darauf 31 Jahre alt. Sie sitzt vor einem Stickrahmen, auf dem sie ein Blumenmuster entworfen hat. Über das zweifarbig gestreifte Kleid hat sie ein transparentes weißes Tuch mit feinen Spitzen gebunden. Die Haare sind lockig und gepudert, vermutlich trägt sie eine Perücke. Christina Heimann entstammte einer katholischen Kölner Kaufmannsfamilie. Ihr Vater Johann Philipp Martini war wie der Schwiegersohn in Spezerei-, Speditions- und Kommissionsgeschäften tätig und gehörte wie dieser als Freimaurer der aufgeschlossenen Fraktion der Kaufleute im Kölner Rat an. Durch die Heirat in eine angesehene katholische Kaufmannsfamilie der Stadt wurde Johann Friedrich Carl Heimann der Weg in politische und wirtschaftliche Ämter geebnet. Anna Christina Heimann starb 1803 mit 42 Jahren. 1806 heiratete Heimann in zweiter Ehe Maria Susanna Trombetta (1779–1854).

Vgl. in dieser Arbeit Kap. 5.3.3. und Abb. S. 99.

51.
PORTRAITS UND PORTRAITKOPIEN FÜR EMIGRANTEN AUS DEM FRANZÖSISCHEN KÖNIGSHAUS, FÜR DEN TRIERER KURFÜRSTEN CLEMENS WENZESLAUS UND FÜR DEN PRINZEN XAVER VON SACHSEN – 1792
Maße und Technik unbekannt
Verbleib unbekannt
Lit.: Mittelrhein-Museum, Koblenz, Autographensammlung, Rechnung im Diözesanarchiv Limburg, aus dem Nachlass von Hans Wolfgang Kuhn; RHEINISCHER ANTIQUARIUS 1851, I. 1., S. 1 ff. (französische Prinzen in Koblenz); BORNKESSEL 1989 (französische Emigranten in Koblenz); PHILIPPI 1989, S. 156 f. (Sachsen-Wettin).

Auf höchsten Befehl Ihrer Königl. Hoheit hat unterschriebener verfertiget drey Copien von den portraiten der Madame Monsieur und grafen Artois so dan zwey Copien von prinzen Xavier Königl. Hoheit zusammen 5 Copien nach den schon [?] gnädigst benehmigten accord stück 3 Carolin
Summa 15 Carolin

Auf höchsten Befehl ihrer Königlichen Hoheit wie auf den (Ihrer?) (Lücke) Kurfürstlichen Durchl. verfertigte unterschriebener (Lücke) dero portraiten in original beysammen auf (Lücke) einem Stück vorstellend bey einem frühstück ad 10 Carolin
den 16. September 1792

Unterschriebener Verfertigte auf höchsten Befehl ihro Kufürstlich. Durchl: die 2 original portraiten ihrer Königl. Hoheiten grafen Artois Monsieur und Madame jedes ad 4 Carolin
auch eine Copie auf höchsten befehl Verfertigt vom prinzen Xavier Königl. Hoheit ad 3 Carolin
Summa 15 Carolin

Unterschriebener bescheinigt von wegen 2 rechnungen (Lücke) betreffend 5 portraiten copiert für Ihro K: Hoheit (Lücke) Carolin die andere betreffend ein Stück Ihro Kurfürstl. durchl. und höchstdessen Schwester K: Hoheit (Lücke) samm gmahlt 10 Carolin zusammen 25 Car. empfangen zu haben den 30ten Dec. 1792.

59.
PORTRAIT DER ANNA ELISABETH FÜRTH – 1793
Öl/Lw 87 x 72 cm
Anna Elisabetha Fürth professin in gros Nazaret Nata 1725, gemalt von Bened. Beckenkam 1793 (Rückseite)
Verbleib unbekannt (1925 bei Max Joseph Stelzmann, Köln), RBA Nr. 32 464
Lit: MOSES 1925, S. 54, 68.

Kniefigur stehend, in Amtstracht mit weißem Kleide und schwarzer Haube, die Hände auf dem Leibe, in der Linken ein Gebetbuch. Rechts neben ihr auf dem Tische ein Kruzifix. Hinter ihr drapierter rötlicher Vorhang. Hintergrund braun. Rechts oben Wappen der Familie Fürth.
(Beschreibung von E. Moses, S. 68)
Weder die genauen Lebensdaten noch die verwandtschaftlichen Beziehungen zu Theodor Laurenz Fürth waren zu ermitteln.

60.
PORTRAIT DES CLEMENS AUGUST MARIA VON MERLE – 1794
Öl/Lw 86,5 x 69 cm
Clement August Maria von Merle
Dom Capitular und des Kurfürst: weltlichen Hoffgerichts President im 62. Jahr
gemalt von Bened: Beckenkam 1794. (Rückseite)
Köln, Universität, als Leihgabe im Kölnischen Stadtmuseum
Prov.: unbekannt, von Prof. Ost 1994 im Kunsthandel entdeckt.
Ausst.: Koblenz, Köln 1997
Lit.: LOHMANN 1920, S. 23; OST in: AK KÖLN 1995, S. 264–67, Abb. 2, 3, S. 264, Farbtafel VI.

Hüftstück. Domherren-Portrait vor neutralem grüngrauen Hintergrund.
Der nach rechts gewandte, den Betrachter anschauende Geistliche trägt den seit Kurfürst Clemens Augusts Zeiten verliehenen Domherrenstern auf dem Talar. Mit seiner linken Hand rollt er einen Gartenplan aus, der die Unterschrift *GrundRis vom Englischen Gar* trägt. Es handelt sich dabei um Pläne für die Anlage eines englischen Gartens in der ihm seit 1789 gehörenden Burg Metternich bei Brühl. In der linken oberen Ecke des Portraits ist das Familienwappen der von Merle mit dem Mohren zu erkennen.
Clemens August Maria von Merle (1732–1810) entstammte einer kurkölnischen Beamtenfamilie. In Bonn geboren, studierte er Jura und promovierte zum Doktor beider Rechte. Er war Präsident des kurfürstlichen weltlichen Hofgerichts mit Sitz in Köln. 1762 wurde er in das Kapitel des Kölner Domes aufgenommen. 1796 wurde von Merle in Köln zum Weihbischof ernannt und 1797 von Maximilan Franz in dessen Mergentheimer Exil zum Titularbischof von Bethsaida konsekriert. De facto war er damit geistlicher Rechtsnachfolger des 1794 exilierten Kurfürsten Maximilian Franz (vgl. in dieser Arbeit Kat. Nr. 72 – von Merle als Weihbischof). Von Merle war jedoch nicht nur als kurfürstlicher Beamter und Kleriker, sondern auch als kenntnisreicher Sammler von Münzen und Gemälden bekannt. Schon 1792 hatte Ferdinand Franz Wallraf den Katalog seiner Münzsammlung erstellt. Der Kölner Maler Laporterie hatte sie mit Zeichnungen illustriert. Die Gemäldesammlung von Merles umfasste 76 vornehmlich niederländische, flämische, italienische und kölnische Bilder und wurde nach seinem Tod 1810 ebenso auseinander gerissen wie die Münzsammlung. In der Kirche des Ortes Metternich wurde von Merle 1810 begraben.
Vgl. in dieser Arbeit Kap. 5.2.1. und Abb. S. 80.

61.
PORTRAIT EINER ALTEN DAME MIT ENKELIN – 1795
Öl/Lw 62 x 53 cm
B. Beckenkamp 1795 (auf der Rückseite)
Köln, Wallraf Richartz Museum, WRM 2426, RBA Nr. 134 407
Prov.: Kunsthandlung Goyert (1925), 1930 zusammen mit WRM 2427 erworben im Tausch gegen einen „Lesenden Mönch" von Grützner
Ausst.: Köln 1965
Lit.: MOSES 1925, S. 55 f., S. 68 („Mutter und Tochter"); BUCHNER 1933/34, S. 318; BEST. KAT. KÖLN, III, 1942, Abb. S. 10 („Mutter und Tochter"); BEST. KAT. KÖLN 1959, S. 26 („Mutter und Tochter"); BEST. KAT. KÖLN 1965, S. 26; AK KÖLN 1965, S. 22, Kat. Nr. 9; BEST. KAT. KÖLN 1973, S. 16 und Abb. 107; BEST. KAT. KÖLN 1986, S. 11
Kopie: Detail der alten Dame im Hochoval, Öl/Lw 41 x 30 cm, 1973 bei Frau Gerlinde Locker, München, RBA Nr. 136 256 (Best. Kat. Köln 1973, S. 16).

Kniestück, Doppelportrait.
In einem mit Louis Seize-Möbeln, einem Tisch, einem Spiegel und einem Konsoltisch möblierten Zimmer fällt Licht durch ein mit grünen Vorhängen dekoriertes Fenster. Die sitzende alte Dame trägt ein taubengraues Kleid mit weitem Ausschnitt und breitem weißen Fichu und eine Spitzenhaube mit Satinschleife auf dem tou-

Kat. Nr. 61 (Foto: RBA)

pierten und gepuderten Haar. Das stehende blonde Mädchen trägt ein weißes, mit blauen Schleifen versehenes Kleid, dessen Falten fast an die Kannelüren einer antiken Säule erinnern.

Das Dreiviertelportrait der alten Dame, welche die linke Hand des etwa zehnjährigen, im Profil dargestellten, aber den Betrachter anschauenden, Mädchens hält, wurde bis 1973 als „Portrait einer Mutter mit ihrer Tochter" angesehen. U. Erichsen-Firle und H. Vey erkannten aber, dass es als Pendant zu dem „Paar am Klavier" zu sehen ist, und vielleicht mit der Mutter und der Tochter des Bürgerpaares unbekannter Identität zu identifizieren sind (ebda., S. 16). Tatsächlich ist die Familienähnlichkeit zwischen den drei weiblichen Personen nicht zu verkennen.

Unser Doppelportrait ist Ausdruck der Empfindsamkeit ohne Spur von Sentimentalität. Auch ohne das Pendant, das die verwandtschaftlichen Beziehungen aufklärt, würde man auf Grund der zarten Gesten Familienbande zwischen den beiden weiblichen Personen vermuten.

Buchner (1933/34) sieht dieses Doppelportrait (wie auch sein Pendant, Kat. Nr. 62) als *noch etwas befangen und steifleinen, aber doch sympathisch und von gewinnender Ehrlichkeit* an.

62.
PORTRAIT EINES EHEPAARES AM KLAVIER – 1795
Öl/Lw 62 x 53 cm
Köln, Wallraf-Richartz-Museum, WRM 2427, RBA Nr. 134 408
Prov.: vgl. WRM 2426
Ausst.: Krefeld 1937; Köln 1949
Lit.: MOSES 1925, S. 55 f., S. 68 („Herr und Dame am Spinett"); BUCHNER 1933/34, S. 318, BEST. KAT. KÖLN 1936, S. 33, AK KREFELD 1937, Nr. 311 und Abb.; BEST. KAT: KÖLN 1938, S. 31; BEST: KAT. KÖLN 1942, III, S. 10 und Abb.; AK KÖLN 1949, Nr. 6 ; BEST. KAT. KÖLN 1959, S. 26; BEST. KAT. KÖLN 1965, S. 26; BEST. KAT. KÖLN 1973, S. 16, Abb. 108; BEST. KAT. KÖLN 1986, S. 11.

Kniestück. Doppelportrait.
Eine Dame in weißem Kleid und Perücke sitzt an einem Klavier, die linke Hand ruht auf den Tasten, mit der Rechten hat sie das Notenheft ergriffen, um die Seite umzublättern. Vor dem schräg in das Zimmer hereinstehenden Klavier steht ein mit schwarzem langschößigem Rock, doppelreihig geknöpfter, blauweiß karierter Weste bekleideter Mann. Seine Haare sind modisch *à l'aile-de-pigeon* frisiert und gepudert. Die rechte Hand hat er in die Westentasche gesteckt, mit der Linken stützt er ein Buch auf dem Klavier ab.
Auch auf diesem Portrait ist das Interieur nur spärlich und nüchtern geschildert. Ein kanellierter Pfeiler teilt den Raum in zwei Hälften. Am rechten Bildrand, hinter der auf einem Korbstuhl sitzenden Frau, wird eine glänzende Vorhangdraperie sichtbar.
Das Tafelklavier mit seinen feinen Einlegearbeiten, die Zierde des Raumes, lässt an ein Erzeugnis des in Köln tätigen Klavierbauers Wilhelm Constantin Schiffer denken, der in Köln zwischen 1767 und 1797 tätig war.
Das aufgeschlagene Notenblatt scheint den Namen „Haydn" aufzuweisen. Eine Betrachtung des Gemäldes unter dem Mikroskop, die Frau Dipl. Rest. Petra Mandt, Ludwig-Museum, Köln, mir freundlich ermöglichte, schließt aber nähere Deutungen des Schriftzuges und der Noten aus.

Kat. Nr. 62 (Foto: RBA)

63.
DER WAIDMARKT VON SÜDEN – 1795
Aquarell 248 x 395 mm
Der Waidmarkt zu Cölln gezeichnet von B. Beckenkamp aus seiner Wohnung 1795. (aufgeklebter Zettel auf der Rückseite mit der Handschrift von Beckenkamp)
Köln, Kölnisches Stadtmuseum, KSM (HM) 1926/629, RBA Nr. 96 782
Prov.: Sammlung P. Keysers, Köln, Humboldstraße 27 (der Kaufmann Peter Keysers lässt sich im Adressbuch von 1926 unter dieser Adresse feststellen).
Ausst.: Koblenz, Köln 1997
Lit.: VOGTS (Bearb.) 1930, S. 570, 572; ARNTZ - NEU - VOGTS (Bearb.) 1937, S. 40; ALTKÖLNISCHES BILDERBUCH 1950, S.92, Abb. S. 93.

Querformat.
Aus seinem Wohnhaus am Waidmarkt Nr. 1/3 (6956 nach französischer Einteilung) ist eine Perspektive gewählt, die den Waidmarkt mit ihrer verlängerten Straßenflucht, der Hohen Pforte, erfasst. Der wuchtige gedrungene Turm von St. Georg am linken Bildrand und der Turm der Pfarrkirche St. Jakob stehen der Häuserzeile am Waidmarkt gegenüber. Das Straßenbild wird von den auf ihr wandelnden Menschen – vornehme Damen, Geistliche und volkstümlichere Personen – geprägt. Hohe Pappeln dominieren die platzartige Erweiterung der alten Römerstraße. Abwasserbäche fließen in den Kanal in der Mitte der Severinstraße. Becken-

kamps Haus Nr. 1/3 war erst 1789 neu erbaut worden. Wenn Beckenkamps Wohnhaus auch der Häuserzeile am Waidmarkt etwas vorgelagert war, so ist der Standpunkt dennoch nicht *aus seiner Wohnung*, sondern vor seinem Wohnhaus anzunehmen.
Vgl. in dieser Arbeit Kap. 4.4., Kap. 4.4.1. und Abb. S. 65.

64.1.
DER WAIDMARKT VON SÜDEN
Photovergrößerung, aquarelliert, 250 x 400 mm
Kopiert nach dem Originalaquarell im Besitz des Herrn P. Kaysers in Köln – Humboldstraße 27 von G. Fischer, Köln (Schrift auf der Rückseite)
Köln, Kölnisches Stadtmuseum, KSM (HM) 1922/21
Prov.: P. Keysers, Köln, Humboldstraße 27 (lässt sich 1922, Inventarisationsdatum noch nicht in Köln nachweisen)
Lit.: ARNTZ - NEU - VOGTS (Bearb.) 1937, S. 40; SCHORN - VERBEEK 1940, S. 116, Nr. 75

Nach dem Originalaquarell von Beckenkamp (vgl. Kat. Nr. 63) entstanden.

64.2.
DER WAIDMARKT VON NORDEN
Photovergrößerung, aquarelliert, 250 x 400 mm
Kopiert nach dem Originalaquarell im Besitz des Herrn P. Kaysers in Köln – Humboldstraße 27 von G. Fischer, Köln (Schrift auf der Rückseite)
Köln, Kölnisches Stadtmuseum, KSM (HM) 1922/22
Prov.: vgl. Nr. 64.1.
Ausst.: Koblenz, Köln 1997
Lit.: ARNTZ - NEU - VOGTS (Bearb.) 1937, S. 40; SCHORN - VERBEEK 1940, S. 116, Abb. 76; VOGTS 1966, Bd. 2, S. 487 (Abb.)

Wahrscheinlich nach einem verschollenen Originalaquarell von Beckenkamp entstanden.
Vgl. in dieser Arbeit Kap. 4.4., Kap. 4.5.

64.3.
DER BLAUBACH
Photovergrößerung, aquarelliert, 250 x 400 mm
Kopiert nach dem Originalaquarell im Besitz des Herrn P. Kaysers in Köln – Humboldstraße 27 von G. Fischer, Köln (Schrift auf der Rückseite)
Köln, Kölnisches Stadtmuseum, KSM (HM) 1922/23
Prov.: vgl. Nr. 64.1.
Lit.: VOGTS 1966, Bd. 1, S. 131 (Abb.); POHL, in: KELLENBENZ 1975, Bd. 2, S. 63 (Abb.)

Die Photovergrößerung zeigt einen Blick in die von der Kreuzung Hohepforte/Waidmarkt als Verlängerung des Mühlenbaches fortführende Straße Blaubach. Wahrscheinlich nach einem verschollenen Originalaquarell von Beckenkamp entstanden.
Vgl. in dieser Arbeit Kap. 4.4., Kap. 4.5. und Abb. S. 68.

64.4.
DER MÜHLENBACH
Photovergrößerung, aquarelliert, 250 x 400 mm
Kopiert nach dem Originalaquarell im Besitz des Herrn P. Kaysers in Köln – Humboldstraße 27 von G. Fischer, Köln (Schrift auf der Rückseite)
Köln, Kölnisches Stadtmuseum, KSM (HM) 1922/24
Prov.: vgl. Nr. 64.1.
Lit.: ARNTZ - NEU - VOGTS (Bearb.) 1937, S. 40

Vielleicht nach einem verschollenen Originalaquarell von Beckenkamp entstanden.
Vgl. in dieser Arbeit Kap. 4.4.

65.
PORTRAIT EINES MÄDCHENS (MARIA SIBYLLA JOSEPHA SCHIMPER?) – 1796
Öl/Lw 43,5 x 33 cm
gemalt von Benedikt Beckenkam 1796 (Rückseite)
Privatbesitz
Prov.: Slg. Otto Deichmann
Freundlicher Hinweis auf dieses Portrait von Frau Stefanie Jordan, Bonn-Bad Godesberg.
Lit.: Stadtarchiv Trier, Taufbuch von St. Gangolf - St. Laurentius, S. 69, 70; St. Gangolf (Heiraten); MALLINCKRODT 1896, S. 9; SCHLEICHER (Bearb.) 1982, S. 532 (Stammtafel Schaaffhausen); SCHLEICHER (Bearb.)1987, Bd. IV, S. 286 (Totenzettel Maria Sibilla Schimper - Schaaffhausen).

Ganzfiguriges Portrait.
In einem Innenraum mit grün-gräulichem Hintergrund und einem roten Vorhang auf der rechten Seite steht ein mit einem weißen langen Kleid bekleidetes Mädchen. Im rechten Arm hält es einen Korb voller Blüten, in der linken Hand ein weißes Stück Stoff. Vor ihr auf einem roten Schemel sitzt ihr zugewandt ein weißer Hund, der wie ein Pudel modisch geschoren ist. Ein Zettel auf der Rückseite des Rahmens verweist auf *Maria Sibilla Schaaffhausen, Schwester von Abraham Schaaffhausen, vermählt mit Heinrich L. A. Schimper*. Anna Maria Sibylla Schaaffhausen war die Tochter von Johann Wolter Schaaffhausen und jüngste Schwester von Abraham Schaaffhausen (1756–1824), Bankier und

Sammler, Vater der Antikensammlerin und Archäologin Sibylle Mertens-Schaaffhausen.

Bei dem kleinen Mädchen kann es sich aber nicht, wie angegeben, um Maria Sibylla Schaaffhausen selbst (1768–1832) handeln. Diese heiratete am 11. Juli 1790 Heinrich Ludwig Andreas Schimper aus Trier (geb. 1764), der aber schon 1799 starb. Das Taufbuch von St. Gangolf - St. Laurentius in Trier verzeichnet für den 28. Mai 1792 die Geburt einer Tochter Maria Sibylla Josepha Schimper. Diese Angabe korrespondiert auch mit dem Alter des kleinen Mädchens auf Beckenkamps Portrait.

66.
PORTRAIT DER EVA MARIA HELNER,
geb. BRAMINO – 1796
Öl/Lw 96 x 82 cm
Doublierte Leinwand
Gemalt von B. Beckenkam 1796 (Rückseite) *gemalt 1790 von Benedikt Beckenkamp* (auf dem Rahmen)
Köln, Kölnisches Stadtmuseum, KSM (HM) 1915/128, RBA Nr. 109 950
Prov.: Karl Croyen, Bonn
Lit.: MOSES 1925, S. 56, 68; PORTRAITKATALOG 226 a; ACHTHUNDERT JAHRE VEREHRUNG 1964, S. 139 f. (Dreikönigenbruderschaft)

Dreiviertelfigur, nach rechts gewandt.
Leicht nach links (zu ihrem Mann J. Helner) gewandt, ist die Frau des Ratsherren Helner mit einem kupferfarbenen Satinkleid bekleidet. Ein breites Fichu, dessen Saum zweistufig mit feiner geschwungener Spitzenborte abschließt, ist in der Mitte zu einem bauschigen Knoten gebunden. Die Vorliebe Eva Maria Helners für modische Accessoires zeigt sich in der raffiniert gerüschten Satinhaube. Ringe schmücken beide Ring- und Mittelfinger, den Hals ihres korpulenten Körpers umfasst ein Collier mit Kette. Zu ihrer Linken steht ein Blumenstrauß in einer Vase. In der linken Hand hält sie ein Buch, in das sie den Zeigfinger gesteckt hat, um die gerade gelesene Seite zu markieren. Die Rechte ruht auf dem linken Handgelenk.
Eva Maria Helner, geb. Bramino, die ebenfalls aus einer reichen Kaufmanns- und Patrizierfamilie stammte, überlebte ihren Mann um sieben Jahre. Noch 1797 wird sie im zweiten Kölner Adressbuch als *seel. witt., in Specereywaren* aufgeführt, wohnhaft am Eisenkaufhaus in der Bolzengasse, in der Nähe des Gürzenich. Von 1773/74 bis 1797/98 war sie Mitglied der Dreikönigenbruderschaft. Auf der Mitgliederliste der Bruderschaft wird ihr Todesdatum angegeben: *obiit 6. decembris 1798.*

Kat. Nr. 66 (Foto: RBA)

Die Diskrepanz zwischen dem Datum auf dem Rahmen und auf der Leinwand erklärt sich möglicherweise mit einem Übertragungsfehler nach der Leinwanddoublierung. Signatur und Datierung fehlen auf dem Portrait Helners dagegen ganz. Bei dem Portrait des Ratsherren und Kaufmanns handelt es sich möglicherweise um ein postumes Bildnis, das die überlebende Ehefrau 1796 zusammen mit dem eigenen Portrait in Auftrag gab, vgl. Kat. Nr. 67.

67.
PORTRAIT DES RATSHERREN
JOHANN HELNER – 1796 (?)
Öl/Lw 96 x 82 cm
Köln, Kölnisches Stadtmuseum, KSM (HM) 1915/127, RBA Nr. 120 091
Ausst.: Koblenz, Köln 1997
Prov.: Karl Croyen, Bonn
Lit.: MOSES 1925, S. 68; PORTRAITKATALOG 828 a; TORSY 1964 (Dreikönigenbruderschaft), S. 139 f.; SCHLEICHER (Bearb.) 1987, S. 274, Nr. 1675; BOCK 1993, Nr. 6

Kniestück, nach links gewandt.
Der dargestellte Ratsherr sitzt dem Betrachter nahezu frontal gegenüber, die massive Figur in leichter Rechtsdrehung. Er trägt ein hellblaues Jackett mit großen Goldknöpfen und breiten Knopfschlitzen, darunter

eine sich über dem gerundeten Leib spannende Weste mit fein geschwungener Goldbordüre. In der Linken hält er einen Brief mit der Aufschrift *A Monsieur/ Monsieur Helner/ Senateur de la Ville/negotiant/Cologne*. Zur Rechten von Monsieur Helner öffnet sich hinter einer Balustrade eine nachgedunkelte Landschaft, links hinter ihm hängt ein roter Vorhang.

Der Kaufmann Johann Helner (1734/36–1791) war in den Jahren von 1769 bis 1787 Kölner Ratsherr. 1760 hatte er in der Kölner Kirche St. Brigida Eva Maria Bramino geheiratet. Ein Sohn wurde 1777 geboren. 1785 machte Helner zusammen mit seiner Frau sein Testament, das noch im Historischen Archiv der Stadt Köln erhalten ist. Zusammen mit seiner Frau war er in der Dreikönigenbruderschaft (von 1773/74 bis 1788/89) eingeschrieben, bei der er leitende Ämter innehatte. Er war auch Mitglied der Zunft *Ahren* (Riemenschneiderzunft).

Die Formgebung (vgl. v. a. die rechte Hand) und die Malweise erscheinen teilweise plump und schematisierend. Wegen seines schlechten Zustandes war das Bild restauriert und dabei wohl erheblichen Übermalungen ausgeliefert worden. Die schwach ausgeprägte Physiognomie des Dargestellten und die flache Formgebung können aber auch vermuten lassen, dass es sich um ein postum entstandenes Portrait handelt, das die Witwe Eva Maria Bramino erst 1796, fünf Jahre nach dem Tod von Helner, in Auftrag gegeben haben könnte, vgl. Kat. Nr. 66.

Vgl. in dieser Arbeit Kap. 5.3.3.

68.

DOPPELPORTRAIT DER KINDER SIGISMUND AUGUST UND ELISABETH BECKENKAMP – 1797
Öl/Lw 42 x 31 cm
Sigismund Beckenkam aetatis 9. Elisabetha Beckenkam aetatis 4. B. Beckenkam pinx. 1797. (Rückseite)
Bonn, Rheinisches Landesmuseum, Inv. Nr. 28 965
Prov.: Friedrich Sprung, Koblenz
[Die Tatsache, dass von den sechs Bildnissen des Bonner Rheinischen Landesmuseums, die Mitglieder der Familie Beckenkamp darstellen, fünf im Jahre 1916 von dem Koblenzer Bauunternehmer Friedrich Sprung (1856–1923) erworben wurden, – Inv. Nr. 28 963–28 967 – ließ vermuten, dass sie aus einem Nachlass Beckenkamps stammen könnten. Nachforschungen im Archiv der Stadt Koblenz ergaben jedoch keine familiären Beziehungen von Friedrich Sprung mit Beckenkamp (für freundliche Hinweise zur Koblenzer Familie Sprung danke ich Herrn Michael Koelges, M. A. und Herrn Hans Josef Schmidt, Stadtarchiv Koblenz). Die oben erwähnte Witwe Sprung (vgl. in dieser Arbeit Kat. Nr. 29), Besitzerin der „Samariterin am Brunnen" könnte dagegen mit Friedrich Sprung verwandt gewesen sein. Friedrich Sprung könnte aber auch aus anderen Quellen Bilder aus dem Nachlass Beckenkamps erworben haben. So bleiben große Teile aus seinem Nachlass, der bei seinem Tod 1828 wohl vorhanden gewesen ist, bis heute verschollen].

Ausst.: Koblenz, Köln 1997.
Lit.: WAGNER 1923, S. 17 f. Taf. XXX, Abb. 77; MOSES 1925, S. 66; BEST. KAT. BONN 19272, S. 12, Nr. 7 E; BEST. KAT. BONN 1959, S. 11; BEST. KAT. BONN 1982, S. 42, 44 (Abb.), 45; GERMER - LANGE-PÜTZ 1990, S. 67 (Abb.), S. 68

Doppelportrait vor einer Landschaft.
In dem Geschwisterbildnis seiner vierjährigen Tochter Elisabeth und seines neunjährigen Sohnes Sigismund hat Beckenkamp die beiden Kinder vor der Kulisse einer dunklen waldigen Landschaft platziert. Sigismund mit Peitsche und Kreisel sitzt auf einem großen Stein, während die kleine Schwester ihm aus dem Korb voll rot-gelber Äpfel unter dem linken Arm mit der rechten Hand eine Frucht reicht. Ähnlich wie auf dem ein Jahr zuvor entstandenen Portrait der kleinen Tochter von Maria Sibylla Schimper-Schaaffhausen (vgl. Kat. Nr. 65), trägt Elisabeth Beckenkamp ein langes weißes Kleid mit breitem weich gerüschten Kragen und hellblauem Stoffband als Gürtel. Sigismund wirkt in seiner ockergelben Hose mit dunkelblauer langschößiger Jacke, sowie mit seinem ernsten Gesichtsausdruck wie ein kleiner Erwachsener. Das Spielzeug und der kindliche Ausdruck der kleinen Elisabeth entheben das Doppelportrait der Kinder des Malers jedoch der Erwachsenenwelt.

Sigismund August Beckenkamp wurde am 8. Januar 1788 geboren. Als sein prominenter Taufpate und Namensgeber erscheint Sigismund Altgraf von Salm-Reifferscheidt, für den der Vater 1785 Portraits der gräflichen Familie gemalt hatte. Wohl bei seinem Vater ließ Sigismund sich zum Maler ausbilden. Laut De Noël beteiligte er sich an den Arbeiten für den Severinschrein (1819) und kopierte die Flügel des Altars von St. Maria Lyskirchen mit der „Beweinung Christi" von Joos van der Beke. Zeitlebens war er kränklich und starb am 8. Mai 1823.

Die Tochter Johanna Elisabeth wurde am 8. April 1793 ebenfalls in der Kölner Pfarrkirche St. Jakob getauft. Als einziges der sieben Kinder des Malers überlebte sie ihre Geschwister und ihre beiden Eltern. Auf den Totenzetteln von Benedikt und Anna Maria Becken-

kamp erscheint nur eine einzige Tochter. Über ihre weiteren Lebensumstände ist nichts bekannt.
Vgl. in dieser Arbeit, Kap. 5.2.1. und Abb. S. 84.

69.
SELBSTPORTRAIT VON BENEDIKT BECKENKAMP – ca. 1797
Öl/Lw 40 x 32,5 cm
Köln, Wallraf-Richartz-Museum, WRM 1947, RBA Nr. 134 399.
Prov.: Sammlung Wallraf (dort zunächst als „Maler Caris")
Ausst.: Darmstadt 1914; Düsseldorf 1925 (Kunstausstellung der Jubiläumsausstellungen, Nr. 77); Bonn 1970, (Rheinische Kunstwerke von der Renaissance bis zum Expressionismus, Nr. F. 6); Washington 1985, (Three Centuries of German Painting and Drawing. From the Collections of the Wallraf-Richartz-Museum, Cologne); Tokio u.a. 1992 (Deutsche Malerei von Barock bis Impressionismus, Das Wallraf-Richartz-Museum in Japan)
Lit.: BEST. KAT. KÖLN 1862, S. 125; BEST. KAT. KÖLN 1864, S. 81 f.; BEST. KAT. KÖLN 1869, S. 79; BEST. KAT. KÖLN 1873; S. 87 f.; BEST. KAT. KÖLN 1875, S. 84 f.; BEST. KAT. KÖLN 1877, S. 74/75; BEST KAT. KÖLN 1883, S. 52; BEST. KAT. KÖLN 1888, S. 90 f.; BEST. KAT. KÖLN 1902, S. 187 f.; BEST. KAT. KÖLN 1903, S. 188; BEST. KAT. KÖLN 1905, S. 163; BIERMANN 1914, Bd. 1, Abb. 438, Bd. 2, S. III, IV; COHEN 1924, S. 17, Abb. 1; MOSES 1925, S. 51, Abb. 7, S. 69; COHEN-LASCH-KOETSCHAU 1926; S. 166; BEST. KAT. KÖLN 1927, S. 68 f. (und Abb. 63); BEST. KAT. KÖLN 1927 (2), S. 96; LANDSBERGER 1931, S. 98, Abb. 59; BEST. KAT. KÖLN 1936, S. 33; BEST. KAT. KÖLN 1942, S, 9 f. (Abb.); BEST. KAT. KÖLN 1957, S. 49; BEST. KAT. KÖLN 1959, S. 15; BEST. KAT. KÖLN 1973, S. 16 f.; MARKOWITZ in: TRIER-WEYRES 1979, Bd. 3, S. 50 f. und Abb. 6, S. 51; BEST. KAT. KÖLN 1986, S. 11; WAGNER in: AK KÖLN 1995, S. 425

Hüftstück, nach rechts gewandt.
Fast im Profil, leichte Körperdrehung nach links, den Betrachter anschauend. Bekleidet mit einer blaugrauen Jacke, einer gelben, hellblau gestreiften Weste und einem korrekt gebundenen Halstuch sitzt der Maler vor einem großformatigen Skizzenbuch, das an einen Tischaufsatz und ein dickes Buch gelehnt schrägwinklig vor ihm geöffnet ist. Die Hand des rechten, angewinkelten Armes hat den Kreidegriffel auf das Skizzenbuchpapier aufgesetzt. Der Gesichtsausdruck des Malers ist freundlich und aufmerksam. Eine zusammengerolltes schon bearbeitetes Papier – vielleicht ein Aquarell oder eine Zeichnung – liegt auf dem Tisch vor dem Skizzenbuch.
Das Portrait ist wahrscheinlich im Zusammenhang mit den beiden anderen Portraits der Familie, nämlich der Ehefrau Anna Maria und der beiden Kinder Sigismund August und Elisabeth entstanden. Während die Physiognomie des 1797 bereits fünfzigjährigen Malers auch eine frühere Datierung zuließe, sind die Haare, wenn auch gepudert, jedoch nicht à l'aile-de-pigeon zusammengerollt, sondern werden offen und halblang getragen. Dies ist ein Hinweis auf die Haarmode der französischen Zeit, also nach 1794.
Vgl. in dieser Arbeit Kap. 5.4., Farbabbildung auf dem Umschlag und Abb. S. 102.

70.
PORTRAIT VON ANNA MARIA BECKENKAMP – 1797
Öl/Lw 42,5 x 32,5 cm
B. Beckenkamp pinxit 1797 (Rückseite)
Bonn, Rheinisches Landesmuseum, Inv. Nr. 62. 1038
Prov.: K. A. Stockhausen, Londorf (vgl. auf der Rückseite: Souvenir de K.A. Stockhausen Londorf 1855), erworben bei Lempertz, Mai 1962, Aukt. Nr. 468.
Ausst.: Koblenz, Köln 1997
Lit.: AUKT. KAT. Köln 1962, Nr. 31; GOLDKUHLE 1966, S. 475, S. 495, Abb. 18, S. 496; BEST. BONN 1982, S. 42, Abb. S. 43; GERMER - LANGE-PÜTZ (Hg.) 1990, S. 65 (Abb.), S. 66; KIER-ZEHNDER (Hg.) 1998, S. 201, Nr. 255 und Abb.

Hüftstück, leicht nach links gewandt, den Betrachter anschauend.
Das Portrait des Rheinischen Landesmuseums ist wahrscheinlich als Pendant zum Kölner Selbstportrait Beckenkamps entstanden. Während sich der Maler als Zeichner mit den Attributen seiner Kunst darstellt, portraitiert er seine zweite Frau – „mit allen Zeichen echter Zuneigung" (Goldkuhle, 1966, S. 475) - als Hausfrau und als Dame von Welt, die sich zufrieden im modischen – und teuren! – Getränk ihrer Zeit, dem Kaffe rührend, präsentiert. Die zweite Tasse ist bereits für den Maler gedeckt. Das verleiht dem Bild ebenso große Lebendigkeit wie der frische Gesichtsausdruck von Anna Maria Beckenkamp und die lebhafte hellblaue Farbe ihres Kleides. Kokett hat sie einen Blumenstrauß in den weiten Ausschnitt des hellblauen Kleides über das breite Fichu gesteckt. Weitere Zeichen des erreichten materiellen Wohlstandes sind das weiße, mit zartem Goldmuster verzierte Porzellanservice, die silberne Sahneschüssel und der Schmuck, bespielsweise

die zierlichen Ohrringe. Das Bonner Portrait steht damit ganz im Gegensatz zu dem kleinen Portrait der Künstlergattin mit traurig verhärmten Gesichtsausdruck von 1791 (ebenfalls im Rheinischen Landesmuseum).
Vgl. in dieser Arbeit Kap. 5.4. und Farbabb. S. 107.

71.
DIE GÜLICHSÄULE - 1797
Radierung (nach einer Zeichnung von Carl Seyfried)
Darst.: 416 x 288 mm
Säule/des im Jahre 1686 am 23. Febr: zu Mühlheim enthaupteten kölnischen Bürger/Niclas Gülich, welche, nachdem sein Haus geschleiffet worden war, in der/Mitte des leeren Hausplatzes aufgeführt, und errichtet, nunmehro aber/am 17. Sept: 1797, von den kölnischen Freyheits Freunden mit großer Feyerlichkeit/und in Zulauf einer großen Volksmenge zu Boden geworfen und zernichtet worden ist.
Carl Seyfrid Des: (links) - B. Beckenkam: grav: (rechts)
Köln, Kölnisches Stadtmuseum, A.I.3/462 d, RBA Nr. 196 177
Ausst.: Köln 1988; Koblenz, Köln 1997.
Lit.: HAStK, Chron. u. Darst. 172, S. 24, Blatt 114; HAStK, Französische Verwaltung 1016; MERLO 1887, S.43 f.; HANSEN 1938, Bd. 4, S. 21-30 (Zerstörung der Gülich-Säule), v. a. S. 24, Anm. 4; DIEDERICH 1973, S. 66, Abb. 11; BEST. KAT. KÖLN 1984, Abb. S. 167; DREHER 1986, Titelblatt (Abb.); DREHER in: AK KÖLN 1988, S. 482, Kat. Nr. 5.59. a. und Abb. S. 482; JÜTTE in: KÖLN ALS KOMMUNIKATIONSZENTRUM (= RISS IM HIMMEL, Bd. 4), S. 453-472 (Gülich-Aufstand)
Nachempfundene Werke:
Aquarell mit der Gülichsäule auf einem Platz mit Häusern (Gülichplatz) und Dom mit Kran im Hintergrund (Kölnisches Stadtmuseum, KSM (HM) 1926/575); Frickel (Bonn), Die Gülich-Säule vor einer Mauer, Ende 19. Jahrhundert.

Auf einem gestuften Sockel aus Sandstein ist, von einem Schwert durchbohrt, der bronzene Kopf des Nikolaus Gülich (1644-1686) aufgespießt. Das Alter des Steinsockels wird durch auf dem Steinsockel wachsendes Gras betont. In der Graphik nur angedeutet, sind auf dem verjüngten Teil des Sockels auf der Vorderseite - und nicht sichtbar auch auf der Hinterseite - Kupferplatten angebracht, auf denen mit dem Incipit *Inscriptio Infamis Columnae* der Anlass der Aufstellung der Schandsäule geschrieben stand. Der Bronzekopf der ehemaligen Schandsäule von der Hand des Glockengießers Lukas Dinckelmeyer ist heute im Kölnischen Stadtmuseum (KSM 1982/321) erhalten.

Kat. Nr. 71 (Foto: RBA)

Der Kaufmann und Ratsherr Nikolaus Gülich war nach einer sechs Jahre andauernden Revolte gegen die korrupte Stadtregierung Kölns am 23. Februar 1686 im rechtsrheinischen Mühlheim hingerichtet worden. Sein Kopf und der seines Mitstreiters Abraham Sax waren an den südlichen und nördlichen Ecktürmen der Stadt, am Bayen- und am Kunibertsturm aufgespießt worden. Das Haus Gülichs wurde geschleift, eine Neubebauung des freien Platzes für alle Zeiten verboten. Seit 1913 steht auf dem Gülichplatz der Fastnachtsbrunnen von Grasegger.
Eine Neuinterpretation erfuhr der geächtete und geschmähte Nikolaus Gülich im dritten Jahr der französischen Besetzung Kölns. Die Schandsäule galt den Kölner Jakobinern als ein *Denkmal der bürgerlichen Freiheitsunterjochung*. Anlässlich der Ausrufung der cisrhenanischen Republik und der Pflanzung eines zweiten Freiheitsbaumes auf dem Kölner Rathausplatz am 17. September 1797 wurde die Schandsäule auf dem Gülichplatz unter großen Mühen zerstört. Vor der Vernichtung bewahrt und gleichsam als Reliquie eines Freiheitsmärtyrers verehrt, wurde der Bronzekopf Gülichs sowohl in Köln, als auch in Bonn auf feinem roten Samtkissen drapiert, während eines Umzuges feierlich durch die Stadt getragen.

Diese wahrscheinlich noch 1797 entstandene politische Graphik Beckenkamps ist ein Dokument sowohl des historischen Zustandes der Schandsäule, als auch der Neubewertung Gülichs als Märtyrer für die Freiheit durch die Kölner Jakobiner. In der auf das Ereignis anspielenden Akte des Historischen Archivs der Stadt Köln (Französische Verwaltung 1016) konnte kein offizieller Auftrag für die Maler Seyfried und Beckenkamp gefunden werden. Die Unterschrift lässt aber an den Auftrag eines einzelnen Mitgliedes oder des gesamten Kölner Jakobinerklubs, der sich unter dem Namen *Freiheitsfreunde* verbergen mag, denken.

Über den Maler Carl Seyfried ist bei Merlo 1895 nur bekannt, dass er am 6. 10. 1783, also drei Jahre vor Beckenkamp, in die Kölner Malerzunft aufgenommen wurde und möglicherweise identisch mit einem gleichnamigen Spiegelfabrikanten, wohnhaft im Haus Oben Marspforten Nr. 2052, gewesen ist.

Vgl. in dieser Arbeit Kap. 5.3. und Abb. S. 231.

72.
PORTRAIT VON CLEMENS AUGUST MARIA VON MERLE ALS WEIHBISCHOF – 1798
Öl/Lw 85 x 67 cm
Revmus et Illmus
Dmus Clem. August Maria
de Merle Episc. Bethsaid. Suffrag. Colon.
aetatis 67.
Bened. Beckenkam pinxit 1798 (Rückseite)
<u>Privatbesitz</u>
Prov.: Sammlung Lückger, Köln
Lit.: LOHMANN 1920, S. 23; MOSES 1925, S. 56, S. 69; FÖRSTER 1933, S. 32, Abb. 11; HEGEL 1979, Bd. 4, S. 81, Abb. 9; OST 1995, S. 264-67 und Abb. 4, S. 265.

Halbfiguriges Portrait.
Im Gegensatz zu dem vier Jahre zuvor entstandenen Portrait wird Clemens August Maria von Merle hier als Weihbischof und damit als Rechtsnachfolger des 1794 ins Exil gegangenen, ehemaligen Kölner Kurfürsten Erzherzog Maximilian Franz von Habsburg dargestellt. Folgerichtig ist im Hintergrund eine hellblaue, mit Goldstickerei-Ornamentik besetzte Mitra zu erkennen, die Ähnlichkeiten mit der hellblauen goldbestickten Mitra auf dem Portrait von Maximilian Franz von 1787 (vgl. in dieser Arbeit Kat. Nr. 36) aufweist.
Biographische Angaben zu von Merle, vgl. in dieser Arbeit Kat. Nr. 60.
Vgl. in dieser Arbeit Kap. 5.3.2. und Abb. S. 95.

Kat. Nr. 73 (Foto: RBA)

73.
PORTRAIT DES KAUFMANNS CHRISTIAN AUGUST JOSEPH BRUCHMANN – um 1800
Schabkunstblatt
Darst.: 393 x 308 mm
Blatt: 473 x 333 mm
<u>Köln, Kölnisches Stadtmuseum</u>, G 6958 b, RBA Nr. 186 419
Christian Aug. Jos. Bruchmann
Mitglied des ehemaligen Magistrats und
Kaufmann in der Stadt Köln am Rhein
gebohren den 28ten April 1741
gestorben den 23ten November 1810
Bened. Beckenkam pinx. Franz Kolb sculps.
Viennae 1811
Lit.: THIEME-BECKER 1952, Bd. 21, S. 222 (Kolb); SCHLEICHER (Bearb.) 1982, S. 113

Knieportrait nach rechts zum Betrachter gewandt.
Der Kölner Kaufmann hält einen Brief mit der Aufschrift *Hern Jos. Bruchm. / in / Wien* in seiner linken Hand. Wie auf dem Helner-Portrait, dem das Portrait Bruchmanns in der Komposition und im Landschaftsausschnitt sehr ähnelt, ist der Kaufmann in zwei drittel Figur in seiner wuchtigen Leiblichkeit dargestellt. Im Gegensatz zu dem wahrscheinlich postum entstandenen Helner-Portrait aber ist die Physiognomie detailreich geschildert und lässt auf eine persönliche

Kenntnis des Malers mit seinem Modell schließen. Die Gesichtszüge des Kaufmanns lassen einen entschlossenen Charakter erkennen.

Beckenkamps Original-Portrait des wohl in Wien verstorbenen Kölner Kaufmanns ist heute nicht mehr auffindbar. Auch E. Moses war es 1925 nicht bekannt. Wenn das Schabkunstblatt von dem jungen Wiener Stecher Franz Kolb (1789–1865) 1811 angefertigt worden ist, so scheint das Originalportrait doch wegen der „Jakobinerhaartracht" des Dargestellten (offene, halblange Haare, wie sie auch Beckenkamp auf seinem Selbstportrait von 1797 trägt) und der kompositionellen Nähe zu dem Helner-Bildnis in die Jahre um 1800 zu datieren zu sein. Auch das Alter des ca. fünfzig bis sechzig Jahre alten Mannes passen eher zu einer früheren, als zu einer späteren Datierung bis 1810.

Der Kaufmann C. A. J. Bruchmann (1741–1810) war von 1790 bis 1796 Kölner Ratsherr. Nach dem Adressbuch von 1795 wohnte er im Haus Nr. 2237 in der *Mühlengaß*. Der Sohn von Moritz Bruchmann und Barbara Tilman war Mitglied der Zunft Ahren und war 45 Jahre lang mit Maria Sibylla Offermanns verheiratet. Sein Testament ist unter B 998 im Historischen Archiv in Köln zu finden.

74.
„RHEIN-GEGEND BEI DER STADT KÖLLN" – um 1800

Kupferstich
Darst.: 181 x 352 mm
Blatt: 223 x 365 mm
Köln, Kölnisches Stadtmuseum, KSM 2001/421 (G 16 432), RBA Nr. 134 683
Gezeichnet von Bened. Beckenkam (links); *Gestochen von F. Cöntgen in Mainz* (rechts)
Koblenz und Trier in der Thornischen Buchhandlung (darunter)
Prov.: konnte in keinem Rheinreiseführer nachgewiesen werden.
Lit.: MITTEILUNGEN 1902, S. 31, Nr. 149; BENZING 1957, S. 156 (F. Cöntgen), FRANZHEIM 19773, Abb. 3 und Text.

Querrechteckiges Format.
L. Franzheim: *Trotz der vereinfachenden, naiven Linienführung hat dieses Porträt der Stadt einen besonderen Reiz: der Künstler hat es vom Strom aus eingefangen. Auf der Höhe des alten Deutz erkennt man einige der schwimmenden Schiffsmühlen, die die Bewohner Kölns mit Mehl versorgten.*

Diese Rheinansicht von Beckenkamp ist möglicherweise etwa zeitgleich – um 1800 – mit der Ansicht Kölns von Süden von Lorenz Janscha, gestochen von Johann Ziegler (1798) entstanden. Der leicht erhöhte Blickpunkt und der um die Severinskirche und um einen Teil der südlichen Stadtmauer erweiterte Blickwinkel spiegelt aber auch Elemente der älteren Topographie, namentlich von Wenzel Hollar, aber auch des von Augustin Braun 1612 erstmals von Süden erfassten Stadtpanoramas wider.

Höhlbaum datierte 1810 ca. Wahrscheinlich wurde als Terminus ante quem das Jahr 1811, Datum des Abbruchs des barocken Dachreiters auf dem Domtorso, angenommen. Bereits 1807 aber wurde die nördlich des Domes gelegene und auf der Ansicht noch erkennbare Kirche St. Johann und Cordula abgerissen, so dass sich ein weiterer Datierungsanhaltspunkt ergibt.

Der Stecher *F. Cöntgen/Mogontia* ist mit dem bei Thieme-Becker nicht erwähnten jüngeren Sohn von Heinrich Hugo Cöntgen, (vgl. in dieser Arbeit Kat. Nr. 20) Franz Anton Cöntgen zu identifizieren. Er wurde 1757 geboren, sein Todesdatum ist dagegen nicht bekannt. Für den freundlichen Hinweis auf die Lebensdaten von Mitgliedern der Familie Cöntgen danke ich Herrn Archivrat Dr. Dobras, Stadtarchiv Mainz.
Vgl. in dieser Arbeit Kap. 4. 3. 3.

75.
„RHEIN-GEGEND BEI DER STADT KÖLLN" – um 1800

Kupferstich
Darst.: 180 x 330 mm
Blatt: 229 x 367 mm
Köln, Kölnisches Stadtmuseum, KSM 2001/420 (G 16 431), RBA Nr. 165 096
Gezeichnet von Bened. Beckenkam (links); *Gestochen von F. Cöntgen in Mainz* (rechts)
H. Goffart am Hof (gedruckt unten rechts)
Prov.: konnte in keinem Rheinreiseführer nachgewiesen werden.
Lit.: MITTEILUNGEN 1902, S. 31, Nr. 150; SCHÖLLER (Bearb.) 1995, S. 122 (Heinrich Goffart)

Wie oben.
Der Buchhändler Heinrich Goffart ist in den Kölner Adressbüchern von 1813 bis 1841 verzeichnet.
Vgl. in dieser Arbeit Kap. 4.3.3. und Abb. S. 60.

Kat. Nr. 76 (Foto: LVR, Rheinisches Landesmuseum, Bonn)

1801–1810

76.

PORTRAIT DER ANNA CHRISTINA HEIMANN, geb. MARTINI – ca. 1803

Öl/Lw 103,5 x 88,5 cm
Leinwanddublierung
Bonn, Rheinisches Landesmuseum, Inv. Nr. 48.216
Prov.: 1948 bei Galerie Abels, Köln, erworben
Lit.: BEST. KAT. BONN 1959, S. 10; BEST. KAT. BONN 1982, S. 40 f. und Abb. S. 41.

Kniestück, en face.
Die erste Frau des Kölner Kaufmanns Johann Friedrich Carl Heimann sitzt dem Betrachter zugewandt, mit der rechten Hand hält sie ein Buch, in dem der Zeigefinger die gerade gelesene Seite festhält. In der rechten, auf den Louis-Seize Tisch gelegten Hand hat sie mit Daumen und Zeigefinger einen Kneifer umfasst. Durch die Gläser werden die optischen Brechungen auf dem Zeigefinger der Dame sichtbar. Auf dem Tisch befinden sich eine Teetasse aus chinesischem Porzellan mit einem exotischen roten Vogel, sowie zwei Silberkannen, die auf eine Teestunde hinweisen.
Frau Heimann trägt ein blau-grünes Kleid und darüber einen schwarzen Umhang. Ein zartes, transparentes Tuch mit Seidenborten und Stickereien hat sie locker über die Schultern gelegt. Den rundlichen Kopf mit dem hohen Haaransatz bedeckt eine raffinierte, in zahl-

reiche Falten gelegte Spitzenhaube. Offenbar hat die 1803 verstorbene erste Frau von Johann Friedrich Carl Heimann dessen Sinn für Luxus, exquisite Inneneinrichtung und modebewusste Kleidung geteilt.
Die Identität der Dargestellten ist nur mündlich überliefert, eine mögliche Signatur und Datierung mag unter der Leinwanddublierung verschwunden sein. Das Bild scheint kurz vor dem Tod der Zweiundvierzigjährigen 1802 oder 1803 entstanden sein. Ein Vergleich mit der Abbildung des heute verschollenen Portraits der Anna Christina Heimann von ca. 1792 (vgl. in dieser Arbeit Kat. Nr. 50 und Abb. S. 99) bestätigt aber die Identifizierung der Dargestellten auf dem ca. zehn Jahre später entstandenen Bonner Bildnis: Auch wenn Physiognomie und Körperbau sich in eine matronenhafte Richtung entwickelt haben, stimmen Form und Nase, Lippen und Augenbrauen überein.

77.

PORTRAIT DES JOHANN BAPTIST FUCHS – 1805

Öl/Lw 62,5 x 53 cm
Privatbesitz, RBA Nr. 32 467
Prov.: Fräulein Maria Schmidt-Thomé, Frau Kommerzienrat Heimann
Ausst.: „Kunst im Kriege und Köln seit 1794" im Fahrbachhaus, Hohestr. 135, August bis Oktober 1916; Koblenz, Köln 1997.
Lit.: HEYDERHOFF (Bearb.) 1912, Frontispiz (Abb.); MOSES 1925, S. 56, 69, 70, Abb. 8, S. 52; HANSEN 1938, IV, S. 605-610 (Fuchs); KLEIN 1967, S. 46-49 (Fuchs), Abb. 10; DOTZAUER 1973 (Freimaurerloge), S. 141 f.; AK MÜNSTER 1995, S. 46, Abb. 6.

Kniestück nach links, dem Betrachter zugewandt.
Der etwa achtundvierzigjährige Johann Baptist Fuchs trägt eine braune Hose, einen dunkel grün-blauen Rock, Anzug und darunter eine mit weißen und blauen Querstreifen versehene Weste. Der Jurist hält in der rechten Hand eine Feder, mit der er gerade ein Schriftstück verfasst, auf dem Tisch aus Kirschholz, auf dem seine beiden Arme aufliegen, stehen und liegen Bücher und befindet sich ein einfaches Tintenfass. Im Hintergrund in einer Nische mit halbrundem Bogen steht auf einem würfelförmigen Sockel eine römische Büste. Dabei kann es sich nach freundlicher Auskunft von Prof. Dr. Peter Noelke, Köln, um eine Imitation des 18. Jahrhunderts handeln.
Johann Baptist Fuchs (1757–1827) war Jurist in Köln, dem es gelang, zwischen den vier unterschiedlichen

politischen Systemen vom Kurstaat über die Freie Reichsstadt bis hin zur französischen Verwaltung und zur kölnisch-preußischen Regierung Kölns zu lavieren. Während seiner Ausbildung am Reichsgericht in Wien (1779–1781) lernte er nicht nur seine Frau Sabina, sondern auch den jüngsten Kaisersohn und späteren Kölner Kurfürsten Maximilian Franz von Habsburg kennen. In Köln ließ er sich als Schöffe am kurfürstlich weltlichen Gericht und als Advokat nieder. 1791 trat er als Titularhofrat und 1794 als Erbvogt in die Dienste des Kurfürsten Maximilian Franz ein. In der Zeit der französischen Besatzung beherbergte er in seinem Haus An St. Laurenz 2017 den elsässischen Kommissar Rethel, der ihn für Ämter in der Stadt – so war er 1798 für einige Jahre Stadtpräfekt und dann Präsident des Kölner Bezirksrates – empfahl. Zwischen 1803 und 1805 war er Anwalt am Appellhof in Trier, 1805 bis 1810 am Appellhof in Lüttich.

Beckenkamps Portrait könnte also zwischen diesen beiden Tätigkeiten, wohl bei einer Reise nach Köln 1805 entstanden sein. Anlass für sein Portrait und das Bildnis seiner Ehefrau war möglicherweise die Silberhochzeit von Johann Baptist und Sabina Fuchs 1806.

1810 ließ Fuchs sich wieder als Anwalt in Köln nieder. Mit der Machtübernahme durch die Preußen wurde er durch Protektion von Solms-Laubach als Justitiar bei der Kölner Regierung durchgesetzt. Erst 1826, ein Jahr vor seinem Tod, wurde Johann Baptist Fuchs aus dem Dienst entlassen. Fuchs war auch Mitglied der Kölner Dreikönigsloge.

In seinem letzten Lebensjahr verfasste Fuchs eine äußerst lebendige Lebensbeschreibung, den *Roman meines Lebens*, die gleichzeitig ein faszinierendes Zeitbild bietet. Dieser Bericht ist nur bis zum Jahr 1781 publiziert, dem Jahr, in dem Fuchs Sabina von Neukirch heiratete.

Das Bildnis strahlt die Gelassenheit, aber auch die Behäbigkeit und fast biedermeierliche Gemütlichkeit von Johann Baptist Fuchs aus. Diese Haltung korrespondiert mit dem von Fuchs selbst als seine hervorstehende Charaktereigenschaft betonten *Hang zu einem gemächlichen Leben*, vgl. Heyderhoff (Bearb.) 1912, S. 201.

Vgl. in dieser Arbeit Kap. 5.2.2. und Abb. S. 87 und S. 97 (Saal im Hause Fuchs in der Severinstraße)

78.
PORTRAIT DER SABINA FUCHS MIT EINER TOCHTER – 1805
Öl/Lw 62 x 53 cm
Privatbesitz
Prov.: Fräulein Maria Schmidt-Thomé, Frau Kommerzienrat Albert Heimann
Ausst.: „Kunst im Kriege und Köln seit 1794" im Fahrbachhaus, Hohestraße 135; Koblenz, Köln 1997
Lit.: HEYDERHOFF (Bearb.) 1912, S. 247; MOSES 1925, S. 56, 69, 70; AK MÜNSTER 1995, S. 46, Abb. 5.

Doppelbildnis. Kniestück im Profil, nach rechts. Profildarstellung, den Betrachter anschauend. Sabina Marie Antoinette von Neukirch (Wien 1759–Köln 1832) trägt ein nachtblaues Hemdkleid mit kurzen Ärmeln. Über den Schultern liegt ein Tuch aus festem weißen Stoff mit Spitzensaum. Wie Anna Christina Heimann hat Sabina Fuchs das Fichu nicht mehr in das Dekolleté gesteckt, sondern lässt es locker hängen. Ihre weiße Haube mit gefälteter Spitzenborte über den braunen Locken und grauer Schleife ist unter dem Kinn zusammengebunden.

Für die Strickarbeit in ihren Händen reicht die kleine vor ihr stehende Tochter ein Wollknäuel. Das blasse und kränklich wirkende Mädchen trägt ein weißes Chemisenkleidchen mit hoher Taille und schaut aufmerksam die Mutter an. Einem Stammbaum der Familie Fuchs zufolge könnte es sich um die fünfjährige und letztgeborene Tochter Maria Anna Fuchs handeln. Von den sieben Kindern des Ehepaares überlebten nur drei ihre Eltern, Maria Anna war eines davon. Bekannt wurde der 1782 erstgeborene Sohn Johann Peter, der Stadtarchivar und Testamentsvollstrecker bei Wallraf war.

Das Portrait entstand wahrscheinlich ebenso wie das Portrait ihres Ehemannes 1805 aus Anlass der Silberhochzeit von Johann Baptist und Sabina Fuchs.

Vgl. in dieser Arbeit Kap. 5.2.2. und Abb. S. 88.

79.
PORTRAIT DES KAUFMANNS EVERHARD CASPAR SCHÜLL UND SEINER FAMILIE – 1806
Öl/Lw 64 x 80 cm
Verbleib unbekannt (1925 im Besitz der Witwe Frau Ferdinand Koch, nach dem Kölner Adressbuch wohnhaft in der Kitschburgerstraße 9 in Köln-Lindenthal)
hinterklebte (=doublierte?) Leinwand
Prov.: Frau Ferdinand Koch, Köln
Ausst.: Kölner Portraitausstellung 1906, Nr. 55
Lit. THIEME-BECKER 1909, S. 143; MOSES 1925, S. 70; POHL in: KELLENBENZ 1975, Bd. 1, S. 142, S. 145 (Schüll).

Dieses heute leider nicht auffindbare Familienportrait stellt den Kolonialwarenhändler Everhard Kaspar Schüll (1754–1821) mit seiner Frau Sophie (1783–1816), verwitwete J. Reinhardt mit deren beiden Töchtern (aus erster

Ehe) Anna (1790–1813) und Friederike (1786–1807) Reinhardt dar. Das Bild wurde laut E. Moses 1806 im Koch'schen Haus in der Rheingasse gemalt (Anna Reinhardt, spätere Frau Koch). Die bei E. Moses angegebenen Lebensdaten der dargestellten Frauen, insbesondere der Ehefrau Sophie Schüll basieren wohl auf falschen Angaben, sind aber nicht nachprüfbar.

Vater, Mutter und zwei Töchter, stehend um einen Tisch mit Stickrahmen versammelt. Der alte Herr im hellgrauen Rock mit zartblauer Einlage hält ein Notenblatt. Die Mutter im dunkelbraunen Seidenkleide mit weißem Einsatze, einem Häubchen mit weißen und hellblauen Bändern, hält mit der rechts stehenden Tochter, die ein gelbbraunes Kleid mit Spitzenfichu trägt, zusammen eine zartfarbige Zeichnung, vielleicht Vorlage für eine Stickerei. Die andere Tochter am Stickrahmen, trägt türkisfarbenes Kleid mit Fichu, hat schwarz gelocktes Haar und schwarze Augen Über dem Kirschbaumsessel rechts hängt ein weinrotes Tuch. Links auf dem Mahagonitischchen Schere, Garn und weißes Tuch. Links ein dunkelgrüner drapierter Vorgang. In den Nischen der Rückwand Statuen. Gesamtwirkung des Hintergrundes grau. (Beschreibung von E. Moses, S. 70).

Bei den beiden im Hintergrund sichtbaren Statuen kann es sich nach freundlicher Auskunft von Prof. Dr. Peter Noelke, Köln, um einen Hermes (im Bild rechts) und um eine Athene (im Bild links) handeln. Ein direkter Bezug zum Kölner Antikenhandel ist nicht zu erkennen.

Everhard Caspar Schüll war ein protestantischer Kölner Kaufmann *In Specereywaaren* und wohnte im Haus Nr. 1091 auf dem Himmelreich. Auf einer 1810 von der Handelskammer veröffentlichten *Liste des négociants et commerçants les plus distingués* erscheint Schüll mit einem Vermögen von 1.000.000 Francs als einer der reichsten Kölner Kaufleute, verheiratet, ohne Kinder. Seinem Rang entsprechend wurde er 1803 aus der Mitte der 60 angesehensten Kaufleute, der sog. Notablen, ausgewählt und wurde zu einem von neun Mitgliedern des Kollegiums der Handelskammer.

Vgl. in dieser Arbeit Kap. 5.2.2.

80.
PORTRAIT VON JOHANN FRIEDRICH CARL HEIMANN – 1806 (?)
Maße unbekannt
<u>Verbleib unbekannt</u>
Prov.: Privatbesitz in Verden an der Aller
Lit.: OST 1995, S. 271, S. 272 (Abb. 14, Aquarellkopie)
Aquarellkopie in der Sammlung Heimsoeth, Bonn-Bad Godesberg

Kniestück, Sitzportrait.

Dieses Portrait ist nur durch eine alte Photografie bekannt, das Frau Margarethe Johlen, Köln, mir dankenswerterweise zur Verfügung stellte. Johann Friedrich Carl Heimann sitzt, leicht nach links gewandt, jedoch den Betrachter anblickend, auf einem Stuhl. In der linken Hand hält er ein Heft, möglicherweise einen Notizblock, die rechte Hand ist geöffnet und so gehalten, als ob er etwas darin halten wollte. Möglicherweise handelt es sich um eine Geste oder aber der geplante Gegenstand in seiner rechten Hand ist nicht mehr ausgeführt worden. Heimann ist trotz seines Alters immer noch modisch mit Weste und Spitzenjabot gekleidet, die Figur ist aber beleibter und behäbiger geworden, vgl. Heimanns Portrait von 1792, in dieser Arbeit Kat. Nr. 49 und Abb. S. 98.

Eine genaue Datierung ist nicht möglich. Wahrscheinlich ist das Portrait entweder als Pendant zu dem letzten Portrait seiner 1803 verstorbenen ersten Ehefrau Anna Christina Heimann oder aber als Gegenstück zu dem Bildnis seiner zweiten Frau Maria Susanna Heimann, geborene Trombetta um 1806, dem Datum ihrer Hochzeit, entstanden.

Vgl. in dieser Arbeit Kap. 5.2.2. und 5.3.3.

81.
PORTRAIT VON MARIA SUSANNA HEIMANN, geb. TROMBETTA, ZWEITE EHEFRAU VON JOHANN FRIEDRICH CARL HEIMANN – 1806 (?)
Maße unbekannt
<u>Verbleib unbekannt</u>
Prov.: Privatbesitz in Verden an der Aller
Lit.: OST 1995, S. 271, S. 272 (Abb. 15)
Aquarellkopie in der Sammlung Heimsoeth, Bonn-Bad Godesberg

Hüftstück, Sitzportrait.

Auch dieses Portrait ist durch eine alte Photographie bekannt, die mir Frau Margarethe Johlen, Köln, freundlicherweise zur Verfügung stellte. Maria Susanna Heimann, geborene Trombetta, erscheint im hellen Chemisenkleid sitzend, nach rechts gewandt, den rechten Arm auf eine Stuhllehne gelehnt. Das Spitzenfichu hat sie wie einen Vestalinnenschleier über die auf die Stirn gekämmten dunklen Locken gelegt.

Wie auf dem späteren Portrait der Bernhardine Nolden (1815) ist der Einfluss des französischen klassizistischen Portraits des späten David deutlich erkennbar und im Portraitœuvre von Benedikt Beckenkamp hier am meisten ausgeprägt.

Vgl. in dieser Arbeit Kap. 5.3.3. und Abb. S. 88.

82.
DREIKÖNIGENSCHREIN
SECHZEHN KUPFERTAFELN MIT ACHT SZENEN AUS DEM ALTEN TESTAMENT SOWIE ACHT SZENEN AUS DEM NEUEN TESTAMENT BZW. DER DREIKÖNIGENLEGENDE – 1807

1. Drei Engel erscheinen vor Abraham
2. Moses vor dem brennenden Dornbusch
3. Das Schlangenwunder des Moses
4. Die Rotte Kora versinkt in die Erde
5. Der Einsturz der Mauern von Jericho
6. Die Bundeslade im Haus des Obededom
7. Der Einzug der Bundeslade in Jerusalem
8. Die Königin von Saba besucht und beschenkt Salomon
9. Verkündigung an die Hirten
10. Die Hl. Drei Könige sehen den Stern
11. Die Hl. Drei Könige vor Herodes
12. Die Anbetung der Hl. Drei Könige
13. Die Hl. Drei Könige predigen den Völkern
14. Helena findet die Gräber der Hl. Drei Könige
15. Der Einzug der Reliquien in Köln
16. Verehrung der Reliquien durch Könige

Öl/Kupfer, jeweils 19 x 18 cm
B. Beckenkam (auf Tafel Nr. 16)
Köln, Hohe Domkirche, Schatzkammer
Prov.: bis 1961 auf den Pultdächern der beiden Langseiten des Dreikönigenschreins
Ausst.: Köln 1925, (Dreikönigenschrein); Köln 1978; Köln 1982; Arnsberg 1994; Hildesheim 1997 (8 Szenen aus dem Neuen Testament bzw. der Dreikönigenlegende und anderen Schriften); Koblenz und Köln 1997 (alle 16 Täfelchen)
Lit.: AEK, Bestand Dom, A II 36; BOECKER 1810, S. 34 f.; [D'HAME] 1821, S. 157-159; ENNEN 1857, S. 215; BOCK 1858, S. 31; MOSES 1925, S. 58 f. (erwähnt nur die Szenen aus der Dreikönigenlegende); AK KÖLN 1925, S. 161, Abt. 18, Nr. 80; BRAUN 1928, S. 133; CLEMEN (Bearb.) 1937, S. 338 f.; ACHTHUNDERT JAHRE VEREHRUNG etc. 1964, S. 108; SCHULTEN 1971, S. 9, 39; BEST. KAT. KÖLN 1978, S. 110 f., Nr. 288; HOWALDT 1979, S. 14; ZEHNDER in: AK KÖLN 1982, S. 220, Kat. Nr. 103, 1-8, S. 221, (Abb.); S. CZYMMEK in: AK KÖLN 1985, S. 201-213; STEINBERG in: AK ARNSBERG 1994, S. 265 f., Kat. Nr. F 7; BECKS – LAUER 2000, S. 94 f., Kat. Nr. 164 (und Abb.)

1. Drei Engel erscheinen vor Abraham

9. Verkündigung an die Hirten

2. Moses vor dem brennenden Dornbusch

10. Die Hl. Drei Könige sehen den Stern

3. Das Schlangenwunder des Moses

11. Die Hl. Drei Könige vor Herodes

4. Die Rotte Kora versinkt in die Erde

12. Die Anbetung der Hl. Drei Könige

5. Der Einsturz der Mauern von Jericho

13. Die Hl. Drei Könige predigen den Völkern

6. Die Bundeslade im Haus des Obededom

14. Helena findet die Gräber der Hl. Drei Könige

7. Der Einzug der Bundeslade in Jerusalem

15. Der Einzug der Reliquien in Köln

8. Die Königin von Saba besucht und beschenkt Salomon

16. Verehrung der Reliquien durch Könige
(Fotos: © Dombauarchiv Köln, Matz und Schenk)

Anlässlich seiner Auslagerung in die Abtei Wedinghausen bei Arnsberg (1794) und während der Rückkehr über Frankfurt nach Köln im Januar 1804 erlitt der kostbare Schrein der Hl. Drei Könige zahlreiche Beschädigungen und Verluste. Zu den Verlusten zählten die jeweils neun Dachschrägenreliefs aus Silber mit Szenen aus dem Leben Christi, vier Apostelfiguren, Arkadenzwickel, Email- und Filigranverkleidung, sowie Edelsteine und Perlen.

Das Domkapitel beauftragte den Goldschmied Wilhelm Pullack und seine Söhne, die Restaurierung des Schreins durchzuführen. Diese sollte nach den Ideen Wallrafs umgesetzt werden. Der Schrein musste zunächst um eine Figurenarkade, von 2, 20 auf 1,80 m verkürzt werden. Die Dreipassarkaden wurden vom Satteldach auf das Pultdach verlegt. Der größte Teil des mittelalterlichen Bestandes konnte aber durch Pullack gerettet werden.

Von einem Programm Wallrafs ist in seinem Nachlass nichts erhalten. Wahrscheinlich besprach er – wie auch mit den anderen für ihn tätigen Künstlern – seine Ideen und Anregungen mit Beckenkamp und Pullack mündlich. Im Historischen Archiv der Stadt Köln befinden sich lediglich eine Aufstellung der *Steine, Bilder und sonstigen Sachen* nach der Rückkehr des Schreins, angefertigt von Kirchmeister De Bèche (Best. 1105, Nr. 102, Bl. 1), eine Auflistung des Schreins in seiner restaurierten Form und Entwürfe zur Überbringungsgeschichte der Hl. Drei Könige, die Wilhelm Boecker, Geistlicher an St. Andreas, nach Angaben von Wallraf anfertigte. Boecker gestaltete auch die Feierlichkeiten anlässlich der Rückkehr des Schreins.

Aus einer Rechnung von Wilhelm Pullack vom 21. 1. 1808 (AEK, Bestand Dom, A II 36) geht hervor, dass ein ursprünglicher einfacherer Plan Wallrafs für das obere Dach abgeändert und durch weitere Dekorationen ergänzt werden konnte. Der ursprüngliche Plan, der 500 Kronentaler gekostet hätte, sah einen blauen Anstrich der oberen Dachschräge mit einigen weißen Sternen vor. Im weiteren Verlauf brachte Pullack 12 Engel und Himmelszeichen aus vergoldetem Kupfer und 62 vergoldete Sterne an. Die Satteldachschräge erhielt blaue Glasplatten, auf welche die Sterne und Engel aufgeklebt wurden. Für alle Arbeiten erhielt Pullack 880,56 Kronentaler. Die Erweiterung des Bildprogramms mag mit Spenden zusammenhängen, die u. a. von Dompfarrer Marx, seinen Nachfolger Johann Michael Dumont (zu Beckenkamps Portrait von DuMont vgl. in dieser Arbeit Kat. Nr. 104), von Herrn *Maire* (Wittgenstein) und sogar von *fremden Religionsverwandten* – gemeint sind wohl die drei Napoleon d'or (= 19,44 Kronentaler) einer nicht näher genannten Freimaurerloge – eintrafen. Nach einer nicht belegbaren Angabe von Ennen (1857) soll auch Wallraf selbst Spendengelder für die Reparatur und die Neugestaltung des Schreins erhalten haben. Adressatin eines entsprechenden Bittgesuchs war die Kaiserin Joséphine, die mit Napoleon im Jahr 1804 zu Besuch in Köln gewesen war. *Auf Angaben und Bestellung des Herrn Professor Wallraf* (Rechnungsbeleg von Beckenkamp 20. 1. 1808, AEK, Bestand Dom, A II 36) fertigte Benedikt Beckenkamp für 48 Kronentaler (3 Kronentaler pro Stück) die auf Kupfer gemalten 16 Szenen für den Schrein an. Diese wurden von dem Maler Manskirsch (wahrscheinlich Bernhard Gottfried Manskirsch) für zusammen 4 Kronentaler gefirnisst (Rechnungsbuch über empfangene Beiträge und Ausgaben für die Restaurierung des Schreins, AEK, Bestand Dom, A II 36). Diese 16 Täfelchen waren von 1807 bis zur Restaurierung des Schreins durch Fritz Zehgruber 1961–1973 auf der unteren Dachschräge angebracht, wo sie die verlorenen Silberreliefs des alten Schreins ersetzten. Um ihnen Platz zu machen, wurden die Kleeblattarkaden des Pultdaches auf das Satteldach versetzt.

Bereits Wilhelm Boecker (1808) hatte in der Überbringungsgeschichte auf formale Vorbilder der 16 Täfelchen hingewiesen: *Diese ehemaligen, nun fast alle vermissten oder unbrauchbaren, silber vergoldeten Basreliefs hat man nach den Ideen des Hrn. Pr. Wallraf mit einer Nachahmung von Majolika gemäß der dem Raphael Urbin zugeschriebenen Manier ersetzt* (S. 81 f.). Franz Bock erkannte 1858, die verlorenen Basreliefs seien *heute leider in französischer Genremalerei nach Raphael'schen Reminiscenzen, von einem Kölnischen Maler, B. Beckenkamp herrührend*, ausgefüllt worden (S. 31). Bock beklagte, dass die Wiederherstellung des Schreines die getriebenen Bildwerke durch *reich scenerirte Malereien ergänzen liessen, die, wenn auch von einem tüchtigen Künstler der damaligen Zeit grösstentheils nach bekannten Vorbildern von Raphael aus den Logen des Vaticans angefertigt, mit den plastischen alten Formen in grellstem Widerspruch* standen (Bock 1858, S. 41).

In der älteren Forschung hatte die von Wallraf geleitete Restaurierung des Dreikönigenschreins seit den kritischen Urteilen von Franz Bock stets einen schlechten Stand: *Wallraf, der als Sohn seiner Zeit die classische Antike als das Ideal aller Kunst betrachtete und da der ganzen Zeitrichtung Sinn und Verständnis der romanischen christlichen Kunstformen dunkel und verschlossen war, so konnte damals an eine gründliche, stylgetreue Wiederherstellung des Dreikönigenkastens nicht gedacht werden und ist deswegen die Restauration, die von Meister Pollak vorgenommen wurde, als eine durchaus misslungene und stylwidrige zu beklagen* (F. Bock, 1858, S. 40).

J. Braun (1928) sah in der Restaurierung des Schreins 1807 eine *geradezu brutale Behandlung*, da der ehemalige Bestand nicht einmal festgestellt worden sei. Der „Schöpfer des Bilderzyklus" habe weder der Verherrlichung der Hl. Drei Könige in der für einen Schrein würdigen Weise Genüge geleistet, noch habe er das eigentliche Programm des Schreines, die *doppelte Epiphania Domini* (Menschwerdung und Wiederkommen am Ende der Zeiten) berücksichtigt.

Nach vollendeter Wiederannäherung des Schreins an seine ursprüngliche romanische Fassung und nach der Abnahme der Täfelchen 1973 sah W. Schulten (Best. Kat. Köln 1978) in den nunmehr autonomen Gemälden Beckenkamps ein *wertvolles Zeugnis der Dreikönigenverehrung am Anfang des 19. Jahrhunderts*. F. G. Zehnder (1982) hob den besonderen typologischen Anspruch der gegenübergestellten Szenen aus Altem und Neuem Testament hervor, der v. a. durch den auf den letzten beiden Szenen hervorgehobenen Köln-Bezug etwas Besonderes darstelle.

Die neueren Interpretationen, insbesondere von Zehnder, ermutigten zu weiteren Untersuchungen, die sich besonders auf die in dem Zyklus verborgenen Anspielungen auf die zeitgenössische Situation der Kölner Kirche unter Napoleon, aber auch auf die dort enthaltenen typologischen Bezüge konzentrieren soll. Wird Beckenkamps Zyklus vor diesem Hintergrund gelesen, erhält er eine ganz ungeahnte Aktualität für die unter dem Damoklesschwert der Säkularisation stehende Kölner Kirche und für die mit ihr noch verbundene Kultur in den Jahren kurz nach 1800.

Im Verlauf der Untersuchung wurde deutlich, dass Wallraf dem Bilderzyklus zwei Interpretationslinien zusprach, die einerseits vor allem den alttestamentarischen Szenen einen zeitgenössischen Bezug zur Situation der Kölner Kirche in der Säkularisation gab und andererseits höchst eigenwillige, den historischen Gegebenheiten Rechnung tragende, und alle Grundmuster der traditionellen christlichen Ikonographie durchbrechende typologische Bezüge zwischen den Szenen des Alten Testamentes und den Themen aus dem Neuen Testament sowie aus den anderen Schriftquellen herstellte.

Von den acht alttestamentarischen Szenen [alle Titel werden an dieser Stelle aus Boeckers Schrift übernommen], deren Schriftquellen Schulten (in: Best. Köln 1978) angab, stellen vier Gotteserscheinungen oder Beweise göttlicher Wunderkraft dar: *Drei Engel verkündigen dem Patriarchen Abraham die Folge seines Geschlechts* (Gen. 18,1-15), *Moses sieht Gott im brennenden Dornbusch* (Ex. 3.1-12), *Moses erscheint dem Pharao* (Ex. 7.10-12), *Das falsche Opfer von Core, Dathan und Adiron* (Num. 16.31-35). Drei Szenen betonen die Bedeutung der Bundeslade für das Volk Israel im Alten Testament: *Die Mauern von Jericho stürzen ein vor der herumgetragenen Bundeslade* (Jos. 6.8-21), *Die Beherbergung der Bundeslade beglückt das Haus Obededom* (2 Sam. 6.9-12), *Die Arche wird nach der Burg Sion gebracht und der König David tanzt vor ihr her* (2. Sam. 6.12-17). Davon abweichend steht *Der Besuch der Königin von Saba bei Salomon* (3. Kö. 10.1-10) als alttestamentarische Huldigungsszene scheinbar isoliert am Ende des ersten Teils des Bilderzyklus.

Ein konkretes Vergleichsbeispiel für die Verbindung eines alttestamentarischen Themas aus Beckenkamps Bilderzyklus zu Geschehnissen der Zeitgeschichte, namentlich der drohenden Säkularisation, Verarmung und Entwürdigung kirchlichen Lebens und Gutes in Köln, ist in dem Täfelchen mit der „Bundeslade im Haus des Obededom" zu finden. Wallraf ließ sich für dieses Bild von einer Schrift mit gleichem Titel inspirieren, die Johann Matthias Carrich, Rektor der Kölner Jesuitenkirche St. Maria Himmelfahrt, als Dankespredigt verfasst hatte. Sie galt dem reichen Kölner Kaufmann Laurenz Fürth, Vater des von Beckenkamp 1793 portraitierten Studenten Theodor Laurenz Fürth (vgl. in dieser Arbeit Kat. Nr. 57), der das von den Franzosen zeitweilig zum „Tempel der Vernunft" umfunktionierte Kirchengebäude 1801 gekauft und damit seine erneute Kirchweihe und seine Rückführung in sakrale Funktionen ermöglicht hatte. Die Dankpredigt von Rektor Carrich erflehte mehrfach den Segen Gottes für Fürth, wie er ehedem über Obededom, den Bewahrer der Bundeslade gekommen war (vgl. Stelzmann 1939, S. 155).

Deutlich wird, dass Wallraf die alttestamentarische Bundeslade mit dem Dreikönigenschrein gleichsetzt. Dadurch erhalten auch die anderen Szenen, die sich mit ihr beschäftigen einen zeitgenössischen Bezug: Die angesichts der Bundeslade einstürzenden Mauern von Jericho können mit dieser Lesart mit der von Napoleon beendeten Kirchenfeindlichkeit gleichgesetzt werden und die nach Jerusalem zurückkehrende Bundeslade, vor der David-Wallraf hertanzt, bedeutet die triumphale Rückkehr des Dreikönigenschreins in das Jerusalem des Nordens, in das Heilige Köln. Damit werden in den alttestamentarischen Szenen von Beckenkamps Dreikönigenzyklus nicht nur die Erfahrungen mit Entweihung, Zerstörung und Flüchtung von Kirchengut, sondern auch die Hoffnung auf ein Wiederaufleben des religiösen Lebens und auf eine Erneuerung von Ruhm und Pracht der Kölner Kirche greifbar.

Von den übrigen Szenen des Bilderzyklus sind vier den biblischen Berichten des Neuen Testamentes entnommen, beziehen sich aber mit Ausnahme der ersten Szene auf die in das Heilsgeschehen einbezogenen Hl. Drei Könige: *Die Engel verkündigen den Hirten die Geburt des Heilands* (Luk. 2.8-14), *Der Stern erscheint den h. drey weisen Königen, als Verkünder der Geburt des Heilands* (Matth. 2.2), *Die Drei Weisen erscheinen vor dem Könige Herodes* (Matth. 2.7-8) und *Das wahre heilige Anbetungsopfer der h. weisen Könige vor dem menschgewordenen Heiland* (Matth. 2.11). Für die letzten vier Szenen hat Wallraf Quellen verschiedenen Ursprungs herangezogen.

Auch mit der zweiten Interpretationslinie, der Herstellung von inneren Bezügen mittels typologischer Verknüpfungen vom Alten zum Neuen Testament, bzw. den anderen Schriftquellen, hat Wallraf eine „kölnische Ikonographie" (Zehnder) geschaffen. Die typologische Betrachtung gehörte bei einem gut ausgebildeten Theologen wie Wallraf zu Anfang des 19. Jahrhunderts zum Grundwissen. Als Vorbild für die mehr traditionelle typologische Gestaltung eines Schreins könnte Wallraf der Machabäerschrein vom Anfang des 16. Jahrhunderts gedient haben. Der Schrein war von dem Rektor der Kölner Machabäerkirche Helias Mertz in Auftrag gegeben und von diesem selbst programmatisch gestaltet worden. Das Bildprogramm des Schreins bezieht in jeweils zwei einander zugeordneten Szenenfolgen das Opfer der sieben Brüder und ihrer Mutter auf Opfer und Erlösung der Menschheit durch Christus. Zusammen mit den Reliquien der Machabäer waren die Reliquien der Hl. Drei Könige nach Köln verbracht worden. 1804 war der Machabäerschrein aus dem säkularisierten Kloster der Ursulinen in die Kirche St. Andreas übertragen worden.

Wie Wallraf die traditionellen Grundmuster typologischer Bezüge durchbrach und damit unmittelbar auf die schicksalshaften Jahre der Zeitgeschichte anspielte, ist aussagekräftig auf den beiden jeweils letzten Bildern des Zyklus erkennbar. *Der Besuch der Königin von Saba bei Salomon* (3. Kö. 10.1-10) wurde typologisch im Allgemeinen stets einer *Anbetung der Könige* vorangestellt. Wallraf aber lässt den Besuch der Königin von Saba durch ein anderes „Huldigungsbild" (Schulten in: Best. Köln 1978, S. 111) anschließen, das in seiner neumittelalterlichen Konzeption in den ersten Jahren des gerade angebrochenen 19. Jahrhunderts überraschend früh an historistische Themen und Gemälde (beispielsweise von Alfred Rethel im Rathaus zu Aachen) – jedoch ohne deren Heldenpathos – erinnert: *Die in Aachen gekrönten deutschen Kaiser kommen nach Köln, und huldigen den h. Weisen Verehrung und Opfer. Die Stadt Köln nimmt nach der Epoche der Einführung der heil. drei Könige das Wappen mit den Kronen an.* Dieses Thema entstammt jedoch keiner kanonischen Schrift. Wallraf konnte die lokalhistorischen Aspekte bei Ägidius Gelenius und Herbert Crombach finden. Mit der Personifikation der Colonia, die im Vordergrund rechts kniet, greift Wallraf die in bildlichen Quellen überlieferten Stadtallegorien des 17. Jahrhunderts wieder auf, wie sie beispielsweise auf den Kupferstichen von Johann Toussyn für Dedikations- und Kalenderbilder für den Rat der Stadt Köln auftauchen. Auch *Die Körper der heiligen Weisen kommen von Mailand in Köln an* ist als Historienbild aufzufassen. Dieses Thema ist seit den Chorschrankenmalereien des Kölner Doms (1332-1349) mehrfach auf Kölner Kunstwerken behandelt worden, beispielsweise auf dem schon erwähnten Machabäerschrein von Peter Haneman nach den Ideen von Helias Mertz (1520-27), wie auch auf der ersten Szene des siebenteiligen stadthistorischen Zyklus des Kölner Zeichners, Stechers und Malers Augustin Braun von 1619-1622. Die Schriftquelle dieses Themas ist in der nach den Chorschrankenmalereien zwischen 1364 und 1375 entstandenen Dreikönigslegende des Johannes von Hildesheim zu suchen (dort Kap. 41). Auch das Kupfergemälde Beckenkamps mit *Die Kaiserin Helena wird vom Himmel beglückt, die Körper der h. drey Weisen aufzufinden, und nach Konstantinopel zu bringen* ist der Dreikönigenlegende entnommen (dort Kap. 40) und in einschlägigen Bildwerken, z. B. bei Augustin Braun künstlerisch umgesetzt worden. Die heilsgeschichtliche Bedeutung der in die säkularisierte und von Religionsfeindlichkeit durchdrungene Stadt zurückgekehrten Dreikönigsreliquien wird, wenn nicht offen, so doch offensichtlich auf dem Bild *Der Irrglaube stürzt, die Finsternis verschwindet; wo die heiligen Weisen ihren Völkern den wahren Glauben zu verkündigen anfangen* (Johannes von Hildesheim, Kap. 31-33) angesprochen: von der Rückkehr des Dreikönigenschreins (Bundeslade) und seiner Rückführung in das Dreikönigenmausoleum im Kölner Dom erhoffte sich Wallraf das Ende der Religions- und Kirchenfeindlichkeit und das Wiederaufblühen des durch die französische Besetzung und die Säkularisation behinderten religiösen Lebens in Köln.

Tatsächlich leitete der unter Leitung Wallrafs von Wilhelm Pullack und Benedikt Beckenkamp „modernisierte" – in den spezifischen kultur- und religionsgeschichtlichen Kontext einzuordnende – Dreikönigenschrein mit der „kölnischen" (Zehnder 1982) Ikonographie seines Bildprogramms eine verstärkte Dreikönigenverehrung romantischer Prägung in Köln ein. Schon die Feierlichkeiten anlässlich der Rückkehr des Schreins im Januar 1804 standen unter dem Stern einer neuen romantischen Mystik, die mit der beginnenden Begeisterung für den unvollendeten Dom – und nur wenig später auch für das Dombild – parallel zu betrachten sind. Der Zyklus Beckenkamps, der in seinem ästhetischen wie in seinem programmatischen Ausrichtung klassizistisches Stilideal, kölnische Ikonographie, Wiederaufgreifen mittelalterlicher Typologie, materielle Armut der Kirchenkunst um 1800 und die transparente Hoffung auf das Wiederaufleben religiösen Lebens widerspiegelt, erscheint damit stark zeitgebunden und wurde nach mehr als 150 Jahren folgerichtig wieder entfernt. Seit dem Jahr 2000 wird Beckenkamps Bilderzyklus in der Kölner Domschatzkammer eindrucksvoll präsentiert, wo er zusammen mit Wilhelm Pullacks Engelreliefs und dem blauen Glasgrund auf dem originalen mittelalterlichen Holzkern des Dreikönigenschreins angebracht ist.
Vgl. in dieser Arbeit Kap. 3.3. und Abb. S. 45.

83.
PORTRAIT VON CASPAR BERNHARD HARDY – 1808
Öl/Lw 49 x 39 cm
Köln, Wallraf-Richartz-Museum, WRM 1099, RBA Nr. 134 382
Prov.: Sammlung Matthias Joseph De Noël. Eingang in die Sammlung Wallraf 1851 als Geschenk der Witwe aus dem Nachlass De Noëls.
Ausst.: Koblenz, Köln 1997

Lit.: BEST. KAT. KÖLN 1862, S. 125, Nr. 725; BEST. KAT. KÖLN 1864, S. 81 f., Nr. 725; BEST. KAT. KÖLN 1869, S. 79 f., Nr. 496; BEST. KAT. KÖLN 1873, S. 87 f. Nr. 496; BEST. KAT. KÖLN 1875, S. 84 f. Nr. 496; BEST. KAT. KÖLN 1877, S. 74 f. Nr. 496; BEST. KAT. KÖLN 1877, S. 54, Nr. 496; BEST. KAT. KÖLN 1883, S. 67 f., Nr. 496; BEST. KAT. KÖLN 1888, S. 90 f., Nr. 496; MOSES 1925, S. 51, 56, 71; BEST. KAT. KÖLN 1973, S. 7f.; BEST. KAT. KÖLN 1986, S. 11; DEETERS (Bearb.) 1987; S. 131, 229f.; Mc DANIEL-ODENDALL 1990 (Hardy) und Abb. 1 (Dethier nach Beckenkamp); THIERHOFF 1997, S. 21-23 und Abb. 4, S. 22 (dort als Wallraf).

Profilportrait nach links, in ovalem Illusionsrahmen, den Betrachter anblickend.
Der zweiundachtzigjährige Hardy trägt einen schwarzen Anzug mit hochstehendem Kragen, eine schwarze Weste und unter der dunklen Halsschleife ein plissiertes Jabot. Auf dem Kopf sitzt eine graue Perücke. Hardy, der auch Geistlicher war, lässt sich einfach und bürgerlich darstellen.
Beckenkamp greift den in Barock und Rokoko beliebten Typus des Portraits in ovalem Illusionsrahmen auf. Im späten 18. Jahrhundert wurde dieser zusammen mit allegorischem oder naturalistischem Beiwerk versehen und für Gelehrtenportraits verwendet. Durch die Vereinfachung des Rahmens wird eine klassizistische Strenge und Monumentalisierung der Person erreicht, die aber durch die weichen Gesichtszüge wieder aufgehoben wird.
Der Auftrag für Beckenkamps Bildnis wird wahrscheinlich nicht von Hardy selbst, der an seinem Lebens-

abend verarmt war und auf finanzielle Unterstützung (u. a. von Wallraf) angewiesen war, ergangen sein. Als Auftraggeber kämen Wallraf selber oder auch Matthias Joseph De Noël – in dessen Sammlung das Portrait war – in Frage. De Noël war Schüler Beckenkamps und Wallrafs und ließ sich in einem später entstandenen Portrait von Everhard Bourel (Kölnisches Stadtmuseum, KSM (HM) 1895/261) zusammen mit Wallraf und Hardy portraitieren.

Caspar Bernhard Hardy (1726–1819), Sohn eines Kölner Apothekers, wurde 1754 zum Priester geweiht und war auch Domvikar. Als Autodidakt bildete er sich in einigen künstlerischen Techniken wie der Öl- und Emailmalerei, der Goldschmiedekunst und der keroplastischen Arbeit aus. Hardys Interessen galten auch den Naturwissenschaften, v. a. der Optik und der Astronomie. Es gelang ihm, Mikroskope herzustellen, die von Rheinreisenden wie Gregor Joseph Lang und Sophie von La Roche geschildert und von den Höfen von Paris und St. Petersburg gekauft wurden.

Als Maler fertigte Hardy Kopien nach niederländischen Genrebildern von Brueghel und Pieter van Laer an. Ein an Grupello orientiertes vergoldetes Messingkreuz von Hardy befindet sich heute in der Schatzkammer des Kölner Domes. Hardys Wachsbossierungen machten ihn zeitweise zum berühmtesten der in Köln um 1800 tätigen Künstler. Form und Inhalte seiner in Wachs geformten Genreszenen orientierten sich an der Malerei von Fragonard und Greuze mit ihrem allegorischen und sentimentalen Gehalt. Bei seinem Köln-Besuch 1815 kaufte Goethe acht Wachsbossierungen bei Hardy.

Vgl. in dieser Arbeit Kap. 5.1 und Abb. S. 73.

83a.
PORTRAIT VON CASPAR BERNHARD HARDY – 1816

Bened. Beckenkamp pinx. Col. 1808 - P. J. Lützenkirchen Sculps. Francof.adM 1816
Bern. Caspar Hardy
nat. Col. Agrpp. 1726. ibique templi quond. Metropol. Sacerdos vicar. jubil./
A puero pulchri censor ac Daedalus autodidactus, tum pictor & encaustes atque in ceris et in cere ad vitam/
figurando celeberr. praeterque caet. Musas instrumentis proprio industriae. phys.&opticus naturae Scrutator felicissimus/
Sic Natura tui plastes et Mysta decoris
Impiger, ingenito juvenescit Apolline nestor.

Schabkunstblatt von Peter Joseph Lützenkirchen
Darst.: 123 x 100 mm
Blatt: 190 x 140 mm
Köln, Kölnisches Stadtmuseum, G. 7309 a,
RBA Nr. 146 639
Lit.: GIESEN 1927, S. 122–134 (P. J. Lützenkirchen)

Spiegelverkehrte Reproduktion des Ölgemäldes von Beckenkamp

83b.
PORTRAIT VON CASPAR BERNHARD HARDY

Ant. Dethier fecit
Aquarell
Darst.: 123 x 100 mm
Blatt: 190 x 144 mm
Köln, Kölnisches Stadtmuseum, G 7308 a

Reproduktion der spiegelverkehrten Darstellung von Lützenkirchen.

84.
PORTRAIT DES FRANZÖSISCHEN KOMMANDANTEN VON JÜLICH, PIÈRRE BARRÈRE – ca. 1808

Öl/Lw 53,5 x 38 cm
Düsseldorf, Stiftung museum kunst palast
Inv. Nr. M 4387, Photo Nr. 174/M 4387
Prov.: Kunsthandlung Loewenich (vor der Restaurierung von 1929)
Lit.: HEITGER 1982, S. 309; BERS 1985, S. 71

Knieportrait vor einer Landschaft.
Der Kommandant von Jülich Barrère mit dunkelblauer Militärjacke mit Gold-Epauletten und Goldbordüren ist mit zwei Orden, von denen einer mit dem Orden der Ehrenlegion zu identifizieren ist, dekoriert.

Bei dem Dargestellten handelt es sich um den langjährigen Kommandanten der Festung Jülich, Pièrre Barrère (Lassère bei Nérac 1736–?). Festungskommandant in Jülich war er von 1798 bis 1813, was in der französischen Militärpraxis ungewöhnlich ist, sich aber vielleicht durch die Heirat Barrères mit der Jülicherin Marie Kaesmacher (1759–?) erklärt. Während des Rückzuges der napoleonischen Truppen wurde Barrère 1813 entlassen. Über sein weiteres Schicksal, sowie über das seiner Frau ist nichts bekannt.

Die beiden Portraits sind vermutlich 1808, im Jahr der Hochzeit des französischen Kommandanten mit der Jülicherin Marie Kaesmacher entstanden.

Für den freundlichen Hinweis auf die Lebensumstände von Barrère und seiner Frau danke ich Herrn Archivar H. Dinstühler, Jülich.

Vgl. in dieser Arbeit Kap. 2.2. und Abb. S. 28.

85.
PORTRAIT DER FRAU BARRÈRE – ca. 1808
Öl/Lw 53,5 x 38 cm
Düsseldorf, Stiftung museum kunst palast
Inv. Nr. M 4388,
Photo Nr. 174/M 4388
Prov.: Kunsthaus Loewenich (vor der Restaurierung 1928)
Lit.: HEITGER 1982, S. 309; BERS 1985, S. 71

Knieportrait vor einer Landschaft.
Frau Barrère im weiß geblümten Empirekleid mit schwarzem Tüll-Bezug am Dekolletée. Die ins Gesicht frisierten schwarzen Locken hat Frau Barrère mit einer vierreihigen Kette aus Goldstickereien umfassen lassen. In der linken Hand hält sie ein Vergissmeinnicht.

Das Pendant zu dem Portrait des Kommandanten Barrère ist ebenfalls wahrscheinlich aus Anlass der Hochzeit 1808 entstanden. Ein Heiratsvertrag aus diesem Jahr befindet sich im Hauptstaatsarchiv Düsseldorf-Kalkum.

Marie Kaesmacher war die Tochter eines Jülicher Apothekers, Ratsherren und Bürgermeisters.

Vgl. in dieser Arbeit Kap. 2.2. und Abb. S. 29.

86.
**PORTRAIT EINER DAME,
sog. MUTTER BEETHOVENS – um 1810**
Öl/Lw 34 x 28 cm
Bonn, Beethovenhaus
Prov.: Restaurator Kempen, Köln; Sammlung Walter Jagenberg, Köln; Sammlung Maria Jagenberg, Frankfurt.
Lit.: StAB., Kirchenbuch (Taufen) St. Remigius, 1782-97; GREVEN'S ADRESSBUCH 1880-90; TISCHER 1909, S. 724 f. (und Abb.); MOSES 1925, S. 50-52, S. 70; ROBBINS LANDON 1970 (Beethoven); SCHMIDT-GÖRG 1971, S. 75 f.
Replik: Verbleib unbekannt (1925 bei Maria Jagenberg, Frankfurt)

Brustbild im Oval, fast frontal, leicht nach rechts gedreht, den Betrachter ansehend.

Die Dargestellte trägt eine in röhrenförmigen Falten liegende Spitzenhaube mit Satinschleife, einen grünen, mit bunten Bordüren abgesetzten Umhang (Longshawl) und ein in den Umhang locker hereingesetztes weißes Fichu. Das Alter der Dame wird von Tischer und Moses zwischen 50 und 60 Jahren angesetzt. Ernst Weyden erwähnt die Mode der röhrenförmig gefalteten Damenhauben in seinem Buch „Köln vor 50 Jahren" für das zweite Jahrzehnt des 19. Jahrhunderts.

Die Portraits aus der Sammlung Jagenberg wurden 1909 erstmals von Gerhard Tischer in der Rheinischen Musik- und Theater-Zeitung veröffentlicht und ihre Provenienz ausführlich besprochen.

Demnach hatte der Kölner Restaurator und Maler Melchior Kempen die beiden Brustbildnisse im Oval um 1880 bei dem in der Kölner Sternengasse 35 wohnenden Trödler Robert Holzhäusser gesehen. Kempen habe die Hand des Malers Beckenkamp sofort erkannt und diese von Museumsdirektor Aldenhoven bestätigen lassen. In der Sternengasse, so Tischer, sei der Maler Beckenkamp auch gestorben; die beiden Portraits bezeichnete er als direkt aus dem Nachlass Beckenkamps stammend. 1890 entdeckte Kempen bei Walter Jagenberg (Teilhaber der Firma Gebr. Jagenberg, Ausfuhr von Papier, Schreib- und Eisenwaren) eine Photographie des Portraits der sog. Mutter Beethovens aus dem Beethovenhaus. So wurde das nicht identifizierte Herrenportrait als bisher unbekanntes Bildnis des Vaters Beethovens angesehen.

Das Portrait im Bonner Beethovenhaus kam dagegen in den achtziger Jahren des 19. Jahrhunderts aus Privatbesitz durch den Ankauf von Geheimrat Zittelmann auf einer Auktion bei Hanstein in den Besitz des Beethovenhauses. Schließlich konnte Moses dem Bild des Bonner Beethovenhauses das fehlende Pendant, das Brustbildnis eines Herrn, dazugesellen. Das Bonner Beethovenhaus hat dieses Portrait nicht angekauft. Es ist seitdem mit unbekanntem Verbleib und wurde bei einer Auktion des Berliner Kunsthauses Henrici am 2. 9. 1924 versteigert.

Bis weit in die zwanziger Jahre hinein erfreuten sich die beiden Bildnisse der Sammlung Jagenberg größerer Beliebtheit als Eltern Beethovens. (Ein stets als gesichert geltendes Bildnis des Großvaters des Komponisten stammt von dem Bonner Maler Leopold Radoux.) Vor allem in den im März 1927 anlässlich des 100. Todestages Beethovens zahlreich erschienen Artikeln wurden sie immer wieder abgebildet. Sogar Radierungen und weitere freiere graphische Reproduktionen, z. B. Wien, Sammlung Hofrat Konstantin Danhelovsky, wurden in den Jubiläumsartikeln abgebildet. In neueren Beethovenmonographien erscheinen Beckenkamps Bildnisse nicht mehr.

In der Beethoven-Ikonographie der Vergangenheit wurde sowohl auf die Ähnlichkeit des sog. Portraits von Beethovens Mutter mit zeitgenössischen Beschreibungen, als auch auf die, auf dem Portrait angeblich erkennbare physiognomische Ähnlichkeit des Sohnes mit dem Vater, eines Hofsängers am kurkölnischen Hof, hingewiesen.

Als „geschlossen" aber betrachtete Tischer seine Beweiskette auf Grund der parallelen Biographie des, ebenso wie Maria Magdalena Beethoven, geb. Keverich (1746–1787) in Ehrenbreitstein geborenen Malers. Allerdings verwechselte Tischer die Biographien von Benedikt und seinem in Bonn tätigen Bruder Peter Beckenkamp, der, mit der Hofsängerin Veronika Krämer verheiratet, Beziehungen zu Johann und Magdalena van Beethoven pflegte. Wie eng die Beziehungen gewesen sein müssen, zeigt v.a. die Taufbucheintragung der Bonner Pfarre St. Remigius für das Jahr 1786.

Weitere unkorrekte Angaben Tischers sind die in dem Aufsatz angegebenen Adressen, sowohl von Beckenkamp, der in der Straße Im Alten Kapitol 2 und nicht in der Sternengasse starb, als auch von dem Schreiner Robert Holzhäusser, der erst seit 1886, nicht aber 1880, in der Mariengartenstraße, und nicht in der Sternengasse, wohnte.

Benedikt Beckenkamp, der sich wenn überhaupt, nur kurze Zeit in Bonn aufgehalten haben wird, mag seine Altersgenossin, Beethovens Mutter, noch in Ehrenbreitstein kennen gelernt haben. Es gibt jedoch keinen Beleg für diese Annahme.

Die Portraits können jedoch auch nicht die Eltern Ludwigs van Beethoven darstellen. Dies hat schon E. Moses 1925 anhand stilistischer und v. a. modegeschichtlicher Kriterien begründet. Johann van Beethoven war 1792, Maria Magdalena Keverich 1787 gestorben. Der leichte und pudrige Farbauftrag der letzten beiden Jahrzehnte des 18. Jahrhunderts fehlt dagegen auf den beiden Portraits mit ihren Repliken. Dunkler Rock mit Schnitt im Revers und Halsbinde, sowie Longshawl und röhrenförmig gefaltete Spitzenhaube stimmen nicht mit der Mode am Ende des Ancien Régime überein. E. Moses datiert daher um 1810.

Vgl. in dieser Arbeit Kap. 2.1.

87.
PORTRAIT EINES HERREN,
sog. VATER LUDWIG VAN BEETHOVENS – 1810
Öl/Lw 34 x 28 cm
Verbleib unbekannt (1925 bei Maria Jagenberg, Frankfurt)
Prov.: Restaurator Kempen, Köln; Sammlung Walter Jagenberg, Köln; Sammlung Maria Jagenberg, Frankfurt.
Lit.: TISCHER 1909, 51, 52, S. 724 f. (und Abb.); MOSES 1925, S. 50-52, S. 70; ROBBINS-LANDON 1970 (Beethoven).
Replik: Henrici, Berlin 2. 9.1924

Brustbild im Oval, frontal, leicht nach links gewandt *in schwarzblauem Rock, mit getolltem weißen Hemdenjabot und weißer Halsbinde; Puderperücke. Graublauer Hintergrund.* (E. Moses, S. 70).

88.
PORTRAIT EINER DAME – um 1810
Öl/Lw 36 x 29 cm
Privatbesitz
Prov.: Kopenhagen, Inspektor Karl Madsen
Ausst.: Berlin 1906 (Jahrhundertausstellung), Kat. Nr. 54
Lit.: AK BERLIN 1906, S. 18, Kat. Nr. 54, Abb. S. 19.

Hellbräunliches Fleisch mit rosa Wangen. Weißgraue Haube, schwarzgraues Kleid, dunkelgraues Oval in dunkelbrauner Fassung. (Katalog der Jahrhundert-Ausstellung in Berlin 1906)

Brustbildnis im Oval, nach links gewandt. Die röhrenförmig gefaltete Spitzenhaube und das locker eingelegte Fichu entspricht der Mode des Damenportraits, sog. Mutter Beethoven, und wird deshalb ebenso wie dieses um 1810 anzusetzen sein.

Das Portrait der unbekannten Dame zeichnet sich sowohl durch die stoffliche Feinmalerei, als auch durch die zart abgestuften Nuancen der verschiedenen rosa Farbtöne im Inkarnat aus.

1811–1820

**89.
PORTRAIT EINES MANNES –
(DER FRANZÖSISCHE GENERAL ARMAND
AUGUSTIN LOUIS DE CAULAINCOURT,
DUC DE VICENCE?) – 1811 (?)**
Öl/Lw 34 x 26 cm
*Le Général de Caulaincourt,
Duc de Vicence,
gemalt 1811 von C. B. Beckenkamp
in seinem Quartier im Hause Herstatt
Hohepforte in Köln*
(Zettel auf der Rückseite des Bildes)
Privatbesitz
Prov.: wohl immer in Familienbesitz
Ausst.: Koblenz, Köln 1997
Lit.: MOSES 1925, S. 71; HANOTEAU (Bearb.) 1933 (Memoiren Caulaincourts); TRIPPEN 1937, S. 324 (Erinnerungen des Freiherrn Geyr von Schweppenburg); VON GUILLEAUME 1963, Bd. 3, S. 18

Knieportrait en face vor einer Landschaft.
Portrait eines Mannes in Husarenuniform vor einer kleinen Mauer, im Hintergrund öffnet sich eine Waldlandschaft.
Im Vergleich zu einem halbfigurigen Portrait des Generals de Caulaincourt von François Gérard (Hanoteau 1933, Abb. 1) kann es sich weder von den Gesichtszügen, noch von der Figur oder der Uniform her um dieselbe Person handeln.
In den von Trippen (1937) herausgegebenen Erinnerungen (*Hauptsächliche Begebenheiten*) von Cornel Joseph Freiherr Geyr von Schweppenburg (1754–1832) erwähnt dieser für sein Kölner Stadtpalais in der Breitestraße den Aufenthalt des Generals: *Bei mir war der Herr Oberststallmeister Conlaincourt, Duc de Vinzenza (sic) einquartiert,* während Napoleon selber am 5. November 1811 im Haus der Freifrau Heereman von Zuydtwyck, deren Mann Anton Engelbert ein Baron de l'Empire gewesen war, in der Gereonstraße 12, dem späteren Erzbischöflichen Palais, logiert hatte.
Ella von Guilleaume, die mit der Familie Herstatt verschwägert war, stellt dagegen – wohl in Kenntnis des Portraits und des rückseitigen Zettels – den Aufenthalt Caulaincourts im Hause Herstatt auf der Hohen Pforte in Köln heraus.
Möglicherweise hat es 1811 zwei Aufenthalte von Caulaincourt in Köln gegeben. Caulaincourts Memoiren, eine lebhafte Schilderung der Russland-Kampagne und seiner gespannten Beziehungen zu Napoleon, berichten darüber nicht. Ein Aufenthalt bei der protestantischen und frankophilen Familie Herstatt – aus der Johann Peter sich 1816 von Beckenkamp portraitieren ließ (vgl. in dieser Arbeit Kat. Nr. 114) – ist jedenfalls nicht unwahrscheinlich. Allerdings muss die Frage, ob es sich bei dem von Beckenkamp dargestellten Mann wirklich um Caulaincourt handelte, offen bleiben.
Armand Augustin Louis de Caulaincourt (1773–1827), Spross einer französischen Adelsfamilie, trat schon früh dem Revolutionsheer bei und diente unter den Generälen Hoche und Moriau in der Vendée und in Süddeutschland. 1802 wurde er von Napoleon in Dienst genommen und mit delikaten diplomatischen Missionen betraut. 1808 wurde er zum Herzog von Vicenza ernannt. Von 1807 bis 1811 war er Botschafter bei Zar Alexander in St. Petersburg und von November 1813 bis April 1814 (am 10. April unterzeichnete er die Abdankung Napoleons), sowie während der Hundert Tage von 1815, Napoleons Außenminister. Mehrfach soll er in dieser Position bis zum Tag von Waterloo den geschlagenen Napoleon zur Annahme von günstigen Friedenskonditionen aufgefordert haben. In den Regierungen der politischen Restauration in Frankreich unter dem Bourbonen Ludwig XVIII. (vgl. in dieser Arbeit Kat. Nr. 51), wollte Caulaincourt kein Amt mehr übernehmen.
Vgl. in dieser Arbeit Kap. 1.1. und Abb. S. 13.

90.
PORTRAIT DES JOHANN WILHELM MAASSEN – 1811
Öl/Lw 40 x 30 cm
Verbleib unbekannt (1925 im Besitz von Daniel Lenz, Hohepforte)
Lit.: MOSES 1925, S. 71.

Auf einem Empirestuhle sitzend, im dunkelblauen Anzuge mit Goldknöpfen, mit Plisseejabot, blondem Haar, die linke Hand auf dem Tische, in der rechten ein Buch. Grauer Hintergrund (E. Moses, 1925, S. 71).
Joh. Wilhelm Maaßen, geb. in Glesch am 27. November 1773. 1811 verheiratet mit Maria Anna Firmenich, gest. in Köln am 17. Dezember 1845. Kontrolleur bei der Armenverwaltung. Apostelnstr. 9 (E. Moses, ebda.).

91.
PORTRAIT DER MARIA ANNA MARTINA FIRMENICH
– 1811
Öl/Lw 40 x 30 cm
Verbleib unbekannt (1925 im Besitz von Daniel Lenz, Hohepforte)
Lit.: MOSES 1925, S. 71 f.

Sitzend im weißen Brautkleid (Empiretracht) im schwarzen Haar ein Diadem, mit Ohrringen, die rechte Hand über die Stuhllehne gelegt. Grauer Hintergrund.
Maria Anna Martina Firmenich, geb. in Köln am Marsplatz am 3. Juni 1793, verheiratet 1811 mit Johann Wilhelm Maaßen, gest. am 14. August 1874 in Köln (E. Moses, 1925, S. 72). Beide Portraits sind zweifelsohne aus Anlass der Hochzeit 1811 entstanden.

92.
PORTRAIT DES JOHANN HEINRICH FIRMENICH –
1811 (?)
Öl/Lw 43 x 33 cm
Verbleib unbekannt (1925 im Besitz von Daniel Lenz, Köln, Hohepforte)
Lit.: MOSES 1925, S. 71.

Auf einem Stuhle sitzend in einem schwarzem Rock mit weißem Plissee, beide Hände auf dem Tische, darin ein Blatt Papier. Grauer Hintergrund.
Johann Heinrich Firmenich, geb. am 16. August 1755, gest. 28. November 1834, verheiratet mit Catharina Kirberg, geb. am 19. April 1752, gest. am 2. August 1815. Er war bei der Gründung des Kölner Handelsvorstandes beteiligt (E. Moses, 1925, S. 71).
Wahrscheinlich ist das Portrait zusammen mit den beiden Portraits der Brautleute Maaßen-Firmenich – also um 1811 – entstanden. Vermutlich war Anna Maria Martina Firmenich eine Tochter von Johann Heinrich Firmenich.

93.
DREI SUPRAPORTEN AUS DEM HAUSE URBACH –
1811–1813
Verbleib unbekannt (1925 im Besitz von Ernst Kleberg, Köln-Marienburg)
Lit.: HAStK., Best. 1105, Nr. 37, Bl. 18 ff.; MOSES 1925, S. 64 f., S. 72 f.; THIERHOFF 1997, S. 88

a) Allegorie des Feuers
Keine Angaben über Bildträger und Malmittel, 55 x 92 cm
B. Beckenkam f. 1813. (Bezeichnung links unten)

Schmiede des Vulkan. Rechts sitzt Vulkan nackt, nur mit einem blauen Tuche umschlungen, an der Erde, das rechte Bein etwas erhoben. Hinter ihm, etwas erhöht, Venus (?), die den linken Arm um ihn legt, mit dem rechten in die Ferne weist; sie trägt ein weißes Gewand, das die rechte Brust frei läßt, mit lachsfarbenem Tuch, lachsfarbenem Band und Haarband. Vulkan hat in der Linken einen Hammer, links von ihm am Boden Schild mit Blitzen. Links tritt ein geflügelter Putto mit einem Helm hinzu, neben ihn Schild. Im Hintergrund Berge, um deren Spitze Feuer lodert. In einem der Berge eine Höhle mit einer Schmiede. Oben rechts zwei Tauben. Blauer Himmel.
Gemalt für den Kaufmann in Speditions- und Kommissionsgeschäften Johann Abraham Urbach, wohnhaft Oben Mauern, Eisenkaufhaus Nr. 1965.

b) Allegorie der Erde
keine Angaben über Bildträger und Malmittel,
54, 2 x 13, 2 cm
B. Beckenkam (Bezeichnung links unten)
In der Mitte eine Frau, auf einem Löwen sitzend, in weißem Empirekleid, mit blauen Bändern, orangefarbenem antikisch drapiertem Tuch, in der Rechten einen goldenen Stab, mit der Linken in die Ferne weisend, im offenen Haar eine Krone, an den Füßen Sandalen. Breites Gesicht mit blödem Gesichtsausdruck. Von rechts kommen 2 geflügelte Putten hinzu, der eine mit einem kornblumenblauen Tuch umwunden, die eine schwere Garbe tragen. Links ein Eichbaum, an dem Trauben empor ranken. Zwei Putten klettern daran herum, der eine reicht einem am Boden sitzenden dritten Putten eine Traube herunter, während ein vierter Engel hinzufliegt. Im Hintergrund rechts ein Acker mit Pflug, dahinter Berge und ein Schloss mit Zinnen. Im Vordergrund Pflanzen. Blauer, stark bewölkter Himmel.

c) Allegorie des Wassers
keine Angaben über Bildträger und Malmittel,
55 x 92 cm
An der Erde sitzt ein Mädchen im weißen Gewand mit blauen Band, um die Beine ein lachsfarbenes Tuch, im offenen Haare Schilf. Sie stützt das Bein auf eine Urne, aus der Wasser fließt, und reicht mit der Linken einem hinzugetretenen Hirten eine Schale. Der Hirte trägt einen leichten grünen Mantel, in der Linken hält er einen Zweizack, neben ihm sein Hund. Links Brunnen und Bäume, ein Putto bläst Seifenblasen, ein anderer spielt im Wasser. Am Boden Schilf. Im Hintergrund Berge. Blauer bewölkter Himmel.
(Alle Angaben und Beschreibungen von E. Moses, S. 72 f.)

Aus den Briefen Wallraf an den Auftraggeber Urbach geht hervor, dass es sich bei den Zimmerdekorationen des geräumigen und schönen Saales (Wallraf) im Hause Urbach in der Straße Oben Mauern (Martinstraße) um drei Supraporten Beckenkamps mit Hintergrundlandschaften von Manskisrch handelte. Auch die Wandfelder waren mit Landschaften von Manskirsch ausgefüllt. Aber auch der Schreinermeister Nolden aus der Lintgasse und nicht namentlich genannte Stuckateure aus Lüttich und Brabant waren an der zwischen 1811 und 1813 erfolgten Ausstattung beteiligt (E. Moses, S. 64 f.). Mit großer Wahrscheinlichkeit war der ältere Manskirsch, Bernhard Gottfried (1736–1817) der ausführende Künstler der Landschaftshintergründe in Haus Urbach. Manskirschs Sohn Franz Joseph (1768–1830) war mehr außerhalb von Köln tätig. Für den genannten Zeitraum ist kein Aufenthalt des Sohnes in Köln belegt.
Vgl. in dieser Arbeit Kap. 4.5., Kap. 6.1.3.

94.
SKIZZE ZUM PORTRAIT VON FERDINAND FRANZ WALLRAF – ca. 1812
Skizze zu Pr. Wallrafs Portrait von Beckenkam gemalt (spätere Schrift des 19. Jahrhunderts unterhalb des Portraits)
Kreide auf Papier, 231 x 190 mm
Köln, Wallraf-Richartz-Museum, Z 1278;
RBA Nr. 70 032
Lit.: MOSES 1925, S. 57, S. 72; BEST. KAT. KÖLN 1973, S. 18

Brustbildnis en face, nach rechts gewandt.
Der Kopf ist nur angedeutet, eine Physiognomie ist nicht erkennbar. Die Skizze ist eine Kleiderstudie. Darunter eine Detailstudie des plissierten Jabots.
Erichsen-Firle und Vey (Best. Kat. Köln 1973, S. 18) bestritten einen Zusammenhang zwischen der Skizze und dem Ölportrait. In der Tat gibt es kleinere Abweichungen im Detail. Auch fehlt eine Andeutung eines ovalen Rahmens wie auf dem Gemälde.
Die bei Beckenkamp nicht so oft anzutreffende en-face Ausrichtung des Dargestellten sowie die Datierung der modischen Details zum Anfang des 19. Jahrhunderts begründen die auch von Moses angenommene Vorbildhaftigkeit der Studie zu Wallrafs Portrait ausreichend.

95.
BRUSTPORTRAIT VON FERDINAND FRANZ WALLRAF – 1812
Öl/Lw 50 x 39 cm
Köln, Historisches Archiv, RBA Nr. 136 036
Prov.: Sammlung Wallraf
Lit.: SMETS 1825, S. 89 f., Anm. *; PARTHEY 1863, S. 75, Nr. 5; MOSES 1925, S. 56 f., S. 72; BEST. KAT. KÖLN 1973, S. 18 und Abb. 109; BÖHM 1974, S. 230, Abb. 1; AK KÖLN 1974, S. 111 und Abb. 12; WAGNER, in: AK KÖLN 1995, S. 425; THIERHOFF 1997, S. 21 f.; KIER – ZEHNDER (Hg.) 1998, S. 200, Nr. 232 und Abb.
Ausst.: Köln 1974; Koblenz, Köln 1997

Brustbildnis en face mit leichter Rechtsdrehung, im ovalen Illusionsrahmen vor grauem Hintergrund, nach rechts.
Die nahezu identischen Maße und die Einfügung der beiden Portraits in einen gemalten ovalen Illusionsrahmen begründen die Annahme, die beiden Portraits von Hardy und Wallraf seien bereits als Gegenstücke konzipiert gewesen. Keines der beiden Ölportraits findet als Auftrag Wallrafs an Beckenkamp schriftliche Erwähnung in seinem Nachlass.
Die aus der Tradition des barocken Ovalportraits, besonders aber des französischen Intellektuellenportraits des späten 18. Jahrhunderts herstammende Idealisierung des Dargestellten wird durch den intimen Charakter des Portraits abgemildert. Beckenkamp verzichtet nicht auf die sachliche und kaum beschönigende Schilderung Wallrafs, die Hautunebenheiten ebenso erfasst wie die hervorstehende Unterlippe.
Von den sechs bekannten Portraits Wallraf beschäftigt sich das von Beckenkamp gemalte durch den Ausschnitt des Brustportraits am intensivsten mit der Physiognomie und damit mit dem Wesen des Dargestellten. Die Bildnisse von Caris (1781), De Peters (1792), Begas (1819), Salm (1820) und Mengelberg (1824) dagegen stellen zumeist einen Bezug zur Sammlung oder zu Aktivitäten Wallrafs her und erhalten dadurch eine repräsentative Ausrichtung.
Ab dem Jahre 1812 verstärkten sich die Beziehungen Wallrafs zu Beckenkamp. Der von Wallraf geförderte Josef Hoffmann war in demselben Jahr gestorben. Durch die Vermittlung Wallrafs erhielt Beckenkamp den Auftrag, für Prinzessin Marianne von Preußen eine Kopie des „Dombildes" herzustellen und eroberte damit für Beckenkamp ein lukratives und langwährendes Betätigungsfeld.
Vgl. in dieser Arbeit Kap. 5.1.1., Kap. 6.1.3. und Abb. S. 30.

95a.

PORTRAIT VON FERDINAND FRANZ WALLRAF – 1816

Schabkunstblatt von Peter Joseph Lützenkirchen nach dem Portrait Beckenkamps

Darst.: 123 x 100 mm

Blatt: 190 x 140 mm

Bened. Beckenkamp pinx. Col. 1812 - P. J. Lützenkirchen Sculps. Francof. ad/M. 1816

Ferd. Fr. Wallraf

nat. Col. Agripp. 1748- B.M. & S.S. Apost. Canon. Phil. & Med. in academia patria doctor, eiusdem/

postremus ante remp. eversam Magnif. Pictor. jamque per ann. prope quinquag. variae eruditionis Prof.

Qui patriae famam priscae sublimis artis/ Ingenium, monumenta, camoenas reddidit urbi.

<u>Köln, Kölnisches Stadtmuseum</u>, G 2876 b, RBA Nr. 57 488

Lit.: HAStK, Best. 1105, Nr. 21, Bl. 42 r.; GIESEN 1927, S. 122-134 (Lützenkirchen); DEETERS (Bearb.) 1987, S. 131, 230 (zu den Schabkunstblättern von Lützenkirchen und den geplanten Kupferstichen von Thelott); THIERHOFF 1997, S. 21-23 und Abb. 5 (dort als Hardy)

Spiegelverkehrte Darstellung.

Eine graphische Reproduktion von Beckenkamps Ölportrait war zunächst mit dem Düsseldorfer Kupferstecher und Akademieprofessor Ernst Thelott (1760-1834) für das Jahr 1812 vereinbart worden. Der Auftrag an Thelott betraf zunächst das Portrait Hardys von Beckenkamp zu dem *noch ein zweites Portrait, von der Rechten sichtbar, als Gegenteil dazukommen* sollte (vgl. Best. 1105, Nr. 21, Bl. 42 r.). Wegen der identischen Maße der beiden Ölportraits ist zu schließen, dass diese bereits als Pendants angelegt waren. Wallraf vergaß auch nicht, dem Projekt durch eine hohe Käuferannahme Erfolg zu prognostizieren. Warum die Durchführung des Projektes durch Thelott nicht zustande kam und vier Jahre später der inzwischen in Frankfurt tätige Peter Joseph Lützenkirchen beauftragt wurde, ist nicht bekannt. Möglicherweise war Thelott – allerdings erst ab 1814 – zu sehr mit dem Unternehmen *Taschenbuch für die Freunde altdeutscher Zeit und Kunst* von Eberhard von Groote beschäftigt. Im Dezember 1816 sah Wallraf sein eigenes (und das Portrait von Hardy) von Lützenkirchen und kündigte an, dass es in der Olympischen Gesellschaft aufgehängt werde.

96.

DOMBILD PRINZ WILHELM (TEILKOPIE DES DOMBILDES) – 1812

Maße und Technik unbekannt

<u>Verbleib unbekannt</u>

Lit.: HAStK, Best. 1105, Nr. 15, Bl. 149-159; HStADA., Fischbacher Inventar, D 22 Nr. 10/56, Kat. Nr. 881; BAUR 18892, S. 294, 383; N.N. in: ADB (1898) ND 1971, Bd 43, S. 171-177 (Prinz Wilhelm); VON PETERSDORFF in: ADB (1906) ND 1971, Bd. 52 (Nachträge), S. 209 (Prinzessin Marianne); SUHR 1991, S. 262 f (Verbleib der Ausstattung von Schloss Fischbach).; STANISZEWSKA 1995, S. 81-87 (Bau und Entwicklung von Schloss Fischbach); SLIWA 1995, S. 93-96 (Bau und Entwicklung von Schloss Fischbach)

Am 18. Juni 1812 ließ der Hofmarschall Graf von der Groeben im Auftrag der preußischen Prinzessin Marianne bei Wallraf anfragen, ob in Köln eine Kopie des Dombildes mit bestimmten Abweichungen angefertigt werden könne. Vorausgegangen war ein Besuch des Prinzen Wilhelm und der Prinzessin Marianne in Köln im Frühjahr 1812. Die Kopie sollte ein Geburtstagsgeschenk Mariannes für den Prinzen Wilhelm sein. Offensichtlich hat Beckenkamp trotz einiger Hindernisse im Dom nur wenige Monate für die Ausführung gebraucht. Wortreich entschuldigte sich Wallraf im April 1814 für die verspätete Versendung des Bildes, die v.a. durch die Kriegswirren verursacht gewesen sei. Prinzessin Marianne erhielt die Kopie am 3. Mai 1814 und beurteilte sie als *sehr gelungen*. Am 14. Oktober 1814 schrieb der Maler Philipp Veit an seine Mutter Dorothea Schlegel über die Wohnung der Prinzessin Marianne in Berlin: *die reichen Zimmer sind voll der trefflichsten Gemälde, meistens Kopien nach alten Bildern, unter denen das Rathausbild (jetzt Dombild) in Köln den vorzüglichsten Platz einnimmt.* Zu diesem Datum wohnten Prinz Wilhelm und Prinzessin Marianne noch im Berliner Schloss. Später kam die Kopie in die Sommerresidenz des Prinzenpaares nach Schloss Fischbach in Niederschlesien. Dort war sie im sog. „Blauen Zimmer", in dem die Prinzessin schrieb und arbeitete, aufgehängt. Das Inventar von Schloss Fischbach im Hessischen Staatsarchiv Darmstadt verzeichnet die *Copie des Kölner Dombildes in 3 Abtheilungen, auf Goldgrund in 3 Abtheilungen auf Goldgrund im Goldrahmen*, ohne Maßangaben und Beschreibung unter der Nummer 881.

Über den Verbleib des Gemäldes ist nichts bekannt. Wahrscheinlich wurde die Kopie zusammen mit einem Teil der Innenausstattung von Schloss Fischbach bei einem Brand in einem Warschauer Depot vernichtet.

Vgl. in dieser Arbeit Kap. 6.4.1.

97.
PORTRAIT DES COLONEL BARBE UND SEINER FRAU,
geb. CHAMPRÉ, TOCHTER DES VERFASSERS EINES
DICTIONNAIRE DE MYTHOLOGIE – 1812
Maße unbekannt
Verbleib unbekannt
Lit.: HAStK., Best. 1105, Nr. 148, Bl. 110

In einem Brief an Wallraf 1812 (HAStK., Best. 1105, Nr. 148, Bl. 110, zitiert nach Deeters, 1987, S. 327) schreibt der Kanonikus und Kunstsammler Franz Pick, der alte Beckenkamp, der mit den Portraits des Colonel Barbe und seiner Frau geb. Champré, Tochter des Verfassers des „Dictionnaire de mythologie" beschäftigt sei, wäre bei ihm gewesen.
Weder der Name des französischen Offiziers, noch der Name Champré als Verfasser eines „Dictionnaire mythologique" ließ sich feststellen.

98.
PORTRAIT DER GEMAHLIN DES THEODOR LAURENZ
FÜRTH, CHRISTINE HUNDGEBURTH – 1813 (?)
Öl/Lw 87 x 71 cm
Verbleib unbekannt (1925 im Besitz von Max Joseph Stelzmann, Köln), RBA Nr. 32 466
Lit.: MOSES 1925, S. 72

Kniefigur, lebensgroß, stehend, in weißem Empirekleid mit Blumenmüsterchen; im viereckigen Ausschnitt leichter getupfter Mull; am Hals und Ausschnitt Spitzenrüschen. Unter dem linken Arm durch über die rechte Schulter zieht sich ein blauer Wollshawl mit gemusterten Enden, den sie mit der Linken faßt, während die Rechte ein weißes Tuch auf dem Tische hält. Braune Haare und Augen. Grauer Hintergrund.
(Beschreibung von E. Moses, S. 72)
Christine Hundgeburth (1793–1871), Gutsbesitzertochter aus Köln-Mauenheim, heiratete am 1. Mai 1813 Theodor Laurenz Fürth. Das Portrait wurde wahrscheinlich anlässlich der Hochzeit als Gegenstück zu dem 1793 entstandenen Portrait von Theodor Laurenz Fürth gemalt.

99.
PORTRAIT DES REKTORS GERHARD KUNIBERT
FOCHEM – 1814
Öl/Holz 81 x 61 cm
Verbleib unbekannt (ehemals Köln, St. Ursula),
Neg. Nr. K 40/24
Prov.: Gerhard Kunibert Fochem, 1925 bei Rektor Robens (Köln), St. Ursula
Lit.: DÜNTZER 1885, S. 97 f. (Fochem); FIRMENICH-RICHARTZ 1916, S. 67; MOSES 1925, S. 73; FÖRSTER 1931, S. 90, 97 f. (Sammlung Fochem); ARNTZ - RAHTGENS - NEU - VOGTS (Bearb.) 1934, S. 105; BOISSERÉE 1978 (Bd. 1), S. 161; KRONENBERG in: AK KÖLN 1995, S. 127 (Fochem).

In Amtstracht am Tisch sitzend, den Blick nach vorn gerichtet, in der rechten Hand ein aufgeschlagenes Buch. Auf einem Büchergestell verschiedene Bände Winkelmann, Fiorillo usw. und ein Elfenbeinrelief d. 15. Jahrh. mit Darstellung einer Kreuzigung.
(Beschreibung von E. Moses, S. 73)
Anfragen bei dem ehemaligen Pfarrer von St. Ursula, Herkenrath und dem jetzigen Pfarrer Schlierf, sowie in der Pfarrei ergaben, dass das Portrait Fochems zurzeit nicht aufzufinden ist. Aufgrund eines freundlichen Hinweises von Frau Marion Opitz, Köln, konnte das Gemälde in der Akte des Stadtkonservators (St. Ursula) als 1983 in der Wohnung des Dechanten Vetten befindlich erstmals nach dem Krieg wieder nachgewiesen werden.
Halbfiguriges Portrait sitzend nach rechts, der Blick zurückgewandt. Fochem hat in der Hand ein Buch, in das er einen Finger als Lesezeichen gesteckt hat.
Der Geistliche Gerhard Kunibert Fochem (Köln 1771–1847) war von 1797 bis 1817 Rektor an der Grooteschen Familienkirche zum Elend (St. Gregorius magnus) und von 1817 bis 1831 Pfarrer an St. Ursula. Durch E. v. Groote kam er in Kontakt mit den Romantikern. Für das *Taschenbuch für Freunde altdeutscher Zeit und Kunst* (1816) stellte er als Vorlage für Thelotts Kupferstiche nach Beckenkamps gezeichneten Kopien sein flämisches Stundenbuch mit den beiden Miniaturen („Hl. Katharina", „Hl. Michael"), sowie ein flämisches Gemälde „Maria mit Kind vor dem Brunnen" zur Verfügung. Trotz einer erlesenen und von Friedrich Schlegel und W. von Chézy geschätzten Sammlung, die auch Goethe im Juli 1815 zusammen mit Stein besuchte, hatte Fochem bei seinen Zeitgenossen – vor allem nach dem Verkauf des von Beckenkamp kopierten Beweinungsaltares aus St. Maria Lyskirchen (vgl. Kat. Nr. 115) – einen Ruf als skrupelloser Kunstspekulant.

nach dem dortigen Dombilde für mich bestellt haben, ob sie fertig, und ob zu dem vereinbarten Preis noch Geld hinzuzufügen sei (Best. 1105, Nr. 4, Bl. 110). Er erhält von Wallraf am 3. Juli die gewünschten Auskünfte über den Fortgang der Arbeiten, welche *unser alter Maler Beckenkamp* sich nach der bereits angefertigten Kopie für Prinzessin Marianne *etwas gemächlicher* vorgestellt habe (ebda., Bl. 111, Konzept). Im Januar 1815 taucht *der schon bekannte* Graf Dohna als Überbringer eines Briefes von Prinzessin Marianne auf. Eine Schwester des Grafen hatte die Prinzessin bei ihrem Besuch in Köln 1812 begleitet (Best. 1105, Nr. 15, Bl. 160).

In einem Brief Peter Beuths an de Groote heißt es am 9. November 1814: *Der Graf Dohna, der die Skizze des Dombildes erhielt, ist vor einigen Tagen hier* angekommen (Best. 1552, 5, Bl. 3).

Vgl. in dieser Arbeit Kap. 6.4.

104.
PORTRAIT DES DOMPFARRERS JOHANN MICHAEL DUMONT – 1815
Öl/Lw 1,10 x 87,5 cm
Benedi [sic] *Beckenkam pinxit* (auf dem Lesezeichen in der Agenda Coloniensis)
Aufschrift auf der Rückseite des Gemäldes:
IO. MICHAEL DUMONT
NAT. COL. AGRIPPINAE MDCCLVI II DA NOV.
IN ACCADEMIA PATRIA INDE ET PROF. PUBL. ORD.
PROTONOT. APOST. AB AN. MDCCLXIX
PERILLUST. S. GEREONIS s. CUNIBERTI ET SS.
APOST. CAN. CAPIT. IN HAC PRIMUM SCHOLAST.
TUM DECANUS
MUTATO RERORUM STATU URBIS AGRIPPINAE
IN TEMPLO QUONDAM METROPOL. PAROCHUS
PRIMARIUS CATHEDRALIS AQUISGRAN. CANON.
ETC. ETC.
HANC SUI EFFIGIEM ANNO MDCCCXV
SIBI ET SUIS FF.
Köln, Wallraf-Richartz-Museum, WRM 3633
Prov.: Nachlass Annemarie Beschorner, Kiel
Lit.: HAStK., Best. 1027; ENNEN 1868, S. 12 (Michael Dumont); MERLO 1895, Sp. 426 f. (J. B. Hützer); VOGTS 1929, Sp. 17 f., Nr. 29; JANSEN-LOHMANN 1936, S. 326

Hüftstück en face, nach links gewandt.
Im Hintergrund links hinter dem Dompfarrer ein Vorhang, rechts hinter ihm eine Petrus-Figur unter einem spätgotischen Baldachin. Mit der rechten Hand weist Dumont auf ein aufgeschlagenes Buch hin, in der Linken hält er ein Birett. Bei dem Kreuz, das er an blauem Band trägt, handelt es sich wahrscheinlich um das Kreuz des Aachener Domkapitels, dessen Mitglied DuMont war.

Dieses (erst vor kurzem dem Kölner Wallraf-Richartz-Museum geschenkte) Portrait konnte dank des freundlichen Hinweises von Herrn Dr. Götz Czymmek, Köln, noch kurz vor der Publikation der vorliegenden Dissertation in den Katalog eingegliedert werden. Das originale Ölgemälde ergänzt damit die im Kölnischen Stadtmuseum aufbewahrte Lithografie von Hützer und erlaubt eine genaue Datierung des Portraits auf das Jahr 1815.

Johann Michael DuMont (2. 11. 1746–30. 11. 1818) war Sohn des Kaufmanns und Ratsherren Heinrich Josef DuMont und der Maria Sophia Dahlen. Er war in den Jahren 1806 bis 1818 Dompfarrer. Darauf weist auch die im Hintergrund erkennbare Petrus-Figur vor einem Bündelpfeiler des Kölner Domes hin. Die Petrus-Statue im Hintergrund ist an der entsprechenden Skulptur des um 1370 entstandenen Petersportals am Südturm des Domes orientiert. Der Schlüssel der Petrusfigur ist aber Erfindung des Malers, denn schon auf einem Stich des Portals von Boisserée erscheint die Figur ohne den rechten Arm des Apostels (freundlicher Hinweis von Dr. Reiner Dieckhoff, Köln). Die Formen des Baldachins und des Sockels der Petrus-Statue auf dem DuMont-Bildnis sind dagegen eher bei den Chorpfeilerfiguren des Kölner Domes von 1320 wiederzufinden.

DuMont zeigt auf ein aufgeschlagenes Buch mit der Titelzeile Agenda Coloniensis hin. Darin sind die speziellen liturgischen Kölner Feiertage erwähnt. Für diesen freundlichen Hinweis danke ich Herrn Eberhard Weber, Köln.

Im Nachlass von Johann Michael DuMont findet sich ein Passierschein der französischen Verwaltung, ausgestellt am 24. Januar 1805, der uns ein schriftliches Zeugnis vom Aussehen DuMonts vermittelt:

Laissez passer le citoyen Jean Michel Dumont
Membre de la commission épiscopale à Cologne
wohnhaft im Haus Nr. 3463, Rue des Francs Nr. 4
agé de cinquante huit *ans*
taille d'un mètre 56 centimètres,
cheveux et sourcils chatain clair,
visage rond, *front* elevé,
yieux bleux, *nez* petit
bouche moyenne, *menton* rond,
allant à Liège
Delivré à l'hôtel de ville de Cologne, le quatre Pluviose
an treize *de la Republique française*

Der Kölner Dompfarrer DuMont war eng mit Ferdinand Franz Wallraf befreundet. Allerdings erscheinen die Beziehungen zwischen Wallraf und DuMont zeitweise widersprüchlich. Zum einen klagt DuMont bei Wallraf den Gruß ein, aber schon 1806 – aus Anlass seines Amtsantritts als Dompfarrer – dichtet Wallraf die *Epistola Gamandri* auf DuMont (von dem evangelischen Pastor C. G. Bruch 1807 nicht wortgetreu übersetzt). 1812 segnete Dumont den neuen Friedhof Melaten ein, dort ist auch sein Grab.

Ein kurzes Briefchen im Nachlass DuMont, in dem Wallraf gebeten wird, den Maler Beckenkamp trotz dessen drängender Geschäfte für eine viertel Stunde vorbeizuschicken, um *einige Gedanken vorzuzeichnen*, ist von *M. Dumont* unterzeichnet. Beim Vergleich der Unterschriften im Nachlass von Johann Michael DuMont und dem kurzen Briefchen, das Deeters (1987) dem Vater Heinrich Josef DuMont (vor 1800) zuschreibt, ergibt sich jedoch keine Schriftidentität. Wahrscheinlich handelt es sich bei *M. Dumont* um Michael DuMont (1782–1865), einen Bruder des Verlegers Marcus DuMont, dessen Auftrag an Beckenkamp jedoch nicht zu ermitteln war (HAStK., Best. 1105, Nr. 4, Bl. 168).
Vgl. in dieser Arbeit Kap. 5.3.2. und Abb. S. 94

104a.
PORTRAIT DES DOMPFARRERS JOHANN MICHAEL DUMONT
Lithographie
Darst.: 267 x 217 mm
Blatt: 448 x 313 mm
Köln, Kölnisches Stadtmuseum, G 7123 a
(= HM 1981/404), RBA L 7 149/30
Joh. Michael Dumont - Dom-Pastor in Cöln, Capitular der Cathedral-Kirche in Aachen, vormals Dechant beim/ St. Apostelstift, Capitular bei St. Gereon, Canonich bei St. Cunibert, Doktor und öffentlicher/ Lehrer beider Rechte bei der Universität in Cöln, ect./ geb. 1745, gest. 1818 in Cöln. Bened. Beckenkam pinxit, IB Hützer sculpsit

Die vorliegende Lithographie muss nach dem Tod DuMonts und sogar erheblich später – entstanden sein. Dafür sprechen die Lebensdaten des Lithographen Johann Baptist Hützer (1806/7–1871). Hützer, ein Schüler von Johann Wilhelm Caris, hat nicht nur nach Kölner Bildern des 19. Jahrhunderts von Beckenkamp, Mende, Simon Meister, sondern auch nach Dürer, Rubens und van der Werff lithographiert.
Das auf der Lithographie angegebene Geburtsdatum von Johann Michael DuMont ist falsch.
Vgl. in dieser Arbeit Kap. 5.3.2. und Abb. S. 94.

105.
PORTRAIT VON ABRAHAM SCHAAFFHAUSEN – 1815
Maße unbekannt
Verbleib unbekannt
Lit.: BLÖCKER in: KIER-ZEHNDER (Hg.) 1998, S. 43

Die Existenz dieses heute verschollenen Gemäldes wurde durch die Forschungen von Susanne Blöcker 1998 ans Tageslicht gebracht. Frau Astrid von Schaaffhausen verdanke ich die freundliche Mitteilung, dass dieses Portrait bei der Auflösung der Sammlung Schaaffhausen 1860 nach Schlesien gekommen ist und dort wahrscheinlich zusammen mit den anderen Gemälden der Sammlung Schaaffhausen 1945 vernichtet wurde.

106.
PORTAIT DER BERNHARDINE NOLDEN, geb. ELLINGHAUS – 1815
Öl/Lw 35,5 x 28 cm
Köln, Kölnisches Stadtmuseum, KSM (HM) 1926/192, RBA f 4072*
B. Beckenkam pinxit Colonia 1815 (Rückseite)
Auf dem Keilrahmen stand noch 1925 (vgl. Moses, S. 73) von anderer Hand zu lesen: *Bernhardine Nolden, née Ellinghausen, gemalt 26 Jahre alt.*
Prov.: Heinrich Vorfeld, Köln (dort noch 1925 von E. Moses gesehen, Heinrich Vorfeld, Kaufmann, wohnte in der Bachemerstr. 65 in Köln-Lindenthal = Grevens Adressbuch 1926), Hubert Brombach, Köln (Hubert Brombach, Kunst- und Altertümerhandlung, Köln, Erftstr. 11 = Grevens Adressbuch 1926)
Ausst.: Köln 1997
Lit.: MOSES 1925, S. 73.

Kniestück.
Die junge Frau mit dunklem Haar und braunen, mandelförmig geschnittenen Augen sitzt lässig auf einem Stuhl, über dessen Lehne sie ihren rechten Arm gelegt hat. Sie trägt ein weißes Empirekleid mit einem zinnoberfarbenen, über die rechte Schulter gelegten Tuch. Im Haar und an den Ohren trägt sie Korallenschmuck. Der Hintergrund ist grau.
Nähere Angaben zu Bernhardine Nolden ließen sich nicht ermitteln. Vielleicht ist die Dargestellte mit dem Kunstschreiner Nolden aus der Lintgasse in Verbindung zu bringen, der ebenso wie Beckenkamp an der Ausstattung von Haus Urbach beteiligt war (vgl. Kat. Nr. 93).
Vgl. in dieser Arbeit Kap. 5.2.2. und Abb. S. 89.

107.
PORTRAIT EINES MANNES – 1815
Öl/Lw 41,5 x 34,7 cm
Köln, Kölnisches Stadtmuseum, KSM (HM) 1926/398, RBA f. 4041+
B. Beckenkam 1815 (unten rechts)
Prov.: Hubert Brombach, Köln (Hubert Brombach, Kunst- und Altertümerhandlung, Köln, Erftstr. 11 = Grevens Adressbuch 1926)

Brustbildnis im Oval nach rechts.
Mit klaren hellblauen Augen blickt der Unbekannte den Betrachter an. Bei diesem Herrenportrait wird Beckenkamps Meisterschaft bei der Wiedergabe der Augen und der detaillierten Schilderung aller Farben und Lichtreflexe in der Iris deutlich. Auch die überaus zarten Schattierungen und Farbabstufungen der Lasurmalerei auf den fein geschwungenen Lippen weisen dieses Portrait als kleines Meisterwerk aus.
Wohl das Pendant zum Portrait einer unbekannten Dame, das ein Jahr später entstand, vgl. Kat. Nr. 112.
Vgl. in dieser Arbeit Kap. 5.1.2. und Abb. S. 74.

108.
KOPIE NACH EINEM PORTRAIT DES KAISERS MAXIMILIAN – 1815
Maße unbekannt
Nassau, Steinscher Turm (?)
Lit.: HAStK. 1552, 16, Nr. 5; DÜNTZER 1885, S. 83

Der Auftrag dieser Gemäldekopie gelangte über Görres an den Kunstsammler Fochem. Erhalten sollte diese Portraitkopie der Freiherr von Stein. Leider ist weder über Identität und Verbleib des Originalportraits, noch über die Kopie von Beckenkamp, die sich aber wahrscheinlich im Steinschen Turm in Nassau befindet, etwas bekannt. Für Fochem war der Maler des Originals Holbein oder Memling.
Vgl. Kap. 6.1.

109.
DOMBILD PRINZESSIN MARIANNE (AUSSCHNITTSKOPIE) – um 1815 (?)
Maße unbekannt
Verbleib unbekannt
Prov.: Berlin, Stadtschloss
Lit.: BAYER 1912 (Rosenwall), S. 170 und Anm.*; BÖRSCH-SUPAN 1976, S. 93, Abb. 37 und S. 94, Nr. 33.

Die hier vorzustellende Kopie ist lediglich durch eine kurze Erwähnung Rosenwalls bekannt, der während eines Aufenthaltes in Köln 1815 feststellt: *Die Prinzessin Wilhelm von Preußen* (i. e. Prinzessin Marianne) *hat durch eine Köllner Maler eine Kopie von der Figur der Maria nehmen lassen* (Bayer 1912, S. 170). Bayer erwähnt in der entsprechenden Anmerkung, dass diese Kopie wahrscheinlich von Beckenkamp stamme. Die Formulierung lässt darauf schließen, dass es sich um eine Ausschnittskopie gehandelt haben muss, wie sie Peter Beuth 1814 bei Beckenkamp bestellt hatte. Börsch-Supan, der das Inventar des Berliner Stadtschlosses von 1851 ausgewertet und ihm die Interieuraquarelle von Eduard Gärtner gegenübergestellt hat, führt im Grünen Zimmer des Berliner Stadtschlosses, das zum Appartement des Prinzen Wilhelm und der Prinzessin Marianne von Preußen gehörte, unter der Nr. 33 eine *Madonna Copie nach dem Cölner Altarbilde Oelgemälde* an. Das Aquarell von Gärtner aus dem Jahr 1847 lässt – wenn auch hinter einem Kronleuchter versteckt – eine solche Ausschnittskopie, ähnlich der Kopie für Peter Beuth, heute in der Berliner Nationalgalerie, erkennen. Über die näheren Umstände dieses zweiten Kopie-Auftrages der Prinzessin Marianne, über das weitere Schicksal dieses Bildes sowie über seinen jetzigen Verbleib lassen sich keine Aussagen machen.
Vgl. in dieser Arbeit Kap. 6.4.1.

110.
DOMBILD SCHLOSS STOLZENFELS (TEILKOPIE DES DOMBILDES) - um 1815 (?)
Öl/Holz 218 x 394 cm
Ohne Signatur, ohne Datum
Koblenz, Schloss Stolzenfels (Landesamt für Denkmalpflege Mainz)
Prov.: unbekannt, wahrscheinlich aus der Wohnung von Kronprinz Friedrich Wilhelm im Berliner Schloss nach Stolzenfels gekommen.
Lit.: MALTEN 1844, S. 58 f.; MOSES 1925, S. 57; KUBACH - MICHEL - SCHNITZLER (Bearb.) 1944, S. 180; BORNHEIM gen. SCHILLING in: TRIER-WEYRES 1980, Bd. 2, S. 338 (dort als Lorenz Beckenkamp); BRAUKSIEPE/NEUGEBAUER 1986, S. 18 f. und Abb. (Ausschnitt) S. 18.

Teilkopie.
Im Wohnzimmer der Königin Elisabeth auf Schloss Stolzenfels. Aus dem dreiflügeligen Altar der Stadtpatrone erscheinen jeweils die wichtigsten Figuren des Originals: in der Mitte Maria mit dem Kind und den Drei Königen (unter Weglassung des Gefolges), auf dem

rechten Flügel Gereon (ebenfalls ohne Gefolge) und auf dem linken Flügel Ursula mit zwei Frauen aus ihrer Schar (wohl um die große Zahl der Märtyrerinnen zu symbolisieren). Die Kopie ist wahrscheinlich um 1815 für Friedrich Wilhelm von Preußen, den späteren König Friedrich Wilhelm IV. entstanden.
Der Rahmen mit seinen genasten Kielbögen weicht von den Rahmen der anderen Kopien ab. Die Stolzenfels-Kopie ist mit der Kopie im Kölner Dreikönigsgymnasium (Kat. Nr. 111) fast identisch, allerdings weichen die Maße um ca. 30 cm in der Höhe und in der Breite voneinander ab.
Originalrahmen
Vgl. in dieser Arbeit Kap. 6.4.2. und Abb. S. 137.

111.
„DREIKÖNIGSBILD" – (TEILKOPIE DES DOMBILDES) – um 1815 (?)
Öl/Holz 190 x 375 cm
Ohne Signatur, ohne Datum (Vorderseite)
Köln, Dreikönigsgymnasium
Prov.: bis 1950 bei Walter Peyinghaus, Königstein/Ts.
Lit.: HUPPERTSBERG 1994, S. 6-11; EPPING 1994, S. 13-16.

Wiederholung der vorher genannten Teilkopie des Dombildes. Im Vergleich zu dieser jedoch 30 cm kleiner in Höhe und Breite.
Als Auftraggeber käme Prinz Friedrich (Ludwig) von Preußen in Frage. Möglicherweise wurde die Kopie in Schloss Jägerhof, dem Wohnsitz des Prinzen in den Rheinlanden, aufbewahrt. Der weitere Weg des Bildes lässt sich nicht verfolgen. In den Besitz des Kölner Dreikönigsgymnasiums kam die Dombildkopie von ihrem Vorbesitzer Walter Peyinghaus, einem Stahlfabrikanten aus Hagen, von 1939-1950 wohnhaft in Königstein/Ts (freundliche Mitteilung von Frau Großmann Hofmann, Stadtarchiv Königstein/Ts). Durch ihn lassen sich jedoch keine Verbindungslinien zu möglichen Vorbesitzern und Auftraggebern ziehen.
Originalrahmen
Vgl. in dieser Arbeit Kap. 6.1., 6.1.1., Kap. 6.4.3. und Abb. S. 141.

112.
PORTRAIT EINER DAME – 1816
Öl/Lw 42 x 34,7 cm
Köln, Kölnisches Stadtmuseum, KSM (HM) 1926/399
B. Beckenkam f. 1816 (auf dem geblümten Schal unten rechts)
Prov.: Hubert Brombach, Köln (1926)

Brustbildnis im Oval.
Wohl als Pendant zum Portrait eines unbekannten Herren (vgl. in dieser Arbeit Kat. Nr. 107).
Eine Frau mittleren Alters mit Spitzenhaube, Schleife und dunkelrotem geblümten Schal auf dunklem Kleide, den Betrachter anschauend.
Vgl. in dieser Arbeit 5.1.2. und Abb. S. 75.

113.
KINDERBILDNIS – 1816
Gemalt 1816 von B. Beckenkamp
Öl/Lw 53 x 41,5 cm
Verbleib unbekannt
Lit.: AUKT. KAT. KÖLN 1981 (Lempertz), Aukt. Nr. 585, S. 10, Nr. 9 und Tafel S. 75.

Ganzfigurig, en face.
Vor einer Landschaft sitzt ein etwa ein- bis zweijähriges Kind mit langem Hemdchen und Rüschenkragen, in der erhobenen linken Hand hält es ein Vergissmeinnicht. Unten links sind ein umgefallenes Körbchen und Äpfel zu sehen.

114.
PORTRAIT VON JOHANN PETER HERSTATT – 1816
Öl/Lw 35,5 x 28,5 cm
Privatbesitz
Gemalt von B. Beckenkam 1816 (Rückseite)
Lit.: MOSES 1925, S. 74; NICKE 1957, S. 48 (J. P. Herstatt).

Kniestück.
Johann Peter Herstatt (1749-1822) trägt eine graue Hose, weiße Weste und einen schwarzen (wohl ehemals grünen, so bei E. Moses) Frack mit Goldknöpfen. Herstatt sitzt en face, den rechten Arm auf ein Tischchen gestützt vor einem braunen Vorhang. Der Hintergrund ist grau.
Johann Peter Herstatt, ein Bruder von Johann David Herstatt, und ein Sohn von Isaac Herstatt (1697-1761) und der Gertrud Lomberg (geb. 1727), wohnte im Haus der Familie Hohen Pforte 6602/3 und (25/27) arbeitete in der Familienfirma „Seiden- und Floret-Band-Fabriqué" und „Wechselgeschäften". In der evangelischen Gemeinde Kölns hatte er eine hervorragende Stellung und bekleidete das Amt eines Ältesten.

115.
BEWEINUNG CHRISTI – KOPIE NACH JOOS VAN DER BEKE IN ST. MARIA LYSKIRCHEN IN KÖLN – um 1816 (?)
Öl/Holz, 142 x 208 cm, davon: 142 x 104 cm (Mitteltafel), 142 x 54 cm (jeweils 1 Flügel)
Köln, St. Maria Lyskirchen
Prov.: seit 1816 (?) auf dem Stirnaltar des nördlichen Seitenschiffes
Ausst.: Köln 1995
Lit.: WAAGEN 1821, S. 383 f.; [DE NOËL] 1828, Sp. 4; KÖLN UND BONN 1828, S. 104; MERLO 1850, S. 29 f. MERLO 1895, Sp. 1144 f. (Der Meister des Todes Mariens); MEYER – LÜCKE – TSCHUDI 1885, Bd. 3, S. 264; THIEME – BECKER 1907; Bd. 3, S. 143; RATHGENS (Bearb.): 1911, S. 304 f.; MOSES 1925, S. 76; VON HOLST 1934, S. 37; PAAS 1932, S. 12 f., S. 155 f., S. 186; HAND 1987, S. 187-191 (Beweinung Christi von Joos van der Beke); KROMBHOLZ 1992, S. 226 f.; SANDER 1995, S. 113-118 (Beweinung Christi im Städelschen Institut, Frankfurt); AK KÖLN 1995, S. 636, Kat. Nr. 308 (Zehnder).

Schon bei De Noël wird das Bild als Zusammenarbeit von Benedikt und seinem Sohn Sigismund, von dem die Flügel stammen sollen, erwähnt. Der Altar ersetzte das an Rektor Gerhard Kunibert Fochem verkaufte Triptychon mit der Beweinung Christi, das seinerzeit als Werk des Jan Schoreel galt. Die Kopie Beckenkamps und seines Sohnes wurde anstelle des Originals auf dem Johannesaltar im nördlichen Querhaus von St. Maria Lyskirchen aufgestellt Die Rahmenfassung wurde 1896 von H. Dickmann restauriert. Eine Altarmensa wurde von dem Steinmetzmeister Paffrath gestaltet. Beide Teile wurden von dem Maler Preußler mit Ornamentmalerei und Schriftbändern polichromiert. Die Kosten für diese Arbeiten wurden durch eine Stiftung der Eheleute Wilhelm Richmann aus dem Jahr 1895 getragen. In den wenigen erhaltenen Akten des Pfarrarchivs von St. Maria Lyskirchen im Historischen Archiv des Erzbistums Köln ließen sich keine Unterlagen über den Verkauf und damit über die Umstände und über das präzise Entstehungsdatum der Lyskirchen-Kopie finden. Frau Dr. Marion Opitz verdanke ich den freundlichen Hinweis auf den Bestand „Bistum Aachen" im AEK, wo sich aber keine Akte zum Verkauf des Bildes finden ließ. Zehnder (in: AK Köln 1995, S. 636) gibt als Verkaufsdatum des Originals von Joos van der Beke den 14. April 1812 an (dagegen Merlo 1850, S. 29, Anm.*: *um 1816 wurde der Kirche das Bild entzogen*).

Das Verkaufsmotiv der Kirchengemeinde wird in der durch die Kontributionen hervorgerufenen finanziellen Not sowie in der gleichzeitigen Unkenntnis über den großen Wert des Gemäldes (Paas 1932, S. 186) begründet gewesen sein. Noch 1821 muss es sich in der Sammlung Fochem befunden haben, da G.[ustav] W.[ilhelm] Waagen in einem Aufsatz in Schorns „Kunstblatt" das Gemälde als ein Bild dieser Sammlung beschrieb. 1830 wurde es bei Winter und Eberhard in Frankfurt für das Städelsche Kunstinstitut (Inv. Nr. 830) gekauft, wo es sich heute noch befindet.
Der Mittelteil des Bildes hebt, zusammen mit der Kopie des „Agrippa von Nettesheim" (Kat. Nr. 122), die maltechnischen Qualitäten und das Einfühlungsvermögen Beckenkamps als Kopist hervor. Dagegen sind auf den beiden Flügeln Vereinfachungen und Abweichungen im Vergleich zum Original erkennbar. So hat Sigismund August Beckenkamp auf die Hausmarken des Stiftereheepaares Gobelinus Schmitgen auf beiden Flügeln ebenso verzichtet wie auf die detaillierte Schilderung des Brokatmusters auf dem Gewand der Veronika auf dem linken, und auf die Lichterscheinung mit dem verklärten Auferstandenen auf dem rechten Flügel.
Vgl. in dieser Arbeit Kap. 1.1., 6. und Abb. S. 10 und 11.

116.
PORTRAIT DER HENRIETTE VON AMMON – 1817
Öl/Lw 35,5 x 27,5
Privatbesitz
Gemalt von B. Beckenkam 1817 (Rückseite)
Prov.: Auktionshaus Stahl, Hamburg Auktion 5. 9.1992
Ausst.: Koblenz, Köln 1997
Lit.: HAStK. Best. 1552, 1/13; ROMEYK 1994, S. 547.

Halbfiguriges Portrait in Dreiviertelansicht, nach rechts.
Die sechzehnjährige Klara Henriette Franziska Wilhelmine von Ammon (Wesel 1801 – Bonn 1887) trägt ein erdbeerfarbenes Empirekleid mit rechteckigem Ausschnitt, und Kragen, und mit gerüschten Ärmeln. Um die Schultern hat sie einen weißen, mit einem Blumenmuster abgesetzten, Schal gelegt. Der akkurate Perlenschmuck im dunklen Haar und um den Hals weisen Beckenkamp auch hier als Feinmaler; und Henriette von Ammon als aus einer begüterten Familie stammend aus.
Das Portrait wird von Eberhard von Groote erwähnt, der am 20. Juli 1817 in seinem Tagebuch notiert: *Im Dom sind v. Ammon und mit ihnen die verheiratete Tochter Kamphausen von Düsseldorf; ich gehe mit ihnen in die*

Jesuitenkirche, dann nach Haus, wo ich das Portrait von Jettchen ... und das der anderen ... Ammon welches letztere besser gelungen, von Beckenkamp gemalt sehe (Best. 1552, 1/13, Bl. 17 verso). Über die jüngere Tochter, mit der er am 22. Juni 1817 im Garten von St. Gereon zwischen Rosen wandelt, schreibt er, *die junge Ammon ist schön, wie eine aufgehende Rosenknospe* (Best. 1552, 1/13, Bl 7 recto). Die Familie von Ammon lässt sich in Köln weder im Adressbuch von 1813, noch von 1822 nachweisen.
Der Vater Johann Georg Heinrich von Ammon war Kriegs- und Domänenrat in Kleve und Düsseldorf. Ihr Bruder Friedrich (1794–1874) war in Köln Appellationsgerichts- und Landgerichtsrat, sowie Präsident verschiedener Institutionen wie der rheinischen Eisenbahn, des Kölnischen Kunstvereins und war einer der Mitbegründer des Dombauvereins. Schon während des Jurastudiums in Heidelberg hatte er die Brüder Boisserée kennen gelernt.
1822 heiratete Henriette von Ammon in Düsseldorf den ebenfalls aus Kleve stammenden Juristen, Regierungs- und Landrat von Bonn, Ludwig Anton Friedrich Heinrich Everhard von Hymmen (1784–1854). Mit diesem und sieben Kindern wohnte sie auf einem Gut in Bonn-Endenich.
Vgl. in dieser Arbeit Farbabb. S. 109

117.
PORTRAIT DER FRAU KAMPHAUSEN AUS DÜSSELDORF, EINER SCHWESTER DER HENRIETTE VON AMMON – 1817
Maße unbekannt
Verbleib unbekannt
Lit.: HAStK., Best. 1552,1/13, Bl. 17 verso.

Dieses nicht auffindbare Portrait wird von E. von Groote in seinem Tagebuch am 20. Juli 1817 erwähnt:
Im Dom sind v. Ammon und mit ihnen die verheiratete Tochter Kamphausen von Düsseldorf; ich gehe mit ihnen in die Jesuitenkirche, dann nach Haus, wo ich das Portrait von Jettchen ... und das der anderen ... Ammon, welches letztere besser gelungen, von Beckenkamp gemalt sehe.

118.
PORTRAIT VON AUGUST GRAF NEIDHARDT VON GNEISENAU – 2 KOPIEN NACH DEM ORIGINAL VON Q/GUINCEAUX (?) – 1817
Maße unbekannt
Verbleib unbekannt
Lit.: HAStK., Best. 1552, Nr. 1/11-12

Die Entstehungsumstände von zwei nicht auffindbaren Kopien Beckenkamps nach den Portraits Gneisenaus von einem französischen Maler erscheinen nur in den Tagebüchern Eberhard von Grootes im Historischen Archiv der Stadt Köln. Der Name des französischen Malers ist nicht genau zu entziffern.
Nach der Sitzung finde ich zu Haus einen Brief von P. Ernst, ohne weitere Anfrage, einen [?] der Frau Obristin v. Clausewitz, welche bey Beckenkamp das Portrait Gneisenaus, welches Q/Guinceaux [der Name des Malers ist nicht genau lesbar, ein Maler ähnlichen Namens war nicht zu finden] in Paris malte, zweymal kopiert haben will, worüber ich mich erkundigen soll (Best. 1552, 1/11, Bl. 1 verso).
Einen Tag später (21. Januar 1817): *Nach Tisch kommt der Rektor, dem ich wegen der bey Beckenk. zu bestellenden Copien nach Gneisenaus Bild für Fr. v. Clausewitz rede. Er verlangt ich solle augenblicklich schreiben, dass er sie für 4 Louisd' pro Stück machen wolle. Ich schreibe an Fr. v. Clausewitz und bleibe allein zu Hause* (Best. 1552, 1/11, Bl. 2. recto).
Am 14. Februar *erhalte ich von Coblenz das Portrait Gneisenaus und ein ... alles von Fr. von Clausewitz mir zugeschickt, um ersteres durch Beckenkamp copieren zu lassen* (Best. 1552, 1/11, Bl 11 verso und 12 recto).
Eine kleine Eintragung am 28. Februar 1817: *Ich erhalte noch einen Brief von Fr. von Klausewitz wegen der Copie des Portraits von Gneisenau* (Best. 1552, 1/11, Bl. 20 verso).
Am 2. März 1817: *... und gehe nach der Messe im Dom mit Jos.* (= sein Bruder Joseph) *zu H. Beckenkamp wegen einiger Bestellungen rücksichtlich des für Fr. v. Clausewitz zu bestellenden Portraits von G. Gneisenau* (Best. 1552, 1/11, B. 21 recto).
Am 15. April 1817 geht E. von Groote zu Beckenkamp, *den ich antreibe, die beiden noch nicht angefangenen Portraite des Gn. Gneisenau endlich zu machen* (Best. 1552, 1/12, 15, Bl. 9 verso).
Am 11. Mai 1817 besucht E. von Groote das Atelier von Beckenkamp, *der die beyden Copien des Portraits von Hrn G. Gneisenau fast vollendet hat, die erste ist recht gut, die andere weniger.* (Best. 1552, Nr. 1/12).
August Wilhelm Anton Graf Neidhardt von Gneisenau (1760–1831) war einer der bedeutendsten Vertreter der

preußischen Heeresreform und als Heerführer bedeutendster militärischer Gegenspieler Napoleons.
Für den freundlichen Hinweis auf die Tagebucheintragung von Grootes zu diesen Portraitkopien Beckenkamps danke ich Frau Dr. Barbara Becker-Jákli, Köln.

119.
PORTRAIT EINES GEISTLICHEN – 1818
Öl/Lw 34,5 x 28,5 cm
gemalt von B. Beckenkam 1818 (Rückseite)
Köln, Priesterseminar, K 83

Brustbild eines Geistlichen mit Birett in der linken Hand. Die Identität des Geistlichen ist zurzeit nicht zu klären.
Den Hinweis auf dieses Bild verdanke ich Herrn Ludwig Gierse, Köln.

120.
PORTRAIT DES ALBERT GEREON SCHWARZ, OBERPFARRER VON ST. MARIA IM KAPITOL – 1818
Öl/Lw 31 x 25 cm
B. Beckenkam, p. 1818 (Rückseite)
Verbleib unbekannt (1925 im Pfarrhaus von St. Maria im Kapitol)
Lit.: RATHGENS 1911, S. 275; MOSES 1925, S. 74.

Halbfigur in schwarzem, mit Tressen und Troddeln besetzten Hausrock mit schwarzem Käppchen in Vorderansicht, in der Linken ein Brevier. Rundliches Gesicht mit Doppelkinn, stark rotes Inkarnat, blaue Augen. Grauer Hintergrund.
(Beschreibung von E. Moses, S. 74)
Nachfragen in der Pfarrei ergaben keinen Hinweis auf den heutigen Verbleib des Portraits.

121.
PORTRAIT VON WERNER VON HAXTHAUSEN IN DER MANIER HOLBEINS – 1818
Maße unbekannt
Verbleib unbekannt
Lit.: HAStK., Best. 1552, 1/19, Bl. 13 recto; ARENS 1927, S. 3 (Portraits von Haxthausen); KLEIN 1954, S. 160-183 (Haxthausen); SCHADEN (2) in: AK KÖLN 1995, S. 205-213 (Sammlung Haxthausen)
Möglicherweise befindet sich das erwähnte Portrait noch bei Nachkommen Haxthausens in der Nähe von Paderborn, wo Arens 1927 zwei Portraits des preußischen Regierungsbeamten sah. Eines davon stellte Haxthausen als Domherrn und das andere in der Tracht eines „englischen Doktors" dar. Letzteres war *1818, anno aetatis 38* bezeichnet.

...dann gehe ich vergnügt nach Haus zurück und arbeite, bis es Zeit wird in den Dom zu gehn, wo die Musik recht schön ist. Dann will ich mit Joseph den Reg. D^r.(=Regierungsdirektor) Sotzmann besuchen, allein wir begegnen ihn (!) mit Haxth. u. gehn zu Beckenkamp, wo wir H.s wohl getroffenes Bild in der Manier Holbeins sehn, nebst andern kleinen alt (!) Bildern (Best. 1552, 1/19, Bl. 13 recto, 19. Juli 1818).
Vgl. in dieser Arbeit Kap. 6.5.4.

122.
PORTRAIT DES „AGRIPPA VON NETTESHEIM" (GERHARD VON WESTERBURG) – KOPIE NACH BARTHEL BRUYN d. Ä. – 1819 (?)
Öl/Holz 65 x 53 cm
Köln, Kölnisches Stadtmuseum (als Dauerleihgabe des Wallraf-Richartz-Museums), KSM (HM) 1940/70 (bzw. WRM 236), RBA 11 504
Prov.: Sammlung Wallraf, Kölnische Portraits Nr. 244.
Ausst.: Köln 1925, Kat. Nr. 19a (wahrscheinlich Beckenkamps Kopie, ohne Angabe von Eigentümer, Künstler etc.; Köln 1995, Kat. Nr. 308; Koblenz, Köln 1997.
Lit.: HAStK, Best. 1105, Bl. 118, Nr. 244; FIRMENICH-RICHARTZ 1891, S. 107; FIRMENICH-RICHARTZ 1916, S. 36; AK KÖLN 1925, S. 364, Nr. 19a; VON HOLST 1934, S. 28; WESTHOFF-KRUMMACHER 1965, S. 97 ff.; SPILLER 1968, S. 73 und Anm. 460-462; BOISSERÉE 1978, Bd. 1, S. 528; BEST. KAT. KÖLN 1986, S. 11; R. WAGNER, in: AK KÖLN 1995; S. 425, S. 636, Kat. Nr. 308; THIERHOFF 1997, S. 87, 114 und Anm. 927.

Als Sulpiz Boisserée wenige Tage vor dem Tod des Bonner Kanonikus' Franz Pick am 10. Februar 1819 die Sammlung besucht, notiert er: *Cornelius Agrippa ist und bleibt die Hauptsache* (Tagebücher, Bd. 1, S. 528). Wallraf lässt das Bild von Beckenkamp kopieren, weil er Boisserées Ansicht geteilt haben wird. Als weiteres Motiv wird Wallraf neben den bekannten lokalpatriotischen Gründen (die hier mit dem vermeintlichen Bezug des Dargestellten zur Kölner Universität) auch mit den eigenen beruflich-biographischen Aspekten Wallrafs (Wallraf als Rektor und Professor an der Universität) verknüpft wurden, noch familiär-biographische Erwägungen – seine Mutter war eine geborene Nettesheim, zu diesem Auftrag gedrängt haben.
Das Datum der Portrait-Kopie muss offen bleiben. Pick hatte bereits 1807 den *thronenden Agrippa consanguineus tuus* als eines seiner Lieblingsstücke aufgehängt, wie er an Wallraf schrieb (zitiert nach Spiller 1969, S. 73). 1812 erwähnt Pick einen Besuch Beckenkamps bei ihm in Bonn. Ob er dort nur den *Colonel Barbe und seine Frau, eine geborene Champré, Tochter des Verfassers eines Dic-*

tionnaire de mythologie portraitiert hat, vielleicht auch Pick selber, oder sich bereits mit der Kopie beschäftigt hat, ist nicht zu entscheiden (HAStK., Best. 1105, Nr. 148, Bl. 110). Da das erste Inventar der Sammlung Wallraf von 1810 das Bild weder unter dem Dargestellten, noch unter dem Maler noch unter dem Kopisten vermerkt, und das zweite Inventar von 1817 die einzelnen Bilder erst gar nicht präzisiert, ist eine Datierung nicht möglich. Erst das Wallraf-Inventar von 1824/25 erwähnt das Bild in der „Cölnischen Portrait-Sammlung": *Agrippa von Nettesheim. 1524 aet: 38, nach Holbein, Beckenkamp, Holz.* Möglicherweise hat Wallraf das Bild auch erst nach Picks Tod kopieren lassen, da das Verhältnis der beiden Sammlerfreunde sich um 1812 immer weiter verschlechterte. Der Entstehungszeitraum ist also zwischen 1807 (oder früher) und 1819 (Datum des Verkaufs der Sammlung) anzusetzen. Bei der Verkaufsauktion erzielte das Original einen Höchstpreis von 2100 Francs.

In seinem Aufsatz über die Entwicklung von Nachbildungen und Fälschungen altdeutscher Kunst von der Mitte des 18. Jahrhunderts in die Romantik hinein, hat Niels von Holst Sulpiz Boisserée zu Unrecht verdächtigt, in der Sammlung Wallraf die Beckenkamp-Kopie des Westerburg-Portraits nicht als eine Kopie bzw. Fälschung angesehen zu haben. Weder gaben die Tagebücher Boisserées unter dem Stichwort „Pick" eine solche Fehlerkenntnis her, noch hat E. Firmenich-Richartz eine solche Stelle aus den Tagebüchern zitiert (E. Firmenich-Richartz, 1916, S. 36). Vielmehr hat Boisserée gerade bei seinen Besuchen der Sammlungen von Pick, Wallraf und Fochem Original und Kopie nach den erwähnten Stellen recht gut zu unterscheiden gewusst und sich auch nicht von dem Urteil Schinkels leiten lassen (S. Boisserée, Bd. 1, S. 528, 537 f.).

Richtig ist allerdings, dass diese Kopie dem Vorbild sehr treu bleibt. Weiterhin ist sie weder signiert, noch datiert. Dennoch ist nicht davon auszugehen, dass es sich um eine bewusste Fälschung handelt, denn ein Verbleib in der Sammlung Wallraf war aus den oben erwähnten Gründen sicherlich vorgesehen. Eine Fälschung für Sammler und Kunstmarkt erscheint ausgeschlossen.

Vgl. in dieser Arbeit Kap. 6. und Abb. S. 114.

123.
SEVERINSCHREIN – KUPFERTAFEL MIT DEM „SEGEN DES HL. SEVERIN" – 1819
Köln, St. Severin, RBA Nr. 65 315
Lit.: PFARRARCHIV ST. SEVERIN 206 (Protokoll 1, 1819), 604 (Polychromierung), 719 (u. a.: Beschreibung des Severinusschreines), 724 (Restaurierung), 949 (Einnahme- und Ausgabebuch 1782–1831); KÖLN UND BONN 1828, S. 107; MERLO Von Künstlern und Kunstsachen in Köln, Nachrichten gesammelt von Joh. Jak. Merlo, 1839 bis 18...; BOCK 1858, Nr. 114, S. 5 f.; PFARRARCHIV ST. SEVERIN 719 (Beschreibung kurz nach 1860, Bl. 8 r. und v.), 724 (Restaurierung 1889); 604 (Polychromierung 1891); ROTH 1916, S. 118, Abb. 51, S. 217 f.; RAHTGENS – ROTH (Bearb.) 1929, S. 321; AK KÖLN 1980, S. 11, S. 12, Abb. 1; SCHÄFKE in: TRIER – WEYRES 1981, Bd. 5, S. 69; CZYMMEK 1985, S. 209 und Anm. 54; BAUMGARTEN – BUCHEN 1986², S. 152-157; SCHADEN (1) in: AK KÖLN 1995, S. 113 f.; OEPEN 1999, S. 107.

Eine Rekonstruktion der 1819 von Beckenkamp vollendeten Neugestaltung des Severinusschreines ist nicht mehr möglich. Das Kupfertäfelchen mit dem „Segen des Hl. Severin" ist als einziges Zeugnis der Umgestaltung durch Beckenkamp im frühen 19. Jahrhundert erhalten.

Quellen:
Im Protokollbuch des Kirchenvorstandes findet sich am 13. Oktober 1819 der Eintrag, der nun vollendete (neue) Schrein werde am Fest des Heiligen Severin (23. Oktober) des Jahres an drei aufeinanderfolgenden Gebettagen im Chor der Kirche ausgestellt.

Eine Rechnung im Ausgabebuch von St. Severin (949, S. 118, Nr. 50, 1820) lautet:
An Hrn. Beckenkamp an unserem neuen Sarg des heil. Severin einige Insignia fünf kleine Rundgemälde mit fünf Rtlrn, 8 längliche Schilder mit 8 Rtlrn, ein Gemälde vorstellend den hl. Severin und mehrerers mit 10 Rtlr. Summa: 23 Rtlr.
Eine Beteiligung von Beckenkamps Sohn Sigismund August an den Arbeiten, wie von De Noël 1828 behauptet, lässt sich an dieser Notiz nicht bestätigen.

Eine Beschreibung des Severinschreines in den neugotischen Formen entstand bald nach 1860:
Der Reliquienkasten des H. Severinus
Derselbe hat eine Länge von 4 Fuß 10½ Zoll rheinisch Maß
  " " " Höhe von 2 Fuß 4 " " "
  " " " Breite von 1 Fuß 6 " " "
Auf der Vorderseite befindet sich ein neues Emaillegemälde vorstellend den H. Severin vor dem Throne Gottes im Bei-

sein der S. Jungfrau Maria den Schutz über die Stadt erflehend in einem gothischen Bogen. Oberhalb dieses Bogens ein altes Schmelzgemälde d. H. Severin vorstellend; am Fuße dieses Bogens mehrere Emailletäfelchen, welche mit anderen, worin alte Steine ohne Werth eingefaßt sind, abwechseln. Der Severinus u. diese Täfelch. scheinen vom alten Casten herzustammen so war auch das Emaillekreuz auf der Weldkugel über dem Bogen der Vorderseite.
Auf jedem der beiden Seitenränder befinden sich 7 gothische Bogen; worin auf weißem Firnissgrund die christlichen Tugenden Humanitas, Largitas, Castitas, Benignitas, Temperantia, Patientia, Devotio, Timor Domini, Pietas, Fortitudo, Scientia, Consilium, Intellectus, Sapientia, gemahlt sind. Die Säulen und einige Verzierungen sind aus Silber(blech), alles Uebrige von vergoldetem Messing.
Unter dem Gemälde der Vorderseite befindet sich folgende Schrift:
Hic est fratrum amator et populi Israel: Hic est qui multum orat pro populo et universa sancta civitate.
Auf der Hinterseite befindet sich der H. Severinus in betender Stellung, mit der Schrift:
Nocte et die non cessavi cum lacrymis, monens unumquemque vestrum
Et nunc commendo vos Deo et verbo gratiae ipsius
Ober diesem Gemälde ein rundes Medaillon-Gemälde, den H. Geist in Gestalt der Taube vorstellend.
Auf die Beschreibung des Schreines folgt die Aufzählung von Denkmünzen, Kreuzen und Schmuck, die an dem Reliquienkasten gehangen haben müssen. Dabei handelt es sich um Denkmünzen, die zu bestimmten Ereignissen (z. B. der Westfälische Friede 1648) entstanden. Diese waren als Votivgaben am Schrein angebracht. Auch für den alten Schrein sind Silber- und Goldmünzen, Kreuzchen, Kordeln und eine Bischofskette und andere wertvolle Weihegaben bezeugt. Diese sind aber offensichtlich nicht mit den in der Beschreibung des 1819 neu gestalteten Schreines aufgeführten Gegenständen identisch.
Neugestaltung:
Als der wertvollste romanische Schrein Kölns nach dem Dreikönigenschrein wurde der goldene Reliquienschrein des Hl. Severin von dem Kölner Goldschmied Johann Heinrich Joseph Rohr zwischen 1795 und 1798 eingeschmolzen. Allein die Goldplatten erbrachten einen Wert von 4169 Reichstalern. Ein Inventar von 1737 beschreibt als herausragende Schmuckstücke des von dem Kölner Erzbischof Hermann III. gestifteten Schreines (1089–1099) Perlen, Gemmen, Kameen und Edelsteine, unter denen ein ovaler Achat hervorragte. Weitere Schmuckelemente waren Emailverzierungen aus Zell- und Grubenschmelz, von denen neben der runden Scheibe mit dem thronenden Hl. Severin (heute Köln, Diözesanmuseum) vier Emailplättchen und das aus Goldblech mit Filigranierungen und gefassten Edelsteinen bestehende Kreuz auf der Weltkugel erhalten blieben. Auch Teile des Giebelkamms mit Drachen und Rankenwerk könnten noch auf den romanischen Schrein zurückgeführt werden.

Die Neuanfertigung des Severinschreines erfolgte im Zuge der Wiedereinrichtung der als Folge der Säkularisation fast völlig verlorenen Innenausstattung der ehemaligen Stiftskirche. Die Wiedereinrichtung von St. Severin begann bereits um 1805, als Teile der Ausstattung der abgebrochenen Magdalenenkapelle in die seit 1803 als Pfarrkirche genutzte Severinskirche überführt wurden.

Die erste Neufassung des Severinschreines ist in je sieben Nischen mit acht giebelbesetzten Strebepfeilern unterteilt gewesen. Die Nischen waren aus spitzen, profilierten und mit Krabben besetzten Bögen geformt. Sie ruhten auf glatten klassizistischen Säulen. Diese wurden in getriebenem Silber angefertigt, während die weiß gestrichenen spitzbogigen, aber den freien Raum der Bögen an den jeweiligen Sockeln nicht ganz ausfüllenden Täfelchen aus einem unbekannten Material (Holz?, Kupferblech?) bestanden. Diese Täfelchen der Längsseiten trugen jeweils eine Aufschrift in gotischer Frakturschrift mit christlicher Tugenden und wiesen sparsame gemalte Dekoration mit Ranken, Lorbeerkranz und Blumenschmuck auf.

Das spitzbogige Kupfertäfelchen der vorderen Stirnseite mit dem Hl. Severin, der über seiner Kirche schwebend den Segen für die Kirche und die Stadt erfleht, greift die Tradition des barocken Verherrlichungsbildes auf. Beckenkamp könnte sich beispielsweise in vereinfachter Form auf die kölnische Ikonographie des Sebastian-Altares von Johann Hulsmann und Johann Toussyn in St. Gereon (um 1635) bezogen haben. Auf diesem Gemälde erflehen zahlreiche Heilige, unter ihnen die Kölner Stadt- und Kirchenpatrone – die an den Modellen ihrer Kirchen zu identifizieren sind – das Heil und den Schutz über die Stadt bei der Hl. Dreifaltigkeit.

Nur durch eine 1849 entstandene kolorierte Lithographie des Schreines aus dem Besitz von Heinrich Roth (heute AEK) schemenhaft überliefert ist das Täfelchen der hinteren Querseite: danach war der Hl. Severin wie auf der vom alten Schrein überkommenen Severinusscheibe (Köln, Diözesanmuseum) frontal dargestellt (erkennbar sind Bischofsmitra und -stab). Die originale romanische Severinscheibe dagegen war auf der vorderen Stirnseite über dem in barocker Tradition stehenden Gemälde mit dem göttlichen Segen erflehenden Kirchenpatron angebracht gewesen.

Sieht man von den überwiegend neugotischen Architekturformen des Schreines ab, so stellt sich für den gesamten Komplex des Reliquienkastens ein bemerkenswerter Stilpluralismus heraus.

Als Vorbild für die Füllungen der Längsseiten diente Beckenkamp offensichtlich der im ersten Jahrzehnt des 19. Jahrhunderts wieder hergestellte Aetheriusschrein, der zu diesem Zeitpunkt als Reliquienkasten der Hl. Ursula galt. Der silbernen Apostelfiguren seiner Langseiten beraubt, waren in die rundbogigen Nischen des Schreins weiß bemalte Holztäfelchen eingefügt worden, deren Inschriften auf Ferdinand Franz Wallraf zurückgehen (HAStK., Best. 1105, Nr. 77, B. 19 ff.). Die sparsame Ornamentik über den in einem spätrömischen Schrifttypus gefassten Bibelzitaten war ebenso wie die Rundbogenarkatur der Täfelchen klassizistisch (Baumgarten - Buchen 1986², S. 35, 36, Abb.). Ob Wallraf, der auch das typologische und ästhetische Programm für Beckenkamps Täfelchen des Dreikönigenschreins entworfen hatte und vermutlich auch für die Angaben zur Neufassung der Langseiten des Ätheriusschreines verantwortlich war (M. Seidler in: AK Köln 1985, Bd. 2, S. 350, Nr. E 114), auch die Gestaltung des Severinschreines leitete, ist auf Grund der spärlichen Überlieferung nicht zu entscheiden. Dafür sprächen jedoch die von Wallraf 1806 verfassten *Gebethe und Gesänge bey den Andachtsübungen, welche zur Ehre Gottes und zur Erhaltung der Fürbitte unseres Bischofes und Stadtpatrones* (= Severin) abgehalten werden sollten ebenso wie die Tatsache, dass Wallraf zusammen mit dem preußischen Regierungsrat und Kunstsammler Haxthausen an der Wiedereinrichtung der Severinskirche, v. a. im Jahr 1822 beteiligt war. Bei dieser Gelegenheit ist auch ein brieflicher Kontakt Wallrafs mit Sigismund August Beckenkamp nachweisbar. Für eine Zuweisung an Wallraf als geistigem Urheber des neuen Severinschreines (analog zum Dreikönigenschrein) reichen diese Hinweise aber nicht aus. Nach freundlicher Auskunft von Dr. Joachim Deeters, Historisches Archiv der Stadt Köln, ist eine Urheberschaft Wallrafs aber wahrscheinlich.

Das wohl zu Beginn des 20. Jahrhunderts für die Publikation von Hermann Roth entstandene einzige Photo des ganzen Schreins (vgl. AK Köln 1980, S. 11, Abb. 1) ist keine zuverlässige Bildquelle für die „originale" Version der beiden Beckenkamps. Für das Jahr 1889 verzeichnen die Akten des Pfarrarchivs Restaurierungsarbeiten an dem auf vier romanischen Säulen ruhenden marmornen Behälter des Reliquienkastens. Der Kölner Maler Otto Mengelberg verpflichtete sich in einem Vertrag mit dem Kirchenvorstand am Schrein Malerarbeiten durchzuführen, fehlende Metallplatten zu ersetzen und die Säulen aufzufrischen (Pfarrarchiv St. Severin, Nr. 724). 1891 erfolgte eine ebenfalls nicht näher bezeichnete Polychromierung des Schreins (vgl. ebda., Nr. 604). Größere Umgestaltungsarbeiten sind für die Jahrzehnte des 19. Jahrhunderts aber nicht zu verzeichnen.

Die Gestalt des in der großen Armut der Kölner Kirche wenige Jahre nach der Säkularisation entstandenen Schreins wurde 1937, am 700. Jahrestag der Weihe des gotischen Chores von St. Severin von Fritz Zehgruber nach Entwürfen des Architekten Hansen verändert. Die Füllungen vom Beginn des 19. Jahrhunderts wurden durch silbervergoldete Figuren, die alte Emailplatte durch eine Kopie ersetzt und als eines von drei Medaillons auf das Satteldach des Schreins eingelassen.

Die Ausstattung des 1819 vollendeten Schreins der beiden Beckenkamps ist heute bis auf das Kupfertäfelchen mit dem „Segen des Hl. Severin" der vorderen Stirnseite verschollen.

Für viele wertvolle Hinweise danke ich Herrn Dr. Joachim Oepen, Archiv des Erzbistums Köln.

Vgl. in dieser Arbeit Kap. 1.1.

124.
DOMBILD SCHLOSS FRIEDRICHSHOF –
1819-1821
Öl /Lw (auf Holz gezogen) 235 x ca. 700 cm
B. Beckenkamp pinxit (Signatur auf den beiden linken Flügeln)
Kronberg im Taunus, Kurhessische Hausstiftung Schloss Friedrichshof, Bibliothek, Inv. Nr. 3007 (Freundlicher Hinweis auf eine Lochner-Kopie des 19. Jahrhunderts in Schloss Friedrichshof von Prof. Dr. Horst Vey, Karlsruhe).
Prov.: Berlin, Königliches Palais Unter den Linden (Kronprinzenpalais).
Lit.: HAStK, Best. 400, Nr. I 7 G - 1 (Blatt 1 - 9); HAD, Best. Regierung Köln, Nr. 2680 (freundlicher Hinweis von Herrn Prof. Dr. Gisbert Knopp, Brauweiler); HAStK., Best. 1552, 1/28; SCHASLER 1856, S. 109, Nr. 410; FIRMENICH-RICHARTZ 1916, S. 515; BIEHN 1975, S. 20; BOISSERÉE 1981, Bd. 2, S. 665.

Von den bisher bekannten Kopien Beckenkamps nach dem „Altar der Stadtpatrone" nähert sich diese Kopie den Maßen des Originals am meisten an. In der Höhe differiert die Kopie um 26 cm (Original: 2, 61 m). Die Gesamtbreite des Originals (5,70 m) wurde um 1,30 m auf 7 m erweitert und die Flügelaußenseiten mit der

Verkündigung angehängt. Damit übertrifft diese Kopie als einzige in der Breite und in der Höhe die Maße des Vorbildes. Allerdings wird hier nicht die Triptychon-Form des Vorbildes beibehalten, sondern um die Flügelaußenseiten mit der Verkündigung auf der Vorderseite erweitert.

Der Hintergrund besteht aus einer Ölvergoldung, wie auch bei den anderen Kopien gibt es keine Punzierung. Das Gemälde wurde auf einer Leinwand gemalt und anschließend in Berlin auf Holz gezogen.

Die Vermutung, die Kopie sei ein Geschenk der Stadt Köln an den Kronprinzen gewesen (briefliche Mitteilung der Hessischen Hausstiftung, Fulda), trifft nicht zu. Es handelte sich um einen Auftrag von König Friedrich Wilhelm III. Dieser wurde dem Kölner Oberbürgermeister von Mylius durch den Geheimen Rat Albrecht übermittelt und lässt sich im Archiv der Stadt Köln nachweisen (HAStK., 400, I 7 G - 1). Eine weitere Akte, die sich auf die Kopie von Schloss Friedrichshof bezieht, reflektiert die unregelmäßigen Zahlungen der im Vertrag vereinbarten Vorschusszahlungen an den Maler und die diesbezüglichen Interventionen des Regierungspräsidenten Solms-Laubach (HAD, Regierung Köln, Nr. 2680). Die Akte erlaubt auch die genaue Datierung des Beginns der Arbeiten im April 1819. Am 29. September 1821 erhielt Beckenkamp den vollen Preis ausgezahlt. Während der Mittelteil schon 1820 fertig war, notierte E. von Groote am 21. Februar 1821: *Ich sehe dort* (i.e. bei Beckenkamp) *die fertigen Copien der Dombildflügel für den König* (HAStK., Best. 1552, 1/28, Bl. 2 r.).

In einem Inventar von 1822 wird das Gemälde im „Louisen-" oder „Thronzimmer" genannten Raum des Königlichen Palais (Unter den Linden) - neben der Kapelle - unter der Nr. 410 vermerkt (freundlicher Hinweis von Gerd Bartoschek, Potsdam, Stiftung Preußische Schlösser und Gärten Berlin-Brandenburg). Bei einem Besuch im *Königlichen Palais* am 24. Mai 1832 schreibt Sulpiz Boisserée: *in dem Nebengang der Kapelle hängt das v. Beckenkamp copirte Dombild von Köln in Originalgröße.* Der 1830 erschienene Reiseführer *Cologne et Bonn* erwähnt die Kopie als in der *Salle à manger* des Berliner Kronprinzenpalastes (=Königliches Palais) befindlich, wo sie möglicherweise vorrübergehend aufgestellt war.

Vgl. in dieser Arbeit Kap. 6.4.4. und Abb. S. 117.

125.
PORTRAIT DES PFARRERS JOHANN ARNOLD ZUM PÜTZ - 1820
Öl/Lw 100 x 80 cm
Joannes Arnoldus Liber Baro De et zum Pütz, quondam Canonicus Praemonstratensis in Clivia prope Duisburgum. 1820 aet. 49. B. Beckenkam pinxit 1820. (Rückseite)
Bornheim-Hemmerich, St. Ägidius, Pfarrhaus
Prov.: stammt wahrscheinlich aus Burg Hemmerich bei Bornheim
Photographie mit Lebensdaten auf der Rückseite in der Graphischen Sammlung des Kölnischen Stadtmuseums.
Lit.: VON BESSEL 1960, S. 11, 37 f. und Tafel VI, Abb. 22.

Johann Arnold ist in geistlichem Gewande dargestellt, lang herabfallende Soutane aus kostbarem schwarzen Seidenmoirée mit Hals- und Schulterkragen, beide mit schwarzen Samt-Pompons besetzt, die Ärmel des schwarzen Untergewandes freilassend. Um den Hals schmaler weißer Kragen mit kleinen weißen Beffchen. Auf dem kurzen dunkeln Haar ein rundes schwarzes Käppchen. In der rechten Hand das Brevier, die Linke faßt das auf einem rot gedeckten Tisch liegende Birett. Auf dem Tisch außerdem ein hohes, schön gearbeitetes Kruzifix aus Ebenholz mit silbernem Korpus, Totenkopf und sonstigen Verzierungen. Den grau-grünen Hintergrund schließt links ein roter Vorhang mit Quaste ab. In der rechten obern Bildecke das zum Pützsche Wappen mit fünfperliger Krone, Helmschmuck und zwei Löwen als Schildhalter. (...) Schöner holzgeschnitzter und vergoldeter Rahmen der Zopfzeit mit großer Schleife als Aufhängevorrichtung, Perlstab und Rosetten in den vier Ecken.
(Beschreibung L. v. Bessel)

Der Freiherr Johann Arnold zum Pütz (1771–1834) war ein Sohn des Johann Mathias Joseph von und zum Pütz und der Maria Katharina Henriette von Merle (wohl eine Schwester von des Domherrn, Weihbischofs und Kunstsammlers Clemens August Maria von Merle).

J. A. zum Pütz war Prämonstratenser-Chorherr der Abtei Hamborn, anschließend Vikar in Hemmerich und Stifter der dortigen Vikarie.

126.
PORTRAIT DES DOMÄNENRENTMEISTERS JAKOB BALG – um 1820
Öl/Holz 63,5 x 49 cm
Köln, Kölnisches Stadtmuseum, KSM (RM) 1942/44, RBA Nr. 120 083
Prov.: Dom-Galerie Köln, Sammlung Paul Esch
Lit.: FÖRSTER 1931, S. 98; KRISCHEL (1) in: AK KÖLN 1995, S. 105 (Abb. 11) und S. 106; ALEXANDER 2001, S. 32

Ganzfiguriges Portrait mit Innenraumdarstellung. Der Domänenrentmeister und Kunstsammler Balg sitzt an einem geöffneten Sekretär. Auf diesem sind Bücher, ein Tintenfass und Papiere verstreut. Im rechten Bildhintergrund ist eine Fensterbrüstung und darin ein Blumentopf sichtbar. Im Vordergrund ist ein kleiner Hund, etwa ein Mops, erkennbar.
Balgs Sammlung umfasste 130 wertvolle Inkunabeln, 67 Bilderhandschriften und eine Gemäldesammlung mit Kölner Malern des 17. und 18. Jahrhunderts.
Domänenrentmeister Balg musste seine Sammlung 1821 verkaufen, nachdem eine Veruntreuung von Geldern herausgekommen war. Das Portrait könnte also um 1820 entstanden sein.
Stilistisch ist dieses Bild auch mit dem Selbstportrait von Matthias Joseph De Noël im Kölnischen Stadtmuseum (KSM (RM) 1930/559) verwandt, für den das Portrait des Domänenrentmeisters Balg auch in Anspruch genommen werden könnte.

127.
TISCHGESELLSCHAFT – 1810–1820
Kreide auf Papier 185 x 213 mm
Köln, Wallraf-Richartz-Museum, Graphische Sammlung, Z. 1279, RBA Nr. 32 471
lag sub Beckenkamp (Rückseite, spätere Schrift). [*Cop. sub. Beckenkamp* (Moses)]
Lit.: MOSES 1925, S. 44, Abb. 1, S. 74.

An einem runden Empiretisch sitzend deklamiert eine ältere, den Schleier einer Vestalin tragende Frau mit erhobenem rechten Arm. Zu ihrer Rechten sitzt ein Herr, den Betrachter anschauend, zu ihrer Linken zwei jüngere Damen, die gebannt auf die deklamierende Dame schauen. Hinter diesen steht ein junger Mann mit Querflöte und wartet auf seinen Einsatz. Elisabeth Moses sieht neben diesem Mann noch eine Dame und an der Rückwand Putti in Wolken.
Das nicht signierte Blatt ist wegen der Formen und wegen der Komposition Beckenkamp zuzuweisen. Dieses zeigt eine der wenigen sicheren Zeichnungen Beckenkamps als Vergleichsbeispiel, nämlich die Vorstudie für den Kupferstich Thelotts für das *Taschenbuch für altdeutsche Zeit und Kunst auf das Jahr 1816* nach dem Kölner Dombild (Kat. Nr. 100). Spitze und eckige Formen von Nase und Kinn bei Profildarstellungen sind auf beiden Zeichnungen anzutreffen. Die jüngere Dame im Vordergrund der Tischgesellschaft ähnelt darin dem ebenfalls im Profil dargestellten Bannerträger auf der Zeichnung des „Dombildes". Dafür sprechen auch die Komposition, die an das Familienbild Schüll von 1806 erinnert, sowie die hölzernen, wie angeklebten Gliedmaßen der Personen. Der kräftige auf diagonalen Parallelschraffuren aufgebaute weiche Kohlen- oder Kreidestift erzeugt kräftige Schatten und wechselt mit kurzen, flockigen Umrisslinien.
Möglicherweise ist diese Tischgesellschaft aus der 1811 gegründeten Olympischen Gesellschaft hervorgegangen. Ob es zu dieser Zeichnung ein Ölgemälde gab, ist nicht bekannt. Als Datierung wäre das zweite Jahrzehnt des 19. Jahrhunderts (1811–1820) der von Moses unternommenen Einordnung nach 1820 vorzuziehen.

128.
SELBSPOTRAIT IM ALTER
Öl/Lw 23,3 x 16,5 cm
Dieses Bild habe ich für 500 DM 1975 in mäßigem Zustand von Frau Pulewka gekauft. Es war in Saarbrücken, Talstr. 13 in der Wohnung der Vorbesitzerin, einer Zahnarztwitwe mit kleiner Sammlung wertvoller Gemälde, gehängt. Renoviert durch den Kunstmaler Ernst Sonnet, Güdingen, 1975. Es handelt sich zweifelsfrei um ein Altersselbstportrait. (Zettel auf der Rückseite)
Kaspar Benedikt Beckenkamp
geb. 1747 in Ehrenbreitstein
+ 1828 in Köln
(Zettel auf der Rahmenrückseite)
Privatbesitz
Ausst.: Koblenz, Köln 1997

Brustportrait en face.
Der mäßige Zustand, der auf dem rückseitigen Zettel bemerkt wird, ist durch die falsch verstandene „Renovierung", oder bereits früher, noch mäßiger geworden. Zahlreiche Übermalungen (z. B. die viel zu dünnen Arme, die rötliche, völlig unmotivierte Stoffbahn am linken Bildrand).
Bei dem Altersselbstportrait in Privatbesitz handelt es sich um eine eindringliche psychologisierende Gesichtsstudie. Im Gegensatz zu den beiden früheren Selbstportraits hat Beckenkamp sich en face den

Betrachter anschauend dargestellt. Physiognomische Eigenheiten werden sichtbar. Der Maler übt keine Tätigkeit aus (der Kreidegriffel ist nur ein Attribut in der linken Hand), sondern hat sich einer intensiven Seelenbefragung geöffnet. Die Augen blicken den Betrachter an, der Blick aber ist nach innen gerichtet. Die Selbstbefragung des Malers ist wohl nicht nur durch das Alter, sondern auch durch die romantische Kehrtwende zu einer neuen Innerlichkeit motiviert.

Das Alter des Malers ist zwischen 65 und 75, wahrscheinlich in der Mitte, also mit ca. 70 Jahren anzusetzen; das Portrait wird zwischen 1810 und 1820 zu datieren sein.

Vgl. in dieser Arbeit Kap. 5.4. und Abb. S. 103

1821–1828

129.
PORTRAIT DES PFARRERS ALDENKIRCHEN – 1821
Öl/Lw 95 x 76 cm
Bened. Beckenkamp, pinxit 1822 (Rückseite, dort auch eine kurze Vita des Geistlichen:) *Joh. Mich. Jos. Aldenkirchen, nat. hac, in Paroch 31. Dec. 1763 absolut. in Gymnasium Laurent studiis, A.A.I.L. ac Phil. promot. Magister - Dum. prius p. 3 annos. Paedagogum Presbyteratu initiatus 1787 p. 10 annos Ludimagistrum egit in Schola Gereonitica, et p. duos annos posteriores insimal Sacellanum Parochialis S. Christophori, auris² 6. Nov. 1797 renuntiatus Pastor. Destructa hac Ecclesia in Organisatione 1803 translatus qua hac talis, ad Ecclesiam olim collegiatam S. Gereonis ex qua tempore quoque Ven. Collegii intra urbem Pastoralis Secretarius Sub ipso 1813 surrexit ex imis Curia haec speciosa Plebam.*
<u>Verbleib unbekannt</u> (1925 im Pfarrhaus von St. Gereon)
Lit.: RATHGENS (Bearb.) 1911, S. 102; MOSES 1925, S. 74

Kniebild im Chorrock mit weißem Pelzkragen, roter goldgestickter Stola; auf dem Kopfe schwarzes Käppchen. Rundes Gesicht mit Doppelkinn, klugen gütigen Augen, graue Haare.

Kat. Nr. 131 (Foto: RBA, Wolfgang F. Meier)

In der Rechten hält er eine Aktenrolle, die Linke faßt eine Mütze, die auf nebenstehendem Tische liegt, auf dem neben Büchern ein kleines Kruzifix steht. Grauer Hintergrund.
(Beschreibung E. Moses, S. 74)
Nachfragen in der Pfarrei ergaben keinen Hinweis auf den heutigen Verbleib des Portraits.

130.
PORTRAIT DES PFARRERS JOHANN THEODOR FIRMENICH – 1821
Öl/Lw 122 x 90 cm
B. Beckenkamp pinxit 1821. (unten rechts)
<u>Verbleib unbekannt</u> (1925 im Pfarrhaus von St. Georg)
Lit.: EWALD - RATHGENS (Bearb.) 1916, S. 366; MOSES, 1925, S. 74

Kniebild im Ornat mit grauem Pelzkragen, rosengemusterter Stola. Die wohlbeleibte gedrungene Gestalt ist mit trockner Sachlichkeit wiedergegeben. Firmenich hält in der Linken ein Buch, in der Rechten die auf einem Tische liegende Mappe. Neben dieser ein Elfenbeinkruzifix. Links ein Postament mit der Inschrift, die die wichtigsten Daten aus dem Leben des Dargestellten wiedergibt. Das Porträt gehört zu den schwächsten des Malers.
(Beschreibung von E. Moses, S. 74)
Die Inschrift:
R. D. JOAN. THEODOR FIRMENICH NATUS COLONIAE MDCCLXII VII FEBR. CARMELITA DISC. MONASTERIO SUP. PRESSO PER XV ANNOS SACELLANUS PAROCHIAE AD S. IACOBORUM. EX IMA APR. MDCCCXIX EIUSDEM PAROCH. NOMINATUS PASTOR AETATIS LX. (nach E. Moses, ebda.)
Pastor Firmenich war als Pfarrer von St. Georg der Nachfolger von Johann Heinrich Filz, der 1819 zum Dompfarrer ernannt worden war.
Nachfragen in der Pfarrei ergaben keinen Hinweis auf den heutigen Verbleib des Portraits.

131.
PORTRAIT EINES MANNES
Öl/Lw 51,2 x 38 cm
<u>Privatbesitz</u>
Ausst.: „Kunst im Kriege und Köln seit 1794" im Fahrbachhaus, Hohestr. 135, August bis Oktober 1916.
Prov.: Köln, Sammlung Albert Heimann

Dieses in Privatbesitz befindliche Portrait gilt seinen Besitzern als Selbstportrait von Matthias Joseph De Noël. Tatsächlich ist bei Eberhard von Groote ein – heute nicht auffindbares Portrait – De Noëls von Beckenkamp überliefert (vgl. Kat. Nr. 132).

In der lasierenden und langsamen Pinselführung sowie in der Portraitauffassung des in sich ruhenden Dargestellten lässt sich dieses Portrait in Privatbesitz Beckenkamp mit Sicherheit zuschreiben. Trotz einiger Ähnlichkeiten in der Physiognomie handelt es sich bei dem Dargestellten aber wahrscheinlich nicht um De Noël (freundliche Auskunft von Dr. Susanne Blöcker, Bonn). Da dieses Portrait – anlässlich einer kleinen Kölner Ausstellung 1916 – auf einer alten Postkarte in einer Reihe mit den von Beckenkamp gemalten Portraits von Johann Baptist und Sabina Fuchs auftaucht, könnte vermutet werden, dass der Mann mittleren Alters sich mit dem 1782 geborenen Sohn der beiden, Johann Peter Fuchs, dem ersten Kölner Stadtarchivar, identifizieren lässt. Zusammen mit De Noël und Eberhard von Groote erstellte er 1816/17 ein Bestandsinventar der Sammlung Wallraf. Ein Vergleich mit einem Portrait von Johann Peter Fuchs in der Graphischen Sammlung des Kölnischen Stadtmuseums ergab jedoch keine konkrete Ähnlichkeit mit der Physiognomie des Dargestellten.

132.
PORTRAIT VON MATTHIAS JOSEPH DE NOËL – 1821
Maße unbekannt
Verbleib unbekannt
Lit.: HAStK. Best. 1552, 1/28, Bl. 2 recto

Bei einem Besuch bei Beckenkamp am 21. Februar 1821 sieht E. von Groote außer den fertigen Flügeln der Dombildkopie für den König, *De Noëls Portrait, ein Aeußerstes an Aehnlichkeit*.

133.
PORTRAIT DES PFARRERS GERHARD KUNIBERT FOCHEM – 1822
Öl/Lw 83 x 69 cm
Der hochwürdige Herr Gerhard Fochem, Pastor zu St. Ursula. Bened. Beckenkamp pinxit 1822 (Rückseite)
Verbleib unbekannt (1925 im Pfarrhaus von St. Ursula)
Lit.: ARNTZ - RATHGENS - NEU - VOGTS (Bearb.) 1934, S. 105; MOSES 1925, S. 74 f.

Kniefigur in Lebensgröße [?] im Ornat. Die Rechte hält die Kappe, die Linke liegt auf dem Tisch auf einigen Plänen mit der Unterschrift: „Grundrisse der Elementar Schulgebäude in der Pfarre St. Ursula projektiert am 2ten August 1822" und „Plan der Caplanei und der Küsterwohnungen". Im Hintergrund rechts Ausblick durch ein Fenster.
(Beschreibung von E. Moses, S. 74 f.)
Vgl. in dieser Arbeit Kap. 5.3.2.

134.
PORTRAIT DES MAXIMILIAN VON KEMPIS – 1822
Öl/Lw 63 x 53 cm
Maximilian Joseph v. Kempis nat. 20. Juni 1757 +5. Nov. 1823. B. Beckenkamp pinxit 1822 (Rückseite)
Privatbesitz
Prov.: Familienbesitz
Ausst.: Koblenz, Köln 1997
Kopie (oder Replik): in Familienbesitz, 1916 bei Forstmeister von Groote, Hermühlheim.
Lit.: VON KEMPIS 1916, S. 236, Nr. 45; MOSES 1925, S. 61, S. 75; HANSEN 1935, Bd. 3, S. 1176-1178, 1196-1199, 1938, Bd. 4, S. 12-14 (zu M. von Kempis); DRAAF 1993, Abb. S. 61

Halbfiguriges Portrait in Dreiviertelansicht, nach rechts.
Maximilian von Kempis (1757–1823) ist mit grauer Jacke und geöffnetem Hemdkragen bekleidet. Die grauen Haare geben eine hohe Stirn frei. In seiner rechten Hand hält von Kempis das Buch von Joseph Görres „In Sachen der Rheinprovinzen von J. Görres 1822".
Maximilian von Kempis war kurkölnischer Hof- und Regierungsrat in Bonn und Münster. Er galt als wenig umgänglicher Charakter. 1788 kündigte er seine Stelle auf Grund ihm von Franz Ferdinand Graf von Spiegel, Präsident der kurfürstlichen Hofkammer, zur Last gelegter Fehler. Bis 1793 blieb er dennoch im Dienste des Kurfürsten. Nach seiner Heirat mit Anna Lucia von Herwegh aus Köln zog er in Haus Glockengasse Nr. 9. Er trat nun in stadtkölnische Dienste und war im September 1797 für zwei Wochen Präsident des kurzfristig wiederhergestellten Kölner Magistrats. Auf Grund der Entfernung der Gülichsäule als Symbol reichsstädtischer Despotie trat er von seinem Amt zurück. In seinen letzten Lebensjahren war er Mitglied der Armenverwaltung.
Die Verinnerlichung in dem wundervoll durchmodellierten Goetheschen Kopf, der breite Pinselstrich, die dunklen Farben sind typisch für diese letzte und reifste Periode der Porträtkunst des Meisters... (E. Moses, S. 61).
Vgl. in dieser Arbeit Kap. 5.2.3. und Abb. S. 89.

135.
PORTRAIT DER ANNA LUCIA WALBURGA VON KEMPIS – 1822
Öl/Lw 63 x 52 cm
Gemalt von Ben. Beckenkamp, 1822 (Rückseite)
Anna Lucia Philipina Walburgis von Kempis, geb. v. Herwegh, nat. 9. Okt. 1768 nup. 12. Okt. 1793, + 19. April 1833. (Rückseite, spätere Schrift)
Privatbesitz
Prov.: Familienbesitz
Ausst.: Koblenz, Köln 1997
Kopie (oder Replik): in Familienbesitz, 1916 bei Forstmeister von Groote, Hermühlheim.
Lit.: VON KEMPIS 1916, S. 236, Nr. 46; MOSES 1925, S. 75; DRAAF 1993, S. 61 (Abb.)

Halbfiguriges Portrait, in Dreiviertelansicht, nach links.
Die Frau des Maximilian von Kempis trägt ein hochgeschlossenes dunkelgrünes Kleid, auf dem ein Spitzenkragen aufliegt. Die Spitzenhaube wird unterm Kinn mit einer violett-olivgrünen, an den Enden mit weiß abgesetzten Schleife, festgebunden, die Arme sind über dem Leib gekreuzt.
Anna Lucia von Kempis (1768–1833) entstammte der Kölner Bürgermeisterfamilie von Herwegh. Über ihr erscheinen die Wappen ihrer Familie von Herwegh und von Hilgers.
Vgl. in dieser Arbeit Kap. 5.2.3. und Abb. S. 89.

136.
PORTRAIT DES PFARRERS JOHANN GOTTFRIED MÜLLER – 1823
Maße und Technik unbekannt.
Verbleib unbekannt
Lit.: AEK, Pfarrarchiv St. Maria Lyskirchen, A II 16; PAAS 1932, S. 136, Anm. 7.

Paas erwähnt einen Rechnungsbeleg des Malers Peter (sic!) Benedikt Beckenkamp vom 2. Juni 1823. Darin heißt es: *Unterzeichneter thut hiermit bescheinigen von den Herrn Kirchenmeistern aus liskirchen für das Portrait des abgelebten Herrn Pastors bezahlt worden zu sein mit 24 reichsthalern. Kölln den 2. Juni 1823 bened: beckenkamp*
Vgl. in dieser Arbeit Kap. 5.3.2.

136a.
PORTRAIT DES PFARRERS JOHANN GOTTFRIED MÜLLER – 1823
gez. v. L. H.
Johann Gottfried Müller, Pastor St. Maria im Kapitol zu Köln gest. 8. 5. 1823
Zeichnung (Bleistift)
Köln, Kölnisches Stadtmuseum, G. 7705 a
Lit.: MERLO 1895, Sp. 338 (Heis); ROTH 1916, S. 120 (Müller).

Halbfiguriges Portrait nach rechts gewandt, den Betrachter anblickend.
Hinter dem Pfarrer wird ein Tisch mit drei stehenden Büchern und ein Kruzifix mit einem Totenschädel auf dem Sockel sichtbar. Der mit einem Talar bekleidete Pfarrer hält in der Hand das Birett, in dem sich ein Buch befindet.
Bei der Zeichnung und der nach dieser angefertigten Lithographie handelt es sich wahrscheinlich um eine Kopie nach einem heute nicht mehr nachweisbaren Portrait des Pfarrers Müller (1772–1823) von St. Maria Lyskirchen und von St. Maria im Kapitol. Müller war seit 1796 auch Stiftsvikar von St. Severin.
Der Stil des Portraits ähnelt den Bildnissen von Geistlichen Beckenkamps in der Pose, in den Accessoires im Hintergrund und in der nüchternen Schilderung der Physiognomie. Am nächsten steht das Portrait Müllers dem Bildnis des Vikars Johann Arnold zum Pütz.
Der Lithograph war Ludwig Heis, der auch eine Lithographie zu den Trauerverzierungen in Wallrafs Haus anfertigte. Diese ist der 1825 erschienen Biographie Wallrafs von Wilhelm Smets beigefügt. Heis erwähnte allerdings nicht, dass er das Portrait des Pfarrers Müller nach einem Vorbild Beckenkamps anfertigte.

136b.
PORTRAIT DES PFARRERS JOHANN GOTTFRIED MÜLLER – 1823
Lithographie
gez. v. L. H.
Joh: Gottf: Müller
Geboren zu Ruhrig im Jahr 1772; zum Prister geweiht 1796; Pastor zur H. Maria in Lyskirchen in Cöln vom Jahre 1809 bis ins Jahr 1820; hierauf Pastor der Hauptpfarrkirche zur H. Maria im Capitol daselbst; gestorben den 8ten Mai 1823 Gewidmet seinen Pfarrgenossen, die ihn liebten und seinen Tod beweinen.
Köln, Kölnisches Stadtmuseum, G. 7706 a und b
Lit.: MERLO 1895, Sp. 338 (Heis); ROTH 1916, S. 120 (Müller)

Kat. Nr. 138 (Foto: RBA)

Die Lithographie verzichtet im Unterschied zur Vorzeichnung auf die Säule und das Beiwerk im Hintergrund des Portraits, um die Figur mehr zu focussieren.

137.
ZEICHNUNG NACH DEM DOMBILD FÜR
EBERHARD VON GROOTE – 1823
Maße unbekannt
Verbleib unbekannt
Lit.: (HAStK., Best. 1552, 1/34)

Ich gehe nach Tisch für mich allein aus, u. zu Beckenkamp wegen meiner Zeichnung des Dombildes. (Bl. 9 recto, 2. Mai 1823). Sehr wahrscheinlich handelt es sich um eine Zeichnung Beckenkamps für von Groote. Es ist möglich, aber eher unwahrscheinlich, dass diese Zeichnung mit Kat. Nr. 100 zu identifizieren ist, da das dort angeführte Blatt wegen der nahezu identischen Maße wohl im Zusammenhang mit dem zwischen 1814 und 1816 entstandenen *Taschenbuch* steht. Die hier erwähnte Zeichnung aber ist erst 1823 zwischen von Groote und Beckenkamp im Gespräch. Auch ist nicht erkennbar, ob es sich um eine Nachzeichnung des ganzen Dombildes oder nur um den Mittelteil handelt, wie bei Kat. Nr. 100.

138.
PORTRAIT EINES JUNGEN MANNES – 1824
Öl/Lw 47,5 x 37 cm
Gemalt von B. Beckenkamp 1824 (Rückseite)
Privatbesitz, RBA Nr. 58 900
Prov.: Prof. Dr. Otto Beckenkamp, Würzburg

Ganzfiguriges Sitzportrait.
Ein etwa vierzehnjähriger Junge in Frackjacke und grauer Hose sitzt an einem runden Tisch, über den eine dunkelgrüne, mit goldenem Blumenmuster abgesetzte Decke gelegt ist. Auf dem Tisch befinden sich zwei Bücher und ein Brief über anderen Papieren. In der rechten Hand hat der junge Mann ein aufgeschlagenes Buch, dessen Schrift unleserlich ist.
Der rechte Arm ist wie angeklebt, die Hand – sofern nicht übermalt – ist sehr vereinfachend wiedergegeben.

139.
PORTRAIT DES KALLIGRAPHEN JOHANN HEINRIGS MIT FRAU UND ZWEI SÖHNEN – 1824
Öl/Lw 174 x 144 cm
B. Beckenkamp pinxit 1824 (unten links)
Köln, Kölnisches Stadtmuseum, KSM (HM) 1954/76
Prov.: Frau Josef Heinrigs, Köln
Ausst.: Koblenz, Köln 1997
Lit.: [DE NOËL] 1828, Sp. 4; MOSES 1925, S. 58, Abb. 11, S. 61, S. 75 f.; LORENZ 1985, S. 173 f., Abb. 45; BORGER 1986, S. 70 (mit Abb.); AK MÜNCHEN 1988, S. 80, Tafel 3, S. 209, Nr. 6; DIECKHOFF 1989, S. 170, Nr. 26; NEITE 1989, S. 6, Abb.; FUCHS 1991, Bd. II, S. 123, Abb. 282

Ganzfiguriges Familienportrait mit vier Personen.
Der Kalligraph und Kupferstecher Johann Heinrigs sitzt in der Mitte des Bildes am Tisch. Er trägt einen dunklen Anzug, in der rechten Hand eine Feder, mit der er sich anschickt zu schreiben. Auf der grünen, mit goldenem Muster abgesetzten Tischdecke sind versiegelte Briefe und ein Tintenfass aus weißer Keramik sichtbar. Das Tintenfass besteht aus einem Tablett auf dem ein Obelisk angebracht ist. Daneben befinden sich zwei höhere eckige Gefäße. Sie nehmen die Schreibzeuge auf, während in zwei niedrigere runde, oben mit einem abnehmbaren Keramiksieb versehene Töpfe die Tinte in pulverisierter und flüssiger Form gefüllt werden kann. Die Frau des Kupferstechers, Margarethe Simons (1781–1851) im hellblauen Biedermeierkleid aus glänzendem Atlasstoff hat den dreijährigen Sohn Gerhard (1821–1878) auf dem Schoß, der nach dem fünfjährigen, einen Spielzeugsäbel umfassenden Friedrich Wilhelm (1819–1856) im Bildmittelpunkt greift. Dessen rote Kappe trägt das Monogramm *F. W.*, was ebenso wie der Vorname dieses Heinrigs-Sohns auf die preußenfreundliche Gesinnung der Familie hinweist. Die ruhige und strenge Häuslichkeit wird durch den Biedermeiersekretär aus Birnbaum im Hintergrund betont.
Der Kalligraph Johann Heinrigs (1781–1861) war ein 1817 aus Krefeld eingewanderter Neubürger mennonitischen Glaubens, der es in den preußischen Jahren in Köln zu hohem Ansehen brachte. Sowohl seine Schönschriftblätter als auch seine Kupferstiche nach alten und neuen Gemälden erreichten durch ihre hohe Auflage, gefälligen Schriften und Texte und die kleinen Preise ein breites Publikum. Mehrfach wurde Heinrigs vom preußischen König ausgezeichnet.
Das weiße Keramiktintenfass am rechten Bildrand steht im Zentrum der Tätigkeit des Kalligraphen. Beckenkamp hat es *Joh. Heinrigs 1824* beschriftet. Das sich noch heute in Familienbesitz befindende Behältnis für Federn und Tinte trägt dagegen den Schriftzug *John. Heinrigs 1816*. Das auf unserem Bild fehlende *n* wird einer Retusche zum Opfer gefallen sein, die Jahreszahl 1824 dagegen wiederholt die Datierung des Gemäldes durch Beckenkamp unten rechts.

Beckenkamp und Heinrigs waren freundschaftlich verbunden. Heinrigs wohnte wie Beckenkamp am Waidmarkt, zog aber 1824, dem Entstehungsjahr des Familienbildes und dem Jahr, in dem der Waidmarkt mit dem Abriss der Pfarrkirche St. Jakob umgestaltet wurde, in die nahegelegene Straße Hohe Pforte.
Das Familienbild des Kalligraphen mit Frau und den zwei jüngsten Söhnen ist das frühere Pendant zu dem 1828 entstandenen Gruppenbild der sechs Söhne Heinrigs. In Köln sind es die ersten Familienbilder in Lebensgröße *wie sie die Zeit liebte und wie sie der Hamburger Runge malte* (E. Moses, S. 61). Die Familie als sittlich-natürliche Keimzelle des Staates und als Fundament zyklisch wiederkehrender Werte im Individuum ist im Biedermeier ein beliebtes Thema.
Vgl. in dieser Arbeit Kap. 5.3.2. und Farbabb. S. 110 (oben).

140.
PORTRAIT DES NIKOLAUS HACKENBROICH – 1824
Öl/Lw 59,2 x 47 cm
B. Beckenkamp pinxit 1824 (auf der Rückseite, im unteren Drittel rechts)
<u>Privatbesitz</u>
Prov.: Familienbesitz

Halbfiguriges Portrait, frontal, leicht nach links gewandt.
Den Betrachter anblickend, erscheint Johann Nikolaus Hackenbroich (1797–1882) in dunklem schwarzem Anzug mit fließender Schleife; er hat dunkles lockiges Haar und braune Augen. Nach mündlicher Familienüberlieferung war er ehemaliger Priesterseminarist, sattelte dann aber auf das Fuhrgeschäft um und kam bei der Aushebung eines Hafenbeckens in Köln in napoleonischer Zeit zu finanziellem Wohlstand.
Originalrahmen mit Palmettenmuster
Für den freundlichen Hinweis auf das Gemälde danke ich den Herren Wilhelm Kurig und Dr. Ulrich Bock, Köln.
Vgl. in dieser Arbeit Kap. 5.2.3.

141.
PORTRAIT DER KATHARINA HACKENBROICH, geb. IMHOFF – 1824
Öl/Lw 58,5 x 46,6 cm
B. Beckenkamp pinxit 1824 (Rückseite im unteren Drittel rechts)
<u>Privatbesitz</u>
Prov.: bis heute in Familienbesitz

Halbfiguriges Portrait, leicht nach rechts gewandt.
Das im Krieg beschädigte durchschossene Bild wurde amateurhaft repariert, der linke Arm der Dame wurde unter Missachtung der Umrisse übertüncht.
Pendant zu dem Portrait von N. Hackenbroich, ebenfalls halbfigurig. Katharina Hackenbroich (1782–1854) Tochter von Johann Arnold Imhoff (1756–1824, Besitzer der ersten Leihbibliothek seit 1784 auf der Breitestraße) trägt ihr dunkles Haar zu einer eleganten Hochfrisur frisiert. Über das schwarze Kleid hat sie ein weinrotes großes Tuch gelegt, das am Saum gefranst ist. Ihre Augen sind graugrün. Um den Hals trägt sie eine dreifach gewundene goldene Kette, daran ein goldenes Kreuz mit einem mit sieben Perlen umkränzten Aquamarin in der Mitte hängt. Laut mündlicher Familientradition soll Katharina Hackenbroich Buchhändlerin in Bad Godesberg während der Sommersaison gewesen sein und in verschiedenen europäischen Sprachen Billets von hochgestellten Bewunderern empfangen haben. Diese befinden sich heute noch in Familienbesitz.
Originalrahmen mit Palmettensaum. Stark vergilbter Firnis wie auf dem Herrenportrait.
Für den freundlichen Hinweis auf das Gemälde danke ich den Herren Wilhelm Kurig und Dr. Ulrich Bock, Köln.
Vgl. in dieser Arbeit Kap. 5.2.3.

142.
PORTRAIT DES DOMPFARRERS JOHANN HEINRICH FILZ – 1825
Öl/Lw 103 x 84 cm
B. Beckenkamp pinx. 1825 (unten links)
<u>Köln, im Besitz der Hohen Domkirche (Dompfarre)</u>, RBA Nr. 96 707
Prov.: unbekannt
Ausst.: Köln 1956, Koblenz, Köln 1997
Lit.: CLEMEN 1937, S. 301; AK KÖLN 1956, S. 85, Nr. 198; AK KÖLN 1980, Bd. 1, S. 182 ff.

Knieportrait.
Dompfarrer Filz trägt eine mit Spitzen verzierte Tunika, das Superpelliceum. Darüber wird die Almucia aus Pelz, ein Kanonikerabzeichen sichtbar. Über die Almucia ist eine weiße Stola mit goldgestickten Palmetten gelegt. In der Hand hält Johann Heinrich Filz das Kanonikerbirett, den Kopf bedeckt ein schwarzer Pileolus. Unter dem Domherrenstern auf dem Tisch wird eine Schrift mit dem Incipit *Bulla* sichtbar.
Für freundliche Auskünfte zu den Chorherrengewändern danke ich Frau Dr. Dela von Böselager, Köln.

Die Inschrift an der Wand:
Natus 1779 10 ^{ma} Januarii
Creatus Maji 17 ^{ma} 1802 Sacellanus
et 1804 Januarii Pastor Ecclesiae
succursalis ad S. Jacobum hujatim [?]
1 ^{mo} deinde Februarii 1819 designatus
Ecclesiae majoris ad S. Petrum et
S. Stres [?] Majos [?] Parochus primarius
Nominatus et 1 ^{ma} die Maji 1825 ante
quae Ecclesiae Metropolitanae
Coloniensis restitutae Canonicus
Capitularis ac Pastor et qua talis [?]
installatus 26 ^{ta} ejusdem Maji

Die Schrift auf dem Tisch:
Bulla De Salute Animarum
d.d. Romae 1821 Julii 16 ^{ta}
Antiquam Coloniensem
Ad Metropolitanae Ecclesiae
Gradum restituens
Sic Reverendissimorum D.D. Vicariorum
Sedibus Archi = et Episcopali Coloniensi
et Aquisgranensi vacantibus Capitularium
per me
Joannem Heinricum Filz Ubium
Ecclesiae Majoris ad [?] Petrum ex ambone publicata
1821 10 ^{bre} 23 ^{tia}
Universo Civitatis Clero
et
Magistratibus tam Civili quam Militari
totaque fere Ubiorum Gente
presentibus

Der Text mit den Angaben zu Filz ist teilweise in fehlerhaftem Latein verfasst. Der Text auf den auf einem Tisch liegenden Papiere bezieht sich auf die am 16. Juli 1821 erlassene päpstliche *Bulla de salute animarum*. 20 Jahre nach dem Untergang des alten Erzbistums Köln und sechs Jahre nach der territorialen Umgestaltung Europas auf dem Wiener Kongress 1815 wurden alle deutschen Bistümer in Preußen neu gegründet. Bei der abgebildeten Schrift handelt es sich allerdings nicht um eine Abbildung des Originals der päpstlichen Bulle, sondern um einen, wohl dem Maler diktierten, Text. Die bei DuMont-Schauberg abgedruckte Bulle mit amtlicher Übersetzung beginnt mit *Pius Episcopus Servus Servorum* etc. (Metropolitankapitel 77). Für den freundlichen Hinweis zu Anfertigung und Text der Bulle danke ich Herrn Prof. Dr. Toni Diederich, Archiv der Erzdiözese Köln.

Dompfarrer Johann Heinrich Filz (1779–1855) wurde 1804 zum Priester geweiht und übernahm die Sukkursalpfarrei und Heimatgemeinde Beckenkamps, St. Jakob. 1819 wurde er als Nachfolger des verstorbenen Johann Michael DuMont Dompfarrer und 1825 – Datum unseres Portraits – in das neu gegründete Domkapitel aufgenommen. Im Unterschied zu DuMont lässt Filz sich nicht als Dompfarrer, sondern als Vorsteher des wiederbegründeten Domkapitels, sowie als Vertreter des erst 1825 inthronisierten Erzbischofs von Spiegel darstellen. Diese Funktion, die Anspielung auf die Bulle von 1821 und der aufgeschlagene Psalm (117) 118, auf den Filz zeigt, geben diesem Portrait auch eine kirchenpolitische Bedeutung. Vers 23 des Psalms spielt auf „das Wunder das der Herr vollbracht" und die wunderbare Rückkehr der Israeliten nach der vierzigjährigen Wüstenwanderung an. Sicherlich hat Johann Heinrich Filz den Hymnus als biblische Parallele auf die zwanzig Jahre während Aufhebung des Erzbistums Köln und seine Wiedererstehung im neuen preußischen Staatsgefüge verstanden.

Vgl. in dieser Arbeit Kap. 5.3.2. und Abb. S. 96.

142a.
PORTRAIT DES DOMPFARRERS JOHANN HEINRICH FILZ – 1825/1851
Lithographie von J. C. Baum
Gemalt v. B. Beckenkamp, 1825. Gedr. b. J.C. Baum, Cöln
Auf Stein gez. v. J.C. Baum 1851.
Köln, Kölnisches Stadtmuseum, G. 7184 b
Ausst.: Köln 1980
Lit.: s. o.; THIEME-BECKER 1909, Bd. 4, S. 79 (Baum); AK KÖLN 1980, Bd. 2, S. 186 (Abb. 143).

Nach dem Portrait im Besitz der Hohen Domkirche. Der Kölner Lithograph Johann Kaspar Baum (1813–1877) war auf Portraits Kölner Persönlichkeiten und auf Dom- und Stadtansichten von Köln spezialisiert.

143.
PORTRAIT DES KÖLNER ERZBISCHOFS FERDINAND AUGUST GRAF VON SPIEGEL – 1825–27
Gez. v. Beckenkamp Lithographiert von W. Goebels
Ferdinand August Spiegel
Graf zum Desenberg (Familienwappen) *Erzbischof von Cöln*
Vorrätig bei:
In der Lithographischen Anstalt des Kunsthändlers H. Goffart in Cöln, Nr. 63 am Hof
Lithographie
Darst.: 219 x 181 mm
Blatt: 371 x 244 mm
Köln, Kölnisches Stadtmuseum, G 15 627

Ausst.: Koblenz, Köln 1997
Lit.: LIPGENS 1965, Bd. 1, S. XXI, Nr. 18, S. 513, Tafel 18; HEGEL 1987, Bd. 5, S. 48-57 (Spiegel)

Halfiguriges Portrait en face, der Blick leicht nach links gewandt.
Über dem Hermelinkragen werden ein großes Bischofskreuz und das Kanonikerbeffchen sichtbar, in der Hand hält der Kölner Erzbischof ein Birett.
Offensichtlich hat es zu diesem Portrait keine Ausführung als Ölgemälde gegeben. Das eigentliche Portrait der Domsakristei/Kapitelsaal stammt von Aegidius Mengelberg (1832). Möglicherweise ist diese graphische Arbeit der Versuch gewesen, einen offiziellen Portraitauftrag zu erhalten.
Ferdinand August Graf von Spiegel (1764–1835) übernahm am 20. Mai 1825 als erster Erzbischof ohne die weltliche Macht der Kurfürsten die Kölner Kathedra. Dennoch knüpft sein Ornat, der große Hermelinkragen, an die Tradition der geistlichen Fürsten an.
Der aus einer westfälischen Adelsfamilie stammende von Spiegel war zuerst Kanoniker in Münster und war als aufklärerischer Geistlicher 1813 von Napoleon als Bischof von Münster eingesetzt worden. Aber schon auf dem Wiener Kongress 1814/15 war von Spiegel als kirchenpolitischer Berater Preußens tätig. Der Kölner Erzbischofssitz war ihm von Friedrich Wilhelm III. höchstpersönlich angetragen worden.
Das Entstehungsdatum des Portraits ist zwischen 1825, dem Datum der Inthronisation von Spiegels, und 1827, dem Jahr, in dem der erst 23-jährige Lithograph Wilhelm Goebels starb, anzusetzen.
Vgl. in dieser Arbeit Kap. 5.2.3 und Abb. S. 95.

144.
PORTRAIT EINES UNBEKANNTEN HERRN MIT ZIRKEL UND DER LANDKARTE VON BRANDENBURG – 1826
Öl/Lw 121 x 98 cm
Köln, Kölnisches Stadtmuseum, KSM 1983/653, RBA Nr. L 145/42*
Prov.: unbekannt

Kniestück quasi en face, leicht nach rechts ausgerichtet.
Ein schwarzhaariger Mann mit langen dicken Koteletten mittleren Alters (zwischen 35 und 45) hält in der rechten Hand einen Zirkel, und stützt sich mit demselben Arm auf eine Landkarte der Provinz Brandenburg. Auf dieser sind die Orte Stargard, Köslin und Kölln zu entziffern. An der schwarzen Anzugjacke trägt der Mann einen nicht identifizierbaren Orden.

Eine Klärung der Identität des Mannes und der wahrscheinlich zu ihm gehörenden Frau war nicht möglich. Es handelt sich möglicherweise um einen Kartographen oder um einen Architekten, der vielleicht preußischer Herkunft war oder in preußischen Diensten stand.
Vgl. in dieser Arbeit Kap. 5.2.3.

145.
PORTRAIT EINER UNBEKANNTEN DAME IM ROTEN KLEID UND MIT EINEM PANTHEON-KAMEO – 1826
Öl/Lw 121 x 96 cm
B. Beckenkamp pinxit 1826 (unten rechts)
Köln, Kölnisches Stadtmuseum, KSM 1983/651, (L. 566)
Prov.: unbekannt

Kniestück en face, leicht nach links gewandt.
Die schwarzhaarige Dame mittleren Alters trägt ein dunkelrotes Biedermeierkleid mit tiefem spitzen Dekolleté und gerüschten kurzen Ärmeln. Als Schmuck erscheinen ein Collier und am Taillengürtel eine Brosche mit einem das Pantheon darstellenden Kameo. Obwohl das männliche Gegenstück nicht bezeichnet ist, handelt es sich wegen der gleichen Maße und der Ehepaarausrichtung wohl um das Pendant zu dem unbekannten Herrn.
Das Bild ist sehr beschädigt; über dem Kopf der Dame ist ein Loch in der Leinwand.
Die Provenienz der beiden Bildnisse ist ungeklärt. Ein Zettel mit der Aufschrift „HM WRM 1698 - Haus der rheinischen Heimat" konnte keinen Aufschluss über die Provenienz und damit über die Identität der beiden Dargestellten geben.
Vgl. in dieser Arbeit Kap. 5.2.3.

146.
DIE VERKÜNDIGUNG
146.1. ENGEL DER VERKÜNDIGUNG – 1826
146.2. MARIA DER VERKÜNDIGUNG – 1826
Öl/Lw jeweils 27 x 22,5 cm
B. Beckenkamp p. 1826 (auf beiden Gemälden auf der Rückseite)
Köln, Stadtbibliothek Chorweiler, Sammlung Kasimir Hagen, Nr. 61 a und b, RBA Nr. 135 132, RBA Nr. 135 133
Prov.: 1963 als Teil der Stiftung der Sammlung Hagen erworben
Ausst.: Köln 1997
Lit.: HAGEN 1955, S. 97, Kat. Nr. und Abb. 138, 139; BEST. KAT. KÖLN 1973, S. 20.

Halbfigurige Profildarstellung.
Maria in lachsrotem Unter- und graublauem Obergewand, in ein Buch vertieft, an einem Betpult. Mit der linken Hand hält sie die Enden ihres kunstvoll in die dunkelblonden Locken gebundenen Kopftuches zusammen. Im Hintergrund rechts wird ein dunkelgrüner Vorhang vor dem dunkelbraunen Grund sichtbar.
Der Erzengel Gabriel zeigt mit der rechten Hand auf Maria, in der linken Hand hält er die Lilie. Er trägt ein weißes Unter- und ein senfgelbes Obergewand. Brauner Hintergrund.
Beckenkamp greift hier ein Thema wieder auf, das er bereits 1784 für die Kirche St. Laurentius in Beulich im Hunsrück in großem Format als Seitenaltar ausgeführt hatte. Die beiden kleinen Gemälde der Sammlung Hagen sind diesem Altarbild bis auf einige Variationen sehr ähnlich. Wegen des kleinen Formats hat der Maler sich ganz auf Gesicht und Hände konzentriert. Die wichtigste Änderung hat er bei dem Engel vorgenommen, dessen Kopf nun gerade ausgerichtet ist, da er auf gleicher Höhe mit Maria ist. So wird dessen apollinisches Profil betont.
Noch 1826 greift Beckenkamp auf die Formensprache seiner Frühzeit zurück und verbindet die koloristisch dynamische Barockmalerei der Linie Carracci und Januarius Zick mit der klassizistischen Ausdrucksweise von Raffael und Anton Raffael Mengs.
Vgl. in dieser Arbeit Kap. 3.3. und Abb. S. 46 (Engel, S. 47 (Maria).

147.
CHRISTUS AM KREUZ MIT MARIA MAGDALENA – 1826
Öl/Lw 56 x 37 cm
B. Beckenkamp pinxit 1826
Köln, Kölnisches Stadtmuseum, KSM 1990/121
Prov.: Frau B. Heinrigs, Bergheim
Ausst. Koblenz, Köln 1997
Lit.: MOSES 1925, S. 60, 75; DIECKHOFF 1992, S. 32 f. und Abb. 25.

Der gekreuzigte Christus vor dem schwarzblauen Nachthimmel der Stadt Jerusalem, die im Hintergrund des Geschehens sichtbar wird. Maria Magdalena kniet seitlich das Kreuz umfassend. Das Gemälde stammt aus dem Besitz der Familie des Kupferstechers Johann Heinrigs.
E. Moses sieht die beiden eigenständigen religiösen Spätwerke als Zeugnis von Beckenkamps romantischer Gesinnung. Diese Gemälde seien durch die Anregung seiner Kopien entstanden. *Unorganisch in den Farbenkompositionen, schwach im Ausdruck, beweisen sie, dass seine Fähigkeiten auf diesem Gebiete nicht groß waren* (S. 60).
Vgl. in dieser Arbeit Kap. 3.3. und Farbabb. S. 111.

148.
CHRISTUS AUF DEM BERG TABOR – 1826
Öl/Lw 46 x 36 cm
B. Beckenkamp, pinxit 1826
Verbleib unbekannt, 1925 im Besitz von Frau Heinrigs, Köln.
Prov.: Familienbesitz
Lit.: MOSES 1925, S. 60, 75.

Christus steht oben am Berge in weißem Gewand, zu den Seiten Moses und Elias in grünem Gewand mit rotem Mantel resp. mit blauem Mantel. Unten die drei Schlafenden in stark farbigen Mänteln und Gewändern.
Beschreibung von E. Moses, S. 75.
Der Verbleib des Bildes konnte auf Nachfrage bei Nachkommen der Familie Heinrigs nicht gefunden werden.

149.
DIE SECHS SÖHNE DES KALLIGRAPHEN HEINRIGS – 1828
Öl/Lw 175,5 x 145,5 cm
B. Beckenkamp pinxit/1828
Bonn, Rheinisches Landesmuseum, Inv. Nr. 49.5
Prov.: Frau Heinrigs, erworben 1949 von Domgalerie, Köln
Lit.: MOSES 1925, S. 61, 76; BEST. KAT. BONN 1959, S. 11; BEST. KAT. BONN 1982, S. 45 f., Abb. S. 47; LORENZ 1985, S. 173 f., Abb. 46; AK MÜNCHEN 1988, S. 80, Tafel 2, S. 209, Kat. Nr. 6
Ausst.: München 1988, Koblenz, Köln 1997

Um einen runden Tisch gruppiert sind sechs der acht Söhne des Kalligraphen Johann Heinrigs. Am rechten Bildrand stehend und einen Zylinder tragend erscheint der Älteste, August (1809–1895). Am Tisch sitzen vier der mittleren Söhne. Sie lassen sich nicht genau zuweisen. Schreibend und in die Ferne schauend (wahrscheinlich) Friedrich (1815–1840), vor ihm, eine Querflöte (?) in der Linken und ein Notenblatt in der rechten Hand haltend, Carl Heinrigs (1812–1840), der einen Blickkontakt zum Betrachter herstellt. Diesem steht altersmäßig am nächsten der Knabe mit Papieren in der Hand, also möglicherweise Eduard (1813–1885), der im Hintergrund links sitzt und ebenfalls den Betrachter anschaut. Sinnend hält der viertjüngste Bruder Johann (1816–1841) ein Buch in der Hand. Auf das Bein seines Bruders Johann hat der kleine dreijährige Josef (1825-1849) das linke Ärmchen gelegt, während er in der rechten Hand sein Spielzeugwägelchen mit der von einem Harlekin gerittenen Giraffe an der Leine hält. Das Gemälde ist mit einem ausgeklügelten System von Diagonalen komponiert, das die Enge und Kargheit des Raumes, sowie die fast monochrome Strenge des Bildes durchbricht und abmildert. Die im Vergleich zum Pendant im Kölnischen Stadtmuseum etwas wie eingefroren wirkenden Physiognomien der zu einem Gruppenbild arrangierten Einzelportraits werden in der Schilderung der Charaktere durchaus differenziert dargestellt. So werden die beiden mit der Außenwelt in Blickkontakt tretenden Söhne in der Bildmitte als junge extrovertierte Persönlichkeiten in Szene gesetzt, während im Gegensatz dazu ihre vier Brüder sich auf die Innenwelt ihrer individuellen Seelen und auf ihre stillen Tätigkeiten zurückgezogen haben, die schon auf ihre späteren Berufungen hinweisen.

In Anlehnung an holländische Portraits des 17. Jahrhunderts hängt an der Hintergrund-Wand, als Bild im Bilde, das vier Jahre zuvor – 1824 – entstandene Familienportrait des Kupferstechers Johann Heinrigs mit seiner Frau und den zwei jüngsten Söhnen. So wird mit den Möglichkeiten der Kunst überaus wirkungsvoll die Familie auf den beiden Bildern auf einem Gemälde vereint und die Überzeitlichkeit familiärer Bande transparent gemacht.

Vgl. in dieser Arbeit Kap. 5.2.3. und Farbabb. S. 110 (unten).

150.
TRIPTYCHON HEEREMAN VON ZUYDTWYCK – 1826-1828
Öl/Holz (teilweise mit Leinwand überzogen)
193 x 407 cm (Flügel jeweils 193 x 102, Mitteltafel 193 x 203 cm)
Köln, Stadtkonservator (wird voraussichtlich ab 2004 wieder in der Vorhalle des Historischen Rathauses in Köln ausgestellt werden).
Prov.: nachweisbar 1826-1843 in der Sammlung Haxthausen; Versteigerung Anton Creutzer 29.-30. 10. 1929, Nr. 128, Abb. Tafel 1; Privatbesitz Krefeld (Versteigerung Kunsthaus am Museum, Köln, 21.-24. 3. 1962); Stadtmuseum Brühl; Wallraf-Richartz-Museum Köln ab 1972; Aufstellung in der Vorhalle des Kölner Rathauses 1973; Überweisung an die Untere Denkmalbehörde.
Ausst.: Köln 1982, Köln 1995
Lit.: AUKT. KAT. KÖLN 1962, Nr. 1082 und Tafel 24; DEPEL 1964, S. 371 f. Abb. S. 385; BEST. KAT. KÖLN 1973, S. 18 ff; Abb. 113-115; ZEHNDER in: AK KÖLN 1982, S. 225 (und seitenverkehrte Abbildung); MARKOWITZ in: TRIER/WEYRES 1979, Bd. 3, S. 51; LIESSEM 1989, S. 227; AK KÖLN 1995, (ZEHNDER) S. 635 f., Kat. Nr. 306.
Kopie: Lithographie von Wilhelm Goebels (Ausschnitt), vor 1827

Eine Zuschreibung an Beckenkamp erfolgte erst auf der Auktion 1962 (Kunsthaus am Museum) durch Dr. Werner Stopp. Erich Depel (1964) sah das Triptychon in einer kleinen, geringwertigen Gruppe von Bemühungen um unmittelbare Rückgriffe des 19. Jahrhunderts auf das Dombild (S. 372). Er bemerkte das Aufheben der Lochnerschen Symmetrie durch den Kopisten, ein stärker erzählendes Moment und eine größere Nähe zu der Dreikönigenlegende (ebda). Ursula Erichsen-Firle und Horst Vey erkannten in den Flügeln einen direkten Rückgriff auf die Flügel des „Kleinen Marientodes" von Joos van der Beke aus der Sammlung Wallraf (S. 19) und entschlüsselten die Wappen der Familie Heereman von Zuydtwyck. Darüber hinaus stellten Erichsen-Firle und Vey eine Verbindung des Werkes mit dem 1826 durch Ferdinandine Heereman von Zuydtwyck veranlassten neugotischen Schlossbau in Herstelle her. Auch das Alter der beiden Kinder Werner Alexander (1808-1886) und Amalie Theodora (1809-1853) verschob die Datierung zu einem späteren Zeitpunkt als die bisher bekannten Kopien. Durch den Briefwechsel des Kasseler Malers und Bruders von Jakob und Wilhelm Grimm, Ludwig Emil Grimm (1794-1861) mit Amalie Heereman von Zuydtwyck wird die bisher nur vermutete Bestimmung des Triptychons für den romantischen Schlossbau von Herstelle bei Höxter bestätigt. Da der stets gut informierte Ludwig Emil Grimm noch im Juni und Juli 1828, also wenige Monate nach Beckenkamps Tod, anfragt, ob das Bild vollendet sei, kann man daraus wohl schließen, dass Beckenkamp das Gemälde nicht selber fertig stellte.

Vgl. in dieser Arbeit Kap. 6.5. und Farbabb. S. 112.

150a.
„DIE BEGRÜSSUNG DER H. DREY KÖNIGE"
Lithographie
Köln, Kölnisches Stadtmuseum, G 14432 b,
RBA Nr. 111 557
Darst.: 320 x 272 mm
Blatt: 560 x 372 mm
Die Begrüssung der h. drey Könige.
Sr Erzbischöflichen Gnaden – Ferdinand August Spiegel.
Grafen zum Desenberg – Erzbischof von Cöln, caet. caet. caet.
Widmet diese Abbildung – der Epiphanie des HERRN
ganz unterthänigst Heinr. Goffart. Kunsthändler in Cöln a. R.

Lith. von Goebels. (unten rechts)
Lit.: SCHÖLLER (Bearb.) 1995, S. 47, Kat. Nr. 35 und Abb. S. 51

Die Lithographie von Wilhelm Goebels, die vor 1827 – dem Todesdatum von Goebels – entstanden sein muss, ist eine Ausschnittskopie nach dem Mittelteil der Nachbildung des Dombildes von Beckenkamp für die Familie Heereman von Zuydtwyck und nicht nach dem Mittelteil des Originals. Dies belegen u. a. die Anzahl der Maßwerkbögen, die im Vergleich zum Originalgemälde um einen auf sieben reduziert sind, die Position des jungen Königs, der sich dem Baldachin mit der Madonna und dem Jesuskind genähert hat, die Form des Sterns, und weitere Details. Obwohl in der Bildunterschrift nicht genannt, stammt auch die Vorzeichnung möglicherweise von der Hand Beckenkamps.
Vgl. in dieser Arbeit Kap. 6.5. und Abb. S. 153.

151.
MINIATURSELBSTPORTRAIT BECKENKAMPS IM ALTER – 1820–1828
Miniatur auf Elfenbein 9,3 x 7,2 cm
Verbleib unbekannt (1925 im ehemaligen Koblenzer Schlossmuseum)
Lit.: MOSES 1925, Abb. 13, S. 62 und S. 75.

Halbfigur en face.
Beckenkamp hält den Kopf leicht nach links gedreht, die Augen sehen in die Ferne. Die Haare sind schlohweiß. Die rechte Hand hält einen Kreidegriffel und liegt auf einem großen geschlossenen Album mit Zeichnungen.
Das nicht mehr auffindbare Selbstportrait auf Elfenbein wird das letzte Selbstbildnis des greisen Künstlers gewesen und in den zwanziger Jahren des 19. Jahrhunderts entstanden sein.

152.
MINIATURPORTRAIT VON ANNA MARIA BECKENKAMP IM ALTER – 1820–1828
Miniatur auf Elfenbein 9,3 x 7,2 cm
Verbleib unbekannt (1925 im ehemaligen Koblenzer Schlossmuseum)
Lit.: MOSES 1925, Abb. 13, S. 62 und S. 75.

Halbfigur en face.
Anna Maria Beckenkamp in schwarz gefärbten Locken unter einer Spitzenhaube mit blauen Bändern. Über schwarzem Kleid trägt sie einen breiten Rüschenkragen. Pendant zu obigem Selbstportrait des Künstlers.

153.
KOPIEN NACH PORTRAITS (VON MITGLIEDERN DER FAMILIE VON MERLE?)
153.1. Portrait eines Mannes vor einem geöffneten Buch mit Federkiel in der rechten Hand
Öl/Holz 23 x 17 cm
Köln, Kölnisches Stadtmuseum, HM 1940/95 (= WRM 1103), RBA Nr. L 146/55*
153.2. Portrait einer Dame mit hochgestecktem Haar und hellem Umhang
Öl/Holz 22,7 x 16,8 cm
Köln, Kölnisches Stadtmuseum, RM 1941/409 (= WRM 1082), RBA Nr. 47725 a
153.3. Portrait eines Herren mit Brustharnisch und gepuderter Allonge-Perücke
Öl/Holz 22,5 x 17 cm
Köln, Kölnisches Stadtmuseum, RM 1941/410 (= WRM 1083), RBA Nr. 47734 b
153.4. Portrait einer jungen Dame mit gepudertem Haar und Blume in der Hand
Öl/Holz 23 x 18 cm
Köln, Kölnisches Stadtmuseum, HM 1941/411 (= WRM 1090), RBA Nr. 47734 b/a
153.5. Portrait eines Mannes mit Justeaucorps und Harnisch
Öl/Holz 22,5 x 16,8 cm
Köln, Kölnisches Stadtmuseum, RM 1941/413, RBA 47725
153.6. Portrait eines Geistlichen (Clemens August Maria von Merle)
Öl/Holz 22,5 x 17 cm
Köln, Kölnisches Stadtmuseum, RM 1941/416, RBA 47653 a+b
153.7. Portrait einer Dame
Öl auf Holz ca. 23 x 17 cm
Verbleib unbekannt (ehemals WRM 2143, RBA Nr. 51024a, am 29. 06. 1943 durch Fliegerangriff vernichtet)
153.8. Portrait eines Geistlichen mit Perücke
Öl auf Holz ca. 23 x 17 cm
Verbleib unbekannt (ehemals WRM 2144, RBA Nr. 51024b, in Harkotten ausgelagert, seit 1944 vermisst)
153.9. Portrait einer Dame (Ehefrau)
Öl auf Holz 23 x 17 cm
Privat (ehemals WRM 2145, RBA Nr. 83234, am 10. 09. 1943 verkauft)
Diese kleine Portraitkopie konnte kurz vor Drucklegung dieser Arbeit wieder aufgefunden werden. Herrn Dr. Götz Czymmek, Köln, verdanke ich den freundlichen Hinweis und nähere Angaben zu diesem kleinen Bild, das sich heute in Privatbesitz befindet.

153.10. Portrait eines Herren (Ehemann)
Öl auf Holz ca. 23 x 17 cm
Verbleib unbekannt (ehemals WRM 2146, RBA Nr. 83234, abgegeben 1943)
Das Portrait des Herren gehört wohl als Pendant zu dem vorherigen Damenbildnis, da es wie das Portrait der Dame die beiden Familienwappen unten rechts und links aufweist (für den freundlichen Hinweis, wie auch für weitere Angaben zu den vier ehemals im Wallraf-Richartz-Museum als Verlust geführten kleinen Portraitkopien danke ich Frau Barbara Schaefer, Köln.
Lit.: MOSES 1925, S. 77; BEST. KAT. KÖLN 1986, S. 11, 324; OST, in: AK KÖLN 1995, S. 262-264 und S. 261 (Abb.); ALEXANDER 2001, S. 21

Bei der Serie von kleinen Portraitkopien, die Pastor Metternich 1828 der Sammlung Wallraf schenkte, handelte es sich ursprünglich um 12 kleine Bildchen. Schon Moses berichtete aber, dass zwei von diesen zwölf Gemälden von Johann Jacob Schmitz stammten, nur 10 also von Beckenkamps Hand waren. In den vierziger Jahren des 20. Jahrhunderts wurde ein Teil der Bildchen dem Rheinischen Museum, bzw. dem Haus der Rheinischen Heimat überwiesen.
Heute sind nur noch sieben dieser kleinen Kopien erhalten. Kat. Nr. 153.9. konnte kurz vor Drucklegung dieser Arbeit wieder in Privatbesitz nachgewiesen werden. Die drei anderen kleinen Portraitkopien wurden in den Jahren des Zweiten Weltkrieges entweder - wie Kat. Nr. 153.7. - durch Bomben vernichtet oder abgegeben. Kat. Nr. 153.9. (WRM 2145) wurde an „Schrader" verkauft, für ein oder mehrere andere Bildchen dieser von Beckenkamp gemalten Serie lag Wilhelm Ewald ein Angebot von Josten in Neuss vor.
Das Portrait eines Geistlichen (Kat. Nr. 153.6.) könnte eine verkleinerte Kopie nach einem um 1762 gemalten Portrait (von Johann Jakob Schmitz?) des gerade zum Kölner Domherren ernannten Clemens August Maria von Merle sein. Der Zeigegestus von Merles aus dem Bild bezieht sich möglicherweise auf die Portraitserie. Es ist anzunehmen, dass es sich auch bei den anderen kleinen Portraitkopien um historisierende Bildnisse der Familie von Merle (meistens aus dem 18. Jahrhundert) handelte. Schon Moses (S. 76) weist darauf hin, dass mehrere der kleinen Portraits das Wappen der Familie von Merle tragen und Beckenkamp die Portraits in der Sammlung des Kölner Domherren, Weihbischofs und Kunstsammlers kopiert haben könnte. Pastor Metternich könnte die Serie aus der Sammlung des 1810 verstorbenen Clemens August Maria von Merle erworben und später (am 20. März 1828, nur wenige Tage vor dem Tod des Malers Beckenkamp am 1. April 1828) der Sammlung Wallraf geschenkt haben.

154.
KOPIE NACH EINEM PORTRAIT EVERHARD JABACHS VON RIGAUD
Maße unbekannt
Verbleib unbekannt (1925 bei A. Iven in Köln)
Lit.: MOSES 1925, S. 77; VEY 1967, S. 176

Über den Verbleib und die Umstände des Auftrags für diese Portraitkopie ist nichts bekannt. Der ehemalige Besitzer des Bildes Alexander Iven war in Köln Kunsthändler und Nachfahre des Bildhauers gleichen Namens (Statue vor der Kölner Herz-Jesu-Kirche).

155.
PORTRAIT DES JOHANN PETER KELLENTER
Maße unbekannt
Verbleib unbekannt
Lit.: HAStK., Best. 610, Nr. 130
Der Sammlung Wallraf am 24. März 1832 von einem Nachkommen Kellenters, Herrn Birckenstorck, geschenkt und in einem Schreiben an Oberbürgermeister Steinberger formuliert:
Hochwohlgeborener Herr Oberbürgermeister!
Der am 18ten October 1828 in Hoengen gestorbene Herr Joh: Pet: Kellenter gab mir seinerzeit den Auftrag, sein Portrait, gemalt vom seligen Herrn Benedict Beckenkamp, meinem Schwager Herrn Med: Doctor Joh: H: Hensay zu übergeben, mit der Bedingung, dass ich nach dessen Tode selbiges als ein Meisterwerk an das Wallrafische Museum dafür zum Geschenk zu überbringen hätte. Indem ich mich und hiermit durch Einsendung des Bildes dieses Auftrages zu entledigen beehre, ersuche ich Eur HWG ergebenst mir gütigst eine Bescheinigung darüber zukommen zu lassen und verbleibe mit aller Hochachtung und Ergebenheit.
Der Verbleib des Gemäldes nach dem Eintrag ins Revisionsinventar der Sammlung Wallraf lässt sich nicht verfolgen.

II. FRAGLICHE WERKE

156.
PORTRAIT DER AUGUSTA GRÄFIN STERNBERG – um 1785

Öl/Lw 54 x 44 cm
Brünn, Kreiszentrum der Staatlichen Denkmalpflege (deponiert in Boskovice, Staatsschloss) Inv. Nr. 136/85
Prov.: unbekannt
Lit.: [DE NOËL] 1828; AK BLANKENHEIM 1990, S. 85, Abb. 13, S. 110, Kat. Nr. 13.
Ausst.: Blankenheim, Manderscheid, 1990.

Knieportrait nach links.
Die Gräfin Sternberg sitzt an einem Tisch und ist mit Stickarbeiten beschäftigt. Sie trägt ein weißes Kleid mit dreibahnig gerüschtem Kragen. Auf ihren grau gepuderten Haaren eine Spitzenhaube.
In seinem Nekrolog erwähnt Mathias Joseph De Noël neben den Familienbildern der Salm-Reifferscheidt (1785) Beckenkamps Bildnisse für die Familie des Grafen Sternberg. Eine Zuschreibung des Portraits erfolgte allein auf Grund der Photographie. Sollte diese Zuschreibung bestätigt werden können, so wäre dieses 1786 zu datierende Portrait das einzige der bei De Noël erwähnten Portraits für die genannte rheinische Adelsfamilie Sternberg.
Augusta Gräfin Blankenheim-Manderscheid (1744–1811) heiratete 1762 Philipp Christian Graf von Sternberg. Die Familie lebte einige Jahre in Prag und kehrte 1780 ins Rheinland zurück, als der letzte regierende Graf von Manderscheid Franz Georg, ein Großonkel der Augusta, starb. Die Familie hielt sich nun im Sommer in der Residenz Blankenheim und im Winter in Köln auf. Der 1763 geborene Sohn Franz Joseph, ein Schüler Wallrafs, läd diesen verschiedentlich nach Blankenheim ein. Bei einer dieser Gelegenheiten wird auch Beckenkamps Aufenthalt bei der Familie in der Eifel erwähnt (August/September 1786).
Fragliche Zuschreibung.

157.
PORTRAIT DER MARIA ANNA FREIFRAU HEEREMANN VON ZUYDTWYCK, GEB. FREIIN VON WREDE ZU MELSCHEDE - 1787

Öl/Lw 44 x 34
Maria Anna vidua von Heereman zu Zuydwyk nata von Wrede zu Melschede A 1739 Januar aet. 48. (Rückseite)
Originalrahmen
Westfälischer Privatbesitz
Lit.: WESTHOFF-KRUMMACHER 1984, S. 495, Nr. 402.

Sitzportrait. Kniestück nach links gewandt.
Vor einem Tisch sitzend, in der rechten Hand ein Buch. Weißes Kleid mit großem Rüschenkragen, dunkle Schärpe. Mit grüner Seide bezogener Polsterstuhl.
Sehr schwach erkennbar, stark verschmutzt.
Maria Anna Freifrau Heereman von Zudtwyck (1739–1811), Tochter des Frerdinand von Wrede zu Melschede und der Clara Lucia von der Asseburg heiratete 1755 Franz Ernst Hyazinth Heereman von Zuydtwyck. Aus der Ehe gingen vier Kinder, u. a. Engelbert Anton Heereman (1761–1810) von Zuydtwyck, der später auf dem Rathaus-Triptychon der Familie postum als Stifter erscheint, hervor. Das Portrait wird 1787 aus Anlass der Heirat ihrer Tochter Maria Alexandrine und deren Umzug ins Westfälische entstanden sein.
Während das 1780 entstandene Portrait ihres Ehemannes, Franz Ernst Hyazinth Heereman von Zuydtwyck auf Grund des Datums 1780 nicht mit Beckenkamp in Verbindung gebracht werden kann, ist das Bildnis der Maria Anna Heereman von Zuydtwyck vorsichtig mit dem mir ebenfalls nur über eine Photographie bekannten Bildnis der Augusta Gräfin Sternberg zu vergleichen. Auch die dort abgebildete Dame trägt ein weißes engtailliertes Kleid, ihr Oberkörper erscheint unverhältnismäßig kurz, sie geht einer häuslichen Beschäftigung nach. Komposition, Mode, Blickwinkel und die hölzernen Proportionen der beiden 1785, bzw. 1787 entstandenen Portraits zweier Damen des rheinischen Adels ähneln einander. Beckenkamp als Urheber kann vermutet werden.
Fragliche Zuschreibung.

158.

PORTRAIT VON FRANZ ERNST HYAZINTH HEEREMAN VON ZUYDTWYCK – 1780
Öl/Lw 43,9 x 34 cm
Franz Ernst Hiacinth von Heeremann zu Zuydwyck 1780
(Rückseite)
Privatbesitz
Lit.: WESTHOFF-KRUMMACHER 1984, S. 494 f., Kat. Nr. 401, S. 495 (Abb.)

Kniestück in Dreiviertelansicht nach rechts.
Auf Grund der Datierung 1780 kann dieses Portrait nicht mit Beckenkamp in Verbindung gebracht werden. Eine Berufung des kurtrierischen Malers Beckenkamp auf den Familiensitz der Heereman von Zuydtwyck bei Köln erscheint für 1780 zu früh.
Franz Ernst Hyazinth Heereman von Zudtwyck (Utrecht 1714 – Roermondt 1780) heiratete 1755 Anna von Wrede Melschede.
Abschreibung.

159.

PORTRAIT EINES UNBEKANNTEN HERRN, PORTRAIT EINER UNBEKANNTEN DAME
Öl/Lw 91 x 75,5 cm
Verbleib unbekannt

Herrenportrait nach rechts, Damenportrait nach links. Hüftstücke.
Auf Grund stilistischer Vergleiche sind beide Bilder, insbesondere aber das Herrenportrait dem Bonner Maler Clemens August Philippart (1757–1825), u. a. Lehrer von Carl Begas, zuzuschreiben. Das Herrenportrait ist mit Philipparts Portrait des Hofsängers Raaf zu vergleichen. Zu datieren ist es auf Grund der Mode in die frühen neunziger Jahre. Gegen eine Zuschreibung an Beckenkamp spricht die Eleganz der Dargestellten, deren Charakterisierung von Skeptizismus bis Heiterkeit und schließlich die größere malerische Qualität.
Foto (Inv. Nr. AG 71/46, Nr. 64) im Archiv des Mittelrhein-Museums, Koblenz (freundliche Mitteilung von Herrn Dr. Klaus Weschenfelder). Auf der Rückseite des Fotos: „Beckenkamp" mit Lebensdaten und auf dem Foto des Damenportraits: „Beckenkamp, Köln - Gutachten Prof. Koetschau".
Abschreibung.

160.

PORTRAIT DES KUNSTSAMMLERS JAKOB JOHANN NEPOMUK LYVERSBERG
Miniatur auf Elfenbein im Oval, 6,7 x 5,7 cm
Verbleib unbekannt
Lit.: AUKT. KAT. KÖLN 1971, S. 19, Nr. 3 (ohne Abbildung); MÄGDER in: AK KÖLN 1995, S. 193-204 (Lyversberg und seine Sammlung)

Halbfigurenbild im grauen Rock, weißer Weste und Halsbinde, weiß gepudertes Haar. Grünlicher neutraler Grund.
Dieses Miniaturbildnis wird Beckenkamp in dem Auktionskatalog Lempertz als „wahrscheinlich eine Arbeit von Beckenkamp" zugeschrieben. Der Verbleib des Miniaturbildnisses und seines Gegenstücks ist unbekannt. Als Entstehungszeit wird der Anfang des 19. Jahrhunderts genannt. Beckenkamp hat auch Miniaturportraits gemalt, u. a. ein Selbstportrait und ein Portrait seiner Frau Anna Maria Beckenkamp (vgl. in dieser Arbeit Kat. Nr. 151 und 152.
Jakob Johann Nepomuk Lyversberg (1761–1833) – gehörte zu den bekanntesten Kunstsammlern in Köln im frühen 19. Jahrhundert. Lyversberg handelte mit Tabak und mit Wein und war von 1800 bis 1803 Mitglied der Kölner Handelskammer. Er wohnte im Haus Nr. 1072 Ecke Heumarkt und Börsengässchen. Von den Kölner Malern De Noël und Maximilian Heinrich Fuchs ließ Lyversberg noch vor 1808 eine Hauskapelle neugotisch ausmalen.
Fragliche Zuschreibung.

161.

PORTRAIT DER ANNA ELISABETH WALBURGA LYVERSBERG
Miniatur auf Elfenbein im Oval, 6,7 x 5,7 cm
Verbleib unbekannt
Lit.: AUKT. KAT. KÖLN 1971, S. 19, Nr. 3 (ohne Abbildung); MÄGDER in: AK KÖLN 1995, S. 193-204 (Lyversberg und seine Sammlung)

Pendant zu dem Portrait des Händlers und Kunstsammlers Lyversberg. Anna Elisabeth Walburga Lyversberg, geb. Bennerscheidt.
Fragliche Zuschreibung.

162.
PORTRAIT DES SCHÖFFENBÜRGERMEISTERS UND KURFÜRSTLICHEN HOFKAMMERRATES ZU BONN, MATTHIAS JOSEPH MARIA KAUFMANN – ca. 1810
Öl/Lw 34 x 27,5 cm
Bonn, Stadtmuseum, SMB 1991/G 13
Prov.: Frau Barbara Koch; seit 1916 Dr. Dr. Dr. Paul Kaufmann; seit 1937 Städtisches Museum „Villa Obernier", vormals Sammlung Kaufmann, Nr. 204; ab 1947 Städtische Kunstsammlungen Bonn, seit 1991 Stadtmuseum Bonn.
Lit.: KAUFMANN 1919, S. 15, und Abb. S. 25; BEST. KAT. BONN 1996, S. 19.

Brustportrait en face.
Ein grauhaariger Herr in schwarzem Anzug und plissiertem Jabot und dunklen Augen.
Die Zuschreibung an Beckenkamp erfolgte auf Grund eines auf der Rückseite des Bildes angebrachten und „Berlin im März 1917" datierten Zettels, wonach es von dem auch in Bonn tätigen Caspar Benedikt Beckenkamp stammen könne. Der Zettel stammte von dem Sammler Dr. Dr. Dr. Paul Kaufmann, dem das Bild 1916 geschenkt wurde. In seinen Aufzeichnungen „Aus rheinischen Jugendtagen" erwähnt Kaufmann das Bild seines Urgroßvaters als *vielleicht* von Beckenkamp stammend. Seit dem Zeitpunkt des Zugangs der Sammlung nach Bonn (1937) wird es – auch noch im Katalog des Bonner Stadtmuseums (1996) – Beckenkamp zugeschrieben.
Während die Datierung „um 1810" aus modegeschichtlichen Gründen plausibel ist, läßt sich die Zuschreibung nicht halten. Stilistisch gibt es wenige Beziehungen zu Beckenkamp: das vorliegende Portrait hat nicht nur einen graphischen Aufbau mit harter Linienführung, es verzichtet auch auf Licht- und Schattenführung und auf die Feinabstimmung der Farben durch Lasurmalerei.
Der Hofkammerrat und Schöffenbürgermeister Bonns, Matthias Joseph Kaufmann (1757–1811) war ein Sohn des Bonner Bürgermeisters Joseph Kaufmann. Er entstammte einer bekannten Bonner Ratsherren- und Bürgermeisterfamilie. Ein Portrait von Rousseaux stellt ihn als Würzburger Studenten in roter Jacke und mit dem Corpus Iuris in der Hand dar.
Abschreibung.

163.
PORTRAIT VON FRIEDRICH SCHLEGEL – 1815
Öl/Lw 30 x 23,5 cm
Köln, Kölnisches Stadtmuseum, KSM (RM) 1929/36
Prov.: 1929 von Landgerichtsrat a.D. Braun-Friedrici, Mönchengladbach, erworben.
Reproduktionen: J. Axmann (Kupferstich), Zimmermann (Kupferstich): ein Exemplar im Kölnischen Stadtmuseum (G. 9719 a)
Lit.: BEHLER 1959, BEHLER (1966) 1988, Titelbild, S. 109 f.; AK KÖLN 1988 (2), S. 101, Nr. 137 und Abb. S. 102; THIERHOFF 1997, S. 38, Abb. 14

Brustportrait nach rechts.
Friedrich Schlegel (1772–1829) trägt den Christusorden, der ihm 1815 verliehen wurde.
Ernst Behler (1959) weist auf Grund von schriftlichen Quellen ein in Öl gemaltes Portrait der Nichte des Philosophen, Auguste von Buttlar zu. Diese hatte das Bildnis bereits 1817 begonnen, es aber erst nach dem Tod Schlegels 1829 vollendet. Dieses Gemälde befand sich einstmals in München, im Archiv der Romantik, wo es aber (Briefauskunft vom März 1996) nicht mehr aufzufinden ist.
Das Gemälde des Kölnischen Stadtmuseums könnte eine Replik oder eine Kopie nach dem Portrait der Auguste von Buttlar sein. Beckenkamp als Autor scheidet jedoch aus, da er 1829 bereits verstorben war. Die versonnen träumerische Haltung Schlegels widerspricht der nüchternen Portraitauffassung Beckenkamps, so dass es sich auch nicht um ein früher – d. h. nach 1815 – entstandenes Portrait Beckenkamps von Schlegel handeln kann.
Schlegel, der zwischen 1804 und 1808 Vorlesungen an der Kölner Zentralschule hielt, lebte nach 1808 zuerst in Wien und dann in Frankfurt. Mehrmals besuchte er Bonn und 1818 zusammen mit seinem Bruder August Wilhelm seine Freunde in Köln.
Abschreibung.

164.
PORTRAIT VON FERDINAND AUGUST GRAF VON SPIEGEL – 1828 (?)
Maße unbekannt
Verbleib unbekannt (1977 im Erzbischöflichen Hause), RBA Nr. 60 695
Lit.: LIPGENS 1965, Bd. 1, S. XX, Nr. 14, S. 369, Tafel 14, Bd. 2, S. 788, Nr. 467; BÖRSCH-SUPAN - PAFFRATH 1977, S. 42, Kat. Nr. 74m

Kniestück.
Ferdinand August Graf von Spiegel erscheint nicht im erzbischöflichen Ornat, sondern im schwarzen Domherrenanzug mit Beffchen. Er trägt das Großkreuz des Roten Adlerordens mit Brustkreuz (den freundlichen Hinweis verdanke ich Dr. Jost Rebentisch, Köln). Spiegel hatte diesen Orden bereits 1804 verliehen bekommen. In der rechten Hand hält Spiegel ein Evangeliar, auf das er mit der linken Hand zeigt. Das Evangeliar ist in einen reliefierten neugotischen Einband mit einem umlaufenden Rand aus Maßwerkbögen und Vierpässen in den Ecken gebunden. In der linken Randleiste ist ein aufgesockeltes Kreuz erkennbar, während in der rechten Randleiste die Arma Christi dargestellt sind. Im Mittelfeld erscheint unter einer reliefierten Darstellung des Schweißtuches der Veronika die Aufschrift Sanctum Evangelium. Dieser Folioband lässt sich unter den Büchern des Nachlasses Spiegel nicht nachweisen. Von Spiegel sitzt auf einem Stuhl mit auffälligen geflügelten Puttenköpfen – wohl aus Marmor – als Armlehnen. Die Räumlichkeit des Hintergrundes ist nur durch Lichteinfall und ein hervorspringendes Pfeilerelement gekennzeichnet.
Das Portrait wird von Börsch-Supan Beckenkamp zugewiesen. Walter Lipgens, der Biograf von Spiegels dagegen, gibt als Autor des Gemäldes Ägidius Mengelberg an, der für das Domkapitel ein Portrait Spiegels malte. Als Quelle zieht Lipgens einen Brief von Spiegels an Mengelberg aus dem Jahr 1828 wegen seines Portraits heran. Ob es sich dabei um das Kniestück handelt, ist nicht zu entscheiden.
Die gesamte Anlage des Portraits wie auch die Steifheit der Figur sind durchaus Charakteristiken im Portraitwerk Beckenkamps. Im Vergleich zu Mengelbergs Portrait von Ferdinand Franz Wallraf aus dem Jahr 1824 ist jedoch eine ähnliche Steifheit der Figur und eine wie eingefroren wirkende Physiognomie erkennbar. Die Vorliebe für klassizistische Formen und Objekte ließe als Autor dieses Bildes eher an Mengelberg als an Beckenkamp denken. Letztlich ist die Frage nicht zu entscheiden, da das Bild zurzeit nicht auffindbar ist (freundliche Auskunft von Dr. Martin Seidler und Herrn Hogenschurz vom Erzbischöflichen Bauamt) und ein direkter Vergleich nicht möglich ist.
Fragliche Zuschreibung.

164a.
PORTRAIT VON FERDINAND AUGUST GRAF VON SPIEGEL
Lithografie
Blatt: 452 x 314 mm
Ferdinand August
Graf Spiegel zum Desenberg & Canstein
Erzbischof von Cöln
König. Preuß. wirkl. Geh. Rath, Ritter
des schwarzen Adlerordens
Geb. 25. Dec. 1764 Gest. 2. Aug. 1835
Lith. v. Renard & Dübyen in Cöln (unten links)
Gerhardt (in der Darstellung, auf dem nur anskizzierten Umhang)
Köln, Kölnisches Stadtmuseum, KSM 1987/649, RBA 178 664

Nach dem Kniestück von Ferdinand August Graf von Spiegel. Der Erzbischof sitzend nach links gewandt. Der Umhang ist nur skizzenhaft angedeutet und die großen geflügelten Putten sind weggelassen.

165.
DIE FLUCHT NACH ÄGYPTEN
Schwarze und braune Tusche laviert/Papier, 205 x 210 mm
Kaspar Benedikt Beckenkamp (spätere Schrift auf dem Passepartout)
Köln, Wallraf-Richartz-Museum, Graphische Sammlung, Z 1281, RBA Nr. 70027

Josef und Maria mit dem Kind auf dem Arm, ganzfigurig im Profil. Josef auf einen Stock gestützt. Dahinter Kopf und Hals eines Maultieres und Kinder.
Das rechte Bein des Josef wie angestückelt, das rechte Bein der Maria erscheint vor dem linken und damit völlig verdreht. Ein organischer Körperbau fehlt.
Ein zwischen 1785 und 1795 entstandenes Gemälde gleichen Themas von Zick in Kölner Privatbesitz zeigt trotz aller Schwächen in der Modellierung die Herkunft der Zeichnung aus dem Zick-Kreis.
Fragliche Zuschreibung.

166.
DIE ANBETUNG DER HIRTEN
Tusche laviert auf Papier(auf blaues Papier aufgeklebt), 152 x 254 mm
Bei Hochklappen der Zeichnung auf dem Passpartout erscheint ein Schriftzug *Beckenkamp* (spätere Schrift)
Köln, Wallraf-Richartz-Museum, Graphische Sammlung, Z 1282, RBA 70 030
Lit.: AK PAVIA 1977, S. 97, Nr. 59 (mit Abb.)

Lünette.
In der Mitte, halbfigurig, Maria mit dem Kind, die Hirten halbkreisförmig darum angeordnet. Vorne rechts hält ein knieder Hirt das vom Kind ausgehende Licht mit einer Hand von seinen Augen ab. Dahinter bringt eine Frau eine Taube dar. Auf der linken Seite erscheint ein alter Hirt in unnatürlicher Körpertorsion hingekauert.
Als Vorbild lässt sich eine Komposition des römischen Barockmalers Carlo Maratta ausmachen. Das nicht auffindbare Gemälde Marattas ist in einer Radierung des flämischen Stechers Robert van Auden Aerd überliefert, der in Rom zwischen 1685 und 1723 Radierungen von Gemälden und Zeichnungen seines Lehrers Maratta anfertigte.
Fragliche Zuschreibung.

167.
EIN HEILIGER FRANZISKANER (BERNHARDINO VON SIENA?) IN EKSTASE
Rötel/Papier 162 x 111 mm (Bild), 226 x 183 mm (Blatt)
Beckenkamp (Vertikal verlaufender Schriftzug, umseitig).
Köln, Wallraf-Richartz-Museum, Graphische Sammlung, Z. 1283, RBA 70035

Der umseitig aufgeklebte Schriftzug auf der Rückseite ist mit der Schrift Beckenkamps zu identifizieren. Stil und Technik der Zeichnung erinnern an Rötelzeichnungen von Zick, verfügt aber nicht über Kraft, Dynamik und schwellende Körpervolumina wie Zick.
Die mit Franziskus bezeichnete Figur entspricht in der Typologie des Greises mit eingefallenem Kinn der Ikonographie des heiligen Bernhardin von Siena, der ebenfalls Franziskaner war. Drei ganzfigurige Putten erscheinen ihm, ebenso zwei Puttenköpfe. Der Heilige kniet vor einem Tisch mit einem aufgeschlagenen Buch.
Fragliche Zuschreibung.

C Anhang

LITERATURVERZEICHNIS

ACHTEN - BLIEMBACH (Bearb.) 1987
Achten, Gerard; Bliembach, Eva: Das christliche Gebetbuch im Mittelalter. Andachts- und Stundenbücher in Handschrift und Frühdruck (= Staatsbibliothek Preußischer Kulturbesitz Ausstellungskataloge 13). Berlin 1987²

ACHTHUNDERT JAHRE VEREHRUNG 1964
Achthundert Jahre Verehrung der Hl. Drei Könige in Köln, in: Kölner Domblatt 1964, 23/24, S. 15–540

ADRESSBUCH KÖLN 1795
Adressbuch [Köln] 1795. (Handschriftliches Exemplar in der Bibliothek des Kölnischen Stadtmuseums). Köln 1795

ADRESSBUCH KÖLN 1797
Verzeichnis der stadtkölnischen Einwohner nebst Bemerkung ... . Köln 1797

ADRESSBUCH KÖLN 1813
Itinéraire de Cologne contenant la statistique abregée ... . Köln 1813

ADRESSBUCH KÖLN 1822
Adress-Buch oder Verzeichnis der Einwohner der Stadt Köln. Köln 1822

ALBROD 1984
Albrod, Gisela: Der Rhein im illustrierten Reisebuch des 19. Jahrhunderts. (Phil. Diss.) Köln 1984

ALEXANDER 2001
Alexander, Beatrix: Im eigenen Interesse. Nachforschungen über den Erwerb und Verbleib von Kunstgut in den Jahren 1938–1945 (= Kleine Schriften zur Kölner Stadtgeschichte 10, herausgegeben von Werner Schäfke). Köln 2001

ALTKÖLNISCHES BILDERBUCH 1950
Altkölnisches Bilderbuch. Eine nachdenkliche Wanderung durch Zeiten und Räume. Hg. von der Stadt Köln im Jubiläumsjahr 1950

ARENS 1927
Arens, Eduard: Werner von Haxthausen und sein Verwandtenkreis als Romantiker. Aichach 1927

ARNTZ - NEU - VOGTS (Bearb.) 1937
Arntz, Ludwig; Neu, Heinrich; Vogts, Hans (Bearb.): Die ehemaligen Kirchen, Klöster, Hospitäler und Schulbauten der Stadt Köln. (= Die Kunstdenkmäler der Rheinprovinz. Die Kunstdenkmäler der Stadt Köln, II.3, (Ergänzungsband, hg. von Paul Clemen). Düsseldorf 1937

ARNTZ - RAHTGENS - NEU - VOGTS (Bearb.) 1934
Arntz, Ludwig; Rahtgens, Hugo; Neu, Heinrich; Vogts, Hans: Die kirchlichen Denkmäler der Stadt Köln. St. Ursula - Kartause. Deutz und die übrigen Vororte. Die Friedhöfe. (= Die Kunstdenkmäler der Rheinprovinz VII. 3. Die Kunstdenkmäler der Stadt Köln II.3.). Düsseldorf 1934

ASCHERFELD 1930
Ascherfeld, Milly: Maria Kunigunde von Sachsen, die letzte Fürstäbtissin von Essen (1776–1802), in: Beiträge zur Geschichte von Stadt und Stift Essen, Bd. 47, 1930, S. 10 ff.

AYÇOBERRY 1996
Ayçoberry, Pièrre: Köln zwischen Napoleon und Bismarck. Das Wachstum einer rheinischen Stadt. Aus dem Französischen von Ulrich Stehkämper. (= Kölner Schriften zu Geschichte und Kultur. Herausgegeben von Georg Mölich, Bd. 20). Köln 1996

Auktionskataloge:

AUKT. KAT. HANNOVER 1985
Auktionskatalog Schloss Ahlden (Hannover). Auktion Nr. 40, Juni 1985

AUKT. KAT. KÖLN 1962
Auktionskatalog Lempertz (Köln). Auktion Nr. 31, Monat 1962

AUKT. KAT. KÖLN 1971
Auktionskatalog Lempertz (Köln). Auktion Nr. 516, Mai 1971

AUKT. KAT. KÖLN 1981
Auktionskatalog Lempertz (Köln). Auktion Nr. 585, 1981, Nr. 9

AUKT. KAT. KÖLN 2000
Auktionskatalog Lempertz (Köln). Auktion Nr. 801, November 2000

AUKT. KAT. KÖLN 2001
Auktionskatalog Lempertz (Köln). Auktion Nr. 802, Mai 2001

Ausstellungskataloge:

AK ALDEN BIESEN 1987
AK Karl Alexander von Lothringen. Mensch, Feldherr, Hochmeister. Alden Biesen 1987

AK ALDEN BIESEN 1992
AK Ritter und Priester. Acht Jahrhunderte Deutscher Orden in Nordwesteuropa. Alden Biesen 1992

AK ARNSBERG 1994
AK Zuflucht zwischen Zeiten. Arnsberg 1994

AK BAD EMS 1994
AK Industriedenkmal „Nieverner Hütte". (Kreishaus Bad Ems) Bad Ems 1994

AK BENDORF 1998
AK Die Remys. Eisenhüttenleute mit Leib und Seele (= Schriften des Stadtmuseums Bendorf Bd. 7 und Schriften des Museumsvereins Wendener Hütte e.V. Bd. 2). (Stadtmuseum Bendorf) Koblenz 1998

AK BERLIN 1966
AK Höfische Bildnisse des Spätbarock. (Schloss Charlottenburg) Berlin 1966

AK BERLIN 2001
AK Preußische Facetten: Rheinromantik und Antike. Zeugnisse des Wirkens Friedrich Wilhelms IV. an Mittelrhein und Mosel (Berlin, Landesvertretung Rheinland-Pfalz, u. a.). Regensburg 2001

AK BLANKENHEIM 1990
AK Die Manderscheider. Eine Eifeler Adelsfamilie. Herrschaft - Wirtschaft - Kultur. (Blankenheim, Gildehaus) Blankenheim 1990

AK BÖNNIGHEIM 2000
AK "Das wahre Glück ist in der Seele des Rechtschaffenen". Sophie von La Roche 1730–1807. Eine bemerkenswerte Frau im Zeitalter von Aufklärung und Empfindsamkeit (Museum Sophie La Roche). Bönnigheim 2000

AK BONN 1984
AK Internationale Künstler in Bonn 1700–1860 (= Veröffentlichungen des Stadtarchivs Bonn, Bd. 35) Bonn 1984

AK BONN/KOBLENZ - 1992
AK Vom Zauber des Rheins ergriffen... . Zur Entdeckung der Rheinlandschaft vom 17. bis 19. Jahrhundert. (Rheinisches Landesmuseum, Bonn - Mittelrhein-Museum, Koblenz). München 1992

AK BRAUNSCHWEIG 1986
AK Kunst der Goethezeit. Christian von Heusinger (Bearb.). (Herzog Anton Ulrich-Museum) Braunschweig 1986

AK BREMEN 1977
AK Das Bildnis. Seine Entwicklung. Seine Gestalt. Eine didaktische Ausstellung II. Bremen 1977

AK BRÜHL 1961
AK Kurfürst Clemens August. Landesherr und Mäzen des 18. Jahrhunderts. (Schloss Augustusburg) Köln 1961

AK DÜSSELDORF 1979
AK Die Düsseldorfer Malerschule. (Kunstmuseum Düsseldorf) Düsseldorf 1979

AK FRANKFURT 1982
AK Frankfurter Malerei zur Zeit des jungen Goethe. (Städtische Galerie im Städelschen Kunstinstitut) Frankfurt 1982

AK FRANKFURT 1988
AK Bürgerliche Sammlungen in Frankfurt 1700–1830. (Historisches Museum Frankfurt) Frankfurt 1988

AK FRANKFURT 1991
AK Christian Georg Schütz d. Ä. 1718–1791. Ein Frankfurter Maler der Goethezeit. (Goethemuseum) Frankfurt 1991

AK FRANKFURT 1991 (2)
AK Städels Sammlung im Städel. Gemälde. (Städelsches Kunstinstitut) Frankfurt 1992

AK FRANKFURT 1992
AK Christian Georg Schütz d. Ä. (Historisches Museum) Frankfurt 1992

AK HEIDELBERG 1979
AK Carl Theodor und Elisabeth Auguste. Höfische Kunst und Kultur in der Pfalz. Heidelberg 1979

AK HEINSBERG 1994
AK Carl Joseph Begas (1794–1854). Blick in die Heimat. (= Museumsschriften des Kreises Heinsberg 15). (Kreismuseum Heinsberg). Heinsberg 1994

AK KASSEL 1989
AK Johann Heinrich Tischbein d. Ä. 1722–1789. (Neue Galerie - Staatliche und Städtische Kunstsammlungen) Kassel 1989

AK KOBLENZ 1976
AK Die Malerfamilie Zick. Werke aus Koblenzer Privatbesitz. (Mittelrhein-Museum) Koblenz 1976

AK KOBLENZ 1986
AK 200 Jahre Residenz Koblenz 1786–1986. (Landeshauptarchiv) Koblenz 1986

AK KOBLENZ 1994
AK Simon Meister 1796–1844. (Mittelrhein-Museum) Koblenz 1994

AK KOBLENZ 2002
AK Der Geist der Romantik in der Architektur. Gebaute Träume am Mittelrhein. (Landesmuseum Koblenz - Festung Ehrenbreitstein) Regensburg 2002

AK KÖLN 1949
AK Deutsche Malerei und Zeichenkunst im Zeitalter Goethes. (Wallraf-Richartz-Museum) Köln 1949

AK KÖLN 1956
AK Der Kölner Dom. Bau und Geistesgeschichte. (Historisches Museum) Köln 1956

AK KÖLN 1965
AK Jugend im Bild. Erste Jugendausstellung im Wallraf-Richartz-Museum. (Wallraf-Richartz-Museum) Köln 1965

AK KÖLN 1973
AK Revolutionen in Köln 1074–1918. (Toni Diederich, Bearb.) (Historisches Archiv der Stadt Köln) Köln 1973

AK KÖLN 1974
AK Ferdinand Franz Wallraf (Joachim Deeters, Bearb.). (Historisches Archiv der Stadt Köln) Köln 1974

AK KÖLN 1980
AK Der Kölner Dom im Jahrhundert seiner Vollendung. 3 Bde. (Historische Museen der Stadt Köln) Köln 1980

AK KÖLN 1980 (2)
AK Goldschmiedearbeiten des Historismus. (Werner Schäfke, Bearb.). (Kölnisches Stadtmuseum) Köln 1980

AK KÖLN 1981
AK Johann Anton de Peters. Ein Kölner Maler des 18. Jahrhunderts in Paris. (Hella Robels Bearb.). (Wallraf-Richartz-Museum Köln) Köln 1981

AK KÖLN 1982
AK Die Heiligen Drei Könige. Darstellung und Verehrung. (Wallraf-Richartz-Museum) Köln 1982

AK KÖLN 1985
AK Ornamenta Ecclesiae. Kunst und Künstler der Romanik in Köln. 3 Bde. (Schnütgen-Museum) Köln 1985

AK KÖLN 1988
AK Der Name der Freiheit. Aspekte Kölner Geschichte von Worringen bis heute. (Kölnisches Stadtmuseum) Köln 1988

AK KÖLN 1988 (2)
AK 600 Jahre Kölner Universität. (Bearb. Manfred Groten). Köln 1988

AK KÖLN 1993
AK Stefan Lochner. Meister zu Köln. Herkunft, Werke, Wirkung. (Wallraf-Richartz-Museum) Köln 1993

AK KÖLN 1995
AK Lust und Verlust. Kölner Sammler zwischen Trikolore und Preußenadler. (Wallraf-Richartz-Museum) Köln 1995

AK KREFELD 1937
AK Niederrheinisches Musikleben in Vergangenheit und Gegenwart. (Kaiser Wilhelm-Museum) Krefeld 1937

AK LEEUWARDEN 1979
AK in het zadel. Het nederlands ruiterportret von 1550 tot 1900. (Fries Museum, Leeuwarden). 's Hertogenbosch 1979

AK MAINZ 1987
AK Wenzel Hollar 1607–1677. Reisebilder vom Rhein. Städte und Burgen am Mittelrhein in Zeichnungen und Radierungen. Mainz 1987

AK MÜNCHEN 1988
AK Kunst des Biedermeier 1815–1835. Architektur - Malerei - Plastik - Kunsthandwerk - Musik - Dichtung und Mode. Von Georg Himmelheber. (Bayerisches Nationalmuseum) München 1988

AK MÜNCHEN 1991
AK Echt falsch. (Villa Stuck) München 1991

AK MÜNSTER 1995
AK Als die Frauen sanft und engelgleich waren. Die Sicht der Frau in der Zeit der Aufklärung und des Biedermeier. (Westfälisches Museum für Kunst- und Kulturgeschichte) Münster 1995

AK PARIS 1989
AK Jacques-Louis David 1748–1825. (Louvre, Versailles) Paris 1989

AK PAVIA 1977
AK L'opera incisa di Carlo Maratti (a cura di Paolo Bellini). (Museo Civico - Castello Sforzesco) Pavia 1977

AK POTSDAM 1995
AK Friedrich Wilhelm IV. Künstler und König. Zum 200. Geburtstag. (Neue Orangerie im Park von Sanssouci) Frankfurt 1995

AK ROM 1985
AK Raphael invenit. Stampe da Raffaello nelle collezioni dell'Istituto per la Grafica. Rom 1985

BACH (Hg.) 1923
Bach, Adolf: Goethes Rheinreise mit Lavater und Basedow im Sommer 1774. Dokumente herausgegeben von Adolf Bach. Zürich 1923

BACKES 1995
Backes, Magnus: Peter Joseph Krahe und sein Koblenzer Theaterneubau, in: THEATER DER STADT KOBLENZ 1985, S. 34–46

BARTOSCHEK 1995
Bartoschek, Gerd: Die Welt in Bildern, in: AK POTSDAM 1995, S. 318–321

BAUER 1980
Bauer, Hermann: Rokokomalerei. Mittenwald 1980

BAUMGARTEN - BUCHEN 1986[2]
Baumgarten, Jörg-Holger; Buchen, Helmut: Kölner Reliquienschreine. (= Köln entdecken, Band 3) Köln 1986[2]

BAUR 1889[2]
Baur, Wilhelm: Prinzeß Wilhelm von Preußen, geborene Prinzeß Marianne von Hessen-Homburg. Ein Lebensbild aus den Tagebüchern und Briefen der Prinzeß. Zweite vermehrte und verbesserte Auflage. Hamburg 1889

BAYER 1912
Bayer, Josef: Köln um die Wende des 18. und 19. Jahrhunderts (1770–1830). Köln 1912

BECKENKAMP 1951
Beckenkamp, Otto: Die Beckenkamps. Stammtafel einer rheinischen Familie, Würzburg 1951

BECKER 1971
Becker, Wolfgang: Paris und die deutsche Malerei 1750–1840 (=Studien zur Kunst des 19. Jahrhunderts, Bd. 10). Passau 1971

BECKER-JÁKLI 1983.
Becker-Jákli, Barbara: Die Protestanten in Köln im 19. Jahrhundert. Die Entwicklung einer religiösen Minderheit von der Mitte des 18. bis zur Mitte des 19. Jahrhunderts (= Schriftenreihe des Vereins für Rheinische Kirchengeschichte Bd. 75). Köln 1983

BECKER-JÁKLI 1998
Becker-J´kli, Barbara: Mord im Biedermeier. Historischer Kriminalroman. Köln 1998

BECKS – LAUER 2000
Becks, Leonie; Lauer, Rolf: Die Schatzkammer des Kölner Domes (= Meisterwerke des Kölner Domes 6) hg. von Barbara Schock-Werner und Rolf Lauer. Köln 2000

BEHLER 1959
Behler, Ernst: Friedrich Schlegel im Portrait, in: Zeitschrift für Kunstwissenschaft, 1959, 13, S. 91–110

BEHLER 1966
Behler, Ernst: Friedrich Schlegel. (= rohwolts monographien, Bd. 123) Hamburg 1966

BEHLER 1995
Behler, Ernst: Friedrich Schlegel und die Brüder Boisserée, in: GETHMANN-SIEFERT - PÖGGELER (Hg.) 1995, S. 30–41

BENZING 1957
Benzing, Josef: Schreibmeisterbücher Mainzer Künstler des 18. Jahrhunderts, in: Mainzer Almanach, 1957, S. 158–166

BERCKENHAGEN - COLOMBIER - KÜHN - POENSGEN 1958
Berckenkagen, Ekhart; Colombier, Pièrre du; Kühn, Margarete; Poensgen, Georg: Antoine Pesne. Berlin 1958

BERCKENHAGEN 1967
Berckenhagen, Ekhart: Anton Graff. Leben und Werk. Berlin 1967

BERNHARD 1965
Bernhard, Marianne: Verlorene Werke der Malerei in Deutschland in der Zeit von 1939–1945. Zerstörte und verschollene Gemälde aus Museen und Galerien. München 1965

BERS 1985
Bers, Günter: Das Sozialprofil der Jülicher Bevölkerung im Jahre 1812, in: Beträge zur Jülicher Geschichte 1985, 53, S. 67–81

VON BESSEL 1960
Bessel, Leopold von: Die Bildnisse der Familie zum Pütz, in: JbKGV 1960, Bd. 34, 35, S. 1–38

Bestandskataloge der Museen:
BEST. KAT. BONN 1927[2]
Cohen, Walter: Provinzial-Museum in Bonn, Gemäldegalerie, Katalog. Bonn 1927[2]

BEST. KAT. BONN 1959
Franz Rademacher: Rheinisches Landesmuseum Bonn. Verzeichnis der Gemälde. Köln-Graz 1959

BEST. KAT. BONN 1982
Goldkuhle, Fritz; Krüger, Ingeborg; Schmidt Hans M. (Bearb.): Rheinisches Landesmuseum Bonn. Gemälde bis 1900. Köln 1982

BEST. KAT. BONN 1996
Dumoulin, Marie-Sophie (Bearb.): Stadtmuseum Bonn. Gemälde. Herausgegeben von Ingrid Bodsch. Bonn 1996

BEST. KAT. KOBLENZ 1999
Haberland, Irene; Schieder, Martin; Schumacher, Doris; Weschenfelder, Klaus (Bearb.): Mittelrhein-Museum Koblenz. Die Gemälde, Aquarelle und Zeichnungen des 19. Jahrhunderts. (Hg. von Klaus Weschenfelder). Koblenz 1999

BEST. KAT. KÖLN 1862
Katalog des Museums Wallraf-Richartz in Köln. Verzeichnis der Gemälde-Sammlung. Verzeichnis der römischen Alterthümer (Verzeichnis der Gemälde-Sammlung des Museums Wallraf-Richartz. Von Dr. Wolfgang Müller von Königswinter). Köln 1862

BEST. KAT. KÖLN 1864
Katalog der Gemälde-Sammlung des Museums Wallraf-Richartz in Köln von Dr. Wolfgang Müller von Königswinter. Köln 1864

BEST. KAT. KÖLN 1869
Verzeichnis der Gemäldesammlung des Museums Wallraf-Richartz in Köln. Aufgestellt und mit kunstgeschichtlichen Erläuterungen versehen von J.[ohannes] Niessen Conservator. Köln 1869

BEST. KAT. KÖLN 1873
Katalog der Gemälde-Sammlung des Museums Wallraf-Richartz in Köln. Aufgestellt und mit kunstgeschichtlichen Erläuterungen versehen von J. Niessen. Köln 1873

BEST. KAT. KÖLN 1875
Katalog der Gemälde-Sammlung des Museums Wallraf-Richartz in Köln. Aufgestellt und mit kunstgeschichtlichen Erläuterungen versehen von J.ohannes Niessen. Köln 1875

BEST. KAT. KÖLN 1883
Verzeichnis der Gemälde-Sammlung des Museums Wallraf-Richartz in Köln. [J. Niesen]. 2. Auflage. Köln 1883

BEST. KAT. KÖLN 1888
Katalog und Führer in den geistigen Inhalt der Gemälde-Sammlung des Museums Wallraf-Richartz in Köln dargeboten als beschreibendes Verzeichnis ... . Köln 1888

BEST. KAT. KÖLN 1903
Verzeichnis der Gemälde-Sammlung des Museums Wallraf-Richartz zu Cöln. Köln 1903

BEST. KAT. KÖLN 1905
Verzeichnis der Gemälde des Städtischen Museums Wallraf-Richartz zu Cöln. Deutsche Maler des XVII.–XVIII. Jahrhunderts. Köln 1905

BEST. KAT. KÖLN 1905
Führer durch das städtische Museum Wallraf-Richartz zu Cöln. Köln 1905

BEST. KAT. KÖLN 1927
Secker, Hans F.: Die Galerie der Neuzeit im Museum Wallraf-Richartz. Leipzig 1927

BEST. KAT. KÖLN 1927 (2)
Wegweiser durch die Gemälde-Galerie des Wallraf-Richartz-Museums. Wegweiser durch die Galerie des 19. und 20. Jahrhunderts. Köln 1927

BEST. KAT. KÖLN 1936
Wallraf-Richartz-Museum der Hansestadt Köln. Gemälde Galerie. Wegweiser und Verzeichnis. Köln 1936

BEST. KAT. KÖLN 1942
Wallraf-Richartz-Museum der Hansestadt Köln. Die deutschen Gemälde des 18. und 19. Jahrhunderts. Köln 1942

BEST. KAT. KÖLN 1957
Führer durch die Gemäldegalerie. Malerei von der Mitte des 16 Jahrhunderts bis zum späten 19. Jahrhundert. Köln 1957

BEST. KAT. KÖLN 1959
Wallraf-Richartz-Museum der Stadt Köln. Verzeichnis der Gemälde. Köln 1959

BEST. KAT. KÖLN 1965
Wallraf-Richartz-Museum der Stadt Köln. Verzeichnis der Gemälde. Köln 1965

BEST. KAT. KÖLN 1969
Hiller, Irmgard; Vey, Horst: Katalog der deutschen und niederländischen Gemälde bis 1550 (mit Ausnahme der Kölner Malerei) im Wallraf-Richartz-Museum und im Kunstgewerbemuseum der Stadt Köln. (= Kataloge des Wallraf-Richartz-Museums, Bd. V) Köln 1969

BEST. KAT. KÖLN 1973
Erichsen-Firle, Ursula; Vey, Horst: Katalog der deutschen Gemälde von 1550 bis 1800 im Wallraf-Richartz-Museum und im öffentlichen Besitz der Stadt Köln. (= Kataolge des Wallraf-Richartz-Museums, Bd. X) Köln 1973

BEST. KAT. KÖLN 1978
Schulten Walter: Kostbarkeiten in Köln. Erzbischöfliches Diözesan-Museum, Katalog. Köln 1978

BEST. KAT. KÖLN 1984
Kölnisches Stadtmuseum. Auswahlkatalog. Köln 1984

BEST. KAT. KÖLN 1986
Wallraf-Richartz-Museum Köln. Vollständiges Verzeichnis der Gemäldesammlung. Köln 1986

BEST. KAT. KÖLN 1989
Kindheit in Köln. Die Bestände des Kölnischen Stadtmuseums (Bearb.: Helmut Hane). Mit Beiträgen von Jutta Becher, Annemarie Berg, Reiner Dieckhoff, Josef Hartmann-Virnich, Katrin Keller, Sabine Thomas-Ziegler und Rita Wagner. Köln 1989

BIEHN 1975
Biehn, Heinz: Schloss Friedrichshof. (= Schnell Kunstführer Nr. 974) München 1975

BIERMANN 1914
Biermann, Georg: Deutsches Barock und Rokoko. Herausgegeben im Anschluss an die Jahrhundertausstellung deutscher Kunst 1650–1800 (Darmstadt 1914). Leipzig 1914

BINDING 1980
Binding, Günther: Köln- und Niederrhein-Ansichten im Finckenbaum-Skizzenbuch 1660–1665, Köln 1980

BINDING - KAHLE 1984
Binding, Günther; Kahle, Barbara: Stadtprospekte, Veduten und Skizzenbücher vom 15. bis zum 18. Jahrhundert, in: KIER - KRINGS 1984, S. 588–601

BLÖCKER 1995
Blöcker, Susanne: Matthias Joseph De Noël (1782–1849). Sammler und Bewahrer kölnischer Altertümer, in: AK KÖLN 1995, S. 457–479.

BOCK 1858
Bock, Franz: Das heilige Köln. Beschreibung der mittelalterlichen Kunstschätze in seinen Kirchen und Sakristeien aus dem Bereich der Goldschmiedekunst und Paramentik. Leipzig 1858

BOCK 1993
Bock, Ulrich: Kölner Köpfe. Saalzeitung des Kölnischen Stadtmuseums. Köln 1993

BOCKIUS 1987
Bockius, Fritz: 200 Jahre Theater der Stadt Koblenz. Koblenzer Beiträge zur Geschichte und Kultur. Koblenz 1987

BOEBÉ [1990] 1993
Boebé, Sabine: Sabine: Schloss Gracht in Erftstadt-Liblar, Neuss [1990] ND 1993 = Rheinische Kunststätten Heft 355

BÖHM 1974
Böhm, Elga: Was ist aus Wallrafs Sammlung geworden?, in: WRJb 1974, 36, S. 229–272

BÖHM 1980
Böhm, Elga: Matthias Joseph De Noël (1782–1849). Erster Konservator des Kölner Museums "Wallrafianum", in: WRJb 1980, 41, S. 159–197

BÖHM [o. J.]
Böhm, Elga: Maximilian Heinrich Fuchs (1767–1846). Unveröffentlichtes Manuskript. Köln [o. J., achtziger Jahre]

BÖHM 1995
Böhm, Elga: Das Besucherbuch des Freiherrn von Hüpsch aus den Jahren 1776 bis 1803, in: AK KÖLN 1995, S. 57–76

BÖRSCH-SUPAN 1971
Börsch-Supan, Helmut: Die Kataloge der Berliner Akademie-Ausstellungen 1786–1850. Berlin 1971

BÖRSCH-SUPAN 1976
Börsch-Supan, Helmut: Marmorsaal und blaues Zimmer. So wohnten Fürsten. Berlin 1976

BÖRSCH-SUPAN 1979
Börsch-Supan, Helmut: Aufblühen der Landschaftsmalerei im Rheinland, in: TRIER - WEYRES 1979 (Bd. 3), S. 209–250

BÖRSCH-SUPAN 1981
Börsch-Supan, Helmut: "Vergessene" Berliner Maler des frühen 19. Jahrhunderts, in: Weltkunst, November 1981, Heft 22, S. 3463–3466

BÖRSCH-SUPAN 1988
Börsch-Supan, Helmut: Die deutsche Malerei von Anton Graff bis Hans von Marées 1760–1870. München 1988

BÖRSCH-SUPAN – PAFFRATH 1977
Börsch-Supan, Helmut; Paffrath, Arno: Altenberg im neunzehnten Jahrhundert. Bergisch-Gladbach 1977

BOISSERÉE 1978, 1981
Boisserée, Sulpiz: Tagebücher 1808–1854. Im Auftrag der Stadt Köln herausgegeben von Hans J. Weitz. Bd. 1: 1808–1823. Bd. 2: 1823–1834. Darmstadt 1978, 1981

BOLLACHER 1983
Bollacher, Martin: Wackenroder und die Kunstauffassung der Frühromantik (= Erträge der Forschung Bd. 202). Darmstadt 1983

BORGER - ZEHNDER 1982
Borger, Hugo; Zehnder, Frank-Günter: Köln. Die Stadt als Kunstwerk. Stadtansichten vom 15. bis 20. Jahrhundert. Köln 1982

BORNHEIM gen. SCHILLING 1980
Bornheim gen. Schilling, Werner: Schloss Stolzenfels als Gesamtkunstwerk, in: TRIER - WEYRES 1980, Bd. 2, S. 329–341

BORNKESSEL 1989/90
Bornkessel, Sabine: Die französischen Emigranten in Koblenz von 1789–1792. Unpublizierte Schülerarbeit am Bischöflichen Gymnasium Koblenz. Facharbeit in Geschichte, Schuljahr 1989/90

BOTT 1968
Bott, Gerhard: Die Gemäldegalerie des Hessischen Landesmuseums in Darmstadt. Hanau 1968

BRANDAU (Hg.) 1994
Brandau, Lore: Dreikönigsgymnasium, Jahresbericht. Köln 1994

BRAUBACH 1961
Braubach, Max: Maria Theresias jüngster Sohn Max Franz. Letzter Kurfürst von Köln und Fürstbischof von Münster. Wien 1961

BRAUBACH 1974
Braubach, Max: Verschleppung und Rückführung rheinischer Kunst- und Literaturdenkmale 1794 bis 1815/16, in: AHVN 1974, Heft 176, S. 92–153.

BRAUN [o. J.]
Braun, Joseph: Die Ikonographie des Dreikönigenschreines. Sonderdruck aus dem kunstwissenschaftlichen Jahrbuch der Görresgesellschaft. Augsburg [o. J.]

BRAUN 1928
Braun, Joseph: Der Dreikönigenschrein jetzt und einst, in: Stimmen der Zeit. Monatsschrift für das Geistesleben der Gegenwart, Band 115, Heft 18, Freiburg 1928

BRILL 1966
Brill, Franz: Das Kölnische Stadtmuseum. (= Kulturgeschichtliche Museen in Deutschland 5). Hamburg 1966

BRUES 1968
Brues, Eva: Karl Friedrich Schinkel - Lebenswerk. Die Rheinlande. Berlin 1968

BUCHNER 1933/34
Buchner, Ernst: Erwerbungen für die Galerie des Wallraf-Richartz-Museums (Oktober 1928 bis Februar 1935), in: WRJb 19333/34, 7/8, S. 310–321

BÜRGERLICHE ELITEN 1985
Bürgerliche Eliten in den Niederlanden und in Nordwestdeutschland. Studien zur Sozialgeschichte des europäischen Bürgertums im Mittelalter und in der Neuzeit. Herausgegeben von Heinz Schilling und Herman Diederiks. Köln - Wien 1985

BUSCH 1993
Busch, Werner: Das sentimentalische Bild. Die Krise der Kunst im 18. Jahrhundert und die Geburt der Moderne. München 1993

CALOV 1969
Calov, Gudrun: Museen und Sammler des 19. Jahrhunderts in Deutschland (= Museumskunde, 38. Band, 1969, Heft 1 - 3 = 10. Band der Dritten Folge). Berlin 1969

CASPARY - GÖTZ - KLINGE (Bearb.) = DEHIO 5, 1972
Caspary, Hans; Götz Wolfgang; Klinge, Eckart: Handbuch der deutschen Kunstdenkmäler = Dehio, Bd. 5. Rheinland-Pfalz, Saarland. München 1972

CLEMEN (Bearb.) 1901
Clemen, Paul (Bearb.): Die Kunstdenkmäler des Kreises Mühlheim am Rhein (= Die Kunstdenkmäler der Rheinprovinz V. 2). Düsseldorf 1901

CLEMEN 1905
Clemen, Paul (Bearb.): Die Kunstdenkmäler der Stadt und des Kreises Bonn (= Die Kunstdenkmäler der Rheinprovinz). Düsseldorf 1905

CLEMEN (Bearb.) 1937
Clemen, Paul (Bearb.): Der Dom zu Köln (= Kunstdenkmäler der Rheinprovinz. Die Kunstdenkmäler der Stadt Köln I.3.). Düsseldorf 1937

COHEN 1924
Cohen, Walter: Hundert Jahre rheinischer Malerei. Bonn 1924

CZYMMEK 1985
Czymmek, Sabine: Tradition und Erneuerung - Aspekte des Historismus am Beispiel romanischen Inventariums in und aus Kölner Kirchen, in: AK KÖLN 1985, Bd. 2, S. 201–213

DACOS 1977
Dacos, Nicole: Le Logge di Raffaello. Maestro e bottega di fronte all'antico. Rom 1977

D'ANCONA - AESCHLIMANN 1969
D'Ancona, P. - Aeschlimann, E.: Die Kunst der Buchmalerei. Eine Anthologie illuminierter Handschriften vom 6. bis 16. Jahrhundert. Übersetzung aus dem Englischen von Karl Berisch. London 1969

DATTENBERG 1967
Dattenberg, Heinrich: Niederrheinansichten holländischer Künstler des 17. Jahrhunderts (= Die Kunstdenkmäler des Rheinlandes, Beiheft 10). Düsseldorf 1967

DEETERS 1987
Deeters, Joachim: Das Bürgerrecht der Reichsstadt Köln seit 1396, in: Zeitschrift der Savigny-Stiftung für Rechtsgeschichte, Germanistische Abteilung, 1987, Bd. 104, S. 1–83 (Sonderdruck)

DEETERS (Bearb.) 1987
Deeters, Joachim (Bearb.): Der Nachlass Ferdinand Franz Wallraf (Best. 1105) = Mitteilungen aus dem Stadtarchiv Köln (Bd. 71). Köln 1987

DEETERS 1990
Deeters, Joachim: "Der Weg aus der Sklaverei zur Aufklärung" am Beispiel Ferdinand Franz Wallrafs, in: RhVjbl. 1990, Nr. 54, S. 142-163

DEETERS 1999
Deeters, Joachim: Köln – une bonne ville de la France? Die französischen Jahre, in: GiK 1999, Heft 45, S. 58–70

[DE NOËL 1817]
[De Noël, Matthias Josef]: Übersicht der Ausstellung von Kölnischen Industrie= und Kunst-Erzeugnissen, welche während der Anwesenheit Sr. Majestät des Königs auf dem hiesigen Rathause Statt hatte. [Köln 1817]

[DE NOËL] 1828
[De Noël, Matthias Josef]: Nekrolog von Caspar Benedikt Beckenkamp. Zur Kölnischen Malergeschichte. Beiblatt zur Kölnischen Zeitung Nr. 7, 1828, Sp. 3–5

DEPEL 1964
Depel, Erich: Das Kölner Dombild und die Lochnernachfolge um 1500, in: Kölner Domblatt, 1964, 23/24, S. 371–410

[D'HAME] 1821
A.E.d.H. [D'Hame, Anton Engelbert]: Historische Beschreibung der berühmten Hohen Erz = Domkirche zu Cöln am Rhein nebst ihren Denkmälern und Merkwürdigkeiten mit vaterländischen Geschichten der Vorzeit begleitet. Köln 1821

DIECKHOFF 1980
Dieckhoff, Reiner: Vom Geist geistloser Zustände. Aspekte eines deutschen Jahrhunderts, in: AK KÖLN 1980, Bd. 2, S. 63–105

DIECKHOFF 1985
Dieckhoff, Reiner: "Liebe und Treue bis in das kleinste Detail". Zu Franz Massaus Zeichnung von Stephan Lochners Altar der Stadtpatrone (1844), einer Neuerwerbung des Kölnischen Stadtmuseums, in: Museen in Köln. Bulletin 1985, 4, S. 42–44

DIECKHOFF 1986
Dieckhoff, Reiner: Die mittelalterliche Ausstattung des Kölner Domes, in: WOLFF (Hg.) 1986, S. 33–66

DIECKHOFF 1992
Dieckhoff, Reiner: Caspar Benedikt Beckenkamp. Der gekreuzigte Christus mit Maria Magdalena, in: Kölner Museums-Bulletin. Berichte und Forschungen aus den Museen der Stadt Köln, Sonderheft 1/2, 1992, S. 33

DIEDERICH 1995
Diederich, Toni: Die Säkularisation in Köln während der Franzosenzeit. Vorgeschichte, Durchführung und Folgen, in: AK KÖLN 1995, S. 77–84

DIEMER 1996
Diemer, Peter: Aneignung des Mittelalters. Ausstellungen und Publikationen über Säkularisierung und frühes Sammelwesen in Köln, in: Kunstchronik, Jahrgang 49, Heft 7, Juli 1996, S. 305 ff.

DIETZ 1962
Dietz, Josef: Topographie der Stadt Bonn vom Mittelalter bis zum Ende der kurfürstlichen Zeit, 1. Hälfte, Bonn 1962

DITGEN 1996
Ditgen, Peter: Köln auf alten Ansichtskarten. Bd. 1: Kölner Stadtbild. Aus der Sammlung Peter Ditgen. Köln 1996

DRAAF 1993
Draaf, Rainer: Geschichte der Familie von Kempis bis zum Jahre 1881, in: Hürther Heimat, 1993, 71/72, S. 45–67

DRUGULIN 1863
Drugulin, W.: Verzeichnis von sechstausend Portraits von Aerzten, Naturforschern, Reisenden und Entdeckern. Leipzig 1863

DÜNTZER 1885
Düntzer, Heinrich: Goethes Beziehungen zu Köln. Leipzig 1885

DYROFF 1935
Dyroff, Adolf: Festschrift zur Feier des 150-jährigen Bestehens der Bonner Lesegesellschaft. Bonn 1937

EBELING 1985
Ebeling, Dietrich: Die wirtschaftlichen Führungsschichten Kölns im Spektrum der rheinischen Frühindustrialisierung des 18. Jahrhunderts, in: BÜRGERLICHE ELITEN 1985, S. 401–420

EINEM 1973
Einem, Herbert von: Ein unveröffentlichtes Selbstbildnis von Anton Raphael Mengs und seine Einordnung in die Selbstbildnisse des Künstlers, in: WRJb 1973, 35, S. 343–352.

EINEM 1978
Einem, Herbert von: Deutsche Malerei des Klassizismus und der Romantik 1760–1840. München 1978

ELENZ 1985
Elenz, Reinhold: Kurzbericht zur Befunduntersuchung der Krahe'schen Ausmalung des Koblenzer Theaters, in: Theater der Stadt Koblenz. Generalinstandsetzung 1984/85. Dokumentation der Stadt Koblenz, Koblenz 1985, S. 49–50

ENNEN 1857
Ennen, Leonhardt: Zeitbilder aus der neueren Geschichte der Stadt Köln, mit besonderer Rücksicht auf Ferdinand Franz Wallraf. Köln 1857

ENNEN 1868
Ennen, Leonhardt: Die Familie Dumont Schauberg in Köln. Köln 1868

EPPING 1994
Epping, Bernhard: Unser Dreikönigsbild in neuem Glanz! Erinnerungen an eine Feierstunde am 17. November 1994, in: BRANDAU 1994, S. 13–16

EULER-SCHMIDT (Bearb.) 1985
Euler-Schmidt, Michael (Bearb.): Kölns romanische Kirchen. Gemälde - Grafik - Fotos - Modelle. Mit Beiträgen von Elga Böhm. Köln 1985

EULER-SCHMIDT 1986
Euler-Schmidt, Michael: Heilschatz in goldener Hülle. Der Dreikönigenschrein, in: WOLFF 1986, S. 67–74

EUSKIRCHEN 1997
Euskirchen, Claudia: Nikolaus Lauxen (1722–1791). Ein Baumeister des rheinisch-mosselländischen Barock. (Phil. Diss.) Pulheim 1997

VAN EYLL 1984
Eyll, Klara van: Der Gründungspräsident der Kölner Handelskammer. Friedrich Carl Heimann lebte von 1757–1835, in: Markt und Wirtschaft, 1984, Nr. 12, S. 24–30

FAHNE 1873
Fahne, A.: Die Fahnenburg und ihre Bildergallerie unter Rückblick auf die Geschichte ihrer Umgebung, Köln 1873

FARMER 1982
Farmer, John David. Bernard van Orley of Brussels. (Phil. Diss.) Michigan/London 1982.

FELDHAUS 1995
Feldhaus, Irmgard: Die Lithographien Johann Nepomuk Strixners, in: GETHMANN-SIEFERT - PÖGGELER (Hg.) 1995, S. 152–174

FEYL 1998
Feyl, Renate: Die profanen Stunden des Glücks. München 1998

FESTSCHRIFT 1962
Urmitz und seine Kirche. Festschrift zur Erweiterung der St. Georgs-Kirche in Urmitz/Rhein. [o.O.] 1962

FIRMENICH-RICHARTZ 1891
Firmenich-Richartz, Eduard: Bartholomäus Bruyn und seine Schule. Leipzig 1891

FIRMENICH-RICHARTZ 1916
Firmenich-Richartz, Eduard: Die Brüder Boisserée. Sulpiz und Melchior Boisserée als Kunstsammler. Ein Beitrag zur Geschichte der Romantik. Jena 1916

FÖRSTER 1928
Förster, Otto H.[elmut]: Stefan Lochners Bildform. Bemerkungen zur Wiederherstellung des Dombildes und der "Muttergottes in der Rosenlaube", in: Zeitschrift für Bildende Kunst, 1928/29, S. 241–259

FÖRSTER 1931
Förster, Otto H.[elmut]: Kölner Kunstsammler bis zum Ende des bürgerlichen Zeitalters. Berlin 1931

FRANK 1989
Frank, Monika: Kölner Eliten auf dem Weg in die Moderne. Überlegungen und Veränderungen in den gesellschaftlichen Führungsschichten Kölns an der Wende vom 18. zum 19. Jahrhundert, in: GiK, 26, 1989, S. 43–93

FRANKE 1967/1973
Franke, Erich: Koblenzer Kostbarkeiten. Stadtgeschichtliche Skizzen in Wort und Bild. Bd. 1: Koblenz 1967, Bd. 2: Koblenz 1973

FRANZHEIM (Bearb.) 1977[3]
Franzheim, Liesel (Bearb.): Köln in alten Graphiken. Köln 1977[3]

FRIEDLÄNDER 1930
Friedländer, Max: Die altniederländische Malerei. Jan Gossaert, Bernart van Orley (= Bd. 8). Berlin 1930

FRIEDLÄNDER 1995
Friedländer, Max J.: Il conoscitore d'arte. (= Von Kunst und Kennerschaft 1946). Mailand 1995

FRITZ 1993
Fritz, Johann Michael: Auf Gold gezeichnete und gemalte Goldschmiedearbeiten, in: AK KÖLN 1993, S. 133–141

FUCHS (Hg.) 1991
Fuchs, Peter (Hg.): Chronik zur Geschichte der Stadt Köln. Bd. 2: Von 1400 bis zur Gegenwart. Köln 1991

GERMANN 1974
Germann, Georg: Neugotik. Geschichte ihrer Architekturtheorie. Stuttgart 1974

GERMER - LANGE-PÜTZ (Hg.) 1990
Germer, Stephan; Lange-Pütz, Barbara (Hg.): Porträts im Rheinischen Landesmuseum Bonn vom 15. bis zum 19. Jahrhundert. Bonn 1990

GESCHICHTE DER STADT KOBLENZ 1992
Geschichte der Stadt Koblenz. Bd. 1: Von den Anfängen bis zum Ende der kurfürstlichen Zeit. Stuttgart 1992

GETHMANN-SIEFERT 1995
Gethmann-Siefert: Goethe und das "Geschmäcklerpfaffentum". Der Widerstand gegen die neue Religiosität, in: GETHMANN-SIEFERT - PÖGGELER (Hg.) 1995, S. 219–227

GETHMANN-SIEFERT - COLLENBERG 1995
Gethmann-Siefert, Annemarie; Collenberg, Bernadette: Die Kunstsammlung auf dem Weg ins Museum - Anspruch und Wirkung der Bildersammlung der Brüder Boisserée, in: AK KÖLN 1995, S. 183–192

GETHMANN-SIEFERT - PÖGGELER (Hg.) 1995
Gethmann-Siefert, Annemarie; Pöggeler, Otto: (Hg.): Kunst als Kulturgut. Die Bildersammlung der Brüder Boisserée - ein Schritt in der Begründung des Museums. (= Neuzeit und Gegenwart. Philosophische Studien Bd. 8) Bonn 1995

GEYR VON SCHWEPPENBURG 1925
Geyr von Schweppenburg, M. von: Inventarium des Gräflich Wolff-Metternichschen Archivs zu Gracht. Geordnet und inventarisiert im Auftrage des Grafen Ferdinand Wolff-Metternich durch den Freiherrn M. Geyr v. Schweppenburg in den Jahren 1922–25. Bonn 1925

GIESEN 1927
Giesen, Josef: Der Maler P. J. Lützenkirchen, ein Freund Wallrafs, in: JbKGV 1927, Nr. 8, S. 122–134.

GIESEN 1929
Giesen, Adolf: Eberhard von Groote. Ein Beitrag zur Geschichte der Romantik am Rhein. (Phil. Diss.) Gladbach-Rheydt 1929

GOETHE 1975
Goethe, Johann Wolfgang: Dichtung und Wahrheit. Mit zeitgenössischen Illustrationen ausgewählt von Jörn Göres. 3 Bde., Frankfurt/Main 1975

GOLDKUHLE 1966
Goldkuhle, Fritz: Neuerworbene Gemälde des 16. bis 19. Jahrhunderts im Rheinischen Landesmuseum, in: Bonner Jahrbücher 1966, 166, S. 474 ff.

GOMPF 1997
Gompf, Ludwig: Die Inschrift unter Lochners Dombild von Ferdinand Franz Wallraf. Übersetzt und erläutert von Ludwig Gompf, in: WRJb 1997, Bd. 58, S. 213–218

GRAVEN 1935
Graven, Hubert: Die alte Universität und die Kunst. Köln 1935

GROTKAMP 1979
Grotkamp, Barbara: Die Bildnisse des Carl Theodors und Elisabeth Augustes, in: AK HEIDELBERG 1979, S. 43–54

GROTKAMP-SCHEPERS 1980
Grotkamp-Schepers, Barbara: Die Mannheimer Zeichnungsakademie (1756/69–1803) und die Werke der ihr angeschlossenen Maler und Stecher (= Kunstgeschichte Bd. 4). (Phil. Diss.) Frankfurt 1980

GUILLEAUME 1937
Guilleaume, Ella von: Erinnerungen 1875–1939. 3 Bde. (Maschinenschriftliches Exemplar in der Bibliothek des Kölnischen Stadtmuseums). Köln 1963

GUTZMER 1971
Gutzmer, Karl: Clemens Philippart. Ein Bonner Hofmaler und Zeichenlehrer (1751–1825), in: Bonner Geschichtsblätter 1971, Nr. 24, S. 48–58

HAAS 2000
Haas, Barbara: Drei Kölner Weihbischöfe im Zeitalter der Aufklärung, in: DER RISS IM HIMMEL (hg. von Frank Günter Zehnder und Werner Schäfke, Bd. 5, hg. von Frank Günter Zehnder), Köln 2000, S. 175–196

HAEHLING VON LANZENAUER 1926
Haehling von Lanzenauer, Heinz: Die Familienkunde und Heraldik auf der Kölner Jahrtausendausstellung des Rheinlandes, in: MWGfFK 1926, V, Heft 2, Sp. 59–67

HAGEN 1955
Hagen, Kasimir: Aus Kunst und Leben. Meine 50jährigen Erfahrungen als Kunstsammler. Köln 1955

HAND 1978
Hand, John Oliver: Joos van Cleve. The early and mature paintings. 2 Bde. Princeton 1978.

HANOTEAU (Bearb.) 1933
Hanoteau, Jean (Bearb.): Mémoires du Général de Caulaincourt, Duc de Vicence, Grand Écuyer de l'Empéreur. 3 Bde., Paris 1933

HANSEN 1935
Hansen, Joseph: Quellen zur Geschichte des Rheinlandes im Zeitalter der französischen Revolution 1780–1801, Bd. 3 (1794–1797). Bonn 1935

HANSEN 1938
Hansen, Joseph: Quellen zur Geschichte des Rheinlandes im Zeitalter der französischen Revolution 1780–1801. Bd. 4 (1797–1801), Bonn 1938

HASE-SCHMUNDT 1984
Hase-Schmundt, Ulrike von: Das bürgerliche Portrait. Zur Entwicklung des bürgerlichen Bildnisses in Bayern in der zweiten Hälfte des 18. Jahrhunderts bis zum Beginn des 19. Jahrhunderts, in: Weltkunst 1984, 54, Heft 20, S. 2913–2919

HEGEL 1979
Hegel, Eduard: Das Erzbistum Köln zwischen Barock und Aufklärung vom pfälzischen Krieg bis zum Ende der französischen Zeit 1688–1814 (=Geschichte des Erzbistums Köln, Bd. 4). Köln 1979

HEGEL 1987
Das Erzbistum Köln zwischen der Restauration des 19. Jahrhundert und der Restauration des 20. Jahrhunderts 1815–1962 (=Geschichte des Erzbistums Köln, Bd. 5). Köln 1987

HEIMBÜCHEL - PABST 1988
Heimbüchel, Bernd; Pabst, Klaus: Kölner Universitätsgeschichte. Bd. 2: Das 19. und 20. Jahrhundert. Köln 1988

HEINE 1987
Heine, Heinrich: Die romantische Schule. Mit einem Nachwort von Norbert Altenhofer. Frankfurt 1987

HEITGER 1982
Heitger, Elisabeth: Die Koblenzer Maler und ihre Werke in der ersten Hälfte des 19. Jahrhunderts. Ein Beitrag zur Kultur- und Kunstgeschichte des Rheinlandes im ausgehenden 18. und in der ersten Hälfte des 19. Jahrhunderts. (Phil. Diss.) Bonn 1982

HELD 1937
Held, Julius: Architekturbild, in: SCHMITT (Hg.) 1937, Bd. 1, Sp. 906–918

HELLER 1976
Heller, Elisabeth: Das altniederländische Stifterbild. (Phil. Diss.) München 1976

HERBORN 1996
Herborn, Wolfgang: Das Erzbistum Köln. Bd. 3: Vom Barockzeitalter bis zum Ende des alten Erzbistums. Köln 1996

HEYDERHOFF (Bearb.) 1912
Heyderhoff, Julius (Bearb.): Johann Baptist Fuchs 1757-1827. Erinnerungen aus dem Leben eines Kölner Juristen. Köln 1912

HEYEN 1968
Heyen, Franz Josef: Johann Franz Bernhard, Johann Kaspar Benedikt und Laurenz Beckenkamp, in: KuBis (= Kurzbiographien vom Mittelrhein und Moselland, herausgegeben von Alexander Stollenwerk), 1968, S. 89–91

HEYEN 1985
Heyen, Franz-Josef: Koblenz im späten 18. Jahrhundert: Neue Akzente durch Schloss und Theater, in: THEATER DER STADT KOBLENZ 1985, S. 14–20

HEYEN 1986
Heyen, Franz-Josef: Clemens Wenzeslaus von Sachsen. Der letzte Kurfürst von Trier, in: AK KOBLENZ 1986, S. 17–22

HINZ 1969
Hinz, Berthold: Das Ehepaarbildnis - seine Geschichte vom 15. bis 17. Jahrhundert. (Phil. Diss.) Marburg 1969

HINZ 1973
Hinz, Berthold: Säkularisation als verwerteter "Bildersturm". Zum Prozess der Aneignung der Kunst durch die Bürgerliche Gesellschaft, in: WARNKE (Hg.) 1973, S. 108–120

HOFFMANN 1934
Hoffmann, Edith: Die Darstellung des Bürgers in der deutschen Malerei des 18. Jahrhunderts (Phil. Diss. München). Berlin 1934

VON HOLST 1934
Holst, Niels von: Nachahmungen und Fälschungen altdeutscher Kunst im Zeitalter der Romantik, in: Zeitschrift für Kunstgeschichte 1934, Bd. 3, S. 3–42

HOLSTEN 1978
Holsten, Siegmar: Das Bildnis des Künstlers. Selbstdarstellungen. Hamburg 1978

HOLZHAUSEN 1957
Holzhausen, Walter: Kurkölnische Hofmaler des 18. Jahrhunderts. Köln 1957

HONOUR 1979
Honour, Hugh: Romanticism. New York 1979

HOWALDT 1979
Howaldt, Gabriele: Malerei von 1800 bis 1900. (= Kataloge des Hessischen Landesmuseums Nr. 7) Hanau 1979

HOUBEN 1935
Houben, H. H.: Die Rheingräfin. Das Leben der Kölnerin Sibylle Mertens-Schaaffhausen. Essen 1935

HÜSGEN 1790
Hüsgen, Heinrich Sebastian: Artistisches Magazin. Frankfurt 1790

HUPPERTSBERG 1994
Huppertsberg, Beatrice: Kaspar Benedikt Beckenkamp. Der Maler unserer Dombild-Kopie, in: BRANDAU 1994, S. 17–20

JÜLICH 1995
Jülich Theo: Jean Guillaume Adolphe Honvlez - alias Baron Hüpsch, in: AK KÖLN 1995, S. 45–56

JÜTTE 2000
Jütte, Robert: Kommunale Erinnerungskultur und soziales Gedächtnis in der Frühen Neuzeit. Das Gedenken an Bürgeraufstände in Aachen, Frankfurt am Main und Köln, in: KÖLN ALS KOMMUNIKATIONSZENTRUM, S. 453–472

JOHANNES VON HILDESHEIM [1960]
Hildesheim, Johannes von: Die Legende von den Heiligen Drei Königen. Köln [1960]

JUNGJOHANN 1929
Jungjohann, Adolf: Beiträge zur Koblenzer Malerei in der ersten Hälfte des 19. Jahrhunderts, Koblenz 1929

KANZ 1996
Kanz, Roland: Rezension zu: Josef Strasser. Januarius Zick 1730–1797. Gemälde, Graphik, Fresken, in: Kunstchronik 1996, Nr. 5, S. 209–214

KARL FRIEDRICH SCHINKEL UND SEINE SCHULE IN SCHLESIEN 1994
Karl Friedrich Schinkel und seine Schule in Schlesien. Dokumentation der Vorträge und Berichte des Symposions "Karl Friedrich Schinkel und seine Schule in Schlesien" in Haus Schlesien, Königswinter 1995

KATALOG KIPPENBERG 1928
Katalog der Sammlung Kippenberg. Leipzig 1928

KELLENBENZ (Hg.) 1975
Kellenbenz, Hermann (Hg.): Zwei Jahrtausende Kölner Wirtschaft. 2 Bde., Köln 1975

KEMPIS 1916
Kempis, Maximilian von: Ölportraits älterer Zeit, in: MWGfFK 1916, Nr. 7, S. 235–237

KIER 1987
Kier, Hiltrud: Die Kölner Ratskapelle und Stefan Lochners Altar der Stadtpatrone, in: Baukunst des Mittelalters in Europa. Festschrift Hans Erich Kubach (Hg. Franz J. Much) Stuttgart 1988, S. 757–778

KIER - KRINGS 1984
Kier, Hiltrud; Krings, Ulrich: Köln: Die romanischen Kirchen. Von den Anfängen bis zum Zweiten Weltkrieg (= Stadtspuren. Denkmäler in Köln, Bd. 1). Köln 1984.

KIER – ZEHNDER (Hg.) 1998
Kier, Hiltrud; Zehnder, Frank Günter (Hg.): Lust und Verlust II. Corpus-Band zu Kölner Sammlungen 1800–1860 (bearb. von Susanne Blöcker, Nicole Buchmann, Gisela Goldberg, Roland Krischel. Köln 1998

KLEIN 1954
Klein, August: Werner von Haxthausen und sein Freundeskreis am Rhein, in: AHVN 155/156 (= Festschrift zum hundertjährigen Bestehen), Düsseldorf 1954, S. 160–183

KLEIN 1967
Klein, August: Die Personalpolitik der Hohenzollernmonarchie bei der Kölner Regierung. Ein Beitrag zur preußischen Personalpolitik am Rhein (= Veröffentlichungen des Historischen Vereins für den Niederrhein insbesondere das alte Erzbistum Köln, Bd. 10). Düsseldorf 1967

KLESSE 1964
Klesse, Brigitte: Die Seidenstoffe auf Stephan Lochners Dombild, in: ACHTHUNDERTJAHRE VEREHRUNG etc. 1964, S. 359–370

KLUSSMANN 1996
Klussmann, Paul Gerhard: Das literarische Taschenbuch der Bidermeierzeit als Vorschule der Literatur und der bürgerlichen Allgemeinbildung, in: YORK-GOTHART (Hg.) 1996, S. 89–112

KLUXEN 1989
Kluxen, Andrea: Das Ende des Standesportraits. Die Bedeutung der englischen Malerei für das deutsche Porträt von 1760–1848. München 1989

KOCHS (Bearb.) 1977
Kochs Hermann: Christian Georg Schütz d. J. - Eine malerische Rheinreise von Köln nach Mainz. Eingeleitet und herausgegeben von Hermann Kochs. Köln 1977

KOETSCHAU (Hg.) 1926
Koetschau, Karl (Hg.): Rheinische Malerei der Biedermeierzeit – zugleich ein Rückblick auf die Jubiläumsausstellung Düsseldorf der Jahrtausendfeier der Rheinlande. In Verbindung mit Walter Cohen und Bernd Lasch. Dresden 1926

KÖLN ALS KOMMUNIKATIONSZENTRUM
Köln als Kommunikationszentrum = Der Riss im Himmel Bd. 4 (Hg. von Georg Mölich und Gerd Schwerhoff). Köln 2000

KOOLMANN (Hg.) 1985
Koolmann, Egbert (Hg.): Ludwig Emil Grimm. Briefe. Bd. 1: Textband, Bd. 2: Kommentarband. Marburg 1985

KOSNIOWSKI - LEUSCHNER 1990
Kosniowski, Ingrid; Leuschner, Vera: Ludwig Emil Grimm. Zeichnungen und Gemälde. Marburg 1990

KRISCHEL (1) 1995
Krischel, Roland: Die Rückkehr des Rubens. Kölns Kunstszene zu Beginn der preußischen Epoche, in: AK KÖLN 1995, S. 91–112

KRISCHEL (2) 1995
Krischel, Roland: Kölner Maler als Sammler und Händler, in: AK KÖLN 1995, S. 237–262

KROMBHOLZ 1992
Krombholz, Ralf: Köln: St. Maria Lyskirchen (= Stadtspuren. Denkmäler in Köln, Bd. 18). Köln 1992

KUBACH - MICHEL - SCHNITZLER (Bearb.) 1944
Kubach, Hans Erich; Michel, Fritz; Schnitzler, Hermann (Bearb.): Die Kunstdenkmäler des Landkreises Koblenz, Düsseldorf 1944

KUETGENS 1928
Kuetgens, Felix: Johann Baptist Joseph Bastiné, in: Aachener Kunstblätter 1928, Bd. XIV (= Festschrift aus Anlass des fünfzigjährigen Bestehens des Museumsvereins und des Suermondt-Museums), S. 65–135

KUHN 1985
Kuhn, Hans Wolfgang: Prüm, Wittlich, Schönbornslust und Kärlich um 1760. Vier frühe Veduten von Gottfried Bernhard Manskirsch (1736–1817), in: Kurtrierisches Jahrbuch, 25, 1985, S. 191–198

KURKÖLNISCHER HOFKALENDER 1786
Kurkölnischer Hofkalender für das Jahr 1786 durch J.P.N.M.V.[ogel]. Bonn 1786

KURKÖLNISCHER HOFKALENDER 1787
Kurkölnischer Hofkalender für das Jahr 1787 durch J.P.N.M.V.[ogel]. Bonn 1787

KURKÖLNISCHER HOFKALENDER 1792
Kurkölnischer Hofkalender auf das Schaltjahr 1792 durch J.P.N.M.V.[ogel]. Bonn 1792

KURKÖLNISCHER HOFKALENDER 1793
Kurköllnischer Hofkalender auf das Jahr 1793 durch J.P.N.M.V.[ogel]. Bonn 1793

KURKÖLNISCHER HOFKALENDER 1794
Kurköllnischer Hofkalender auf das Jahr 1794 durch J.P.N.M.V.[ogel]. Bonn 1794

LAMMEL 1986
Lammel, Gisold: Deutsche Malerei des Klassizismus. Leipzig 1986

LANCKORONSKA - RÜMANN 1954
Lanckoronska, Maria Gräfin von; Rümann, Arthur: Geschichte der deutschen Taschenbücher und Almanache. München 1954

LANDSBERGER 1931
Landsberger, Franz: Kunst der Goethezeit. Kunst und Kunstanschauung von 1750–1830. Leipzig 1931

LANKHEIT 1965
Lankheit, Klaus: Von der Revolution zur Restauration 1785–1855. Baden-Baden 1965

LASCH 1925
Lasch, Bernd: Die große Kunstausstellung (30. Mai bis 7. Oktober). Die letzten hundert Jahre rheinischer Malerei, in: BERICHT ... IM JAHRE 1925 ZU DÜSSELDORF VERANSTALTETEN JUBILÄUMSAUSSTELLUNGEN, Düsseldorf 1925

LAUER - SCHULZE-SENGER - HANSMANN 1987
Lauer, Rolf; Schulze-Senger, Christa; Hansmann, Wilfried: Der Altar der Stadtpatrone im Kölner Dom, in: Kölner Domblatt, 1987, 52, S. 9–80

LEESCH [o. J. ca. 1949/50]
Leesch, Wolfgang: Einleitung zum Findbuch des Archives Haus Surenburg (Familienarchiv Heereman von Zuydtwyck). Münster [o. J., ca. 1949/50]

Lexika
ADB
Allgemeine deutsche Biographie. 56 Bde., Berlin [1875–1912] ND 1967–1971

AKL
Allgemeines Künstlerlexikon, Saur, 1994, Bd. 8, S. 151 f.

ALTPREUSSISCHE BIOGRAPHIE 1974
Altpreußische Biographie. Herausgegeben von Christian Krollmann. Marburg [1941] ND 1974

BÉNÉZIT [1911] 1976
Bénézit, Edmond: Dictionnaire critique et documentaire des peintres, sculpteurs dessinateurs et graveurs. 1. Auflage Paris 1911, ND Paris 1976

BRAUKSIEPE - NEUGEBAUER 1986
Brauksiepe, Bernd; Neugebauer, Anton: Künstlerlexikon Rheinland-Pfalz. Maler und Grafiker von 1450 bis 1950. Mainz 1986

LEXIKON DER DÜSSELDORFER MALERSCHULE 1997/98
Lexikon der Düsseldorfer Malerschule 1819–1918 in drei Bänden. München 1997 (Bd. 1), München 1998, Bd. 2 und Bd. 3

LEXIKON DER KUNST
Lexikon der Kunst. Architektur, Bildende Kunst, Angewandte Kunst, Industrieformgestaltung, Kunsttheorie. 5 Bde., Leipzig 1968–1978

MERLO 1850
Merlo, Johann Jacob: Nachrichten von dem Leben und den Werken kölnischer Künstler. Köln 1850

MERLO 1852
Merlo, Johann Jacob: Die Meister der altkölnischen Malerschule. Köln 1852

MERLO 1895
Merlo, Johann, Jacob: Kölnische Künstler in alter und neuer Zeit, neu bearbeitet und herausgegeben von Eduard Firmenich-Richartz und Hermann Keussen. Düsseldorf 1895

MEYER - LÜCKE - TSCHUDI
Meyer, Julius; Lücke, Hermann; Tschudi, Hugo von: Allgemeines Künstlerlexikon. Zweite gänzlich neubearbeitete Auflage von Nagler's Künstlerlexikon. Bd. 3, Leipzig 1885

NAGLER 1835–1852
Nagler's Künstlerlexikon. Zeichner Medailleure, Elfenbeinarbeiter etc. Bearbeitet von Dr. G. K. Nagler. 3. Auflage, Leipzig 1835–1852

NDB
Neue deutsche Biographie. Berlin 1953 ff.

REALLEXIKON ZUR DEUTSCHEN KUNSTGESCHICHTE 1937
Reallexikon zur deutschen Kunstgeschichte. Hg. von Otto Schmitt. 8 Bde. Stuttgart 1937 ff.

THIEME - BECKER 1909
Thieme, Ulrich; Becker, Felix: Allgemeines Lexikon der bildenden Künstler von der Antike bis zur Gegenwart, Bd. 1–37. Leipzig 1907–1950

WURZBACH 1963
Wurzbach, Alfred von: Niederländisches Künstlerlexikon. 2 Bde, Amsterdam 1963

LIESSEM 1989
Liessem, Udo: Studien zum Werk von Johann Claudius von Lassaulx 1781–1848. Koblenz 1989

LIPGENS 1965
Lipgens, Walter: Ferdinand August Graf Spiegel und das Verhältnis von Kirche und Staat 1789–1835. Die Wende vom Staatskirchentum zur Kirchenfreiheit. Bd. 1: Darstellung. Bd. 2: Quellen. (= Veröffentlichungen der Historischen Kommission Westfalen XVIII und Westfälische Biografien IV). Münster 1965

LIPPE 1938
Lippe, Margarete: Ludwig Emil Grimm und der von Haxthausensche Kreis, in: Westfalen 1938, S. 154–175

LIPPE 1939
Lippe, Margarete: Ludwig Emil Grimm und Westfalen, in: Westfalen 1939, S. 80–87.

LOHMANN - JANSSEN 1935
Lohmann, Friedrich Wilhelm; Janssen, Josef: Der Weltklerus in den Kölner Erzbistumsprotokollen 1861–1825. Köln 1935

LOHMEYER 1919
Lohmeyer, Karl: Barocke Kunst und Künstler in Ehrenbreitstein. Das Wirken einer rheinischen Künstlerkolonie, in: Zeitschrift des Vereins für Heimatpflege und Heimatschutz, 13, 1919, S. 1 ff.

LOOZ-CORSWAREM 1984
Looz-Corswarem, Clemens von: Die Reichsstadt Köln im 18. Jahrhundert. Politische, wirtschaftliche, gesellschaftliche Aspekte, in: GiK 15, 1984, S. 37–63

LOOZ-CORSWAREM 1985
Looz-Corswarem, Clemens von: Die politische Elite Kölns im Übergang vom 18. zum 19. Jahrhundert, in: BÜRGERLICHE ELITEN 1985, S. 421–445

LOOZ-CORSWAREM 1986
Looz-Corswarem, Otto Graf von: Das Koblenzer Schloss, in: AK KOBLENZ 1986, S. 23–29

LORENZ 1985
Lorenz, Angelika: Das deutsche Familienbild in der Malerei des 19. Jahrhunderts. Darmstadt 1985

MACKOWSKY (Bearb.) 1921
Mackowsky, Hans (Bearb.): National-Galerie [Berlin]. Führer durch die Bildnis-Sammlung. Berlin 1921

MÄGDER 1995
Mägder, Susanne: Jakob Johann Nepomuk Lyversberg, Kaufmann und Kunstsammler, in: AK KÖLN 1995, S. 193–204

MALLINCKRODT 1896
Mallinckrodt, Gustav: Beitrag zur Geschichte der Kölner Familie Schaaffhausen. Köln 1896

MALTEN 1844
Malten, H. M.: Schloss Stolzenfels am Rhein. Frankfurt/Main 1844

MARKOWITZ 1979
Markowitz, Irene: Rheinische Maler im 19. Jahrhundert, in: TRIER - WEYRES 1979, Bd. 3, S. 43–144

MARSCHALL 1986
Marschall, Markus: Der kurfürstliche Hofbaudirektor Johann Andreas Gaertner und sein Anteil an den kurfürstlichen Baumaßnahmen in Koblenz, insbesondere an der Koblenzer Residenz, in: AK KOBLENZ 1986, S. 35–49

MAUL - OPPEL 1996
Maul, Gisela; Oppel, Margarete: Goethes Wohnhaus. Stiftung Weimarer Klassik. München - Wien 1996

McDANIEL-ODENDALL
McDaniell-Odendall, Claudia: Die Wachsbossierungen des Caspar Bernhard Hardy (1726–1819). (Phil. Diss.) Köln 1990

MEISSNER 2002
Meißner, Jan: „Wenn der Prinz da sind, gehen wir alle im Mittelalter..." Raumgestaltung und Ausstattung der ‚preußischen' Rheinburgen im 19. Jahrhundert, in: AK KOBLENZ 2002, S. 165–175

MERLO 1887
Merlo, Johann Jacob: Nicolaus Gülich, das Haupt der Kölner Revolution von 1680–1685, in: AHVN 46, 1887, S. 21–47

METTELE 1991
Mettele, Gisela: Kölner Bürgertum in der Umbruchszeit (1776–1815), in: Gall, Lothar (Hg.): Vom alten zum neuen Bürgertum. München 1991, S. 228–275

METZGER 1970
Metzger, Othmar: Januarius Zick (1730–1797), in: Rheinische Lebensbilder Bd. 4, Düsseldorf 1970, S. 101–117

MEUSEL 1788
Meusel, Johann Georg: Museum für Künstler und für Kunstliebhaber. (= Fortsetzung der Miscellaneen artistischen Inhalts. Mannheim 1788

MEYNEN 1984
Meynen, Henriette: Ansichten von 1800–1860, in: KIER - KRINGS 1984, S. 616–630

MICHEL (Bearb.) 1937
Michel, Fritz (Bearb.): Die kirchlichen Denkmäler der Stadt Koblenz. Düsseldorf 1937

MICHEL (Bearb.) 1954
Michel, Fritz (Bearb.): Die Denkmäler der Stadt Koblenz. Die profanen Denkmäler und die Vororte. München - Berlin 1954

MITTEILUNGEN 1902
Mitteilungen aus dem Stadtarchiv von Köln. Begründet von Konstantin Höhlbaum, fortgesetzt von Joseph Hansen (= Mitteilungen Heft 31), Köln 1902

MÖLICH 1995
Mölich, Georg: Preußische Kulturpolitik am Rhein nach der "Besitzergreifung" - eine Skizze, in: AK KÖLN 1995, S. 163–167

MOSES 1925
Moses, Elisabeth: Caspar Benedikt Beckenkamp (1747–1828), in: WRJb 1925, 2, S. 44–77

MOSLER 1999
Mosler, Bettina: Elisabeth Moses – Kunsthistorikerin der Adenauerzeit in Köln. Auf der Suche nach einer verlorenen Biographie, in: Kölner Museumsbulletin. Berichte und Forschungen aus den Kölner Museen, 1999, 4, S. 33–37

MUNBY 1972
Munby, A. N. L.: Conoisseurs and Medieval Miniatures 1750–1850. Oxford 1972

NAGEL 1996
Nagel, Beate: Heinrich Foelix, ein kurtrierischer Hofmaler. Studien zu seinen Bildnissen. (Magisterarbeit der Universität Münster. Maschinenschriftliches Exemplar). Münster 1996

NEITE 1989
Neite, Werner: Der Kalligraph Johann Heinrigs, in: Kölner Museums-Bulletin, Berichte und Forschungen aus den Museen der Stadt Köln, Sonderheft 2, Köln 1989.

NICKE 1957
Nicke, J.: Die Familie Herstatt. Insbesondere das Haus Johann David Herstatt, Köln 1957

NICOLAUS 1982
Nicolaus, Knut: Du Mont's Bild-Lexikon zur Gemäldebestimmung. Köln 1982

NICOLINI 1979
Nicolini, Ingrid: Die politische Führungsschicht in der Stadt Köln gegen Ende der reichsstädtischen Zeit (Phil. Diss.). Köln-Wien 1979

OEPEN 1999
Oepen, Joachim: Die Siegel am Schrein des heiligen Severin in der Kölner Basilika St. Severin, in: AHVN 1999, Heft 202 (Sonderdruck)

OLDENHAGE 1969
Oldenhage, Klaus: Kurfürst Erzherzog Maximilian Franz. Hoch- und Deutschmeister (1780–1801). (= Quellen und Studien zur Geschichte des Deutschen Ordens Bd. 34) Bonn 1969

OST 1995
Ost, Hans: Bildnisse von Caspar Benedikt Beckenkamp. Mit einem Exkurs zur Gemäldesammlung des Clemens August Maria von Merle, in: AK KÖLN 1995, S. 263–281.

VON DER OSTEN 1973
Osten, Gerd von der: Deutsche und niederländische Kunst der Reformationszeit. Köln 1973

PAAS 1932
Paas, Theodor: Die Pfarre St. Maria Lyskirchen zu Köln. In ihrer geschichtlichen Entwicklung dargestellt von Theodor Paas. Köln 1932

PÄCHT - ALEXANDER 1966
Pächt, Otto H.; Alexander, J.J.G.: Illuminated Manuscripts in the Bodleian Library Oxford. Bd. 1: German, Dutsch, Flemish, French and Spanish Schools. Oxford 1966

PABST 1988
Pabst, Klaus: Der Kölner Universitätsgedanke zwischen Französischer Revolution und preußischer Reaktion, in: HEIMBÜCHEL - PABST 1988, Bd. 2, S. 1–100

PARTHEY 1863
Parthey, Gustav: Deutscher Bildersaal. Verzeichnis der in Deutschland vorhandenen Oelbilder verstorbener Maler aller Schulen in alphabetischer Reihenfolge, 2 Bde. Berlin 1863

PENNING 2000
Penning, Wolf D.: Caspar Anton von Belderbusch (1722–1784). Persönlichkeit und Politik im Umkreis dreier Kurfürsten. Ein Beitrag zur Geschichte des "Aufgeklärten Absolutismus" in Kurköln, in: DER RISS IM HIMMEL (hg. von Frank Günter Zehnder und Werner Schäfke), Bd. 2 (hg. von Frank Günter Zehnder), Köln 2000, S. 96–159

PIEPER 1949
Pieper, Elisabeth: Organisation und Verwaltung des kurkölnischen Hofstaates in den Jahren 1784–1794. (Phil. Diss.) Bonn 1949

PHILIPPI 1989
Philippi, Hans: Die Wettiner in Sachsen und Thüringen. (= Aus dem Deutschen Adelsarchiv, Bd.). Limburg 1989

PISSIN 1910
Pissin R.[aimund] (Hg.): Almanache der Romantik. (= Bibliographisches Repertorium V. Veröffentlichungen der Deutschen Bibliographischen Gesellschaft. Siebenter Band. Berlin 1910

PLATO 1978
Plato, K.[arl] Th.[eodor]: Sophie La Roche in Koblenz/Ehrenbreitstein (= Mittelrheinische Hefte, Bd. 1). Koblenz 1978

POENSGEN (Bearb.) 1930
Poensgen Georg (Bearb.): Beschreibung der Burg Stolzenfels. Neudruck der von Robert Dohme im Jahr 1850 verfassten Schrift. Eingeleitet und bearbeitet von Georg Poensgen. Berlin 1930

POHL 1975
Pohl, Hans: Wirtschaftsgeschichte Kölns im 18. und beginnenden 19. Jahrhundert, in: KELLENBENZ (Hg.) 1975, S. 9–162

V. POLENZ - V. SEYDEWITZ (Hg.) 1989
Polenz, Hans Assa von; Seydewitz, Gabriele von (Hg.): 900-Jahr-Feier des Hauses Wettin. Festschrift des Vereins zur Vorbereitung der 900-Jahr-Feier des Hauses Wettin e.V. Bamberg 1989

POSNER 1971
Posner, Donald: Annibale Carracci. A Study in the Reform of Italian Painting around 1590. 2 Bde., London 1971

PROESSLER 1992
Die Residenzstadt Ehrenbreitstein und ihre kulturelle Bedeutung, in: GESCHICHTE DER STADT KOBLENZ 1992, S. 459–486

QUARG 1989
Quarg, Gunter: Ein Gutachten Eberhard von Grootes zur Frage der Wiederbegründung der Kölner Universität nach 1814, in: JbKGV 1989, 60, S. 225–239

RATHGENS 1911
Rathgens, Hugo (Bearb.): Die kirchlichen Denkmäler der Stadt Köln. St. Gereon - Groß St. Martin. (= Die Kunstdenkmäler der Rheinprovinz VII.1. Die Kunstdenkmäler der Stadt Köln II.1). Düsseldorf 1911

RAHTGENS - ROTH 1934
Rahtgens, Hugo; Roth, Hermann: Die kirchlichen Denkmäler der Stadt Köln. Minoriten - St. Severin. (= Die Kunstdenkmäler der Rheinprovinz VII.2. Die Kunstdenkmäler der Stadt Köln, II. 2) Düsseldorf 1929

RATHKE 1979
Rathke, Ursula: Preußische Burgenromantik am Rhein. München 1979

RATHKE 1982
Rathke, Ursula: Die Rolle Friedrich Wilhelms IV. von Preußen bei der Vollendung des Kölner Doms, in: Kölner Domblatt 1982, Nr. 47 (Teil 1), S. 127–160

RATHSCHEK 1925
Rathschek, Pater Pankratius O.F.M.: Burg Herstelle im letzten Jahrhundert (1800–1832), in: Heimatbuch des Kreises Höxter (Hrsg. Chr. Völker), 1925, S. 99–102

RAVE 1924
Rave, Paul Ortwin: Die Rheinansichten in den Reisewerken zur Zeit der Romantik, in: Wallraf-Richartz-Jahrbuch, Bd. 1, 1924, S. 123–150

RAVE 1931
Rave, Paul Ortwin: Das Schinkel-Museum und die Kunstsammlungen Beuths. Berlin 1931

REIF 1962
Reif, Hans: Aus der Orts- und Pfarrgeschichte, in: FESTSCHRIFT URMITZ UND SEINE KIRCHE 1962, S. 14–63

REIFENSCHEID 1991
Reifenscheid, Beate: Raffael im Almanach. Zur Raffaelrezeption in Almanachen und Taschenbüchern der Romantik und des Biedermeier. (= Bochumer Schriften zur deutschen Literatur Bd. 24) (Phil. Diss.) Frankfurt/Main - Bern - New York - Paris 1991

REIFENSCHEID 1996
Reifenscheid, Beate: Die Kunst des Kupferstichs oder der Kupferstich als Kunst im Almanach, in: YORK-GOTHART (Hg.) 1996, S. 143–157

REINLE 1984
Reinle, Adolf: Das stellvertretende Bildnis. Plastiken und Gemälde von der Antike bis ins 19. Jahrhundert. Zürich - München 1984

Reiseführer
COLOGNE ET BONN 1830
Cologne et Bonn avec leurs environs; Ouvrage utile aux voyageurs, auquel est joint un plan de Cologne. Traduit par N. B. Sautelet. Cologne 1830 [= Übersetzung von KÖLN UND BONN 1828].

DEMIAN 1822
Demian, Johann Andreas: Gemälde von Koblenz. Nebst Ausflügen nach Ems, Bertrich und dem Laacher See. Mainz 1822

FÜSSLI 1843
Füssli, Wilhelm: Die wichtigsten Städte am Mittel- und Niederrhein im deutschen Gebiet mit Bezug auf alte und neue Werke der Architektur, Sculptur und Malerei. Zürich - Winterthur 1843

HEINEN 1808
Heinen, Wilhelm Joseph: Der Begleiter auf Reisen durch Deutschland. Frei nach dem Französischen bearbeitet mit einer Vorrede und Zusätzen, die Achen [!], Bonn, Coblenz und Cöln betreffen, vermehrt von W.J.H. Cöln am Rhein 1808

KLEBE 1801
Klebe, Friedrich Albert: Reise auf dem Rhein durch die Deutschen Staaten, von Frankfurt bis zur Grenze der Batavischen Republik, und durch die Französischen Departemente des Donnersbergs des Rheins u. der Mosel und der Roer im Sommer und Herbst 1800, in zwei Theilen mit Kupfern. Frankfurt 1801 (1. Bd.) und 1802 (2. Bd.)

KLEBE 1806
Klebe, Friedrich Albert: Reise auf dem Rhein durch die teutschen und französischen Rheinländer nach Aachen und Spaa. Frankfurt/M 1806[2]

KLEIN 1828
Klein, J.A.: Rheinreise von Mainz bis Köln. Historisch, topographisch und malerisch bearbeitet von Professor J.A. Klein. Mit zwölf lithographierten Ansichten merkwürdiger Burgen ec. in Umrissen, und einer Karte. Koblenz [bei Karl Baedeker] 1828

KÖLN UND BONN 1828
Köln und Bonn mit ihren Umgebungen. Für Freunde und Einheimische. Von Karl Georg Jacob, Matth.[ias] Jos.[ef] DeNoel und Joh.[ann] Jak.[ob] Nöggerath. Köln 1928

[LANG] 1789/90
[Lang, Josef Gregor:] Reise auf dem Rhein von Mainz bis Andernach. Bd. 1: 1789; Bd. 2: 1790

MALTEN 1844
Maltens Handbuch für Rheinreisende auf der Strecke zwischen Mainz und Köln. Darmstadt und Wiesbaden 1844

SCHOPENHAUER 1828
Schopenhauer, Johanna: Ausflug an den Niederrhein und nach Belgien im Jahr 1828. Kommentiert und mit einem Nachwort versehen von Karl Bernd Heppe und Annette Timpeter. Essen 1987

SCHREIBER 1821
Schreiber, Aloys: Taschenbuch für Reisende am Rhein von Mainz bis Düsseldorf. Heidelberg 1821

SCHREIBER 1841
Schreiber, Aloys: Der Rhein. Handbuch für Reisende in den Rheingegenden, den angränzenden Thälern und Bädern, in Holland und Belgien. Fünfte, ganz umgearbeitete Auflage. Heidelberg 1841

RHEINISCHER ANTIQUARIUS 1851, 1853
Denkwürdiger und nützlicher Rheinischer Antiquarius, welcher die wichtigsten und angenehmsten geographischen, historischen und politischen Merkwürdigkeiten des ganzen Rheinstroms, von seinem Ausflusse in das Meer bis zu seinem Ursprunge darstellt. Mittelrhein. Der I. Abteilung 1. Band, Koblenz 1851, Der I. Abteilung 2. Band. Koblenz 1853

RICHARTZ (Hg.) 1861
Richartz, Joh.[ann] Heinr.[ich] (Hg.): Ferdinand Wallraf. Ausgewählte Schriften. Köln 1861

DER RISS IM HIMMEL 1999, 2000
Der Riss im Himmel. Clemens August und seine Epoche (Hg. von Werner Schäfke und Frank Günter Zehnder). Bd. 1–8, Köln 1999, 2000

ROBELS 1990
Robels, Hella: Ein Skizzenbuch des Kölner Malers Johann Jacob Schmitz (1724–1801), in: WRJb 1990, 50, S. 221–240

ROBSON-SCOTT 1965
Robson-Scott, W.D.: The Literary Background of the Gothic Revival in Germany. A Chapter in the History and the Taste. Oxford 1965

RODA 1980
Roda, Burkhard von: Adam Friedrich von Seinsheim. Auftraggeber zwischen Rokoko und Klassizismus. Zur Würzburger und Bamberger Hofkunst anhand der Privatkorrespondenz des Fürstbischofs (1755–1779). Neustadt/Aisch 1980

ROMEYK 1994
Romeyk, Horst: Die leitenden staatlichen und kommunalen Verwaltungsbeamten der Rheinprovinz. Düsseldorf 1994

ROTH 1916
Roth, Hermann Heinrich: Stift, Pfarre und Kirche zum Heil. Severinus in Köln. [= Festschrift für Pfarrer Johann Theodor Wollersheim.] Köln 1916

SANDER 1995
Sander, Jochen: "Die Entdeckung der Kunst": niederländische Kunst des 15. und 16. Jahrhunderts in Frankfurt. Ausstellung und Katalog. Mainz 1995

SAUTTER 1898
Sautter (Postrat): Die französische Post am Niederrhein bis zu ihrer Unterordnung unter die General-Postdirektion in Paris 1794–97, in: AHVN 65, 1898, S. 1–92

SCHAAF 1992
Schaaf, Erwin: Bildung und Geistesleben in der frühen Neuzeit, in: GESCHICHTE DER STADT KOBLENZ 1992, S. 441–458

SCHADEN (1) 1995
Schaden, Christoph: "Daß viele solcher Kirchen des nothdürftigsten entbehren ...". Die Neuausstattung der entleerten Pfarrkirche St. Severin 1803–1828, in: AK KÖLN 1995, S. 113–120

SCHADEN (2) 1995
Schaden, Christoph: "Bei Haxthausen viel Bilderplunder ...". Das Schicksal des städtischen Regierungsrats und Kunstsammlers Werner Moritz von Haxthausen in Köln 1816–26, in: AK KÖLN 1995, S. 205–213.

SCHÄFKE 1981
Schäfke, Werner: Goldschmiedekunst. Die Kölner Meister, in: TRIER/WEYRES 1981, Bd. 5, S. 69–96

SCHÄFKE 1994
Schäfke, Werner: Mit den Augen der Hl. Ursula, in: SCHWARZER (Hg.) 1994, S. 71–80

SCHÄFKE - BODSCH (Hg.) 1993
Schäfke, Werner; Bodsch, Ingrid (Hg.): Der Lauf des Rheines. Der Mittelrhein in illustrierten Reisebeschreibungen, Alben Panoramen und Karten des 17. bis 19. Jahrhunderts aus den Beständen der Bibliothek und der Graphischen Sammlung des Kölnischen Stadtmuseums, der Stadthistorischen Bibliothek Bonn und des Stadtmuseums Bonn. Bonn 1993

SCHÄFKE - DITGEN (Hg.) 1996
Schäfke, Werner; Ditgen, Peter (Hg.): Köln auf alten Ansichtskarten. Bd. 1: Kölner Stadtbild. Aus der Sammlung Peter Ditgen. Köln 1996

SCHASLER 1856
Schasler, Max: Berlins Kunstschätze: ein praktisches Handbuch zum Gebrauch bei der Besichtigung derselben. Berlin 1856

SCHLEGEL 1995²
Schlegel, Friedrich: Gemälde alter Meister. Friedrich Schlegel. Mit Kommentar und Nachwort von Hans Eichner und Norma Lelles. Darmstadt 1995²

SCHLEICHER (Bearb.) 1982
Schleicher, Herbert M.: Ratsherrenverzeichnis von Köln in reichsstädtischer Zeit von 1396–1796. (= Veröffentlichungen der Westdeutschen Gesellschaft für Familienkunde. Neue Folge Nr. 19) Köln 1982

SCHLEICHER (Bearb.) 1983
Schleicher, Herbert: Die genealogisch-heraldische Sammlung des Kanonikus Joh. Gabriel von der Ketten in Köln. 5 Bde. (= Veröffentlichungen der Westdeutschen Gesellschaft für Familienkunde Neue Folge Nr. 22). Köln 1983

SCHLEICHER (Bearb.) 1987
Schleicher, Herbert M.: 80.000 Totenzettel aus Rheinischen Sammlungen. 7 Bde. (= Veröffentlichungen der Westdeutschen Gesellschaft für Familienkunde e.V. Sitz Köln. Neue Folge, Nr. 37). Köln 1987

SCHMID 1988
Schmid, Wolfgang: Nicasius Hackeney (–1518), in: Rheinische Lebensbilder, Bd. 11. Im Auftrag der Gesellschaft für Rheinische Geschichtskunde heausgegeben von Wilhelm Janssen. Köln 1988

SCHMID 1997
Schmid, Wolfgang: Stefan Lochners "Altar der Stadtpatrone". Zur Geschichte eines kommunalen Denkmals im Heiligen Köln, in: WRJb 1997, Bd. 58, S. 257–284

SCHMIDT 1906
Schmidt, Adolph: Der Baron Hüpsch und sein Kabinett. Darmstadt 1906

SCHMIDT 1954/55
Schmidt, Aloys, Rezension zu: Otto Beckenkamp: Die Beckenkamps. Stammtafel einer rheinischen Familie. Aufgestellt und erläutert von Dr. Otto Beckenkamp in Würzburg, in: Jahrbuch des Vereins für Geschichte und Kunst des Mittelrheins, 6/7, 1954/55, S. 163

SCHMIDT 1979
Schmidt, Rüdiger: Die Deutschordenskommende Trier und Beckingen 1242–1794 (= Quellen zur Geschichte des Deutschen Ordens Bd. 9). Marburg 1979

SCHMIDT 1991
Schmidt, Hans Josef: Georg Joseph Christoph Lang (1755–1834). Geistlicher - Pädagoge - Bibliophile - Mäzen, in: Koblenzer Beiträge zur Geschichte und Kultur, Neue Folge 1. Koblenz 1991

SCHMIDT 2001
Schmidt, Werner: Der Bildhauer Wilhelm Albermann (1835–1913). Leben und Werk. (Phil. Diss.) Köln 2001

SCHMIDT-GÖRG (Hg.) 1971
Schmidt-Görg Joseph (Hg.): Des Bonner Bäckermeisters Gottfried Fischer Aufzeichnungen über Beethovens Jugend (= Veröffentlichungen des Beethovenhauses in Bonn. Neue Folge. Vierte Reihe. Schriften zur Beethovenforschung VI), Duisburg 1971.

SCHMITT 1993
Schmitt, Michael: "Quod vidi, pinxi." Die Kommerzialisierung der Rheinlandschaft in der Druckgraphik des 19. Jahrhunderts, in: SCHÄFKE-BODSCH (Hg.) 1993, S. 41–61

SCHMITT 1996
Die illustrierten Rhein-Beschreibungen. Dokumentation der Werke und Ansichten von der Romantik bis zum Ende des 19. Jahrhunderts (= Städteforschung: Reihe C, Quellen; Bd. 7). Köln - Weimar - Wien 1996

SCHNÜTGEN 1942
Schnütgen, Alexander: Vom preußischen Königshaus und dem Rheinland unter Friedrich Wilhelm III. Rheinische Briefe des Kronprinzen an die Kronprinzeß 1833–39, in: AHVN 1942, Heft 140, S. 60–111

SCHOCH 1975
Rainer Schoch: Das Herrscherbild in der Malerei des 19. Jahrhunderts (= Studien zur Geschichte des neunzehnten Jahrhunderts). München 1975

SCHÖLLER (Bearb.) 1995
Schöller, Bernadette (Bearb.): Religiöse Drucke aus Kölner Produktion. Flugblätter und Wandbilder des 16. bis 19. Jahrhunderts aus den Beständen des Kölnischen Stadtmuseums bearbeitet von Bernadette Schöller. Köln 1995

SCHÖLZEL 1984
Schölzel, Stephan: Kurfürsten und Bürger. Ein Portraitkatalog des Städtischen Museums Simeonstift Trier (Hg. Dieter Ahrens). Trier 1984

SCHORN - VERBEEK 1940
Schorn, Wilhelm; Verbeek, Albert: Die Kirche St. Georg in Köln. Berlin 1940

SCHRADER 1995
Schrader, Karin: Der Bildnismaler Johann Georg Ziesenis (1716–1776). Leben und Werk mit einem kritischen Oeuvrekatalog. Münster 1995

SCHRÖDER 1986
Schröder, Brigitte: Der Weg zur Eisenbahnschiene. Geschichte der Familie Remy und ihre wirtschaftliche und kulturelle Bedeutung. Neustadt/Aisch 1986

SCHUG (Bearb.) 1966
Schug, Peter (Bearb.): Geschichte der Dekanate Bassenheim, Kaisersesch, Kobern und Münstermaifeld. Trier 1966

SCHULTEN 1971
Schulten, Walter: Die Restaurierung des Dreikönigenschreins, in: Kölner Domblatt 1971, 33/34, S. 7–42

SCHWARZER (Hg.) 1994
Schwarzer, Alice (Hg.): Turm der Frauen. Der Kölner Bayenturm. Vom alten Wehrturm zum FrauenMediaTurm. Köln 1994

SCHWEERS 1994
Gemälde in deutschen Museen. Katalog der ausgestellten und depotgelagerten Werke, Bd. 1, München - New Providence - London - Paris ²1994

SCHWINGEL 1954
Schwingel, Karl (Hg.): Festschrift für Karl Lohmeyer. Im Auftrag des Ministeriums für Kultus, Unterricht und Volksbildung. Herausgegeben von Karl Schwingel. Saarbrücken 1954

SEELIG 1986
Seelig, Lorenz: Die Ausstattung des Koblenzer Schlosses, in: AK KOBLENZ 1986, S. 51–96

SIEVERS (Bearb.) 1997
Sievers, Anke D. (Bearb.): Köln von seiner schönsten Seite. Das Kölner Stadtpanorama in Drucken vom 15. bis zum Ende des 18. Jahrhunderts in den Graphischen Sammlungen des Kölnischen Stadtmuseums und der Kreissparkasse Köln, herausgegeben von Werner Schäfke. Köln 1997

SIEVERS 1954
Sievers, Johannes: Karl Friedrich Schinkel - Lebenswerk. Bauten für die Prinzen August, Friedrich und Albert von Preußen. Berlin 1954

SIMON 1929
Simon, Karl: Christian Georg Schütz der Vetter: "Umriß meines Lebens.", in: Archiv für Frankfurts Geschichte und Kunst, 4. Folge, 2. Band. Frankfurt/Main 1929, S. 126–146

SIMON - SCHLAGBERGER 1987
Simon, Adelheid; Schlagberger, Franz. X.: Januarius Zick (1730–1797). Der letzte deutsche Großmaler. Fresken - Entwürfe - Tafelbilder. Prüm 1987

SIMON-SCHLAGBERGER 1998
Simon-Schlagberger, Adelheid: Das Gruppenportrait der Remys. Bildprogramm, Kunsthistorische Betrachtung, Ikonographie, in: AK BENDORF 1998, S. 83–96

SMETS 1825
Smets, Wilhelm: Ferdinand Franz Wallraf. Ein biographisch-panegyrischer Versuch. Köln 1825

SUHR 1991
Suhr, Norbert: Philipp Veit (1793–1877). Leben und Werk eines Nazareners. Monographie und Werkverzeichnis. Weinheim 1991

DIE STADT KÖLN 1916
Die Stadt Cöln im ersten Jahrhundert unter preußischer Herrschaft 1815–1915. Hg. Stadt Köln. Köln 1916

STANISZEWSKA 1994
Stanisewska, Wieslawa: Der Umbau des Schlosses in Fischbach, in: KARL FRIEDRICH SCHINKEL UND SEINE SCHULE IN SCHLESIEN 1994, S. 81 ff.

STAHL 1992
Stahl, Patrizia: Die "Saftleven-Renaissance". Bürgerlicher Kunstgeschmack des 18. Jahrhunderts in Deutschland, in: AK BONN/KOBLENZ 1992, S. 195–206

STECKNER (1) 1995
Steckner, Cornelius: Kölner Sammlungen in Reisehandbüchern, in: AK KÖLN 1995, S. 169–178

STECKNER (2) 1995
Steckner, Cornelius: Kölner Bilder nach Bildern, in: AK KÖLN 1995, S. 179–182

STEHKÄMPER 1975
Stehkämper, Hugo (Bearb.): Kölner Neubürger 1356 bis 1798. Dritter Teil: Neubürger 1700–1798 (= Mitteilungen aus dem Stadtarchiv von Köln, Bd. 63). Köln 1975

STEHKÄMPER 2000
Stehkämper, Hugo: Goethe und Köln, in: JbKGV 2000, Nr. 71, S. 113–132

STELZMANN 1939
Laurenz Fürth und die Erhaltung der Jesuitenkirche zu Köln, in: JbKGV 1939, 21, S. 142–163

STRASSER 1993
Strasser, Josef: Januarius Zick. Maler zwischen Rokoko und Klassizismus, in: Kunst und Antiquitäten 1993, Nr. 6, S. 30–32

STRASSER 1994
Strasser, Josef: Januarius Zick 1730–1797. Gemälde, Graphik, Fresken. Weißenhorn 1994

STRAUS-ERNST 1925
Straus-Ernst, Luise: Josef Hoffmann, ein kölnischer Maler des Klassizismus, in: WRJb 1925, 2, S. 78–87

STRAUS-ERNST 1928
Straus-Ernst, Luise: Franz Joseph Manskirch, in: WRJb 1928, 5, S. 89 ff

TASCHENBUCH 1816
Taschenbuch für Freunde altdeutscher Zeit und Kunst auf das Jahr 1816. (Hg. von Eberhard von Groote und Friedrich Wilhelm Carové) Köln 1816

TAUCH 1979
Tauch, Max: Von Köln aus in alle Welt: Kunst und Kunstgewerbe der Neugotik. "Messe" schon vor 160 Jahren, in: Weltkunst, März 1979, Heft Nr. 5, S. 445–447

TAUCH 1989
Tauch, Max: Die erste Kölner Gewerbe- und Kunstausstellung. 1817 anläßlich der "rheinischen Reise" des preußischen Königs, in: Weltkunst, Februar 1979, S. 493

THEATER DER STADT KOBLENZ 1985
Theater der Stadt Koblenz. Generalinstandsetzung 1984/85. Dokumentation der Stadt Koblenz. Koblenz 1985

THIEL 1985[6]
Thiel, Erika: Geschichte des Kostüms. Die europäische Mode von den Anfängen bis zur Gegenwart. Wilhelmshaven - Locarno - Amsterdam 1985[6]

THIERHOFF 1997
Ferdinand Franz Wallraf (1748–1824). Eine Gemäldesammlung für Köln (= Veröffentlichungen des Kölnischen Stadtmuseums, Heft XII). Köln 1997

TISCHER 1909
Tischer, Gerhard: Ludwig van Beethovens Eltern, in: Rheinische Musik- und Theater-Zeitung, X, 1909, Nr. 51, 52, S. 724 f.

TRIER - WEYRES 1979-1981
Trier, Eduard; Weyres, Willy: Kunst des 19. Jahrhunderts im Rheinland, 5 Bde., (Bd. 2: Architektur II - Profane Bauten und Städtebau - 1980), (Bd. 3: Malerei - 1979) (Bd. 5: Kunstgewerbe - 1981). Düsseldorf 1979–1981

TRIPPEN 1937
Trippen, Peter Paul: Hauptsächliche Begebenheiten der Jahre 1802–1816. Aus dem Journal des letzten kurkölnischen Generaleinnehmers Cornel Joseph Freiherr Geyr von Schweppenburg, in: JbKGV 1937, 19, S. 312–335

TÜMMERS 1964
Tümmers, Horst-Johs: Die Altarbilder des älteren Bartholomäus Bruyn. Mit einem kritischen Katalog. Köln 1964

TÜMMERS 1968
Tümmers, Horst-Johs: Rheinromantik. Romantik und Reisen am Rhein. Köln 1968

TÜMMERS 1992
Tümmers, Horst Johannes: Die patriotische Rheinromantik, in: AK BONN/KOBLENZ 1992, S. 91–106

UNBEKANNTER VERFASSER 1825
Unbekannter Verfasser: Kunstbestrebungen in Köln, in: Rheinische Flora 1825, Nr. 167 (22. 10.)

UNBEKANNTER VERFASSER [Leopold] 1825
Unbekannter Verfasser [Leopold]: Würdigung. Über Kölner Künstler, in: Hermann 1825, Nr. 65 (13. 08.)

VERBEEK 1984
Verbeek, Albert: St. Georg, in: KIERKRINGS 1984, S. 256–277

VEY 1967
Vey, Horst: Die Bildnisse Everhard Jabachs, in: WRJb 1967, 29, S. 157–188

VIERHAUS 1965
Vierhaus, Rudolf: Preußen und die Rheinlande 1815–1915, in: RhVjBl. 1965, Jg. 30, S. 152–175

VOGTS (Bearb.) 1930
Vogts, Hans: Die profanen Denkmäler (= Die Kunstdenkmäler der Rheinprovinz VII.4. Die Kunstdenkmäler der Stadt Köln, II.4, hg. von Paul Clemen). Düsseldorf 1930

VOGTS 1932
Vogts, Hans: Zur Bau- und Kunstgeschichte des Kölner Karmeliterklosters, in: JbKGV, 1932, 14, S. 148 ff.

VOGTS 1950
Vogts, Hans: Köln im Spiegel seiner Kunst. Köln 1950

VOGTS 1966
Vogts, Hans: Das Kölner Wohnhaus im 19. Jahrhundert, 2 Bde., Neuss 1966

WAAGEN 1821
Waagen, G.[ustav] W.[ilhelm]: Altdeutsche Gemälde aus der Sammlung des Herrn Pfarrers Fochem in Köln, in: Kunst-Blatt, 1821, Nr. 96, S. 383 f.

WACKENRODER (Bearb.) 1959
Wackenroder, Ernst: Die Kunstdenkmäler des Landkreises Cochem, Teil 1. München 1959

WAGNER 1915
Wagner, Johann Jacob: Zur Ehrenbreitsteiner Geschichte. I. Hervorragende Familien der Stadt und Festung aus allen Jahrhunderten. (Handschriftliche Photokopien im Stadtarchiv Koblenz), Koblenz 1915

WAGNER 1923
Wagner, Johann Jacob: Coblenz-Ehrenbreitstein. Biographische Nachrichten über einige älteren Coblenzer und Ehrenbreitsteiner Familien. Koblenz 1923

WAGNER 1971
Wagner, Gisela: Jan van der Heyden. Düsseldorf 1971

WAGNER 1995
Wagner, Rita: Überlegungen zu Wallrafs "Cölnischer Portrait-Sammlung", in: AK KÖLN 1995, S. 417–427

WALDMANN 1940
Waldmann, Emil: Das Bild des Kindes in der Malerei. Berlin 1940

WARNKE (Hg.) 1973
Warnke, Martin: Bildersturm. Die Zerstörung des Kunstwerks. München 1973

WEBER 1993
Weber, Winfried: Der reitende Kurfürst. Studien zum kurfürstlichen Zeremoniell anhand einiger Objekte aus den Beständen Bischöflichen Dom- und Diözeanmuseums Trier, in: Trierer Jahrbücher 1993, S. 83 ff.

WECKEL 1994
Weckel, Ulrike: Frauen und Geselligkeit im späten 18. Jahrhundert. Das offene Haus der Sophie La Roche in Ehrenbreitstein, in: Koblenzer Beiträge zur Geschichte und Kultur, Bd. 4. Koblenz 1994, S. 41–60

WECKEL 1997
Weckel, Ulrike: Sophie von La Roche, in: Rheinische Lebensbilder, 1997, Bd. 17. (= Gesellschaft für Rheinische Geschichtskunde. Herausgegeben von Franz-Josef Heyen) Köln 1997, S. 79–99

WEIN-MEHS 1955
Wein-Mehs, Maria: Heinrich Foelix, ein kurtrierischer Maler des 18. Jh.s (Phil. Diss. Maschinenschriftliches Exemplar). Wittlich 1955

WESTHOFF-KRUMMACHER 1964
Westhoff-Krummacher, Hildegard: Die Bildnisse von Barthel Bruyn d. Ä. Münster 1964

WESTHOFF-KRUMMACHER 1976
Westhoff-Krummacher, Hildegard: Carl Joseph Haas (1775–1852). Ein unbekannter münsterischer Portraitist, in: Westfalen 1976, Nr. 54, S. 146–166

WESTHOFF-KRUMMACHER 1984
Westhoff-Krummacher, Hildegard: Johann Christoph Rincklage. Ein westfälischer Bildnismaler um 1800. Münster 1984

WEYDEN 1960
Weyden, Ernst: Köln am Rhein vor 150 Jahren. Sittenbilder nebst historischen Andeutungen und sprachlichen Erklärungen. Herausgegeben von Max Leo Schwering. Köln 1960

WILLBERG 1993
Willberg, Annette: Die Punzierung. Ein technologisches Detail, in: AK KÖLN 1993, S. 157–168

WINTERLING 1986
Winterling, Aloys: Der Hof der Kurfürsten von Köln 1688–1794. Eine Fallstudie zur Bedeutung "absolutistischer" Hofhaltung. (Phil. Diss.) (= Veröffentlichungen des Historischen Vereins für den Niederrhein insbesondere das Alte Erzbistum Köln 15) Bonn 1986

WOLF (Bearb.) 1995
Wolf, Jürgen Rainer: Großherzoglich Hessisches Familienarchiv. Fischbacher Archiv. Nachlässe Prinz Wilhelm von Preussen und Prinzessin Marianne geb. von Hessen Homburg <Abt. D 22>. 1792–1849. Unter Benutzung von Vorarbeiten von Ludwig Clemm (= Repertorien des hessischen Staatsarchives Darmstadt 36). Darmstadt 1994

WOLFF (Hg.) 1986
Wolff, Arnold (Hg.): Der gotische Dom in Köln. Köln 1986

WUNDERLICH 1984
Wunderlich Heinke: Studienjahre der Grafen Salm-Reifferscheidt (1780–1791). Ein Beitrag zur Adelserziehung am Ende des Ancien Régime (= Beiträge zur Geschichte der Literatur und Kunst des 18. Jahrhunderts, Bd. 8). Heidelberg 1984

YORK-GOTHART 1993
York-Gothart, Mix: Die Künste im Taschenbuchformat. Almanache und Taschenbücher zwischen Rokoko und Biedermeier, in: Weltkunst 1993, 63, Nr. 2, S. 2362–2365

YORK-GOTHART (Hg.) 1996
York-Gothart, Mix: Almanach- und Taschenbuchkultur des 18. und 19. Jahrhunderts. (= Wolfenbütteler Forschungen Bd. 69) Wiesbaden 1996

ZÄNGL-KUMPF 1993
Zängl-Kumpf, Ursula: Hermann Schaaffhausen (1816–1893), in: Das Rheinische Landesmuseum Bonn. Berichte aus der Arbeit des Museums, 4, 1993, S. 69–74.

ZANDER TER MAAT 1960
Zander ter Maat, Paul-René: Der Kölner Maler Egidius Mengelberg (1770–1849), in: JbKGV 1960, Nr. 34/35, S. 65–81

ZEHNDER 1981
Zehnder, Frank Günter: Zur Nachfolge Stefan Lochners, in: Museen der Stadt Köln, 6, 1981, S. 70–73

ZIMMERMANN 1954
Zimmermann, Karl: Das Haus der Sophie La Roche in Ehrenbreitstein, in: Festschrift für Karl Lohmeyer. Saarbrücken 1954

ARCHIVQUELLEN

BONN, Stadtarchiv
Kirchenbuch St. Remigius 1782–1797

BRUCHSAL, Stadtarchiv
Taufbuch der Hofkapelle – für das Jahr 1750

BRÜHL, Nordrhein-Westfälisches Personenstandsarchiv
Kirchbuch St. Jakob (Heiraten) – für das Jahr 1786
Kirchbuch St. Jakob (Taufbuch) – für das Jahr 1788
Kirchbuch St. Jakob (Taufbuch) – für das Jahr 1789
Kirchbuch St. Jakob (Taufbuch) – für das Jahr 1792
Kirchbuch St. Jakob (Taufbuch) – für das Jahr 1793
Kirchbuch St. Jakob (Sterbefälle) – für das Jahr 1790
Kirchbuch St. Jakob (Sterbefälle) – für das Jahr 1791
Kirchbuch St. Jakob (Sterbefälle) – für das Jahr 1793

DARMSTADT, Hessisches Staatsarchiv (= HStAD)
Großherzoglich Hessisches Familienarchiv, Archiv Fischbach, Abt. D 22, Nr. 10/56

DÜSSELDORF, Hauptstaatsarchiv (= HAD)
Regierung Köln, Nr. 2680

KOBLENZ, Landeshauptarchiv (= LHA)
LHA 1 C 340 (Berichtigung der Kabinettsrechnungen 1794–1796)
LHA 1 C 5167 Landrentmeisterei-Rechnungen aus dem Jahre 1776 Nr. 32 (Hof-Bauamt)
LHA 1 C 5172 Landrentmeisterei-Rechnungen aus dem Jahre 1774 Nr. 43 (Hof-Bauamt)
LHA 1 C 5175 Landrentmeisterei-Rechnungen aus dem Jahre 1776 Nr. 32 (Hof-Tapisserie)
LHA 1 C 5175 Landrentmeisterei-Rechnungen aus dem Jahre 1777 Nr. 32 (Hof-Tapisserie)
LHA 1 C 5179 Landrentmeisterei-Rechnungen aus dem Jahre 1781 Nr. 32 (Hof-Tapisserie), Nr. 43 (Hof-Bauamt)
LHA 1 C 5180 Landrentmeisterei-Rechnungen aus dem Jahre 1776 Nr. 32 (Hof-Bauamt)

KOBLENZ, Mittelrhein-Museum
Autographensammlung, Kopie einer Rechnung im Diözesanarchiv Limburg, aus dem Nachlass von Hans Wolfgang Kuhn

KÖLN, Historisches Archiv des Erzbistums Köln (= AEK)
Kurkölnische Hofkalender für die Jahre 1786, 1787, 1791, 1792, 1793, 1794.
Metropolitankapitel 369 (Reproduktion von Kunstwerken des Domes sowie Angelegenheiten weiterer Ausstattungsgegenstände des Domes = Acta betreff die Domgemälde)
Pfarrarchiv St. Maria Lyskirchen
Pfarrarchiv St. Severin

KÖLN, Historisches Archiv der Stadt Köln (= HAStK)
Best. 10 – Ratsprotokolle für das Jahr 1787
Best. 350 – Französische Verwaltung, Nr. 1016 (Aufpflanzung eines Freiheitsbaumes)
Best. 400 – Akten des Oberbürgermeisters, Nr. I 7 G 1 (= Vertrag mit dem Maler Beckenkamp)
Best. 610, Nr. 102 – Revision der Sammlung Wallraf
Best. 1018 – Nachlass Boisserée
Best. 1072 – Totenzettelsammlung Merlo
Best. 1105 – Nachlass Wallraf
Best. 1552, Nr. 1/1–37 – Tagebücher von Eberhard von Groote von 1815 bis 1824
Best. 1552, Nr. 2–52 – Briefwechsel von Eberhard von Groote
Best. 7030 – Chroniken und Darstellungen Nr. 172
Zunft 86 A – 1786, 1795, 1798

MÜNSTER, Westfälisches Archivamt
Archiv Haus Surenburg = Familienarchiv Heeremann von Zuydtwyck

TRIER, Bistumsarchiv
Pfarrei Hl. Kreuz, Taufbuch Nr. 1, S. 568, Nr. 1, für das Jahr 1747
Pfarrei Hl. Kreuz, Kirchenbuch Nr. 2, S. 335, Nr. 1, für das Jahr 1784
Pfarrei Hl. Kreuz, Kirchenbuch Nr. 7, S. 169, Nr. 8, für das Jahr 1781.
Pfarrei Hl. Kreuz, Kirchenbuch Nr. 7, S. 470, Nr. 2, für das Jahr 1784.

ABKÜRZUNGSVERZEICHNIS

AEK = Archiv des Erzbistums Köln

AHVN = Annalen des Historischen Vereins für den Niederrhein

ebda. = ebenda

GiK = Geschichte in Köln

HAD = Hauptstaatsarchiv Düsseldorf

HAStK = Historisches Archiv der Stadt Köln

HStAD = Hauptstaatsarchiv Darmstadt

JBKGV = Jahrbuch des Kölnischen Geschichtsvereins

LHA = Landeshauptarchiv Koblenz

MWGfFK = Mitteilungen der westdeutschen Gesellschaft für Familienkunde

RhVjBl = Rheinische Vierteljahresblätter

StAB = Stadtarchiv Bonn

s. o. = siehe oben

s. u. = siehe unten

vgl. = vergleiche

WRJb = Wallraf-Richartz-Jahrbuch

z. B. = zum Beispiel

Register

Personen, Orte, Werke

(Seitenzahlen mit Abbildungen sind kursiv gekennzeichnet)

A

Aachen: 13, 29, 97, 242, 253
Abbenburg: 148
Abraham: 237
   Die drei Engel vor Abraham (Dreikönigenschrein): 44, *237*, 241
Albermann, Wilhelm:
   Bronzestatuetten nach dem Portrait von J. F. C. Heimann: 218
   Steinstatue nach dem Portrait von J. F. C. Heimann: 218
Albert von Sachsen-Teschen: 20, 178, 217
Albrecht, Geheimer Rat: 264
Aldenhoven, Carl: 245
Aldenkirchen, Johann Michael Joseph:
   Portrait des Pfarrers Johann Michael Joseph Aldenkirchen: 179, 267 (Kat. Nr. 129)
Alexander, Zar von Russland: 247
Altenstein, Franz Sigismund Franz Freiherr vom Stein zum A.: 132
Altshausen: 216
Ammon, Friedrich von: 259
Ammon, Johann Georg Heinrich von: 259
Ammon, Klara Henriette Franziska Wilhelmine von: 258
   Portrait der Henriette von Ammon (privat): *109*, 162, 174, 258 f. (Kat. Nr. 116)
Amsterdam: 67
   Ansicht der Börse in Amsterdam (G. Berckheyde): 67
   Ansicht des Amsterdamer Gemüsemarktes (G. Berckheyde): 66
   Ansicht der beiden Amsterdamer Synagogen (G. Berckheyde): 67
Ançillon, Johann Peter Friedrich: 188
Anhalt Bernburg, Wilhelmine Luise von (= Wilhelmine von Preußen): siehe dort
Anno, Erzbischof von Köln: 64
   Anno-Zyklus (A. Braun): 64
Arc, Jeanne, d' (= Johanna von Orléans): 140, 189
Arndt, Ernst Moritz: 127
Arnim, Bettina von (= Brentano): siehe dort
Arnsberg: 194, 240
   Abtei Wedinghausen: 240
Asseburg, Antoinette von (= Wolff Metternich): siehe dort
Asseburg, Clara Lucia von (= Wrede zu Melschede: siehe dort
Auden Aerd, Robert van: 283
Augsburg: 204, 207, 216
Avenarius, Tony: 9
   Historischer Fries: 9

B

Bachta, Johann Baptist: 37, 198
Bad Bertrich: 207
Bad Ems: 171
Bager, Johann Daniel: 52
Baldern in Schwaben: 20
Balg, Jakob: 265
   Portrait des Domänenrentmeisters Jakob Balg (Köln): 265 (Kat. Nr. 126)
Barbe, französischer Colonel: 251
   Portrait des Colonel Barbe und seiner Frau, geb. Champré: 251 (Kat. Nr. 97), 260
Barbe, Frau des französischen Colonel (= Champré): 251, 260

Barrère, Pièrre: 28, 29, 90, 245
   Portrait des Kommandanten von Jülich, Pièrre Barrère (Düsseldorf): *28*, 244 f. (Kat. Nr. 84)
Barrère, Marie (= Kaesmacher): 29, 245
   Portrait der Frau Barrère (Düsseldorf): *29*, 245 (Kat. Nr. 85)
Bartoschek, Gerd: 187, 190
Basedow, Johann Bernhard: 35, 55, 58
Bastiné, Johann Baptist: 13, 86, 177
Beauvoir, Alexandre Louis Bertrand (= Robineau): 56
Beckenkamp, Anna Maria (= Zipperling): 23, 28, 163, 217, 229, 230
   Portrait von Anna Maria Beckenkamp (Bonn): *23*, 28, 217 (Kat. Nr. 47)
   Portrait von Anna Maria Beckenkamp (Köln): 88, 103, *107*, 230 (Kat. Nr. 70)
   Miniaturportrait von Anna Maria Beckenkamp: 162, 277 (Kat. Nr. 152)
Beckenkamp, Benedikt:
   Selbstportrait von Benedikt Beckenkamp (Bonn): *22*, 100, 209 (Kat. Nr. 32)
   Selbstportrait von Benedikt Beckenkamp (Köln): Umschlagseite, 101, *102*, 230 (Kat. Nr. 69)
   Selbstportrait von Benedikt Beckenkamp im Alter (privat): *103*, 265 f. (Kat. Nr. 128)
   Miniaturselbstportrait von Benedikt Beckenkamp: 162, 277 (Kat. Nr. 151)
Beckenkamp, (Johannes) Caspar: 165
Beckenkamp, Eleonore Wilhelmina: 165
Beckenkamp, (Johanna) Elisabeth: 152, 165, 177, 229
   Doppelportrait der Kinder Elisabeth und Sigismund August Beckenkamp (Bonn): *84*, 85, 229 f. (Kat. Nr. 68)
Beckenkamp, Franz Bernhard: 19, 163
Beckenkamp, Franz Karl: 85, 165, 212, 217
   Portrait des Sohnes Franz Karl (Bonn): 85, *106*, 212 (Kat. Nr. 38), 215
Beckenkamp, Katharina Scholastika (= Hoffmann): 19, 163, 217
Beckenkamp, Katharina Josepha (= Breitbach),: 21, 212, 217
Beckenkamp, Lorenz (Laurenz): 17, 19, 37, 75, 79, 81, 85, 159, 163, 170, 175, 202
   Portrait des Hüttenherren Johannes Remy: *79*, 81
   Portrait der Johannette Remy: *79*
Beckenkamp, Ludwig: 17
Beckenkamp, Maria Clara: 19
Beckenkamp, (Johann) Peter: 19, 21, 22, 27, 163, 165, 246
Beckenkamp, Sigismund August: 10, 11, 29, 152, 163, 165, 193, 229, 263
   Portrait des Sohnes Sigismund (Bonn): 85, *106*, 215 (Kat. Nr. 42)
   Doppelportrait der Kinder Sigismund August und Elisabeth Beckenkamp (Bonn): *84*, 85, 229 f. (Kat. Nr. 68)
   Beweinung Christi - Flügel mit den Heiligen Veronika und Nikodemus: *11*, 258 (Kat. Nr. 115)
Beckenkamp, Veronika (= Krämer): 21, 22, 246

Beckenkamp (Johann) Wilhelm: 19, 28, 163
Beckenkamp, Wilhelm Ferdinand: 164
Becker-Jákli, Barbara: 163, 260
Bedburg: 164
Beethoven, Johann van: 246
Beethoven, Ludwig van: 21, 211, 246
Beethoven, Maria Magdalena (= Keverich): 21, 246
Beer, Johann Friedrich: 171
Begas, Carl: 73, 86, 249, 280
Beke, Joos van der (= Joos van Cleve) 10, 11, 13, 113, 115, 145, 191, 194, 229, 258, 276
   Beweinung Christi: 258
   Großer Marientod: 150
   Kleiner Marientod: 145, 146, 148, 150, 151, 155, 194
      Christina und Sibilla Hackeney mit den Heiligen Christina und Gudula: *145*, 191
      Nicasius und Georg Hackeney mit den Heiligen Nicasius und Georg: 144
Belderbusch, Familie: 97
Bendorf: 79, 175
Berckheyde, Brüder: 66, 67
Berckheyde, Gerrit: 65, 66, 67, 159
   Ansicht der Börse in Amsterdam: 67
   Ansicht des Amsterdamer Gemüsemarktes: 66
   Ansicht der beiden Amsterdamer Synagogen: 67
   Ansicht von St. Martin in Bonn: 66
Berckheyde, Job: 65
Berlin: 73, 74, 97, 116, 120, 126, 127, 131, 133, 137, 139, 141, 142, 159, 188, 207, 253, 264
   Königliches Palais (Kronprinzenpalais) Unter den Linden: 142, 143, 156, 264
   Stadtschloss: 115, 134, 135, 137, 156, 188, 189, 256
   Wilhelmstraße 72 (Palais des Prinzen Friedrich): 116, 139, 140
      Die Rüstkammer des Prinzen Friedrich von Preußen (C. F. Zimmermann und F. Krüger): 138, 139, *140*, 141, 148
Bertola, Abate Aurelio de' Giorgi: 56
Bertram, Johann Baptist: 125, 185
Beulich im Hunsrück: 33
Beulich, St. Laurentius: 40, 275
   Christus und die Samariterin am Brunnen: 40, *41*, 208 f. (Kat. Nr. 28)
   Die Verkündigung an Maria: 40, *43*, 208 (Kat. Nr. 27)
Beuth, Peter: 32, 115, 126, 131, 135, 156, 167, 185, 253, 254, 256
   Dombild Peter Beuth (Maria mit dem Kind): 115, 126, 156, 253 (Kat. Nr. 102)
Beverungen: 147
Biberach an der Riss: 207
Bingen: 138
Birckenstock, Nachkomme von J. P. Kellenter: 278
Blanckhart, Leonhart: 164
Blankenheim in der Eifel: 24, 165, 279
Blankenheim-Manderscheid, Augusta Gräfin von (= Sternberg): siehe dort
Blankenheim-Manderscheid, Franz Georg: 279
Blauw, Jacobus: 87
   Portrait von Jacobus Blauw (J. L. David): 87
Blöcker, Susanne: 255, 268
Bocholtz Asseburg, Werner von: 222

Bock, Christoph Wilhelm: 27, 213
   Portrait des „Baron Hüpsch" (nach Beckenkamp): 213 (Kat. Nr. 39a.)
Bock, Ulrich: 272
Boecker, Wilhelm: 240
Boisserée, Brüder: 125, 145, 150, 182, 184, 259
Boisserée, Sulpiz: 117, 122, 123, 124, 125, 127, 130, 131, 132, 136, 142, 184, 191, 252, 261
Böhm, Elga: 190
Bökendorf: 147, 148, 194
Böselager, Dela von: 272
Bonn: 13, 14, 21, 22, 28, 66, 93, 142, 165, 170, 194, 197, 211, 215, 221, 231, 259, 268, 281
   Boeselager Hof: 211
   St. Martin:
      Ansicht von St. Martin in Bonn (G. Berckheyde): 66
   St. Remigius: 246
   Sternstraße 3 (Wohnhaus Peter Beckenkamp): 165
   Viereckplatz: 221
Boos zu Waldeck, Graf: 36
Bornhoven, Johann Adam: 38
Bourel, Everhard: 244
Brabant: 249
Brakel: 147
Bramino, Eva Maria (= Helner): siehe dort
Brandt, Heinrich Carl: 92
Braun, Augustin: 61, 64, 233, 243
Breitbach, Katharina Josepha (= Beckenkamp): siehe dort
Brentano, Bettina (= von Arnim): 207, 214
Brentano, Clemens: 207
Brentano, Maximiliane (= La Roche): siehe dort
Breughel, Pieter: 244
Bruch, Christian Georg: 255
Bruchmann, Barbara (= Tilman): 233
Bruchmann, Christian August Joseph: 232, 233
   Portrait des Kaufmanns Christian August Joseph Bruchmann (F. Kolb nach Beckenkamp): *232*, 233 (Kat. Nr. 73)
Bruchmann, Maria Sibylla (= Offermanns): 233
Bruchmann, Moritz: 233
Bruchsal: 23, 217
Brügge: 128
Bruyn, Barthel d. Ä.: 145, 260
   Portrait des „Agrippa von Nettesheim": 114, 260
Bürresheim, Schloss: 78, 203, 204, 206
Burscheidt, Familie: 97
Buttlar, Auguste von: 281

C

Caris, Johann Wilhelm: 230, 255
Carl Theodor von Sulzbach, Kurfürst von der Pfalz: 54, 91
   Portrait des Kurfürsten Carl Theodor und seiner Frau Elisabeth Auguste von der Pfalz (J. G. Ziesenis): 91
Carové, Friedrich Wilhelm: 128, 130, 185, 186, 187, 188
Carr, John: 62
Carracci, Brüder (Annibale, Ludovico, Agostino): 40, 169
Carracci, Annibale: 40, 42, 46, 113, 209
   Christus und die Samariterin am Brunnen (Budapest): 169
Carrich, Johann Matthias: 242
Caulaincourt, Armand Augustin, Louis de: 13, 247
   Portrait eines Mannes – Armand Augustin Louis de Coulaincourt? – (privat): *13*, 247 (Kat. Nr. 89)

Champré, Frau des französischen Colonel Barbe: 251
Chézy, Wilhemine von: 251
Christus, Jesus: 38, 42, 200, 201, 208
    Christus auf dem Berg Tabor (Urmitz): *201* (Kat. Nr. 10)
    Christus und die Samariterin am Brunnen (Koblenz):
        33, 209 (Kat. Nr. 27), 229
    Christus und die Samariterin am Brunnen (Beulich): *43,*
        208 f. (Kat. Nr. 28)
    Christus am Kreuz mit Maria Magdalena (Köln): *111,*
        275 (Kat. Nr. 147)
    Das letzte Abendmahl (Urmitz): 200 (Kat. Nr. 7)
    Die Himmelfahrt (Urmitz): 200 (Kat. Nr. 8)
    Die Auferstehung (Urmitz): 201 (Kat. Nr. 9)
    Die Anbetung der Hirten: 283 (Kat. Nr. 166)
Clausewitz, Frau von: 178, 259
Clemens August von Wittelsbach, Kurfürst von Köln:
    101, 170, 211, 217
    Portrait des Kölner Kurfürsten Clemens August mit einem
        Pagen (G. Desmarées): 179
    Portrait des Kölner Kurfürsten Clemens August
        (G. Desmarées): 211
Clemens Wenzeslaus von Sachsen, Erzbischof und
    Kurfürst von Trier: 19, 20, 21, 27, 36, 37, 49, 57, 58, 77,
    78, 90, 92, 167, 178, 202, 208, 211, 215, 217, 220
    Portrait des Trierer Kurfürsten Clemens Wenzeslaus im
        Profil (privat): *92,* 216 f. (Kat. Nr. 46)
    Portraits und Portraitkopien für den Trierer Kurfürsten
        Clemens Wenzeslaus, für den Prinzen Xaver von Sachsen
        und für Emigranten aus dem französischen Königshaus:
        219 f. (Kat. Nr. 51)
    Reiterportrait des Trierer Kurfürsten Clemens Wenzeslaus
        (ehemals Koblenz): 174, 203 (Kat. Nr. 16)
    Reiterportrait von Clemens Wenzeslaus vor dem
        Frankfurter Römer (privat): 215 (Kat. Nr. 43)
    Reiterportrait von Clemens Wenzeslaus vor dem
        Frankfurter Römer (München): *18, 78,* 215 f. (Kat. Nr. 44)
    Reiterportrait von Clemens Wenzeslaus vor dem
        Frankfurter Römer (Köln): 216 (Kat. Nr. 45)
Cochem:
    Kapuzinerkloster: 38
Cöntgen, Familie: 172, 176
Cöntgen, Franz Joseph: 59, 62, 175, 233
    Rhein=Gegend bei der Stadt Kölln (nach Beckenkamp):
        59, 233 (Kat. Nr. 74)
    Rhein=Gegend bei der Stadt Kölln (nach Beckenkamp):
        59, *60,* 233 (Kat. Nr. 75)
Cöntgen, Heinrich Hugo: 48, 55, 56, 57, 58, 59, 172,
    175, 204, 205, 233
    Rhein=Gegend bei Koblenz und der Vestung
        Ehrenbreitstein (nach Beckenkamp): *56, 57, 58,* 59,
        205 (Kat. Nr. 20)
Collini, Cosimo Alessandro: 54
Cranz, J. (Vorname unbekannt): 56
Cranz, Thomas: 174
Crombach, Herbert: 191, 242
Czymmek, Götz: 254

D

Dahlen, Maria Sophia (= DuMont): siehe dort
Danhelovsky, Konstantin. 246
Darmstadt, Großherzog von: 212

David: 241, 242
David, Gérard: 128
David, Jacques Louis: 36, 86, 177, 236
    Portrait des Jacobus Blauw: 86
    Portrait der Henriette de Verninac: 89
De Bèche, Domkirchmeister: 183, 240
De Noël, Matthias Joseph: 9, 10, 11, 12, 15, 17, 19, 20,
    23, 28, 29, 30, 31, 32, 33, 48, 50, 51, 63, 71, 72, 75, 76,
    121, 122, 143, 158, 161, 164, 175, 188, 189, 202, 217,
    220, 229, 244, 265, 267, 268
    Portrait von Matthias Joseph De Noël: 267, 268 (Kat. Nr. 132)
Deeters, Joachim: 263
Desmarées, Georg: 78, 101f.
    Portrait des Kölner Kurfürsten Clemens August mit einem
        Pagen: 179
    Portrait des Kölner Kurfürsten Clemens August: 211
    Portrait der Maria Anna von Bayern (München): 78, 176
    Selbstportrait: 101f., 180
Deutz: 60
    Abtei St. Heribert: 60
    St. Urban: 60
Dickmann, H.: 258
Diderot, Denis: 125
Dieckhoff, Reiner: 181, 254
Diederich, Toni: 273
Dienheim, Wilhelm Ludwig Christoph, Freiherr von: 206
    Portrait des Freiherrn von Dienheim (Trier): 206 (Kat. Nr. 22)
Dietrich, Christian Wilhelm Ernst (Dietricy): 49
Dinckelmeyer, Lukas: 231
Dohna-Wundlacken, Heinrich Ludwig Graf von: 115, 132, 253,
    254
    Dombildskizze Dohna Wundlacken: 253 f. (Kat. Nr. 103)
Doomer, Lambert: 66
Dornhoff, Glasmaler aus Trier: 198
Douce, Francis: 129
Dresden: 170
Droste-Hülshoff, Annette von: 147
Dürer, Albrecht: 125, 255
Dürrenwaldstetten:
    Pfarrkirche: 168
Düsseldorf: 54, 73, 138, 141, 155, 253, 258, 259
    Schloss Jägerhof: 141, 257
DuMont, Heinrich Joseph: 254, 255
DuMont, Johann Michael: 95, 96, 124, 240, 254, 255, 273
    Portrait des Dompfarrers Johann Michael DuMont
        (Köln): *94,* 254 f. (Kat. Nr. 104)
    Portrait des Dompfarrers Johann Michael DuMont (J. B. Hützer
        nach Beckenkamp) (Köln): *94, 96,* 255 (Kat. Nr. 104 a.)
DuMont, Johann Michael Joseph etc.: 31, 167, 255
DuMont, Marcus: 255
DuMont, Maria Sophia (= Dahlen): 254
Dupuis, Charles: 56, 172, 179, 192
Dyck, Anthonis van: 72, 79

E

Ehrenbreitstein (Tal Ehrenbreitstein): 9, 13, 15, 17, 19,
    20, 21, 28, 33, 35, 36, 38, 48, 49, 51, 54, 55, 56, 57, 58,
    59, 82, 90, 91, 93, 96, 172, 177, 202, 204, 206, 217, 246
    Ansicht von Koblenz und Ehrenbreitstein: 205
        (Kat. Nr. 19)

Hagen, Friedrich Heinrich von der: 185
Halle: 148
Hamborn:
    Abtei: 264
Hamburg: 97
Handmann, Emmanuel: 51, 171, 204
Hanemann, Peter: 243
    Machabäerschrein: 242, 243
Hansen, Architekt: 263
Happertz, Eva Maria: 27, 213
    Portrait von Mademoiselle Happertz (Darmstadt): 213
    (Kat. Nr. 40)
Hardy, Caspar Bernhard: 29, 73, 94
    Portrait von Caspar Bernhard Hardy (Köln): *73*, 177,
    243 f. (Kat. Nr. 83), 250
    Portrait von Caspar Bernhard Hardy (P. J. Lützenkirchen nach
    Beckenkamp) (Kat. Nr. 83a.): 244
    Portrait von Caspar Bernhard Hardy (A. Dethier nach
    Beckenkamp) (Kat. Nr. 83b.): 244
Hardy, Thomas: 214
Happertz, Eva Maria: 27
Hasenclever, Peter: 218
Hatzfeld, Familie: 97
Haxthausen, Familie: 147, 193, 194
Haxthausen, Elisabeth von (= Harff-Dreiborn): 149
Haxthausen, Moritz von: 156, 194
Haxthausen, Werner von: 29, 131, 132, 148, 149, 150,
    151, 167, 175, 192, 194, 260, 263
    Portrait des Werner von Haxthausen: 174, 260 (Kat. Nr. 121)
Havell, William: 171
Haydn, Josef: 214
Heem, Jan Davidsz. de: 52
Heereman von Zuydtwyck, Familie: 24, 97, 115, 150,
    154, 155, 178, 179, 191, 276
    Triptychon der Familie Heereman von Zuydtwyck (Köln):
    13, 30, *112*, 115, 116, 121, 143-156, 157, 162, 182,
    276 f. (Kat. Nr. 150)
Heereman von Zuydtwyck, Amalie Theodora: 147, 150,
    154, 192, 194, 276
    Ferdinandine und Amalie Heereman von Zuydtwyck mit
    den Heiligen Ferdinand und Amalie: *145*, 276 f. (Kat. Nr. 150)
    Amalie Heereman von Zuydtwyck: *155*, 276 f. (Kat. Nr. 150)
Heereman von Zuydtwyck, Engelbert Anton: 146, 147,
    150, 179, 194, 247
    Engelbert Anton und Werner Alexander mit den Heiligen
    Engelbert und Werner: *144*, 276 f. (Kat. Nr. 150)
    Engelbert Anton Hereman von Zuydtwyck: *150*, 276 f.
    (Kat. Nr. 150)
Heereman von Zuydtwyck, Ferdinandine: 142, 147, 148,
    149, 150, 151, 154, 155, 179, 194, 276
    Ferdinandine und Amalie Heereman von Zuydtwyck mit
    den Heiligen Ferdinand und Amalie: *145*, 276 f. (Kat. Nr. 150)
Heereman von Zuydtwyck, Franz Ernst Hyazinth: 147, 210
    Portrait von Franz Ernst Hyazinth Heereman von
    Zuydtwyck 280 (Kat. Nr. 158)
Heereman von Zuydtwyck, Maria Anna (= Wrede Melschede):
    147, 210, 279
    Portrait der Maria Anna Freifrau Heereman von Zuydtwyck: 279
    (Kat. Nr. 157)
Heereman von Zuydtwyck, Theodor, Josef: 192

Heereman von Zuydtwyck, Werner Alexander: 147, 194, 276
    Engelbert Anton und Werner Alexander mit den Heiligen
    Engelbert und Werner: *144*, 276 f. (Kat. Nr. 150)
Heidelberg: 124, 259
Heideloff, Joseph: 202
Heimann, Anna Christina (= Martini): 98, 218, 219, 234,
    235, 236
    Portrait der Anna Christina Heimann (ehemals privat, 1792):
    99, 219 (Kat. Nr. 50)
    Portrait der Anna Christina Heimann (Bonn, Rheini-
    sches Landesmuseum, ca. 1803): 166, 234 (Kat. Nr. 76)
Heimann, Johann Friedrich Carl: 74, 98, 99, 101, 175,
    178, 180, 214, 219, 234, 236
    Portrait eines Mannes – Johann Friedrich Carl Heimann?
    – (Köln): *214*, 215 (Kat. Nr. 41)
    Portrait von Johann Friedrich Carl Heimann (privat): 14,
    98, 99, 100, 218 f. (Kat. Nr. 49)
    Portrait von Johann Friedrich Carl Heimann: *99*, 236
    (Kat. Nr. 80)
Heimann, Maria Susanna (= Trombetta): 89, 98, 219, 236
    Portrait der Maria Susanna Heimann: 89, 178, 236
    (Kat. Nr. 81)
Heinrigs, Familie: 29, 33, 271, 275
    Der Kalligraph Johann Heinrigs mit Frau und zwei
    Söhnen (Köln): 89, 90, *110*, 175, 271 f. (Kat. Nr. 139)
    Sechs Söhne des Kalligraphen Johann Heinrigs (Bonn):
    30, 72, 89, 90, *110*, 175, 275 (Kat. Nr. 149)
Heinrigs, August: 275
Heinrigs, Carl: 275
Heinrigs, Eduard: 275
Heinrigs, Friedrich: 275
Heinrigs, Friedrich Wilhelm: 271 f.
Heinrigs, Gerhard: 271 f.
Heinrigs, Johann: 100, 175, 271, 275, 276
Heinrigs, Johann (Sohn): 276
Heinrigs, Joseph: 276
Heinrigs, Margarethe (= Simons): 271 f.
Heinse, Wilhelm: 125
Heis, Ludwig: 179, 269
    Portrait des Pastors Müller von St. Maria Lyskirchen
    (nach Beckenkamp): 179, 269 (Kat. Nr. 136 a. und b.), 271
Helena: 237, 239, 243
Helner, Eva Maria (= Bramino): 228, 229
    Portrait der Eva Maria Helner, geb. Bramino (Köln): *228*
    (Kat. Nr. 66)
Helner, Johann: 229
    Portrait des Ratsherren Johann Helner (Köln): 99, 100,
    228 f. (Kat. Nr. 67), 232
Hensay, Joh. H.: 278
Herkenrath, Pfarrer von St. Ursula: 251
Hermann III., Erzbischof von Köln: 262
Herodes:
    Die Hl. Drei Könige vor Herodes (Dreikönigenschrein):
    237-243 (Kat. Nr. 82.11.), *238*
Herstatt, Familie: 13, 247
Herstatt, Gertrud (= Lomberg): 257
Herstatt, Isaac: 257
Herstatt, Johann David: 257
Herstatt, Johann Jakob:
    Portrait von Johann Jakob Herstatt (J. J. Schmitz): 99

Herstatt, Johann Peter: 247, 257
   Portrait von Johann Peter Herstatt: 257 (Kat. Nr. 114)
Herstelle, Schloss (= Burg): *147, 148,* 155, 156, 194
Herwegh, von, Familie: 194, 269
Herwegh, Anna Lucia Walburga von (= von Kempis): siehe dort
Hessen-Darmstadt, Großfürst von: 168
Heyden, Jan van der: 65, 66, 67, 159
Hieronymi, Robert: 118, 214
Hildesheim, Johannes von: 144, 191, 243
Hilgers, Familie von: 269
Himmes, Johann Martin: 171
Himmesische Buchhandlung, Koblenz: 58
Hintze, Johann Heinrich: 189
Hl. Ätherius:
   Ätheriusschrein: 263
Hl. Amalie:
   Ferdinandine und Amalie Heereman von Zuydtwyck mit den Heiligen Ferdinand und Amalie: 145, 276 f. (Kat. Nr. 150)
Hl. Anna: 37, 198
   Maria mit ihren Eltern Anna und Joachim (Ehrenbreitstein): 198 (Kat. Nr. 1)
Hl. Augustinus: 198
Hl. Bernhardino von Siena: 283
   Ein Heiliger Franziskaner (Bernhardino von Siena?) in Ekstase: 283 (Kat. Nr. 167)
Hl. Drei Könige: 121, 133, 144, 146, 152, 199, 214 f., 237, 238, 240, 241,
   Die Anbetung der Hl. Drei Könige (Urmitz): *40,* 199 (Kat. Nr. 6)
   Dreikönigenschrein: 33, 44, *45,* 237-243, 263
      Die Hl. Drei Könige sehen den Stern: 237-243 (Kat. Nr. 82.10), *238*
      Die Hl. Drei Könige vor Herodes: 237-243 (Kat. Nr. 82.11), *238*
      Die Anbetung der Hl. Drei Könige: 237-243 (Kat. Nr. 82.12), *238*
      Die Hl. Drei Könige predigen den Völkern: 237-243 (Kat. Nr. 82.13), *239*
      Helena findet die Gräber der Hl. Drei Könige: 237-243 (Kat. Nr. 82.14), *239*
      Der Einzug der Reliquien der Hl. Drei Könige in Köln: 237-243 (Kat. Nr. 82.15), *239*
      Verehrung der Reliquien der Hl. Drei Könige durch Könige: 237-243 (Kat. Nr. 82.16), *240*
Hl. Franziskus: 198
Hl. Engelbert: 146
   Engelbert Anton und Werner Alexander mit den Heiligen Engelbert und Werner: 144, 276 f. (Kat. Nr. 150)
Hl. Ferdinand: 146, 191
   Ferdinandine und Amalie Heereman von Zuydtwyck mit den Heiligen Ferdinand und Amalie: 145, 276 f. (Kat. Nr. 150)
Hl. Georg: 38, 144, 199
   Hl. Georg, den Drachen tötend (Koblenz): *38,* 199 (Kat. Nr. 4)
   Hl. Georg, den Drachen tötend (Urmitz, Hochaltar): *39,* 199 (Kat. Nr. 5)
   Nicasius und Georg Hackeney mit den Hl. Nicasius und Georg (J. van der Beke): *144*
Hl. Gereon: 121
Hl. Helena:
   Helena findet die Gräber der Hl. Drei Könige (Dreikönigenschrein): 237 (Kat. Nr. 82.14), *239,* 243
Hl. Jakobus: 201

Hl. Joachim: 37, 198
   Maria mit ihren Eltern Anna und Joachim (Ehrenbreitstein): 37, 164, 198 (Kat. Nr. 1)
Hl. Johannes: 201
Hl. Joseph: 199
   Die Flucht nach Ägypten: 282 (Kat. Nr. 165)
Hl. Katharina: 128
   Hl. Katharina (Taschenbuch ...): 128, 252 (Kat. Nr. 101)
Hl. Maria Magdalena:
   Christus am Kreuz mit Maria Magdalena (Köln): *111,* 275 (Kat. Nr. 147)
Hl. Martin: 37, 38, 198
   Figurenstudien (Koblenz): 198 (Kat. Nr. 2)
   Hl. Martin und der Bettler (Koblenz): *37,* 198 f. (Kat. Nr. 3)
Hl. Michael: 128
   Hl. Michael (Taschenbuch ...): 128, *129,* 252 (Kat. Nr. 101)
Hl. Nicasius: 144
   Nicasius und Georg Hackeney mit den Hl. Nicasius und Georg (J. van der Beke): *144*
Hl. Nikodemus:
   Beweinung Christi - Flügel mit den Hll. Veronika und Nikodemus (S. A. Beckelkamp): *11,* 115, 258 (Kat. Nr. 115)
Hl. Petrus: 201, 254
Hl. Sebastian: 37
   Figurenstudien (Koblenz): 198 (Kat. Nr. 2)
Hl. Severin: 261, 262
   Severinschrein (Köln): 10, 33, 215, 229, 261-263 (Kat. Nr. 123)
Hl. Ursula: 121, 145, 215
Hl. Veronika:
   Beweinung Christi - Flügel mit den Hll. Veronika und Nikodemus (S. A. Beckelkamp): *11,* 115, 258 (Kat. Nr. 115)
Hl. Werner:
   Engelbert Anton und Werner Alexander mit den Heiligen Engelbert und Werner: 144, 276 f. (Kat. Nr. 150)
Hoche, General: 205
Höxter:
   Schloss Vinsebeck: 220, 221
Hoffmann, Dr. Friedrich: 253
Hoffmann, Johannes: 17
Hoffmann, Josef: 44, 46, 169, 170, 179, 185, 249
Hoffmann, Katharina Scholastika (= Beckenkamp): 17
Hogarth, William: 180
Hohenfeld, Familie von: 208
Hohenzollern-Hechingen, Fürst von: 51
Holbein, Hans: 113, 115, 135, 149, 181, 256, 260, 261
   Madonna des Bürgermeisters Meyer: 135
Hollar, Wenzel: 52, 58, 61, 66, 233
Holzhäusser, Robert: 246
Hontheim, Nikolaus von (= „Febronius"): 167, 217
Honvlez, Charle Adolphe, Fiacre (= „Hüpsch"): 25, 27, 31, 75, 162, 212
Hoscher, Johann Ignaz Josef: 76, 202
   Reiterportrait von Unterstallmeister Johann Ignaz Hoscher auf „Neapolitaner": 202 (Kat. Nr. 13)
„Hüpsch" (= Honvlez, Charles Adolphe, Fiacre de „Baron von": 25, 27, 31, 75, 162, 212, 213
   Portrait des „Baron Hüpsch" (Darmstadt): 25, 212 f. (Kat. Nr. 39)
   Portrait des „Baron Hüpsch" (C. W. Bock nach Beckenkamp): 213 (Kat. Nr. 39a.)

Hüsgen, Heinrich Sebastian: 171
Hützer, Johann Baptist: 96, 255
   Portrait des Dompfarrers Johann Michael DuMont (nach Beckenkamp): *94*, *96*, 255 (Kat. Nr. 104a.)
Hulsmann, Johann: 262
Huppertsberg, Beatrice: 182
Huysum, Jan van: 52
Hymmen, Ludwig Anton Friedrich etc. von: 259

I

Illgen, Volker: 182
Imhoff, Johann Arnold: 272
Imhoff, Katharina (= Hackenbroich): siehe dort
Imhoff, Peter Joseph: 159
Ingres, Jean August Dominique: 178
Isabey, Jean-Baptiste: 177
Isselburgh, Peter: 61
Ittenbach, Franz: 198
Iven, Alexander (Bildhauer): 278
Iven, Alexander (Kunsthändler): 278
Ixnard, Michel d': 58

J

Jabach, Familie:
   Portrait der Familie Jabach (C. Le Brun): 122
Jabach, Everhard:
   Portrait von Everhard Jabach: 278 (Kat. Nr. 154)
   Portrait von Everhard Jabach (H. Rigaud): 113, 278
Jagenberg, Walter: 245
Janscha, Laurenz (Lorenz): 53, 61, 62, 172
   Ansicht der Stadt Cöln – Vue de la ville de Cologne (L. Janscha und J. Ziegler): *61*, 62, 233
Jena: 125
Jericho: 44, 237, 241
   Der Einsturz der Mauern von Jericho (Dreikönigenschrein): 44, 237-243 (Kat. Nr. 82.5.), *239*
Jerusalem: 237, 242, 275
   Der Einzug der Bundeslade in Jerusalem (Dreikönigenschrein): 237-243 (Kat. Nr. 82.7), *239*
Johlen, Margarethe: 178, 219, 236
Joseph II., dt. Kaiser: 204
Joséphine, Kaiserin von Frankreich: 124, 240
Jüchen am Niederrhein:
   Schloss Dyck: 164
Jülich: 29, 245

K

Kärlich: 38
Kärlich, Schloss: 78, 91, 176, 204, 207
Kalkutta: 148
Kamphausen, Frau von: 258, 259
   Portrait der Frau von Kamphausen: 174, 259 (Kat. Nr. 117)
Karl V., dt. Kaiser: 77
   Reiterportrait von Karl V. (Tizian): 77
Karl X., frz. König (= Graf Artois): 178, 217, 220
Kassel: 52
Katharina die Große, Zarin von Russland: 45
Kaufmann, Joseph: 281

Kaufmann, Matthias Joseph Maria:
   Portrait des Bonner Schöffenbürgermeisters und kurfürstlichen Hofkammerrates Joseph Maria Kaufmann: 281 (Kat. Nr. 162)
Kauffmann, Martin: 186
Kellenter, Johann Peter: 278 (Kat. Nr. 155)
Kempen, Melchior: 245
Kempis, Anna Lucia Walburga (= von Herwegh): 269
   Portrait der Anna Lucia Walburga von Kempis (privat): *89*, 269 (Kat. Nr. 135)
Kempis, Maximilian von: 268, 269
   Portrait des Maximilian von Kempis (privat): *89*, 268 (Kat. Nr. 134)
Kerckerinck zur Borg, Clemens August: 210
   Portrait des Clemens August Freiherr Kerckerinck zur Borg (privat): 210 (Kat. Nr. 33)
   Portrait des Clemens August Freiherr Kerckerinck zur Borg (privat): 210 (Kat. Nr. 34)
Kerckerinck zur Borg, Maria Alexandrine: 210
   Portrait der Maria Alexandrine Kerckerinck zur Borg (privat): 210 (Kat. Nr. 35)
Kesselheim: 35 f.
Keyserling, Eleonore Freifrau von:
   Portrait der Eleonore Freifrau von Keyserling (A. Pesne): 176
Keysers, Peter: 62
Keverich (= Beethoven), Maria Magdalena: 21
Kirn, Georg Heinrich: 81, 82, 83, 175, 207
   Portrait des kurtrierischen Hofbrunnendirektors Georg Heinrich Kirn und seiner Familie (privat): 81, *82*, 83, 175, 207 (Kat. Nr. 25)
Kirn, Johann Jakob: 85, 207
Klebe, Albert: 10
Kleve: 126, 259
Knopp, Gisbert: 183
Koblenz: 9, 10, 12, 13, 14, 17, 25, 27, 28, 36, 48, 54, 56, 57, 58, 59, 76, 78, 92, 96, 116, 137, 197, 208, 217, 220
   Ansicht von Koblenz und Ehrenbreitstein: 172, 205 (Kat. Nr. 19)
   „*Rhein=Gegend bei Koblenz und der Vestung Ehrenbreitstein*" (H. H. Cöntgen nach Beckenkamp): *56*, 57, 58, 59, 205 (Kat. Nr. 20)
   „*Ansicht von Koblenz und der Vestung Ehrenbreitstein vor dem Kriege* (Tardieu nach Beckenkamp)": 205 (Kat. Nr. 21)
   Ansicht von Koblenz und Ehrenbreitstein (C. G. Schütz d. J. und A. Radl): *59*
   Buchhandlung Thorn: 59
   Deutsches Eck: 58
   Deutschordenskirche: 36
   Himmesische Buchhandlung: 58
   Liebfrauenkirche: 57
   Moselmündung: 58
   Palais des Grafen von Boos Waldeck: 36
   Residenz: 36, 58, 59, 217
      Audienzsaal: 36
      Kaffeezimmer: 49
      Schlosskapelle: 36
   Schlossmuseum: 208
   St. Florin: 36, 57
   St. Kastor: 36
   St. Peter (Koblenz-Neuendorf): 37, 208
   Theater: 11 f., 27
Koelges, Michael: 229

Köln: 9, 10, 11, 12, 13, 15, 20, 21, 23, 24, 25, 27, 28, 33, 44, 46, 49, 54, 59, 63, 69, 71, 72, 73, 76, 93, 94, 95, 96, 97, 98, 100, 103, 113, 114, 116, 122, 123, 124, 125, 126, 131, 134, 136, 139, 141, 142, 145, 148, 149, 155, 166, 180, 181, 185, 188, 192, 193, 194, 197, 218, 221, 226, 231, 237, 239, 240, 242, 243, 249, 250, 251, 256, 257, 259, 261, 281
   Rhein=Gegend bei der Stadt Kölln (F. J. Cöntgen nach Beckenkamp): 59, 233 (Kat. Nr. 74)
   Rhein=Gegend bei der Stadt Kölln (F. J. Cöntgen nach Beckenkamp): 59, *60*, 233 (Kat. Nr. 75)
   An St. Laurenz:
      Wohnhaus des J. B. Fuchs (Nr. 2017): 234
   Auf dem Himmelreich:
      Wohnhaus des E. C. Schüll (Nr. 1091): 236
   Bayenturm: 60, 61, 62, 148 f., 231
   Blaubach: 23, 62, 65, 68, 69, 97, 180
      Der Blaubach (G. Fischer): 62, *68*, 69, 227 (Kat. Nr. 64.3)
      Palais Salm-Reifferscheidt (Lippesches Palais): 23, *70*, 97, 180
   Bollwerk: 61, 62
   Bolzengasse:
      Eisenkaufhaus: 228
      Wohnhaus Helner: 228
   Breitestraße:
      Palais von Geyr (Nr. 92): 97
   Brempter Hof: 148
   Brückenstraße: 97
      Palais der Familie Wolff Metternich: 97, 180, 221
   Dom: 14, 59, 60, 95, 119, 120, 124, 125, 130, 133, 136, 152, 179, 233, 243, 250, 254
      Dombild (Altar der Stadtpatrone): 10, 11, 14, 15, 29, 31, 103, *112*, 113, 114, 116, 117, 119, 120, 121, 123, 124, 125, 126, 130, 132, 133, 134, 136, 141, 143, 144, 149, 152, 154, 155, 156, 182, 183, 188, 190, 256
      Dreikönigenschrein: 12, 44, *45*, 237-243 und Abb. (Kat. Nr. 82. 1.-16.)
      Schatzkammer: 45, 243
   Dreikönigsgymnasium: 115, 116, 141, 182, 257
      „*Dreikönigsbild*": 115, 116, 121, 138-*141*, 143, 182, 189, 257 (Kat. Nr. 111)
   Friedrich-Wilhelm Gymnasium am Waidmarkt: 69
   Gereonstraße: 97, 179
      Palais Heereman von Zuydtwyck (davor Mühlheimsches Palais, danach Erzbischöfliches Palais) auf der Gereonstraße (Nr. 12): 97, 142, 147, 179
   Glockengasse: 97, 268
      Palais de Groote: 97
      Wohnhaus von Kempis (Nr. 9): 268
   Groß St. Martin: 44, 59, 60, 170
   Gülichplatz:
      Fastnachtsbrunnen (G. Grasegger): 231
      Haus Gülich: 231
   Gürzenich: 228
   Hansagymnasium: 218
   Hansaring: 218
   Herz-Jesu-Kirche: 278
   Hohe Pforte: 13, 64, 65, 97, 226, 272
      Wohnhaus der Familie Heinrigs: 272
      Wohnhaus der Familie Herstatt (Nr. 6602/3 = Nr. 25-27): 13, 257

      Palais der Familie zum Pütz (Nr. 11): 97
   Hohestraße:
      Palais Heereman von Zuydtwyck (Nr. 115): 147, 192
   Im alten Kapitol: 246
   Industrie- und Handelskammer: 218
   Kunibertsturm: 231
   Lintgasse: 249, 255
   Machabäerkirche: 242
   Mariengartenstraße: 246
   Melatenfriedhof: 255
   Mühlenbach: 63, 65
      Der Mühlenbach (G. Fischer): 62, 63, 65, 227 (Kat. Nr. 64.4)
   Mühlengasse:
      Wohnhaus C. A. J. Bruchmann (Nr. 2237): 232
   Neumarkt:
      Hackeneyscher Hof: 151
      Kleiner Marientod (J. van der Beke): 145, 146, 148, 150, 151, 155
      Nesselroder Hof: 97
   Obenmarspforten:
      Wohnhaus des J. F. C. Heimann (Nr. 15): 218
      Wohnhaus des Spiegelfabrikanten Seyfried (Nr. 2052): 232
   Oben Mauern (= Martinstraße):
      Haus Urbach (Nr. 1965): 71, 183, 248, 249, 255
   Priesterseminar: 95
   Rathaus: 124
   Rathausplatz: 231
   Rathausvorhalle: 116, 121, 124, 143, 147, 149, 150, 152, 154, 182
   Ratskapelle St. Maria in Jerusalem: 120, 123, 143, 156
   Ratsturm: 61
   Rheingasse: 235
   Severinstraße: 63, 145, 226
   Severinstraße 214 (Wohnhaus von Jakob Fuchs): *97*, 235
   Severinstraße 218 (von Monschauisches Haus): 97
   St. Andreas: 29, 242
      Beweinung Christi (Meister des Marienlebens): 29
   St. Brigida: 229
   St. Georg: 63, 64, 68, 69, 174, 179, 226, 267
   St. Gereon: 127, 179, 259, 262, 267
   St. Gregorius Magnus (Elendskirche): 128, 186, 251
   St. Jakob: 23, 64, 65, 68, 69, 215, 226, 229, 273
   St. Johann Baptist: 145
   St. Johann und Cordula: 59, 60, 233
   St. Kunibert: 59, 60
   St. Lupus: 172
   St. Maria Himmelfahrt: 223, 242
   St. Maria im Kapitol: 179, 193, 269
      Großer Marientod (J. van der Beke): 150, 191
   St. Maria Lyskirchen: 11, 95, 115, 215, 269
      Beweinung Christi: *10*, *11*, *13*, 113, 115, 121, 215, 229, 258 (Kat. Nr. 115)
   St. Peter: 29
      Kreuzigung Petri (P. P. Rubens): 29, 122, 123
   St. Severin: 14, 60, 62, 261, 269
      Severinschrein (Köln): 10, 33, 215, 229, 261-263 (Kat. Nr. 123)
   St. Ursula: 95, 128, 179, 186, 251

St. Johannstraße:
    Lützeroder Hof: 212
Sternengasse: 246
    Haus der Familie Jabach: 122
Trankgasse:
    Kölner Hof (Wallrafianum): 155, 187
Unter Goldschmied: 172
Unter Helmschläger: 172
Ursulinenkloster: 242
Waidmarkt: 28, 48, 62, 63, 64, 67, 69, 70, 71, 226, 272
    Der Waidmarkt von Süden (Köln): 62, *65*, 67, 68, 226 f. (Kat. Nr. 63)
    Der Waidmarkt von Süden (G. Fischer): 62, 63, 68, 227 (Kat. Nr. 64.1.)
    Der Waidmarkt von Norden (G. Fischer): 62, 69, 227 (Kat. Nr. 64.2)
    Karmeliterkirche vom Berge Mariae und Karmeliterkloster: 69
    Posthaus am Waidmarkt Nr. 33 (39) („z. weißen Pferd", Herbergshaus Gülich, Ossendorfsches Geschäftshaus): 69
    Wohnhaus Beckenkamps am Waidmarkt Nr. 6956 (= Nr. 1/3) („z. iseren Gader"): 28, 69, 226, 227
    Wohnhaus der Familie Heinrigs: 272
Weyerstraße: 97
    Burscheider Hof („Wichterich") (Nr. 2): 180
Königsberg: 253
Königstein/Ts: 257
Körner, Bernhard: 252
Köslin: 253, 274
Koeth, Christina Freifrau von: 216
Koetschau, Karl: 280
Kolb, Franz: 232
    Portrait des Kaufmanns Christian August Joseph Bruchmann (nach Beckenkamp): 232 (Kat. Nr. 73)
Kolbe, Heinrich Christoph: 73, 86, 177, 178
Kore, Dathan, Adiron:
    Die Rotte Kora versinkt in der Erde (Dreikönigenschrein): 237-243 (Kat. Nr. 82.4), *238*
Krämer, Veronika (= Beckenkamp): siehe dort
Krahe, Peter Joseph: 27, 166
Krakamp, Nikolaus: 180
Kronberg (Ts), Schloss Friedrichshof: siehe dort
Krüger, Franz: 140, 141, 189
    Die Rüstkammer des Prinzen Friedrich von Preußen (C. F. Zimmermann und F. Krüger): 138, 139, *140*, 141, 148
Krupp, Firma: 176
Küchler, Karl: 252
Kuhn, Halgard: 216
Kuhn, Hans-Wolfgang: 178, 216
Kuhn, Wilhelm: 138
Kunigunde von Sachsen, Fürstäbtissin von Essen: 20, 77, 78, 202, 203, 220
    Reiterportrait der Kunigunde von Sachsen (privat): 162, 174, 203 (Kat. Nr. 14)
    Reiterportrait der Kunigunde von Sachsen (ehemals Koblenz): 203 (Kat. Nr. 15)
    Reiterportrait der Kunigunde von Sachsen vor dem Schloss in Kärlich (Schloss Bürresheim): *77*, 91, 203 f. (Kat. Nr. 17)
Kurig, Wilhelm: 272

L

Laer, Pieter van: 244
Lahneck, Burgruine: 201
Lang, Gregor, Joseph: 27, 49, 54, 58, 72, 208, 218, 244
    Portrait von Gregor Joseph Lang (Koblenz): *55*, 179, 207 f. (Kat. Nr. 26)
    Portrait von Gregor Joseph Lang (Koblenz): *26*, 34, 179, 218 (Kat. Nr. 48)
Laporterie, Joseph Michael: 224
La Roche, Familie: 35, 82
    Portrait von Sophie, Maximiliane und Georg Michael La Roche (A. W. Tischbein): 81 f., *83*, 177, 206, 207
    Großes Familienbild La Roche (A. W. Tischbein): 177
La Roche, Georg Michael: 81, 167, 172, 206
La Roche, Maximiliane (= Brentano): 81
La Roche, Sophie: 20, 55, 81, 82, 163, 172, 177, 206, 207, 244
    Portrait der Sophie La Roche (Düsseldorf): 206 f. (Kat. Nr. 24)
Lassaulx, Johann Claudius: 138, 147, 192
Lavater, Johann Caspar: 55, 58, 92, 171
Lauxen, Nikolaus: 38
Lens, Andries Cornelis: 36
Leonardo (da Vinci):
    Abendmahl: 126
    Mona Lisa: 126
Leopold II., dt. Kaiser: 176
Leszczinska, Marie: 79
    Portrait der Marie Leszczinska (J. M. Nattier): 79
Liblar:
    Schloss Gracht: 220
Lochner, Stefan:
    Darstellung im Tempel: 213
    Dombild: 10, 11, 14, 15, 29, 31, 103, *112*, 113, 114, 116, 117, 119, 120, 121, 123, 124, 125, 126, 130, 132, 133, 134, 136, 141, 143, 144, 149, 152, 154, 155, 156, 182, 183, 188, 190, 256
Lomberg, Gertrud (= Herstatt): siehe dort
London: 148
Luc, Jean André de: 54 f.
Ludwig, Dauphin von Frankreich: 220
Ludwig I., Landgraf von Hessen-Darmstadt: 212
Ludwig XIV., frz. König:
    Portrait von Ludwig XIV. (H. Rigaud): 91
Ludwig XV., frz. König:
    Portrait von Ludwig XV. (C. Van Loo): 79, 91
Ludwig XVI., frz. König: 27, 90, 178, 217, 220
Ludwig XVIII., frz. König (= Graf von Provence): 178, 217, 220, 247
Luise, Königin von Preußen: 142
Lüttich: 25, 212, 234, 249
Lützenkirchen, Peter Joseph: 181, 250
    Portrait von Ferdinand Franz Wallraf (nach Beckenkamp): 250 (Kat. Nr. 95a.)
Lunéville: 57, 123
Luxemburg: 206
Lyversberg, Anna Elisabeth Walburga:
    Portrait der Anna Elisabeth Walburga Lyversberg: 280 (Kat. Nr. 161)

Lyversberg, Jakob Johann Nepomuk:
   Portrait des Kunstsammlers Jakob Johann Nepomuk Lyversberg: 280 (Kat. Nr. 160)

M

Maassen, Johann Wilhelm: 247, 248
   Portrait von Johann Wilhelm Maassen: 247 (Kat. Nr. 90)
Massen, Maria Anna (= Firmenich): 248
   Portrait der Anna Martina Maassen: 248 (Kat Nr. 91)
Mabuse, Jan (= Gossaert): 128
Macpherson, James: 183
Mäurer, Familie:
   Zwei Portraits von Hohenrheiner Hüttenherren aus der Famlie Mäurer: 202 (Kat. Nr. 12)
Mäurer, Peter: 203
Magdeburg: 132
Mainz: 55, 58, 136, 138
Mandt, Petra: 226
Mannheim: 49, 207
Manskirsch, Bernhard Gottfried: 9, 21, 44, 49, 71, 170, 176, 204, 240, 241, 249
Manskirsch, Franz Joseph: 249
Manskirsch, Jakob: 170
Maratta, Carlo: 40, 46, 169, 283
Maria: 37, 42, 118, 121, 130, 143, 152, 198, 199, 209
   Die Flucht nach Ägypten (Köln): 282 (Kat. Nr. 165)
   Maria am Springbrunnen (Taschenbuch ...): 129, *130*, 252 (Kat. Nr. 101)
   Maria mit ihren Eltern Anna und Joachim (Ehrenbreitstein): 37, 164, 198 (Kat. Nr. 1)
   Verkündigung an Maria (Beulich): 42, *43*, 208 (Kat. Nr. 27)
   Verkündigung an Maria (Köln): 46 f., 274 (Kat. Nr. 146.1., 146.2)
Maria Anna von Bayern: 78
   Portrait der Maria Anna von Bayern (G. Desmarées): 78
Maria Josepha von Sachsen (= Habsburg): 204, 217, 220
Maria Laach, Abtei: 37, 198
Maria Theresia von Habsburg, Kaiserin: 20, 211
Marianne von Preußen (= Hessen-Homburg): 29, 115, 118, 119, 133, 134, 135, 142, 157, 183, 187, 188, 249, 250, 254, 256
   Dombild Prinzessin Marianne: 29, 115, 132-135, 249, 250, 256 (Kat. Nr. 109)
Marie Christine von Habsburg: 20, 178, 217
Marie Louise von Habsburg: 151
Marktoberndorf: 216
Martini, Familie: 180
Martini, Anna Christina (= Heimann): 98, 218, 219
Martini, Johann Philipp: 219
Marx, Johann Werner: 240
Massau, Franz: 194
Maximilian von Habsburg, dt. Kaiser: 193
   Portrait (Kopie) des Kaisers Maximilian (Nassau?): 114, 115, 181, 256 (Kat. Nr. 108)
Maximilian, Kurfürst von Bayern: 181
Maximilian Franz von Habsburg, Erzbischof und Kurfürst von Köln: 20, 22, 24, 56, 92, 95, 164, 179, 210, 224, 232, 234
   Portrait des Kölner Kurfürsten Maximilian Franz (Köln): *105*, 210 (Kat. Nr. 36), 216
   Portrait des Kölner Kurfürsten Maximilian Franz als Hochmeister des Deutschen Ordens (Köln): 92, *93*, 211 (Kat. Nr. 37)
Maximilian Friedrich von Königsegg, Erzbischof und Kurfürst von Köln: 179, 211
Mechel, Johann: 83
Medici, Maria von: 129, 186
Meinsiedel: 206
Meister, Simon: 9, 76, 158, 162, 208, 255
Meister der Davidszenen: 129
Meister der Georgslegende: 29
Meister des Marienlebens: 29
Meißner, Jan: 189, 207
Memling, Hans: 115, 128, 181, 256
Mende, Kölner Maler: 255
Mengelberg, Ägidius: 160, 179, 249
Mengs, Anton Raphael: 45, 103, 180, 275
Ménageot, François Guillaume: 36
Mergentheim: 224
Merian, Matthäus: 52, 66, 172
Merle, Familie von: 162
Merle, Clemens August Maria von: 14, 81, 94, 95, 179, 224, 264
   Portrait von Clemens August Maria von Merle (Köln): 14, *80*, 81, 95, 162, 179, 224 (Kat. Nr. 60)
   Portrait von Clemens August Maria von Merle als Weihbischof (Köln): 95, *96*, 166, 232 (Kat. Nr. 72)
Merle, Maria Katharina Henriette (= von und zum Pütz): siehe dort
Mertz, Helias: 242, 243
Metternich: 224
Metternich, Pastor: 279
Meulemeester, Joseph-Charles de: 45
Meyer, Johann Heinrich: 35
Monschau, Familie von: 97
Morgenstern, Johann Ludwig Ernst: 52
Moses: 201, 238, 241
   Moses vor dem brennenden Dornbusch (Dreikönigenschrein): 237-243 (Kat. Nr. 82.2.), *238*
   Das Schlangenwunder des Moses (Dreikönigenschrein): 237-243 (Kat. Nr. 82.3.), *238*
Moses, Elisabeth: 162
Mühlenberg, Fried: 190
Mühlheim, Familie von: 97
Mühlheim, Johann Balthasar von: 192
Müller, Johann Gottfried: 95, 269
   Portrait des Pfarrers Johann Gottfried Müller: 95, 179, 269 (Kat. Nr. 136)
   Portrait des Pfarrers Johann Gottfried Müller (L. Heis nach Beckenkamp): 269 (Kat. Nr. 136a.)
   Portrait des Pfarrers Johann Gottfried Müller (L. Heis nach Beckenkamp): 269 (Kat. Nr. 136b.)
München: 33, 101, 177
Münster: 210, 211, 253, 268, 274
Mylius, Karl Joseph Freiherr von: 264

N

Napoleon (Napoleon Bonaparte): 13, 90, 123, 148, 151, 240, 241, 247, 260, 274

Nassau:
>Steinscher Turm: 115, 181, 256

Nassau-Saarbrücken, Fürst von: 51

Nattier, Jean-Marc: 79
>*Portrait der Marie Leszczinska*: 79

Neeffs, Pieter: 52

Nesselrode, Franz Carl, Graf von: 179

Nettesheim, Agrippa von: 113, 260
>*Portrait des „Agrippa von Nettesheim"* (B. Bruyn d. Ä.): 114, 260
>*Portrait des „Agrippa von Nettesheim"* (Köln): 113, *114*, 115, 122, 162, 184, 258, 260 f. (Kat. Nr. 122)

Neukirch, Sabina von (= Fuchs): 75, 234, 235

Neumann, Balthasar: 19, 35, 36, 176

Niederberg (bei Koblenz): 17

Niederlahnstein: 20, 48, 201
>Niederlahnstein, St. Johannes: 201
>Ruine Lahneck: 20, 48
>>*Familienportrait mit Niederlahnstein und der Ruine Lahneck im Hintergrund* (privat): 20, 48, *108*, 162, 175, 201 f. (Kat. Nr. 11)

Noelke, Peter: 234, 236

Nolden, Bernhardine (= Ellinghaus): 255
>*Portrait der Bernhardine Nolden* (Köln): *89*, 174, 236, 255 (Kat. Nr. 106)

Nolden, Schreinermeister aus der Lintgasse: 249, 255

Novalis (= Friedrich von Hardenberg): 125, 133, 184

O

Obededom:
>*Die Bundeslade im Hauses des Obededom* (Dreikönigenschrein): 237-243, *239*

Oberelchingen:
>Benediktinerklosterkirche: 168

Oepen, Joachim: 263

Oettingen Baldern, Franz Wilhelm, Reichsgraf von, Domkapitular, Propst: 20, 24, 94, 99

Offenburg: 53

Offermanns, Maria Sibylla (= Bruchmann): siehe dort

Opitz, Marion: 251, 258

Orléans, Johanna von (= Jeanne d'Arc): 140, 189

Orléans, Graf von: 42

Orley, Bernard van: 128, 129, 186

Ost, Hans: 176, 178

Ostein, Johann Friedrich Karl von, Erzbischof und Kurfürst von Mainz: 51

Osterwald, Georg: 160

Ottobeuren:
>Klosterkirche: 37

P

Paderborn: 148, 260

Paffrath, Steinmetzmeister: 258

Paris: 29, 50, 64, 86, 123, 125, 128, 130, 148, 244

Pauli, Peter Joseph: 69

Penni, Gianfrancesco: 44

Pesne, Antoine: 78, 79, 85, 206
>*Portrait der Sophie Marie Gräfin von Voss*: 176
>*Portrait der Eleonore Freifrau von Keyserling*: 176
>*Portrait der Wilhelmine von Preußen*: 176

Peters, Anton de: 101
>*Portrait von Ferdinand Franz Wallraf*: 101, 249

Peyinghaus, Walter: 257

Peyre, Antoine François: 58

Pfaffendorf (Koblenz-Pfaffendorf): 57

Pflaume, Hermann: 69

Philipp Christoph von Soetern, Erzbischof und Kurfürst von Trier: 57

Philippart, Clemens August: 280

Pick, Franz: 113, 251, 260, 261

Poensgen, Georg: 189

Poussin, Nicolas: 208

Prag: 14, 279

Prehn, Johann Valentin: 52, 170

Preußler, Maler: 258

Pütz, Familie von und zum: 97, 148

Pütz, Johann Arnold von und zum: 264
>*Portrait des Pfarrers Johann Arnold zum Pütz* (Bornheim): 264 (Kat. Nr. 125), 269

Pütz, Johann Matthias Joseph von und zum: 264

Pütz, Maria Katharina Henriette von und zum (= von Merle): 264

Pullack, Wilhelm: 240, 243

Q

Quarenghi, Giacomo: 45

R

Raabe, Josef: 142, 190

Radl, Anton:
>*Koblenz und Ehrenbreitstein*: (C. G. Schütz und A. Radl): *59*

Radoux, Leopold: 246

Raffael (Raffaello Sanzio): 44, 45, 125, 129, 135, 241, 275
>*Hl. Margarethe*: 45
>*Madonna della Sedia* (Kopie nach): 135
>*Sixtinische Madonna* (Kopie nach): 135
>*Transfiguration*: 45, 170

Raffaellino del Colle: 44

Ramdohr, Friedrich Wilhelm Basilius: 95

Rauch, Christoph Daniel: 189

Ravensteyn, Johann Honorius: 57, 198

Récamier, Madame: 89
>*Madame Récamier* (F. Gérard): 89

Reinhardt, Anna (= Koch): 235
>*Familienbild des Everhard Caspar Schüll*: 87 f., 162, 175, 235 f. (Kat. Nr. 79)

Reinhardt, Friederike: 235
>*Familienbild des Everhard Caspar Schüll*: 87 f., 162, 175, 235 f. (Kat. Nr. 79)

Remagen: 194

Rembrandt: 52, 77
>*Portrait des Dirck Tulp*: 77
>*Portrait des Frédéric Rihel*: 77

Remy, Hüttenherrenfamilie: 19, 79, 202
>*Gruppenportrait der Hüttenherrenfamilie Remy* (J. Zick): 83, 168, 170

Remy, Johannes: 79, 81, 83
>*Portrait des Johannes Remy* (L. Beckenkamp): *79*, *163*, *176*

Remy, Johannette Elisabeth: 79, 81, 85
 Portrait der Johannette Elisabeth Remy (L. Beckenkamp): *79*, 163, 176
Renard, Kunsthändler: 155
Reni, Guido: 169
Requilé, Hüttenherrenfamilie: 83, 202
Réquilé, Gottfried Peter de: 83
 Portrait des Gottfried Peter de Requilé mit zwei Söhnen und Merkur (J. Zick): *83*, 168
Requilé, Frau de:
 Portrait der Frau de Requilé mit einer Tochter und einem Sohn (J. Zick): 168
Rethel, Alfred: 242
Rethel, Johann: 234
Reynolds, Joshua: 72, 85
Rheinstein, Burg: 138, 189, 192
Richmann, Wilhelm: 258
Rigaud, Hyacinthe: 34, 113
 Portrait von Ludwig XIV.: *91*
 Portrait von Everhard Jabach: 113, 278
Rihel, Frederic:
 Portrait des Frederic Rihel (Rembrandt): *77*
Rincklage, Johann Christoph: 175, 180, 221, 222
Robineau (= Beauvoir, Alexandre Louis Bertrand): 56
Rohr, Johann Heinrich Joseph: 262
Rom: 12, 40
 Palazzo Farnese: 40
 Vatikan, Loggien: 12, 44, 45, 46
Rosenberg, Pièrre: 182
Rosenwall (= Rauschnik, Gottfried Peter): 184
Rot an der Rot:
 Prämonstratenserkirche: 168
Roth, Heinrich: 262
Rotkirchen, Walter:
 Portrait (Kopie) des Walter Rotkirchen (Gottfried von Wedig): 181
Rousseau, François: 28, 281
Rousseau, Jean-Jacques: 37, 86
Rubens, Peter Paul: 29, 72, 255
 Kreuzigung Petri: *29*
Ruisdael, Salomon (und Jacob) van: 49, 52

S

Saba, Königin von: 242
Sachsen-Teschen, Albert von: 20
Saenredeam, Pieter: 65
Saftleven, Hermann: 52, 53, 66
Salm, Nikolaus: 249
Salm-Reifferscheidt, Familie (jüngere Linie): 164
Salm-Reifferscheidt, Familie (ältere Linie): 21, 22, 24, 164, 178
 Palais der Familie Salm-Reifferscheidt: *70*
Salm-Reifferscheidt, Sigismund, Altgraf von: 21, 22, 23, 70
Salm-Reifferscheidt, Eleonora Wilhelmina: 165
Salomon: 240, 242
Salzdahlum bei Braunschweig: 52
Santiago de Compostela: 193
Savigny, Frau von: 177
Schaaffhausen, Abraham: 227, 255
 Portrait von Abraham Schaaffhausen: 255 (Kat. Nr. 105)
Schaaffhausen, Anna Maria Sibylla (= Schimper): 227, 228

Schaaffhausen, Hermann: 214
Schaffhausen, Johann Wolter: 227
Schadow, Wilhelm: 135
Schenkendorff, Max von: 128
Schick, Peter: 218
Schiffer, Wilhelm, Constantin: 226
Schiller, Friedrich: 127
Schimper, Anna Maria Sibylla (= Schaaffhausen): 227, 228
Schimper, Heinrich Ludwig Andreas: 227, 228
Schimper, Maria Sibylla Josepha: 228
 Portrait eines Mädchens – Maria Sibylla Josepha Schimper? – (privat): *85*, 227 f. (Kat. Nr. 65)
Schinkel, Karl Friedrich: 126, 135, 137, 139, 140, 142, 185, 189, 261
Schlegel, August Wilhelm: 185
Schlegel, August Wilhelm: 281
Schlegel, Dorothea (= Veit): 125, 134, 250
Schlegel, Friedrich: 10, 95, 124, 125, 133, 184, 251
 Portrait von Friedrich Schlegel (Köln): 281 (Kat. Nr. 163)
Schlegel, Hugo: 51, 204
Schmidt, Hans Josef: 229
Schmitgen, Gobelinus: 258
Schmitt, Sibylle: 194
Schmitz, Bauherr in Koblenz: 21
Schmitz, Johann Jakob: 24, 28, 100, 159, 164, 180, 278
 Portrait des Johann Jakob Herstatt: 100, 180
 Portrait des Clemens August Maria von Merle: 278
 Portrait der Künstlergattin Margarethe Schmitz: 102
Schmitz, Margarethe: 102
 Portrait der Künstlergattin Margarethe Schmitz (J. J. Schmitz): 102
Schmitz, Peter: 184
Schnetzler, Johann Ulrich: 204
Schönborn, Franz Georg: (= Franz Georg von Sch.): 19, 35
Schönbornslust, Schloss: 27, 35
Schönebeck, Johann Bernhard: 56
Schoppe, Julius: 142
Schoreel, Jan: 258
Schücking, Levin: 147, 148, 192
Schüll, Everhard Caspar: 87 f., 175, 235, 236
 Familienbild des Everhard Caspar Schüll: 87 f., 162, 175, 235 f.
Schüll, Sophie (= Reinhardt): 236
 Familienbild des Everhard Caspar Schüll: 87 f., 162, 175, 235 f. (Kat. Nr. 79)
Schütz d. Ä., Christian Georg: 14, 19, 27, 34, 42, 48, 50, 51, 52, 53, 59, 66, 67, 75, 159, 171, 176, 177, 204
 Portrait des Landschaftsmalers Christian Georg Schütz d. Ä.: *50*, 204 (Kat. Nr. 18)
 Landschaft mit Hirt (J. Zick und Chr. G. Schütz d. Ä.): 170
 Landschaft mit Holzsammlerin (J. Zick und Chr. G. Schütz d. Ä.): 170
Schütz d. J., Christian Georg: 19, 53, 59, 61, 171
 Koblenz und Ehrenbreitstein (C. G. Schütz d. J. und A. Radl): *59*
Schwarz, Albert Gereon:
 Portrait des Pfarrers Albert Gereon Schwarz: 174, 179, 260 (Kat. Nr. 120)
Seelig, Lorenz: 176
Seidler, Martin: 282
Seinsheim, Adam Friedrich von, Fürstbischof von Würzburg: 19
Seitz, Johannes: 36, 176

Seyfried, Carl: 232
Sieberg, Heribert: 23, 31, 132, 167, 183, 187, 193
Siekmeyer, Ludwig: 218
Siegen, Familie: 145
Siegen, Arnold von: 145
Simons, Margarethe (= Heinrigs): siehe dort
Sintzenich, Heinrich: 20, 82, 207
    Portrait der Sophie La Roche (nach Beckenkamp): *20*, 82, *163*, *207* (Kat. Nr. 24)
Solms-Laubach, Friedrich Graf zu: 120, 148, 264
Sooneck, Burg: 189
Sotzmann, Johann Daniel: 149, 260
Speyer: 207
Spiegel, Ferdinand August Graf von: 152, 273, 274
    Portrait des Kölner Erzbischofs Ferdinand August Graf von Spiegel (W. Goebels nach Beckenkamp): *95*, *154*, 273-274 (Kat. Nr. 143)
    Portrait des Kölner Erzbischofs Ferdinand August Graf von Spiegel (Ä. Mengelberg): 274
    Portrait des Kölner Erzbischofs Ferdinand August Graf von Spiegel (Ä. Mengelberg ?): *179*, 282 (Kat. Nr. 164)
    Portrait des Kölner Erzbischofs Ferdinand August Graf von Spiegel (Renard & Dübyen): 282 (Kat. Nr. 164a.)
Spiegel, Franz Ferdinand Graf von: 268
Springer, Cornelis: 70, 174
Sprung, Friedrich: 209, 229
Sprung, Witwe: 209, 229
St. Blasien: 58
St. Petersburg: 45, 244, 247
Städel, Johann Friedrich: 52, 66
Stargard: 274
Stauber, Johann Peter: 31
Steenwijk, Hendrik van: 52
Stein, Heinrich Friedrich Karl, Freiherr von: 114, 115, 181, 256
Steinberg, Johann Anton Adolf: 278
Sternberg, Familie: 23, 24, 178, 279
Sternberg, Augusta Gräfin von (= Blankenheim-Manderscheid): 279
    Portrait der Augusta Gräfin Sternberg (Brünn): 279 (Kat. Nr. 156)
Sternberg, Franz Josef Graf von: 279
Sternberg, Philipp Christian Graf von: 279
Stolzenfels, Schloss (Koblenz): 116, 136, 137, 139, 189, 192
    Dombild Schloss Stolzenfels: 29, 115, 136, *137*, 138, 139, 159, 189, 256 f. (Kat. Nr. 110)
    Schloss Stolzenfels, Wohnzimmer der Königin Elisabeth (C. Graeb): *138*, 189
Stopp, Werner: 276
Straus-Ernst, Luise: 162
Strixner, Johann Nepomuk: 182
Stroganoff, Graf: 85
Struensee, Georg Karl Philipp von: 132
Sulzer, Johann Georg: 103

T

Tardieu, Kupferstecherfamilie: 177
Tardieu d. Ä., Kupferstecher: 56, 57, 58, 87, 205
ter Steegen de Monte, Gerhard: 29
Thelott, Ernst: 73, 128, 129, 130, 131, 167, 170, 185, 186, 187, 250, 251, 252
Thienhausen: 148

Thorn, Buchhandlung (Koblenz und Trier): 59
Thünefeld, Freiherr von: 78, 85, 208
    Portrait des Hofmarschalls Freiherrn von Thünefeld: *209* (Kat. Nr. 30)
Tieck, Ludwig: 125, 133, 184
Tiepolo, Giovanni Battista: 33, 40, 199
Tilman, Barbara (= Bruchmann): siehe dort
Tischbein, Anton Wilhelm: 81, 83, 177
    Bildnis der Familie Borries mit ihren Kindern: 177
    Großes Familienbild La Roche: 177
    Portrait von Sophie, Maximiliane und Georg Michael La Roche: 81 f., *83*, 177
Tischbein, Johann Heinrich d. Ä.: 92, 102, 103
Tischer, Gerhard: 245, 246
Tizian (Tiziano Veccelio): 77
    Reiterportrait von Kaiser Karl V.: 77
Toussyn, Johann: 243, 262
Trautmann, Johann Georg: 52
Trier: 56, 206, 234
    Buchhandlung Thorn: 59
    St. Gangolf – St. Laurentius: 228
Trombetta, Maria Susanna (= Heimann): siehe dort
Tulp, Dirck:
    Portrait des Dirck Tulp (Rembrandt): 77
Tunner, Joseph Ernst: 193

U

Unbekannte Dame:
    Portrait einer Dame (Bonn): *78*, *79*, 206 (Kat. Nr. 23)
    Portrait einer Dame (privat): *12*, 246 (Kat. Nr. 88)
    Portrait einer Dame (Köln): *75*, 257 (Kat. Nr. 112)
    Portrait einer Dame (Köln): 89, *90*, 274 (Kat. Nr. 145)
    Portrait einer Dame (Köln): 277 (Kat. Nr. 153.7.)
    Portrait einer Dame: 280 (Kat. Nr. 159)
    Portrait einer Dame – sog. Mutter Beethovens – (Bonn): 245 f. (Kat. Nr. 86)
    Portrait einer Dame (Ehefrau) (privat): 277 (Kat. Nr. 153.9.)
    Portrait einer alten Dame mit Enkelin (Köln): 224-226 (Kat. Nr. 61), *225*
    Portrait einer Dame mit hochgestecktem Haar und hellem Umhang (Köln): 277 (Kat. Nr. 153.2.)
    Portrait einer jungen Dame mit gepudertem Haar und Blume in der Hand: 277 (Kat. Nr. 153.4.)
Unbekannter Geistlicher:
    Portrait eines Geistlichen: 260 (Kat. Nr. 119)
    Portrait eines Geistlichen (Clemens August Maria von Merle nach J. J. Schmitz?): 277 (Kat. Nr. 153.6)
    Portrait eines Geistlichen mit Perücke: 277 (Kat. Nr. 153.8)
Unbekannter Herr:
    Portrait eines Herren (Köln): *74*, 256 (Kat. Nr. 107)
    Portrait eines Herren: 280 (Kat. Nr. 159)
    Portrait eines Herren (sog. Vater Ludwig van Beethovens): 246 (Kat. Nr. 87)
    Portrait eines Herren (Ehemann): 278 (Kat. Nr. 153.10)
    Portrait eines Herren mit Brustharnisch und gepuderter Allongeperücke (Köln): 277 (Kat. Nr. 153.3)
    Portrait eines Mannes mit Brustharnisch und Justeaucorps: 277 (Kat. Nr. 153.5.)

Portrait eines Herren mit der Landkarte von Brandenburg (Köln): 89, 90, 274 (Kat. Nr. 144)
Portrait eines Herren und einer Dame – Ehepaar am Klavier (Köln): *226* (Kat. Nr. 62)
Portrait eines Mannes (privat): 267 f. (Kat. Nr. 131)
Portrait eines Mannes vor einem geöffneten Buch und Federkiel in der rechten Hand (Köln): 277 (Kat. Nr. 153.1.)
Portrait eines jungen Mannes (privat): *270, 271* (Kat. Nr. 138)
Unbekannte Damen und Herren:
    Tischgesellschaft (Köln): 265 (Kat. Nr. 127)
Unbekanntes Kind:
    Portrait eines Kindes: 257 (Kat. Nr. 113)
Unterberger, Christoph: 45
Urbach, Abraham: 71, 120, 170, 248, 249
    Haus Urbach (Oben Mauern Nr. 1965): 71, 183, 248, 249
        Drei Supraporten aus dem Haus Urbach: 170, 183, 248 f. (Kat. Nr. 93)
Urmitz am Rhein: 19, 33
Urmitz, St. Georg: 38, 199, 200, 201
    St. Georg tötet den Drachen (Hochaltar): *39*, 199 (Kat. Nr. 5)
    Anbetung der Heiligen Drei Könige: *40*, 169, 199 f. (Kat. Nr. 6)
    Das letzte Abendmahl: 169, 200 (Kat. Nr. 7)
    Die Himmelfahrt: 169, 200 (Kat. Nr. 8)
    Die Auferstehung: 169, 201 (Kat. Nr. 9)
    Christus auf dem Berg Tabor: 169, *201* (Kat. Nr. 10)

V

Vanloo, Carle van: 91, 92
    Portrait von Ludwig XV.: *79*, 91, 92
Veit, Dorothea (= Schlegel, D.): siehe dort
Veit, Philipp: 125, 134, 250
Verflassen, Johann Jakob Ignaz: 36, 208
Verninac, Henriette de: 89
    Portrait der Henriette de Verninac (J. L. David): 89
Vey, Horst: 182
Victoria von Preußen (= „Kaiserin Friedrich"): 143
Vigée Lebrun, Elisabeth: 85
Vincent, François-André: 36
Vinckeboons (= Finckenbaum), Justus: 64
Volpato, Giovanni: 45
Voss, Sophie Marie Gräfin von:
    Portrait der Sophie Marie Gräfin von Voss (A. Pesne): 176

W

Wackenroder, Wilhelm Heinrich: 125, 126, 133, 184
Wagner, Rita: 176
Wahl, Rudolf: 182
Waldbröl: 98, 218
Walderdorff, Johann Philipp von, Kurfürst von Trier: 21, 35, 36, 176
    Reiterportrait des Trierer Kurfürsten Johann Philipp von Walderdorff (H. Foelix): 176
Wallmenich, Gottfried von: 216
Wallraf, Ferdinand Franz: 10, 12, 13, 15, 20, 29, 44, 45, 46, 59, 67, 71, 73, 74, 94, 101, 113, 115, 117, 118, 120, 124, 127, 130, 131, 134, 142, 145, 149, 150, 151, 158, 169, 170, 174, 175, 179, 181, 183, 184, 185, 186, 190, 192, 224, 240, 241, 242, 243, 244, 249, 250, 252, 253, 254, 260, 261, 263, 279

Skizze zum Portrait von Ferdinand Franz Wallraf (Köln): 249 (Kat. Nr. 94)
Portrait von Ferdinand Franz Wallraf (Köln): *30*, 174, 183, 249 f. (Kat. Nr. 95)
Portrait von Ferdinand Franz Wallraf (P. J. Lützenkirchen nach Beckenkamp): 250 (Kat. Nr. 95a.)
Portrait von Ferdinand Franz Wallraf (C. Begas): 249
Portrait von Ferdinand Franz Wallraf (W. Caris): 249
Portrait von Ferdinand Franz Wallraf (Ä. Mengelberg): 249
Portrait von Ferdinand Franz Wallraf (A. de Peters): 101, 249
Portrait von Ferdinand Franz Wallraf (N. Salm): 249
Wal[t]zer, Christian: 117, 118, 124, 182
Wasmer, Katharina (= Fürth): siehe dort
Weber, Eberhard: 254
Wedig, Gottfried von: 181
    Portrait (Kopie) des Walter Rotkirchen: 181
Wegelin, Adolph: 174
Weichs, Familie: 97
Weimar: 97, 131
    Frauenplan (Wohnhaus Goethes): 131
Werbrunn, Familie:
    Bildnis der Familie Werbrunn (S. Meister): 175
Werff, Adriaen van der: 255
Werner, Zacharias: 124, 190
Weschenfelder, Klaus: 198
Westerburg, Gerhard von (= „Agrippa von Nettesheim"): siehe dort
Weyden, Ernst: 74, 175
Weyer, Johann Peter: 64, 174
    St. Jakob und St. Georg von Nordwesten (J. P. Wünsch und A. Wünsch): 64
Wiblingen bei Ulm:
    Benediktinerkloster: 168
Wien: 77, 234, 281
Wilhelm, Prinz und König von Preußen (= Kaiser Wilhelm I.): 143, 189
Wilhelm, Prinz von Preußen: 115, 133, 188, 189, 250, 256
    Dombild Prinz Wilhelm: 115, 133-135, 250 (Kat. Nr. 96)
Wilhelm VIII., Landgraf von Hessen-Kassel: 51
Wilhelmine, Prinzessin von Preußen:
    Portrait der Wilhelmine von Preußen (A. Pesne): 176
Wilhelmine Luise, Prinzessin von Preußen (= Anhalt Bernburg): 139, 141, 189
Wille, Johann Georg: 50
Winckelmann, Johann Joachim: 95
Wittgenstein, Maire: 240
Wittlich:
    Jagdschloss: 207
    Kurfürstliche Kapelle: 163
Wolff Metternich, Familie: 24, 72, 97, 175, 178, 180, 221
Wolff Metternich, Antoinette: 221, 222
Wolff Metternich, Felicitas: 221, 222
    Portrait von Felicitas Wolff Metternich (privat): 222 (Kat. Nr. 56)
Wolff Metternich, Ferdinandine: 222
    Portrait von Ferdinandine Wolff Metternich (privat): *24*, 221 (Kat. Nr. 54)

Wolff Metternich, Johann Adolf: 220
Wolff Metternich, Johann Ignaz, Graf: 176, 220, 221, 222
   Portrait von Johann Ignaz Graf Wolff Metternich
   (privat): 221 (Kat. Nr. 52)
   Portrait von Johann Ignaz Graf Wolff Metternich
   (privat): *16*, 220 (Kat. Nr. 53)
Wolff Metternich, Max Werner: 222
   Portrait von Max Werner Wolff Metternich (privat): 222
   (Kat. Nr. 55)
Wolff Metternich, Therese: 221
Wouwerman, Philipps: 52
Wrede zu Melschede, Ferdinand von: 279
Wrede zu Melschede, Clara Lucia von (= von der
   Asseburg): 279
Wrede zu Melschede, Maria Anna Freifrau (= Heereman
   von Zuydtwyck): siehe dort
Wright of Derby, Josef: 85, 100, 177, 180
   Portrait von Sir Richard Arkwright: 100
   The Leaper Children: 177
   The Wood Children: 177
Wyskirchen, (Vorname unbekannt) Vergolder: 118
Wünsch, Johann Anton: 64
   St. Georg und St. Jakob von Nordwesten (J. P. Weyer und
   A. Wünsch): *64*
Würzburg: 19, 194
Wussow, von, Inspektor: 136, 188

X

Xaver, Prinz von Sachsen: 220
   Portraits und Portraitkopien für den Trierer Kurfürsten
   Clemens Wenzeslaus, für den Prinzen Xaver von Sachsen
   und für Emigranten aus dem französischen Königshaus:
   219 f. (Kat. Nr. 51)

Z

Zehgruber, Fritz: 44, 241, 263
Zell bei Riedlingen:
   Pfarrkirche: 168
Zick, Januarius: 14, 19, 20, 24, 33, 34, 35, 36, 37, 38, 39,
   40, 42, 46, 47, 48, 50, 53, 75, 76, 82, 83, 85, 158, 159,
   168, 170, 171. 198, 199, 202, 208, 282, 283
   Gruppenportrait der Familie Remy: 168, 170
   Portrait von Gottfried Peter Requilé mit zwei Söhnen: 83
   Portrait der Frau Requilé mit einer Tochter: 83
   Selbstportrait: 34
   Landschaft mit Hirt (J. Zick und Chr. G. Schütz d. Ä.): 170
   Landschaft mit Holzsammlerin (J. Zick und Chr. G.
   Schütz d. Ä.): 170
Zick, Johann: 19, 37
Zick, Konrad: 36
Ziegler, Johann: 53, 61
   Ansicht der Stadt Cöln – Vue de la ville de Cologne
   (L. Janscha und J. Ziegler): *61*, 233
Ziesenis, Johann Georg: 91, 92, 174
   Portrait des Kurfürsten Carl Theodor und der Elisabeth
   Auguste von der Pfalz: 91
Zimmermann, Carl Friedrich: 138, 141, 148, 189
   Die Rüstkammer des Prinzen Friedrich von Preußen
   (C. F. Zimmermann und Franz Krüger): 138, 139, *140*,
   141, 148

Zimmermann, Nikolaus: 29, 118, 132, 142, 167, 182
Zingg, Adrian: 50, 170
Zipperling, Anna Maria (= Beckenkamp): siehe dort
Zoffany, Johann: 202